U0856957

林伦伦教授六秩传薪集

陈景熙　主编

中国社会科学出版社

图书在版编目(CIP)数据

林伦伦教授六秩传薪集/陈景熙主编. —北京：中国社会科学出版社，2017.7

ISBN 978-7-5203-0243-2

Ⅰ.①林… Ⅱ.①陈… Ⅲ.①语言学—文集 Ⅳ.①H0-53

中国版本图书馆 CIP 数据核字(2017)第 094590 号

出 版 人　赵剑英
责任编辑　宋燕鹏
责任校对　冯英爽
责任印制　李寡寡

出　　版　中国社会科学出版社
社　　址　北京鼓楼西大街甲 158 号
邮　　编　100720
网　　址　http://www.csspw.cn
发 行 部　010-84083685
门 市 部　010-84029450
经　　销　新华书店及其他书店

印刷装订　北京君升印刷有限公司
版　　次　2017 年 7 月第 1 版
印　　次　2017 年 7 月第 1 次印刷

开　　本　710×1000　1/16
印　　张　37.75
插　　页　2
字　　数　595 千字
定　　价　99.00 元

运用现代语言学理论研究潮汕方言第一人：黄际遇教授

（载《黄任初先生文钞》）

1984 年与黄家教教授合影
（林伦伦教授提供）

1991 年与李新魁教授合影于梅岭
（林伦伦教授提供）

2008 年与高华年教授、植符兰教授伉俪合影
（林伦伦教授提供）

2017 年林伦伦教授全家福

（左起：大女婿陈凯荣，香港科技大学博士生；大女儿林立，香港中文大学博士、香港理工大学助理研究员；陈海鸿老师、林伦伦教授伉俪；二女儿林晴，北京大学硕士、香港科技大学博士生。林伦伦教授提供）

林伦伦教授近影
（林伦伦教授提供）

目　　录

奉觞编·语言学卷

奉觞编·文学卷

奉觞编·历史学卷

奉觞编·宗教学卷

奉觞编·管理学卷

序　一

林伦伦学长为高华年先生入室高弟，高先生尝师从罗莘田、李方桂二先生，诸公为学界泰斗，天下所共知也。语苑耆宿黄畴夫（家教）李星桥（新魁）二教授，皆我澄邑翘楚，学长亦尝从之游，深造有得。师贤而后有佳弟子，此之谓也。陈君景熙为学长之高弟，来书云，林门诸弟子拭爵涤罍，欲颂师寿，冀彰潜德而报师恩，或理董旧作，或另铸新篇，裒为一册，命曰传薪集。书成，欲付剞劂，属序于余，余不自量，欣然允之。

学长少时学名少光，乳名伦伦（亦作轮轮），下乡后反以乳名行。学长自幼颖异，遭逢变乱之日，年未弱冠而别离乡井，赴雷州务农。越四年，入读中山大学中文系。尝于汕头大学执教十九载，播芳传芬，有口皆碑。复返穗垣，长广东技术师范学院。越六年，秉铎潮州，主政韩山师范学院。

宋人刘彝曰：读万卷书，行万里路。学长深赏此语，勤读躬行，初欲颜其庐曰行读斋，余谓毋宁作读行斋，一则缩略合乎刘氏语序，二则治学贵在戛戛独造，读行音谐独行也，学长然之，且恳请沚斋陈永正先生（陈永正）为之书榜。学长早年访里俗，咨遗耇，溯流讨源，远挹周秦汉晋，搜旧籍，证本真，凡八百余事，一字一词一声一韵一调，深思博辨，参互质证，探赜钩玄，撰成《潮汕话方言词考释》初稿数十万字，经星桥先生审阅修订，学长历时数月，手自誊钞，溽暑挥汗，一笔不苟，精美独绝，影印问世，学界奖誉交至焉。

学长黾恳孜矻，每缒幽凿险，以今为古，因俚俗而证雅正，或博考潮风潮事，或钩稽流行语秘密语，述作累累。复纂字典词书，闳纤毕赅，体备法精，遂风行于海内外。尤擅撰短文，近譬曲喻，机锋迭出，化艰深为浅显；又乐为乡邦著文章，耽此不疲，妇孺咸知。学长容姿俊朗，风标特举。凡登坛宣讲，高致隽语，舌若翻澜；燕居茗叙，抵掌谈谑，一座倾倒。

并世士人，才与学兼具者众，而学长绩于学且富于才，其治学矜严有如高先生，睿智善谑有如黄先生，博洽秀拔有如李先生，诚超凡轶群者也。六十年华，优游仕与学之间，敷教化育，惠流遐迩。虽政务倥偬，而治学有恒，方言学音韵学文化学潮学饶学均有造诣。且读且行且述且作积三十余年，得专书三十余种，论文百数十通，无虑数百万字，家藏户诵，名重当世。学长于书法茶道摄影烹饪靡不擅长，游历欧美澳日辄以光影纪之，有书行世云。

返潮数载，学长德业辉耀梓里。尝语余云，从政任教治学虽薄有声名，实无足重者，双亲年逾八旬，今得以晨昏省侍，最为乐事也。诗云：孝子不匮，永锡尔类。学长孝心殷殷，推己及人，以此治事，何往不胜？何事不遂？

致仕居穗，他日学长课徒晴窗之下，弦歌不辍，且笔耕不倦，新作泉涌，可逆睹也。学长先余一年入康乐园，相知垂四十载，且有同邑同校同窗同道之谊。元宵甫过，余适有事至增城，客寓仙村，夜色似水，眺望窗外，群山若睡，月光如银，武也不文，奋兹秃笔，略缀芜词，以祈语学潮学饶学之福，为学长遐龄上寿之祷，并应景熙君之命云尔。

丁酉阳春澄海陈伟武敬序

序　二

韩山师范学院林伦伦校长六轶诞辰，林教授高足景熙博士拟将师门众弟子所著鸿文结集成书，为师祝寿，以资留念。景熙博士嘱我为书作序，能参与其盛，我深感荣幸。

伦兄是当今潮汕方言研究的领军人物，也是潮学领域举足轻重的专家，多年来，学术成果斐然，著作等身。伦兄从 1990 年代起就陆续出版潮汕方言的研究著作，近三十年他不断提出新知灼见，一直位于学界的前沿，在学界产生了广泛影响，奠定了其在语言学界德高望重的地位。从事学术研究之余，伦兄长期以来也领导过数所大专学府，在推动高等教育事业方面做出了极大的贡献。

这本文集尽管未能一一记录伦兄在学术和事业上的卓越成就，但亦足以让读者对伦兄治学诲人、处事之道有更深刻的了解。我有幸先睹为快，拜读全集文稿后，更增添了我对伦兄的敬意。

文集主要分为履道、传灯、奉觞三编。这三编的命名不仅反映了各章的内容，也展现了伦兄治学为人的高远境界。履道编记载伦兄的生平和主要著作目录，从中可以一窥其丰硕研究成果。伦兄的两位高足也分别回忆了从师的经历，反映出伦兄在研究、教学和指导学生方面的特点。在他们的描述中，老师治学时钻研刻苦、一丝不苟，让人深感钦佩，对待学生，则循循善诱、平易近人，关心学生成长，积极培养后进，令人赞赏。

传灯编收入了九篇伦兄所撰的序和文章，反映了他在治学研究方面的经验和心得。从这些生动活泼的论述中，可以看到他如何受到老师的影响，在学术的道路上成长、成熟、自成一家。这些心得的分享对年轻学子大有裨益，值得参考借鉴。

奉觞编篇幅最大，收集了活跃在各研究领域的林门弟子近四十篇精彩论文。就内容而言，这一编虽以潮学为主体，其涵盖范围和涉及面都相当广泛，包括语言学、文化学、文学、历史学、宗教学、管理学等。这些论文各有特色，可谓百花齐放。将这些不同领域的论文放在一起，对学术交流具有重要意义，也在一定的程度上展现了潮学研究跨学科的视野和方法。这些跨学科的火花碰撞，对于读者来说犹如参加了一场潮学的论坛盛会，令人受益匪浅。

伦兄不仅桃李遍天下，更是推动潮学研究的中心人物。在他的带领下，汕头大学、韩山师范学院均先后发展成为潮学研究的重镇。他为潮学界积极培养新生力量，薪火相传，门下弟子如今已成为新一代潮学研究的中流砥柱。

值得一提的是，伦兄也是促进潮学研究国际化的主要推手。他特别关注原乡和海外的跨国网络和跨域互动，曾提出“潮汕文化的一半在海外”的观点，带出了潮学研究的新思路和新发展方向。多年来，伦兄不断在跨域潮学研究问题上，提出诸多新颖的精辟见解，均引起学界广泛关注和热烈讨论，不少研究因受他的启发而生，也再次证实了跨域研究这一宏大视野的必要性。

另一方面，伦兄积极将潮学研究国际化付诸实践。他曾多次主办国际潮学研究会议，邀请众多海外学者参与讨论，加强国际间的交流互动。经过他多年的努力，潮学研究已经走出潮汕，走入更广阔的国际场域。

我也因投入潮学研究而有缘结识伦兄。我过去的研究关注点是唐代赋税史和武则天研究。研习唐史的过程中，与潮汕颇有渊源的韩愈也是我的关注对象之一。作为祖籍澄海的海外华人，潮汕成为了我心中那既亲切又神秘、既熟悉又陌生的“故乡”。我也由此开始涉及新加坡的潮州人研究，关注移民史、海外华人社会中的潮人先贤个案、群体和现当代的潮人社团。

伦兄是潮学研究的先进，因与我同籍澄海，我便依仗着这份同乡之谊，多次冒昧向他请教。他对海外的许多潮学课题均有涉猎，不仅学养深厚，更不吝分享，乐于交流。每每与伦兄切磋学问，均深受启发。依稀还记得约二十年前我第一次前往潮汕地区进行田野考察，就去汕大拜见伦兄，他不但在具体学术问题上给我提出宝贵的意见，还推荐并帮我联系采访对象，甚至对我的饮食起居多方关照。这对于我这样人生地不熟的

“番客”来说，真是雪中送炭。多亏伦兄的安排，那次的田野过程格外顺利，收获丰富。此后，我和伦兄因为学术兴趣相投而不时过从。去年我有一本小书出版，敬请伦兄作序，以添光彩。尽管时间仓促，伦兄仍一口应允，在百忙之中拨冗撰文。伦兄之隆情厚谊，弟铭记于心。

谨藉此序祝贺伦兄花开甲子，俾寿而康。

新加坡国立大学中文系李志贤谨序于宇涵轩

2017 年 3 月 23 日

履　道　编

林伦伦教授履历

林伦伦，广东汕头市澄海区莲下镇南湾乡人，1957 年出生于今揭阳市惠来县葵潭镇。现任韩山师范学院校长、中国语言文学学科二级教授、广东省中国语言学会副会长、全国汉语方言学会学术委员会委员、国家语言资源保护工程核心专家组成员、广东省语言资源保护工程首席专家，广东省政府参事室参事（2016—2020）、广东省政协常委（第 8—11 届）。

林伦伦教授 1974 年 7 月高中毕业于澄海上华中学；1974 年 9 月—1975 年 7 月在澄海县溪西小学任代课老师；1975 年 8 月—1978 年 9 月上山下乡到广东雷州林业局当林业工人。1978 年 10 月考入中山大学中文系，师从高华年、李新魁和黄家教等教授。1982 年 6 月本科毕业、获得学士学位（学位论文《澄海方言语音研究》，指导老师：李新魁教授）；1985 年 6 月硕士研究生毕业、获得汉语言文字学专业文学硕士学位（学位论文《雷州方言研究》，指导老师：高华年教授）。

时汕头大学新建，急需师资，林伦伦教授受素所敬佩的庄世平、吴南生等前辈和李嘉诚先生热爱家乡、报效桑梓精神之感召，赴汕头大学任教，历任汕头大学文学院副院长（1993）、院长（1996）、副校长（1999—2004. 4）。其中 1991 年 12 月晋升为副教授，1996 年 12 月晋升为教授。2004 年 4 月至 2010 年 3 月赴穗任广东技术师范学院副校长；2010 年 3 月，“打回老家去”，任韩山师范学院院长，不忘初心，家乡情怀、方言和区域文化研究的专业情结老而益深。

林伦伦教授长期从事汉语方言与区域文化教学和研究，出版《潮汕人学习普通话手册》（1989）、《潮汕方言与文化研究》（1991）、《潮汕方言词考释》（与李新魁合作，1992）、《潮汕方言熟语词典》

(1993)、《古诗文别称词与中国文化》(与朱永锴合作，1993)、《新编潮州音字典》(1995，1997)、《中国的言语禁忌和避讳》(与王伟深合作，1994)、《广东闽方言语音研究》(与陈小枫合作，1996)、《澄海方言研究》(1996)、《潮汕方言与普通话》(1997)、《广东方言与文化论稿》(与潘家懿合作，2000)、《地名学与潮汕地名》(2001)、《潮汕文化大观》(与吴勤生等合作，2001)、《潮汕方言歇后语》(与陈国英合作，2001)、《广东方言志》(与高华年等合作，2004)、《粤西闽语雷州话研究》(2006)、《广东南澳岛方言语音词汇研究》(与林春雨合作，2007)、《潮汕民俗大典》(与叶春生等合作，2010)、《潮汕方言：潮人的精神家园》(2012)、《全本潮汕方言歌谣评注》(与林朝虹合作，2012)、《潮汕方言历时研究》(2015)、《潮汕方言歌谣研究》(与林朝虹合作，2016)等汉语方言专著和工具书30多种。另有《现代汉语新词语词典》(与朱永锴等合作，2000)、《流行语漫话》(2003)、《新词语漫话》(2011—2015年每年1册)等现代汉语新词语研究著作和工具书出版。在《中国语文》《方言》《语言文字应用》《语言科学》等专业学术杂志发表论文130多篇。还有一批关于潮汕方言与区域文化研究、新词语与流行文化的学术性随笔、散文和演讲散见于报纸杂志和网络上。

林伦伦教授曾获中国社会科学院青年语言学家奖(1994)、广东省哲学社会科学优秀成果奖(1994、2005)、广东省高校优秀教学成果奖(1997、2014)、中国民间文学作品奖最高奖——山花奖(2013)、广东省文艺作品精品奖(2014)、广东省五一劳动奖章(1994)等多项奖励。

林伦伦教授主要著作目录（1986—2016）*

一　学术专著

1.《广州人学讲普通话》（与李新魁、麦耘合著），语文出版社1988年版。

2.《潮汕人学习普通话手册》，汕头大学出版社1989年版。

3.《潮汕方言与文化研究》，广东高等教育出版社1991年版。

4.《潮汕方言词考释》（与李新魁合著），广东人民出版社1992年版。

5.《古诗文别称词与中国文化》（与朱永锴合著），暨南大学出版社1993年版。

6.《中国的言语禁忌和避讳》（与王伟深合著），中华书局（香港）有限公司1994年版。

7.《广东闽方言语音研究》（与陈小枫合著），汕头大学出版社1996年版。

8.《澄海方言研究》，汕头大学出版社1996年版。

9.《潮汕方言与普通话》，汕头大学出版社1997年版；天马出版社2011年版。

10.《潮汕歌谣新注》（与邵仰东合作），广东高等教育出版社1997年版。

11.《广东方言与文化论稿》（与潘家懿合著），中国文联出版社

* 本目录中论文部分只列入5000字以上的学术论文。另有在《羊城晚报》《语文月刊》等各地报纸杂志上发表的学术性科普短文200多篇未列入。

2000 年版。

12.《地名学与潮汕地名》，香港艺苑出版社 2001 年版。

13.《潮汕文化大观》（与吴勤生合作主编），花城出版社 2001 年版。

14.《流行语漫谈》，花城出版社 2003 年版。

15.《广东方言志》（与高华年等合著），广东人民出版社 2004 年版。

16.《粤西闽语雷州话研究》，中华书局 2006 年版。

17.《新编说文解字》（与梁东汉等合著），山西教育出版社 2006 年版。

18.《广东南澳岛方言语音词汇研究》（与林春雨合著），中华书局 2007 年版。

19.《潮汕民俗大典》（与叶春生合作主编），广东人民出版社 2010 年版。

20.《新词语漫话》，花城出版社 2012 年版。

21.《潮汕方言：潮人的精神家园》，暨南大学出版社 2012 年版。

22.《全本潮汕方言歌谣评注》（与林朝虹合著），花城出版社 2012 年版。

23.《新词语漫话：2012》，花城出版社 2013 年版。

24.《新词语漫话：2013》，花城出版社 2014 年版。

25.《新词语漫话：2014》，花城出版社 2015 年版。

26.《潮汕方言歌谣研究》（与林朝虹合著），暨南大学出版社 2016 年版。

27.《潮汕方言历时研究》，暨南大学出版社 2015 年版。

28.《新词语漫话：2015》，花城出版社 2016 年版。

29.《潮汕文化三人谈》（与陈平原、黄挺合著），广东教育出版社 2016 年版。

二　教材·工具书

1.《潮州话口语》（与黄章恺等合著，含录音带），广东高等教育出版社 1990 年版。

2.《潮州话一月通》（与朱永锴合著，含录音带），海燕出版社1995年版。

3.《潮州话入门》（含录音带），汕头大学出版社1998年版。

4.《潮州话入门》（含音碟，与黄挺合著），国际潮团联谊会常设秘书处、马来西亚潮州公会联合会2012年版。

5.《书信礼貌文雅用语词典》（与朱永锴等合作），广东高等教育出版社1993年版。

6.《潮汕方言熟语辞典》，海天出版社1993年版。

7.《新编普通话对照·潮州音字典》，汕头大学出版社1995、1997年版。

8.《潮汕俗文化丛书》（六册），广东高等教育出版社1997年版。

9.《潮汕方言歇后语》（与陈国英合作），汕头大学出版社1997、2001年版。

10.《中国民间秘密用语大全》（与林晨、陈江合作主编），广东人民出版社1998年版。

11.《潮汕俗文化丛书》（四册），汕头大学出版社1999年版。

12.《普通话潮汕话对照·学生常用词典》，汕头大学出版社1999年版。

13.《现代汉语新词语词典1980—2000》（与朱永锴教授等合作），花城出版社2000年版。

14.《精选百首潮汕方言歌谣》（与林朝虹合著，含CD），花城出版社2013年版。

15.《精选潮汕方言童谣》（与林朝虹合著，含CD），花城出版社2013年版。

16.《潮汕文化读本》（与陈平原、黄挺合作主编），广东教育出版社2017年版。

三　论文

1.《潮汕方言的双音节词》，《汕头大学学报》1986（1）。

2.《潮汕话训读字研究》，《汕头大学学报》1986（3）。

3.《普通话里表示儿化的“儿”是后缀吗》，《中国语文天地》

1986（5）。

4.《试谈广东诸方言倒序词产生的原因》，《汕头大学学报》1987（1），《语言文字学》1987（3）。

5.《古汉语别称词初探》，《汕头大学学报》1987（3），《语言文字学》1988（1）。

6.《古汉语别称词例释》，《中国语文天地》1987（3）。

7.《潮汕话本字考》（与李新魁合作），《中山大学学报》1987（2）。

8.《〈词源〉单音节词条释义错漏举隅》，《词典研究丛刊》1987（8）。

9.《试论潮汕方言形成的历史过程》，《汕头大学学报》1988（1、2），《全国高校文科学报文摘》1989（3）。

10.《古今同形双音节词浅释》，《汕头大学学报》1988（4），《语言文字学》1989（3）。

11.《从汉语方言看汉字拼音化道路的难行》，《汕头大学学报》1989（1），《语言文字学》1989（10），《全国高校文科学报文摘》1989（5）。

12.《〈词源〉双音节词条义项错漏举隅》，《词典研究丛刊》1989（10）。

13.《潮汕方言谚语的文化内涵》，《汕头大学学报》1990（2），《香港潮州商会成立70周年特刊》，1992。

14.《汕头话的一种特殊形容词》，《中国语文》1990（1）。

15.《广东闽方言中的若干台语关系词》，《民族语文》1990（3）。

16.《潮汕话本字研究》（与李新魁合作），《汕头大学学报》1990（3）。

17.《广州话、潮汕话相同词语初探》，《第二届粤方言研讨会论文集》，暨南大学出版社，1991。

18.《从雷州话看汉语入声消失、阳韵转阴的途径》，《雷州师专学报》1991（1）。

19.《汕头话实词的几种语法特点》，《汕头大学学报》1991（2）。

20.《汕头话词汇》，《方言》1991（2）—1992（1）。

21.《雷州话的语法特点》,《第二届闽方言研讨会论文集》,暨南大学出版社,1992。

22.《汕头话虚词及其语法特点》,《汕头大学学报》1992(1)。

23.《广东闽方言语法的比较研究》,《汕头大学学报》1993(2)。

24.《粤东粤西闽语词汇的同与异》,《中国语文》1993(4)。

25.《潮汕方言的外来词及其文化背景》,《语言与文化多学科研究》,北京语言学院出版社,1993。

26.《从〈轻风吹在湄江上〉看泰华文学作品的方言特色》,《世界潮人作家研究论文集》,暨南大学出版社,1993。

27.《广东澄海方音记略》,《汕头大学学报》1994(1)。

28.《广东闽方言研究述评》,《中国语文研究》1995第11期,又见《第三届国际闽方言学术研讨会论文集》,香港中文大学中国文化研究所,1995。

29.《汕头话受粤语的影响及其趋向》,《学术研究》1994(6),《双语双方言(三)》,汉学出版社(香港);《潮州学国际研讨会论文集》,暨南大学出版社,1994。

30.《潮汕方言声母与中古音声类的比较研究》,《潮学研究》1994(1),汕头大学出版社。

31.《论汉语的言语禁忌和避讳》,《北方论丛》专号《建设中国文化语言学》,1994。

32.《闽方言在广东的分布及其音韵特征的同异》,《中国语文》1994(3),《庆祝吕叔湘先生90华诞论文集》,商务印书馆,1995。

33.《广东澄海方言同音字汇》,《方言》1994(2)。

34.《广东揭西方言语音研究》,《汕头大学学报》1994(3),《语言文字学》1995(3)。

35.《潮汕方言韵母与中古音韵类的比较研究》,《潮学研究》1994(2),汕头大学出版社。

36.《粤方言常用词考释》,《语文研究》1994(1)。

37.《说“的”》,香港中国语文学会《词库通讯建设》1994(3)。

38.《潮汕方言声调研究》,《语文研究》1995(1)。

39.《潮汕方言声调与中古音声调的比较研究》,《潮学研究》

（3），汕头大学出版社，1995。

40.《汕头话词汇与海丰话词汇的同异》（与谢立群合作），《韩山师院学报》1995（1）。

41.《潮汕方言字典研究——兼谈方言字典编写的若干问题》，《汕头大学学报》1995（4）。

42.《粤西闽语音系及其内部差异》，《〈语文研究〉十五周年纪念文集》，山西教育出版社，1996。

43.《雷州方言词汇的构成特点》，《语文研究》1996（1）。

44.《潮汕方言词续考》，《潮学研究》（5），汕头大学出版社，1996。

45.《广东揭西棉湖的三种秘密语》，《中国语文》1996（3）。

46.《粤西闽语的语音特点》，《方言》1996（1）。

47.《过番文化与潮汕方言词的关系》，《语言文字应用》1996（2）。

48.《潮汕方言借用粤语词的三种形式》，《韩山师范学院学报》1996（1）。

49.《南澳方言渔业谚语汇释》，《第五届闽方言研讨会论文集》，汕头大学出版社，1996。

50.《汕头市话刍论》，《汕头大学学报》1997（1）。

51.《潮汕方言的古语词及其训诂学价值》，《语文研究》1997（1）。

52.《港澳回归与广东的推普关系》，《语言教学与研究》1997（3）。

53.《潮汕方言的特点及其学术意义》，《文史知识》1997（9）。

54.《1993年以来的潮汕方言研究述评》，《潮学研究》（6），汕头大学出版社，1997。

55.《潮汕方言对汉语史研究的价值》，《韩山师范学院学报》1997（3）。

56.《潮语证古》，《饶宗颐学术研讨会论文集》，香港艺苑出版社，1997。

57.《粤西闽语的音韵特征》，《语文研究》1998（3）。

58.《论强势方言及其对推普的影响》，《语言文字应用》1998（3）。

59.《试论方言俗语与民俗研究之关系》，《岭南文史》1998（4）。

60.《再论〈广州方言研究〉》，《方言》1998（3）。

61.《〈李新魁音韵学论集〉评介》，《中国语文》1998（5）。

62.《潮汕话的歇后语》，《韩山师范学院学报》1998（3）。

63.《汕头市方言志》，《汕头市志》卷72，新华出版社，1999。

64.《李新魁教授对汉语方言研究的贡献》，《汕头大学学报》1999（3）。

65.《论潮汕方言在潮汕文化中的重要地位》，《庆祝詹伯慧教授从教45周年文集》，暨南大学出版社，1999。

66.《二十年来现代汉语新词语的特点及其产生渠道》，《语言文字应用》1999（2）。

67.《客家文化与客家学》，《中华儿女》1999（3）。

68.《流行语札记》，《语文月刊》1999（6）。

69.《汉语委婉语的语义类别和语用特点》，《深圳教育学院学报》1999（2）。

70.《英语中的汉语借词论略》，《辽宁大学学报》2000（2）。

71.《广东粤闽客三大方言古语词比较研究》，《汕头大学学报》2000（1）。

72.《潮汕方言与潮剧形成的历史过程》，《语言文字应用》2000（4）。

73.《留学生学习汉语关联词的常见错误及其原因》（与董琳莉合作），《海外华文教学》2000（3）。

74.《香港及国外出版之潮汕文化著作述略》（与邵仰东合作），《图书馆论坛》2000（2）。

75.《“死”的不同说法与政治宗教及其他》，《文史知识》2000（4）。

76.《古浊声母上声去声字汕头话今读考察》，《汕头大学学报》2001（1）。

77.《粤东闽语与魏晋南北朝时语》，《漳州师院学报》2001（1）。

78.《对潮学和潮汕文化的再认识》,《潮学研究》(9),花城出版社,2001。

79.《粤东闽方言与福建闽方言的关系》,《闽南方言·漳州话研究》,中国文联出版社,2001。

80.《网络传播与新词语》(与巫敏合作),《词汇学理论与实践》,商务印书馆,2001。

81.《多种语言和多元文化对华文文学创作的影响》,《华文文学》2001(3)。

82.《潮汕地名及其历史文化内涵》,《汕头大学学报》2002(1);中国人民大学《文化研究》2002(6),《全国高校文科学报文摘》2002(3)。

83.《粤东闽粤客方言古语词考释》,《闽语研究及其与周边方言的关系》,香港中文大学出版社,2002。

84.《澄海方言量词的语法特点》(与陈凡凡合作),《汕头大学学报》2003年增刊。

85.《澄海方言数词的语法特点》(与陈凡凡合作),《汕头大学学报》2004(2)。

86.《"三言两拍"中与潮汕话相同的词语考释》,《华学》(7),中山大学出版社,2004。

87.《潮汕方言中因历史音变而难求的本字考释》,《祝贺曾宪通教授70岁寿辰文集》,中山大学出版社,2004。

88.《潮汕方言中保留古音考证》,《暨南学报》2005(2)。

89.《从〈汕头话口语语法〉看120年前的潮州音系》,《语言科学》2005(2)。

90.《山臻两摄字鼻音韵尾汕头话今读考察》(与林春雨合作),《南大语言学》(第二辑),商务印书馆,2005。

91.《广东南澳岛闽方言语音记略》,《汕头大学学报》2005(2)。

92.《潮安李工坑村畲民语言生活调查》(与洪英合作),《语言研究》2005(6)。

93.《粤东的一个福建闽方言点:南澳岛云澳话语音研究》,《方言》2006(1)。

94.《潮州话、泰语双向借词及其演变》,《民族语文》2006（2）。

95.《潮安畲语及其台语底层词》（与洪英合作），《暨南学报》2006（5）。

96.《网络语言论略》（与许竹君合作），《英语电化教育》2006（5）。

97.《广东省城乡居民口语夹用英语单词状况调查》（与陈瑾合作），《汕头大学学报》2007（5）。

98.《潮安畲语及其潮州话借词》（与洪英合作），《云南师范大学学报》2007（6）。

99.《标语中的古汉语同源词》，《民族语文》2007（6）。

100.《“潮汕文化”的自新与粤东社会的发展》，《汕头大学学报》2008（4）。

101.《网络传播的产物：网络新词语的产生及其特点》，《美术学报》2008（1）。

102.《怀集（下坊）粤语的语音系统及其特点》，《暨南学报》2008（5）。

103.《“岭南文化”特点补议》，《华南师范大学学报》2008（4）。

104.《丰顺半山客语言生活调查》（与李雪媚合作），《汕头大学学报》2009（3）。

105.《潮汕方言韵书式字典的起源和发展》，第九届国际潮学学术会议论文，中山大学，2009。

106.《粤北连南瑶族自治县大坪镇四村瑶民生活语言状况调查》（与陈亚静合作），《广东技术师范学院学报》2010（5）。

107.《法语背景非洲留学生汉语学习调查》（与任梦雅合作），《韩山师范学院学报》2010（5）。

108.《标话中的撮口元音及其系列韵母》，《民族语文》2010（1）。

109.《广东丰顺半山客的语音系统及其特点》（与李雪媚合作），《暨南学报》2010（1）。

110.《接触与变异：以广东丰顺汤南半山客话为例》，《族群、历史与文化：跨域研究东南亚和东亚（下册）》（与李雪媚合作），新加坡国立大学中文系、世界科技出版公司联合出版，2011。

111.《粤东凤凰山区畲族语言生活现状调查报告》（与吴榕青、杨姝合作），《田野春秋》，暨南大学出版社，2011。

112.《外砂话声调与澄海话、汕头话的比较研究》（与陈照儿合作），《汕头大学学报》2011（3）。

113.《粤东西部闽语的分布及其特征》（与潘家懿教授合作），《暨南学报》2011（3）。

114.《丰顺汤南半山客话语音研究》（与李雪媚合作），《潮学研究》2012（新2）。

115.《潮汕“十五音”字典：方言发展史的宝贵资料》，《中国社会科学报·人文岭南》，2012年8月1日第19期。

116.《许云樵〈十五音研究〉之研究》，《潮学研究》2013（新3）。

117.《影响广东媒体新词的动态语境变量分析》（与陈倩等合作），《学术研究》2013（7）。

118.《客、闽、潮“过番歌”的比较研究》，中山大学《文化遗产》2014（5）。

119.《“地方性知识”表达与面向东南亚的国际汉语教育》（与陈佳璇、蔡锐群合作），《韩山师范学院学报》2014（5），《汉语国际教育》2015（1）。

120.《以禅通艺，道通为一——饶宗颐书学成就与其诗文琴画之关系》（与蔡典娉合作），《韩山师范学院学报》2016（5），《饶学研究》2016（3）。

121.《潮汕民间文学多模态传承体系的构建及其传播路径》（与林朝虹合作），《文化遗产》2016（1）。

122.《告别“严肃脸”，与动漫说唱“混搭”》（与林朝虹合作），《中国文化报》2016年5月6日。

123.《基于广东媒体语料库的中文报刊语码转换语域理论模式分析》（与陈倩、许竹君合作），《语言科学》2016（1）。

乐为乡音著文章

——小记潮汕方言与文化学者林伦伦教授*

洪　英**

林老师曾经在1996年写了一篇文章，介绍他的老师、澄海籍的著名语言学家黄家教和李新魁等先生，篇名叫作《乐为乡音著文章》。十多年过去了，如今林老师也成果斐然、桃李芬芳。我们作为学生的，写点介绍他的文章，觉得沿用林老师的旧题不但能概括林老师的主要成就和精神，也有“长江后浪推前浪”，“家乡代有才人出”的意思。

林老师对潮学研究的贡献，主要是两个方面：一是对潮汕方言和文化的研究，成果丰硕；二是积极策划、组织跟潮学有关的各种活动，推动潮学的发展。下面我们就从这两个方面给大家做一个简单的介绍。

一　潮汕方言研究：学术与普及并举，成果丰硕

提起林老师，海内外的潮籍乡亲，大都知道这个名字，那是因为他主编的《新编潮州音字典》和《潮汕方言熟语词典》（1993）两本工具书的家喻户晓。《新编潮州音字典》从1995年首次出版发行至今，已经印行了14万多册，是新中国成立以后发行量较大的一本潮州音字典。《潮汕方言熟语词典》估计也印行了2万多册。如果每一本平均有3个

---

* 原载《广东潮讯》2008年第1期。

** 洪英，广东潮安人。香港科技大学人文学部哲学博士（语言学专业）。自2004年起，师承林伦伦教授，研究汉语方言、历史音韵学和语音学，先后在学术刊物发表论文十多篇。2014年起先后在汕头大学文学院、香港理工大学专业进修学院任教。

人查阅过的话，那大概就会有接近50万人知道林伦伦这个名字。

林老师在他的《在澳洲的天空下》的留学随笔里写了这样一个有趣的故事：在悉尼大学访学的时候，有一位先生给林老师打电话，说是有他的追星族（现在叫“粉丝”）要见他，请他吃饭。他如约到餐馆一看，原来是两位潮籍老华人。他们拿出几本书让林老师签名，其中就有这两本工具书。可见这些书的影响之大。据汕头电视台报道，这两本书现在坊间已经断市，买不到了。出版社正在跟林老师联系，准备修订再版。

然而，林老师在学术界成名，却不是因为这两本工具书，而是因为其他的学术成果。他已经出版了《潮汕方言与文化研究》（1990）、《潮汕方言词考释》（1992）、《澄海方言研究》（1996）、《广东闽方言语音研究》（1996）、《广东方言与文化论稿》（2000）、《广东闽语雷州话研究》（2006）、《南澳岛方言语音词汇研究》（2007）等专著，在语言学权威杂志《中国语文》、《方言》、《民族语文》和《语言文字应用》等杂志上发表了数十篇论文。1994年，他凭借国家社科基金青年项目“潮汕方言语法研究”的成果，获得了中国社会科学院的青年语言学家奖二等奖（一等奖空缺）。该奖是由中国著名语言学家吕叔湘先生倡导设立的，是中国语言学界的权威奖项，由此也奠定了林伦伦老师在中国语言学界的地位，尤其是在汉语方言学界的较高地位。自1996年，林伦伦老师就被选为全国汉语方言学会常务理事和广东省中国语言学会副会长。

从学术的角度讲，林老师最得意的专著有两本：一本是他和李新魁教授合作的《潮汕方言词考释》。他认为这是下功夫最深的专著。这本书林老师是在“读研”的时候就开始做的。上从先秦典籍，下到“三言二拍”，从汉代工具书《说文解字》《方言》《尔雅》，到宋代韵书《广韵》《集韵》，他无不悉心披阅，沙里淘金；历时三年，做成卡片数千张，最后才写成《考释》初稿。经李新魁教授修改审定后成书。还有一点特别值得我们提及的是，这本书是手抄后影印出版的。师母陈海鸿女士曾经跟我们谈过林老师大夏天光着膀子挥汗如雨缮写这本书的艰苦过程。那时候因为国际音标和方言难僻字没法排印，林老师只好亲自缮写，每一张白纸是八开大，写990个字。一张之中如果写错一个字，必须作废重来，因为涂改或者挖补会影响拍照制版的效果。每天大概只能完成一张。这本书共300页左右，也就是光抄写就要整整300天。在我们今天看来，简直是不可思议。这本书后来获得首届潮学研究特等奖。

另一本书是《澄海方言研究》。澄海是林老师的家乡，他是带着感情去调查、研究这个课题的。从语音、词汇到语法，全书调查详细，材料翔实，描写准确。直到现在，林老师给我们上《汉语方言调查和研究》课，还常常拿这本书做案例来讲解，可见他自己对这本书的满意度是比较高的。

二　积极策划、组织活动，为潮学研究“鼓与呼”

从1993年被任命为汕头大学文学院副院长到1999年被任命为副校长，林老师一直把潮汕地方史、潮汕方言和海外华文文学等学科作为文学院，乃至全校的重点学科来扶持、建设，策划开展了一系列的学术活动，影响大的学术会议就有“海外华文文学国际学术研讨会”“世界潮人作家作品研讨会”“白先勇作品研讨会”“第二届潮州学国际研讨会”“第九届全国汉语方言学会学术年会”“语言与文化学术研讨会”“第二届闽方言学术研讨会”等。在此期间，汕头大学文学院出版了一系列跟潮学有关的、高水平的学术成果，如陈贤茂教授主编的三卷本《海外华文文学史》，获得了教育部的人文社科成果三等奖。到目前为止，这仍然是汕头大学人文社科成果获得的最高奖；一度濒于停刊的学术杂志《华文文学》也起死复生，还发展成为世界华文文学研究会的学术会刊。这是广东省为数不多的一级学会学术会刊之一；另外，黄挺教授主编的《潮汕史》也获得了广东省哲学社会科学优秀成果三等奖。2006年，汕头大学图书馆潮汕文献特藏部编辑出版《汕头大学潮学研究文萃》，他应主编之邀，欣然作序，继续鼓动把潮学作为汕头大学的重点学科进行建设。曾经，潮学研究在汕头大学搞得红红火火，成了学校学科建设成绩的主要特色之一。

为潮学研究“鼓与呼”的另一方面，就是利用他是“国际潮青”和“广东潮青”领导成员之一的身份，每次开国际年会，他都主张开设“潮学论坛”，除了亲自出席演讲之外，还邀请知名专家，开讲潮学。至今下来，已经蔚然成风，使潮学在各国潮州青年中，有了一定的认识。2008年8月马潮联会开会，11月悉尼国际潮团联谊大会，他都将应邀出席潮学论坛演讲。

另外，他从1994年开始招收汉语方言和地方历史的研究生，和黄挺教授合作培养潮学的接班人。在这些硕士中，陈景熙和陈海忠现在中山大学攻读历史学博士，继续研究潮学；林春雨硕士调查研究南澳岛方言，都有所成就，他们将可能成为潮学的后起之秀。而林老师指导我调查研究潮安畲语，倾注心血尤多。而今，我也将赴香港科技大学继续攻读语言学博士，并继续做与潮学有关的研究。

师从林伦伦教授的记忆*

杨　姝

林伦伦教授，是我在汕头大学学习汉语言文字专业时的硕士导师。从学三年，在林老师①身上，我感受到一名高级知识分子的为人师表、自强不息和社会责任感。这些印象深刻地影响了我们这些学子，直到现在。

对林老师的最初印象，始于报考介绍中那一大串令人起敬又生畏的头衔、论文、著作和获奖经历。但这期间记忆最深的，是他写的鼓励信。我知道许多导师是不会给考生写信的，更别说亲笔信。林老师时任汕头大学副校长，又兼学术研究和教学，非常忙。我很感动，铭记于心，对学术的兴趣愈加浓厚。亲切，是此时印象的关键词。我大概属于那种有点别扭的人，到校复试也没想过要事先联系，林老师他们担心我走丢了到处找……坐在复试考场里，我从主持人於贤德老师口中得知一切，汗颜又感激。面试时的林老师，比照片更帅、眼神锐利，有点不怒自威，用现在流行的说法，气场强大，有点酷。记得最后他提问的是后来我念念不忘的入声和入声字。所幸当时准备还算充分，顺利过关。

2001 年入学后的学习紧张而充实。林老师是研究汉语方言——特别是潮汕方言的专家，著作很多。但他的授课风格，并不令人生畏，而是深入浅出、风趣幽默，让你觉得汉语方言、汉语言文字学研究是自己力所能及且能有所贡献的事儿；还有趣，可以不枯燥也不钻牛角尖。但

* 原载《韩山师范学院报》2009 年 5 月 1 日。

① 我和同学对林伦伦老师的习惯性称谓。在心里，他始终是我们的老师。

是，同时开列的大量书目，提供的多元信息，以及田野调查的训练，又摆明了这门学问的博大精深和艰苦努力之必要。

林老师很爱护学生。记得入学第一年中秋节，林老师、於贤德老师，语言学、文艺学等方向的学生：我、余江、陈海忠、王文艳、王春艳、胡昭舫等，齐聚林、於两师公寓楼顶，赏月品茗，其乐融融。以后每逢节日，差不多都有聚会。即便日常课余，我和余江等同学也常到老师家蹭饭。师母非常和蔼亲善，潮菜做得极好。我最记得“翻砂芋头”，皮脆肉嫩，甜而不腻。我曾向她一招一式地学了，喜滋滋回老家却怎么也做不好。

时光就这样在求学的艰辛和快乐中飞逝。专业上我对入声和入声字越来越感兴趣。入声字是汉字特殊的一群，以塞音作韵尾，发音短促而急，形成入声调。让我稀奇的是，熟悉的普通话、西南官话里都没有，家乡话新湘语塞音韵尾也早已遗失，只留个入声调类。粤闽客等方言区也许习以为常、不以为异的入声，对我却仿佛见到新大陆一般魅力无穷，充满由生至死的生命质感。我下定决心，以家乡的入声作毕业论文题目。老师得知后很担心，因为入声其实是汉语方言老课题，研究成果多且深，他怕我辛苦弄出来的，却是别人早已达到的。但他很尊重学生的学术兴趣，并未就此棒杀，只是一再告诫：开题报告得小心。果然开题时，我的头脑发热遭遇了师长们特别是林老师的冷静敲打。开题后的那一年，对林老师和我们这批学生来说都很艰难：他作为广东省高级管理人才到悉尼大学研修教育管理学一年，语言障碍、生活差异等不便之处，即使十几二十岁的年轻学子也不易克服；而我们正处论文关键期，整日在迷雾中摸索，光明似现非现。为了不耽误课程，他延请其他老师继续授课，研究生课题经费也安排妥帖；在海外屡用 E-mail 关注论文进展，指点方向和细节，也和我们交流自己学习的苦乐……我记忆中那段时日，虽然艰苦，老师对自己，对学生却总是乐观向上，传递给我们一种“天行健，君子以自强不息”的精神力量。在林老师的督促、指点下，我的毕业论文以充实的实地调查材料论证了湘潭方言入声走向和湘语入声在汉语方言中的独特性和重要性，被评为优秀。回想起来，是林老师悉心指导，让我找到田野调查和论证的准确方向，否则只能学不足而不自知；是林老师、黄挺老师和严修鸿老师等师长的言传身教，让我懂得做学问的基本道理：学术想象力与严谨慎思的缺一不可。

在我心目中，林老师固然学术有成，但并非固守在象牙塔里的学者。而是不仅有学术背景和专业素质，也热心教育、文化和其他公共事业，并以行动将学术求索和批评精神延伸其中的公共知识分子。林老师在我毕业一年后，调到广州担任新职。但我想无论何时何地，他对潮汕，对学生，对教育和其他公共事业的热爱都是始终如一的。

时逢林师来韩山师院参加会议并开讲座，我再受其教，心有所感，是为记。

2009 年 4 月 28 日

传 灯 编

书院三朝毓文化，澄中百载播芳菲

——写在澄海中学百年校庆之际*

林伦伦

我是澄海人，澄海籍的一介文人，在外地经常有人问我：“您是澄海中学的毕业生吧?”一开始我有点纳闷。但问的人多了，我揣摩，是因为我被认为是一个学术研究有点成就的人，而学有所成的澄海人，绝大部分出身名门、有个响当当的母校——澄海中学。因为这所百年名校，名人辈出嘛！再加上我的大学恩师、中山大学中文系的著名语言学家李新魁老师是澄海中学的高才生，我的岳父陈德桂校长在恢复高考时又主政澄海中学。于是，我是澄中生便好像是“顺理成章”的事情了。

但十分遗憾，我没有福气进过我心向往的澄海中学读书，然而又十分幸运，我读高中时（1973—1974）的澄海上华中学，居然有方书仰、（物理老师，后为澄海中学校长，中山大学毕业生）、周勤铭（地理老师，中山大学毕业生）、张天杰（物理老师，中山大学毕业生）、蔡德椿（政治老师）、曾祥进（体育老师，澄海篮球队名教练）、陈构仝（体育老师）等澄海中学的名师下放到上华中学。1978 年恢复高考时，我下乡在雷州半岛林场，当地没有老师可以辅导我们，就全凭上述老师们教的那些知识去碰运气了，竟然还考上了中山大学中文系。周勤铭老师自编自创教给我们的那些地理知识口诀我至今烂熟于心，起了很大的作用，地理课我考了高分。于是，我第一次懂得名师、名校在教书育人中所起的重要作用。后来，无论是在汕头大学还是在广州的高校任教，

* 原载《羊城晚报》（地方版）2015 年 5 月 7 日。

经常碰到一些有成就的澄海籍人士，真的十有七八是澄海中学的毕业生，就更加深了澄海中学对培养一方人才的重要地位的认识。

2010 年，韩江两岸木棉花盛开的时节，我奉命从广州调任韩山师范学院院长。我本来以为，韩师升格为本科以来，在全省同类高校中发展落后了。作为家乡学人，应该回来与韩师同人一道，把它建设好。我怀揣着的是，回乡贡献微薄之力、报答生我养我之家乡的感恩之心。但在韩师工作 5 年来，我才深深地认识到，韩师对于粤东地区人才培养的重大作用。韩师自 1903 年由韩山书院改办为国立的“潮惠嘉师范学堂”以来，培养了近 8 万名毕业生。根据我校调查的数据，在粤东地区，尤其是潮汕地区，几乎没有一所中学没有韩师毕业生担任的学校领导，有的中学校长就是韩师的毕业生，如澄海中学的侯庆生、潮阳棉城中学的郑平雄、揭阳一中方少明、潮州高级实验中学陈伟群、金山实验中学林跃文诸位校长，就都是韩师的高才生。有的学校领导班子中，韩师毕业生占了一半。而各中学里来自韩师的教师就更多了，有的居然占了全校教师总数的三分之二。于是，我对培养过中山大学的首任校长邹鲁先生、华南师范大学第二任校长陈唯实先生的韩师所具有的重要的历史地位有了更加深刻的认识。可以说，韩师的校友群，筑成了粤东地区基础教育的擎天柱。没有韩师，就没有现在的粤东地区的欣欣向荣的基础教育；而如果没有澄海中学等的各地基础教育名校，粤东地区的人才就没有了汩汩而流的源头活水。

是这一所中学和一所大学——澄海中学和韩山师范学院，使我对地方名校对地方文化教育、社会发展的重要地位有了深刻的认识。当然，名校不是一蹴而就的，而是有着深厚的历史文化积淀，通过一代又一代的知识分子的无私奉献和传承而建设成的。韩师是因为有兴办于宋代的韩山书院的近千年的文化积淀而有着丰厚的基础。而澄海人的读书蔚然成风、人才辈出，我认为则得益于澄海冠山书院的良好学风的滋养。据《澄海县志》载：“冠山书院，在冠山乡神山麓，明朝知县蔡楠建。后堂祀朱文公（熹）。”隆庆三年（1569）始建，历代多有修葺，清末改为学堂，是广东现存四座明及明前书院之一。冠山书院之后堂，还附设有冠山文祠，也称考亭祠，祀南宋理学家朱熹（1129—1200）。因朱熹谥号“文”，世称朱文公，朱熹祠也称文祠。朱熹乃安徽婺源人（今划归江西管辖)，晚年在福建省建阳县“考亭”这个地方筑“沧州精舍”，作为讲学之所，其学派为“考亭学派”，故冠山文祠也称考亭祠。神山上还有魁星庙，祀文曲星君。这书院、文祠、魁星庙，是澄海人崇尚读书、崇拜读书有成者，也就是重视文化教育、崇拜文明习俗的物质和精神寄托所在。

我读高一时（1973 年）的上华中学就在神山之侧，冠山书院就是我们的饭堂和体育活动场所。文祠和魁星庙虽然破败不堪，但我们还常常去玩。也许，就是这一年在这凝聚了几百年文气的地方浸泡过，才使我身上也沾了一些读书的灵气和才气。而澄海中学，则像韩师继承了韩山书院一样，继承了冠山书院的沉甸甸的兴学育才的优良传统。澄海的学子们，就在这一方文化的沃土中，在园丁们的辛勤栽培下，得以沐浴阳光雨露，茁壮成长。百年澄中，英才辈出，国之栋梁、省之豪杰，比比皆是。

是可谓：书院三朝毓文化，澄中百载播芳菲！

《黄际遇先生纪念文集》序言[①]

林伦伦

说来惭愧，知道中山大学有个博学鸿儒黄际遇先生，我是在黄家教先生的课堂上听来的。

黄家教先生是中山大学的著名语言学家，我们当面称他“黄先生”“黄老师”，但背后称他“黄家老”“家教老”，甚至“家老”。我至今不知道是我们的创新呢，还是沿袭学长们的称谓。1983 年春天，他给语言学专业的硕士研究生开《汉语方言学》课。黄先生的课，有趣的例子很多，深入浅出，循循善诱，把一门其他人觉得很枯燥的课程上得生动活泼、风生水起。课前课后，黄家老喜欢跟我们谈语言学前辈们的一些逸事掌故，如他的业师、中国语言学大师王力先生，原中山大学中文系教授、著名语言学家岑麒祥先生等，用今天的话说，个个都是我们崇拜的偶像。黄家老讲的故事，经常让我们听得一愣一愣的。不知不觉地，我们喜欢上语言学了。黄家老用一条无形的绳子把我们给引进了语言学的精彩纷呈的天地。

有一次，黄先生感叹自己学问不及他的老师王力先生的时候，突然冒出一段：“比我父亲就更差了。父亲生我们七个儿子，每个孩子学一门专业，都不及父亲的学问好。真是一代不如一代哦。”他长长地叹了一口气。

黄家老的父亲是谁？这么厉害！后来我们向同是澄海人的著名语言学家李新魁教授请教，才第一次知道了黄家老的父亲——著名的数学

---

① 原载陈景熙、林伦伦编《黄际遇先生纪念文集》卷首，汕头大学出版社 2008 年版。

家、天文学家、教育家、文学家、音韵文字学家、书法家、象棋名宿黄际遇先生。在中山大学任教的时候，他是数学天文系主任，在中文系教《历代骈文》，又经常与省港象棋名将切磋交流，名重当时。后来我们还知道，黄家老是黄际遇先生的三公子，学的是语言学；其长兄黄家器学的是数学，后来在家乡澄海中学任教，当过澄海中学的校长。在我们看来，诸公子中要算黄家老的成就大了，他在汉语方言学方面，造诣尤深。但黄家老还是自愧不及父亲学问的几分之一。

再后来，陆陆续续地拜读了著名学者梁实秋、詹安泰、黄海章等先生的纪念文章，才真正地体会到黄际遇先生学问的高深和人格魅力的高尚。从文学的角度讲，我最欣赏梁实秋先生的《记黄际遇先生》。他用大文豪的生花妙笔，把一个魁梧健硕而又风神萧散的博学鸿儒、性情中人黄际遇先生刻画得栩栩如生。黄际遇先生的某种境界，令我辈后生特别的神往。

可惜这样的一位博学鸿儒，在他任教过的山东大学（青岛大学）、河南大学（中州大学）、中山大学等高校，知道他的人实在太少了。今年8月，我曾到河南大学访问，黄际遇先生曾经在这里任过校长，还当过河南省的教育厅长。但校史馆里，陈列的只有黄际遇先生的一张遗照和一本《黄任初先生文钞》的复印本，其他的什么都没有。《河南大学校史》（河南大学出版社1992年版）中，黄际遇先生的名字，也只出现在《河南大学大事记》和《河南大学历任校长一览表》中，别无片言只字的介绍。我跟接待我们的河南大学主人简单介绍了黄际遇先生的博学多才，主人们觉得很惊讶，因为他们都不知道，他们的前校长是如此的了不起。

在中山大学，情况又如何呢？北京大学的著名学者、潮汕老乡陈平原教授曾经在中山大学度过了7年的读书生涯，获得了学士和硕士学位。但是他却说："奇怪的是，为何黄际遇先生这么有趣的人物，长期以来在中大并不流传？起码我在中大念了7年书，未曾耳闻黄先生些许逸事。此等人物，若生活在老北大，定然是校园里的绝佳风景。不知道是因50年代后专业化观念日益深入人心，凭兴趣读书讲学不再被认可，还是因教学于兵荒马乱之中，没有弟子承衣钵传薪火。"（陈平原《走进中大》）

不管是哪种原因，黄际遇先生的差不多被中山大学遗忘却是不争的事实。如果我不是刚好听过黄家教先生的课，那么，也就像陈平原师兄（他当时学的是中国现代文学）一样，可能对黄际遇先生的事迹一无所知。

在中山大学是这样，那么，在黄际遇先生的老家潮汕，又有多少人知道黄际遇先生呢？曾任汕头教育学院院长的杨方笙教授说："黄际遇先生是个了不起的学问家，其学殖之富，才气之高，成就之广，不但在潮汕罕见，即使在全国也是为数不多的。令人遗憾的是，现在即使在潮汕，也有许多人不能举出其姓名，似乎他已渐渐地被世人淡忘。"①

呜呼哀哉！正是基于这样的一种"濒危"情况，我们才觉得很有必要把纪念黄际遇先生的文章、诗词、挽联等等收集起来，编辑出版，向世人介绍这位广东的绝代奇才。黄际遇先生博学而严谨的治学风格、循循善诱的教学方式、豪放率真的人生态度，在专业划分越来越细、教学科研成果计量评估、学术腐败日益猖獗的现在，尤其值得我们去学习，去思考。尽管由于我们的能力有限，挂一漏万之虞在所难免，但如果能使读者了解黄际遇先生之一二，我们编辑此书的目的便达到了。

末了，根据我们在编辑过程中的阅读经验，向读者重点介绍文集中的一些文章。

读者如要了解黄际遇先生的基本情况，可读饶宗颐《黄际遇教授传》和陈景熙《黄际遇先生年谱简编》；想知道他在教学研究和数理化教育方面的贡献，张友余的《黄际遇传》是必读篇目；日记方面，杨方笙的《黄际遇和他的〈万年山中日记〉》介绍最详；而描述一个活生生的性情中人黄际遇，则以梁实秋的《记黄际遇先生》为胜；关于书道和棋艺，也有蔡仰颜《黄际遇的书法艺术》和唐家安、杨明忠的《岭南才子亦名师，棋国往事说功臣》诸文可读。

至于编辑这本书的过程和辛劳、黄际遇先生的后代及其亲友们对我们的大力支持等事项，则由这本文集的主要编者陈景熙君在后记中加以说明，这里就不赘述了。

丙戌中秋，于华南师大教师村

---

① 杨方笙：《黄际遇和他的〈万年山中日记〉》。

乐为乡音著文章

——澄海籍方言学家记略*

林伦伦

“韩江一脉钟灵气，莲峰九叠尽芳菲。”澄海山川秀丽，人杰地灵，文韬武略，各领风骚。这里着重介绍几位对潮汕方言研究作出重要贡献的澄海籍名家和他们的后继者，从他们丰硕的成果中，可窥见潮汕方言研究的历史轨迹。

一 张世珍和陈凌千

潮汕方言的字典大致分为两类：一为以音求字的韵表式《十五音》，一为以字求音义的字书。1949 年以前，坊间的《十五音》和字典有几十种之多，但发行量和影响最大的便是由澄海张世珍编著的《潮声十五音》和陈凌千编著的《潮汕字典》。

张世珍（1840—1915），字聘三，澄海隆城人。家境清寒，少时弃学从商，足迹遍及国内的天津、烟台及泰国、新加坡、越南，精通闽南话、山东话和粤语。因受漳州清代秀才谢秀岚的漳州音《增注雅俗通十五音》之启示，以“柳边求去地，颇他增入时，英文语出喜”等 15 个声母字为经，以“君家高金鸡、公姑兼基坚……”等 44 个韵母字为纬，依潮汕方言音节，就商场中常用字，逐一收录，于 1904—1907 年完成《潮声十五音》的初稿，1912 年付梓，1913 年由汕头图书报石印

---

* 原载林伦伦《澄海方言研究》，汕头大学出版社 1996 年版，第 270—274 页。

社出版，后再由汕头科学图书馆出版，深受群众欢迎。这是潮汕方言的第一本《十五音》字典。张氏筚路蓝缕，功在开创。

陈凌千（1905—1957），又名陈梁奎，字岳先，澄海澄城人。陈氏禀赋聪慧，好学多思，曾自编《尺牍小品》《字类辨正》等自学课本。目睹当时潮人之文盲状况，遂矢志编著《潮汕字典》，提高潮人文化水平。自1931年始，废寝忘食，呕心沥血，至1935年大功告成。国民党元老、大书法家于右任为其题签。是年9月由育新书社初版，后再由广益书局、中央书局、新侨书局协作出版。自1936年至1946年10年间，先后印行17次，连初版共印69.5万册。这是发行量最大的一本潮汕方言字典，至今未有出其右者，为潮汕人读书识字作出了重要的贡献。

二　黄际遇、黄家教乔梓

《潮声十五音》和《潮汕字典》是依传统小学的方法编著出来的，但真正运用现代语言学的理论来研究潮汕方言，澄海籍大学者黄际遇教授为第一人。

黄际遇（1885—1945年），字任初，号畴庵，澄海澄城人，著名数学家、天文学家，兼长音韵、词赋、棋艺，通晓英、日语言，曾任中山大学文、理、工三学院教授。先生于1934—1935年在《山东大学文史丛刊》上连载《潮州八声误读表说》，作者有感于潮音“清声与浊声二类之字，上声与去声二类之字与韵书不合者大约有四分之一”的情况，运用现代语言学原理与传统音韵学知识精细考核，列出《声类切母八声误读表》和《韵类字首八声误读表》，为潮音的正音研究开了先河。

黄家教，黄际遇教授之哲嗣，生于1921年，1947年毕业于中山大学文学院。黄教授幼承家学，博学多才，在方言学和社会语言学方面多有建树，是国内外知名的汉语方言学家。黄教授最早对潮汕方言的语音系统作全面的调查研究。1958年他便在《兰州大学学报》上发表了《潮汕方言概说》一文，整理出了汕头市话的声母、韵母和声调系统，还说明了它与其他各县潮汕方言的语音差异，并详细讨论了汕头话的文白异读和连读变调等问题，为汕头话的研究打开了缺口。1990年，他发表了《潮汕方言的代表语问题》一文，从政治、文化、经济诸方面论证，提出汕头市话应是潮汕方言的代表语这一意见，为潮汕方言研究开拓了新的视野。

黄教授的最大成就还在广州话研究和汉语方言调查研究方法方面，他的《广州话无介音说》和《从“等”来看广州方言入声消失的迹象》在方言学界影响很大；他和詹伯慧教授等合著的44万字巨著《汉语方言及方言调查》被定为全国高校文科教材，被初学方言者奉为圭臬。

三　李新魁、林伦伦师生

真可谓木大成荫，黄氏乔梓家学相传，在中山大学开辟了潮汕方言研究的基地，50年代末至60年代，黄家教教授的高足如詹伯慧、李新魁、李永明均相继成名。其中李新魁先生也是澄海澄城人。

李新魁，生于1935年10月，中山大学中文系教授、博士生导师，现为中国语言学会理事、广东省中国语言学会副会长。李教授在潮汕方言研究方面最为人称道的是他编著的《普通话、潮汕方言常用字典》和《新编潮汕方言十八音》两种工具书。《普通话、潮汕方言常用字典》根据古代韵书的反切纠正了以往潮音字典的不少误读音。字典除了注普通话读音之外，还首次使用《潮州话拼音方案》注潮汕话读音，对潮汕地区推广普通话起到了重要的作用。因而一版再版，至今已发行了45万册。《新编潮汕方言十八音》则克服了旧《潮声十五音》析音不精、列字不当的缺点，具有较高的科学价值。

在潮汕方言词研究方面，1964年，他发表了《潮汕方言词考源》；1987年以后，他和弟子林伦伦合作，先后发表了《潮汕活本字考》《潮汕方言本字研究》等论文，后来由林伦伦写成《潮汕方言词考释》一书，对800多条潮汕方言词进行了较为科学的考释。李教授在潮汕方言研究上的又一建树是方言史的研究。1987年，他发表了《广东闽方言形成的历史过程》，其中对潮汕方言形成的历史过程提出了十分精辟的见解。李教授在汉语史尤其是汉语音韵学的研究上，名播国内外。自1980年出版《古音概说》以来，他还出版了《〈韵镜〉校证》《汉语等韵学》《〈中原音韵〉音系研究》《汉语音韵学》

《汉语文言语法》《古代汉语自学读本》《类别词汇释》《实用诗词曲格律辞典》《广东的方言》《广州方言研究》等著作十多部，论文数百篇，共400万字。

林伦伦，1957年出生，1978年秋考入中山大学中文系，1985年6月研究生毕业，获语言学专业文学硕士学位。在攻读研究生期间，即在李新魁先生指导下做合作研究课题，著有《广州人学讲普通话》和《潮汕方言词考释》两书。现任汕头大学文学院副院长，硕士生导师，全国语言文化学会常务理事兼学术委员，广东省中国语言学会常务理事，全国汉语方言学会、全国语言文字应用学会、中国对外汉语教学学会、广东省对外汉语教学学会理事，汕头市潮汕历史文化研究中心理事兼学术委员。已出版《潮州话口语》《潮汕人学习普通话手册》《新编潮州音字典》《潮汕方言熟语辞典》《潮汕方言与文化研究》《古诗文别称词与中国文化》《中国言语禁忌和避讳》等著作十多种，在《中国语文》《方言》《语文研究》及《汕头大学学报》等学术刊物上发表论文40多篇，著作凡200万字。曾获中国社会科学院中国青年语言学家奖、广东省第五届社会科学优秀成果奖、潮汕历史文化研究特等奖等诸多奖励。

四　成果斐然的本地学者

在潮汕本土，还有不少对潮汕方言研究颇有成果的学者。其中王永鑫、余流、蔡英豪等也都是澄海人。

王永鑫，笔名王笑，澄海莲下人，1936年生。现任汕头教育学院中文系主任、副教授，著有《潮汕方言与中古语音的比较》《潮汕方言特有声韵调探源》《略谈潮汕方言研究的历史与现状》和《从潮汕方言土语看潮汕民间风俗》等十多篇文章。并在韩山师范学院、汕头教育学院中开设《潮汕方言与文化》课程，颇有影响。

余流，笔名于六，澄海莲上人，1927年生。曾任汕头戏曲学校教材组长，业余从事潮汕方言词语研究，著有《潮汕俗谚》《潮汕民间成语草集》《潮汕熟语俗典》等著作和《潮州音乐名物术语考释》《“移”和“禾”》等论文多篇，并参加《汕头市方言志》的编写工作。

此外，在本土和外地，还有一些学者从事过潮汕方言的搜集和研究工作，如《潮汕熟语集释》的作者蔡英豪先生、与余流合著《潮汕熟语俗典》的青年人王伟深和邵仰东、《潮州话动词或处所名词前面的"来"》一文的作者王彦坤副教授、《潮州话鼻化韵概述》一文的作者陈伟武博士等也都是澄海籍人士。

当然，澄海籍人士曾研究潮汕方言的肯定还不止这些。囿于作者的孤陋寡闻，挂一漏万在所难免，还望海内外方家有以教我。

乐为乡亲著文章*

林伦伦

大概二十年前，我写了一篇介绍我家乡澄海籍的语言学家们研究潮汕方言的小文章，标题是《乐为乡音著文章》，与这篇后记的标题只有一字之差。但就是这一字之差，却反映了我三十年来研究方言的心路历程的变化。

非常有趣的是，第一本潮语“十五音”著作——《潮声十五音》的作者张世珍先生，第一本潮语的部首笔画字典——《潮汕字典》的作者陈凌千先生，中山大学著名的方言学家黄家教教授，以及音韵学家、方言学家李新魁教授竟然都是澄海人。在潮汕本地研究方言比较有成就的还有余流先生和王永鑫（王笑）先生，他们也都是澄海人。我不知道澄海的其他读书人对方言研究情有独钟的原因是不是文化传统的一脉相承，但我清楚地知道，我走上方言研究的道路，肯定是星桥师（李新魁教授）引导的。

记得大二下学期的时候，随中文系七七级的师兄陈海鹰（后来他成了我的大舅子）一起去拜访星桥师。师问：“你这一年多来都读些什么书？”我老老实实地回答：“读了几十部中外名著，因为入学前看不到这些书。”师又问：“毕业后想做什么事？”我不假思索地说：“当老师。”因为我早就想好了，这一辈子当个老师，安安稳稳地过日子。师笑云：“如果这样读书下去，可以去工人文化宫当故事员，

---

* 原载林伦伦《潮汕方言：潮人的精神家园》，暨南大学出版社 2012 年版，第 156—159 页。

因为你读了很多小说。”我愕然。师笑着开导：“既然选择当老师，那就要照着当老师的要求去选择读书。”我这才顿然觉悟。于是，此后每月登师门一次，老师开出书单，我照单读，并口头汇报读书心得。大四时，本科毕业论文也就自然而然地选择了研究澄海话的题目，指导老师当然就是星桥师了。就这样，我跟着老师走上了方言研究的“不归路”。

当然，当老师也好，研究方言也罢，一开始也不过是为了生活而已，就像我在一首诗里写的：“读书本为谋稻粱。”1985 年研究生毕业后，我进了汕头大学，梦想成真，当了老师。这时觉着应该有进取心，要努力奋斗，这便有点“入世师儒求闻达”的功名目的了：想评高一级的职称，要申请省部级的科研项目。于是，我潜心研究，而且目标明确，主攻《中国语文》和《方言》等权威杂志。从 1991 年开始到以后几年，成果终于“爆发”：连续在以上杂志发了几篇论文，在其他杂志发表的论文也有不少被《中国高校文科学报文摘》和中国人民大学资料中心的《语言文字学》转载。1994 年，凭着研究潮汕方言语法的三篇系列论文获得了“中国社会科学院青年语言学家奖”，《潮汕方言与文化研究》一书获得“广东省哲学社会科学优秀成果奖”，《潮汕方言形成的历史过程》一文获得“广东省中青年学者人文社科研究优秀成果奖”，《潮汕方言词考释》一书获得“潮学研究”特等奖。

然而，三十年“研究”下来，现在却有点“想法”：发表于《方言》杂志的那些论文，满篇的国际音标，除了专家学者看得懂之外，家乡的父老乡亲又有哪一位能读懂那些“豆芽韭菜”？回头看看我主编的《新编普通话对照潮州音字典》，1995 年出版以来，一版再版，每年都翻印，现在的印数也该有十多万册了。那本很通俗的《潮汕方言熟语辞典》自 1993 年出版以来，也是一印再印，现在已经一书难求了。但这两本东西，评职称、报项目是派不上用场的，因为不能“被定性”为“学术专著”。作为文化教育工作者，作为方言学者，作为潮汕人，我在思考：为谋稻粱，为求功名而治学之外，为什么不能静下心来为自己的衣食父母、为家乡的父老乡亲做点事情呢？

于是，我下定决心，以后，尤其是花甲退休之后，我的努力方向就是为父老乡亲写书，写父老乡亲想看、有用，又看得懂、用得着的书和文章！因而，从选题到写作，学以致用、深入浅出、雅俗共赏成为我追求的目标和风格。最近，我在《羊城晚报》（粤东版）上连续发表了《潮州话：潮人的精神家园》等几篇文章，试着把学术论文散文化，我自己把它叫作“学术散文”。没曾想这些文章反响热烈，影响颇大，潮汕三市的报刊，还有涉“潮”的网站几乎都对其进行了转载。这充分说明：广大读者看得懂，也爱看。所以，写这本书的时候，我就沿着这条路来走了。这本小册子主要写的是群众最容易看得懂的潮汕方言词汇，是一本给普通读者看的书，把书名定为“潮汕方言：潮人的精神家园”，尽量文学化一些。我找出潮汕方言词汇中有价值的、群众以前一知半解的东西来写，而且努力把它写得通俗易懂，能够“咀破”，使读者读后有“原来就是这样啊”的体会和感叹，收到“咀破无酒食”的效果：为了达到这个目的，我在每一章的前面，都写了一节一千字左右的散文化的“导语”，对该章的内容作了概括，每写完一章，就让我太太作为非专业读者的代表，先读一遍，问她哪些地方看不懂，我再改，她说有些字光用《潮州话拼音方案》注音还看不懂，我就加注潮音同音字或者反切。诸如此类，不一而足。

这本书只有十多万字，但“毛坯料”超过 100 万字。这些资料，不少是我的硕士研究生杜奋、余森河帮忙收集整理的。在北京大学中文系与我学同一专业的女儿林晴也常常帮我在网络上搜查资料，关于外国传教士编写的工具书等资料，都是她从北京国家图书馆收集到的。不少“十五音”字典，是陈景熙博士等潮学网的朋友们帮我收集到的。所以说，虽然这本书只署我的名字，却是我们一家子和师生们共同努力的结果，我要感谢大家对我的帮助。

末了，还要感谢暨南大学出版社徐义雄社长、暨南大学出版社教育分社张仲玲社长和胡艳晴编辑。一是因为我杂务缠身而延误了交稿的时间，是他们以宽广的胸怀包容了我的拖沓；二是这本书有不少方言俗字、难僻字和拼音，从编辑到校对都要花费较多的精力，是他们以精益求精的精神把它做到最好，还要感谢韩山师范学院的李南年同学，他为本书专门拍摄了插图的照片（署名者除外），使全书能够图文并茂。

谢天谢地，书稿终于杀青了！我仰天长啸，不是因为感慨，也不是因为高兴，而是要活动活动死硬死硬的脖子和直不起来的老腰。连续奋战了一个多月（包括除夕夜和大年初一），别的地方没累坏，就是这伤不起的“老久积”的颈椎和腰椎，酸痛死了！

龙年元宵于广州野猪林

登临恨不高千仞

——记潮籍著名语言学家黄家教教授*

林伦伦

不久前我到母校中山大学拜访老师们，黄家教先生刚从校医院住院出来，精力稍有好转，便忙着整理他的语言论集的事。我请他老人家多保重身体，他却笑笑说："也该是回头看一看的时候了，值得留下来的东西不多，也就是这么一个集子了。"言语间不无抱憾之意。是的，凡是志气高远的人都有终生奋斗、"老骥伏枥，壮心不已"的共同点。黄先生之业师、中国著名语言学家王力教授可谓著作等身，驰名中外了，但老年时亦犹感"登临恨不高千仞"。黄先生曾以"愧对良师"为题写了一篇纪念王力先生九十寿辰的文章，因而我深深地理解黄先生的那两句不无感叹的话。今天应《韩山师专学报》之约，写一篇介绍黄先生的文章，也就用王力先生的这句诗来作标题。我想，黄先生应该是同意的。

一

黄家教先生，澄海澄城人，生于 1921 年 8 月，1947 年毕业于中山大学文学院，是著名语言学家王力先生手创的语言学系的第一届毕业生，师承于王力、岑麒祥、方光焘、杨树达、商承祚、严学窘等著名学者。黄先生的父亲是著名学者黄际遇教授。黄际遇教授生前曾任中山大

---

* 原载《韩山师专学报》1993 年第 4 期。

学数学天文系教授、系主任，并在文学院开讲《说文研究》和《骈文研究》课程。可谓天文数学、语言文史无不精通。黄先生幼承庭训，故也有其父博学多才之风。在中山大学任教四十多年来，开过《汉语方言学》、《汉语语音史》、《语言学概论》和《现代汉语》等课程。不论开什么课，都以资料丰富、风格生动、妙语连珠而赢得学生们的深深佩服。

二

回顾黄先生走过的学术道路，他的学术成就主要集中在三个方面。

（一）汉语方言和少数民族语言研究

从20世纪50年代开始，黄先生开始发表学术成果。50年代末期，他应邀到兰州大学讲学，在《兰州大学学报》上发表了《海南临高的“苏东坡话”》（1957.1）和《潮州方音概述》（1958.1）。这两篇文章都是第一次对其研究对象进行描写研究的成果，尤其是潮汕方言那一篇，他独具慧眼地以当时尚未发展成熟的汕头话音为记录、描写的标准音，并与其他的潮汕方言点作了比较研究。联系到几年前他写的《潮汕方言的代表语问题》，主张随着经济中心、文化中心、政治中心的转移，潮汕方言的代表语应该由潮州府城话转为汕头市话，越发感到先生预见的高明。

当然，先生在汉语方言研究上的最大成就，还在于对广州话的研究。他的两篇论文《广州话无介音说》和《从“等”来看广州方言入声消失的迹象》在汉语方言学界产生了强烈影响，奠定了他在汉语方言学界的地位。

《从“等”来看广州方言入声消失的迹象》一文指出广州方言不仅没有“入派三声”，反而有三个入声调类。但这是入声弱化现象而不是强化现象，“中入”的出现是入声消失的信号。二是指出广州方言入声调的分化不是以声母的清浊为条件，而是以韵母的洪细为条件；三是广州方言不但非入声韵母和入声韵母有舒促之分，入声韵母“中入”和阴入也有舒促之分，即中入调韵母的主要元音较长，阴入调较短，尽管两者都有塞音韵尾。

《广州话无介音说》一文通过对广州音系的详细调查、整理、研究，从音位系统性的角度出发，提出现代广州市话没有像普通话里的[i][u][y]那样的介音（韵头），而有一套圆唇舌根元音声母[kw][k'w]。由于这种现象在汉语方言中几乎是绝无仅有的，因而颇具特殊性。这种说法一开始便引起了很热烈的争论，影响很大。

关于汉语方言研究的成果，重要的还如《有关汉语方言分区的一些问题》《广东四种方言字典的编写》《韶关方言新派老派的主要差别》《广州方言的特殊语序现象》《粤方言地区中的一个闽方言岛——中山隆都话》《从历史音韵来考察汉语方言语音的差异》等。

值得一提的是，黄先生除了研究汉语方言之外，还对少数民族语言作了研究。早在1958年，他就发表了《海南保亭黎语音位系统》一文。1963年，又发表了《潮安畲语概述》一文。后者至今仍然是描写粤东畲语的唯一文章，多次被介绍引用，在少数民族语言研究上占有一席之位。

（二）对汉语方言调查经验的总结

从20世纪60年代开始，先生开始对汉语方言调查的方法进行经验性的总结，由于先生亲自做过大量的方言调查、研究工作，因而文章都立论正确，方法可行，材料丰富，既具有理论指导意义，又具有实践应用价值。这些文章有《关于汉语方言词汇调查研究的问题》《谈汉语方言的语音调查》《谈汉语方言语法材料的收集和整理》等。后来先生与詹伯慧诸先生合作，把这些文章扩写成一部44万字的巨著《汉语方言及方言调查》，并被国家教委指定为高校文科教材，被初学者奉为圭臬。

（三）社会语言学和语用学方面的研究

社会语言学和语用学研究在我国起步较晚，但黄先生却是较早在这两方面进行探索的开荒牛。“文化大革命”结束不久，他便发表了《聋哑儿童的语言训练》一文，提出了聋哑儿童语言训练的原则和措施，如发音训练的程序、词语教学、语法教学和识字教学的原则等。还研究了聋哑儿童学习语言与发展思维的关系，提出通过语言训练来发展聋哑儿童的思维能力的主张。

1981年，他发表了《广东人学习英语语音的难点辨析》一文，通过对广东三大方言音系与英语语音的对比研究，指出广东人学习英语语音的难点，并分析了困难的原因，提出了克服困难的办法，对广东人学习英语具有理论指导意义。

地名研究也是黄先生下了功夫的一个方面。早在1980年，他就发表了《广东地名词的规范问题》。后来，又陆续发表了《例释地名的考证》和《地名的研究和应用》等文章，提出地名应该规范化，规范化应该有一定的标准的看法，并对地名的考释提出了指导性的范例，指出地名研究对文化研究的作用，等等。由于先生是著名的语言学家，因而从语言学角度来研究地名，多有发现和发明，在地名学中独树一帜，受到地名学界的一致好评。

在语言与文学、语言与逻辑方面，黄先生也作过很有针对性的研究，发表过《在“与”字上做文章》《说写》《说〈说写〉》《论方言话剧与推广普通话——兼论方言话剧的语言规范问题》《语言与文学》等论文，多有创见。如《论方言话剧与推广普通话》一文认为，不能因为方言话剧是用方言来演出的，就可无限制地追求土僻，也不应因为方言剧也负有促进汉语规范化的责任，就把普通话的东西硬搬进方言剧里来。文章还论述了不同剧情和不同人物的语言规范原则等问题。

黄先生在进行方言描写研究时，其实也非常注意语言与社会的关系，无论是他的那些有关方言调查研究的指导性文章还是那些具体的研究文章，他都特别关注这个方面，例如他的《潮汕方言的代表语问题》《“厚茶”小议》《韶关方言新派老派的主要差异》等。尤其是后者，详细分析了韶关本城话青年人与老年人口音严重分歧的对应关系，研究各自的口音特点的历史渊源，指出青年人与老年人口音如此严重分歧的现象，是韶关本城话趋向消亡的征兆。

三

黄先生不但学问做得好，教书育人方面也堪称良师。

首先，黄先生课讲得棒。笔者有幸聆听过黄先生的教诲，至今仍对其精彩场面记忆犹新。黄先生讲课，往往以理论为纲，注重用丰富生动的材料来说明问题。上课时他口若悬河，妙语连珠，佳例迭出，使学生在轻松的气氛中接受了知识。黄先生讲课，绝不“满堂灌”，他常常在学生哈哈大笑之时，突然提出一两个启发性的问题来，让学生思考、讨论、发表见解，然后他再作小结，画龙点睛，使学生的思维不只停留在对笑话的欣赏上，而是把它与语言理论挂上钩，于不知不觉间学到了深奥、枯燥的语言学知识。听黄先生讲课，决无拘束厌烦之感，我们往往是在余兴未尽时不得不下课的。其次，黄先生不但课堂上教书，教室外也始终把教育学生、提携后进作为义务。现为湖南湘潭大学中文系教授的李永明先生“反右”时正在黄先生指导下撰写《潮州方言》一书，被视为“白专”分子。但黄先生认为学生做学问无罪，一如既往地给予指导。时至今日，一谈及此事，大家无不被黄先生的高尚品格深深折服。后来，李先生要出版专著《衡阳方言》（1986）和《临武方言》（1988），都请黄先生再予审阅指教，黄先生慨然应允，并为其作序。

黄先生是著名语言学家，因而后进者求其指教、写序的很多，黄先生从不摆名教授架子，总是认真审稿，提出修改意见，写出短小精悍的序言来，以鼓励后进。笔者 1989 年出版《潮汕人学习普通话手册》时，便承先生不吝赐序，使小册子增光不少。粗略地统计一下，先生近几年为后进所写的序言不下十篇（详见下页附录）。由此可见先生热情奖掖后进的拳拳之心。

黄先生身为知名教授，在国内外享有较高声誉。他从教 40 多年，桃李遍天下，学生成为名人的也有不少。但先生生活俭朴，平易近人，有仁者、长者之风。无论是成名成家的学生，还是我们这些无论从年龄还是师承讲都是孙子辈的学生到先生家拜候请教，先生一律热情接待，有问必答。他的朗朗笑声往往感染了在座的每一位学生，驱走了我们的拘束感。而在学术问题上，他鼓励学生提出跟他不同的意见。他主张不囿师说，总是引导学生积极争论。认为只有这样才有可能“青出于蓝而胜于蓝”。

最后，我们还要提到的是，黄先生对家乡的教育文化事业十分关心。他应邀担任汕头市语言学会、潮汕方言研究会的顾问，多次莅汕讲学，为潮汕地区的文化教育事业献策献计，尽心尽力。

附录：黄家教教授著述要目

（以发表时间为序）

1.《海南临高的“苏东坡话”》，载《兰州大学学报》1957 年第 1 期。

2.《潮州方音概说》，载《兰州大学学报》1958 年第 1 期。

3.《海南保亭黎语的音位系统》，与张永言、陈世民合作，载厦门大学《学术论坛》1958 年第 1 期。

4.《论方言话剧与推广普通话——兼论方言话剧的语言规范问题》，与李新魁合作，载《羊城晚报》1962 年 5 月 21 日。

5.《潮安畲语概述》，与李新魁合作，载《中山大学学报》1963 年第 1、2 期合刊。

6.《关于汉语方言词汇调查研究问题》，与詹伯慧合作，载《武汉大学学报》1963 年第 1 期。

7.《有关汉语方言分区的一些问题》，与詹伯慧、陈世民合作，载《厦门大学学报》1963 年第 4 期。

8.《广州话无介音说》，载《学术研究》1964 年第 2 期。

9.《谈汉语方言语法材料的收集和整理》，与詹伯慧合作，载《中国语文》1965 年第 3 期。

10.《聋哑儿童的语言训练》，载《中国语文》1978 年第 2 期。

11.《文字改革问题的再认识》，载《文字改革通讯》1979 年第 6 期。

12.《广东地名词的规范问题》，载《学术研究》1980 年第 4 期。

13.《从“等”来看广州方言入声消失的迹象》，载《音韵学研究》第 1 辑，中华书局 1984 年版。

14.《广东四种方言字典的编写》，载香港《中国语文研究》1980 年第 1 期。

15.《教学普通话应包括口语和书面语两个方面》，载香港《语文建设》1980 年第 1 期。

16.《广东人学习英语语音的难点辨析》，载《中山大学学报》

1981 年第 4 期。

17.《在“与”字上做文章》，载《逻辑与语言学习》1981 年第 1 期。

18.《殷切的期待》，载《中国语文》1982 年第 4 期。

19.《广州方言中的特殊语序现象》，与詹伯慧合作，载《语言研究》1983 年第 2 期。

20.《韶关方言新派老派的主要差异》，与崔荣昌合作，载《中国语文》1983 年第 2 期。

21.《说写》，载《刊授指导》1984 年第 1 期。

22.《说〈说写〉》，载《刊授指导》1985 年第 1 期。

23.《语言与文学》，载《中山大学学报》1985 年第 2 期。

24.《〈汉语拼音方案〉是怎样设计的?》，载《刊授指导》1985 年第 4 期。

25.《〈普通话广州话口语对照〉序》，上海有声读物公司，1984 年 12 月。

26.《粤方言地区中的一个闽方言岛——中山隆都话》，载《中国语文》1985 年第 6 期。

27.《语言文字信息谈》，载《韩山师专学报》1986 年第 2 期。

28.《字音学习浅谈》，香港《普通话园地》1986 年。

29.《序王笑主编〈潮汕话普通话常用词语对照手册〉》，载《韩山师专学报》1986 年第 1 期。

30.《有关汉语方言工作的一些认识》，与詹伯慧合作，载《语文研究》1986 年第 3 期。

31.《谈汉语方言的语音调查》，与詹伯慧合作，载《中山大学学报》1986 年第 4 期。

32.《序李启文〈幼儿学讲普通话〉》，新世纪出版社 1987 年版。

33.《板书的实用性与艺术性——〈黑板字艺术〉序》，岭南美术出版社 1988 年版。

34.《序李永明〈临武方言〉》，湖南人民出版社 1988 年版。

35.《序〈广州话同音、普通话异音字汇手册〉》，广东教育出版社 1988 年版。

36.《一个粤语化的闽方言岛——中山隆都话》，载《中山大学学报》1988 年第 4 期。

37.《“厚茶”小议——潮汕方言释词之一》，载《中国语文天地》1988 年第 4 期。

38.《序林伦伦〈潮汕人学习普通话手册〉》，广东高等教育出版社 1989 年版。

39.《琼岛方音有知音——题梁猷刚先生〈海南方言论文集〉》，载《华南师范大学学报》1989 年第 2 期。

40.《粤语正音应该重视》，载澳门《语丛》1989 年第 3 期。

41.《愧对良师——纪念王力先生诞辰九十周年》，载香港《中国语文通讯》1990 年第 9 期。

42.《论现代汉语的 e 和 er》，载《语言文字论集》，广东人民出版社 1990 年版。

43.《地名的研究和应用》，载《中山大学学报》1990 年第 1 期。

44.《〈普通话广州话口语对照（三）〉序》，上海声像读物出版社 1990 年版。

45.《写在〈广东人学讲普通话辨音参考〉书稿之前的话》，三环出版社 1990 年版。

46.《喜读〈云南省志·汉语方言志〉》，载《云南方志》1990 年第 1 期。

47.《从历史音韵出发考察汉语方言语音的差异》，载《王力先生纪念论文集》，商务印书馆 1990 年版。

48.《广州方言的马》，载《暨南大学学报》1990 年第 1 期。

49.《有关语言研究的思考——在广东省语言学会 1989—1990 年年会闭幕式上的发言》，载《韩山师专学报》1991 年第 2 期。

50. 《题胡性初〈音韵学与语文教学〉》，广东教育出版社 1991 年版。

51.《汉语方言及方言调查》，与詹伯慧等合著，湖北教育出版社 1991 年版。

52.《广州市东郊乡音的特点》，载《中山大学学报》1991 年第 2 期。

53.《广州方言的 œ》，载《中山大学学报》1992 年第 3 期。

54.《潮汕方言的代表语问题》，载《第二届闽方言学术研讨会论文集》，暨南大学出版社 1992 年版。

55.《例释地名的考证》，载《中山大学学报》1992 年第 4 期。

56.《黄家教语言论集》，广东人民出版社 1993 年版。

《李新魁音韵学论集》评介*

林伦伦

《李新魁音韵学论集》，汕头大学出版社 1997 年 10 月出版，大 32 开精装本，553 页，凡 39.2 万字，为汕头大学出版社策划出版的“20 世纪潮人文化萃英（丛书）”之一种。是书收录论文 29 篇，大致可以分为音韵学研究和方言学研究两大类。重要篇目如《上古音“之”部及其发展》《论侯鱼两部的关系及其发展》《从方言读音看上古汉语入声韵的复韵尾》《论〈切韵〉系统中床禅的分合》《论〈广韵〉音系的三等韵》《宋代汉语声母系统研究》《宋代汉语韵母研究》《再论〈中原音韵〉的“入派三声”》《近代汉语全浊声母的演变》《普通话语音发展述略》《近代汉语南北音之大界》《潮音证古》《二百年前的潮州音》《粤音与古音》《数百年来粤方言韵母的发展》《一百年前的广州音》《梵学的传入与汉语音韵学的发展》《论明代之音韵学研究》《四十年来的汉语音韵研究》等。作者在论文集《自序》中云：“余自治斯学以来，曾为音韵之书八种，著音韵之文 50 余篇。韵学论文，发表于 1985 年之前者，大抵已编入《李新魁语言学论集》（中华书局出版）及《李新魁自选集》（河南教育出版社出版）两书。发表于 1985 年之后者约有 30 篇，现编入此，定名为《李新魁音韵学论集》。”① 论文集

---

* 原载《中国语文》1998 年第 5 期。

① 本集收录论文由李新魁先生生前自选编订，原为 30 篇。有关西夏文一篇因排印困难而忍痛割爱，故论文集中实有篇数为 29 篇。其中《论〈切韵〉系统中床禅的分合》《〈康熙字典〉的两种韵图》《江永〈四声切韵表〉及其继作述评》《戴震〈声类表〉简述》《读张祥晋的〈七音谱〉》《谈几种兼表南北方音的等韵图》等数篇则发表于 1985 年以前（详见论文集每篇的原载刊物及时间）。

之前，附有新魁先生的学生麦耘所撰之《李新魁传略》和先生的自序。书后附有《李新魁先生主要著作目录》（论文及尚在排印中的专著从略）。

李先生对语言学的贡献，主要在音韵学、方言学和古代汉语词汇、语法研究三个方面，其中尤以音韵学研究成果更为突出。音韵学研究成果主要集中在他的《汉语音韵学》《汉语等韵学》《古音概说》《〈韵镜〉校证》《〈中原音韵〉音系研究》等著作中，但零散发表的一些论文，也代表了先生音韵学研究的较高水平，多数具有真知灼见，且论据充足，论证严密，为行内人所称道。如“文化大革命”前之《〈中原音韵〉的性质及其代表的音系》（1962）、《关于〈中原音韵〉音系的基础和“入派三声”的性质》（1963）、《上古音“晓匣”归“见溪群”说》（1963）等和“文化大革命”后的《论内外转》（1986）、《重纽研究》（1984）等。论文集中，除了《论〈切韵〉系统中床禅的分合》一文发表于1979年之外，其余各文，都发表于80年代之后。可以说，是集中了李先生80年代以来汉语音韵学研究成果的重要文献。如：

《论侯鱼两部的关系及其发展》一文，认为段玉裁把侯部从鱼部里分出来是对的，但两部之间在《诗经》时代以后，甚多瓜葛，它们在后代的分合，它们所辖的字及拟音等问题，仍需加以深入探讨。文章中，作者将两部所辖的字及所属的谐声偏旁排列了出来，显示了两部的界限。然后还讨论了战国秦汉时侯鱼两部的关系，指出“就战国后期楚人所作的《楚辞》来说，侯鱼两部仍然分立”，但“《诗经》用韵中侯鱼有一些合用的例子，这种情况在《楚辞》中仍保留着”。到了汉代，“侯鱼两部的读音已经发展到比较接近，特别是两部之中的细音字；但是，两部并没有完全合并，它们之间，仍然存在某些彼疆尔界，不能根据汉代某些韵文的合用之例，把它们归为一部”。文章根据大量的文献材料，条分缕析，令人信服。

《论〈切韵〉系统中床禅的分合》一文，从《切韵》音系本身和《切韵》系统以外的一些材料（如《颜氏家训·音辞篇》《玉篇·反切》《一切经音义》等）和方言的材料等方面对《切韵》系统中床禅的分合作了详细而严密的考察分析，最后得出结论：（1）船（床三）和禅实际上没有对立，应合为一类；（2）在全浊音消失之前，船禅与崇（床二）一直是分立的，没有混而为一。以后，两者的平声字读为同音；（3）《切韵》别船、禅为二，根据的是隋代的金陵雅音。这种看法，后来为音韵学界多数学者所接受。

李新魁先生在语言学研究方面的另一大贡献，是对汉语方言的研究。先生自谓："余治语学，始以方言为绪。"[①] 先生于 1955 年 4 月考入中山大学中文系，正巧赶上了全国正在进行方言普查、编写方言区人学习普通话小册子的群众性推广普通话活动。先生在老师的指导下，积极开展方言调查，于大学二年级便写出了《潮州话研究》书稿，大学三年级时便出版了《潮州人学习普通话手册》一书，并发表了《潮州人学习北京音》《潮州话的几种特殊句式》《潮州方言的数量词》等论文。"文化大革命"刚刚结束，他便在广东人民出版社出版了《普通话·潮汕方言常用字典》和《新编潮汕方言十八音》。虽然从 20 世纪 60 年代开始，先生已把主要精力用于音韵学研究方面，但他认为，方言研究与音韵学研究是分不开的。所以，他一直未停止过对方言的调查和研究。80 年代后期至 90 年代初期，是他方言研究上的又一个丰收季节，他出版了《广东的方言》、《广州方言研究》（与黄家教等合作）、《潮汕方言词考释》（与林伦伦合作）等著作，还发表了《潮音证古》《粤音与古音》等论文。可以说，先生方言研究的成果，"文化大革命"前的主要是"描写"为主，而"文化大革命"后的，主要是"研究"为主，特别是把方言研究跟音韵学、训诂学研究结合起来，使研究成果显得特别的深厚。《音韵学论集》中所收录的方言与音韵研究的论文，都是这方面的力作。例如：

《潮音证古》一文（分声母和韵母两篇），详细地论证了潮汕方言语音特点之"古"。先生论证方言之"古"，不是就方言谈方言，而是先通过谐声偏旁、假借字、古诗用韵等材料论证上古音、中古音的某个特点，然后再证以方言，无可辩驳地证明，方言的这些特点正是古音特点的遗存。如为了证明潮汕方言中某些疑纽字读为［h－］声母是上古音的特点，他举出了"尧敖艾牙吴原虐乐"等"疑"母字跟"晓匣"母字谐声的 20 个例字，又列举了不同版本的《诗经》《汉书》与《史

① 见《李新魁音韵学论集·自序》。

记》中的通假异文有“疑”母字与“晓匣”母字互通的现象，说明上古音中“疑”母字确实跟“晓匣”母字关系密切。然后还引介了李方桂、陆志韦诸音韵学名家著作中有利于证明上述观点的说法，从而严密地证明：潮汕方言将“鱼渔艾蚁瓦讶迓讹额颜”等字念［h－］声母，肯定是上古音的遗留。先生证方言之“古”不是只论《广韵》，或者不分历史层次，一律统称为古音，而是利用自己对汉语语音史研究的成果，条分缕析，层次分明，使读者对方言的多层次性及语音演变的线索能有所理悟。如在本文的“韵母部分”中，他把潮汕方言的读音所保留的古音特点分为“三国以前的古音”“魏晋南北朝时代之音读”和“唐宋时代的语音”三个时代层次。每个时代层次之间再列出若干语音特点。论证严密，层次分明，令人信服。

李先生还很善于利用一些地方文献材料来研究方言的演变与发展。如《音韵学论集》中所收录的《二百年前的潮州音》一文，利用了清代嘉庆潮州学者郑昌时的笔记《韩江闻见录》中的有关方言描写的材料，加以分析归纳，发现二百年前的潮州话声母只有 15 个，跟现有的 18 个不同，［m－］和［b－］、［ŋ－］和［g－］、［n－］和［l－］不分，这和现在的厦门音相同，说明在清嘉庆年间的潮州话上面三组声母尚未形成对立。另一个发现是二百年前的潮州话还有［－n］韵尾，尚未像今音一样并入［－ŋ］韵尾。这个发现刚好跟李如龙先生和台湾张屏生先生的报告所见相同。据李如龙、李竹青的报告，1847 年初版的《汉英潮州音字典》（*A Chinese and English Vocabulary in the Tie－Chiu Dialect*）中，也保留有［－n］韵尾，一共有［－an、－ien、－ɯan、－in、－un、－ûn］6 个韵母。[①] 又据张屏生报告，出版于 1909 年的《潮正两音字集》也有［－n］韵尾，一共有［－an、－wn、－in、－un、－uan］5 个韵母和跟它们配套的 5 个入声韵母。[②] 这充分说明李先生目光的敏锐和分析能力的高强。《一百年前的广州音》与《二百年前的潮州音》一样，也是利用清代学者的材料写成的。清代学者王炳耀写了

---

① 参见李如龙、李竹青《潮州方言语音的演变》，载《潮州学国际研讨会论文集》（上册），暨南大学出版社 1994 年版。

② 参见张屏生《〈潮正两音字集〉音系初探》，载《潮州学国际研讨会论文集》（上册），暨南大学出版社 1994 年版。

本《拼音字谱》，自制了一套“拼音字”来拼写当时的广州话声母、韵母和声调，并用“罗马字”作为对照，还用反切注明字母的读音，为我们保留下了一百年前广州话的一些资料。李先生就是从这些资料中总结出当时的广州话有22个声母、53个韵母和10个调类，并将其与现代广州音做了比较，发现声母除了王氏所记有［ts－］、［tʂ－］两组，今音只记［tʃ］一组之外，基本相同。韵母则是当时的［－ɔm］韵母，在今音中分化为［－am］、［－ɐm］、［－im］。跟［－ɔm］相对应，王氏还多了一个入声韵母［－ɔp］。但王氏的韵母表中，没有今音的［－ɛk］和声化韵［－m］。王氏所记有10个调类，比通常所说的9个调类多了1个。原因是平声分为上平、中平和下平。李先生认为，现代广州音阴平调有55调和53调之分，可能在清末时已存在。而且在当时还有对立，有辨义作用。

麦耘在《李新魁传略》中总结李先生做学问注意的三条原则：一是精专和广博相结合。二是对材料的分析和理论上的探讨相结合。三是细水长流的积累和集中的专题研究相结合。《李新魁音韵学论集》中所收录的论文，也体现了先生做学问的这三个特点。如《从方言读音看上古汉语入声韵的复韵尾》一文，为了证明上古音中的入声韵尾是带［－s］的复辅音［－ps、－ts、－ks］（后来复辅音韵尾朝不同的方向发展，有一支保留了［－p、－t、－k］韵尾，成了入声字；有一支变为［－ʔs］或［－ʔ］，成了次入声字，再发展成为中古的去声。）这个论点，作者先介绍了奥德里古（Haudricourt）、蒲立本（Pulley Blank）、严学窘诸先生的有关看法，指出了他们的正确之处和疏漏之处。然后，作者先从谐声关系论证了上古时期的去声字，是由上古的入声韵字变来的，特别是《广韵》中的祭、泰、夬、废诸韵字更是如此。这些字可以归之为“次入韵”。在谐声时代，这些次入韵字都收［－t］韵尾。发展到《诗经》时代，由［－t］变［－ʔ］。后代，次入韵字的［－ʔ］韵尾丢失，并入阴声韵，在声调上也变为中古时的去声。其次，作者举出大量例子证明上古时期的很多联绵词的第二个音节，确实是由上古时的［－s］韵尾衍变而来的。如“朴樕”［bok sok］（《诗·野有死麕》）、“朴属”［bok sok］（《周礼·冬官·考工记》）、“促速”［ts′ok sok］（《礼记·乐记》）、“咳嗽”［k′ək sək］（《素问·

阴阳应象大论》）等。从这些联绵词第二个音节的［s－］声母显示，上古的塞音韵尾上，可能还带有一个［－s］尾，即念为［－ps、－ts、－ks］的音。最后，作者又列举了闽南方言的潮州话中入声字由［－p］［－k］变［－ʔ］的现象和联绵词中第二音节声母为［s－］的很多例子。从而进一步论证了上古音有［－ps、－ks、－ts］韵尾的观点。作者论证的材料丰富，材料的丰富反映了作者读书的渊博。渊博的知识和丰富的材料为作者的论点精当奠定了坚实的基础，使文章言之成理，无懈可击。

又如《再论〈中原音韵〉的“入派三声”》一文，距离作者研究《中原音韵》的第一批论文《〈中原音韵〉的性质及其代表的音系》（1962）和《关于〈中原音韵〉音系的基础和“入派三声”的性质》发表的时间跨度近 30 年。在《〈中原音韵〉的性质及其代表的音系》一文中，作者就认为，《中原音韵》一书中的“入派三声”，仅仅是像周德清所说的“以广其押韵，为作词而设，然呼吸言语之间，还有入声之别”。此后 30 年间，作者对这个问题一直很关注，并孜孜不倦地搜集新材料，进行追踪研究。因而，当 30 年后作《再论〈中原音韵〉的“入派三声”》的时候，当然看法更加成熟，论证材料也更加丰富翔实。这充分体现了李先生做学问“细水长流的积累和集中的专题研究相结合”的特点。

最后，值得向读者特别推介的，还有《李新魁音韵学论集》中的《梵学的传入与汉语音韵学的发展——兼论饶宗颐先生对梵学研究的贡献》一文。此文是为 1996 年饶宗颐先生的家乡潮州召开的“饶宗颐学术研究会”而撰写的论文。为撰写论文，先生抱沉疴之躯，坚持边披阅资料边撰写，历时四月方成初稿。稿成之日，先生也不得不再次入院治疗。此文从“梵学和汉语音韵学”“‘反切’的创造与‘反语’的运用”“‘四声’的产生和声律的讲究”“字母和等韵所受的影响”“音义书与对音材料的作用”等五个方面，论述了梵学和汉语音韵学的关系，最后还简要介绍了饶宗颐先生对梵学研究的贡献。学术研讨会上，饶宗颐先生阅读了此文，对作者深厚的功力、科学的研究方法和新颖的观点大加赞赏。

总之，《李新魁音韵学论集》收集了李新魁先生 80 年代以来的 29 篇论文，是一本值得音韵学、方言学、训诂学同人阅读和收藏的好书。

李新魁教授对汉语方言研究的贡献*

林伦伦

摘　要　李新魁教授对汉语方言研究的贡献：一是对广东闽、粤、客方言的描写研究；二是对上述方言与汉语语音史关系的研究；三是对汉语方言史的研究。李教授治方言学有三个方面的经验：一为点面结合，既博且精；二为"死""活"结合，相互印证；三为动静结合，着眼发展；四为长短结合，锲而不舍。

关键词　李新魁教授　汉语方言学　汉语语音史　汉语方言史

一

李新魁教授是国内外语言学界公认的著名音韵学家，著有《古音概说》《〈韵镜〉校证》《〈中原音韵〉音系研究》《汉语等韵学》《汉语音韵学》《中古音》《韵学古籍述要》《李新魁自选集》《李新魁音韵学论集》等音韵学著作，凡200余万字。其中《古音概说》因其深入浅出又自成一家之言而受学界好评，特别是初学者更是视为必读书。除了在广东人民出版社出版之外，还分别在台湾的崧高书社和学海出版社出版，还被韩国译为朝鲜文，易名为《中国声韵学概论》出版。他的《汉语等韵学》《汉语音韵学》都是音韵学界公认的权威之作。在三种论文集中，收录了他的几十篇优秀论文，其中的《上古音"晓匣"归"见溪群"

* 原载《汕头大学学报》（人文科学版）1999年第3期。

说》《论〈切韵〉系统中床禅的分合》《重纽研究》《论“等”的起源和发展》《论内外转》《论〈中原音韵〉音系的基础和“入派三声”的性质》等文章，都是自创新说，论证严密，在音韵学界影响巨大，像“晓匣”归“见溪群”之说等，已被学界所公认。除了在音韵学研究上的卓越成就之外，李新魁教授在古汉语词汇和语法研究上也卓有建树，著有《古汉语基础知识》《汉语文言语法》《古代汉语自学读本》《类别词汇释》《实用诗词曲格律辞典》等著作和《古代汉语中的比较句》《谈文言文的双宾语》《“软”字考述》等论文。其中尤其是《古代汉语自学读本》被自学者奉为圭臬，一版再版，风行全国，影响巨大。

也许是受音韵学方面的巨大成就所掩盖，语言学界中还有不少同人不知道李新魁教授在汉语方言学研究上也同样有着很大的成就。单就笔者的不完全统计，李新魁教授在汉语方言学方面的著作共有9种，论文32篇（不包括在《羊城晚报》等报刊上发表的几十篇短文）。内容涉及粤方言、闽方言、吴方言和晋语。他编写的《普通话·潮汕方言常用字典》自1979年出版以来，已一版再版，发行量逾50万之多。而他在吴、闽、粤方言史的研究上，更是独树一帜，导乎先路。

笔者曾从李先生学音韵学和方言学，因品性愚钝，于韵学连皮毛都未得。研究生毕业十多年来，倒是以治方言学为业，因而对李先生在汉语方言学方面的成果几乎是每篇必读，获益匪浅。余虽不敏，但愿以拜读李先生方言学著作之心得就教于诸位方家，同时也用以表示对李先生的深切怀念。

二

李新魁教授在汉语方言学方面的成就，可以归纳为三类：一是对广东闽粤客方言的描写研究；二是对广东闽粤方言与汉语语音史关系的研究；三是对吴、粤和广东闽方言形成历史的研究。下面分类评述之。

（一）李新魁教授对语言学的研究，发轫于方言研究

他自己说：“余治语学，始以方言为绪。”[①] 先生于1955年4月考

① 见《李新魁音韵学论集·自序》，汕头大学出版社1997年版。

入中山大学中文系，正巧赶上了全国正在进行方言普查、编写方言区人学习普通话小册子的群众性推广普通话活动。先生在现代汉语教师的指导下，积极开展方言调查，于大学二年级便写出了《潮州话研究》书稿（后因故未能出版）；大学三年级时便出版了《潮州人学习普通话手册》一书，并发表了《潮州人学习北京音》《潮州话的几种特殊句式》《潮州方言的数量词》等论文。1959 年，李先生毕业后分配到广东师范学院中文系工作，主讲《现代汉语》。又正巧当时的广东省教育行政部门正要组织人力制订广东三大方言的拼音方案，以便注音识字并推广普通话。李先生积极投身于此项工作中，主持制定了《潮州话拼音方案》①，并配合方案的教学和推广，写了《谈〈潮州话拼音方案〉》《怎样进行〈潮州话拼音方案〉教学》等文章②。同时，他还在《羊城晚报》上发表了《广东方言形成的历史过程》《广东各方言的分布和特点》等文章，向广大读者介绍了广东各方言的基本情况和形成的历史过程。此后，他又在广东人民出版社的邀请下，主编《普通话・潮汕方言常用字典》。为了编写这本字典，他不惜精力，亲自下到潮汕各地，对每个县级点都进行了详细的调查，积累了大量的第一手材料。随之，“文化大革命”开始，李先生从 1965 年下乡参加“四清”开始，便不断处在“运动”之中。至 1973 年底，才调至中山大学，主讲《古代汉语》和《汉语语音史》课程。虽然“运动”不停，但李先生却常常是在“运动”的间隙做他的学问。1979 年，“文化大革命”刚刚结束，他整整做了 15 年的《普通话・潮汕方言常用字典》和《新编潮汕方言十八音》马上由广东人民出版社出版。该字典既用传统注音方法用同音字或反切注音，又用《潮州话拼音方案》注音，收字以《新华字典》为基本，适当增加潮汕方言俗字。“文化大革命”期间，新中国成立前及“文化大革命”前出版之潮音字典几乎都被视为“封建残余”而被查禁。因而李先生的字典一出，即以其科学性和普及性风行于潮汕大地。

---

① 该《方案》1960 年 9 月由广东教育行政部门公布。李新魁《普通话・潮汕方言常用字典》和林伦伦《新编潮州音字典》均附录。

② 文中提到的李新魁教授著作，中华书局 1998 年出版的《李新魁教授纪念文集》有详细目录，此处不再一一注明出处。

从80年代开始，李先生的主要精力都用于音韵学研究方面，出版了十几种音韵学方面的权威之作。但在此期间，他也做了一些方言调查研究工作，特别是对粤方言的调查研究。80年代后期至90年代初期，他和黄家教教授带领施其生、麦耘、陈定方对广州市区及郊区的20多个点进行了广泛而深入的调查，出版了《广东的方言》和《广州方言研究》，还发表了《粤言与古音》《潮音证古》等论文，他通过调查得到的最新的第一手材料，对广州话的音系、语音特点及其内部差异等都有了新的发现和见解。例如：

1．以往的广州话研究成果都认为广州话只有9个声调，《广州方言研究》认为有11个，即阴平调原来多定调值为55，视53为变调，《广州方言研究》把它处理为上阴平53、下阴平55；入声原来多定上阴入55、下阴入33，《广州方言研究》又调查出一个新的入声调类，调值35，称为“新入”。阴平分上下的原因是因为“在由同一个词分化为上阴平和下阴平两读两义的情况下，上阴平一般不能读55调”①。而“新入”的形成，则是由于“‘小称变调’和‘名词性变调’35调在入声中的运用，而后在某些字身上凝固下来，形成独立的调类”②。

2．以往的广州话研究，多笼统地称为广州话，对广州市各区及郊区的方言同异未能作详细而科学的描写研究。《广州话研究》把原广州市郊区、现属市区的白云、芳村、天河和黄埔4个区都调查了，发现新、老市区之间的许多不同之处，例如老市区的［m－、n－、ŋ－］声母新市区略带塞音成分，念成［m^{b}－、n^{d}－、$ŋ^{g}$－］，甚至塞音成分重于鼻音成分，念为［^{m}b－、^{n}d－、$ŋ^{g}$－］；老市区没有［－i－］介音。如此等等，不一而足③。

这些不同特点的发现，对研究广州方言的形成、演变和发展趋向有着很大的价值。

3．关于新派、老派广州话的描写研究，旧市区里的广州话虽然较为统一，但近几十年来也发生了明显的变化。例如：老派广州话“城

① 见《广州话研究》，广东人民出版社1995年版，第28页。

② 同上书，第29—30页。

③ 同上书，第70—88页。

里话”［n－］、［l－］严格区分，“西关话”则合一，统读为［l－］；新派广州话（广州人中年以下）一般都与“西关话”一致，统读为［l－］。老派“西关话”读普通话的零声母字为［ŋ－］声母，近年来因受香港粤语影响，新派广州话都丢掉了［ŋ－］声母；这种读法在青少年中尤为流行。

总之，在李先生主持下完成的广州话研究的成果，代表了目前最新、最高的广州话研究水平。这是李先生晚年对汉语方言研究的重要贡献。

当然，李先生对汉语方言的描写研究的成就，还不仅仅是这些。在他的集大成之作《广东的方言》一书中，他还描写研究了客家方言、粤西闽语——雷州话和广东的方言岛，等等。这是目前对广东的汉语方言作较为详细、全面的描写研究的唯一专著。先生筚路蓝缕，功不可没。

（二）李新魁教授对汉语方言研究的第二个方面的成果，在于他对粤、闽方言与古音的关系的比较研究上

李先生是音韵学大家，对中古音、上古音和近代语音史的研究均成一家之说。汉语方言中保存的一些古音特点，李先生了如指掌。写起文章来，旁征博引，颇具恢宏之气。李先生方言与古音关系的这些文章，具体还可以分为两方面：一类是以古音的音系、特点来证明方言今音是古音特点的遗响；另一类则是以方言今音来证明古音特点拟测的合理性。第一类文章的代表作是《潮音证古》和《粤音与古音》。

《潮音证古》分声母部分和韵母部分，发表于《潮学研究》第1、2辑。声母部分约1.5万字，韵母部分2万余字，详细地论证了潮汕方言语音特点之“古”。李先生在“证古”的过程中，是先通过谐声偏旁、假借字、古诗押韵等材料论证上古音、中古音的某个特点，然后再举出方言的例子，无可辩驳地证明，这些例子就是古音的遗存，是活化石式的宝贵材料。例如，为了证明粤东闽语中某些疑纽字读为［h－］是上古音的特点，他举出“尧敖艾牙吴原虐乐”等“疑”母字跟“晓匣”母字谐声的20个例字，又列举了不同版本的《诗经》《汉书》与《史记》中的通假异文有“疑”母字与“晓匣”母字互通的现象，说明上古音中“疑”母字确实跟“晓匣”母字关系密切。然后还引介了

李方桂、陆志韦等音韵学名家著作中有利于证明上述观点的说法，从而严密地证明：潮汕方言将“鱼渔艾蚁瓦讶迓讹额颜”等字念［h－］声母，肯定是上古音的遗留①。

李先生用古音证方言之“古”，不是像一些对古音不十分熟悉的先生那样只论《广韵》或不分历史层次一律统称为古音。李先生因自己几十年来治汉语语音史，因而对汉语语音每个声纽和韵母的分分合合的演变、发展的脉络和时间了如指掌，因而其“证古”往往能指出其“古”之历时层次，使读者对方言的多层次性及语音演变的线索能有所理悟。这是其他作者难以做到的。例如在《潮音证古》的韵母部分中，他把潮汕方言的读音所保留的古音特点通过论证，分为“三国以前的古音”“魏晋南北朝时代之音读”“唐宋时代的语音”三个时代层次。每个时代层次之间再列出若干语音特点。如第一个时间层次“三国以前的古音”就包括了如下10个从上古音保留下来的语音特点：1. 一部分中古的尤韵字仍在之部；2. 之部中的咍韵字不带［－i］韵尾；3. 上古歌部字读为［－a］元音；4. “地”字仍在歌部之内；5. “弓穹雄”等字仍在蒸部；6. “兵明京兄”等字入阳部；7. 东阳部字混读；8. “天年”等字隶属真部；9. “熊”字仍收［－m］韵尾；10. “盖气”等字读为入声韵等②。由于论证严密，层次分明，使人读了无不信服。

除了《潮音证古》和《粤音与古音》等专门的比较研究论文之外，李先生还很善于利用一些地方文献来研究方言的演变和发展。这些文章对汉语语音史的研究也颇有学术价值，如《一百年前的广州音》《数百年来粤方言韵母系统的发展》《二百年前的潮州音》等论文均如是。

《一百年前的广州音》利用的是清代学者王炳耀所写的《拼音字谱》。王氏自制了一套“拼音字”拼写了当时的广州话声母、韵母和声调。难能可贵的是他还用“罗马字”作为对照，并用反切注明字母的读音：可谓中西结合。李先生就是从这些材料中总结出广州话当时的

---

① 详细请读李新魁先生的《潮音证古》（声母部分），载《潮学研究》第1辑，汕头大学出版社1993年版；并收入《李新魁音韵学论集》，汕头大学出版社1997年版。

② 详细请读李新魁《潮音证古》（韵母部分），《潮学研究》第2辑，汕头大学出版社1994年版；并收入《李新魁音韵学论集》。

22个声母、53个韵母和10个声调，并将其与现代广州音作了比较，发现声母除了王氏所记有［ts－］［tʂ－］两组，今音只记［tʃ－］－组之外，基本相同。韵母则是当时的［－ɔm］的韵母，在今音中分化为［－am］、［－ɐm］和［－im］。与［ɔm］相对应，王氏还多了一个入声韵母［－ɔp］。但王氏的韵母表中，没有今音的［－ɛk］和声化韵母［－m］。这有可能是当时的［－ɛk］跟［－ik］合一，而［－m］管字甚少，所以王氏不记。王氏的10个调类，比通常所说的粤语9个调类多了1个，是因为平声分为上平、中平和下平。“其中的‘中平’调很可能就是现代广州话阴平调中所念的另一种不同的调值。现代阴平调有55调与53调之分，可能在清末时已存在，而且当时可能还有辨义作用。……但是，经过百年来的发展变化，也可能是受羊城周围各地粤音（只有9个声调的粤音）的影响，阴平调的这种差别逐渐丧失，调值的不同念法却仍然存在，而它们已不起辨义作用了。”①

《二百年前的潮州音》一文，则是利用了清嘉庆潮州学者郑昌时的笔记《韩江闻见录》的材料，加以分析、归纳的。郑氏的笔记不似上述王氏记述得精确，只是“以东为当”“以双为桑”之类的描写。李先生由于精通音韵学，能够从这些只鳞片爪式的描写中总结出郑氏所记录的语音特点，并跟今音作了比较。其中最重要的发现便是“清代潮音［－n］韵尾诸韵尚未并入［－ŋ］”和声母只有15类②。潮州府城、汕头市、澄海市、揭阳榕城、潮阳棉城等潮汕方言主要分布地区今音均为18个声母（包括零声母），因而有人怀疑清末民初时饶平隆城（今属澄海市莲华镇）商人所作《潮声十五音》可能是受漳州音的《增注雅俗通十五音》的影响而未能分出漳州15音与潮州18音之差别。但据郑氏的材料看来，200年前的潮州音确实还只是15音，与泉州、漳州音无别。如果清末民初时仍是15音，那么18音会不会是近80年来才产生的演变呢？这就值得重新研究一番了。至于［－n］韵尾的问题，虽然汕头市、潮州市等主要方言点都没有［－n］韵尾，但由于

① 详参李新魁《一百年前的广州音》，载《广州研究》1987年第10期；并收入《李新魁音韵学论集》。

② 详参李新魁《二百年前的潮州音》，载《广东社会科学》1993年第1期；并收入《李新魁音韵学论集》。

潮汕方言的边缘地区，如潮安的凰南、凤凰两镇，汕尾的海丰等地，仍保留有［-n］韵尾。因而有人认为，这些边缘地区的［-n］韵尾是受周边的客家方言的影响而产生的。但从郑氏的材料看来，二百年前的潮州音仍有［-n］韵尾。而无独有偶，根据李如龙、李竹青的报告，1847年初版的《汉英潮州音字典》（*A Chinese and English Vocabulary in the Tie - Chiu Dialect*）中，也保留有［-n］韵尾，一共有［-an、-ien、-wan、-in、-un、-ûn］6个韵母[①]。又据台湾张屏生报告，出版于1909年的《潮正两音字集》，这本书所根据的汕头音语料则是《汕头标准字音表》，发行于1886年由Gibson牧师所著的《威廉斯和道格拉斯字典的汕头方言索引》（*Swatow Index to the Dictionary of Williamns and Douglas*），也发现有［-n］韵尾，一共有［-an］［-ɯn］［-in］［-un］［-uan］等及与其配套的5个入声韵母［-at］［-ɯt］［-it］［-ut］和［-uat］[②]。那么，从诸家材料看来，潮州话原来（就在100年前）还应该是有［-n］韵尾的，与现在的泉州、漳州、厦门和台湾诸闽南方言代表点一样。今音失去了［-n］韵尾，是近一百年来的演变使然。而周边地区有［-n］韵尾的现象，应是一种顽强保留的现象，而非受其他方言所影响而产生的变化。

李先生研究汉语方言跟古音关系的另一方面，是利用他所熟悉的方言材料，对他所发现的古音特点加以论证。由于文献材料是“死”的，而方言材料是“活”的，所以，有方言材料作为证据，能使论证更具说服力。在他的音韵学成名作《上古音“晓匣”归“见溪群”说》中，就列举了汕头、福州、厦门三个点的方言为证[③]。在《论〈切韵〉系统中床禅的分合》一文中，他又列举了大量的潮汕方言的例子来论

---

① 韵母按罗马字照录。详参李如龙、李竹青《潮州方言语音的演变》，载《潮州学国际研讨会论文集》（上册），暨南大学出版社1994年版。

② 参阅张屏生《〈潮正两音字集〉音系初探》，载《潮州学国际研讨会论文集》（上册），暨南大学出版社1994年版。

③ 详参李新魁《上古音“晓匣”归“见溪群”说》，载《学术研究》1963年第2期；并收入《李新魁语言学论集》（中华书局1994年版）和《李新魁自选集》（河南教育出版社1993年版）。

证他的观点[1]，大大地增强了文章的说服力。

（三）李新魁教授对汉语方言研究的第三方面的成果是对汉语方言史的研究

在这方面，他发表了《论广州方言形成的历史过程》《吴语的形成和发展》《广东闽方言形成的历史过程》等专文。在其《广东的方言》一书中，对客家方言的形成也有所论述。李先生研究方言史，十分重视方言中存在的语音特点跟古音不同历史层次的关系的研究，从不同历史层次的语音特点的演变中去寻绎、追溯方言形成发展的历史过程。同时，他又熟练地运用社会语言学的方法对史乘记载、方志材料及移民历史多加利用，使其对方言史的研究能够既注意到语言演变的内部规律，又注意到语言作为一种特殊的社会现象，其发展变化所受到的种种社会因素的影响，因而能提出很有说服力的一家之言。如在《论广州方言形成的历史过程》一文中，他利用历史文献材料论证了先秦时期楚语对南越的影响，并以扬雄《方言》中有“南楚”和“南楚以南”的语言（方言）区域概念为佐证，又从《通俗文》《说文》《方言》《颜氏家训》《广韵》中找到很多明确说明是楚语而现在又保留在广州话中的活的例子作为证据。南越原是“百越”土著聚居之地，因而在汉语（汉人）进入该地区后，肯定有过一个相当长的融合过程。由于汉人经济、文化、军事上的先进，使汉语方言也成为胜利者。但是，被取代了的土著语言，也会在汉语方言形成的历史过程中留下它们影响的痕迹，最明显的表现便是留下了一些词语和语法规则。李先生在这篇文章中，就列举了许多台语（现今的壮侗语族等语言）词至今保留在广州话中的例子来证明这一点。

方言形成的历史过程，又常常跟使用方言的人的移民过程密切相关，研究了移民史的时间层次，往往能够跟方言中保留的语言特点的历史层次相互印证，使我们能为方言形成的历史过程勾画出一条比较清晰的运动轨迹。在研究广州方言的形成过程中，李先生把它分为五个历史层次。（1）先秦时期，广东境内的汉语大概还与楚语方言很接近，也

---

① 详参李新魁《论〈切韵〉系统中床禅的分合》，载《中山大学学报》1979 年第 1 期，并收入《李新魁语言学论集》。

可以说是楚方言的分支派别。（2）秦汉时期，有较多的中原人进入广东，使广东的语言进一步向汉语靠拢，广州话由原来以与楚方言相近为其特点，转而表现为与中原汉语更接近。同时，土著古越语的许多特点也在广州话中沉积下来，使广州话成为一支既受中原汉语影响，又保留原来楚方言和当地越语的某些特点的独特的汉语方言。（3）晋代，由于战乱造成的移民，有更多的中原人迁入广东。北语南来，又给广州方言增加了新的影响，使广州话接受更多的汉语共同语的特点。（4）唐代，广州地区的主要居民已是汉族，操汉语方言，但范围很小，只限于广州城附近一带。此时广州方言已日趋成熟。（5）宋代以后，广州方言已基本定型，与现代的广州话相去无几，已奠定了现代广州话的基础。李先生多次地对笔者谈到，他要写一本《汉语方言史》。上述论文可以说是先生撰写《汉语方言史》的一部分。可惜先生英年早逝，汉语方言学研究史上，失去了一本精彩绝伦的《汉语方言史》！悲乎哀哉！

三

上文阐述的是李新魁教授在汉语方言研究上的成就。从这些成果中，我们认为，李先生研究汉语方言，有三个方面的经验可供我们学习。

（一）点面结合，既博又精

李先生研究方言，注意点和面、精和博的结合。他研究粤东的闽语，以研究新的代表语汕头市话为主，其著作《潮州人学习普通话手册》《新编潮汕方言十八音》和论文《潮州人学习北京音》《潮州话的几种特殊句式》《潮州方言的数量词》等，乃至他主持制订的《潮州话拼音方案》，都是以汕头市话为描写研究对象的。但是为了制订《潮州话拼音方案》和编写《普通话·潮汕方言常用字典》他几乎走遍了潮汕大地，《新华字典》上的每个字都记录了潮州（府城）、汕头、揭阳、潮阳、普宁、惠来、澄海、饶平、南澳、海丰和陆丰十多个县级点的方音，使制订出来的拼音方案在各点都基本上能使用。而《普通话·潮汕方言常用字典》中，上述各点的字音如有差别，则在字条的注音上注明，使读者能一书在手，尽知潮汕各地读音之异同。至目前为止，潮音字典有 20 余种之多，但像李先生这样注音的，还是唯一①。这也是《普通话·潮汕方言常用字典》能够畅销的原因之一。

（二）“死”“活”结合，相互印证

不少人搞方言研究，只停留在对活的方言的描写、分析上。李先生搞方言研究，无论是语音还是词汇，都把活的方言材料与“死”的古音材料结合起来进行比较研究。不但如此，他还利用谐声偏旁、古诗韵脚、文献异文甚至异国译音词语等作为材料来对方言特点的研究作旁证，或以今证古，或以古论今，纵横捭阖，洋洋洒洒。例如他作潮汕方言词考释，不但以《广韵》、《集韵》（或《玉篇》）、《说文解字》等反切和其简单的释义来跟今音今义相印证，而且从上自先秦著作、下至明清小说等历代的文献中搜求了大量的用例来证明古今词义的一脉相承，有的词条文献用例多达十几条。例如证“骹”为潮汕方言之［kʰa^{33}］（脚，腿），除了用《说文》《尔雅》等工具书的材料以证其义，又以《广韵》反切证其音之外，还引用了《周礼·考工记》、《文选·西京赋》和《南史·王亮传》的用例作为书证。又证“亲情”即潮汕方言之［ts'ing^{33} tsiã^{55}］（亲戚）。除了以语音对应规律证《广韵》的反切与今潮音之可对应之外，还引用了唐代张籍的诗、蒋防的《霍小玉传》、薛调的《无双传》，南唐徐铉的诗，明代冯梦龙的“三言”和凌濛初的《二刻拍案惊奇》、名教中人的《好逑传》等文学作品用例（都以“亲情”为“亲戚”）为书证，做到形、音、义三方面处处有着落②。

（三）动静结合，着眼发展

汉语方言的研究，以共时的静态描写为主流，能与古音比较起来进行研究的已经不多了。而李先生不但能把重点放在历史比较研究上，而且发挥自己精通音韵学的特长，把历时的比较研究做成一种带有动态性质的研究。无论是研究广州音还是潮州音，无论是研究广州方言史还是广东闽方言史，都能对先秦两汉、魏晋南北朝、唐宋、元明清等不同历史时期作不同的分析研究，并把古音和方言语音演变的线路、方言形成

① 参阅林伦伦《潮汕方言字典及方言字典编写的有关问题》，载《汕头大学学报》1995 年第 4 期。

② 详参李新魁、林伦伦《潮汕方言词考释》，广东人民出版社 1992 年版。

的历史过程分析得清清楚楚。例如他研究潮汕方言的语音特点，把它分为“先秦至汉末三国时期为第一个时代层次；魏晋南北朝时期为第二个时代层次；唐宋时期为第三个时代层次”①。然后还利用前人的笔记材料，分析了近二百年来潮汕方言的演变与发展。而语音史上的这种分段，无论与潮汕方言保留的古语词还是与方言史形成的历史过程，都是相吻合，可以相互印证的。像李先生这样用发展的眼光来研究方言，对研究方言特点的成因、兄弟方言之间差异的形成和发展都十分有效。不少疑难问题，诸如上文提到的潮汕方言定型于何时、原来究竟有没有[-n]韵尾的问题，便基本上迎刃而解了。

（四）长短结合，锲而不舍

李先生是著名的音韵学家，他在语言学上的建树最高的方面当然是音韵学。但是他“治语言学，始以方言为绪”，开始时是“为了学习方言学，李先生（才）自学音韵学”的②。但是60年代中期以后，他把主要精力基本都集中在音韵学研究上。在研究音韵学、披阅大量的古代文献的同时，他又时刻不忘方言研究，经常在阅读文献时发现有关方言研究的资料，便随笔录下，日积月累，资料盈箧。1983年笔者在中山大学攻读硕士学位时，在李先生指导下开始撰写《潮汕方言词考释》一书。当李先生把一沓沓的新旧和大小各不相同的卡片交给我时，真让我看得目瞪口呆。就从1964年李先生发表他的《潮汕方言词考源》一文开始算起，这些卡片的历史跨度最少也有20年了。20年不断地阅读和记录，才有了这一摞一摞宝贵的卡片啊。也正因为李先生这长短结合的科学方法和锲而不舍的治学精神，才使他在80年代后期至90年代初期又把研究方向转回到汉语方言方面来时显得是那样的得心应手，就好像他这中间的20年是为了这几年而专门去搜集和积累材料一样，写就了他的厚积薄发的不少方言研究的名篇。

李先生乃谦谦君子，为人随和热情，生前除了在做人为文方面严格教育学生之外，与青年学生亲密无间，相处融洽。他为学生的著作写了

---

① 详细请读李新魁先生的《潮音证古》（声母部分），载《潮学研究》第1辑，汕头大学出版社1993年版；并收入《李新魁音韵学论集》，汕头大学出版社1997年版。

② 麦耘：《李新魁传略》，见《李新魁音韵学论集》，第1页。

不少热情洋溢的序言，对后学奖掖有加。但他从不同意撰写介绍他自己的科研成果的文章。如今先生飘然仙逝，无疑是中国语言学界的一大损失，但先生的几百万字的科研成果为我们留下了一笔巨大的精神财富。悲痛之余，我们认为应该总结先生的科研成果及其治学经验，学习先生一辈子孜孜不倦的治学精神和科学严谨的治学方法，使先生的成果和精神能够更加发扬光大，这才是对先生的最好的纪念。这就是我写这篇文章的动机和目的。

李新魁师轶事*

林伦伦

李新魁先生，字星桥，中国著名语言学家，中山大学教授、博士生导师。先生是澄海澄城人，澄海中学毕业生。先生虽已仙逝廿载，然音容笑貌，常现眼前。谨以此文，纪念恩师。

一

先生于古典文献，烂熟于心，授课时常倒背如流，学生为之绝倒。先生之课，不但中文系学生争相听之，历史系、人类学系、哲学系乃至理工科各系和广东美术学院国画系均有慕名来听者，常常“爆满”。先生嗓音洪亮，声绕屋梁，虽百余人听课也不需“麦克”。兴之所至，常以文言与学生交谈。某次，先生对某个文言文疑难句子的意思提出了自己的看法，并提问一位同学：“君以为然否?”此君随口应道：“然也，然学生知其然而不知其所以然矣。”满堂大笑，既为老师的幽默生动，也为学生的睿智和风趣。

二

慕名来拜师听课的学生不但来自本校本地，也有来自港台地区，还有韩国、日本和美国的。有一次，一位五十开外的美国访问学者初次来

* 原载《羊城晚报》1998 年 9 月 23 日。收入本书前林伦伦教授略作增补。

听课，便向先生问候云："别来无恙乎？"先生愕然，以为是在哪儿见过面而忘记了，便回答说："托您的福，一切都好。先生您是……"美国佬又云："小弟乃美国访问学者，久闻大名，如雷贯耳，今日得拜先生墙下，三生有幸。"先生闻之，开怀大笑。问其所学，才知其前曾在台湾学过短期古汉语班，于古汉语半通不通，因而才误"门下"或"门墙之下"为"墙下"，初次见面又误问"别来无恙乎"。先生感其好学，遂允许其听课。美国佬不但没有难为情，反而高兴万分，连忙鞠躬行拜师之礼。

三

先生久居羊城，然对潮汕家乡情深，多次应邀回乡讲学。家乡开展潮学研究，先生即赐稿支持。此外，先生还常邀请国内外著名学者莅汕讲学考察，以广吾潮之影响。先生对潮菜，尤其是各式腌制海味小碟，最为嗜好，并常"己之所好，施之于人"。有一次晚间讲学毕，余随先生陪中华书局编审赵诚先生到汕头大排档吃"佃鱼糜"配"炒鲜薄壳"。赵先生乃著名语言学家，大快朵颐之余，便垂询所吃为何物。档主以潮汕话直译为"电鱼"和"鲜薄壳"。赵先生误以为即传说中的南美洲所产之"电鱼"，惊奇不已。乐得李先生和我差点"喷粥"。李先生遂向赵先生娓娓道来，大谈特谈潮汕佳肴之美，余也旁听了一堂乡土文化知识课。余今也为食货一枚，恐是受先生"好食"之风熏陶所成。

四

先生学富五车，但尊师重道，奖掖后学，有口皆碑。每次回乡，必先拜访母校澄海中学之教师。陈德桂、方书仰校长逝世之前，余多次陪同其前往拜谒。先生每至其老师府中，必执弟子礼甚恭，向老师鞠躬握手问候。然后汇报其新近研究课题，或赠以新著，请老师指教。然后再询问母校发展情况。拳拳之忱，溢于言表。陈、方二位校长仙逝之后，他还多次到澄海中学访问，与郭秀达、王立民校长等相谈甚欢。每次看到母校之进步，都喜形于色。先生对家乡后学，更是关怀备至。余于大二时初次造府拜访先生，先生垂询学习情况，余告之以忙着读中外名著，他无所学。先生听后，笑曰："如此读下去，毕业后可到文化宫当故事员矣。"然后晓之以理，授余长、短读书之法，引导余走上语言学研究道路。

五

先生乃著名学者，然绝非不食人间烟火之书呆子。每次讲课或外出，必西装革履，容光焕发。虽略富态，然步履轻盈，交谊舞跳得极好。中山大学中文系每有师生联谊晚会，女生必争先邀请先生起舞。吾等男生倒有点被冷落之感，心中悻悻不已，只叹学问弗如，舞技也望尘莫及。后来与先生过往多了，才知先生青少年时乃文体积极分子，不但舞蹈，于篮球、举重等，也素有爱好，故练就了健美轻盈之舞姿。先生每回乡，余执鞭随镫。每有乞者以为其是南洋巨贾，紧随其后乞讨，弄得我们师生哭笑不得。

六

先生所治之学，乃汉语音韵学，有"绝学"之称，为冷门中之冷门。以中国之大，治此学者，屈指可数。然先生中学之时，爱好的却是文学，其《李新魁音韵学论集·自序》云："余初入大学之门，本拟以文学为务。"澄海中学之校友，多知其诗名。先生骑鹤西去之后，其同窗林永锐先生回忆：先生在澄中读书时，任《澄中日报》（黑板报）执行主编，从写稿到设计版面"一脚踢"。他还在夏令营中为同学讲授写作知识和文学常识，为同学们朗诵小说和诗篇，青春勃发，才华横溢。他当时写的诗，富于时代感，又有古典韵味。1952 年国庆三周年他发表于《澄中日报》的《迎春曲》诗云：

寒风已缩，
疑是迎春嫌太迟；
如其来矣，

我将迎之以美以诗；
昨夜微闻春声至，
今早方知春之伴我在四时！

先生有《星桥诗草》（稿）一册。正是因为先生之诗才诗心，才使他的授课、他的治学、他的为人都充满了诗情，充满了美感。

老师，在学生们的心中，您就是真善美的化身，您就是一首流传千古的最美之诗！

在高华年先生门下读书的那些事儿*

林伦伦

我是1978年夏天考上中山大学中文系的。1982年夏天，大学毕业前夕，顺利考上高华年教授的研究生，忝列先生门墙。先生是西南联大时代的研究生，与著名语言学家朱德熙教授、著名方言学家李荣教授、古文字学家梁东汉教授等是同学，被评为三级教授。能考上他的研究生当然是很高兴的事，但当时我只是为了日后能在大学里当个老师，必须再读个硕士学位而已，也没有太兴奋。是在先生门下读书学习的三年里，才真正感受了先生教书育人的严谨而博大。

一 读一本书要读懂它的理论框架

当时中文系的教授们招研究生，都是一届毕业了才招第二届，每次招的学生也就一两名。高先生则坚持每届只招一名。所以，他的培养方法，就是一对一师傅带徒弟的方法。他给我上课的方法就是每周到他家（中山大学马岗顶的三层小楼，是前校长许崇清的故居）。他先给我讲半个小时，然后开书单，每次大概一两本书，三四篇文章。下星期来了，我先讲读书体会，他再跟我讲此书的主要观点，是在什么语言学理论框架下写的，有什么精彩之处，还要再深入学习。头一个学期我没有摸到门径。读书体会总是讲书的主要内容，缺乏理论和知识做基础，读书方法也就没能做到提纲挈领。后来，在先生的点拨下才慢慢好起来

* 原载植符兰编《高华年文集》，广东人民出版社2012年版。

了。对国外语言学流派及其理论知识也有了兴趣，我也明白了先生主编的《语言学概论》的后面为什么要附录一个“国外语言学流派简介”的道理。这对我后来的读书学习、研究可以说是受益终生。我至今读一本新书总是要先看前言或者后记，再研究一下目录，看看此书的写作缘起和理论框架。以便更好地读懂它，这就是先生训练下来的读书方法。

二　读研期间不准发表论文

我们的每一门课程，不管是先生亲自上的，还是其他老师上的，我们都必须写课程论文，这样下来，每学期总要写几篇论文。每次交上去的论文，先生都批改得很详细：哪部分还得再读什么书或者文章，都写得清清楚楚，甚至连错别字也一个没漏地用红笔指正。一个学期下来，他给我们定了两条不成文的“清规戒律”。第一，论文是不能有错别字的。道理很简单很朴素：你将来要做一个语言学教师或者语言工作者，消灭错别字就是你的职责，现在不训练，将来就不能形成良好的习惯。一个教语言学的老师，自己的文章里都出现错别字，那多丢人。从此以后，我交给老师的论文，自己都先校对几遍，直至消灭错别字为止。时到今日，喜欢“捉字虱”（抓错别字）的习惯，还一直保留着，甚至成了一种职业病，到哪看到错别字就扎眼，要把它抓出来。第二，读书期间的课程论文不能投稿，毕业后出去工作，再继续读书修改后再发表。当时也没有像今天一样要发表N篇论文以后才有毕业论文答辩的资格。所以，每次的课程论文，按老师的批评再读书修改后，我就藏在抽屉里，没有拿去投稿，连想都不敢想。后来毕业了，因为要备课教书，真的多读了一些书，再多做了一些实地的田野调查，以前的论文真的都必须修改才能拿出去投稿。老师教的这一招在今天看来很迂腐，但是我获益匪浅，少发表了一些垃圾论文，也养成了比较严谨的治学办法。先生教我的这一招，可能是西南联大时期的学风，我在任继愈先生的回忆录中也看到了类似的叙述：“现在的研究生培养方法很成问题，我们读书的时候，不要求发表文章，也不要求上课，就是读书。导师根据学生情况开单子，学生看，过一段时间有一次谈话。”（《山河判断笔尖头》）不过说起来很惭愧，现在我自己带研究生，不得不帮助学生在答辩前发

表一篇论文以取得答辩资格，没法把先生教我的方法传承下去。

三　教学一丝不苟，连分秒也要掐

先生治学严谨，在教学上也一丝不苟。他指导我给本科生上《语言学概论》的教学实习课，要求我先备好课，自己对着墙讲三遍，然后一遍又一遍地改进教案并掐好时间。然后再讲给他和任课老师余伟文先生听，他们俩再给我指导一遍，我再自己修改教案后再练习讲。他连小节都不放过，告诉我：上课时一紧张，讲话的节奏就会加快，所以你必须把讲课内容准备充足，甚至多预备 5 分钟，还要留一个布置作业什么的小节目，作为应急之用。后来我上实习课的事实证明，老师的指导很对，我前后练习讲了 5 遍，以为时间掐得很准的课，居然提前 8 分钟就讲完了。我一看表，不禁全身飙汗。幸亏老师教了应急一招：布置作业。我喝了一口水，慢条斯理地布置了作业，才终于把时间给应付过去了。这样的四次课，我一辈子都记住了。到我自己独立上课的时候，我终于练习到能准确地把握时间，从来也不提前下课，也绝不拖堂。还有一个个性化的要求：不准学生迟到，但可以允许学生旷课。我认为，学生迟到会打乱老师讲课的情绪和节奏、影响同学们的注意力，使教学效果受到影响，而学生旷课受损失的是他自己。

四　作为语言学者，英语一定要学好

我们 1978 级高考，英语只作为参考科目考试的，没有计入总分。我也没有参加英语科的考试，入学后自然被分在英语 B 班（慢班），学的第一课“Long Live Chairman Mao”。考研的时候，也不知道是怎么复习的，就混了个 66（分）大顺。英语的底子很差，我自己是知道的。但读研的第一学期，老师给我开的书单，就有美国结构主义语言学大师 L. Bloomfield（L. 布伦菲尔德）的“Language”（《语言论》），先生要求读英文版原著。我到图书馆把书借来一看，傻了眼了。26 个字母都认识，由它们组合起来的专业术语单词却大部分不认识哦。先生原来是北京大学的研究生、后来到了西南联大，曾经师从李方桂、罗常培等著名语言学家，他自己受过很严格的训练，英文很好。但他不知道我的难处哦。我当时只有一种想法，既然是先生交代的作业，不完成不行，再难也得啃。于是，借来《英汉对照语言学词典》和《语言论》的中文版翻译，先查词典，一个一个单词看懂了，再一句一句猜，猜完一段再对着中文版看自己蒙对的有几成。我把每一个生词都做了卡片，每天背它十几二十个，前几章攻下来，后面的就好读多了，到后面几章，也就基本可以读懂了。从此以后，我深刻地领会了读书为什么叫“啃”，为什么叫“攻读”。也因为啃这本书，使我对英语的恐惧感也大大地减弱了，后来升副教授、教授都得考英语，觉得都是小菜一碟。到了 45 岁以后还能通过英语考试，去澳大利亚悉尼大学进修，也都得益于先生对我的英语训练（虽然以前学的都是“哑巴英语”，留学后“哑巴”才开了口）。每次看到有人批评全民学英语的做法，我也有同感：是过头了。但无论如何，我认为，作为语言学者，多懂一门外语肯定是有好处的，我至今也就是因为能粗懂英文，才能对出国参加学术会议等不发怵，真的是要感谢先生对我的加压训练。

五　转益多师，同窗为友

老师身材瘦小，但胸怀却是宽广的。他为人真诚，胸无芥蒂。除了他自己给我开的课之外，其他语言学老师开的课他都鼓励我去听，转益多师。所以，教方言学的黄家教教授、音韵学的李新魁教授、训诂学的赵仲邑教授、汉语史的潘允中教授的课我们都去听。我的硕士学位论文题目是粤西闽语《雷州方言研究》，跟方言学和音韵学的联系比较紧密，所以，我几乎把黄家教、李新魁老师的课都听了，还经常上门请教，高先生都很支持。那时候的老师们对我们都很关心，去听谁的课老师们都很欢迎。也正因为如此，我们不同师门的同级同学都成了同窗好友。晚上就寝前和晚饭后的散步时间，就是同学们讨论学习心得的时间。这虽是不经意的讨论，但很热烈，很投入，有时候争得面红耳赤。大家每人一份的读书体会共同分享，就变成 N 份。所以，晚上就寝前和晚饭后的散步时间是我们的 Happy Hours，不少闪光的新见解就产生在这样的快乐时光里，不少不甚了了的问题也就在这个快乐的时光里讨论清楚了。我们至今仍然不但是同道，而且是很好的朋友。同学们的亲密无间得益于老师们的开明和开放。

光阴似箭，日月如梭。弹指一挥间，读研的幸福时光一晃就过去快30年了，想想自己已经是年过半百有四，已是“二毛”之辈，但先生的教泽师恩，却从来也未曾忘却，反而有老而益清的记忆和感觉。

第二十七届教师节到来之际，谨以此断断续续的记忆祝高先生健康长寿！

奉　舫　编

语言学卷

粤东闽语声调的地理类型学研究*

林春雨** 甘于恩

摘　要　粤东闽语与福建闽南话关系密切，但又体现出诸多特色。本文首次从地理语言学的角度，调查、整理和分析粤东闽语的声调，并附上若干特征图。论文以粤东闽语声调调值类型分析、声调调类的分区以及粤东闽语声调的共同点为研究内容。希望以此为基础，丰富闽语声调的类型学研究。

关键词　粤东闽语　声调　类型分析　地理语言学

本文所指粤东闽方言包括汕头市、潮州市、揭阳市、汕尾市、梅州市这五个城市的闽语区，这个区域是广东省内一个最大最集中的闽方言区。广东省比较集中的闽语区还有以雷州半岛、湛江市和茂名市部分地区为中心的粤西闽语区，其次就是散布在广东省内的各个闽方言岛，其中较大的要数广东中山闽方言岛。广东闽方言的分布详情，可参见甘于恩《广东方言的分布》①。

---

* 本文系甘于恩主持2013年度国家社科基金重点项目“粤、闽、客诸方言地理信息系统建设与研究”（13AYY001）的阶断性成果，原载《学术研究》2016年第5期。

** 林春雨，女，1979年8月出生，汉族，广东汕头人。2002—2005年在汕头大学文学院师从林伦伦教授攻读汉语言文字学专业，获文学硕士学位。2005年7月至今在广东技术师范学院工作。2010—2015年在暨南大学攻读博士学位，导师为甘于恩教授，获汉语言文字学博士。研究专长：汉语方言学、地理语言学。参与撰写《广东南澳岛方言语音词汇研究》《潮汕民俗大典》等著作；在《民族语文》《方言》《学术研究》等期刊发表论文十几篇；主持省厅级项目3项，参与国家社科和省社科项目多项。

① 甘于恩：《广东方言的分布》，世界图书出版集团广东有限公司2014年版。

粤东闽语与福建闽南话关系密切，但又体现出诸多特色。从声调类型对其作系统的研究，目前为止似乎还较为少见。本文为这方面的初步尝试。

一　粤东闽语声调调值类型分析

（一）阴平调类型分析

中平型是粤东闽语的主流声调，包括33、44和22，分布在潮汕地区的大部，包括潮州、汕头（北部）、揭东、普宁（东部）以及陆丰、海丰。

微升型则主要通行于普宁（西北部）和惠来一条U形地带，另一块则为饶平和潮安交界的三角地带，微升型的分布估计与客家方言的接触相关，因为U形地带和三角地区的周边皆有较多客话通行。

低降型集中于汕头南部潮阳和潮南区，与多数闽语调型迥异，从峡山（老派）为22调（中平型）来看，峡山（青派）则为21，当系从中平变异而来。变异的动因尚待考察。

（二）阳平调类型分析

高平型（55/45）：这种调型在粤东占绝对优势，也可以视为潮汕闽语的区别性特征（声调），除了汕头南部（潮阳区、潮南区、濠江区）的块状地带以外，其他区域基本被此一调型覆盖。

中平型（22/33，个别34/44）：这种调型刚好处于汕头南部的块状地带（阴平读为低降），如果我们将低降视为11调（记为21）的话，则阴、阳调的度差有2度左右，属于较显性的差异。其实，这与高平型的度差（也是2度）是相似的。

以阴、阳的关系而言，高平型和中平型皆属于进阶型的。进阶型指的是阳调对于相应的阴调来说，声调呈阶梯式上升，如低调上升为中调，中调上升为高调，如粤东东北（如饶平）和西南部（如汕尾）从阴平（33）到阳平（55）上升了2度；汕头南部从阴平（21）到阳平（33/34）也基本上升了2度。

上升型（35/24/23）：在粤东东西两端（汕头云澳、汕尾东海和公平）有零星分布，中部只有一点（汕头贵屿），以与福建闽语的关系看，可能保留较明显的闽南话阳平的特点。汕尾东海阴平为33，阳平为23，区分不太明显，但从调型来看，平与升构成显性差异，从其他点的特征看，记为24亦无妨。

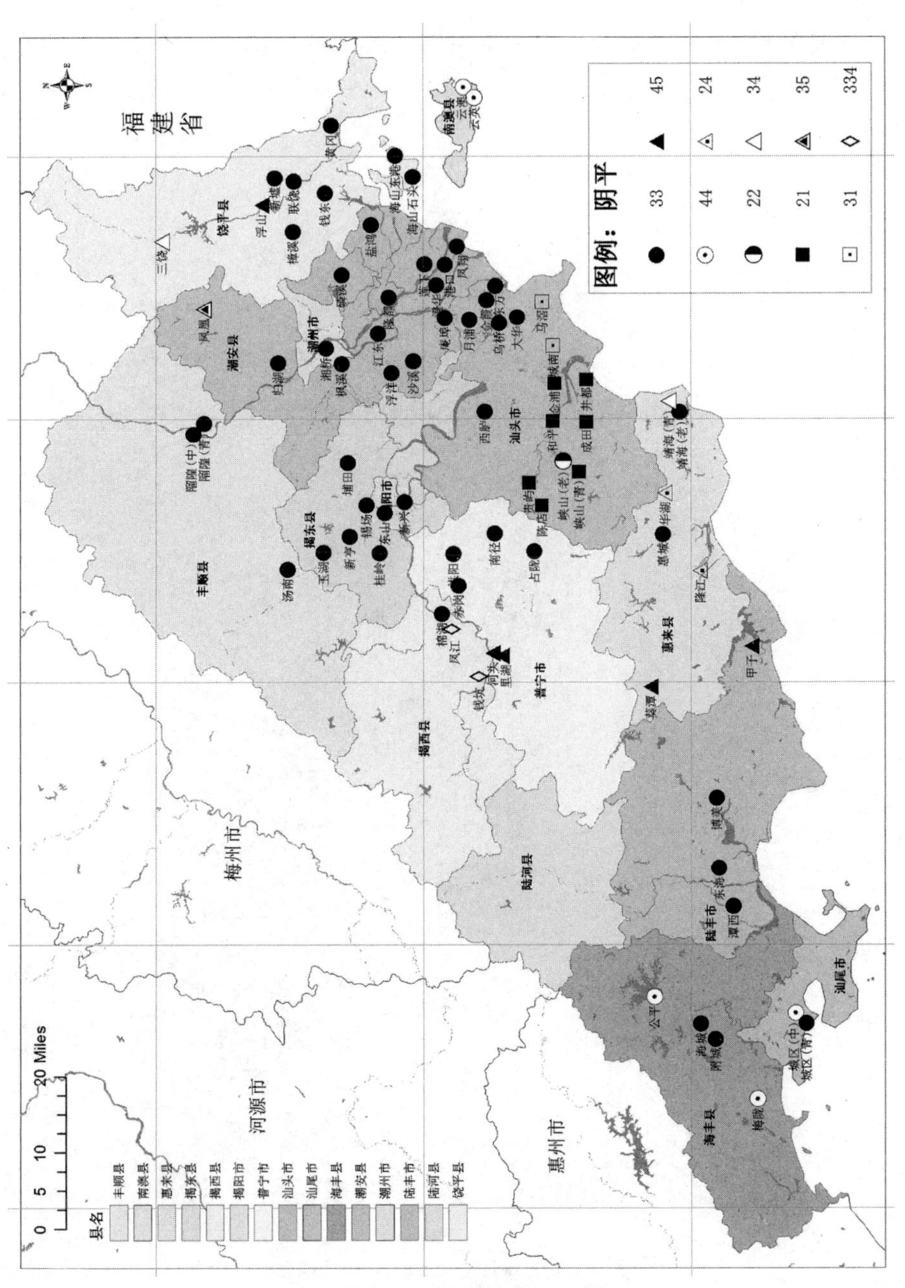

图1　粤东闽语声调地图——阴平

（三）阴上调类型分析

高降型 53 为主流声调，分布在潮汕地区的大部，包括潮州、汕头（北部）、揭东、揭西、普宁、陆丰、海丰。

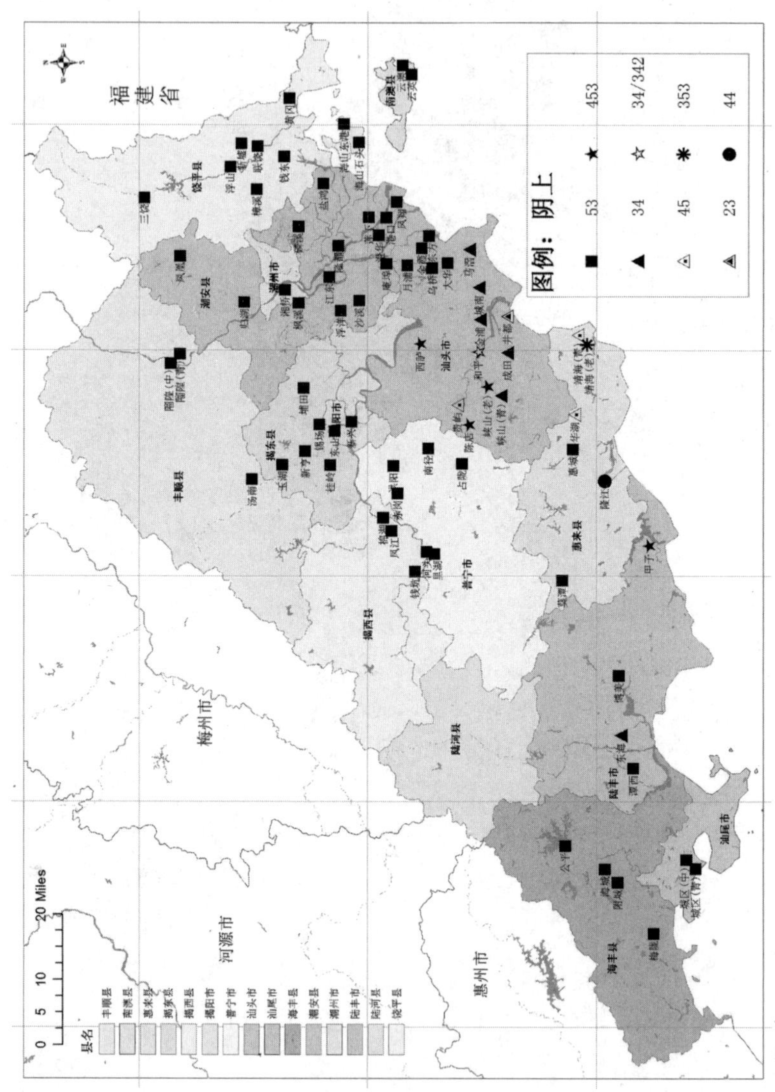

图 2　粤东闽语声调地图——阴上

微升型，包括 34、45、23，在汕头南部、惠来东部和陆丰东海皆有分布，与多数闽语调型微异，变异动因尚待考察。

屈折型，均为先升后降，包括 453、342、353，分布在汕头西部、南部、甲子。考虑到靖海（老派）读 353，靖海（青派）为 45（微升型）；和平部分字为 34（微升型），曲折型有可能是同时受到高降型和微升型的影响，折中的结果。

高中平型，只有隆江一个点，可能源自闽南的高平（55）。

（四）阳上调类型分析

中升型覆盖粤东大部分闽语区，为粤东闽语的主要类型，包括 35、24。

高降型从普宁东部一直延伸至汕头南部，呈一狭长地带。其中包括两种类型，一是汕头南部各点，其阳上读归阴去，即 53 既为阳上调，也为阴去调；二是普宁南径，只有一类上声，阳上读同阴上，即 53 亦为上声调。

低平型零星分布在粤东南部和云澳，包括海丰公平，陆丰东海，惠来隆江、靖海（青派），这种调型和调值，既是阳上调也是阳去调，符合中古调类演变“全浊上归去”的规律，这个特点与厦门、莆田、福州、漳州都是相同的，调值也很接近。据潘家懿研究[①]，汕尾市城区、海丰、陆丰阳上阳去都同调；海丰公平，上声不分阴阳。

（五）阴去调类型分析

曲折型为该调主流，先降后升（记 213/212），主要分布在粤东东北部和西南部，包括潮州、澄海、揭东、揭西、普宁北部、海丰和陆丰大部。

降调型主要分布在中部，包括汕头南部、云澳、回来、陆丰东海、甲子和饶平三饶。包括 53、211、42。53 和 42 为高降，主要分布在汕头南部、惠来隆江、靖海（老派）；211 为低降，主要是云澳、汕头市区月浦和东方街道、潮阳西胪、普宁占陇、惠来中西部惠城和葵潭、陆丰东海、甲子，低降调型保留了福建闽语阴去的调型。

从省力原则上看，曲折调（213/212）很容易演化成低降调 211；并且在连读前字变调时，曲折调也基本上变读为 211 调，反过来促使本调变异。

（六）阳去调类型分析

低平调（11/22）为粤东闽语主流调型，与福建闽语厦门、漳州话类似。覆盖粤东东北、西南部。

---

① 潘家懿：《海丰福佬话文白异读研究》，《山西师大学报》（社会科学版）1991 年第 3 期。

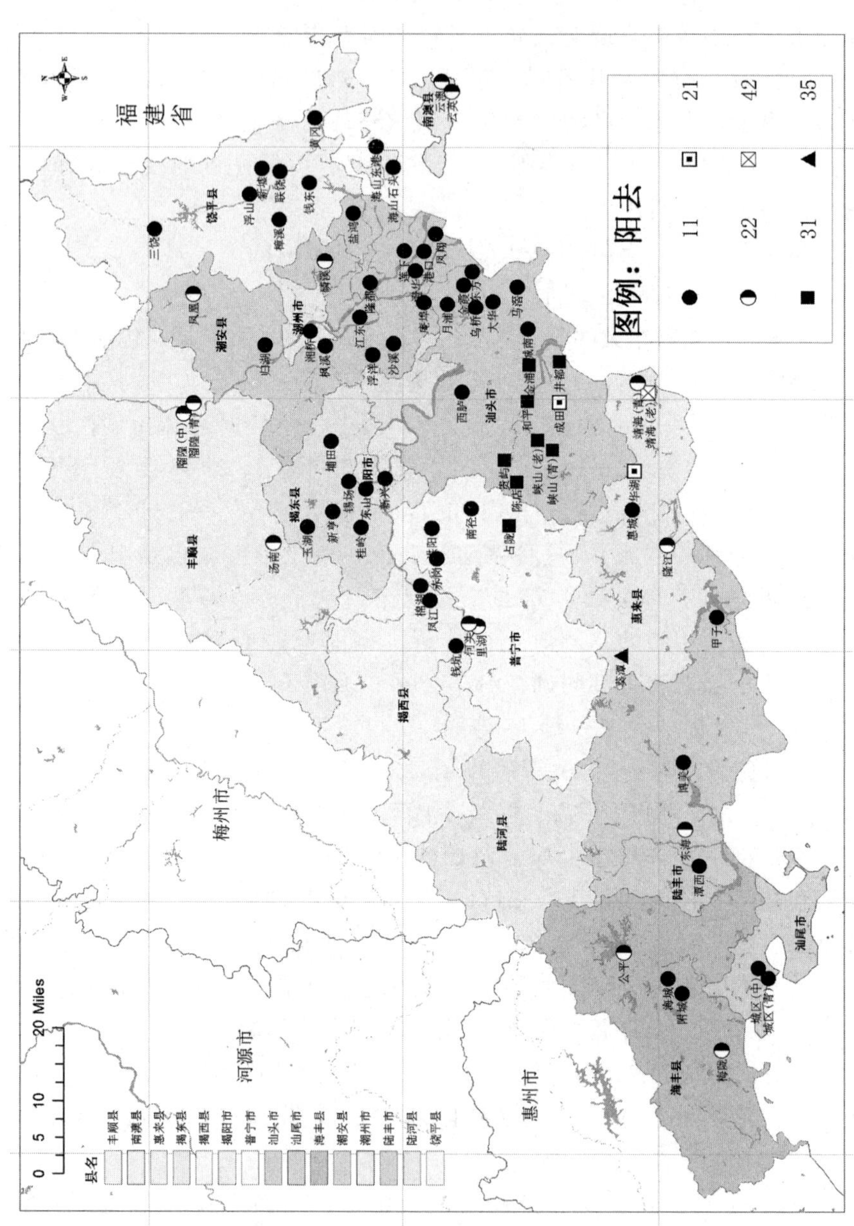

图 3　粤东闽语声调地图——阳去

降调型包括 31、21、42，以低降型为主。高降只有靖海（老派）

一个点，为 42 调，与福建泉州的 31 调[①]接近。低降型主要分布在汕头南部块状地带及周边个别点。

中升型只有惠来葵潭一个点，读 35 调。

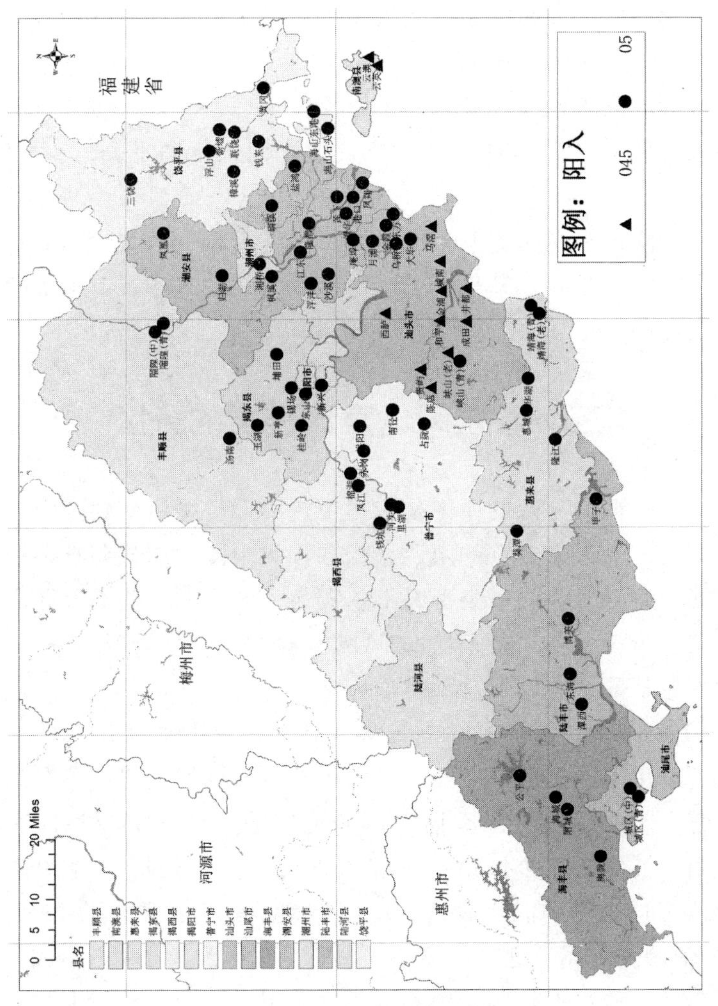

图 4　粤东闽语声调地图——阳入

① 厦门声调引自周长楫、欧阳忆耘《厦门方言研究》，福建人民出版社 1998 年 12 月第 1 版；泉州声调引自林连通主编《泉州市方言志》，社会科学文献出版社 1993 年 2 月第 1 版；漳州声调引自马重奇《漳州方言研究》，纵横出版社 1994 年 10 月初版。下同。

（七）阴入调类型分析

平调型，包括2、3调，在粤东闽语占绝对优势，覆盖了除汕头南部、云澳外的其他点。

降调型，包括32、21调，分布在汕头南部块状地带及云澳，这个特点与福建厦门、漳州闽南话阴入特点比较接近。

（八）阳入调类型分析

阳入调与阴入调的调型调值正好相反。

阴入读低平（2）和中平调（3）的，阳入读高平调（5），也是主流调型。

阴入读降调型（32/21）的，阳入读高升调（45），同样分布在汕头南部和云澳，与福建闽语漳州话（12）和泉州话（23）调型相似，调值较之偏高。

二　粤东闽语声调调类的分区

本文进行调类分区的原则是依据中古声调类型演变到今天各方言点的声调类型。今天方言点的声调，相同调类中的大部分调查字中古声调来源相同，则划分为同一类型，不依调值而变。进行调类分区之后，同一种类型中再说明各个方言点之间调值的差异。从调类上分析，73个地点的声调状况，有以下六种类型。

（一）潮汕型——平上去入、各分阴阳、浊去归阳上

之所以用潮汕型这个名称，是因为这一声调类型覆盖粤东闽语的大部分方言点，能反映粤东闽语大部分地区的声调状况，并且汕头、潮州、揭阳、汕尾这四个城市在民间历来有“大潮汕”这样的概念，因此笔者认为这个名词能代表这一声调类型。在笔者调查的73个调查点中有51个调查点属于这种类型。

这个类型的特点是八个调类，各分阴阳，清阴浊阳。少数次清上声字读归阴去；次浊上声字多数读阴上，少数读阳上；全浊和次浊去声都有大量字读归阳上。潮汕型浊去归阳上的特点虽然在其他方言类型也或多或少存在，例如靖海型，但是这个特点在潮汕型中最为明显。

这51个调查点中虽然中古平上去入演变到现在方言的声调归类基

本一致，但是调值并非完全相同。这个类型的大部分地区是阴平 33、阳平 55、阴上 53、阳上 35、阴去 213、杨去 11、阴入 2、阳入 5。但其中也有不少其他调值：例如汕头市金平区东方街道和月浦街道、揭阳市惠来县惠城镇墩南村的阴去读低降调 211；揭阳市揭西县凤江镇阳夏乡林厝寮村、揭阳市揭西县钱坑镇口围村阴平读高升调 334；潮州市饶平县浮山镇汉塘村、揭阳市普宁市里湖镇、揭阳市普宁市里湖镇河头村棋园阴平读高升调 45；揭阳市普宁市占陇镇西社西湖村阴去读低降调 211，阳去读低降调 31；汕尾市陆丰市甲子镇则阴平读高升调 45，阴上读曲折调 453，阴去读低降调 211；汕头市潮阳区西胪镇西凤乡阴上读曲折调 453，阴去读低降调 211；潮州市饶平县三饶镇南新乡祠堂村阴平读高升调 45，阴去读低降调 211。

（二）潮阳型——全浊上归阴去

潮阳型的声调特点是七个调类，全浊上归阴去，符合“浊上变去”的中古音的演变规律，只不过并非归阳调类，而是归了阴调类，因此潮阳型只有一类上声，为阴上。潮阳型的次浊上声字大多数读归上声（阴上），少数随全浊上声一起读归阴去（也有例外，如汕头市潮阳区城南街道次浊上声大部分读归阴去）。全浊和次浊去声字大部分读归阳去，少部分读归阴去。这一类型涵盖汕头市潮南区、潮阳区和濠江区的大部分调查点。

以汕头市潮阳区城南街道为例，潮阳型大部分调查点的调值是阴平 21、阳平 22、上声（阴上）34、阴去 53、阳去 31、阴入 32、阳入 45。略有不同的如汕头市潮南区井都镇上南村阳平读 33、阴上读 23，但调型都基本一致；汕头市潮阳区贵屿镇渡头村阳平读 23、阴上读 45。

潮阳地区除了读上述的七个声调的类型，潮南峡山街道、潮南陈店镇溪口乡和潮阳区和平镇存在八个声调的情况，这三个调查点都同时存在两种阳平调，因此从调类上看依旧是七种调类，峡山和陈店的两种阳平调的调值分别为 34 和 44；和平的两种阳平调值分别为 22 和 23。从这两类阳平调的来源看，暂时没有找到分化规律。峡山和陈店 34 调的字数大约是 44 调的两倍；和平的两种阳平调的字数相当，考虑到潮汕型的阳平调调值为 55，峡山和陈店分化出读 44 的阳平调有可能受到强势方言的汕头市话声调的影响。前面所述潮汕型的汕头市潮阳区西胪镇西凤乡，也存在44和34这两种阳平调，但其声调不存在潮阳型全浊、次浊上声归阴去的情况，整体声调归类与潮汕型其他调查点基本相同，因此仍旧归到潮汕型；而和平的两种阳平调值22和23，在潮阳的其他方言点也存在这两种阳平调，笔者猜测可能是潮阳型方言互相影响和发展的结果。除此之外，峡山和陈店的上声调值也和其他潮阳型方言略有不同，并非读34调，而是读高升降的453调。

张盛裕曾指出潮阳方言“新派阳上阴去单字调（本调）相同”①，在笔者的调查中，当年潮阳方言的新派现象已经成为老派现象了，几个调查点无一例外阳上都归了阴去。

（三）云澳型——全浊上归阳去

这种类型的声调特点是七个调类，全浊上声读归阳去，无论是单字调还是连读变调都和阳去调值一致，符合中古调类演变“全浊上归去”的规律；多数次浊声母上声字读归阴上，但也有相当一部分读归阳去。因此，云澳话只有一类上声，实际上就是阴上。这个特点与厦门、莆田、福州、漳州都是相同的。② 这种类型涵盖汕头市南澳县云澳镇、揭阳市惠来县葵潭镇长春村、揭阳市惠来县隆江镇西塘村、汕尾市海丰县公平镇、汕尾市陆丰市东海镇几个调查点。

云澳型的声调以云澳话为例：阴平44、阳平35、上声（阴上）53、阴去211、阳去22、阴入21、阳入45。这种声调类型各方言点之间的声调调值差别比较大，如葵潭镇阴平45、阳平55、阳去35；东海镇阴平33、阳平23、上声（阴上）34；差别最大的要数隆江镇，阴平24、阳平55、上声（阴上）44、阴去42。云澳型与福建闽语除了调类归类有相似之处，调值上也有相似之处，例如阳平调多为上升调，如厦门读35、泉州读24、漳州读23③，这些特点都跟云澳型非常接近。通过对调值的考察，云澳话与厦门话调值最接近。

据潘家懿先生研究，汕尾市城区、海丰、陆丰阳上阳去都同调；海

① 张盛裕：《潮阳方言的语音系统》，《方言》1981年第1期。

② 参见黄典诚《闽语的特征》，《方言》1984年第3期；甘于恩、周洪涛《典型特点与变异特点——域内闽语与周边闽语之语音比较》，《暨南学报》（哲学社会科学版）2005年第2期。

③ 甘于恩：《试论潮汕方言研究的若干问题》，《韩山师范学院学报》2010年第4期。

丰公平，上声不分阴阳[①]。笔者调查的汕尾的几个地点，只有海丰县公平镇和陆丰市东海镇有这样的特点，其余地点已经与潮汕型合流了，估计是受到潮汕方言影响的结果。

（四）华湖凤凰型——全浊上归阴平

揭阳市惠来县华湖镇美园村和潮州市潮安县凤凰镇这两个调查点也是七个调类，其特点是全浊上声归阴平，少数归阳去，归阳去这个特点类似云澳型；次浊上声大部分归上声，也有部分归阴平，上声只有一类阴上；次浊去声除了多数归阳去，也有部分字归阴平。

从调值来看，华湖镇的调值是阴平 24、阳平 55、上声 45、阴去 53、阳去 21、阴入 2、阳入 5。凤凰镇的调值与华湖镇不同的是阴平 35、上声 53、阴去 213、阳去 22。上声和阴去差别较大。梅县客家话阴平调是 23 调，调值与华湖凤凰型也相当接近。

古上声全浊、次浊声母字读归阴平的现象，在粤东闽语中很少见，但是这个特点恰恰与客家方言的特点不谋而合，黄雪贞先生指出："古上声的次浊声母及全浊声母字，有一部分今读阴平，这是客家话区别于其他方言的重要特点"[②]，黄雪贞还指出："由于周围方言的影响，客家话某些古上声浊声母字的读音也在起变化，一些早年读阴平的字，有逐渐减少的趋势"[③]，而我们所调查的华湖凤凰型也恰好如此。揭阳市惠来县华湖镇是一个以闽语为母语的闽客双语镇，其中的茶埔村、美园村和寨内村同时存在闽客双语现状；而潮州市潮安县凤凰镇更是一个以客家方言为母语的闽客双语镇，但因为包围在周边的闽语区中，讲客家话的村落有逐渐减少的趋势。

（五）靖海型——去声不分阴阳

我们对揭阳市惠来县靖海镇调查了两位发音人，分别是 1959 年出生的一位工人和 1995 年出生的一名学生，两位发音人的语音声调类别不同，学生发音的声调类型更接近于云澳型，即七种调类，浊上归阳去。长者的发音也是七个调类，但只有一类去声，主要来自古清浊去声

---

① 潘家懿：《海丰福佬话文白异读研究》，《山西师大学报》（社会科学版）1991 年第 3 期。

② 黄雪贞：《客家方言声调的特点》，《方言》1988 年第 4 期。

③ 同上。

字和小部分次清上声字；全浊和次浊去声字除主要读去声外，也有部分字读归阳上。从调值上看，靖海镇的声调是阴平 33、阳平 55、阴上 353、阳上 35、去声 42、阴入 2、阳入 5。

纵观其他闽南方言类型，只有一类去声的也不鲜见。李永明就曾描述“惠来去声不分阴阳”[①]；潘家懿、郑守治对于粤东闽南语方言片的划分中，潮普小片的惠来话也是去声不分阴阳[②]；不过也许由于调查所限，只发现揭阳市惠来县靖海镇“去声不分阴阳”，而惠来县其他点的调查结果则有不同表现。另外，福建闽语泉州话声调总数也是七个，阴阳去声合并。[③]“周长楫《泉州话早期调类及其调值构拟》及洪惟仁《〈汇音妙语〉的音读——二百年前的泉州音系》均认为泉州话早期有 8 个调类，大概在三四百年前，去声才合二为一，成为 7 个调类的。”[④]惠来靖海话声调的这一分化与泉州话有相似之处。李新魁先生也曾专门描述过惠来惠城镇的声调，惠城镇的声调只有七个，去声不分阴阳，但本次调查中，惠城话的声调已经读同潮汕型了。[⑤]

（六）南径型——上声不分阴阳、清去归上声

揭阳市普宁市南径镇青洋山村牛尾片的声调比较特别，只有六个调类，分别只有一种上声和一种去声。中古清浊上声均合流；全清和次清去声也读归上声，全浊和次浊去声读归去声，这一去声实际上也就是阳去；全浊和次浊去声也有部分字读归上声。

我们发现，清去读归上声也存在于客家话中，例如梅州市大埔县光德镇、枫朗镇、高陂镇、丰顺县汤坑镇都有这种情况[⑥]。普宁市南径镇是一个以客家话为母语的闽客双语区，因此南径型的声调特点也很有可能受到客话的影响。

---

① 李永明：《潮州方言语音的内部差别》，《湘潭大学学报》（社会科学版）1986 年第 2 期。

② 潘家懿、郑守治：《粤东闽南语的分布及方言片的划分》，《台湾语文研究》2010 年第 1 期。

③ 甘于恩、周洪涛：《典型特点与变异特点——域内闽语与周边闽语之语音比较》，《暨南学报》（哲学社会科学版）2005 年第 2 期。

④ 林伦伦、潘家懿：《广东方言与文化论稿》，中国文联出版社 2000 年版，第 140 页。

⑤ 参见李新魁《广东的方言》，广东人民出版社 1994 年版，第 326 页。

⑥ 材料引自李菲《地理语言学视角下的梅州客方言声调研究——基于梅州五县一市二区的语音规模调查》，硕士学位论文，暨南大学，2015 年，第 30—32、35 页。

六个调类的粤东闽方言声调类型目前尚未见诸方言学界的研究。

下面分别以表 1 至表 2 来展现粤东闽语声调类型与中古声调类型的比较以及各种声调类型代表点的调值。

表 1　　各种声调类型与中古声调类型比较

古调类 / 今调类	平				上			
	全清	次清	全浊	次浊	全清	次清	全浊	次浊
潮汕型	阴平	阴平	阳平	阳平	阴上	阴上、阴去	阳上	阴上、阳上
潮阳型	阴平	阴平	阳平	阳平	上声	上声	阴去	上声、阴去
云澳型	阴平	阴平	阳平	阳平	上声	上声	阳去	上声、阳去
华湖凤凰型	阴平	阴平	阳平	阳平	上声	上声	阴平、阳去	上声、阴平
靖海型	阴平	阴平	阳平	阳平	阴上	阴上、去声	阳上	阴上、阳上
南径型	阴平	阴平	阳平	阳平	上声	上声	上声	上声
厦门	阴平	阴平	阳平	阳平	上声	上声	阳去	阳去（白）、上声（文）
泉州	阴平	阴平	阳平	阳平	阴上	阴上	阳上	阴上
	去				入			
	全清	次清	全浊	次浊	全清	次清	全浊	次浊
潮汕型	阴去	阴去	阳去、阳上	阳去、阳上	阴入	阴入	阳入	阳入
潮阳型	阴去	阴去	阳去、阴去	阳去、阴去	阴入	阴入	阳入	阳入
云澳型	阴去	阴去	阳去	阳去	阴入	阴入	阳入	阳入
华湖凤凰型	阴去	阴去	阳去	阳去、阴平	阴入	阴入	阳入	阳入
靖海型	去声	去声	去声、阳上	去声、阳上	阴入	阴入	阳入	阳入
南径型	上声	上声	去声、上声	去声、上声	阴入	阴入	阳入	阳入
厦门	阴去	阴去	阳去	阳去	阴入	阴入	阳入、阳去（白）	阳入、阳去（白）
泉州	去声	去声	去声	去声	阴入	阴入	阳入	阳入

资料来源：厦门声调引自周长楫、欧阳忆耘《厦门方言研究》，福建人民出版社 1998 年版；泉州声调引自林连通主编《泉州市方言志》，社会科学文献出版社 1993 年版；漳州声调引自马重奇《漳州方言研究》，纵横出版社 1994 年版。

表 2　　**各种声调类型代表点调值比较**

类型	调查点	阴平	阳平	阴上	阳上	阴去	阳去	阴入	阳入
潮汕型	汕头金平	33	55	53	35	213	11	2	5
	揭西凤江	334	55	53	35	213	11	2	5
	普宁占陇	33	55	53	35	211	31	3	5
	陆丰甲子	45	55	453	35	211	11	2	5
	潮阳西胪	33	44/34	453	35	211	11	3	45
	饶平三饶	45	55	53	35	211	11	2	5
潮阳型	潮南成田	21	22	34		53	31	3	45
	潮阳贵屿	21	23	45		53	31	32	45
	潮南峡山	22	34/44	453		53	31	32	45
	潮阳和平	21	22/23	34		53	31	32	45
云澳型	南澳云澳	44	35	53		211	22	21	45
	惠来葵潭	45	55	53		211	35	2	5
	海丰公平	44	24	53		213	22	2	5
华湖凤凰型	惠来华湖	24	55	45		53	21	2	5
	潮安凤凰	35	55	53		213	22	2	5
靖海型	惠来靖海	33	55	353	35	42	2	5	
南径型	普宁南径	33	45	53		11	2	5	
福建闽语	厦门	55	35	53		21	11	32	5
	漳州	44	13	42		21	22	32	12
	泉州	33	24	544	22	31	4	23	

资料来源：厦门声调引自周长楫、欧阳忆耘《厦门方言研究》，福建人民出版社 1998 年版；泉州声调引自林连通主编《泉州市方言志》，社会科学文献出版社 1993 年版；漳州声调引自马重奇《漳州方言研究》，纵横出版社 1994 年版。

三　粤东闽语声调的共同点

1. 王力指出："声调分化为阴阳的原因，自然是由于未分化以前受声母影响而产生的声调上的细微差别。”[①] 声调与声母的紧密关系不言而喻。古四声在大部分调查点都表现出平上去入各分阴阳、清阴浊阳的特点。尤其是平声和入声的分化较为一致，清声母读阴调，浊声母无论全浊、次浊，均读阳调，例外字较少；差别较大的在于上声和去声，包括调类的多寡和分化的差别，上去声又以全浊、次浊声母的分化差别最为明显。

2．粤东闽语大部分调查点的次浊上声字主要读归阴上，平、去、入三种调类的次浊字都是归阳调类，唯独只有上声次浊字归阴调类。以汕头金平话为例，古次浊上声字读阴上的字大约是读阳上字的5倍以上，汕头云澳话更是高达7倍（云澳话阳上调并入阳去）。闽南话其他次方言点都存在这种现象：厦门、漳州、泉州话的次浊上声都与清上声一起归阴上（厦门话是文读音归阴上，白读音归阳去）。林伦伦从声母的历史层次论证了次浊母上声字读阳调类属于较早的历史层次。[②]

3．古去声字在大多数粤东闽语中分化最为复杂。无论清浊，都有大量字读归阳上，尤其是浊声母去声字。例如上文提到的潮汕型，其次浊和全浊去声字都有很大比例的字读归阳上；云澳型则阳去阳上合并，关系密切。

4．入声从阴、阳的关系看，在粤东闽语呈现阴低阳高的态势，这点几乎没有例外。尽管有些点体现出与泉州片较为密切的关系，但从入声的特征看，无疑是近厦漳型的。

---

① 王力：《汉语史稿》，中华书局2004年版，第230页。

② 参阅林伦伦《古浊声母上声、去声字汕头话今读考察》，《汕头大学学报》（人文社会科学版）2001年第1期。

外砂话声调与澄海话、汕头话的比较研究*

林伦伦　陈照儿**

摘　要　外砂镇原属澄海县，现属汕头市龙湖区管辖。在澄海人眼里，外砂话的口音比较"huai^{52}"（口音比较特殊），跟澄海县城话有明显不同。那么，这种"huai^{52}"的语音特点究竟是什么呢？据我们的调查和语音实验报告，主要是连读变调的不同。本文专门对外砂话声调做了描写研究，并把外砂话的连读变调跟澄海县城、汕头市区话的连读变调做了比较研究，探讨它们的同异，找出外砂话"huai^{52}"的原因。

关键词　外砂话　澄海县城话　汕头市区话　连读变调　比较研究

一　外砂镇人文地理概况

外砂镇位于汕头市澄海区西南3公里处，龙湖区北侧，三面环水，北临韩江支流外砂河，西依梅溪，南隔新津河与汕头市区相望，东南连新溪镇。相传北宋此已形成沙滩，位于辟望港（今澄城镇）之外围，

* 原载《汕头大学学报》（人文社会科学版）2011年第3期。

** 陈照儿，女，1984年出生于广东省汕头市澄海区，2008—2011年就读于广东技术师范学院，专业民族学，研究方向少数民族语言与汉语方言，导师为林伦伦教授，毕业论文题目《外砂话与澄海话、汕头话的连读变调比较研究》。2011—2015年，任职于深圳市龙岗区坂田街道办事处，2016年至今，任职于佛山市三水区云东海街道办事处。

故名。1279 年（南宋末期）始有福建莆田乌衣巷等地居民迁此定居①。澄海置县前先后属揭阳县、海阳县。置澄海县后明清时期属县的蓬洲都；民国时期先后属上蓬区、第七区、第三区，也曾分属上社乡和中社乡；日伪时期属其第三区；新中国成立以来，先后属上蓬区、第五区、外砂乡、澄海县人民公社第四支队、外砂公社、外砂区，中间也曾分属李厝、凤窖、龙头 3 个乡和外砂、凤窖 2 个乡。1986 年建成外砂镇，镇政府设于林厝村。现属广东汕头市龙湖区。区域面积 29. 4 平方公里，辖 17 个村，人口 8 万，旅外侨胞 5 万多人。镇政府设于蓬中村。

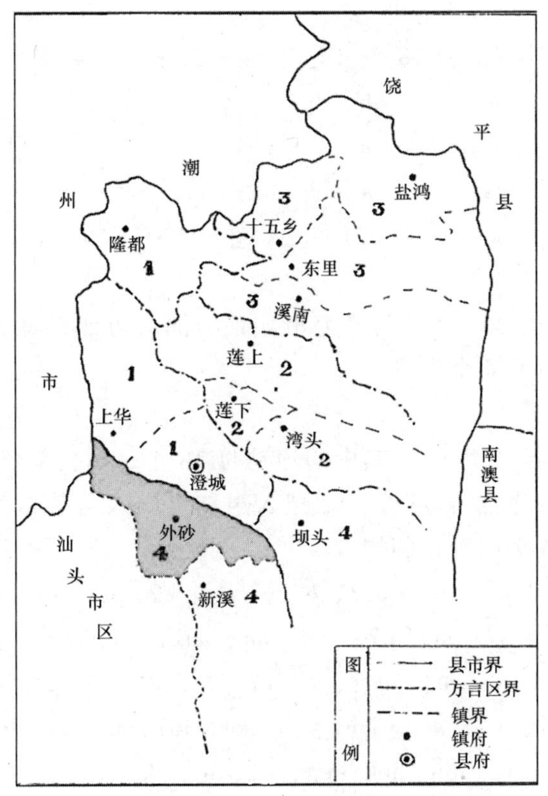

图 1　外砂镇地图

① 谭健吾、蚁永森：《澄海县地名志》，澄海县人民政府测绘地名办公室编印，1986 年。

由图 1 中加黑部分，我们可以看到，外砂镇处于澄城与汕头市区相衔接的地带，但是对于澄海人而言，外砂人讲话 huai^{52}（口音不纯正），而汕头人又说外砂人说起话来“语”重，也是对 huai^{52}的另一种表达。这说明居于两者之间的外砂话有它自己独特的语音特点，使之既不同于澄海澄城话，也不同于汕头市区话。那么，这种不同的主要原因又是什么呢？据我们的调查研究，主要是声调的连读变调不同。

二　外砂话语音系统

（一）声母

外砂话的声母共有 18 个（包括零声母）：

p	p	b	m
t	t^h	n	l
ts	ts	s	z
k	k^h	g	ŋ
ø	h		

在声母方面，外砂话与澄海澄城话、汕头市区话具有高度的一致性，都有相同的 18 个声母。

（二）韵母

外砂话韵母共 78 个，其中阴声韵母 18 个，鼻化韵母 15 个，鼻音韵母 11 个，入声韵母 34 个。如把入声韵母归入与其相配的舒声韵母中，则只有 44 个韵母，例如：

a、aʔ、ia、iaʔ、ua、uaʔ、o、oʔ、e、eʔ、io、ioʔ、ue、ueʔ、ɯ、ɯʔ、i、iʔ、u、uʔ、ai、aiʔ、uai、au、auʔ、ou、iou、iouʔ、oi、oiʔ、iu、iuʔ、ui、ã、iã、ũã、ũãʔ、ẽ、ẽʔ、ĩõ、ũẽĩ、ĩ、ĩʔ、ãi、ãiʔ、ũãi、ũãiʔ、ãũ、ãũʔ、õũ、ĩõũ、ĩõũʔ、õĩ、ĩũ、ĩũʔ、ũĩ、aŋ、ak、iaŋ、iak、uaŋ、uak、oŋ、ok、ioŋ、iok、eŋ、ek、iŋ、ik、ɤŋ、ɤk、uŋ、uk、m、mʔ、ŋ、ŋʔ

在韵母方面，外砂话与澄海澄城话、汕头市区话除了个别韵母存在差异外，总体区别不大。如外砂话的［－io/ĩ õ］，在澄海澄城中读［－ie/ĩẽ］；外砂话的［－iou/－iouʔ］［－ĩ õ ũ/ĩ õ ũ ʔ］在汕头市区话中

读［-iau/-iauʔ］［-ĩãũ/iãũʔ］，外砂话跟澄海澄城话一样没有闭口韵尾［-m/-p］，汕头话有。

（三）声调

由以上分析，可见外砂话声母与韵母与澄海澄城话、汕头话市区话除了韵母上有一点差异外，整体区别不明显。这说明外砂异于另外两个语点的主要特征可能就体现在声调上。外砂话的单字调有八个，平、上、去、入，各分阴阳。为了更好地对比外砂话、澄海话、汕头话的单字调差异，在此一并将这三个点的单字调放到一起，列表对比如下（见表1）。

表1　　三个点的单字调

	阴平	阳平	阴上	阳上	阴去	阳去	阴入	阳入
澄海	33	55	52	35	212	11	1	5
外砂	33	55	52	35	213	22	2	5
汕头	33	55	53	35	213	21	2	5

注：表中汕头话阳去单字调与林伦伦和陈小枫在《广东闽方言语音研究》一书中定的调值略有不同。原来林老师他们定的是11，现在根据新的录音资料（本次所有录音对象都是外砂籍的在校大一学生）用praat软件测出的结果定为21。

由表1我们可以看到，这三个语言点的单字调调型基本一样，仅在调值上存在轻微差别而已。如阴上作52或53，阴入作1或2等。这些区别都是很细微的，甚至于可以忽略不计。既然外砂话跟澄海话、汕头话的声母、韵母、单字调几乎相同，为什么又存在外砂话“$huai^{52}$”这一特点呢？根据进一步的深入研究，我们发现，外砂话“$huai^{52}$”与澄海话、汕头话的这种语音特点，主要是因为声调上的连读变调与后两者不同。

三　外砂话声调的连读变调

潮汕方言有丰富的连读变调。只要是两字和两字以上的组合，前字多数要变调，外砂话也不例外。外砂话共有八个调类，根据阴平+阴平……阴平+阳入这种1+8的模式，那么我们一共就能得出8×8=64种组合。每一组的变调情况具体如下：

（一）阴平作为前字时，不发生变调，仍读33

如：

家私 $ke^{33}si^{33}$　　家庭 $ke^{33}t^{h}eŋ^{55}$

家长 $ke^{33}tsiaŋ^{52}$　　家电 $ke^{33}tiaŋ^{35}$

家将 $ke^{33}tsiaŋ^{213}$　　家事 $ke^{33}sɯ^{22}$

家国 $ke^{33}kok^{2}$　　家学 $ke^{33}hak^{5}$

下面是阴平单字调和“阴平+阴平”组的声调语图。

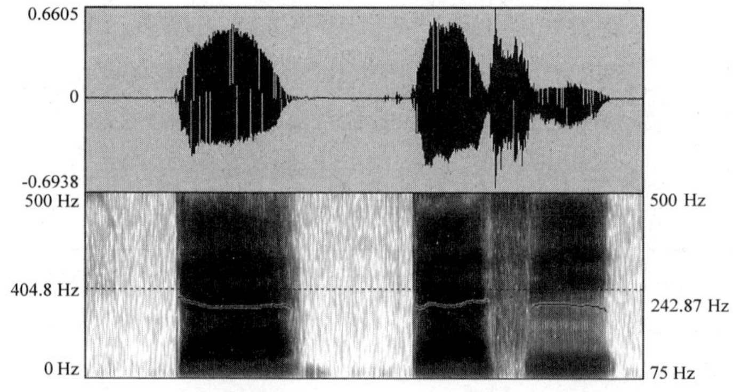

图2　阴平单字调和“阴平+阴平”组的声调语图

从图2中，我们可以更直观地看到，不管是阴平单字调还是阴平的前变调都保持33调不变。

（二）前字为阳平时，由高平调55变为低平调22，与阳去单字调相同

如：

茶杯 $te^{55-22}pue^{33}$　　茶壶 $te^{55-22}hu^{55}$

茶水 $te^{55-22}tsui^{52}$　　茶具 $te^{55-22}ku^{35}$

茶碎 $te^{55-22}ts^{h}ui^{213}$　　茶树 $te^{55-22}ts^{h}ui^{22}$

茶粕 $te^{55-22}p^{h}oʔ^{2}$　　茶叶 $te^{55-22}hioʔ^{5}$

下面是阳平单字调和“阳平+阳去”组的声调语图。

从图3中，我们可以看到，阳平变调后由高平调降为低平调，同阳去单字调。

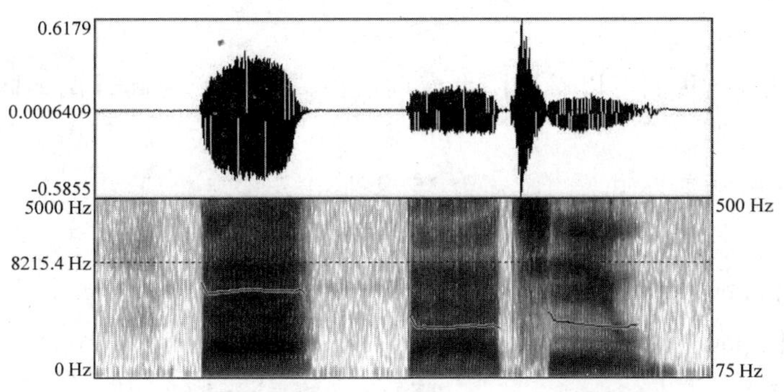

图 3　阳平单字调和“阳平 + 阳去”组的声调语图

（三）前字为阴上调，调值由 52 变为 35，读同阳上单字调如：

水波 $tsui^{52-35}po^{33}$	水流 $tsui^{52-35}liu^{55}$
水管 $tsui^{52-35}kua\eta^{52}$	水利 $tsui^{52-35}li^{35}$
水费 $tsui^{52-35}hui^{213}$	水位 $tsui^{52-35}ui^{22}$
水塔 $tsui^{52-35}t^{h}a\text{ʔ}^{2}$	水力 $tsui^{52-35}lak^{5}$

下面是阴上单字及“阴上 + 阳上”组声调语图。

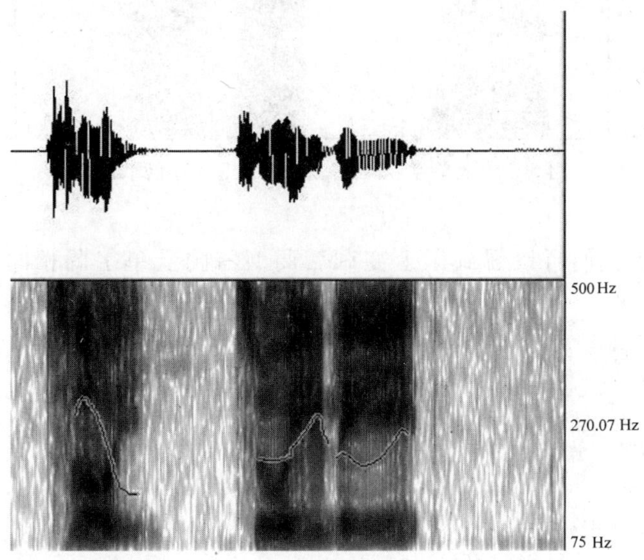

图 4　阴上单字及“阴上 + 阳上”组声调语图

由图 4，我们可以看到阴上变调后由高降调变为高升调，同阳上单字调。

（四）前字为阳上调时，由 35 变为 42，出现新调。

如：

部优 pou$^{35-42}$iu^{33}　　部门 pou$^{35-42}$muŋ^{55}

部长 pou$^{35-42}$tsiaŋ^{52}　　部下 pou$^{35-42}$e^{35}

部将 pou$^{35-42}$tsiaŋ^{213}　　部分 pou$^{35-42}$huŋ^{22}

部级 pou$^{35-42}$k^{h}ik^{2}　　部属 pou$^{35-42}$sok^{5}

下面是阳上单字及“阳上＋阴上”组声调语图。

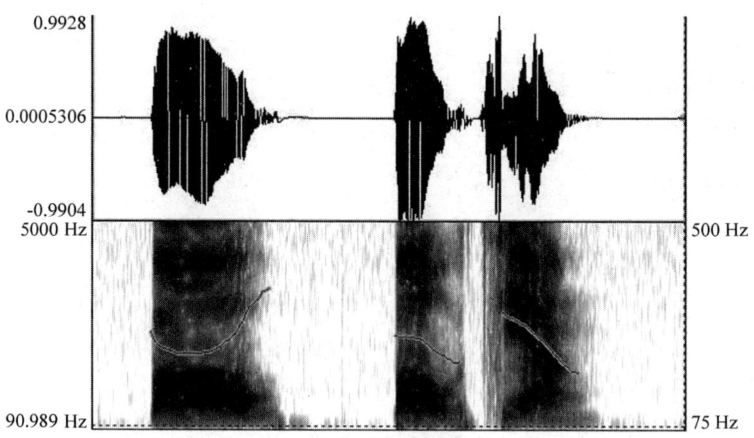

图 5　阳上单字及“阳上＋阴上”组声调语图

由图 5 我们可以看到阳上变调后调型与阴上单字调相同，调值略低，定为 42。

（五）前字为阴去调时，由 213 变为 55，与阳平调相同。

如：

布衫 pou$^{213-55}$sã^{33}　　布田 pou$^{213-55}$ts^{h}aŋ^{55}

布厂 pou$^{213-55}$ts^{h}iaŋ　　布罩 pou$^{213-55}$tsau^{35}

布铺 pou$^{213-55}$p^{h}ou^{213}　　布袋 pou$^{213-55}$to^{22}

布匹 pou$^{213-55}$p^{h}ik^{2}　　布局 pou$^{213-55}$kek^{5}

下面是阴去单字及“阴去 + 阳平”组声调语图。

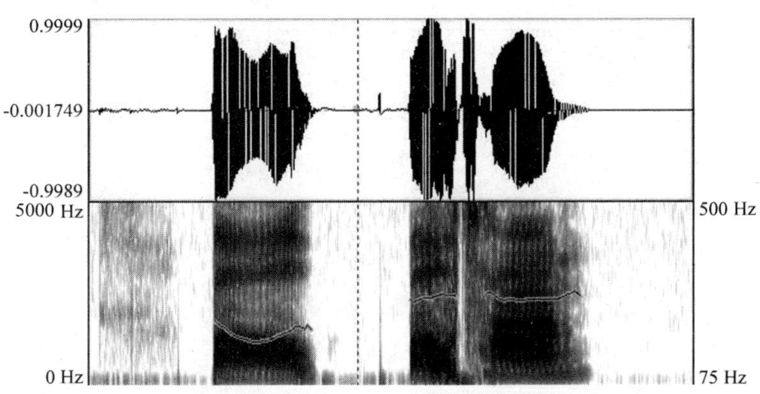

图 6　阴去单字及“阴去 + 阳平”组声调语图

由图 6 可见阴去变调后同阳平单字调。

（六）前字为阳去调时，由 22 变为 42，与阳上变调后一致

树栽 $ts^{h}iu^{22-42}tsai^{33}$　　树头 $ts^{h}iu^{22-42}t^{h}au^{55}$

树顶 $ts^{h}iu^{22-42}teŋ^{52}$　　树下 $ts^{h}iu^{22-42}e^{35}$

树干 $ts^{h}iu^{22-42}kaŋ^{213}$　　树缝 $ts^{h}iu^{22-42}p^{h}aŋ^{22}$

树窟 $ts^{h}iu^{22-42}k^{h}uk^{2}$　　树木 $ts^{h}iu^{22-42}bak^{5}$

下面是阳去单字及“阳去 + 阴上”组声调语图。

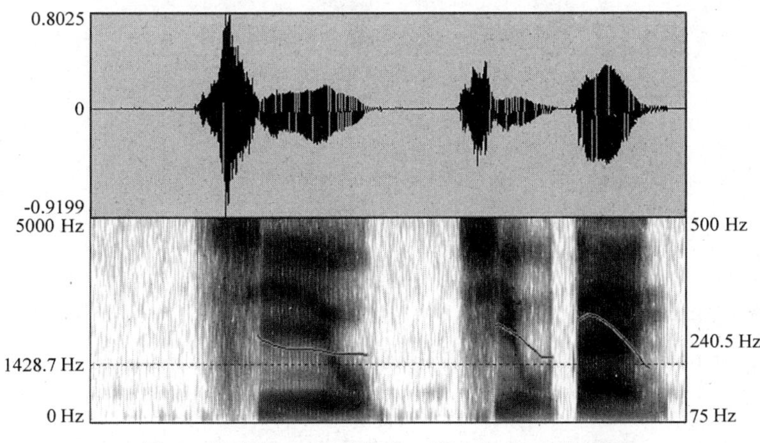

图 7　阳去单字及“阳去 + 阴上”组声调语图

由图 7 我们可以看到阳去变调后调型与阴上单字调相同，调值略低于阴上单字调 53，定为 42 与阳上变调后相同。

（七）前字为阴入调时调值由 2 变为 5，读同阳入

如：

国家 $kok^{2-5}ke^{33}$　　国民 $kok^{2-5}mi\eta^{55}$

国产 $kok^{2-5}s\tilde{u}\tilde{a}^{52}$　　国粹 $kok^{2-5}tsui^{35}$

国货 $kok^{2-5}hue^{213}$　　国画 $kok^{2-5}ue^{22}$

国策 $kok^{2-5}ts^{h}e ʔ^{2}$　　国力 $kok^{2-5}lak^{5}$

下面是阴入单字及“阴入 + 阳入”组声调语图。

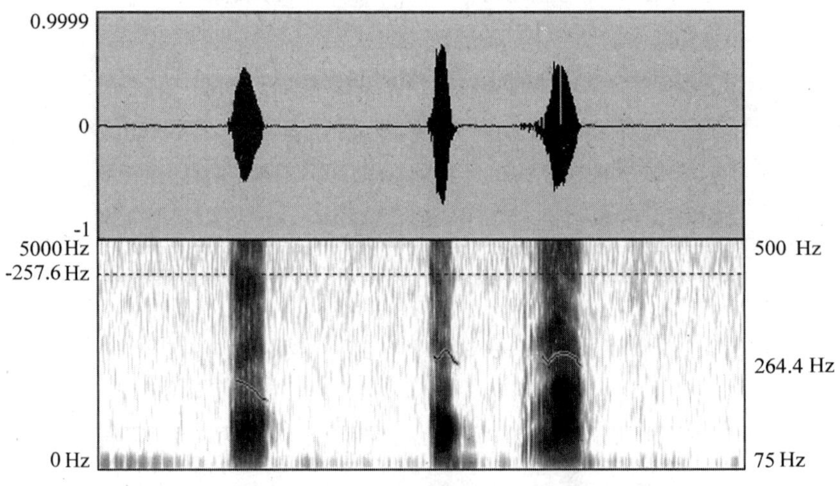

图 8　阴入单字及“阴入 + 阳入”组声调语图

从图 8 可见阴入变调后与阳入一致，都成高短促调。

（八）前字为阳入调时，调值由 5 变为 2，读同阴入单字调

如：

学风 $hak^{5-2}ho\eta^{33}$　　学名 $hak^{5-2}m\tilde{i}\tilde{a}^{55}$

学府 $hak^{5-2}hu^{52}$　　学校 $hak^{5-2}hau^{35}$

学费 $hak^{5-2}hui^{213}$　　学位 $hak^{5-2}ui^{22}$

学识 $hak^{5-2}se ʔ^{2}$　　学习 $hak^{5-2}sik^{5}$

下面是阳入单字调和“阳入 + 阴入”组声调语图：

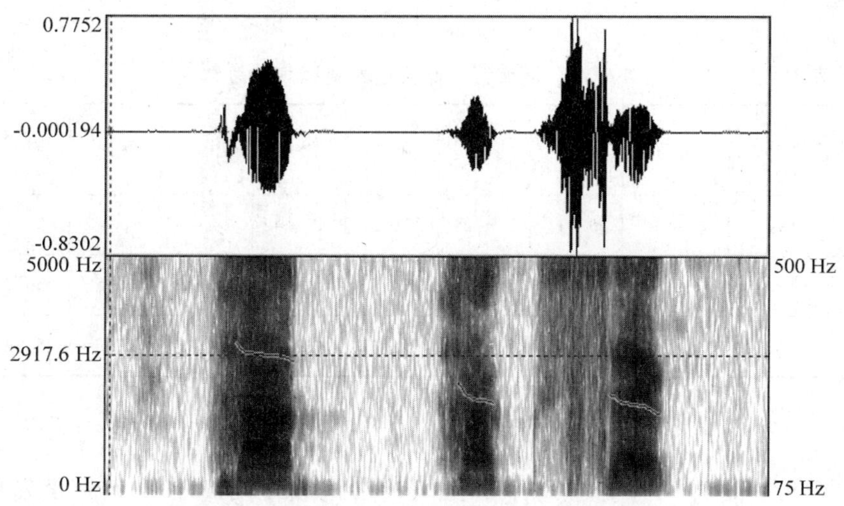

图 9　阳入单字调和“阳入 + 阴入”组声调语图

由图 9 可见阳入变调后同阴入单字调。

综上所述，外砂话的单字调与前变调的情况如表 2 所示：

表 2　外砂话的单字调与前变调的情况

	阴平	阳平	阴上	阳上	阴去	阳去	阴入	阳入
单字调	33	55	52	35	213	22	2	5
前变调	33	22	35	42	55	42	5	2

四　外砂话与澄海澄城话、汕头市区话的连读变调比较

前面笔者已经逐一分析了外砂话的变调情况，而澄海澄城话、汕头市区话的连读变调规律，林伦伦等已经作过分析，本文的录音调查也与

其结论相吻合，在此就不再展开分析。直接将外砂话、澄海话、汕头话的变调规律总结列表对比如下（见表3）：

表3　　**外砂话、澄海话、汕头话的变调规律总结**

调类 变调 / 语言点	阴平	阳平	阴上	阳上	阴去	阳去	阴入	阳入
澄海	– –	55—11	52—24	35—21	212—42	– –	– –	5—1
外砂	– –	55—22	52—35	35—42	213—55	22—42	2—5	5—2
汕头	– –	55—11	53—35	35—21	213—55	– –	2—5	5—2

注：表中的“ – – ”符号表示没有变化。

从表3看，前字为阴平调时，澄海话、外砂话、汕头话都没发生变调，仍读33。阳平作为前字时，澄海话、外砂话、汕头话都由高平调变低平调，只是外砂话变调后调值略高一度。在阴上这一组中，三个点都由高降调变成升调，不同的是不管单字调还是变调，汕头话都要比澄海话高一度，而外砂话就介乎这两者之间，单字调读同澄海话52，变调后却读同汕头话35。阳入这一组，这三个点变调规律都一样，都读同阴入调。可以说，以上这几组的变调规律基本是一样的，只是在变调后略有高低。外砂话总体要高一点，汕头话次之，而澄海话最低。

对比了这三个点的相同与相似之处，我们再来看一下这三个点的存在较大差异的几组。从表3中看，这三个点连读变调的不同主要体现在阳上、阴去、阳去、阴入四个调类上。

（一）前字为阳上调，澄海话跟汕头话变调规律一样，都由35变21，而外砂话却变成高降调42。而高降调给人的听觉感受就是口音很“重”

如表4所示：

表4 外砂话口音很“重”的听感例子

地点	澄海	外砂	汕头
变调情况	部优 $pou^{35-21}iu^{33}$	部优 $pou^{35-42}iu^{33}$	部优 $pou^{35-21}iu^{33}$
	部门 $pou^{35-21}muŋ^{55}$	部门 $pou^{35-42}muŋ^{55}$	部门 $pou^{35-21}muŋ^{55}$
	部长 $pou^{35-21}tsiaŋ^{52}$	部长 $pou^{35-42}tsiaŋ^{52}$	部长 $pou^{35-21}tsiaŋ^{53}$
	部下 $pou^{35-21}e^{35}$	部下 $pou^{35-42}e^{35}$	部下 $pou^{35-21}e^{35}$
	部将 $pou^{35-21}tsiaŋ^{212}$	部将 $pou^{35-42}tsiaŋ^{213}$	部将 $pou^{35-21}tsiaŋ^{213}$
	部分 $pou^{35-21}huŋ^{11}$	部分 $pou^{35-42}huŋ^{22}$	部分 $pou^{35-21}huŋ^{11}$
	部级 $pou^{35-21}k^{h}ik^{1}$	部级 $pou^{35-42}k^{h}ik^{2}$	部级 $pou^{35-21}k^{h}ip^{2}$
	部属 $pou^{35-21}sok^{5}$	部属 $pou^{35-42}sok^{5}$	部属 $pou^{35-21}sok^{5}$

（二）前字为阴去时，外砂话和汕头话都由原来的屈折调 213 变成高平调 55，而澄海话由原来的屈折调 212 变成降调 42。这也看成澄海话区别于外砂话和汕头话的主要特征之一

如表 5 所示。

表5 澄海话由原来的曲折调 212 变成降调 42 例子

地点	澄海	外砂	汕头
变调情况	布衫 $pou^{212-42}sã^{33}$	布衫 $pou^{213-55}sã^{33}$	布衫 $pou^{213-55}sã^{33}$
	布田 $pou^{212-42}ts^{h}aŋ^{55}$	布田 $pou^{213-55}ts^{h}aŋ^{55}$	布田 $pou^{213-55}ts^{h}aŋ^{55}$
	布厂 $pou^{212-42}ts^{h}aŋ^{52}$	布厂 $pou^{213-55}ts^{h}aŋ^{52}$	布厂 $pou^{213-55}ts^{h}aŋ^{53}$
	布罩 $pou^{212-42}tsau^{35}$	布罩 $pou^{213-55}tsau^{35}$	布罩 $pou^{213-55}tsau^{35}$
	布铺 $pou^{212-42}p^{h}ou^{212}$	布铺 $pou^{213-55}p^{h}ou^{213}$	布铺 $pou^{213-55}p^{h}ou^{213}$
	布袋 $pou^{212-42}to^{11}$	布袋 $pou^{213-55}to^{22}$	布袋 $pou^{213-55}to^{11}$
	布匹 $pou^{212-42}p^{h}ik^{1}$	布匹 $pou^{213-55}p^{h}ik^{2}$	布匹 $pou^{213-55}p^{h}ik^{2}$
	布局 $pou^{212-42}kek^{5}$	布局 $pou^{213-55}kek^{5}$	布局 $pou^{213-55}kek^{5}$

（三）阳去组是这三个点中区别最大的一组，澄海话跟汕头话都没有发生变调，只有外砂话由原来的 22 变成高降调 42，读同阳上变调，这也是外砂话口音“重”而区别于澄海话与汕头话的关键所在

如表 6 所示：

表 6　外砂话口音"重"而区别于澄海话与汕头话例子

地点	澄海	外砂	汕头
变调情况	树栽 ts^{h}iu^{11} tsai^{33}	树栽 ts^{h}iu$^{22-42}$ tsai^{33}	树栽 ts^{h}iu^{11} tsai^{33}
	树头 ts^{h}iu^{11} t^{h}au^{55}	树头 ts^{h}iu$^{22-42}$ t^{h}au^{55}	树头 ts^{h}iu^{11} t^{h}au^{55}
	树顶 ts^{h}iu^{11} teŋ^{52}	树顶 ts^{h}iu$^{22-42}$ teŋ^{52}	树顶 ts^{h}iu^{11} teŋ^{53}
	树下 ts^{h}iu^{11} e^{35}	树下 ts^{h}iu$^{22-42}$ e^{35}	树下 ts^{h}iu^{11} e^{35}
	树干 ts^{h}iu^{11} kaŋ^{212}	树干 ts^{h}iu$^{22-42}$ kaŋ^{213}	树干 ts^{h}iu^{11} kaŋ^{213}
	树缝 ts^{h}iu^{11} p^{h}aŋ^{11}	树缝 ts^{h}iu$^{22-42}$ p^{h}aŋ^{22}	树缝 ts^{h}iu^{11} p^{h}aŋ^{11}
	树窟 ts^{h}iu^{11} k^{h}uk^{1}	树窟 ts^{h}iu$^{22-42}$ k^{h}uk^{2}	树窟 ts^{h}iu^{11} k^{h}uk^{2}
	树木 ts^{h}iu^{11} bak^{5}	树木 ts^{h}iu$^{22-42}$ bak^{5}	树木 ts^{h}iu^{11} bak^{5}

（四）阴入组中，外砂话跟汕头话都由 2 变 5，但澄海话没有发生变调。这也可以看作外砂话口音"重"而区别于澄海话与汕头话的另一特征

如表 7 所示。

表 7　外砂话口音"重"而区别于澄海话与汕头话的另一个特征

地点	澄海	外砂	汕头
变调情况	国家 kok^{1} ke^{33}	国家 kok$^{2-5}$ ke^{33}	国家 kok$^{2-5}$ ke^{33}
	国民 kok^{1} miŋ^{55}	国民 kok$^{2-5}$ miŋ^{55}	国民 kok$^{2-5}$ miŋ^{55}
	国产 kok^{1} sũã^{52}	国产 kok$^{2-5}$ sũã^{52}	国产 kok$^{2-5}$ sũã^{52}
	国粹 kok^{1} tsui^{35}	国粹 kok$^{2-5}$ tsui^{35}	国粹 kok$^{2-5}$ tsui^{35}
	国货 kok^{1} hue^{212}	国货 kok$^{2-5}$ hue^{213}	国货 kok$^{2-5}$ hue^{213}
	国画 kok^{1} ue^{11}	国画 kok$^{2-5}$ ue^{22}	国画 kok$^{2-5}$ ue^{11}
	国策 kok^{1} ts^{h}eʔ^{1}	国策 kok$^{2-5}$ ts^{h}eʔ^{2}	国策 kok$^{2-5}$ ts^{h}eʔ^{2}
	国力 kok^{1} lak^{5}	国力 kok$^{2-5}$ lak^{5}	国力 kok$^{2-5}$ lak^{5}

五　外砂话连读变调的特点

通过以上的对比分析，我们可以将外砂话的连读变调特点总结如下：

（1）除了阴平作为前字没有出现变调外，其他七个调类作为前字

时都发生变调。原调和变调是一对一关系，阴平变调后读同阳去单字调，阴上变调后读同阳上单字调，阴去变调后读同阳平单字调，阴入变调后读同阳入单字调，阳入变调后读同阴入单字调。而阳上，阳去变调后则出现新调42。

（2）从调型来看，外砂话原调调型五个：平、降、升、曲、短；变调调型有四个：平、升、降、短，无曲调。同时，它的降调可以变为升调，升调可以变为降调。

（3）变调后出现两个高降调42，再加上高平调55和高促调5，整体给人以“重”的听感。这应该就是汕头市区人说外砂人讲话语音“重”的原因所在。与汕头话相比，外砂话与澄海话在变调上差异较大。除了阴平调维持原调不变一致外，其他七个调类都或多或少存在差异，特别在阳上、阴去、阳去和阴入四个调类上差别忧大。所以，从连读变调的角度看，外砂话更接近于汕头话，而不接近澄海话，这就是澄海县城人说外砂人口音“huai^{52}”的原因了。

基于音系学优选论

——饶平话连读变调研究

余森河*

摘　要　饶平话是指使用范围在饶平县辖区东部及南部地区的潮汕话。它属于闽方言中的闽南语支。论文详细地考察了饶平话一般二字组、叠字二字组、三字组等不同类型的连读变调，并以此为基础，采用音系学中的优选论对上述描写性的连读变调的研究成果进行解释性的研究，从音系学的角度来解释饶平话中连读变调的规则。

关键词　饶平话　连读变调　音系学　优选论

单独将饶平作为一个语言点进行系统描写，只有詹伯慧的《广东省饶平方言记音》[①] 和根据这篇文章写成的《饶平县志・方言卷》[②]，另有一篇文章是詹伯慧与刘镇发合作的《广东饶平上饶客家话的两字连读变调》[③]。除去这些，与饶平方言相关的资料极少，研究饶平话连读变调的资料就更少了。本文采用音系学中的优选论对饶平话连读变调进行解释性的研究，从音系学的角度来解释饶平话中连读变调的规则。

---

* 余森河，男，1981 年出生于广东省潮州市。2000—2004 年就读于惠州学院汉语言文学专业，2004—2009 年在惠州学院工作，2009—2012 年在广东技术师范学院师从林伦伦教授攻读民族学硕士研究生，获得法学硕士学位。学位论文为《基于音系学优选论：饶平话连读变调研究》。2013 年至今在广东省佛教协会工作。本论文为硕士学位论文修改而来。

① 詹伯慧：《广东省饶平方言记音》，《方言》1993 年第 2 期。

② 饶平县地方志编纂委员会：《饶平县志》，广东人民出版社 1994 年版。

③ 詹伯慧、刘镇发：《广东饶平上饶客家话的两字连读变调》，《方言》2004 年第 3 期。

一

本部分讨论饶平话的语音系统。

（一）饶平话的声母

饶平话声母有 18 个（包括零声母），具体如下（见表 1）：

表 1　　饶平话声母

发音方法 / 声母 / 发音部位	塞音			塞擦音		擦音		鼻音	边音
	清		浊	清		清	浊	浊	浊
	不送气	送气		不送气	送气				
双 唇	p	p^{h}	b					m	
舌尖前	t	t^{h}		ts	ts^{h}	s	z	n	l
舌根	k	k^{h}	g					ŋ	
喉	ø					h			

现分别说明如下：

［p］双唇，不送气清塞音。发音较普通话［p］强些。如：八 poiʔ^{2}、比 pi^{53}。

［p^{h}］双唇，送气清塞音。发音较普通话［p^{h}］强些。如：破 p^{h}ua^{213}、捧 p^{h}oŋ^{53}。

［b］双唇，不送气浊塞音。发音时双唇接触很轻，有鼻化现象。如：无 bo^{55}、买 bio^{53}。

［m］双唇，浊鼻音。发音时双唇紧闭，爆发力较强。如：勿 mai^{213}、面 mi^{21}。

［t］舌尖前，不送气清塞音。发音较普通话［t］强些。如：东 taŋ^{33}、等 teŋ^{53}。

［t^{h}］舌尖前，送气清塞音。发音较普通话［t^{h}］强些。如：通 t^{h}oŋ^{33}、窗 t^{h}eŋ^{33}。

［n］舌尖前，浊鼻音。与普通话相同。如：人 naŋ^{55}、妮 ni^{55}。

［l］舌尖前，浊边音。与普通话相比较轻，容易与［n］相混。如：

狼 $la\eta^{55}$、老 lau^{35}。

[ts] 舌尖前，不送气清塞擦音。舌尖位置比普通话舌尖前音稍后，发音时摩擦力较强。如：昨 tsa^{33}、做 tso^{213}。

[tsʰ] 舌尖前，送气清塞擦音。例字：冲 $ts^ho\eta^{33}$、床 $ts^he\eta^{55}$。

[s] 舌尖前，清擦音。舌尖位置比普通话 [s] 稍后些。如：宋 $so\eta^{213}$、送 $sa\eta^{213}$。

[z] 舌尖前，浊擦音。有轻微阻塞作用，严格可记为 [dz]。如：二 zi^{35}、认 $zi\eta^{21}$。

[k] 舌根，不送气清塞音。发音较普通话 [k] 强些。如：工 $ka\eta^{33}$、旗 ki^{55}。

[kʰ] 舌根，送气清塞音。发音较普通话 [kʰ] 强些。如：空 $k^ha\eta^{33}$、奇 k^gi^{55}。

[g] 舌根，浊塞音。如：疑 gi^{55}、月 $gue?^{5}$。

[ŋ] 舌根，浊鼻音。如：呆 ηai^{55}、危 ηui^{55}。

[h] 喉，清擦音。相当于广州话的 [h]。如：好 ho^{53}、坏 hai^{21}。

[ø] 以元音开头的零声母。在实际的发音中，有紧喉动作 [ʔ]，但由于没有区别意义，所以都用零声母表示。如：衣 i^{33}、阿 a^{33}。

在声母系统中，有 b、l、g 和 m、n、ŋ 两套声母。m、n、ŋ 不能与阴声韵相配，b、l、g 不能与鼻化韵相配。但两套声母都可以与鼻音韵尾和塞音韵尾相配。

(二) 饶平话的韵母

饶平话韵母有 76 个，具体如下（见表 2）：

表 2　**饶平话韵母**

a 巴	o 波	e 虾	i 气	u 夫	ɤ 书
			ia 赊	ua 蛙	
ai 来	oi 犁		iau 了	uai 拐	
au 老	ou 路		iu 流		
				ue 过	

续表

				ui 桂	
ɿ 资			io 招		
ã 三		ẽ 生	ĩ 边	uã 安	
ãi 爱	õi 闲		iã 声	uãi 崴	
ãu 好	õu 否		iũ□（挠痒）		
			iõ 香		
				uẽ 横	
				ũi畏	
am 庵	om 森		im 林	uam 凡	
m_1 姆			iam 淹		
aŋ 东	oŋ 轰	eŋ 灯	iŋ 神		ɤŋ 塘
$ŋ^1$ 嗯			iaŋ 央	uaŋ 弯	
			ioŋ 永	uŋ 婚	
ap 盒	op 撮		iap 协	uap 法	
			ip 湿		
ak 确			iak 别	uak 穴	
auk（音）乐	oiʔ 八		ik 失	uk 出	
	ok 国	ek 曲	iok 克		ɤk 乞
aʔ 甲	oʔ 落	eʔ 格	iʔ 舌	uʔ 呴（烟）	
			iaʔ 掠	uaʔ 抹	
			ioʔ 借	ueʔ 血	
		ẽʔ□（期望）	ĩ ʔ 擤（鼻涕）		

（三）饶平话的声调

饶平话有八个声调（单字调），平、上、去、入，各分阴阳，如表

3 所示。

表 3　　饶平话声调（单字调）

调类	调号	调值	例字	调类	调号	调值	例字
阴平	˧	33	渊、低	阳平	˥	55	扬、池
阴上	˥˧	53	远、抵	阳上	˧˥	35	援、弟
阴去	˨˩˧	213	映、帝	阳去	˨˩	21	羡、地
阴入	˨	2	跃、滴	阳入	˥	5	药、碟

现以五度标记法，说明如下：

1. 阴平是中平调。收尾有微降，定为 33。如：渊 iaŋ^{33}、低 ti^{33}。

2. 阴上是中高降调。大约从 5 降到 3 以下，但不到 2，定为 53。如：远 iaŋ^{53}、抵 ti^{53}。

3. 阴去是低降中升调。大约从 2 降到 1，再转升到 3，定为 213。如：映 iaŋ^{213}、帝 ti^{213}。

4. 阴入是半低短调。不能拉长，定为 2。如：跃 iak^{2}、滴 tiʔ^{2}。

5. 阳平是高平调。收尾有微升，定为 55。如：扬 iaŋ^{55}、池 ti^{55}。

6. 阳上是中升调。由中升高，定为 35。如：援 iaŋ^{35}、弟 ti^{35}。

7. 阳去是中低降调。由中低下降，定为 21。如：羡 iaŋ^{21}、地 ti^{21}。

8. 阳入是高短调。音高与阳平相同，但非常短促，不能拉长，定为 5。如：药 ioʔ^{5}、碟 tiʔ^{5}。

表 3 所列声调均为单字调，连读变调不在此表范围之内。

二

（一）饶平话二字组连读变调

饶平话有比较丰富的连读变调，主要的变调规律为前字变调，后字不变调。本文只讨论饶平话一般性连读变调，本文所讨论的二字组、三字组均不包括轻声现象在内。本文所讨论的二字组、三字组是一个完整的停顿单位。饶平话有八个单字调，那么就有 8 × 8 = 64 个二字组合。本部分二字组合不包括叠字二字组，叠字二字组在后面有专门章节作考察。现根据二字组前字的声调分类，分别介绍如下。

1. 阴平字为前字时，保持中平调不变调，调值与单字调相同，为33。如（例子按阴平、阳平、阴上、阳上、阴去、阳去、阴入、阳入顺序横向排列，下同）：

中央	toŋ^{33}	iaŋ^{33}	中南	toŋ^{33}	lam^{55}
中等	toŋ^{33}	teŋ^{53}	中部	toŋ^{33}	pou^{35}
中界	toŋ^{33}	kai^{213}	中队	toŋ^{33}	tui^{21}
中国	toŋ^{33}	kok^{2}	中学	toŋ^{33}	hak^{5}

2. 阳平字为前字时，由高平调变成低降调，调值由55变为21，与阳去调相同。如：

来宾	lai$^{55-21}$	piŋ^{33}	来源	lai$^{55-21}$	ŋuaŋ^{55}
来水	lai$^{55-21}$	tsui^{53}	来件	lai$^{55-21}$	kiã^{35}
来信	lai$^{55-21}$	si^{213}	来路	lai$^{55-21}$	lou^{21}
来客	lai$^{55-21}$	k^{h}eʔ^{2}	来历	lai$^{55-21}$	leʔ^{5}

3. 阴上字为前字时，由高降调变成中升调，调值由53变为35，变得与阳上相同。如：

好心	ho$^{53-35}$	sim^{33}	好人	ho$^{53-35}$	naŋ^{55}
好手	ho$^{53-35}$	ts^{h}iu^{53}	好受	ho$^{53-35}$	siu^{35}
好意	ho$^{53-35}$	i^{213}	好事	ho$^{53-35}$	sɤ^{21}
好食	ho$^{53-35}$	tsiaʔ^{2}	好药	ho$^{53-35}$	ioʔ^{5}

4. 阳上字为前字时，由中升调变成低降调，调值由35变为21。如：

重心	toŋ$^{35-21}$	sim^{33}	重型	to$^{35-21}$	heŋ^{55}
重点	to$^{35-21}$	tiam^{53}	重负	to$^{35-21}$	hu^{35}
重要	to$^{35-21}$	iao^{213}	重视	to$^{35-21}$	si^{21}
重托	to$^{35-21}$	t^{h}oʔ^{2}	重物	to$^{35-21}$	mueʔ^{5}

5. 阴去字为前字时，由曲折调变成高平调，调值由213变为55，与阳平的单字调相同。如：

半天	puã$^{213-55}$	t^{h} ĩ^{33}	半年	puã$^{213-55}$	n ĩ^{55}
半岛	puã$^{213-55}$	tau^{53}	半道	puã$^{213-55}$	tau^{35}
半票	puã$^{213-55}$	p^{h}io^{213}	半路	puã$^{213-55}$	lou^{21}

半尺　puã$^{213-55}$　tsʰioʔ^{2}　　半日　puã$^{213-55}$　zik^{5}

6. 阳去字为前字时，保持低降调不变，与单字调相同，调值为21。如：

事先　sɿ^{21}　sõi^{33}　　事前　sɿ^{21}　tsõi^{55}

事主　sɿ^{21}　tsu^{53}　　事件　sɿ^{21}　kiã^{35}

事变　sɿ^{21}　piaŋ^{213}　　事事　sɿ^{21}　sɿ^{21}

事迹　sɿ^{21}　tsiaʔ^{2}　　事业　sɿ^{21}　ŋiap^{5}

7. 阴入字为前字时，由低促调变为高促调，调值由2变为5，与阳入字相同。如：

铁钉　tʰiʔ$^{2-5}$　teŋ^{33}　　铁锤　tʰiʔ$^{2-5}$　tʰui^{55}

铁板　tʰiʔ$^{2-5}$　paŋ^{3}　　铁网　tʰiʔ$^{2-5}$　maŋ^{335}

铁器　tʰiʔ$^{2-5}$　kʰi^{213}　　铁路　tʰiʔ$^{2-5}$　lou^{21}

铁塔　tʰiʔ$^{2-5}$　taʔ^{2}　　铁叶　tʰiʔ$^{2-5}$　hioʔ^{5}

8. 阳入字为前字时，由高促调变为低促调，调值由5变为2，与阴入字相同。如：

白花　peʔ$^{5-2}$　hue^{33}　　白糖　peʔ$^{5-2}$　tʰɤŋ^{55}

白纸　peʔ$^{5-2}$　tsua^{53}　　白蚁　peʔ$^{5-2}$　hiã^{35}

白菜　peʔ$^{5-2}$　tsʰai^{213}　　白豆　peʔ$^{5-2}$　tau^{21}

白色　peʔ$^{5-2}$　sek^{2}　　白日　peʔ$^{5-2}$　zik^{5}

（二）饶平话叠字二字组连读变调

饶平话中的叠字二字组主要有亲属称谓词、形容词两大类。

1. 亲属称谓词。

爸爸 pa$^{55-21}$　pa^{55}　　妈妈 ma$^{55-21}$　ma^{55}

哥哥 ko^{33}　ko^{33}　　姐姐 tse$^{53-35}$　tse^{53}

公公（爷爷）koŋ^{33}　koŋ^{33}　　叔叔 tsek$^{213-55}$　tsek^{213}

姑姑 kou^{33}　kou^{33}　　舅舅 ku$^{35-21}$　ku^{35}

2. 形容词。

饶平话中叠字二字组中形容词可以分为表颜色、表形状、表质地、表外貌、表度量等几类，现举例如下：

表颜色：白白 peʔ$^{5-2}$　peʔ^{5}　　乌乌（黑黑）ou^{33}　ou^{33}

黄黄 η^{55-21} η^{55} 蓝蓝 lam^{55-21} lam^{55}

绿绿 lek^{5-2} lek^{5}

表形状：大大 tua^{21} tua^{21}、薄薄 $po?^{5-2}$ $po?^{5}$

表质地：热热 $zua?^{5-2}$ $zua?^{5}$ 凉凉 $lia\eta^{55-21}$ $lia\eta^{55}$

清清 $ts^{h}i\eta^{213-55}$ $ts^{h}i\eta^{213}$ □□（很软）nap^{2-5} nap^{2}

表外貌：雅雅（很漂亮）ηia^{53-35} $\eta^{i}a^{53}$

□□（丑丑的）bai^{53-35} bai^{53}

老老 lau^{35-21} lau^{35} 熟熟 sek^{5-2} sek^{5}

孔孔 $k^{h}o\eta^{53-35}$ $k^{h}o\eta^{53}$ 皱皱（的）$k^{h}iu^{53-35}$ $k^{h}iu^{53}$

表度量：轻轻 $k^{h}i\eta^{33}$ $k^{h}i\eta^{33}$ 重重 $ta\eta^{35-21}$ $ta\eta^{35}$

深深 $ts^{h}im^{33}$ $ts^{h}im^{33}$ 浅浅 $ts^{h}ia\eta^{53-35}$ $ts^{h}ia\eta^{53}$

咸咸 $kiam^{55-21}$ $kiam^{55}$ 涩涩 $siap^{2-5}$ $siap^{2}$

从上面所举的例子来看，饶平话叠字二字组连读变调的模式跟非叠字二字组相同，并没有因为叠字而衍生出新的连读变调模式来，非叠字二字组连读变调的规则依然起着作用。

王洪君先生认为，汉语方言非轻声的连读变调，除与浮游调有关的连读变调外，从基本类型着眼，可分为邻接交替式、自身交替式、特征延伸式三大类①。从实际情况来看，饶平话的连读变调只以自身单字调为条件发生变调，与后字无关，是一种自身交替式变调。

下面我们考察饶平话三字组的连读变调情况。

三

本部分讨论饶平话中非轻声三字组的连读变调情况。为了考察语法结构对连读变调的影响，我们对饶平话三字组进行了分类。从三字组中各语素结合的紧密程度来分类，把三字组分为 1 +2 式（后两语素结合较紧密）、2 +1 式（前两语素结合较紧密）、1 +1 +1 式（三个语素的紧密程度相当）等三种类型。饶平话三字组的组合形式有以下形式

① 王洪君：《汉语非线性音系学：汉语的音系格局与单字音（增订版）》，北京大学出版社 2008 年版，第 240—245 页。

（按首字的声调排列）。

（一）阴平字为首字的三字组

1+2式

新书记 siŋ^{33} tsɤ^{33} ki^{213}　　交朋友 kau^{33} p^{h}eŋ$^{55-21}$ iu^{53}

金首饰 kim^{33} siu$^{53-35}$ sek^{2}　　迁户口 ts^{h}iaŋ^{33} hou$^{35-21}$ k^{h}au^{53}

空信封 k^{h}a^{33} siŋ$^{213-55}$ hoŋ^{33}　　单韵母 tuã^{33} uŋ^{21} bo^{53}

升国旗 seŋ^{33} kok$^{2-5}$ ki^{55}　　亲侄女 ts^{h}iŋ^{33} tiak$^{5-2}$ nɤŋ^{53}

2+1式

交通厅 kau^{33} t^{h}oŋ^{33} t^{h}iã^{33}　　光荣榜 kuaŋ^{33} ioŋ$^{55-21}$ paŋ^{53}

瓜子壳 kue^{33} tsi$^{53-35}$ k^{h}ak^{2}　　芳米粥 paŋ^{33} bi$^{35-21}$ mue^{55}

鞭炮响 piaŋ^{33} p^{h}au^{213} hiaŋ^{53}　　高射炮 kau^{33} sia^{21} p^{h}au^{213}

休息日 hiũ^{33} sek$^{2-5}$ zik^{5}　　科学院 k^{h}ue^{33} hak$^{5-2}$ ĩ^{21}

1+1+1式

车马炮 kɤ^{33} be$^{53-35}$ p^{h}au^{213}

以阴平字为首字的三字组，在连读时，不管是1+2式，还是2+1式，或者是1+1+1式，首字不变调，后字也不变调，中间字根据各自单字调进行变调，其变调规律与二字组变调规律相同。由此可见，语法结构对以阴平字为首字的三字组的变调规律没有影响。

（二）阳平字为首字的三字组

1+2式

提工资 t^{h}i$^{55-21}$ kaŋ^{33} tsŋ^{33}　　男朋友 lam$^{55-21}$ p^{h}eŋ$^{55-21}$ iu^{53}

填表格 t^{h}iaŋ$^{55-21}$ piau$^{53-35}$ keʔ^{2}　　零部件 leŋ$^{55-21}$ pou$^{35-21}$ kiã^{35}

无意识 bo$^{55-21}$ i$^{213-55}$ sek^{2}　　谈恋爱 t^{h}am$^{55-21}$ luaŋ$^{213-55}$ ãi^{213}

量血压 niõ$^{55-21}$ hueʔ$^{2-5}$ iap^{2}　　红十字 aŋ$^{55-21}$ tsap$^{5-2}$ zi^{21}

2+1式

图书馆 tou$^{55-21}$ tsɤ^{33} kuaŋ^{53}　　篮球架 na$^{55-21}$ kiu$^{55-21}$ kẽ^{213}

牙齿痛 ge$^{55-21}$ k^{h}i^{53} t^{h}iã^{213}　　传染病 t^{h}uaŋ$^{55-21}$ ziam$^{53-35}$ pẽ^{21}

无线电 bo$^{55-21}$ suã$^{213-55}$ tiaŋ^{53}　　常用字 siõ$^{55-21}$ eŋ^{21} zi^{21}

头毛夹 t^{h}au$^{55-21}$ mo$^{55-21}$ koiʔ^{5}　　茶叶卵 te$^{55-21}$ hioʔ$^{5-2}$ nɤʔ^{35}

1+1+1式

林则徐 lim$^{55-21}$ tsek$^{2-5}$ ts^{h}ɿ^{55}　　齐白石 ts^{h}i$^{55-21}$ peʔ$^{5-2}$ tsioʔ^{5}

以阳平字为首字的三字组，在连读时，不管是 1+2 式，还是 2+1 式，或者是 1+1+1 式，首字调值从 55 变成 21，后字不变调，中间字可以变调，根据各自单字调在连读时进行变调，其变调规律与二字组变调规律相同。由此可见，语法结构对以阳平字为首字的三字组的变调规律没有影响。

（三）阴上字为首字的三字组

1+2 式

表兄弟 pio$^{53-35}$ hiã^{33} ti^{35}　　好朋友 ho$^{53-35}$ p^{h}eŋ$^{35-21}$ iu^{53}

总指挥 tsoŋ$^{53-35}$ tsi$^{53-35}$ hui^{33}　　走后门 tsau$^{53-35}$ au$^{35-21}$ mɤŋ^{55}

小意思 siau$^{53-35}$ i$^{312-55}$ sɿ^{213}　　考护士 k^{h}au$^{53-35}$ hu$^{35-21}$ sɿ^{35}

反作用 huaŋ$^{53-35}$ tsak$^{2-5}$ eŋ^{213}　　点蜡烛 tiaŋ$^{5-35}$ laɿ$^{5-2}$ tsek^{2}

2+1 式

火车头 hue$^{53-35}$ ts^{h}ia^{33} t^{h}au^{55}　　可能性 ko$^{53-35}$ leŋ$^{55-21}$ sẽ^{213}

简体字 kaŋ$^{53-35}$ t^{h}i$^{53-35}$ zi^{21}　　想象力 siõ$^{53-35}$ siõ$^{213-55}$ lak^{5}

广播站 kuaŋ$^{53-35}$ pua$^{213-55}$ tsam^{35}　　土地证 t^{h}ou$^{53-35}$ ti^{21} tseŋ^{213}

粉笔粉 huŋ$^{53-35}$ pik$^{2-5}$ huŋ^{53}　　比目鱼 pi$^{53-35}$ mak$^{5-2}$ hɤ^{55}

1+1+1 式

巧克力 k^{h}a$^{53-35}$ k^{h}iok$^{2-5}$ lak^{5}　　海陆空 hai$^{53-35}$ lek$^{5-2}$ k^{h}oŋ^{33}

以阴上字为首字的三字组，在连读时，不管是 1+2 式，还是 2+1 式，或者是 1+1+1 式，首字调值从 53 变成 35，后字不变调，中间字根据各自单字调进行变调，其变调规律与二字组变调规律相同。由此可见，语法结构对以阴上字为首字的三字组有变调规律没有影响。

（四）阳上字为首字的三字组

1+2 式

坐飞机 tso$^{35-21}$3 pue^{33} ki^{33}　　女同志 nɤŋ$^{53-35}$ taŋ$^{55-21}$ tsi^{213}

老古董 lau$^{35-21}$ kou$^{53-32}$ toŋ^{53}　　动手术 toŋ$^{35-21}$ ts^{h}iu$^{53-35}$ suk^{5}

市政府 ts^{h}i$^{35-21}$ tseɿ$^{213-55}$ hu^{53}　　上大学 tsiõ$^{35-21}$ tai$^{35-21}$ hak^{5}

负责任 hu$^{35-21}$ tseɿ$^{2-5}$ zim^{2}　　有力量 u$^{35-21}$ lak$^{5-2}$ liaŋ^{21}

2+1 式

被单厂 p^{h}ue$^{35-21}$ tuã^{33} ts^{h}iaŋ^{53}　　距离近 kɤ$^{35-21}$ li^{55} kɤŋ^{35}

户口簿 hou$^{35-21}$ k^{h}au$^{53-35}$ p^{h}ou^{35}　　被动式 pi$^{35-21}$ toŋ$^{35-21}$ sek^{2}

辩证法 $pia\eta^{35-21}$ $tse\eta^{213-55}$ $huap^{213}$ 市面上 $ts^{h}i^{35-21}$ $mi\eta^{21}$ $tsi\tilde{o}^{21}$

动作猛 $to\eta^{35-21}$ $tsak^{2}$ me^{2} 动物园 $to\eta^{35-21}$ $mue\text{ʔ}^{55-21}$ $h\eta^{55}$

1+1+1 式

吕洞宾 $l\text{ɤ}^{35-21}$ $t^{h}o\eta^{21}$ $pi\eta^{33}$

以阳上字为首字的三字组，在连读时，不管是 1+2 式，还是 2+1 式，或者是 1+1+1 式，首字的调值由 35 变成 21，后字不变调，中间字变调，根据各自的单字调进行变调，其变调规律与二字组变调规律相同。由此可见，语法结构对以阳上字为首字的三字组的变调规律没有影响。

（五）阴去字为首字的三字组

1+2 式

过生日 kue^{213-55} $s\tilde{e}^{33}$ zik^{5} 报平安 po^{213-55} $p^{h}e\eta^{55-21}$ $a\eta^{33}$

副产品 hu^{213-55} $su\tilde{a}^{53-35}$ $p^{h}i\eta^{53}$ 过马路 kue^{213-55} be^{53-35} lou^{21}

送战友 $sa\eta^{213-55}$ $tsia\eta^{213-55}$ iu^{53} 记大过 ki^{213-55} tua^{21} kue^{213}

做作业 tso^{213-55} $tsak^{2-5}$ ηiap^{5} 正局长 $tsi\tilde{a}^{213-55}$ kek^{5-2} $tsia\eta^{53}$

2+1 式

绣花针 siu^{213-55} hue^{33} $tsam^{33}$ 贵阳市 kui^{213-55} $ia\eta^{55-21}$ $ts^{h}i^{35}$

驾驶证 $k\tilde{e}^{213-55}$ sai^{53-35} $tse\eta^{213}$ 创造性 $ts^{h}a\eta^{213-55}$ $tsau^{55-21}$ $s\tilde{e}^{213}$

注意力 tsu^{213-55} i^{213-55} lak^{53} 应用文 $e\eta^{213-55}$ $e\eta^{21}$ $bu\eta^{55}$

变压器 $pia\eta^{213-55}$ iap^{2-5} $k^{h}i^{213}$ 教育厅 ka^{213-55} iok^{5-2} $t^{h}i\tilde{a}^{33}$

1+1+1 式

意大利 i^{213-55} tai^{35-21} li^{35} 数理化 $siau^{213-55}$ li^{53-35} hue^{213}

以阴去字为首字的三字组，在连读时，不管是 1+2 式，还是 2+1 式，或者是 1+1+1 式，首字的调值由 213 变成 55，后字不变调，中间字根据单字调进行变调，其变调规律与二字组变调规律相同。由此可见，语法结构对以阴去字为首字的三字组的变调规律没有影响。

（六）阳去字为首字的三字组

1+2 式

大西瓜 tua^{21} si^{33} kue^{33} 画图画 ue^{21} tou^{55-21} ue^{21}

练体操 $lia\eta^{21}$ $t^{h}i^{53-35}$ $ts^{h}au^{33}$ 慢动作 $ma\eta^{21}$ $to\eta^{35-21}$ $tsak^{2}$

县政府 $k\tilde{u}i^{21}$ $tse\eta^{213-55}$ hu^{53} 换号码 $u\tilde{a}^{21}$ ho^{21} be^{53}

胃出血 ui^{35-21} ts^huk^{2-5} $hueʔ^2$ 卖月饼 boi^{21} $gueʔ^{5-2}$ $piã^{53}$

2 +1 式

运输队 $uŋ^{21}$ su^{33} tui^{21} 共和国 $kaŋ^{21}$ hua^{55-21} kok^2

会议厅 hue^{21} $ŋi^{53-35}$ $t^hiã^{33}$ 地下室 ti^{21} e^{35-21} sik^2

慢性病 $maŋ^{21}$ $sẽ^{213-55}$ $pẽ^{21}$ 办事处 $p^hõi^{21}$ $sɿ^{21}$ ts^hu^{213}

外国人 gua^{21} kok^{2-5} $naŋ^{55}$ 话剧院 ue^{21} $kiaɿ^{5-2}$ $ĩ^{21}$

1 +1 +1 式

上中下 $tsiõ^{213-55}$ $toŋ^{33}$ e^{35} 大西洋 tua^{21} sai^{33} $iõ^{55}$

以阳去字为首字的三字组，在连读时，不管是 1 +2 式，还是 2 +1 式，或者是 1 +1 +1 式，首字不变调，后字也不变调，中间字可以变调，根据单字调进行变调，其变调规律与二字组变调规律相同。由此可见，语法结构对以阳去字为首字的三字组的变调规律没有影响。

（七）阴入字为首字的三字组

1 +2 式

竹交椅 tek^{2-5} kau^{55} $ĩ^{33}$ 刮台风 $kuaʔ^{2-5}$ t^hai^{55-21} $huaŋ^{33}$

不等式 puk^{2-5} $teŋ^{53-35}$ sek^2 黑社会 hek^{2-5} sia^{35-21} hue^{213}

北半球 pak^{2-5} $puã^{213-55}$ kiu^{55} 发电报 $huak^{2-5}$ $tiaŋ^{35-21}$ po^{213}

擦黑板 ts^hak^{2-5} hek^{2-5} $paŋ^{53}$ 发作业 $huak^{2-5}$ $tsak^{2-5}$ $ŋiap^5$

2 +1 式

雪花膏 $soʔ^{2-5}$ hue^{33} ko^{33} 说明书 $sueʔ^{2-5}$ $meŋ^{55-21}$ $tsɤ^{33}$

黑板报 hek^{2-5} $paŋ^{53-35}$ po^{213} 吸引力 k^hip^{2-5} $iŋ^{53-35}$ lak^5

国庆节 kok^{2-5} $k^heŋ^{213-55}$ $tsoik^2$ 发电厂 $huak^{2-5}$ $tiaŋ^{35-21}$ $ts^hiaŋ^53$

八百米 $poiʔ^{2-5}$ $peʔ^{2-5}$ bi^{53} 博物馆 p^hak^{2-5} $mueʔ^{5-2}$ $kuaŋ^{53}$

1 +1 +1 式

塔里木 $t^haʔ^{2-5}$ li^{53-35} bak^5

以阴入字为首字的三字组，在连读时，不管是 1 +2 式，还是 2 +1 式，或者是 1 +1 +1 式，首字调值由 2 变为 5，后字不变调，中间字根据各自原来的单字调进行变调，其变调规律与二字组变调规律相同，没有因为入声韵尾而有所不同。由此可见，语法结构对以阴入字为首字的三字组的变调规律没有影响。

（八）阳入字为首字的三字组

1+2 式

读师范	t^hak^{5-2} $sɿ^{33}$ $huam^{35}$	日全食	zik^{5-2} $ts^huaŋ^{55-21}$ $tsiaʔ^{5}$
学手艺	$oʔ^{5-2}$ ts^hiu^{53-35} goi^{21}	白老鼠	$peʔ^{5-2}$ $ŋiau^{53-35}$ $ts^hɿ^{53}$
白菜叶	$peʔ^{5-2}$ ts^hai^{213-55} $hioʔ^{5}$	掘地道	kuk^{5} ti^{21} tau^{35}
读一遍	t^hak^{5-2} $tsek^{55-21}$ $piaŋ^{213}$	译密码	ek^{5-2} mik^{5-2} be^{53}

2+1 式

读书人	t^hak^{5-2} $tsɤ^{33}$ $naŋ^{33}$	习题集	sip^{5-2} toi^{55-21} $tsip^{5}$
日本话	zik^{5-2} $pɤŋ^{53-35}$ ue^{21}	阅览室	$luak^{5-2}$ lam^{53-35} sik^{2}
陆战队	lek^{5-2} $tsiaŋ^{213-55}$ tui^{21}	特效药	tek^{5-2} hau^{21} $ioʔ^{5}$
六七百	lak^{5-2} ts^hik^{2-5} $peʔ^{2}$	特别好	tek^{5-2} $piak^{5-2}$ ho^{53}

1+1+1 式

日内瓦	zik^{5-2} lai^{55-21} ua^{33}	六十八	lak^{5-2} $tsap^{5-2}$ $poiʔ^{2}$

以阳入字为首字的三字组，在连读时，不管是 1+2 式，还是 2+1 式，或者是 1+1+1 式，首字调值由 5 变成 2，后字不变调，中间字根据原来各自的单字调进行变调，其变调规律与二字组变调规律相同，没有因为入声韵尾而有所不同。由此可见，语法结构对以阳入字为首字的三字组的变调规律没有影响。

经过上面的例子的考察，我们可以很清晰地看出，饶平话的三字组的连读变调与语法结构没什么关系，不受语法结构的约束。三字组的连读变调与二组字变调规律密切相关，其变调的规律是建立在二字组的变调规律之上的，只要符合二字组变调规律的，不管其结合方式如何，都会产生变调。

四

本部分简介优选论表达方式简介。

（一）声调

优选论继承自主音段音系学提出的声调特征属于一个独立的自主音段的理论，将声调从音节中独立出来进行音系分析，用“高”（H）、“中”（M）、“低”（L）来表示研究对象声调的音系特征，用“莫拉”

（mora，简写为 m）作为时长和载调单位，表示时长。用这种表达方式，饶平方言的八个声调可表示如下：

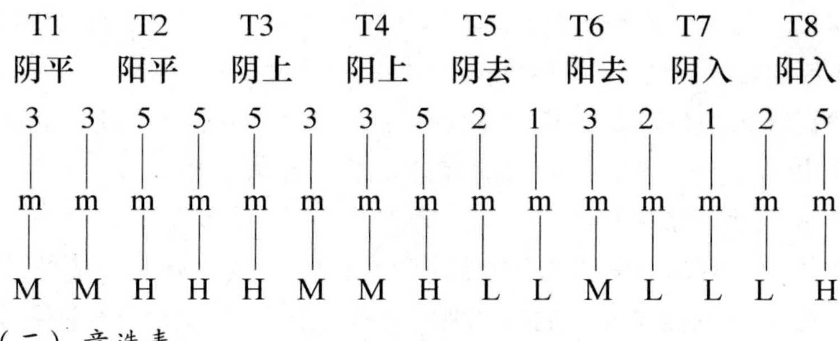

（二）竞选表

采用优选论进行具体分析时，通常使用比较直观的图表方式来说明各种制约条件的竞选过程。这种表格通常叫作竞选表（见表 4）。优选论的评估装置在进行选项的评估时，应用制约条件从高到低对选项进行淘汰，直至选出优选项，这个过程使用评选图式来进行。图式左上方是输入项，由生成装置生成的各候选项在图式左边自上而下排列，各项制约条件按层级高低从左到右排列。

表 4 **竞选表**

输入项	制约条件 1	制约条件 2	制约条件 3	制约条件 4
候选项 A	*！	■	■	■
☞候选项 B		*		
候选项 C		*	*	
候选项 D			*！	■

如表 4 所述，制约条件按从左到右的顺序排列，重要的条件在左边，依次排开。各个具体符号解释如下：

实线（—）：制约条件之间的实线，表示二者之间属于不同等级。

虚线（— —）：制约条件之间的虚线，表示二者处于同一等级。

星号（*）：星号用来标记候选项对制约条件的违反，违反一次就标记一个星号。

星号加感叹号（＊!）：表示候选项因为违反了这个制约条件被淘汰。

阴影（■）：表示这个候选项不再进入后续制约条件的评估中。

小手（☞）：表示这个候选项成为输出选项。

根据优选论，对制约条件违反程度最小的即为最优选项，成为竞选表的输出项，实际语言所采用的表达形式。在表4中，我们可以看到，候选项A因违反了制约条件1被淘汰，候选项C违反了制约条件2和制约条件3被淘汰，候选项D因违反了制约条件3和制约条件4被淘汰，候选项B虽然违反了制约条件2，但是由于它是违反程度最轻的，所以成了优选项。

五

本部分对饶平话连读变调进行音系学分析。

要对饶平话中二字组连读变调进行优选论分析，首先要根据饶平话的实际情况来确定它的制约条件。饶平话八个单字调可以进行如下标记。

阴平：T1（33）　　阳平：T2（55）

阴上：T3（53）　　阳上：T4（35）

阴去：T5（213）　　阳去：T6（21）

阴入：T7（2）　　阳入：T8（5）

其变调类型可以表示如下（X：代表后字所有声调类型，下同）（见表5）。

表5

调类	单字调	标记	变调	调类	单字调	标记	变调
阴平	T1：33	MM	MM. X（不变）	阳平	T2：55	HH	LL. X
阴上	T3：53	HM	MH. X	阳上	T4：35	MH	LL. X
阴去	T5：213	LLM	HH. X	阳去	T6：21	LL	LL. X（不变）
阴入	T7：2	L	H. X	阳入	T8：5	H	L. X

优选论的制约条件主要有两大类：忠实性制约条件（Faithfulness）和标记性制约条件（Markedness）。首先我们来看饶平话的忠实性制约条件。

（一）忠实性制约条件

（1）不删除（英文名称是 Max—IO，Max 表示“最大”，I 表示“输入”，O 表示“输出”）：要求输入项的每一个声调特征在输出项中都要有一个对应的声调特征（输出项不能删除声调特征，但不要求对应同一特征）。例如：输入项是 LL，输出项可以是 HL，但不能为 L。

（2）不增添（英文名称是 Dep—IO，Dep 表示“依存”，I 表示“输入”，O 表示“输出”）：要求输出项的每一个声调特征在输入项中都要有一个对应的声调特征（输出项不能增添声调特征）。例如：输入项是 HH，输出项可以是 HL，但不能是 HHM。

（3）不变调：输入项中的每个声调特征在输出项中要保持不变。例如：输入项是 HH，输出项只能是 HH，不能是 HL。

（4）右字调：输入项右字的声调在输出项中保持不变。这条制约条件在汉语方言中普遍适用。由于本文中不涉及后字的轻声现象，所以在论文后半部分的优选论考察中，右字调这一制约条件可以不用参与到候选项的评估过程中。

在制约条件中，除了优选论具有普遍适用性的忠实性制约条件外，还必须确定一些标记性制约条件，标记性条件更体现出变调的规则。

（二）标记性制约条件

（1）中高调制约条件（简写为“中高调”）：阴调的变调结果都是在中高调域，在这里，阴平不变调，可以视为不变调的变调。

（2）阳低调制约条件（简写为“阳低调”）：阳调的变调结果都是在低调域，在这里，阳去不变调，可以视为不变调的变调。

（3）相反调制约条件（简写为“相反调”）：单字调与变调结果的调型方向必须是相反的。

（4）三莫拉制约条件（简写为“三莫拉”）：除了在停顿前的位置上外，任何音节都不得有三个莫拉。

饶平话中阴去字的单字调是曲折调，但连读时变成了一个高平调。关于曲折调，王洪君认为汉语的每个正常的音节（非轻声）有两个莫拉，因此可以与两个声调特征有深层连接，以此来形成斜调。此外还可以再带一个浮游调身份的声调特征，以此来形成曲折调①。自主音段声调学认为，曲折调、全升或全降的斜调其实都含有三个不同的声调特征，在汉语中，第三个声调特征表现为与声调承负单位（TBU，tone bearing unit）没有固定连接的浮游调。第三个声调特征只有在单念或音节的末位位置上才能显现出来，在不能拉长的连读前字位置上则不能显现。在前字位置上不能显现出来的浮游调，或者简单地被删除，或者落脚到后字的莫拉上。如果被删除，那是因为后面的字保持了自己的调型不变。如果是出现在后字的莫拉上，那么后字就已经失落了自己的调型，给这个浮游调留出空位，让它显现出来了。

确定了全部制约条件后，我们接下来要做的，就是要得出制约条件的正确排列顺序。对制约条件进行层级排列的操作办法是，将两项制约条件按两种顺序对两个相关的候选项进行评估，哪种顺序评估出的优选项符合语言实际，哪种顺序就是正确的层级排列。在前面二字组连读变调的分析中，我们可以看到，饶平话虽然有变调，但并没有超出单字调的范围，没有增加新的调。由于饶平话中二字组连读变调时，左字变调，右字不变调，所以“右字调”这个条件就不需要加入评估中去。在所有条件中“不增添”这个制约条件，应该是处于评估层级最高位置。

首先我们对“三莫拉”和“不删除”两个制约条件进行评估，确定它们的排列等级。

表 6（1）

LLM. X	三莫拉	不删除
F HH. X		*
LLM. X	*！	

① 王洪君：《汉语非线性音系学：汉语的音系格局与单字音（增订版）》，北京大学出版社 2008 年版，第 231 页。

表6（2）

LLM. X	不删除	三莫拉
HH. X	*！	
F LLM. X		*

在上面两个评估表中，我们可以看到，表6（1）中制约条件“三莫拉”排在前面，得出的优选项是HH. X，这符合饶平话的语言实际，在表6（2）中制约条件“不删除”排在前面，得出的结果不符合语言实际。因此，“三莫拉”的层级比“不删除”高。我们可以表示为：三莫拉〉〉不删除（〉〉：表示左边的制约条件高于右边的制约条件）。

下面我们对“不删除”和“不变调”两个制约条件进行评估，确定它们的排列等级。

表7（1）

MH. X	不删除	不变调
M. X	*！	
F LL. X		*

表7（2）

MH. X	不变调	不删除
F M. X		*
LL. X	*！	

根据表7（1）和表7（2）两个评估表，优选项LL. X符合饶平话的实际。因此，我们可以得出制约条件“不删除”比“不变调”层级高，我们可以表示为：不删除〉〉不变调。

我们继续评估“不删除”和“中高调”两个制约条件。

表 8（1）

L. X	不删除	中高调
L. X		*!
F H. X		

表 8（2）

L. X	中高调	不删除
L. X	*!	
F H. X		

根据表 8（1）和表 8（2）两个评估表，我们可以得出结论：制约条件“不删除”和“中高调”处于同一等级。同理，我们可以证明“阳低调”也是处于同一层级。我们可以表示为：不删除，中高调，阳低调。

我们评估“不变调”和“相反调”两个制约条件，确定它们的排列等级。

表 9（1）

HM. X	相反调	不变调
HM. X	*!	
F LL. X		*

表 9（2）

HM. X	不变调	相反调
HM. X		*
LL. X	*!	

根据表9（1）和表9（2）两个评估表，优选项LL. X符合饶平话的实际。我们可以得出结论：制约条件“相反调”比“不变调”层级高。我们可以表示为：相反调〉〉不变调。

我们还要对“相反调”和“中高调”两个制约条件进行评估。

表10（1）

L. X	相反调	中高调
L. X	*!	
F H. X		

表10（2）

L. X	中高调	相反调
L. X	*!	
F H. X		

根据表10（1）和表10（2）两个评估表，我们可以得出结论：制约条件“相反调”和“中高调”处于同一等级。我们可以表示为：不删除，中高调，阳低调，相反调。

综合上面我们所作的分析，我们可以得出饶平话二字组连读变调的制约条件层级排列：

不增添，三莫拉〉〉不删除，中高调，阳低调，相反调〉〉不变调

下面我们用这个层级排列的制约条件来对饶平话二字组连读变调规律逐条进行评估。

（1）阴平字在前，即T1：33（MM. X）不变。

表11

MM. X	不增加	三莫拉	不删除	中高调	阳低调	相反调	不变调
M. X			*!			*	*
MM. X						*	

续表

MM. X	不增加	三莫拉	不删除	中高调	阳低调	相反调	不变调
MMM. X	*!	*				*	*
HM. X						*!	*

在饶平话中，连读变调的主要规律为左字变调，右字不变调。阴平字单字调的调值是33，可以标记为MM。阴平字在连读中是不变调的。经过三个层级的制约条件的评估，得出了符合语言实际的候选项。

（2）阳平字在前，即T2：55（HH. X）变成T6：21（LL. X）。

表12

HH. X	不增加	三莫拉	不删除	中高调	阳低调	相反调	不变调
H. X			*!		*	*	*
HM. X					*!		*
HH. X					*!	*	
FLL. X							*
HHM. X	*!	*					*

阳平字单字调的调值是55，可以标记为HH。在连读中，阳平字的调值由55变成21，标记为LL，由原来的高平调变成了低降调。在连读过程中，虽然调值发生了变化，但没有增加新的莫拉，通过制约条件的评估，得出了最优选项。

（3）阴上字在前，即T3：53（HM. X）变成T4：35（MH. X）。

表13

HM. X	不增加	三莫拉	不删除	中高调	阳低调	相反调	不变调
M. X			*!				*
HM. X						*!	
HMM. X	*!	*					*
MH. X							*
ML. X				*!			*

阴上字单字调的调值为53，可标记为HM，连读中变调为35，可标记为HM。由原来的高降调变成了中升调，实现了调型的相反，但这个高降调并没有一降到底，只是在中高调的调域里进行，“相反调”这一制约条件在这里显得更为重要。

(4) 阳上字在前，即T4：35 (MH. X) 变成T6：21 (LL. X)。

表14

MH. X	不增加	三莫拉	不删除	中高调	阳低调	相反调	不变调
H. X			*！		*		*
MH. X					*！	*	*
HM. X					*！		
FLL. X							*
MMH. X	*！	*					*

阳上字单字调的调值为35，标记为MH，连读后，调值变为21，标记为LL。由一个高升调变成了一个低降调。“阳低调”这一制约条件在这里发挥了作用。通过制约条件的排列和竞争，最终得出了优选项。

(5) 阴去字在前，即T5：213 (LLM. X) 变成T2：55 (HH. X)。

表15

LLM. X	不增加	三莫拉	不删除	中高调	阳低调	相反调	不变调
LL. X			*	*		*	*
LLM. X		*！		*		*	
FHH. X			*				*

阴去字单字调的调值为213，标记为LLM，在连读的语流中，变调为55，标记为HH。因为有“三莫拉”的制约条件存在，所以LLM的形式首先被排除了。阴上字处于二字组的前字的位置，LLM的变调必须为两个莫拉的形式。通过竞选表我们可以看出，HH违反的制约条件比LL少，因此，HH成为优选项，成为语言所选择的表现形式。

（6）阳去字在前，即T6：21（LL. X）不变。

表16

LL. X	不增加	三莫拉	不删除	中高调	阳低调	相反调	不变调
L. X			*！			*	*
HM. X					*！		*
FLL. X						*	
LLM. X	*！	*				*	*

阳去字单字调的调值为21，标记为LL，在连读过程中，没有产生变化。在优选论的评估过程中，我们把它视为一种特殊的变调——不变调的变调，虽然阳去字在连读变调中违反“相反调”的条件，但LL依然成为最终的输出项，成为最优选项。

（7）阴入字在前，即T7：2（L. X）变成T8：5（H. X）。

表17

L. X	不增加	三莫拉	不删除	中高调	阳低调	相反调	不变调
L. X				*！		*	
HL. X	*！						*
FH. X							*
LMM. X	*！	*					*

阴入字单字调的调值为2，是一个短而低的声调，可标记为L。在连读的语流中，阴入字的调值变为5，从一个低促调变成了一个高促调，可以标记为H。饶平话中，入声字在连读过程产生了变调，但变调并没有突破入声的范畴，没有增加新的莫拉，只有调值高低的变化，阴入变成了阳入，阳入变成了阴入。

（8）阳入字在前，即T8：5（H. X）变成T7：2（L. X）。

表18

H. X	不增加	三莫拉	不删除	中高调	阳低调	相反调	不变调
H. X					* !	*	
HM. X	* !				*		*
FL. X							*
HMM. X	* !	*			*		*

阳入字单字调的调值为5，是一个短而高的声调，可标记为H。在连读的过程中，阴入字的调值由5变为2，从高促调变成了低促调，可标记为L。在连读变调的过程中，形成了阴入字和阳入字互相转换的语言格局。

结　语

李小凡先生认为语音变调的功能是调节发音，主要有三种类型：一是为使发音省力而简化连调式的类型，称为简化型连调；二是为使内部相邻音节调型有所区别而发生异化，称为异化型连调；三是为减少连调总数而构建较为简化的连调系统而发生调类中和，称为中和型连调①。通过上面的分析，我们可以看到饶平话属于第一种变调类型，即简化型连调。在饶平话中，二字组连读变调，只是单纯地发生调型、调值的变化，所以，我们可以得出这样的结论：饶平话的连读变调是纯粹的语流

① 李小凡：《汉语方言连读变调的层级和类型》，《方言》2004年第1期。

音变。在饶平话中，二字组的连读变调是整个连读变调的基础。三字组的连读变调，乃至多字组，一句话里的变调都是在二字组的连读变调的规律上进行。

优选论是生成音系学的一种新发展，它摒弃了传统音系学理论中的音系推导规则，建立了以制约条件为核心的一套理论体系。优选论提出了制约条件“不是绝对的，而是相对的；不是不可违反的，而是可以违反的”这一重要思想，因此具有较强的解释性和普遍的适用性。优选论这一思想，致力于建立一套普通语言学框架理论，使所有的语言的发音都能在这一理论框架下找到合理的解释。在传统的汉语方言研究中，我们注重记录、描写，更多的是从历时的角度去追寻读音变化的原因，很少从共时的角度去解释语音的变化。优选论这样一种解释性的理论为我们提供了一种新的思路，让我们可以从一个新的角度来思考汉语方言的发展历程。它使我们能够从理论上对语言现象的产生和发展作出一种新的解释，改变了我们以前以描写为主的研究方式，让我们可以从语言的共通性角度，从制约条件出发，来对各方言现象进行分析。这样的研究有利于汉语类型学的建立和语言之间的比较研究，同时，也可以为汉语发展史的构建打下更坚实的基础。

阳声韵中的一个音变圈

——潮州话“鼻尾韵〉鼻化韵〉鼻音韵〉鼻尾韵”的演变[*]

林　晴[**]

摘　要　闽语向来以存古多、层次多引人关注，但闽语形成至今千年，这其间所经历的自然音变也不能小视。以阳声韵为例：中古咸山臻宕梗5摄大部分字在闽南方言的白读层中弱化为鼻化韵；之后，来自臻摄合口、山摄合口以及宕摄的鼻化韵字，在厦门、潮州等地进一步变为鼻音韵；再后来，除零声母和h声母以外的鼻音韵字在潮州话里又变成鼻尾韵，形成一个音变圈。但由于音变条件的限制，新产生的鼻尾韵不再与中古的韵类分合直接对应。本文从文献记录、方言比较和音系结构三方面论证上述音变，并尝试解释上述音变的音理和启动机制（initiation of sound change）。

关键词　闽南话　潮州话　鼻音韵　鼻化韵　鼻尾韵

一　引言

潮州话的阳声韵字里，常出现同一个韵有多种读法，不同的韵又有

---

*　本文大部分内容曾以“潮州话古鼻音韵的音变历程”为题发表于《暨南学报》（哲学社会科学版）2013年第9期。

**　林晴，女，1987年生，林伦伦教授的二女儿。先后在中国人民大学和北京大学获得学士学位和硕士学位，研究方向为汉语方言学。目前为香港科技大学人文学部语音学在读博士生。

相同读音的情况，古今对应关系错综复杂。举例如表 1 所示。

表 1　　潮州话山摄合口、臻摄合口和宕摄读音举例

山摄合口	-ueŋ 换盘宽管卵转弯选	臻摄合口	-uŋ 分门本问春婚孙顿
	-ũã 换盘宽半碗泉		-ɤŋ 村均孙顿
	-uŋ 饭晚①		
	-ɤŋ 管卵转穿软酸		
	-ŋ 园远		
宕摄开口	-aŋ$_{一等}$/-iaŋ$_{三等}$ 郎塘旁/梁章杨长	宕摄合口	-uaŋ/-aŋ 光荒方王/放芳网
	-ĩẽ$_{三等}$ 梁章杨张香姜		-uŋ 方$_{姓}$②
	-ɤŋ 郎塘汤缸长霜肠		-ɤŋ 光广
	-ŋ 秧		-ŋ 黄荒方$_{药\sim}$

说明：本文所用潮州话语料出自《汉语方音字汇（第二版重排本）》（北京大学中国语言文学系语言教研室，语文出版社 2003/2008），下文简称《字汇》。但改《字汇》的［ɯŋ］为［ɤŋ］。《字汇》（37）说明，元音音位 ɯ 在韵尾 -ŋ 前偏低，实际音值为［ɤ］。除表 1 中所列读音之外，山摄合口、臻摄合口和宕摄字在潮州话中还有ũĩ、ũẽ、iŋ 等读音，但所辖字数很少，且与本文所讨论的问题无明显关联，故表中不列。

其中，山摄合口的 ueŋ，宕摄开口的 aŋ/iaŋ，以及宕摄合口的 uaŋ 明显属于文读层；相对的ũã、ĩẽ、aŋ、uŋ、ɤŋ、ŋ 则都属于白读层；臻摄合口的 uŋ 文白掺杂 ɤŋ 多白读。层次分析止步于此。那么，白读层里纷繁交错的读音又是如何形成的呢？

① “晚”《字汇》记为［poŋ^{53}］，但林伦伦、陈小枫的《广东闽方言语音研究》（汕头大学出版社 1996 年版）记为［muŋ^{53}］，笔者 2011 年、2012 年两次实地调查，三位发音人也都读［muŋ^{53}］。

② “方$_{姓}$”《字汇》记为［pŋ^{33}］，但林伦伦、陈小枫的《广东闽方言语音研究》记为［puŋ^{33}］，笔者 2011 年、2012 年两次实地调查，三位发音人也都读［puŋ^{33}］。

本文试图解释其中 uŋ、ɤŋ、ŋ 三种读音，认为它们都来自鼻音韵 ŋ̍⁴①，直到 20 世纪初才依据不同的声母条件分化而成。在距离潮州府城较远的潮阳等地，以及福建的厦门、泉州等地，这些字今天仍读鼻音韵 ŋ。也就是说，厦州、泉州等地 ŋ 韵的读音早于潮州话 uŋ、ɤŋ 的读法，而不是相反②。另外，厦州、泉州等地（以及潮州早期）的鼻音韵在更早以前应该是鼻化韵的形式③，龙岩、雷州、文昌等地闽语的读法都可为佐证（详见下文）。而这些鼻化韵的读法，当是由早期汉语的鼻音尾阳声韵字弱化而来。因此，从古至今，潮州话的山摄合口、臻摄合口和宕摄字，先后经历了三个语音演变：

（1）Vn > Ṽ；（2）Ṽ > ŋ；（3）ŋ > Vŋ

虽然这一连串音变起于鼻尾韵又终于鼻尾韵，但由于音变的条件各不相同，导致各个韵的辖字范围发生较大规模的重组，最终导致今天潮州话呈现出表 1 这样错综复杂的古今对应关系。

这三个语音演变里，音变（1）最为常见，相关著作也非常多，此处不多谈④。本文主要讨论音变（2）和音变（3）。鉴于以往文献很少记载与（3）相类似的音变，下文先对音变（3）进行说明。

---

① 本文用“鼻音韵”指称由鼻音单独作韵母的一类韵母，如潮州话“黄”［ŋ⁵⁵］、“园”［hŋ⁵⁵］带的就是鼻音韵。在厦门话等一些闽南方言中，鼻音韵可带各类声母，如“饭”［pŋ¹¹］、“光”［kŋ⁵⁵］、“酸”［sŋ⁵⁵］等，董同龢《厦门方言的音韵》，载《“中央”研究院历史语言研究所集刊——庆祝赵元任先生六十五岁论文集（上册）》，1953 年中就曾称之为“鼻音韵母”。这类韵母以往常被称为“声化韵”，但此类韵母并非都与鼻音声母有关，有的是由鼻尾韵而来（Zhongwei Shen，“Syllabic Nasals in Chinese Dialects”，载《中国语言学集刊》2007 年第 1 期），还有的从鼻化韵来（详见下文），统称之为“声化韵”并不妥当。本文据其语音性质，称之为“鼻音韵”。

② 以往学者受限于所接触的语料，大多更愿意相信潮州话的 ɤŋ 比厦门话的 ŋ 早，认为厦门话的 ŋ 是从鼻尾韵而来。

③ Branner, D. P., “The Classification of Longyan, Issues in Chinese Dialect Description and Classification”, ed., by Richard VanNess Simmons, *Journal of Chinese Linguistics Monograph Series*, No. 15, 1999, pp. 36 – 83.

④ 可参见林晴《潮州方言的鼻化韵》，硕士学位论文，北京大学，2012 年。

二　鼻音韵变鼻尾韵

（一）音变存在的证据

本文判断今潮州话山摄合口、臻摄合口和宕摄的白读 - uŋ、 - ɤŋ、 - ŋ 在百年前是鼻音韵 ŋ，主要基于三方面的证据：一是在 19 世纪末西方来华传教士所编纂的方言文献中，这些字都被记作“ng”韵；二是在 20 世纪初由本地人撰写的传统方言韵书中，这些字与今天读 ŋ 韵的字属同一韵类；三是这些字在今厦门、漳州、泉州以及潮汕片的潮阳、揭西等地仍读作 ŋ 韵[①]。

首先，从 19 世纪中后期到 20 世纪初，潮州一带有许多西方传教士在当地活动，留下了不少使用罗马字音记录当地口语的语料[②]，在这些语料中，被记为“ng”韵的字要比今潮州话读 ŋ 韵的字多得多。现据 Adele Marion Field[③] 所著 *A Pronouncing and Defining Dictionary of the Swatow Dialect*, *Arranged According to Syllables and Tones*（《汕头方言注音释义字典·按音节和声调排列》，下文简称《字典》）[④]，举例如表 2 所示。

---

① 潮阳等地 ŋ 的和潮州的 ɤŋ 的两种读音，对当地人来说区别是很明显的。例如说潮州话的人会觉得潮阳音鼻音很重，而说潮阳话的人会觉得潮州音好像“下巴掉下来了”。可参见张盛裕《潮阳方言的语音系统》（《方言》1981 年第 1 期）和林伦伦《广东揭西县方言研究》[《汕头大学学报》（人文科学版）1994 年第 3 期]。

② 林伦伦：《潮汕方言：潮人的精神家园》，暨南大学出版社 2012 年版，第 144—146 页。

③ A. M. Field 是美国北方浸信会（American Northern Baptist Mission）的传教士，她于 1873 年抵达汕头，前后总共在潮汕地区停留了 14 年（李榭熙：《关于十九世纪末广东潮汕地区基督教新教历史之英美档案资料》，《华南研究资料中心通讯》2001 年第 25 期）。除《字典》以外，她还撰写了 *First Lesson in the Swatow Dialect*（《汕头方言初阶》）及其他一些介绍潮州地区的社会文化和民间习俗的著作。从这些著作中可以看出，A. M. Field 不仅对潮州地区的方言与文化有较为深入的了解，学术的素养和写作的水平也比较高。

④ 《字典》于 1888 年由美华书馆（American Presbyterian Mission Press）在上海出版，全书共 631 页，字典正文 617 页，收录汉字 5442 个（据《字典》导言），使用罗马字母注音，英文释义。该书体例完备，记音严谨，描写细致，语料丰富，具有很高的参考价值。

表 2　　**潮州话鼻音韵变鼻尾韵例字**

音韵地位	例字	厦门话	《字典》	潮州话	汕头话	分类
宕摄开口	缸	kŋ^{55}	kng	kɤŋ^{33}	kɤŋ^{33}	(a)
	肠	tŋ^{24}	tn̂g	tɤŋ^{55}	tɤŋ^{55}	
	床	tsʰŋ^{24}	chn̂g	tsʰɤŋ^{55}	tsʰɤŋ^{55}	
	秧	ŋ^{55}	ng	ŋ^{33}	ŋ^{33}	(c)
宕摄合口	光	kŋ^{55}	kng	kɤŋ^{33}	kɤŋ^{33}	(a)
	广	kŋ^{51}	kńg	kɤŋ^{53}	kɤŋ^{53}	
	方$_{姓}$	pŋ^{55}	— —	puŋ^{33}	puŋ^{33}	(b)
	方$_{药\sim}$	hŋ^{55}	hng	hŋ^{33}	hŋ^{33}	(c)
	黄	ŋ^{24}	n̂g	ŋ^{55}	ŋ^{55}	
山摄合口	卵	nŋ^{33}	n̂g	nɤŋ^{35}	nɤŋ^{35}	(a)
	酸	sŋ^{55}	sng	sɤŋ^{33}	sɤŋ^{33}	
	管	kŋ^{51}	kńg	kɤŋ^{53}	kɤŋ^{53}	
	饭	pŋ^{11}	pn̄g	puŋ^{11}	puŋ^{11}	(b)
	晚	mŋ^{51}	mńg	muŋ^{53}	muŋ^{53}	
	园	hŋ^{24}	hn̂g	hŋ^{55}	hŋ^{55}	(c)
	远	hŋ^{33}	hn̂g	hŋ^{35}	hŋ^{35}	
臻摄合口	顿	tŋ^{11}	tǹg	tɤŋ^{213}	tɤŋ^{213}	(a)
	村	tsʰŋ^{55}	chng	tsʰɤŋ^{33}	tsʰɤŋ^{33}	
	问	mŋ^{33}	mn̄g	muŋ^{11}	muŋ^{11}	(b)
	昏	hŋ^{55}	hng	hŋ^{33}	hŋ^{33}	(c)

说明：表中厦门话语料出自《字汇》，汕头话语料出自林伦伦、陈小枫（1996）。

针对表 2 中的《字典》一栏须有几点说明。首先，《字典》虽然以“汕头方言”为题，但实际上描写的基本是潮州话①。作者在“Intro-

① 这种做法在当时的传教士文献中并不少见。另一位传教士 William Ashmore 出版于 1884 年的 *Primary Lessons in Swatow Grammar* [*Colloquial*] 也是如此，虽以“汕头”为名，但实际记录的也基本是潮州音（参见林伦伦《从〈汕头话口语语法基础教程〉看 120 年前的潮州方言音系》，《语言科学》2005 年第 2 期）。

duction”（导言）里明确表示她记录的是潮州府城口音[①]。潮州府城是当时潮汕地区的政治中心、经济中心、文化中心，其口音也最具权威，之所以要把书命名为“汕头方言”，估计是因为汕头是法定的通商口岸，是外国人集中的地区。为免疑问，表 2 同时列出了潮州话和汕头话的记音。

其次，《字典》一栏中给出的是原书的罗马字母注音。《字典》把这些字记为“ng”韵，并不是因为作者听辨韵腹元音 ɤ 有困难。作者用了符号“ṳ”来描写音位/ɤ/，如“余”ṳ、“猪”tṳ、“恩”ṳn、“斤”kṳn、“乞”k^hṳt 等，这些字在今潮州话中都以/ɤ/为主要元音。如果“缸”等字在当时有可感知的韵腹元音，和今天的潮州话一样是普通的鼻尾韵，很难想象作者为什么不用“ṳng”来描写。就此推测，《字典》把“缸”等字记为没有元音的“ng”韵，应该是反映事实的。

最后，《字典》用“ˆ ˇ ˊ ˋ”等附加符号表示声调，并在“导言・声调”部分用曲线图画的方式描写了潮州话的八个声调，无论调型、调值都与今潮州话相应，“缸”等字所注声调也和今潮州话相符，而与厦门、漳州、潮阳等其他闽南方言的声调截然不同。《字典》是为方便传教士向潮州百姓传教而作，作者本身也在潮州一带生活了十余年，对当地十分熟悉。基于以上原因，本文认为《字典》的“ng”韵并非源自厦门等其他闽南方言，确确实实是潮州话早期的读音。

总之，由表 2 可知，宕摄字、山摄合口、臻摄合口的部分字在《字典》时代的潮州话读鼻音韵 ŋ̍，但在今潮州话中却有（a）（b）（c）三种读法，分别为：（c）当声母为 h 或零声母时仍读鼻音韵 ŋ̍；（b）当声母为唇音时读 uŋ；（a）当声母为其他声母时读 ɤŋ。

与西方传教士的记载相对应，在 20 世纪初由本地人撰写的传统韵

---

① 原文是“The pronunciation of the same word varies greatly in the different districts of Tie - Ciu, the department whose chief port is Swatow. …… The pronunciation given in this Dictionary is that of Chau - chau - fu, the Department City（同一个字在潮州不同地区的发音有很大差异，汕头是潮州的首要港口……本书根据潮州府城的发音注音）”。

书中，(a)(b)(c)三类字属同一韵。例如在张世珍所撰的《潮声十五音》[①] 里，(a)(b)(c)三类字全都属于“扛部”（“扛”音同“缸”）。但到了 1957 年出版的《北京语音潮州方音注音新字典》[②] 里，(b)类字已经分化出来，归入“温”韵；(a)类字虽然仍与(c)类字同属“秧”韵，不过，“秧”韵里还收有“斤恩勤欣”等其他今天也读 ɯŋ 韵臻摄开口字，所以此时的(a)类字很可能已经不读 ŋ，只不过该书把 ŋ̍ 和 ɤŋ 合并成了一个韵部。

综合以上情况，大致可以认为潮州话在近百年间发生了“ŋ̍ > ɤŋ”的音变，音变过程如下图所示：

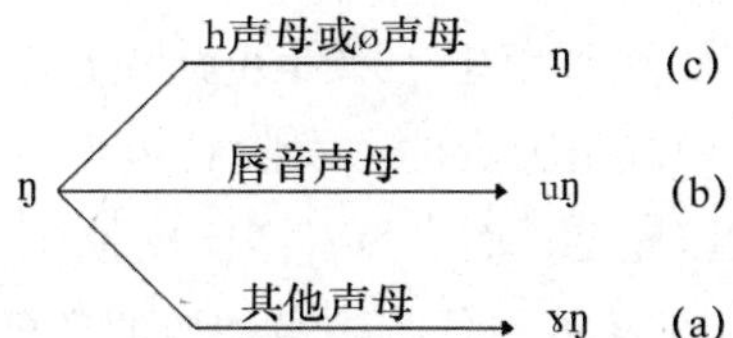

图 1　潮州话鼻音韵变鼻尾韵示意图

(二) 音变发生的原因

从鼻音韵变为 uŋ 和 ɤŋ，增加了元音韵腹段的音姿运动，鼻音的发音不是提前而是被推后了。从发音人角度出发的基于“发音省力”或“音姿交叠/音姿简缩”等理论，都无法给予解释。发生在潮州话及其邻近方言中的“ŋ > ɤŋ”，很可能是由听者错判引发的。首先看潮阳话几个 ŋ 韵字的语图：

---

① 《潮声十五音》是潮汕地区目前已知的第一本本土方言韵书，由潮州“饶邑隆都西二区商人”张世珍编纂而成，于光绪三十三年（1907）写成初稿，民国 2 年（1913）由汕头图书报石印社正式出版发行。笔者见到的是汕头文明商务书局于 1921 出版的翻印本。有关《潮声十五音》的介绍可参见李新魁《潮州“十五音”源流考略》（《韩山师专学报》1985 年第 1 期）、马重奇《〈潮声十五音〉音系研究》[《福建论坛》（社会科学版）2006 年第 12 期]。

② 北京语音潮州方音注音新字典编辑委员会：《北京语音潮州方音注音新字典》，广东人民出版社 1957 年版。

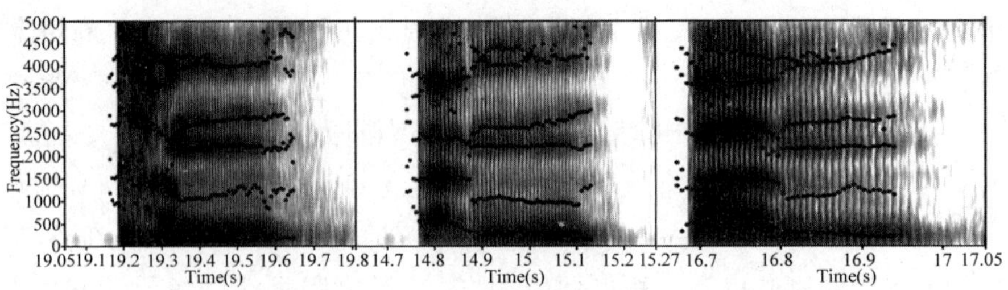

图 2　潮阳（西胪）话的 ŋ 韵字（一）

【左】汤［tʰŋ］；【中】断［tŋ］；【右】饭［pŋ］

资料来源：语料为笔者 2013 年 12 月调查所得录音，发音人 LLP，男，1991 年生，生长于潮阳西胪镇西凤村，父母均为该镇人。

在“汤、断、饭”三个音节中，声母和鼻音 ŋ 之间总有一小截元音过渡段，这是由发音的生理机制决定的。发阻音声母时咽—鼻通道通常会被堵上，以保证口腔内气压充足；而发鼻音需要软腭/小舌下垂，打开咽—鼻通道。软腭/小舌从处于上抬的封住咽—鼻通道的音姿，到下垂的足以发出鼻音的音姿，这个运动过程至少需要 50ms ①。上文给出的三个例子中，过渡段最短的“汤”字是 51ms，最长的“饭”字 95ms（已经接近一般鼻尾韵中元音韵腹所占时长比）。ŋ 韵过渡段时长的变异很大，即使在同一个发音人口中也有显著的共时差异。因此，不明就里的听音人或许会把过渡段长的、与鼻尾韵接近的音值当作发音目标。如果听者的误判没有被纠正，反而得到推广，那么新的语音标准（Norm）也就随之产生了。

在软腭/小舌向下运动的同时，舌体也由声母的部位转向舌根鼻音 ŋ 的部位——舌面上抬置于软腭之下，接近后高元音的舌位。根据笔者对潮阳话 ŋ 韵元音过渡段中点的 F1、F2 的初步测量，这个过渡音比央元音 ə 略高。这也就解释了为什么大部分鼻音韵变成 ɤŋ 而非其他鼻尾韵。

喉擦音 h 和零声母不需要在口腔内成阻，因此软腭/小舌可以不用上抬，后接鼻音韵也无须过渡段，因此很难被错认为鼻尾韵，如图 3 中潮阳话的“远”［hŋ］。

① Ohala, J. J., “Phonetic explanations for nasal sound patterns”, In C. A. Ferguson, L. M. Hyman & J. J. Ohala (eds.), *Nasalfest: Papers a symposium on nasals and nasalization*, Stanford: Language Universals Project, 1975, pp. 289–316.

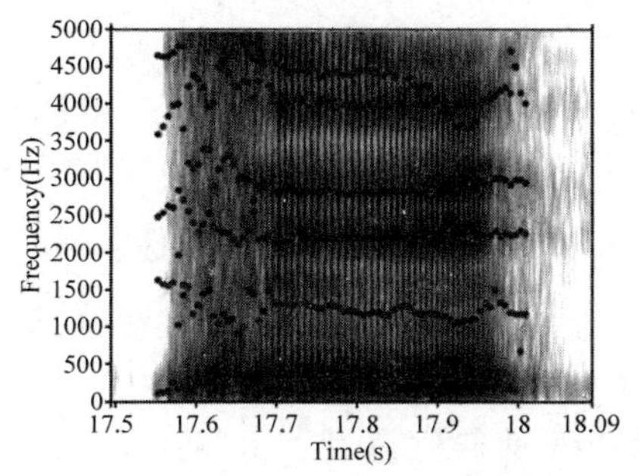

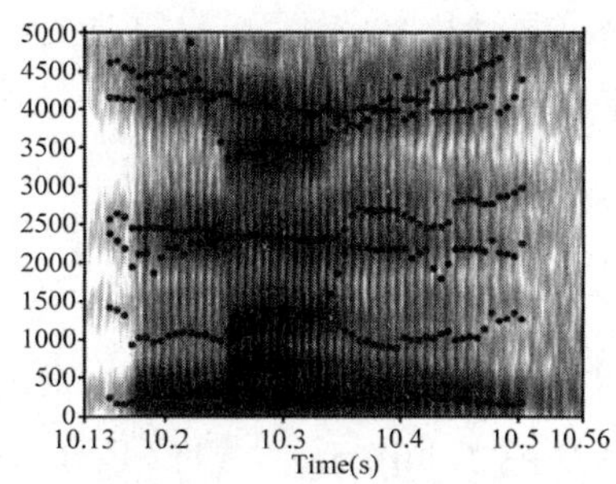

图 3　潮阳（西胪）话的 ŋ 韵字（二）

【左】远［hŋ］;【右】问［mŋ］

按理说鼻音声母带鼻音韵，中间也无须过渡段，但在实际发音中，声母鼻音和韵母鼻音之间总要夹着一个短暂的鼻化元音，参见图 3 右边的“问”［mŋ］。也许是因为鼻音声母之间本来就极易混淆[①]，如果没有这样一个元音过渡段，很难分辨出声母鼻音的发音部位。所以，鼻音声母后的鼻音韵也有过渡段，因而鼻音声母后的鼻音韵也朝着鼻尾韵的方向演变。

至于唇音声母后的鼻音韵，由于受到唇音声母的影响，当过渡段较长时，元音可能会有较明显的唇化倾向，更接近后高元音 u。因此会出现唇音声母后的鼻音韵与其他声母后的鼻音韵分道扬镳，被归入 uŋ 韵的情形。

综上所述，按照音节中有没有元音过渡段，以及元音是否唇化，可以把鼻音韵的实际音值分为三组。这三种鼻音韵最初只存在于共时变异之中，为鼻音韵的不同变体。与此同时，在有元音过渡段的音节中，还存在着过渡段长短的差异，过渡段短的是“标准”的或“典型”的鼻音韵。而这一切在 20 世纪初的潮汕一带被重新分析，过渡段长的反而成为“标准”，而原本由生理条件所决定的不同变体被分析为不同的音位，导致鼻音韵的分化。罗常培曾有描写：厦门话的鼻音韵“因为声母部位的差异，音值也往往不同……与［p］、［t］、［ts］和［k］系相拼时，中间有一种类似［ə］的流音（如‘方’［pəŋ］、‘当’［təŋ］）”[②]。但类似的共时差异在厦门话中并没有导致音变。

---

① Ohala, J. J. & Ohala, M., “The Phonetics of Nasal Phonology: Theorems and Data”, *Phonetics and Phonology*, 1993, 5: 225-249.

② 罗常培：《厦门音系》，载《罗常培文集》卷 1，山东教育出版社　　年版。

实际上，潮州话 ŋ 韵的演变不是简单地一分为三，而是重新归类，(b) 类字从 ŋ 中分出来归入了“温文云本”等 uŋ 韵字，(a) 类字从 ŋ 中分出来归入了“斤恩勤欣”等 ɯŋ 韵字。需要注意的是，潮州话原本并没有 uŋ 和 ɯŋ 这两个韵母，“温文云本”和“斤恩勤欣”等字原本读前鼻尾的 un 和 ɯn（《字典》中也是如此）。同样是在这百年间，潮州话发生了前鼻尾向后鼻尾合并的音变（即 vn > vŋ），un、ɯn 也就通通变成了 uŋ、ɯŋ。也许是 uŋ 和 ɯŋ 的产生诱发了 ɯ 韵的分化。也可能 uŋ、ɯŋ 的产生和 ŋ 韵的分化同时进行。厦门话没有发生前后鼻尾的合并，音系中没有与 uŋ 和 ɯŋ 类似的韵母，也就没有发生 ŋ 的分化。

三　鼻化韵变鼻音韵

（一）音变存在的证据

上文论证了音变（3）鼻音韵变鼻尾韵的音变过程和起因，接下来说明其前一个步骤：音变（2）鼻化韵变鼻音韵。

张光宇提到，厦门话宕摄开口一等的 ŋ̍ 韵应来源于鼻化韵 õ，并非鼻尾韵中主要元音弱化脱落的结果①。张文提供了音韵格局和方言比较两方面的证据，主要体现于下表 3 中。

表 3　**张光宇（2009：190）原文表**

宕摄	一等		三等	
厦门	ŋ	oʔ	ĩũ	ioʔ
漳州	ŋ	oʔ	ĩõ	ioʔ
文昌	o	oʔ	io	ioʔ
绩溪	õ	oʔ	ĩõ	ioʔ

宕摄开口一等与三等，舒声韵与促声韵“平行、对称的格局，说明了‘－õ > －ŋ’的高度可能性”②。本文支持张文关于厦门话宕摄一等 ŋ 韵来

① 张光宇：《汉语方言的横的比较》，《语言学论丛》（第 40 辑），商务印书馆 2009 年版。
② 同上。

源于鼻化韵的观点，并认为宕摄开口三等、宕摄合口、山摄合口以及臻摄合口中的 ŋ 韵也同样来自鼻化韵。在一些位于方言区边缘的闽南话，如海丰话、雷州话以及海南闽语里，“缸”等字或仍保留着鼻化韵读法，或读作鼻化成分失落后的元音韵，如表 4 所示。

表 4　　各地闽南方言“缸”等字的韵母

音韵地位	例字	建阳	厦门	漳州	漳平	海丰	龙岩	雷州	文昌	分类
宕摄开口	缸	ɔŋ	ŋ	ŋ		ŋ	õ	o	ɔ	(o)
	肠	ɔŋ	ŋ	ŋ	ŋ	ŋ	õ	o	ɔ	
	床	ɔŋ	ŋ	ŋ	ŋ	ŋ	õ	o	ɔ	
	秧	ɔŋ	ŋ	ŋ	ŋ	ŋ	õ	o		
宕摄合口	光	uɔŋ	ŋ	ũĩ	ũĩ	ũĩ	ũĩ	ui		(u)
	广		ŋ	ũĩ	ũĩ	ũĩ				
	方姓		ŋ	ũĩ		ũĩ				
	黄	uɔŋ	ŋ	ũĩ	ũĩ	ũĩ	ũĩ	ui	ui	
山摄合口	卵	un	ŋ	ũĩ		ũĩ	ĩ	ui	ui	
	断	un	ŋ	ũĩ		ũĩ	ĩ	ui		
	饭	un	ŋ	ũĩ	ũĩ	ũĩ	ũĩ	ui	ui	
	园	yeŋ	ŋ	ũĩ	ũĩ	ũĩ	ũĩ	ui	ui	
臻摄合口	顿		ŋ	ũĩ		ũĩ	ĩ			
	村	uŋ	ŋ			ũĩ	ĩ	ui	ui	
	问	uŋ	ŋ	ũĩ	ũĩ	ũĩ	ũĩ	ui	ui	
	昏		ŋ	ũĩ	ũĩ	ũĩ		ui		

说明：表中只标示白读音的韵母，一些方言点的部分例字只记录了文读的读音，韵母则留空。漳州话据周长楫《闽南方言大词典》（福建人民出版社 2006 年版），漳平话据张振兴《漳平方言研究》（中国社会科学出版社 1992 年版），海丰话据罗志海《海丰方言》（德宏民族出版社 1995 年版），龙岩话和建阳话据 Branner，D. P.，雷州话据林伦伦《粤西闽语雷州话研究》（中华书局 2006 年版），文昌话据刘新中《海南闽语语音研究》（中国社会科学出版社 2006 年版）。

闽北的建阳话仍反应四类区别，放在首列以作对照。龙岩话有部分读 ĩ 的字，与别地不同，这是由变韵现象造成的：ĩ 韵出现在舌尖音声母后，ũĩ 韵出现在其他声母条件中，因此 ĩ 和 ũĩ 仍可看作一类①。

由表 4 可见，厦门话今读 ŋ̍ 韵（也即潮州话早期读 ŋ̍ 韵）的“缸”等字在漳州、漳平、海丰、龙岩、雷州、文昌等地方言中被平行地分成两类：属宕摄开口的为一类（o），可称之为开口类；其他宕山臻三摄的合口为一类（u），可称为合口类。今各地闽南方言在“缸”类字上的读音差异很可能代表了语音演变的不同阶段和不同方向。本文据此推测：在早期闽南方言中，开口类字的早期读音为 * õ，合口类字的早期读音为 * ũĩ。下面进一步说明这两类字的情况：

（o）开口类字读 õ。龙岩话完整地保留了这一读音；雷州话和文昌话脱落了鼻化成分，变成元音韵 o/ɔ。潮州话虽然变得比较快，但仍有一个宕摄开口字“两$_{数词}$”读［nõ^{35}］。厦门话也留下了开口类曾经读 õ 的痕迹：厦门话效摄开口一等有白读音为 o②，“毛”字读［mõ^{24}］，其韵母受鼻音声母的影响带上了鼻化特征，变成与开口类字同韵，结果，当开口类字向 ŋ̍ 韵转变时，“毛”字也随之同变，产生了［mŋ^{24}］的异读。另外，漳州下属有一个长泰县，虽然夹在厦门和漳州城区之间，但开口类读 ɔ̃③，也大致保留了早期闽南方言的读音。

（u）合口类读 ũĩ。漳州、漳平、海丰、龙岩都保留了这一读音；雷州话和文昌话脱落了鼻化成分，变成元音韵 ui。保留合口类读音的方言点比保留开口类的多，也许是因为 ũĩ 变 ŋ̍ 比 õ 变 ŋ̍ 要晚，晚发生的音变扩散得就没那么远。

本文认为开口类和合口类原本是鼻化韵，还有来自喉塞尾韵的旁证。潮州话的鼻化韵和喉塞尾韵常常成对出现，鼻化韵与喉塞尾韵相配，鼻尾韵则与口塞尾韵相配，如潮州话，见表 5。

---

① Branner, D. P., “The Classification of Longyan, Issues in Chinese Dialect Description and Classification”, ed., by Richard VanNess Simmons, *Journal of Chinese Linguistics Monograph Series*, No. 15, 1999, pp. 36 – 83.

② 如“宝”［po^{51}］、“刀”［to^{55}］、“考［k^{h}o^{51}］”等。

③ 周长楫：《闽南方言大词典》，福建人民出版社 2006 年版，第 119 页。

表 5　　**潮州话鼻化韵与喉塞尾韵的对应**

音韵地位	鼻化韵	喉塞尾韵
宕摄开口三等	ĩẽ：羊、箱、场	ieʔ：药、约、着
山摄合口一等	ũã：满、宽、盘	uaʔ：抹、阔、泼
梗摄开口二等	ẽ：猛、生、坑	eʔ：白、宅、客

然而在潮州话中，宕摄开口一等虽然没有鼻化韵，却有喉塞尾韵 oʔ，这与张光宇提到的厦门话和漳州话的情况相同（见表 3）。此外，宕摄合口、山摄合口以及臻摄合口里也有“孤立”的喉塞尾韵，没有与之平行的鼻化韵。这些“孤立”的喉塞尾韵正好可以和早期的鼻化韵形式形成对应，如表 6 所示。

表 6　　**早期鼻化韵与喉塞尾韵的平行对应**

音韵地位	早期鼻化韵	喉塞尾韵
宕摄开口一等	*õ：缸、桑、郎	oʔ：阁、索、落
宕摄合口一等	*ũĩ：光、黄、荒	ueʔ：郭
山摄合口三等	*ũĩ：穿、饭、园	ueʔ：说、袜、月
臻摄合口三等	*ũĩ：问	ueʔ：物

当然，鼻化韵与喉塞尾韵的平行关系并不是绝对的。但假设早期 õ 和 ũĩ 存在，并认为它们和 oʔ、ueʔ 相配，有利于保持音系的系统性，减少不规则现象。

总之，本文认为，闽南方言经历了一场鼻化韵 õ、ũĩ 先后变鼻音韵 ŋ̍ 的语音演变。这一音变从开口类字开始，为第一阶段（即 õ > ŋ̍）；后来合口类字并入，为第二阶段（即 ũĩ > ŋ̍）。

那么，这两阶段的音变是如何产生的呢？

（二）音变发生的原因

乍看之下，鼻化韵变成鼻音韵似乎是一种弱化音变，原本口腔和鼻腔同时共振，变成只有鼻腔共振。而且 õ 和 ũĩ 都带后高元音[①]，弱化成后鼻音 ŋ 也合情理。但值得注意的是，这两个鼻化韵先后两次变成 ŋ，却没有相应的鼻化韵变成 m 或 n，这样的不平衡性需要解释。

事实上，有关鼻音的感知实验已经发现，和 m、n 相比，ŋ 更容易与鼻化元音混淆[②]。这是因为 ŋ 在软腭成阻，所构成的声道副腔较短（2—2.5 厘米），导致鼻音反共振峰的频率较高[③]；由于鼻音的能量衰减较快，高频区能量较弱，频率高的反共振峰对感知的作用几乎可以忽略不计。因此，和其他鼻音相比，ŋ 的声学特征与鼻化元音更接近，也就更容易与鼻化元音混淆。

当然，在各种鼻化元音里，鼻化高元音应当更容易与鼻音混淆，因为高元音的 F1 较低，接近鼻音的 F1。而在高元音中，鼻化后高元音大概更容易与后鼻音 ŋ 相混。有趣的是，李新魁、林伦伦就曾经把汕头话的“秧”等字记为 ɯ̃ 韵[④]，后来李新魁[⑤]和林伦伦、陈小枫又把“秧”等字改记为 ŋ̍ 韵[⑥]。在这么短的时间内，语音不太可能发生明显的变化，应是 ɯ̃ 与 ŋ 在听感上相近，因而有此记法上的改动。

基于以上情况，笔者推测，闽南方言鼻化韵变鼻音韵也是听错觉在起作用。开口类 *õ 和合口类 *ũĩ 的音值中都含有后高元音，如果它们曾经变得接近 ɯ̃，也就同时更接近 ŋ 了。开口类 õ 和合口类 ũĩ 的演变可能是这样的：

---

① 潮州话的韵头和韵尾的 i、u 发音都不短促，无辅音性，其他闽南方言也大多如此，可参见《字汇》，第 35—37 页。

② Johnson, K., DiCanio, C. & MacKenzie, L., “The acoustic and visual phonetic basis of place of articulation in excrescent nasals”, *UC Berkeley Phonology Lab Annual Report*, 2007, pp. 529 - 561.

③ 朱晓农：《语音学》，商务印书馆 2010 年版，第 139 页。

④ 李新魁、林伦伦：《潮汕方言词考释》，广东人民出版社 1992 年版。

⑤ 李新魁：《广东的方言》，广东人民出版社 1994 年版。

⑥ 林伦伦、陈小枫：《广东闽方言语音研究》，汕头大学出版社 1996 年版。

（1）开口类：õ > * ɤ̃ > ŋ　　（2）合口类：ũĩ > * ɯ̃ĩ > ŋ

结　语

上文分析了潮州、厦门等闽南方言鼻化韵变鼻音韵（ṽ > ŋ̍）和潮州话鼻音韵变鼻尾韵（ŋ̍ > vŋ）的两种音变，前后衔接起来的变化过程如图 4 所示。

早期的 õ 和 ũĩ 还保留着中古阳声韵在开合上的音值特点，但经过两番变化之后，潮州话今天 uŋ、ɯŋ 的辖字已与中古音类格局相距甚远，虽然它们在形式上也属于“阳声韵”。

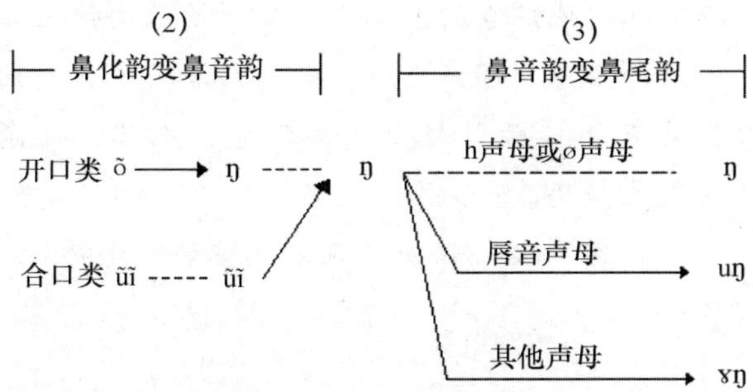

图 4　潮州话鼻化韵经由鼻音韵变鼻尾韵的过程示意图

潮州话鼻化韵变鼻尾韵的过程还可以用来解释潮州话一个特殊字音的产生：潮州话“女”字读［nɯŋ^{53}］，而其他同属中古鱼韵的“猪居驴虚”等字只读单元音韵 ɯ，和这些字相比，“女”的读音增生了一个鼻音尾。本文推测，潮州话“女”字本读［nɯ］，但因受鼻音声母影响，韵母带上了鼻化，后来就和开口类和合口类字一道，韵母变成了鼻音韵 ŋ（在《字典》里“女”字就和“软卵”等字同音，读“nng”［nŋ］）；再后来鼻音韵 ŋ̍ 分化时，“女”也按规律参与音变，因而成了 ɤŋ 韵。

丰顺汤南“半山客”话与潮州话的语音接触与变异*

林伦伦 李雪媚**

摘 要 本文在实地调查的基础上，描写了汤南镇金灯盏的潮州话和长林村的客家话的语音、词汇系统，并对两者的语音、词汇系统进行比较研究，分析其互相接触引起变异的现象、规律，探求“半山客”地区语言生活的发展趋势。

关键词 “半山客”话 语音 词汇 接触 变异

一 前言

“半山客”是客家民系的一个分支，主要是从梅州地区迁来潮汕的客家人，与当地畲族居民杂处，特别是与接壤而居的“福佬人”融合，形成独具特色的“半山客”，分布于海内外。境内现主要分布在广东潮汕地区、广西、四川等各地，据估算共约 380 多万人。境外“半山客”主要居住在台湾及东南亚，尤以泰国、马来西亚为最多，大约有 130 万人③。

---

* 本文原载陈春声 陈伟武：《地域文化的构造与播迁：第八届潮学国际研讨会论文集》，中华书局，2012 年，第 299 至 315 页。

** 李雪媚，女，1982 年出生于广东省梅县，汉族，2007 年至 2010 年载广东技术师范学院师从林伦伦教授攻读民族学专业（南方少数民族语言与汉语方言学方向），获法学硕士学位，学位论文题目《广东丰顺汤南“半山客”话研究》。2011 年至今从事文字相关工作。

③ 贝闻喜、刘青山、李铎：《潮汕半山客》，公元出版有限公司，2005 年，第 19－29 页。

潮汕“半山客”话是客家次方言。明中叶以后，大量迁到潮汕半山区的客家人，除基本保持梅州客家话的特点外，又吸收一些畲语，特别是逐步吸收一些接壤而居的福佬人的福佬话，形成潮汕“半山客”所讲的客家次方言。有些与福佬人交往密切的村寨，形成“两句福佬三句客”的状况。潮汕人和客家人在这里都可找到共同的文化渊源，相互认同又相互补充，促进了当地的文化交流。

自南宋到明初，大量迁徙到粤东嘉应州的客家人，经过二百年左右的开垦繁衍生息，人口增长迅速，人多地少，为满足生存的需要，自明代中期起，他们逐渐向粤东南、粤中、粤北迁移。其中一部分人到达原揭阳县蓝田都（今丰顺）[①]。丰顺《陈氏族谱》载：“陈氏世居中原……西晋末年，迁福建宁化石壁村，后迁至江西吉安府太和县。元文宗天历二年（1392 年），先祖任务循州儒学公堂，定居兴宁。八十八世祖为彰、为忠，分别迁丰顺罗屋寨莲塘和汤坑石湖创业。”[②] 可见，现在的广东梅州丰顺地区为“半山客”居住的地区。

丰顺位于广东省东部，梅州市南部，居汕（头）梅（州）之间，东毗饶平、潮安，南邻揭阳、揭西，西连五华、兴宁，北接梅县、大埔，总面积 2710．22 平方公里，总户数 156494，总人口 680394（2007 年）。丰顺县于清乾隆三年（1738）建置，历史上多属潮州府管辖，1965 年后归属梅县地区，1987 年后属今梅州市。

丰顺县汤南镇东与揭阳县玉湖镇毗邻，西与埔寨镇、汤西镇接壤，北与汤坑镇相连。汤南镇长坑管理区位于汤南镇西南，为客家人和潮州人杂居的管理区，它有 8 个自然村落，共有 3700 多人，其中讲客家话的有 2200 多人，分别为居安、金墩、下楼、长林、长李和赤草洋 6 个自然村落，讲潮州话[③]的有 1500 多人，为金灯盏和长兴 2 个自然村落。长坑管理区是在以潮州话为主的汤南镇里说客家话的管理区。这次调查选取的是金灯盏和长林两个自然村落，金灯盏是一个讲潮州话的村落，有 1000 人左右，均为罗姓。长林村是一个讲客家话的村落，均为林姓，有 300 多人。由于潮客

---

① 贝闻喜、刘青山、李铎：《潮汕半山客》，公元出版有限公司，2005 年，第 6 页。

② 丰顺县县志编纂委员会编《丰顺县志》，广东人民出版社，1995 年，第 909 页。

③ 文中所提到的潮州话为揭阳潮州话，音系源自林伦伦、陈小枫：《广东闽方言语音研究》，汕头大学出版社，1996 年。

混居，居民大多都会说两种方言，客家人把潮州话称为“学佬话”（hɔk^{55} lɔ^{31}fa^{53}，可能来自“福佬”）。当地的居民都说，自己所说的并非纯正的潮州话，也非正宗的客家话了，类似于半客家半潮州话。

二　丰顺汤南“半山客”话语音系统

（一）声母

丰顺汤南“半山客”话声母共有 20 个，包括零声母，它们是：

p 八玻币粪　p^h 潘婆冯白　m 麻命木问　f 火方户罚
t 多挡搭镇　t^h 天桃大敌　n 拿尼纳乳　v 温禾王万
k 哥妓杞割　k^h 开藿棋局　ŋ 鹅硬软入　h 汗豪虾瞎
ts 早罩渣迹　ts^h 粗茶窗贼　s 沙扫柿俗　tʃ 猪蔗掌职
tʃ 抽尘车赤　ʃ 召舌伤船　ø 央柔雨页　l 拉拦狼六

20 个声母的发音部位和发音方法如下表：

表 1　　声母的发音部位和发音方法

发音方法 \ 发音部位		双唇	唇齿	舌尖	舌叶	舌根	喉
爆发音	清	p　p^h		t　t^h		k　k^h	ø
塞擦音	清			ts　ts^h	tʃ　tʃ^h		
鼻音	半浊	m		n		ŋ	
擦音	清		f	s	ʃ		h
	浊		v				
边音	半浊			l			

说明：(1) 唇齿浊擦音［v］，有摩擦但不是很重。

(2) 声母［tʃ］、［tʃ^h］、［ʃ］发音时，舌面边缘跟上臼齿相接，舌叶向硬腭抬起，嘴唇向前突出。

(3)［ø－］声母字中，以［i、i－］开头的韵母带有摩擦成分，其实际为硬腭近音［j］。

（二）韵母

丰顺汤南“半山客”话韵母共有 65 个，其中单元音韵母 7 个，复元音韵母 14 个，鼻音韵母有 22 个，入声韵母有 20 个，还有［m̩］

（唔）、［ŋ̍］（五）2个声化韵母。

ɿ 资瓷磁	i 币眉基	u 夫故路
		ɤ 去
a 爬拉蛇	ia 姐斜谢	ua 瓜夸
ɔ 刀嫂坐	iɔ 靴	uɔ 过果裹
e 鸡细计咳	ui 杯肥回	ai 大个排
uai 挂乖外	au 靠冒泡	iau 刁聊苗
eu 超豆牛	ieu 妖摇耀	iu 抽丢舅
iui 锐	ɔi 才开妹	am 担凡砍
iam 剑帘签	em 省	im 今琴针
an 半烦兰	uan 关宽玩	en 冷听朋
ien 件圈言	uen 耿	in 并辰津
ɔn 船端汗	iɔn 软	un 本村分
iun 云韵润	aŋ 邦横硬	iaŋ 丙净命
uaŋ 广矿	ɔŋ 昂尝杭	iɔŋ 纺筐凉
uɔŋ 光旷狂	oŋ 东动双	ioŋ 穷胸龙
ap 答合踏	iap 叠贴页	ep 涩
ip 吃急入习	et 舌踢浙	iet 跌切缺
uet 国	it 吉力七日	ɔt 夺说脱
iut 屈	ut 出佛物术	at 八发抹
uat 阔刮	ɔk 各落凿	iɔk 药弱削
uɔk 郭廓扩	ak 白尺只	iak 壁惜剧
ok 鹿叔木	iok 六菊俗	ŋ̍ 五午伍
m̩ 唔		

说明：/ɔ/与/o/只在［ɔŋ/oŋ］、［iɔŋ/ ioŋ］、［ɔk / ok］、［iɔk / iok］4对韵母中产生音位对立，其余都是以［ɔ］为主要元音的韵母，有［ɔ、iɔ、uɔ、ɔt、uɔk、uɔŋ、ɔi、ɔn、iɔn］。6个单元音音位/ɿ、i、u、a、o、e /。

（三）声调

丰顺汤南“半山客”话有6个调类，阴平是个中平调，阳平是个高升调，阴去是个高降调，阳去是个低降调，阴入是个短促的半低调，阳入是个短促的高平调。具体调值如下表：

表 2　　具体调值

调类	阴平	阳平	阴去	阳去	阴入	阳入
调型	˧	˧˥	˥˧	˧˩	˨	˥
调值	33	35	53	31	2	5
例字	猪梯诗	题时穷	体替世	弟第妇	识滴一	石食逸

丰顺汤南“半山客”话与中古音比较来说，古平声、入声各分阴阳。古平、去声、入声根据声母清浊分阴阳，清声母归阴，浊声母归阳，古清上、清去归阴去，古浊上、浊去归阳去，有相当一部分古浊上声字归阴平。

三　丰顺汤南潮州话语音系统

（一）声母

丰顺汤南潮州话声母共有 18 个，包括零声母：

p 巴爬肥百　　p^h 帕脾平蜂　　b 马米尾味　　m 毛名物微
t 刀电猪茶　　t^h 泰桃虫畅　　n 男尼肉领　　l 罗零力农
ts 济睁照舌　　ts^h 草寻叉尺　　s 三谢收社　　z 字尿日喻
k 哥企共滑　　k^h 可强客吸　　g 牛碍玉袜　　ŋ 五言岳崖
h 分浒韩额　　ø 丸鸭胃油

18 个声母的发音部位和发音方法如下表：

表 3　　18 个声母的发音部位和发音方法

发音方法＼发音部位		双唇	舌尖	舌根	喉
爆发音	清	p　p^h	t　t^h	k　k^h	ø
	浊	b		g	

续表

发音方法＼发音部位		双唇	舌尖	舌根	喉
塞擦音	清		ts ts^h		
鼻音	半浊	m	n	ŋ	
擦音	清		s		h
	浊		z		
边音	半浊		l		

说明：(1) 其中双唇浊声母 [b-] [g-] 和舌尖前浊擦音声母 [z-] 浊音成分不重，[b-] 声母主要来源于中古的明母、微母字，如：木 bak^{5}、母 bo^{53}、米 bi^{53}；[g-] 声母来源于中古的疑母字，如：月 $gueʔ^{5}$、牛 gu^{55}、碍 gai^{22}；[z-] 声母主要来源于中古的日母、以母字，如：日 zet^{5}、柔 ziu^{55}、裕 zu^{35}。(2) [ts-] [ts^h-] [s-] 发音舌位比普通话靠后，接近舌叶中。(3) [n-] [l-] 有混读现象，但不是对立的，如：篮 nam^{55}、赖 nai^{22}、岭 $niã^{53}$。(4) [ø-] 声母字中，其韵母前带有喉塞成分。

（二）韵母

丰顺汤南潮州话韵母一共有71个，其中单元音韵母6个，复元音韵母12个，鼻音韵尾韵母16个，鼻化韵母12个，喉塞音韵尾韵母9个，塞音韵尾韵母14个，声化韵母2个。

i 米旗弟	u 夫妇旧	iu 抽丑酒	ui 贵愧逵
ɤ 汝举书	a 阿巴骹	ia 车社瓦	ua 多华盘
e 茶架姐	ue 飞花话	o 刀鹅母	io 少笑照
uai 怪乖坏	ai 个来开	oi 鸡睇溪	au 曹楼盗
iau 雕猫柱	ou 五雨走	ĩ 耳年丸	ã 三淡橄
iã 兵领名	uã 肝山散	ẽ 病耕生	iõ 娘想账
uẽ 横果盔	ãi 爱	õi 蚕	õu 虎
ĩũ 幼	ũĩ 跪畏	am 贪甘含	iam 店检嫌
im 林锦浸	an 干禾谈	uan 传冠恋	un 船论顺
ien 扁现乾	aŋ 东房蜂	iaŋ 良填香	uaŋ 光况撞
eŋ 灵形等	ueŋ 永泳琼	ɤŋ 床酸去	oŋ 空农茸
ioŋ 穷雄容	iŋ 秤证症	aʔ 合鸭甲	iaʔ 壁额秩
uaʔ 跌刮阔	eʔ 白百册	ueʔ 物月郭	iʔ 急舌铁

oiʔ 八狭　　oʔ 托桌雪　　ioʔ 石药席　　ap 十杂纳
iap 帖业摘　　et 七日吉　　ip 力入习　　ɤt 失
it 一的舔　　ak 六木踢　　iak 毕切若　　ek 革肉克
iek 揭　　uk 滑挖脱　　uak 括泼粤　　ok 哭索祝
iok 育　　ŋ̍ 黄　　m̩唔

说明：（1）丰顺汤南潮州话鼻化韵大部分是由于后面［-m、-n、-ŋ］鼻辅音的弱化的结果，如：星 ts^{h}ẽ^{33}、三 sã^{33}、冰 piã^{33}。也有一小部分是口韵带上了鼻化韵的，如：爱 ãi^{213}、幼 iũ^{213}。

（2）丰顺汤南潮州话元音音位共有 6 个［ɿ、i、u、a、o、e］。

（三）声调

（1）单字调

汤南潮州话共有 8 个单字调，平、上、去、入各分阴阳。具体如下表所示：

表 4　　**汤南潮州话 8 个单字调**

调类	阴平	阳平	阴上	阳上	阴去	阳去	阴入	阳入
调型	˧	˥	˥˧	˧˥	˨˩˧	˨	˩	˥
调值	33	55	53	35	213	22	1	5
例字	诗梯	时题	体碗	社近	试替	谢用	识急	月六

四　丰顺汤南"半山客"潮、客方言的接触与变异

（一）语言接触与变异的理论基础

使用不同语言的人群长期密切地接触交往，彼此的语言必会产生交流和相互影响。语言学家施密特（J. Schmidt 1843 - 1901）于 1872 年提出"波浪理论"（wave theory），"横向表示地理空间，竖向表示社会空间，波纹表示某种语言变化的影响。波纹从发源地向四面八方移动。

远离发源地的社会阶层和地区，受到的影响就小"[①]。"波浪说"的启示使语言研究者开始关注语言的横向影响演变。

索绪尔认为："语言的因素有两种，一种是内在因素（internal element），一种是外部因素（external element）"。[②] 语言的演变既有内部的因素在起作用，也有外部因素的影响，二者交融一起推动语言的变化和发展。使用不同语言的群体间的语言接触会出现三种后果：

1. 在接触中某个群体的语言使用功能逐渐萎缩，最后为另一个群体的语言所替代。

2. 相接触的不同群体，其语言在结构上互相渗透、扩散，在相互影响下各自丰富、发展。

3. 相互接触的不同群体在结构上发生混合和融合，最后由于渗透的深入而产生一种质变的语言。"[③]

语言接触是语言演变和发展的一种动力，语言接触与语言变异现象是紧密相连的。认识语言变异和变化的原因必须分析语言接触的情况，从而探求互相接触而产生的变异规律、语言演变的规律。丰顺汤南长坑管理区是潮语区里的双言社区，客家话村落和潮州话村落杂落于其中，金墩村和金灯盏村为相邻的两个村落，村民在日常的生产生活村际交往中，潮州话和客家话灵活转换，交相使用。长期密切地接触和交往，彼此的语言必然会产生交流和相互影响。

丰顺汤南"半山客"话的语音上表现出语言的混用情况，与梅县客家话相比，有些特点相同，有些则不同，而这些不同的往往与潮州话一致。现从声母、韵母、声调方面加以讨论，探讨"半山客"话与潮州话的相互影响状况。

（二）汤南"半山客"话与潮州话接触而产生的变异

1. 声母方面

（1）客家话精、知、庄、章四组有两种演化方向：一是精、知、庄、章读作一类声母［ts、ts^h、s］；二是精、庄、知二组读作一类声母

---

① 刘润清：《西方语言学流派》，外语教学与研究出版社 2002 年版，第 47 页。

② 刘润清：《西方语言学流派》，外语教学与研究出版社 2002 年版，第 68 页。

③ 罗美珍：《论族群互动中语言接触》、载《语言研究》2000 年第 3 期。

[ts、tsʰ、s]，知三、章组读作另一类声母［tʃ、tʃʰ、ʃ］。丰顺汤南“半山客”遵循第二类演化方向，知三、章组读［tʃ、tʃʰ、ʃ］，精、庄、知二组读［ts、tsʰ、s］。而梅县客家话精、知、庄章合流读作一套塞擦音和擦音声母［ts、tsʰ、s］。

（2）半山客话古见组溪母有些字读作 kʰ－，与汤南潮州话同样读成 kʰ－，与梅县客家话读成 f－、h－不同，这些字粤东闽语都是读 k□，有可能是受其影响。

表 5　　**语音差别例子**

例字	裤	苦	气汽	弃器	去	坑	丘	溪
汤南半山客话	kʰu⁵	kʰu³¹	kʰi⁵³	kʰi³¹	kʰ⁵³	kʰaŋ³³	kʰiu³³	kʰe³³
梅县客家话	fu⁵³	fu³¹	hi⁵³	hi⁵³	hi⁵³	haŋ⁴⁴	hiu⁴⁴	hai⁴⁴
汤南潮州话	kʰou²¹³	kʰou⁵³	kʰi²¹³	kʰi²¹³	kʰɤ²¹³	kʰɤŋ³³	kʰu³³	kʰoi³³

这类溪母字，在“半山客”地区还是停留于 kʰ 的阶段，而梅县客家话则发展得较快，已无 kʰ 的存在。在今天的广州粤语中，溪母字读为 h－、f－、ø－，这是在粤语范围内十分普遍的音变现象，伍巍认为其基本音变是清塞音送气成分作用的结果，并详细阐述了 kʰ－h 、kʰ－hu－f 、kʰ－ø 的音变条件和音变过程①。溪母字 kʰ 的舌根音读法是存古的表现，不是受到闽语的影响所致②。“昔日隶属潮州府的大埔县，在语音上，无可避免地因潮州系闽南语之浸染，而有所变化，这应是很可以理解的。”③ 丰顺汤南“半山客”话处于闽南语的交接地带，受其浸染，其古音特征得以固化，发展慢于中心区的梅县客家话。

（3）知组字今读端组字比梅县客家话多，与潮汕话接触有关，得到固化有关。“古无舌上音”是著名的语音规律，潮汕方言至今保留这

① 伍巍：《广州话溪母字读音研究》，《语文研究》1994 年第 4 期。

② 江俊龙：《饶平客语调查与比较》，张双庆、刘镇发编《客语纵横（第七届国际客方言研讨会论文集）》，陈湘记图书有限公司，2008 年，第 65 页。

③ 钟荣富：《隔海问客话：大陆原乡、新加坡与台湾的大埔客家话》，2009 年族群、历史与文化亚洲联合论坛—华人族群关系与区域比较研究学术研讨会论文，新加坡，2009 年。

一特点，知彻澄母字读 t、t^h 声母在潮汕方言中是正常规律，如“猪著蜘蛛知知县智缀追／超抽丑趁趁钱畅伤蛏逞蓄宠／池潮赵召茶除箸厨治坠，柱滞持痔锤槌”等①。丰顺汤南“半山客”话知组字读如端组的字如下：知 ti^{33}、蜘 ti^{33}、蛛 tu^{33}、镇 tin^{31}、爹 tia^{33}、致 ti^{53}、瞪 ten^{33}、坠 tui^{31}、宙 tiu^{31}、择 $t^hɔk^5$、琢 $tɔk^2$、澄 t^hin^{35}，而梅县客家话只有如下几个：知 ti^{44}、爹 tia^{44}、瞪 $taŋ^{44}$、择 $t^hɔk^5$、琢 $tɔk^2$。

2. 韵母方面

丰顺汤南“半山客”话和梅县客家话在韵母上的不同，如下表所示：

表 6　　丰顺汤南“半山客”话和梅县客家话在韵母上的差异

丰顺汤南“半山客”话	梅县客家话	例字
u	ɿ	租组祖醋粗素
ai	iai	街解介戒届劫
e	ai	低底弟犁泥溪
ui	i	非费肥惠挥杯
i	ɿ	肢池示屎痴趾
ɔ	au	高号老毛桃扫
ieu	iau	妖腰要摇耀谣
eu	au	朝超潮烧招照
iu	u	州周抽臭手收
im/ip	əm/əp	沉针沈／汁十湿
ien/iet	ian/iat	卷间圆奸／缺血
en/et	an/at	缠言战／舌设浙
ien	ian	建线燕烟贤显
uan	uɔn	官罐冠馆管观
in/it	ən/ət	蒸神镇／侄食质
en	aŋ	丁钉顶听冷零

（1）丰顺汤南“半山客”话语音系统中有一个梅县客家话所没有的

① 林伦伦：《潮汕方言古语词保留古音摭拾》，载《暨南大学学报》（哲学社会科学版）2005 年第 2 期。

单元音韵母［ɤ］，但是读这个韵母的字在调查中只发现两个字，“去”$k^hɤ^{53}$、“他（她）”$kɤ^{35}$，［ɤ］的舌位没有标准元音［ɤ］那么高和那么后。很明显，这个［ɤ］是来自周边的潮州方言的影响。潮州话的“去”读$k^hɤ^{213}$、“渠”读$k^hɤ^{55}$等（客家话的他（她）读$kɤ^{35}$，本字就是“渠”，粤方言写作“佢”）。如下图“半山客”话、汤南潮州话和北京话的声学图中，可以看出“半山客”话舌位比潮州话的要高、靠前，这可能是在学习本语音系统中所没有的语音时，刻意强调的结果。

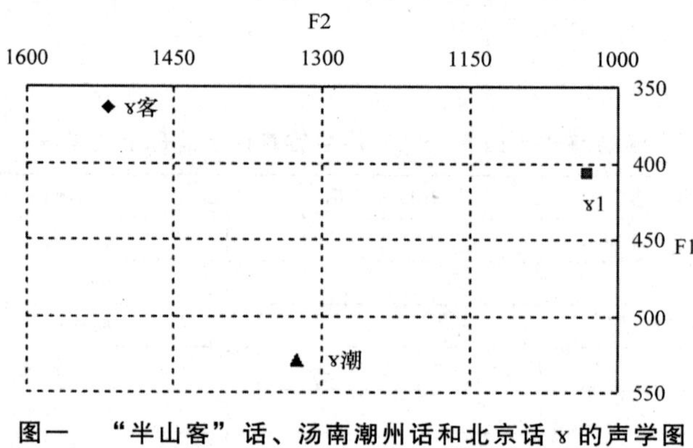

图一　“半山客”话、汤南潮州话和北京话 ɤ 的声学图

（2）在词汇的调查中，我们也发现一些不规则的音变存在个别词里，不能构成对应关系，但词里的读音向潮州话靠拢。如下表：

表 7　**一些不规则的音变**

词义	汤南潮州话	汤南“半山客”话	梅县客家话
橄榄	橄榄 $kã^{33}nã^{53}$	橄榄 $kã^{33}lam^{31}$	橄榄 $kam^{31}lam^{31}$
猫	猫 $ŋiãu^{33}$	猫 $ŋiau^{53}$	猫 $miau^{53}$
姐	姐 tse^{35}	阿姐 $a^{33-34}tse^{35}$	阿姐 $a^{44-35}tsi^{31}$
熬药	�v药 $p^hu^{55}ioʔ^{5}$	焵药 $p^hu^{35}iɔk^{5}$	煲药 $po^{44}iok^{5}$
衣服	衫裤 $sã^{33-23}k^hou^{213}$	衫裤 $sam^{33-34}k^hu^{53}$	衫裤 $sam^{44-35}fu^{53}$
衣领	衫领 $sã^{33-23}aŋ^{35}$	衫颈 $sam^{33-34}kiaŋ^{31}$	衫领 $sam^{44}liaŋ^{44}$
豆腐干	豆干脯 $tau^{22}kuã^{33}pu^{53}$	豆干脯 $t^heu^{31}kɔn^{33}p^hu^{31}$	豆腐干 $t^heu^{53}fu^{53}kɔn^{33}$
柿子	柿 sai^{35}	柿 sai^{31}	柿 si^{53}

从上面丰顺汤南“半山客”话韵母方面因接触而产生语音变异的分析中，我们可以知道，语音的表层影响主要表现为个别语音的吸收，如［ɤ］，某些词的读音向潮州话靠拢，潮州话进入客家话并非完整的语音形式。

3. 词汇

如著名的语言学家萨丕尔所言：“语言，像文化一样，很少是自给自足的。交际的需要使说一种语言的人和说临近语言的或文化上占优势的语言的人发生直接或间接地接触。交际可以是友好的或敌对的，可以在平凡的食物和交际的平面上进行，也可以是精神价值——艺术、科学、宗教——的借贷或交换。”① 词汇是我们要表达内容的载体，没有载体，内容就无所依托，也就无法进行交流。一般词汇是语言中最活跃，最容易受影响，基本词汇在语言接触的碰撞中发生的变化最快也最多。在日常的生活交际中，客家人受到潮州话的接触影响后，会借用部分词汇到自己的语言，形成方言的特色词汇。因此潮、客方言的相互影响可以从词汇借贷成分中探索分析。

（1）丰顺汤南“半山客”受潮州话影响的词汇

表 8　**顺汤南“半山客”受潮州话影响的词汇**

词义	汤南潮州话	汤南“半山客”话	梅县客家话
青砖	硬子砖 ŋaŋ$^{53-35}$ tsɤ$^{33-23}$ tsɤŋ^{33}	硬子砖 ŋaŋ^{31} tsi^{31} tʃɔn^{33}	沙灰砖 sa^{44} foi^{44} tsɔn^{44}
水泥	红毛灰 aŋ$^{55-21}$ mo$^{55-21}$ hue^{33}	红毛灰 huŋ^{35} mo^{33} fɔi^{33}	水泥 sui^{31} nai^{11}
煤油	水油 tsui$^{53-35}$ iu^{55}	水油 ʃui^{53} iu^{35}	煤油 moi^{11} iu^{11} 洋油 ioŋ^{11} iu^{11}
旱地	山埔 suã$^{33-23}$ pou^{55}	旱埔 hɔn$^{33-44}$ pu^{33}	旱地 hɔn^{44} tʰi^{53}
芝麻	油麻 iu$^{55-21}$ mua^{55}	油麻 iu^{35} ma^{35}	芝麻 tsɿ^{44} ma^{11}

① 陈原：《社会语言学》，商务印书馆 2004 年版，第 292 页。

续表

词义	汤南潮州话	汤南“半山客”话	梅县客家话
豌豆	荷兰豆 ho$^{55-21}$ nam$^{33-23}$ tau^{22}	荷兰豆 hɔ^{35} nam^{35} t^{h}eu^{31}	雪豆 siet^{1} t^{h}eu^{53}
丝瓜	角瓜 kak$^{2-4}$ kue^{33}	角瓜 kɔk^{2} kua^{33}	丝瓜 si^{44} kua^{44}
黄瓜	吊瓜 tiau$^{213-44}$ kue^{33}	吊瓜 tiau^{53} kua^{33}	青瓜 ts^{h}iaŋ^{44} kua^{44} □瓜 nek^{1} kua^{44}
菠菜	菠薐菜 pue$^{33-23}$ leŋ^{55}	菠龙菜 pɔi$^{33-34}$ liuŋ^{35} ts^{h}ai^{53}	角菜 kok^{1} ts^{h}oi^{53}
洋白菜	高犁 ko$^{33-23}$ le^{55}	高犁菜 kɔ^{53} le^{35} ts^{h}ɔi^{31}	包菜 pau$^{44-35}$ ts^{h}oi^{35}
白菜	捆心白 k^{h}un$^{53-35}$ sim$^{33-23}$ peʔ^{2}	捆心白 k^{h}un^{31} sim$^{33-34}$ p^{h}ak^{5}	卷心白 kian^{31} sim^{44} p^{h}ak^{5}
茼蒿	茼蒿 tsaŋ$^{55-21}$ o^{33}	茼蒿 t^{h}uŋ^{35} k^{h}o^{33}	茼 t^{h}uŋ^{11} k^{h}iau^{44}
萝卜	菜头 ts^{h}ai$^{213-44}$ t^{h}au^{55}	菜头 ts^{h}ɔi^{53} t^{h}eu^{35}	萝卜 lo^{11} p^{h}et^{5}
胡萝卜	红菜头 aŋ$^{55-21}$ ts^{h}ai$^{213-44}$ t^{h}au^{55}	红菜头 fuŋ^{35} ts^{h}ɔi^{53} t^{h}eu^{35}	红萝卜 fuŋ^{11} lo^{11} p^{h}et^{5}
生菜	芳菜 p^{h}aŋ$^{33-23}$ ts^{h}ai^{213}	胖菜 p^{h}aŋ$^{33-34}$ ts^{h}ɔi^{53}	包脉 pau$^{44-35}$ mak^{1}
李子的一种，红色	柰 na^{53}	柰李 na^{35} li^{31}	李子 li^{31} e^{33}
柿子的一种，皮红	红柿 aŋ$^{55-21}$ sai^{35}	红柿 aŋ$^{33-34}$ sai^{31}	□柿 nam^{11} si^{53}
花生	地豆 ti^{22} tau^{22}	地豆 t^{h}i^{31} t^{h}eu^{31}	蕃豆 fan$^{44-35}$ t^{h}eu^{53}
蜘蛛	蜘蛛 ti$^{33-23}$ tu^{33}	蜘蛛 ti$^{33-44}$ tu^{33}	蝲□ la^{11} k^{h}iak^{1}
蝴蝶	蝴蝶 hou$^{33-23}$ tiaʔ^{5}	黄叶闪 vɔŋ^{35} iap^{5} ʃam^{53}	蝴蝶 fu^{11} t^{h}iap^{5}
飞蛾	bue$^{53-35}$ iaʔ^{5}	iat^{53}	白翼 p^{h}ak^{5} it^{5}
茶叶	茶米 te$^{55-21}$ bi^{53}	茶米 ts^{h}a^{35} mi^{31}	茶叶 ts^{h}a^{11} iap^{5}
肥皂	饼药 piã$^{53-35}$ ioʔ^{5}	饼药 piaŋ^{31} iɔk^{5}	番枧 fan$^{44-35}$ kian^{31}
厨房	厨房 tou$^{33-23}$ paŋ^{53}	灶头间 tsɔ^{53} t^{h}eu^{35} kien^{33}	□下 tsa^{1} ha^{44}
东西	物件 mueʔ$^{5-2}$ kia^{35}	物件 mut^{2} k^{h}ien^{31}	东西 tuŋ^{44} si^{44}

续表

词义	汤南潮州话	汤南“半山客”话	梅县客家话
筷筒	箸笼 tɤ^{22}laŋ^{35}	箸笼 tʃʰu^{31}luŋ^{35}	筷筒 kʰuai^{53}tʰuŋ^{11}
祖母	玛 ma^{53}	阿玛 a$^{33-34}$ma^{53}	阿婆 a$^{44-35}$pʰo^{11}
婶婶	阿婶 a$^{33-23}$sim^{53}	阿婶 a$^{33-34}$sim^{35}	姆姆 me^{44}me^{44}
酒窝	酒靥窟 tsiu$^{53-35}$hu^{35}kʰuʔ^{2}	酒靥窟 tsiu^{53}fu^{35}kuʔ^{2}	酒捏 - tsiu^{31}ŋiap^{1}
驼背	腰痀 io$^{33-23}$ku^{33}	痀腰 ku^{31}ieu^{33}	驼背 tʰo^{11}poi^{53}
扣眼儿	钮空 niu$^{53-35}$kʰaŋ^{33}	钮空 neu^{31}kʰuŋ^{33}	钮眼 neu^{31}ŋan^{31}
粥	糜 mue^{55}	糜 mɔi^{35}	粥 tsuk^{1}
腐竹	腐枝 hu^{22}ki^{33}	腐枝 fu^{31}ki^{33}	腐竹 fu^{53}tsuk^{1}
红糖	乌糖 ou$^{33-23}$tʰɤŋ^{55}	乌糖 u$^{33-34}$tʰɔŋ^{35}	黄糖 voŋ^{11}tʰoŋ^{11}
起床	走起 tsau$^{53-35}$kʰi^{53}	头起 tʰeu^{35}kʰi^{31}	□床 hoŋ^{53}tsʰoŋ^{11}
争吃	斗抢 tau$^{53-35}$tsʰio^{33}	斗抢 teu^{53}tsʰiɔŋ^{31}	争吃 tsaŋ$^{44-35}$sət^{5}
抽烟	□烟 poʔ^{5}huŋ^{33}	□烟 pɔk^{5}ien^{33}	食烟 sət^{5}ian^{44}
一种游戏，以瓦片或扁平状石头打击水面	□水 piõ^{33}tsui^{53}	劈水 pʰiak^{2}ʃui^{53}	打水漂 ta^{31}sui^{31}pʰiau^{11}
捉迷藏	囥人 kʰɤŋ$^{55-21}$naŋ^{55}	囥人子 kʰɔŋ^{53}ŋin^{35}ke^{33}	屏人子 piaŋ^{53}ŋin^{11}ne^{33}
踢毽子	踢毽子 tʰaʔ$^{2-5}$kiaŋ^{35}tsi^{53}	踢毽子 tʰet^{2}kien^{31}tsɿ^{31}	踢燕子 tʰet^{1}ian^{53}ne^{33}
挂念	挂心 kʰua$^{213-44}$sim^{33}	挂心 kʰua^{53}sim^{33}	劳心 lo^{11}sim^{44}
掘	掘 kuʔ^{5}	掘 kut^{5}	穵 iat^{1}
藏	囥 kʰɤŋ^{55}	囥 kʰɔŋ^{53}	屏 piaŋ^{53}
多而密	实 tsak^{5}	实 tsat^{2}	
快	猛 meŋ^{53}	猛 maŋ^{33}	儌 kiak^{2}
十分（后缀）	消 siau^{33}	消 siau^{33}	死 si^{31}

（2）丰顺汤南“半山客”话潮州话借词分析

语言接触的结果主要体现在借词上。客、潮村寨往来频繁，在日常的生产生活村际交往中，从上文我们可以知道，半山客话在动植物、日常生活、食物、人称称谓、动作词等方面输入了相当的潮州话词汇。潮州话词汇逐渐辐射、渗透到半山客话词汇系统中，为半山客话村民所用。这些借用的潮州话词汇纳入半山客语音系统时候，有些是保持原潮州话的语音不变，有些是经客家话语音结构改造，用客家话的音节来读，有些不仅用客家话的音节来读，还揉入客家语素。

在借词的语音形式方面，可以分为以下三种：

①变读型，即潮、客方言接触后，输入潮方言的词汇，但语音形式转换为客家话的语音系统。如：

表9　**变读型**

	汤南潮州话	汤南“半山客”话
茶叶	茶米 $te^{55-21}bi^{53}$	茶米 $ts^ha^{35}mi^{31}$
胡萝卜	红菜头 $aŋ^{55-21}ts^hai^{213-44}t^hau^{55}$	红菜头 $fuŋ^{35}ts^hɔi^{53}t^heu^{35}$
东西	物件 $mueʔ^{5-2}kiã^{35}$	物件 $mut^2k^hien^{31}$

②复合型，即潮州话的语素和半山客话的语素结合起来的复合词，如：

表10　**复合型**

	汤南潮州话	汤南“半山客”话
捉迷藏	$k^hɤŋ^{213-44}naŋ^{55}$	$k^hɔŋ^{53}ŋin^{35}ke^{33}$
菠菜	菠薐菜 $pue^{33-23}leŋ^{55-21}ts^hai^{213}$	菠龙菜 $pɔi^{33-34}liuŋ^{35}ts^hɔi^{53}$
腐竹	腐枝 $hu^{22}ki^{33}$	腐枝 $fu^{31}ki^{33}$

③完全借用型，半山客话的声、韵、调都借自潮州话的词语，如：

表 11　　完全借用型

	汤南潮州话	汤南“半山客”话
蜘蛛	蜘蛛 $ti^{33-23}tu^{33}$	蜘蛛 $ti^{33-44}tu^{33}$
祖母	玛 ma^{53}	阿玛 $a^{33-34}ma^{53}$

(3) 汤南潮州话与“半山客”话接触而产生的变异

从上文的分析中我们可以知道，半山客话在声母、韵母方面都受到潮州话的影响，从借词的描写分析中更是可以看出潮州话词汇渗透到半山客话中去了。语言接触的影响都是相互的，所以潮州话也同样会受到客家话的影响，汤南潮州话受到“半山客”话影响程度如何。将汤南潮州话语音系统与揭阳潮州话语音系统对比后，发现声母方面有两个很细微的差别。

①汤南潮州话保留“古无舌上音”的字比揭阳潮州话少，通过比较后，发现有一些字已是读作塞擦音或者擦音，如知母：罩 $tsau^{213}$、琢 $tsuak^{2}$，彻母：宠 $ts^{h}oŋ^{53}$，澄母：潮 $ts^{h}iau^{35}$、坠 $tsui^{53}$、滞 tsi^{213}，庄母：滓 tsi^{53}，生母：筛（筛子）sai^{33}，书母：翅（翅膀）sek^{33}；有个别字则出现了两读：如澄母字：召 $tsio^{213}$/$tiau^{35}$。从上文的分析中我们知道客家话保留“古无舌上音”的字很少，所举读塞音或塞擦音的字读音跟客家话相类，可能是受客家话的影响。当然，也不排除语音自身发展变化的可能。

②古全浊声母清化后闽语多读不送气少送气，客家话则无论平仄均送气。通过比较，发现汤南潮州话一些常用古全浊声母字，清化后送气，不同于揭阳潮州话的不送气，如：亭 $t^{h}eŋ^{55}$，裙 $k^{h}uŋ^{55}$、强 $k^{h}iaŋ^{55}$（勉强）$k^{h}iaŋ^{35}$、掘 $k^{h}uk^{2}$，拔 $p^{h}uak^{2}$，这估计也是受客家话浸染有关。

韵母、词汇方面基本上都还是与揭阳潮州的潮州话一致，未见明显变异现象。

五　结语

丰顺汤南是潮、客文化区的前沿地带，族群互动异常活跃，潮、客两个群体在接触的过程中，双方的语言都会受到对方的影响，吸收对方的语言成分，产生了语言的变异。可以说，“半山客”话是客家话与闽南话相互融合后产生变异的一种特别的客家话。

本文对潮、客方言的语音、词汇系统进行比较分析，汤南“半山客”话在声母方面：溪母字部分读作 k^h，知组字今读端组字比梅县客家话多，丰顺汤南“半山客”话处于闽南语的交接地带，受其浸染，其古音特征得以固化。韵母方面：单元音韵母［ɤ］；某些词的读音明显向潮州话靠拢，这都是受闽语浸染而产生了共同的语音现象。词汇方面则有相当潮州话借词。而汤南潮州话受到“半山客”话的影响很细微。

我们可以发现，“半山客”话受潮州话的影响是比较潮州话受客家话的影响要大的，虽然长坑管区是以客家话为主，但以整个汤南片来说，90%都是说潮州话，长坑管区是一个被潮州话包围的客家方言岛，因此其语音、词汇受到潮州话的影响，而客家话对潮州话的影响则是比较小的。尽管如此，在潮州方言的包围下的“半山客”话仍然是顽强的、保守的，这体现在语言生活状况调查报告中，客家村的潮州媳妇都要学会说客家话，以完成教育孩子的历史传承任务，并且最终认同客家话。客家人“宁卖祖宗田，不忘祖宗言”的执着，在“半山客”地区也同样得到顽强的坚守。

附 录

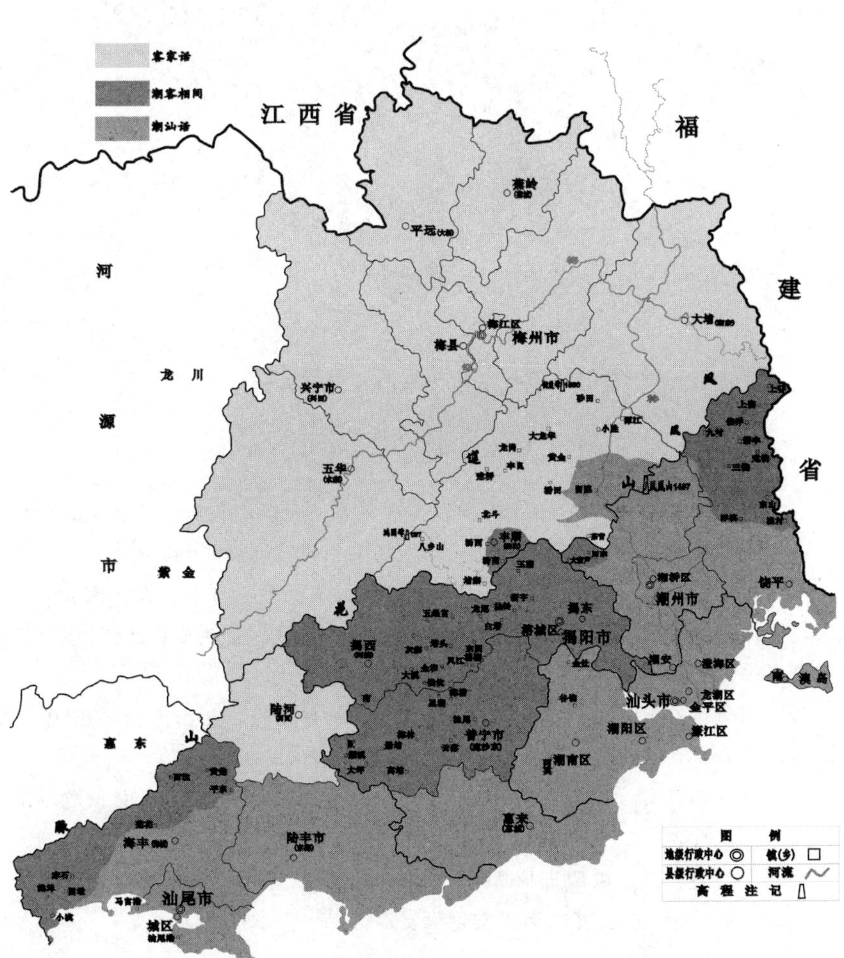

图1 广东粤东片语言地图

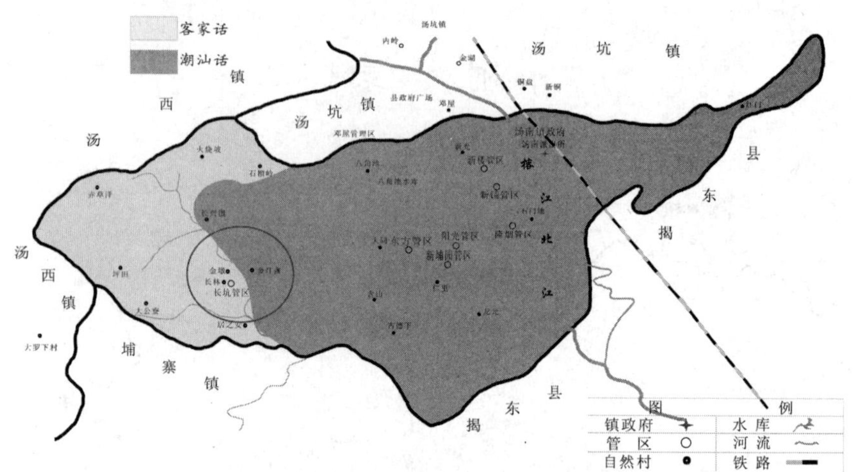

图 2　广东丰顺“半山客”语言地图

发音人情况如下：

（1）邱德严：男，被调查时 81 岁，金墩村人，在汤南长坑出生长大，母语为客家话，还会说潮州话和普通话，文化程度高中，曾当过长坑小学的老师。

（2）罗锦章：男，被调查时 70 岁，金灯盏村人，在家务农，在汤南长坑出生长大，母语为潮州话，懂得说普通话和不熟练的客家话，文化程度初中，曾在广州三元里当兵 3 年。

（3）林剑丰：男，被调查时 19 岁，学生，长林村人，在汤南长坑出生长大，母语为客家话，不会说潮州话，文化程度高中。

（4）罗文卿：女，被调查时 21 岁，学生，金灯盏村人，在汤南长坑出生长大，母语为潮州话，会说客家话，文化程度大专。

（5）罗银喜：男，被调查时 22 岁，学生，金灯盏村人，在汤南长坑出生长大，母语为潮州话，会说客家话，文化程度本科。

广东海丰“占米话”之语音、词汇比较研究*

陈思梅**

摘　要　海丰“占米话”不属于闽南话、客家话，也与广州话有别，是一种主要分布于粤东地区海丰与惠东两县部分乡镇的比较特殊的方言。本文在实地考查了海丰鹅埠、赤石与惠东吉隆、铁涌四镇“占米话”的基础上，以海丰鹅埠“占米话”为切入点，对其进行内部与外部的描写及量化比较研究。在语音上，海丰“占米话”保留了较多粤语语音特征，也有些与客家话相同的特点，并显示出受闽南话影响的痕迹。词汇方面，其核心词与广州话相同者所占比例最大；但在常用词方面，它与海丰“福佬话”相同的词汇所占比例均高于其它二者。根据我们的初步调查及比较研究可知，占米话是粤方言在粤东地区深受客、闽方言影响的一支土语。研究占米话有助于人们了解汉语方言的演变以及因不同方言相互接触而产生的变异现象。

---

* 原载《广东技术师范学院学报》2004年第5期、《汕头大学学报》（人文社会科学版）2006年第4期。

** 陈思梅，女，1980年生于广东省汕尾市海丰县，汉族。1999—2003年在汕头大学文学院就读中文教育，本科毕业获“优秀毕业生”；2003—2006年在汕头大学文学院师从林伦伦老师攻读汉语言文字学专业，获文学硕士学位，学位论文题目《广东“占米话”之语音、词汇比较研究》。2006—2008年在《中国建设报》任记者、广东专版主编；2008—2011年在跨国企业任企业文化部副经理；2012年创办广州康恩明文化发展有限公司，主要从事医学人文教育培训与医疗资源整合。2013年参加《汕尾（海陆丰）历史文化系列丛书：海陆丰方言与文化》卷的编撰；2015—2017年参加国家级课题“中国语音资源有声数据库”“汉语濒危方言数据库”子课题的研究及《汉语濒危方言志》丛书中关于“占米话”方言材料的调研与编撰。

关键词 语音 词汇 粤方言 客方言 闽方言 占米话

一 海丰占米话源流、分布及主要特点

（一）海丰“占米话”的源流

“占米话”不属于闽南话、客家话，也与广州话有别，是一种主要分布于粤东地区海丰与惠东两县部分乡镇的比较特殊的方言。关于“占米话”，目前比较流行的一种说法是“一种兼有白话、客家话、闽南话特点又自成体系的混合型方言”，而根据我们的初步调查及比较研究可知，占米话是粤方言在粤东地区深受客闽方言影响的一支土语。

“占米话”之“占”亦有人写作“尖”，据考证，本字当为“占”。“占”乃“‘占城’的音译及简缩，古国名，在今越南”，当地方言发音为阴平［tsim^{33}］，与“尖［tsim^{33}］”相同，而与表“占领”意的“占［tsim^{21}］”不同调。占米指籼米，不黏的大米，该说法可能源于从越南引进的占城稻，广州话中记为“占米”，可为证。

至于为何称当地方言为“占米话”已难以探究，据潘家懿教授的说法，大概是因为某种文化心理因素的影响，在经济文化上相对处于弱势的居民所操的当地土话，在听感上也比周边处于强势的居民所操之闽客方言音色较“硬”，故以与糯米相对的“占米”来指称当地土话。

在这一方言土话通行的不同地域中，老百姓还以各种各样的说法来指称它，在海丰县多依地名而冠之以“××话”或“××占米”，如“鹅埠话”“小漠占米”“赤石话”（鹅埠、小漠、赤石皆为镇名），甚至不同村落也会以村名来指称它，如“水美话”、“街头话”（“水美”乃村名，“街头”是当地人称鹅埠城内）。而对“占米话”这一名称的心理认同感，在操这一方言土话的居民中，海丰县的要强于惠东县的；在惠东地区人们则更习惯于称它为“本地话”。

据民间传说，明朝末年，广东发生了黄萧养领导的各族人民起义，后来起义失败而逃到惠东、海丰一带的山区、半山区，且与当地操闽南话、客家话的居民杂处（《羊城古钞·卷四》亦有相关记载）。而他们

的语言在长久的方言演变与方言接触中，慢慢就形成了如今多种方言混杂的特色。但就笔者目前所掌握的文献资料情况来看，海丰方志、鹅埠部分村落的族谱等尚未有跟黄萧养起义部队逃到这一带落户相关的确凿记载，因此暂且只能采用民间所传的说法。

（二）海丰“占米话”主要地理分布

海丰县境内操“占米话”的居民主要集中于鹅埠镇，另外还分布在梅陇、后门、小漠、赤石四镇的一些村落中，据粗略统计，约有3.6万人操“占米话”。

鹅埠镇地处海丰与惠东交界处的半山区中。“因驻地处一鹅形山下，故名鹅埠岭，清代称鹅埠圩。1957年设鹅埠乡，1958年成立鹅埠公社，1984年改区，1986年底建镇。”① 鹅埠全镇约80%的居民讲占米话，故当地人亦称“占米话”为“鹅埠话”。占米话主要分布在城内、上街、新厝、琵琶、水美、田寮背、大水田、锡坑、楼仔、蛟湖、石寨、下城、塭寮、旧村、牛湖、布心、杨安等村。各村口音基本一致，但在声调方面，水美村无中入调。

赤石镇地处海丰县西北部。“驻地元末建。因街道日字形，故名日隆圩。清中叶，人称此乃烘炉地，需赤石垒筑才兴旺发达，遂改赤石圩。1957年置赤石乡，1958年成立赤石公社，1984年改区，1986年建镇。”② 赤石是一个以农业为主的山区镇，操占米话的居民主要集中在新联管区，所在村落包括江头、傅围、下围、横坑、上城、下城、汤湖、新厝林、角仔李、黄京铺、碗窑、洋坑、水口、南华塘、东围、松树等。

此外，“占米话”还分布于邻近鹅埠镇的惠东县吉隆、铁涌两镇，当地人称所操之占米话为“本地话”。据调查，吉隆镇23个自然村中有10个村的居民都讲占米话，包括遥布、镇阳围、汉塘、大华、唐头、斗门头、招贤、桥岭、长湖和石胡头，而吉水门村的则以占米话为主，小部分说客家话，其他各村主要讲客家话或福佬话；铁涌镇的溪美村、黄坑、沙桥、石桥、河潭等村落主要讲占米话（当地称“本地话”），

① 参见《广东省志·地名志》，广东人民出版社1999年版，第406页。

② 参见《广东省志·地名志》，第406页。

其他各村主要讲客家话或福佬话，而好樵寮村则占米话、客家话、福佬话三种都有。

由于通“占米话”的乡镇在地域上与通行闽南话、客家话的方言区接壤，部分村落更处于其包围之中，日常生活免不了要与操海丰“福佬话”、惠东客家话等方言的居民接触、交流，而广州话则超越了地域的界限，通过电视、广播节目和商贸往来等强化其影响力。因此，操占米话的居民，一般都能听懂甚至能熟练操用粤、客、闽三种方言中的一两种乃至全部。尽管如此，就目前所掌握的情况来看，操占米话的居民对同母方言的人仍然倾向于使用占米话，海丰福佬话、惠东客家话和广州话则可供对外备用。

（三）海丰“占米话”的主要特点

占米话内部差异不大，故可以海丰县鹅埠镇城内“占米话”为代表，在语音、词汇、语法方面对其进行内部及外部比较，从而体现其主要语言特点。

语音方面，海丰“占米话”保留了较多粤语成分，它与广州话在听感上的相似性及声韵比较数据所显示出来的高度同一性，跟它们在语音特征上的对应是相适应的。它与在詹伯慧主编的《广东粤方言概要·广东粤方言的一致性与差异性》[①] 中所列出的广东粤方言在语音方面的九个共同特点基本符合，包括：

1. 方言的韵母、声调都超出共同语 1/3 以上；

2. 古“微”“明”两母字合流而同念“m－”；

3. 古非敷奉母字和古晓母合口一二等韵字都念“f－”；

4. 古疑母一二等字读“ŋ－”；

5. 古见组字大多念［k－、k‘－、h－］；

6. 有两个自成音节的声化韵［m̩］、［ŋ̍］；

7. 在复合韵母、鼻音韵尾和塞音尾韵中元音a有长短之分，长元音为a，短元音为ɐ；

8. 有－m、－n、－ŋ 三个鼻音韵尾和－p、－t、－k 三个塞音

① 见该书第 109—110 页，另侯精一主编的《现代汉语方言概论》第 188 页也列有基本相同的九条。

韵尾；

9. 调类数目较多。

而二者在 3477 个常用字中，声韵相同的情况占 43%，再加上声同韵近者所占比例就高达 82% 了。此外，部分成规律的语音特征比较接近客家话，特别是惠东县铁涌镇占米话，表现出较浓的“客味”（详见语音部分的内部比较），而零星存在的部分读音例外的情况，则往往跟“福佬话”的影响有关。

如：部分疑母和日母字（“女、儿、日、月、弱、肉、辱”等），在占米话中声母为［ŋ］，与广州话不同而与客家话同；“俏、翘、穷”都出现了韵母为“iau”的二读音，而与海丰闽南话音同；知组字“镇、畅、超”在个别词里声母为 t、th，与闽南话保存古舌头音的特色一致。

从理论上说，音值的趋同和音类的合并是方言间语音接触与影响的初级层阶，音节组合规律与音变规律的类同才是其深层接触的反映。因此，单纯从语音系统来看，占米话保留了较多粤语成分，也有些与客家话相同的语音特点，并显示出受闽南话影响的痕迹，三者在占米话语音系统中的表现是属于不同层阶的。

在词汇方面，海丰“占米话”中的核心词部分，与广州话相同者所占比例最大；但在常用词方面，它与海丰“福佬话”相同的词汇所占比例均高于其他二者，而与梅县客家话相同词的比例则一直偏低。

在语法方面，海丰“占米话”相对于共同语所表现出来的特点，大多在粤方言各地都存在，部分还是粤客闽方言共存的。

李如龙教授认为：“方言之间的渗透有不同的度，少量的影响一般从借词并用开始，是为轻度渗透；借用词数量较大，并有部分句型借用和语音系统的调整，这是中度渗透；大量的借词（包括并用和替换），语音和语法系统有较大调整的是为深度渗透。”①

而占米话在语音、语法上保留了较多粤语成分，同时，它与海丰福佬话相同的方言词又多于与广州话相同的情况，则再次印证了语音系统的发展演变慢于词汇系统的语言演变规律。

---

① 参见李如龙《汉语方言学》，高等教育出版社 2001 年版，第 176 页。

二　占米话的语音

（一）海丰鹅埠城内“占米话”音系①

1．声母18个（见表1）

表1　**占米话声母**

p布别鼻	p‘－‘k破票判	m微武米	f符开费	v闻话运
t道夺多	t‘－k‘条谈托	n难怒年	l兰路吕	
ts精糟争	ts‘－k‘秋仓虫	s修税旋	j人应药	ø案午爱
k跪杰经	k‘－k‘葵旗桥	ŋ女日危	h虚后客	

（2）“占米话”有18个声母。其中，零声母字常伴有喉塞音［ʔ］，而［ts、ts′、s］实际音值接近舌叶音［tʃ、tʃ′、ʃ］，赤石镇占米话比其他地方的多了一个声母［z］，所以它共有19个声母。

2．韵母56个（见表2）

表2　**占米话韵母**

	i女耳地雨书	u故赌路裤乌
	iu标条烧猫超	ui会盖妹帅赔
a巴爬蛇野车	ia姐斜爹写借	ua夸挂瓜卦跨
o河过破左阻	io靴茄朵	
ai败介大坏太		uai乖怪拐块
ɐi第细齐废围		uɐi归亏鬼季柜
au包抄考亩牡	iau翘缴俏	
ɐu桃斗流油呕	iɐu旧九救球舅	

① 说明：（1）本文标音以国际音标系统为基础，采用“宽式注音”，“［　］”是国际音标符号，在不引起误会情况下常省去；“－”表示送气音。

续表

am胆贪三减男		
ɐm林含心邻针	iɐm金锦钦琴禁	
	im尖检廉占暂	
an山单间赚眼		uan关惯掼
ɐn品根人云婚		uɐn魂云群运温
	in天田连圆权	
	iun软	un搬官门船安
		uŋ 风东双容梦
aŋ 生耕彭盲影	iaŋ 青星病厅名	uaŋ 筐框匡
ɐŋ 灵兵明承绳	iɐŋ 京敬倾庆凝	
ɔŋ 狼讲光阳杭	iɔŋ 良将向姜香	
	ip贴接劫铁涉	
ap塔夹腊答插		
ɐp立执集湿磕	iɐp急及吸给入	
	it别舌缺月绝	ut割泼抹活渴
at八辣罚达察		uat刮滑括
ɐt笔日质吉出		uɐt屈骨掘倔
	iuk肉狱辱	uk木屋谷捉曲
ak百石摘客册	iak笛踢壁迹锡	
ɐk德色直贼北	iɐk克激击极刻	
ɔk薄落托踱握	iɔk欲药掠脚雀	
m̩唔	ŋ̍ 五悟误瓮伍	

说明：

（1）保存 -i、-u、-p、-t、-k、-m、-n、-ŋ 8 种韵尾；

（2）有 -i-、-u- 介音；除了铁涌镇占米话以外，其他点没有 y 介音；

（3）有 3 个圆唇元音 ɔ、o、u 和 3 个非圆唇元音 a、ɐ、i，其中，[ɐ] 在听感上接近[ə]，a 与ɐ的对立主要表现在音色上；

（4）有两个自成音节的声化韵 [m̩]、[ŋ̍]；

（5）铁涌镇占米话比其他地方多了韵母ɿ、ɛ、iɛn、iɛk、iɛt 和撮口韵 yn、yan，所以它共有韵母 63 个。

3. 声调（见表3）

表3 **占米话声调**

调类	平声		上声	去声		入声		
	阴平	阳平		阴去	阳去	阴入	中入	阳入
调值	33	53	24	21	44	54	434	21
例字	诗师	时匙	使始	试世	事侍	识室	百发	食蚀

说明：

（1）鹅埠城内“占米话”有8个单字调：古平声字、去声字根据古声母的清浊大致分为阴、阳两大类；上声来自古清上，古次浊上声归阴去，古全浊上声归阳去；入声分三类，阴入与中入来自古清入，阳入调则是由古全浊入声演变而来。

（2）鹅埠镇其他各村声调情况与城内的一样，但水美村的占米话古清入都归于阴入调而没有中入调。

（3）其他各镇占米话的声调情况也与此不完全相同，海丰赤石镇与惠东吉隆镇、铁涌镇的占米话跟鹅埠水美村的一样，没有中入调，而且赤石镇占米话中阳去的调值与阴平相同，饭 = 翻，树 = 书。

（4）在语流中，占米话还有一个表示一定语气的变调［ $-^{45}$ ］，或表亲密，或表轻蔑，一般出现在复合名词的最后一个字的读音上，如“学佬怪（表示对讲福佬话的人的一种蔑称）”的“怪”不读本调阴去［ $-^{21}$ ］，而读［ $-^{45}$ ］；“文仔（阿文）”的“仔”也不读本调上声［ $-^{24}$ ］，也读［ $-^{45}$ ］。

4. 海丰“占米话”声、韵、调配合情况

据观察，海丰占米话声母、韵母、声调的配合关系显示出以下七点规律：

（1）［v］声母只与 a、o、ai、ɐi、an、ɐn、aŋ、ɐŋ、ɔŋ、ak、ɐk、ɔk、at 共13个韵母相配；

（2）［l］声母不与 a、ak 相配；在带［i－/u－］介音的韵母中，只与io、iaŋ、iɔŋ、iak、iɔk 相配；

（3）［j］声母只与 a、ai、ɐu、ui、ɐn、un、ɐm、aŋ、ɐŋ、ɔŋ、uŋ、ɐk、ɔk、uk、ɐp、ɐt 共16个韵母相配；

（4）［k］声母搭配能力最强，除了不与io、uaŋ、ɐp、ɐk、iun及声化韵搭配外，能与其他韵母相配；［k′］声母除了不与ɐŋ、ap、ip、 ut、ak、iak、iun及声化韵搭配外，其他韵母皆可；

（5）带［i－/u－］介音的韵母，除了iun以外，都没有零声母字；

（6）韵母iɐu、ua i、u ɐi、iɐm、iɐŋ、iɐk、iɐp、uat、u ɐt 共 9 个只与［k］、［k′］声母相配，而韵母 uaŋ 只与［k′］声母相配；

（7）中入调只出现在主要元音开口度比较大的 ak、ɔk、iak、iɔk、ap、at 共 6 个韵母中。

（二）占米话语音的主要特点及内部差异

1. 海丰占米话语音的主要特点

以鹅埠镇城内音系为例，“占米话”的主要语音特点如下。

（1）声母方面。

①古非敷奉母字和部分晓母合口字主要为［f］声母，如“分昏夫呼”等，与广州话同。

②古“微”“明”两母字声母合流而同念［m－］，如“微、文、亡、物”分别念［mi^{53}、$m ɐn^{53}$、$mɔŋ^{53}$、$m ɐt^{\underline{21}}$］，与广州话同。

③古知组声母主要读为塞擦音，与精、章、庄组合流，读 ts、ts′、s，基本与广州话同；有个别读为 t；而“知”字的读音情况却与客家话相同，在“知识”中为［tsi^{33}］，“知道”的“知”为［ti^{33}］。

④古日母舒声韵，大多数如“惹扰任”等为［j］；部分字如“儿二”等声母为［ŋ］；少数如“如［i^{53}］、然［in^{53}］、燃［in^{53}］”为零声母；个别出现与泥母、来母混同的情况，如在“乳鸽”“南乳”中的“乳［lu^{21}］”，“瓜瓤”中的“瓤［$l ɔŋ^{53}$］”，“染发”的“染”［nim^{21}］。

⑤古疑母在洪音中仍保留［ŋ］，如“我牙外岳”分别念［$ŋɔ^{21}$、$ŋa^{53}$、$ŋui^{44}$、$ŋɔk^{21}$］，在遇摄合口三等鱼韵字如“鱼渔语御”等亦都为［ŋ］，而在遇摄合口一等模韵字如“吴五误”等中则变为声化韵［ŋ̍］，其他细音字中为［j］、［ø］。

⑥见组声母都不出现颚化为［t ɕ］的现象，大多数（疑母除外）都念［k－、k′－、h－］，少数为［f］［v］［ø］；其中，见、溪两母字与合口韵相拼时，占米话中读为：［k］［k′］，与广州话读为［kw］［kw′］不同（例：“瓜”［kua － kwa］、“夸”［k′ua － kw′a］）。

⑦有一部分古全浊声母上声字，与广州话一样，以变阳去声、声母不送气为文读音，以读阳上声、声母送气为白读音，如表 4 所示。

表 4

例字	鹅埠占米话				广州话			
	文读音	词例	白读音	词例	文读音	词例	白读音	词例
近	k ɐn^{44}	~视	k'ɐn^{21}	远~	k ɐn^{22}	~视	k'ɐn^{13}	远~
断	tun^{44}	~案	t'un^{21}	拗~（折断）	tun^{44}	~案	t'un^{21}	拗~（折断）
荡	t ɔŋ^{44}	浩~	t'ɔŋ^{21}	~口盅（漱口杯）	t ɔŋ^{22}	浩~	t'ɔŋ^{13}	~口盅（漱口杯）
重	tsuŋ^{44}	~要	ts'uŋ^{21}	轻~	tsoŋ^{44}	~要	ts'oŋ^{21}	轻~

（2）韵母方面。

①古遇摄合口三等字中，鱼韵的庄、章组字韵母今读有别，庄组字为［ɔ］，章组字为［i］；虞韵的韵母今读，除了非组字及"娶拄数"为［u］、来母字为［ui］以外，其他的都为［i］。

②古山摄开口一等寒曷韵字的今音韵母主要元音，端、泥、精三组字为［a］，见、晓、影组为［u］。

③古通摄三等字今读韵母情况跟广州话一样，均无［i］介音，而与一等字相同。

④古梗摄部分阳声韵字存在"文白异读"现象，与广州话一样，文读音与古曾摄字相混，而白读音则与古曾摄字有别；同时，非口语常用字与口语常用字也存在"文白有别"的情况。其二、三、四等字在占米话中的文读音都为［ɐŋ］，白读音二等庚、耕韵字为［aŋ］，文白对应为［ɐŋ］－［aŋ］，三等庚、清及四等青韵字则为［iaŋ］，文白对应为［ɐŋ］－［iaŋ］；在广州话中二等字文白对应为［ɐŋ］－［aŋ］，三、四等字的文白对应为［eŋ］－［ɛŋ］，如表 5 所示。

表 5

例字	鹅埠占米话				广州话			
	文读音	词例	白读音	词例	文读音	词例	白读音	词例
争	ts ɐŋ[33]	~取	tsaŋ[33]	相~	ts ɐŋ[53]	~取	ts ɐŋ[53]	~交（吵架）
行	h ɐŋ[53]	~为	haŋ[53]	~街（逛街）	h ɐŋ[11]	~为	haŋ[11]	~街（逛街）
生	s ɐŋ[33]	~产	saŋ[33]	~仔（生小孩）	s ɐŋ[53]	~产	saŋ[53]	~仔（生小孩）
领	l ɐŋ[24]	~袖	liaŋ[21]	衫~（衣领）	leŋ[13]	~袖	lɛŋ[13]	衫~（衣领）
命	m ɐŋ[44]	~令	miaŋ[44]	烂~	meŋ[11]	~令	mɛŋ[11]	烂~

声调方面的情况参见本节第一部分关于声调部分的相关论述，这里不再赘述。

2. 海丰占米话语音之内部比较

赤石镇占米话与鹅埠镇占米话的差异不大，主要表现在以下三方面。

（1）声母方面，古日母部分字，如“惹儒如”等，赤石占米话为［z］声母；而鹅埠占米话中没有［z］声母，都成半元音［j］。

（2）韵母方面，古假摄开口三等麻韵照组字，宕摄开口三等阳韵知、照系字，赤石占米话都有［i］介音；而鹅埠占米话大多数没有［i］介音，如“车”［ts′ia[33] – ts′a[33]］、“蛇”［sia[53] – sa[53]］”、“社”［sia[44] – sa[44]］、“射”［sia[44] – sa[44]］、“张”［tsiɔŋ[33] – tsɔŋ[33]］等。

（3）声调方面，赤石占米话只有六个调，鹅埠去声分阴阳，而赤石的阳上与阳去归阴平；其入声情况与鹅埠水美村的一样，只分阴阳而没有中入调。

吉隆与鹅埠两镇的占米话差异比较小，主要表现在声母与声调两方面。

（1）声母方面：吉隆镇占米的泥母字混同来母，“难、兰”同为［lan[53]］，“怒、路”为［lu[44]］，“连、年”为［lin[53]］。

（2）声调方面：吉隆镇占米话有七个调，其入声情况与鹅埠水美村的一样，只分阴阳而没有中入调。

铁涌镇占米话与鹅埠镇占米话的差异相对而言比较大，主要在于以下两方面。

（1）声母方面：铁涌镇占米话古全浊声母字今读送气情况跟客家话相近，而与鹅埠占米话有些不同；部分浊声母上声、去声及入声字铁涌占米话读送气音，而鹅埠占米话不送气，如表6所示。

表6

例字	古声母	古声调	鹅埠占米话音	铁涌占米话音
别	并母	入声	pit^{21}	$p'ɛt^{21}$
道	定母	上声	$tɐu^{44}$	$t'au^{44}$
夺	定母	入声	tut^{21}	$t'uɔt^{21}$
旧	群母	去声	$kiɐu^{44}$	$k'iu^{44}$
住	澄母	去声	tsi^{44}	$ts'u^{44}$
浊	澄母	入声	$tsuk^{21}$	$ts'uk^{21}$

（2）韵母方面：二者的差异主要表现在中古止、效、流、咸、山、曾、梗摄，分歧基本集中于是否有［i］介音，具体如下。

①止摄开口三等章组字，在铁涌占米话中为［ɿ］，少数庄组字读为［ɛ］；在鹅埠占米话音系中没有［ɿ、ɛ］韵母，相应的字一律都为［i］。

②效摄开口一等豪韵字，在铁涌占米话中都为［au］；而在鹅埠占米中除并、溪、疑母字为［au］外，其他的基本都为［ɐu］。

③效摄开口三等宵韵字，在铁涌占米话中有明显的［i］介音，韵母为［iɛu］；而在鹅埠占米话中基本都为［iu］，介音不明显。

④流摄开口一等侯韵部分字，如“走、斗、口、后”，在铁涌占米话中韵母都为［iau］，带有［i］介音；而在鹅埠占米话中则没有介音，都为［ɐu］。

⑤咸摄开口三等盐韵与山摄开口三等仙韵字，在铁涌占米中都有

［i］介音，韵母分别为［iɛm］与［iɛn］，读音接近客家话；而在鹅埠占米中韵母则主要为［im］与［in］，如表7所示。

表7

例字	廉	检	线	面
鹅埠占米话音	lim^{53}	kim^{24}	sin^{21}	min^{44}
铁涌占米话音	$li\varepsilon m^{53}$	$ki\varepsilon m^{24}$	$si\varepsilon n^{21}$	$mi\varepsilon n^{44}$

⑥山摄合口部分字，在铁涌占米话中韵母为［ɔn/uɔn/yn/yɛn］，接近客家话的读音；而鹅埠占米没有这些韵母，［ɔn/uɔn］主要对应为［un］，［yn/yɛn］主要对应为［in］，如表8所示。

表8

例字	酸	换	圆
鹅埠占米话音	sun^{33}	un^{44}	in^{53}
铁涌占米话音	$su\text{ɔ}n^{33}$	$v\text{ɔ}n^{44}$	$y\varepsilon n^{53}$

⑦曾摄开口一等登韵字今音主要元音在铁涌占米话中为［a］，而鹅埠占米话中为［ɐ］。

⑧梗摄开口三等韵字，白读层音二者都为［iaŋ］；而文读层音在铁涌占米话中为［in］，接近客家话音，在鹅埠占米中则为［ɐŋ］。

（3）声调方面：铁涌镇占米话有七个调，其入声情况与鹅埠水美村的一样，只分阴阳而没有中入调。

3．占米话语音之外部比较

在调查过程中，笔者觉得海丰占米话在听感上特别像广州话，故以鹅埠为代表点，在声韵方面对占米话和广州话进行细化比较，结果发现二者在3477个常用字中，声韵相同的情况所占比例达43%，再加上声同韵近者所占比例就高达82%了，具体数字如表9所示。

表 9

声韵情况	声同韵同	声同韵近	声异韵同	声异韵异
字数（个）	1494	1353	372	258
所占比例（%）	43	39	11	7

其实由于形成与发展过程的复杂性和通行地域的广阔性，粤语的内部差异也不小。而海丰占米话与广州话在听感上的相似性及以上声韵比较数据所显示出来的高度同一性，跟二者在语音特征上的对应是相适应的。在詹伯慧先生主编的《广东粤方言概要·广东粤方言的一致性与差异性》中，所列出的广东粤方言在语音方面的九个共同特点，占米话都基本与之符合。

海丰占米话与广州话的“声同韵近”现象主要表现在以下四个方面。

（1）占米话中还保存着 -i-、-u-介音，这是不争的事实；而现代广州市语音系统中是否存在 -i-、-u-介音，尽管学术界还存在争议，但是目前大多数倾向于无介音说，因而二者一比较，在这方面就存在不少“声同韵近”现象，若再遇上声母为［k/k′-kw/kw′］的，就会出现“声异韵异”的情况。

（2）大多数占米话都只有 3 个圆唇元音：ɔ、o、u，没有撮口呼韵母，而广州话中有 ɔ、o、œ、θ、u、y 6 个。所以广州话中发［θ］的，占米话多为［i］；广州话中发［y］的，占米话多为［u］或［i］；广州话中发［œ］的，占米话多为［iɔ］。

（3）大多数占米话中只有 3 个非圆唇元音：a、ɐ、i，其中 a、ɐ的对立表现在音色上，音长上的对立并不明显，［ɐ］在听感上有点接近［ə］；而广州话中有 5 个：a、e、ɐ、ɛ、i，其中 a、ɐ不仅有音色上的对立，还有音长的对立；而［e、ɛ］是海丰占米话中所没有的，所以广州话中发［e、ɛ］的，占米话中大多为［ɐ］。

（4）梗摄细音字在占米话中读 iaŋ，“病、领、影”分别为［piaŋ］［liaŋ］［iaŋ］，与客家话同而与广州话不同。

海丰占米话与广州话的“声异韵同”现象主要表现在以下几方面。

（1）《广韵》见、溪两母字与合口韵相拼时，占米话中读为［k］、［k′］，广州话读为［kw］［kw′］（例："瓜"［kua－kwa］、"夸"［k′ua－kw′a］）。

（2）见、溪、晓、匣、影、云、以母字，广州话中读为［w］的，占米话大多读为广州话中所没有的［v］声母，少数读为［ø］、［f］、［k］（例："和"［vo－wɔ］、"乌"［øu－wu］、"糊"［fu－wu］、"锅"［ko－wɔ］）。

（3）透、知、章母个别字，占米话、广州话读为送气音与不送气音的情况有差别（例：贷［t－t′］，桌［ts－ts′］，诊［ts－ts′］）。

（4）部分疑母字和日母字（如"女、儿、日、月、弱、肉、辱"等），在占米话中声母为［ŋ］，与广州话不同而与客家话同。

而占米话中，在《广韵》参照体系下读音例外的情况，很多都与海丰闽南话相同或相近，如："俏、翘、穷"都出现了韵母为［iau］的二读音，而与海丰闽南话音同；知组字"镇、畅、超"在个别词里声母为t、th，与闽南话保存古舌头音的特色一致。

三　占米话的词汇

占米话与粤方言有千丝万缕的关系，同时又杂处于客方言、闽方言之中，其词汇系统必然与广东省内三大方言——粤方言、客方言、闽方言的词汇系统之间有不同程度的相互交叉现象，因此笔者以海丰鹅埠占米话之词汇系统为主要比较对象，选取广州话、梅县话、海丰福佬话分别作为粤、客、闽比较的代表点，按照四个方言点相互之间的八种关系进行比较。名家常说："说有容易说无难。"这里只是各选一方言点作为比较的代表点，特别是作比较用的梅县话材料又基本以方言词典和调查报告为主，而近年来海丰"福佬话"受广州话影响比较大，因此，最后的比较结果也只是大致而粗略的。

用于比较的调查材料包括以下三类。

1. 根据陈保亚在斯瓦迪士提出的200词的基础上调整而成的两阶核心词表（每阶各100词，共200词，以下简称核心词表）。

2. 中国社会科学院语言研究所方言研究室资料室《汉语方言词语

调查条目表》（约2200词条，除去与核心词表重复者约2000条，以下简称条目表）。

3. 笔者根据李新魁、黄家教等的《广州方言研究》中所列的广州方言分类词表增删而成的调查条目表（原分类词表约3000词条，除去与前二种材料重复者可得1200词左右，以下简称分类词表）。

笔者对三份比较材料所收得的占米话方言词进行量化比较，所得的数据显示如下几点。

1. 占米话与广州话相同的核心词最多，所占比例超过一半。

2. 在常用词方面，依条目表与分类词表调查所得词汇比较显示，占米话与广州话、梅县话、海丰“福佬话”都不同的那部分所占比例相对较高，分别居第一、第二，充分体现了它自身存在的特色。

3. 在常用词方面，占米话与海丰“福佬话”相同的词汇所占比例均高于与其他二者的相同词比例，可见在常用词方面，海丰占米话与海丰福佬话由于在地域上的相连与混居、生活上的密切接触，二者的相同词比例较高。

海丰占米话与粤、客、闽方言词汇的一致性，有以下方面。

1. 与粤、客、闽交集的古语词

从来源上看，与共同语相对而言，海丰“占米话”和粤、客、闽方言一样保留了相当一部分古汉语的语词，其中有的是共同语口语中已不使用而只见于书面语尤其是文言文或成语中的；也有一些共同语口语仍保存，但某些义项已消失或已发生变化，而在方言中仍然保留原义项的。这些词至今仍活跃于方言区人们的日常口语中，并在具体方言中有不同程度的交叉，虽然各自都有或多或少的引申义项和不尽相同的用法，但在某种程度上却保持了相当的一致性。

（1）与广州话、海丰“福佬话”、梅州话都相同之古语词例：如“拗［au^{3}］”（弄折，折断）、“煠［$tsap^{8}$］”（用水清煮使熟）、“敨［tʻ$ɐu^{3}$］”（打开包卷物；喘气）、“儆［$kiaŋ^{6}$］”（保养，珍惜）等。

（2）与广州话、梅县话同而异于海丰“福佬话”之古语词例：如“熝［luk^{8}］”（用或被热水烫）、“渠［ki^{5}］”（他）、“㤞［t $ɐu^{6}$］”（毒杀）、“摒［$piaŋ^{5}$］”（藏）等。

（3）与海丰“福佬话”、梅县话相同而与广州话不同之古语词例：

如“呀［hia⁵］”（张开）、“掌［tsɔŋ³］”（看管，守）、“擐［kuan⁶］”（动词，提着；量词，串）、“泟［tsi⁵］”（水、墨等散开）等。

（4）与广州话、海丰“福佬话”相同而与梅县话不同之古语词例：如“哨［sa⁵］”（指门牙歪斜外露）、“鉎［siaŋ⁵］”（铁器生锈）、“倔［k′u ɐt⁸］”（短，秃，不通的）、“睇［t′ɐi³］”（看）等。

（5）与广州话同而与海丰话、梅州话都不同之古语词例：如“卒欠［tsut⁷］”（吸）、“挎［p′aŋ¹］”（轰赶）、“抓［tsa¹］”（拿着）等。

（6）与梅县话相同而与广州话、海丰“福佬话”都不同之古语词例：如“牛牸［ŋ ɐu² tsi⁶］”（小母牛）、“（肋）赜下［lak⁷ts’ak⁷ ha⁵］”（腋下）、“噍［tsiu⁶］”（嚼）、“泄［ts′ɐi⁵］”（传染）等。

（7）与海丰话同而与广州话、梅州话都不同之古语词例：如“刺［ts′iak⁷］”（刺绣、针织或穿刺）、“膊［pɔk⁸］”（田埂）、“鸽［tsam¹］”（尖嘴的家禽或鸟啄东西）、“㤐［t′iam⁶］”（累）等。

2. 与粤、客、闽糅杂之方言词

占米话中有一大批不同于民族共同语的方言词，这些形形色色的方言词中也有相当一部分与粤、客、闽方言中的相同，下面就按照四个方言点相互之间的交叉关系分别举例，具体如下。

（1）与广州话、海丰“福佬话”、梅县话都相同之方言词例

据调查所得方言词显示，海丰占米话词汇系统中，与广州话、海丰“福佬话”、梅县话都相同之方言词，在两阶核心词表中分别有 15 个和 8 个，共 23 个，占所得 101 个方言词的 22.8%，在同类数据比较中，比例由高到低排列则位居第二；在条目表和分类表中的情况相近，相同词的个数和所占比例分别是 114 个、6.4% 和 69 个、7.1%，排位分别是第五和第六，从词类方面看，均以名词和动词居多。由此可见，由于千百年来的传承，越是核心的词汇，这四个方言点的说法越趋于一致，同时由于各自的发展轨迹不同，一些常用词汇的差异越来越大，而在分类表中的比例 7.1% 略高于调查条目表中的比例 6.4% 的现象，一方面可能是分类表的基数相对较小所致，另一方面也可能是近些年来广东省内的客家话、闽方言已被广州话这一势头强劲的方言所影响并渗透到方言词汇系统的表现。具体词例如表 10 所示。

表 10

序号	方言词	普通话词义	序号	方言词	普通话词义
1	滚水	开水	11	粉肠	猪小肠
2	上昼	上午	12	有心	关心
3	学堂	学校	13	贡	钻入
4	蕹菜	空心菜	14	油	上油漆
5	脶	圆形手指纹	15	声	出声
6	番薯	地瓜	16	嘈	嘈杂
7	面	面条	17	对岁	周岁
8	新妇	媳妇	18	反面	翻脸
9	雷公	雷	19	上堂	上课
10	旋	头发旋儿	20	劫	涩味

（2）与广州话、梅县话同而与海丰“福佬话”不同之方言词例

据调查所得方言词显示，海丰占米话词汇系统中，与广州话、梅县话相同而与海丰“福佬话”不同之方言词，在核心词表、条目表、分类表中的相同词个数、所占比例及比例由低到高排列的位数分别是 8 个、7.9%、第四，43 个、2.4%、第八（最低），47 个、4.8%、第八（最低）。可见这部分词较少，而梅县话受广州话影响的程度没有海丰“福佬话”那么高。具体词例如表 11 所示。

表 11

序号	方言词	普通话词义	序号	方言词	普通话词义
1	担竿	扁担	11	着	穿衣服
2	乌蝇	苍蝇	12	屙	排泄
3	狗虱	跳蚤	13	撩	撩拨
4	煲	轻便的小锅	14	睡	困倦
5	遮	婉称雨伞	15	系	是

续表

序号	方言词	普通话词义	序号	方言词	普通话词义
6	手袜	手套	16	驳	接合
7	伢	婴儿	17	舞	搞
8	泥	土	18	滗	过虑
9	脚	腿	19	浞	溺水
10	屎窟	屁股	20	噍	咀嚼

（3）与广州话、海丰“福佬话”同而与梅县话不同之方言词例

据调查所得方言词显示，海丰占米话词汇系统中，与广州话、海丰“福佬话”相同而与梅县话不同之方言词，在核心词表、条目表、分类表中的相同词个数、所占比例及比例由低到高排列的位数分别是7个、6.9%、第五，279个、15.6%、第三，253个、26.0%、第一（最高）。可见这部分词中核心词汇较少，而海丰“福佬话”受广州话影响的程度较高。具体词例如表12所示。

表12

序号	方言词	普通话词义	序号	方言词	普通话词义
1	扒头	超越到前头	11	醒目	机灵
2	爆	裂；炸；把内幕公开出来	12	有型	像样；好看
3	崩	（硬物）破损	13	局	狭小；局促
4	逼	狭窄；拥挤	14	清	稀（粥太～了）
5	表错情	因误解别人的意思而作出热情的反应	15	相睇	相亲
6	剥	脱（衣、鞋等），摘（帽、眼镜等）	16	相熟	彼此熟悉
7	睇	看	17	相争	争夺
8	睇水	望风	18	消食	帮助消化
9	睇死	认定	19	山	形容偏僻
10	益	使人得益	20	做家伙	节省

（4）与梅县话、海丰“福佬话”相同而与广州话不同之方言词例

据调查所得方言词显示，海丰占米话词汇系统中，与梅县话、海丰“福佬话”相同而与广州话不同之方言词，在核心词表、条目表、分类表中的相同词个数、所占比例及比例由低到高排列的位数分别是 5 个、5.0%、第七（并列），77 个、4.3%、第六，90 个、9.2%、第五。可见这部分词中核心词汇较少。具体词例如表 13 所示。

表 13

序号	方言词	普通话词义	序号	方言词	普通话词义
1	溪	河流	11	投	告状
2	头牲	牲畜	12	驯	温顺
3	爱	要	13	扳	抓牢
4	引	男阴	14	电火	电灯
5	膣	女阴	15	葛薯	白地瓜
6	无闲	没空	16	吮	吮吸
7	洗身	洗澡	17	工	工作日的计算单位
8	摆	量词，指次数	18	晾	晾
9	生理	生意	19	山	形容偏僻
10	鸡卵	小母鸡	20	踺	频繁

（5）与广州话同而与海丰话、梅州话都不同之方言词例

据调查所得词汇显示，海丰占米话词汇系统中，与广州话相同而与梅县话、海丰“福佬话”都不同之方言词，在核心词表、条目表、分类表中的相同词个数、所占比例及比例由高到低排列的位数分别是 14 个、13.9%、第三，138 个、7.7%、第四，138 个、14.2%、第四。可见海丰占米话与广州话的关系较为密切。具体词例如表 14 所示。

表 14

序号	方言词	普通话词义	序号	方言词	普通话词义
1	矮仔吉	矮子	11	扁嘴	撇嘴（表示轻蔑或小孩准备哭）
2	长脚蜢	长腿的人	12	畀面	给面子
3	凑仔乸	带孩子的老保姆	13	冲凉	洗澡
4	恶鸡乸	蛮横的女人	14	搋	揉压
5	姣乸	淫妇（俗）	15	穿煲	内幕被泄漏
6	老虎乸	喻很凶恶的女人	16	凑	带（小孩）
7	三脚凳	不可依靠的人	17	打边炉	吃火锅
8	死蛇烂鳝	懒人	18	打倒口 [$t'ɐn^{11}$]	倒退
9	屋主	房东	19	打乞嗤	打喷嚏
10	蛀米虫	好吃懒做的人	20	带挈	提携，使人沾光

（6）与梅县话相同而与广州话、海丰“福佬话”都不同之方言词例

据调查所得方言词显示，海丰占米话词汇系统中，与梅县话相同而与广州话、海丰“福佬话”都不同之方言词，在核心词表、条目表、分类表中的相同词个数、所占比例及比例由低到高排列的位数分别是 5 个、5.0%、第七（并列），72 个、4.0%、第七，61 个、3.4%、第六。可见在词汇方面，海丰占米话与梅县话的关系不如其与广州话、海丰“福佬话”那般密切。具体词例如表 15 所示。

表 15

序号	方言词	普通话词义	序号	方言词	普通话词义
1	妹子/仔	女儿	11	捏	用食指和拇指的指甲掐
2	拨凉	扇风使凉	12	惊怕	害怕，恐怕
3	出禾	禾苗抽穗	13	揿	用手抓物
4	腈肉	瘦肉	14	唔晓	不懂，不会

续表

序号	方言词	普通话词义	序号	方言词	普通话词义
5	露/溜苔	苔藓	15	徙屋	搬家
6	鄙/否	差，不好	16	寻	找
7	糯谷	糯稻	17	仰	身体转动或抖动
8	蹬	踮起脚跟	18	遗	（不自觉地）排泄大小便
9	衫袖	衣袖	19	倚恃	倚赖
10	袜裤	连裤袜	20	涿	被雨淋

（7）与海丰话同而与广州话、梅州话都不同之方言词例

据调查所得方言词显示，海丰占米话词汇系统中，与海丰“福佬话”相同而与广州话、梅县话都不同之方言词，在核心词表、条目表、分类表中的相同词个数、所占比例及比例由高到低排列的位数分别是6个、6.0%、第六，406个、22.7%、第二，156个、16.0%、第三。可见，虽然在核心词汇方面，海丰占米话与福佬话的关系不如与广州话密切，但常用词汇里，此二者的关系却十分密切。具体词例如表16所示。

表16

序号	方言词	普通话词义	序号	方言词	普通话词义
1	大炮鬼	吹牛大王	11	货底	残货
2	大细乐	开朗乐天的人	12	艰苦命	辛苦的命
3	独眼仔/龙	瞎了一只眼的人（年轻男性）	13	交椅仔	放在自行车上给小孩坐的小椅子
4	短命仔	坏孩子	14	角瓜	棱角丝瓜
5	番边客	华侨	15	绞米机	脱谷皮机
6	粪箕仔	不孝顺的儿子	16	救火车	消防车
7	风柜尾	吹牛大王	17	例规	约定俗成的做法
8	红毛番	西洋人（俗）	18	凉水	祛暑降火的中药饮料
9	胡须佬	长着大胡子的人	19	南乳[nui21]	用芋头做的酱豆腐
10	娇丝娘	爱撒娇的孩子	20	炮芯	导火索

3．海丰占米话与粤、客、闽方言词汇的差异性

从词的使用频度看，越是常见的、常用的词语越一致，越是少见的、少用的词语分歧往往会大一些，当然，我们也不能忽视词汇渗透与词汇借用的存在。同是人体名称，头、手、眼睛说法相同或相近，其他细小部位多半有差异，如“肚子”，广州话、梅县话都单用“肚”，海丰“福佬”话除了“拉肚子”会委婉地说“肚腹唔好”外，也单用“肚”；占米话则常常将“肚”与“腹”并举而说“肚腹”，“饿了”会说“肚腹饿”，“肚子疼”说“肚腹痛”，“拉肚子”说“肚腹屙”等。同是动、植物，常见的马牛羊猪、豆葱松竹说法相同，其他多有不同，如占米话中“蜥蜴”叫“蜉、米仔”，“喜鹊”叫“阿鹊［a^{33} $siak^{434}$］”，“泥鳅”叫“狗钻”，“柚子”叫“碌仔”。同是动词，坐、行、走、来、去一致性强，其他细微动作则说法多样，如“打呼噜”说“车鼻鼾”，“捏造事实、搬弄是非”用“漏下颌”，“拔火罐子”用“焗砂”“焗火”。同是形容词，高、低、大、小、长、短等比较一致，其他特殊性态的差异就会大一些，如光线亮用“皓”，“干净”说“净利”，“漂亮、好看”用“俏”。

众所周知，方言词语之间词义的不对等，主要是义项多少的不同，而义项的多少或意义范围的大小差异往往是因为对同一事物作了不同的切分或对同一概念作不同的分类。而义项的差异从动态来看，即是词义的引申角度、引申范围和引申的层次有所不同，因而同一个词在不同的方言词义范围有宽有窄，表现在语法上就是词的搭配差异。①

海丰占米话除了前文所举的与粤、客、闽方言在不同程度上相互交叉的方言词汇外，还有一大批本方言自行创新的与粤、客、闽方言都不同的方言特色词，这是体现海丰占米话词汇特色最主要的部分，下面再分别举例。

① 参见范俊军《从词汇看粤北土话与湘南土话的异同及系属》，《华南师范大学学报》（社会科学版）2000 年第 3 期。

（1）与广州话、海丰话、梅州话都不同之古语词例（见表17）

表17

序号	方言词	普通话词义	占米话	按语
1	沰沰渧	不停地滴	$tɔk^8 tɔk^8 tɐi^5$	沰，《集韵》入声铎韵当各切："滴也。"渧，《广韵》去声霁韵都计切："《埤苍》云，~，渿漉也。"《集韵》丁计切："泣貌，一曰滴水。"
2	怀瘼	恶心	$vai^2 vɔk^8$	疒蒦，《集韵》入声铎韵黄郭切："痼~物在喉。"
3	笡	摔东西	tat^9	《集韵》入声曷韵当割切："《说文》：'笞也。'"音合义通。（赣方言有此说，李报告504）
4	驮/佗仔	有身孕	$t'ɔ^2$	驮，《广韵》平声歌韵徒何切："~，骑也。"佗，《说文》："负何（荷）也。"《集韵》唐何切。

（2）与广州话、海丰话、梅州话都不同之方言词

①关于人物

对从事各行各业、有不同关系的人的各种各样的称呼，往往反映了人们命名的着眼点和方式的不同，折射出方言地区人们的某种文化心理因素。人们朴素的方言词语中却蕴含着多种修辞方式，显得形象、诙谐，如"身体孱弱而多病的人"称为"药罂"，"说话时间很长、很啰唆的人"是"米筛神""畚箕神"，"吝啬鬼"叫"铁老鼠"，"瘦而结实的人"是"瘦藤"等。

海丰占米话与广州话、梅县话、海丰"福佬话"都不同之人物名词，依调查条目表调查所得个数为63个，占同类词的31.8%；依分类词表调查所得个数为29个，占32.2%，在同类词比较中都是最高的。具体例子如表18所示。

表 18

序号	方言词	普通话词义	序号	方言词	普通话词义
1	笨牛	笨人	11	捡仔	养子
2	兵仔/哥屎	跑龙套的	12	客峒人	乡下人，土气的人
3	跛仔/乸	瘸子	13	哭面鬼	爱哭的孩子
4	补镬佬	补锅的	14	老蒜头	个子小而 老成的孩子
5	拆天	顽皮的孩子	15	流鼻仙	整天流鼻涕的孩子
6	城市佬	城市人	16	懵仔	疯子
7	大肚腹	孕妇	17	男子佬	爷儿们
8	大喊鬼	说话声音 很大的人	18	片烟鬼	烟瘾很大的人
9	担脚佬	挑夫	19	青眼猴	眼睛很大的人
10	妇女人	女人，娘儿们	20	三八乸	多管闲事的 女人（俗）

②关于事物

同一事物或概念在不同的方言系统里会有不同的说法，大多数情况下是因为各方言造词的着眼点和方式各不相同，即造词理据的差异。不同的方言在创造新词时，命名的方法可能并不一样。海丰占米话与广州话、梅县话、海丰“福佬话”都不同的事物名词在同类词比较中所占比例最大，约为 1/3。具体词例如表 19 所示。

表 19

序号	方言词	普通话词义	序号	方言词	普通话词义
1	厕缸	厕所	11	饭匙、饭锹	饭勺
2	厕缸虫	蛆虫	12	饭匙头	头铲形的一种毒蛇
3	窗横	窗栅栏	13	饭匙骨、 饭锹骨	猪的腔骨
4	窗眼	窗户	14	坟头碑	墓碑
5	床贴	床单	15	鸽乸	母鸽
6	大髀骨	胯骨	16	蛤乸	青蛙

续表

序号	方言词	普通话词义	序号	方言词	普通话词义
7	刀㩕	砍刀	17	狗耳吉	广式馄饨
8	凳头	方凳	18	狗钻	泥鳅
9	笛	唢呐	19	瓜米	瓜子儿
10	地豆衣	花生皮	20	褂仔	汗背心、厚背心

③时间、空间

作为封闭性词类之一的时间、空间词，往往会保持自己的方言特色而较少受其他方言的影响。虽然海丰占米话不同于广州话、梅县话、海丰“福佬话”的时间、空间词只有52个，在同类词中所占比例却是最高的，为47.7%，这个百分比同时也是占米话不同于广州话、梅县话、海丰“福佬话”的各类词比较中最大的。具体词例如表20所示。

表20

序号	方言词	普通话词义	序号	方言词	普通话词义
1	打朝	清晨	8	边头唇	边儿上，旁边
2	紧朝	今天早上	9	当间心、中间心	最中间的位置
3	晚时夜	夜晚	10	地㩕下	地下（别掉～了）
4	当晏昼	中午	11	地下	地上（～脏极了）
5	煞黑	黄昏、傍晚	12	门角头	门后
6	先前	以前	13	下二时	以后
7	息底	以后	14	家那	现在

④动作、活动

动词表示人的动作与活动，人有各种各样的行为，而各方言系统里对动作、活动的分类与切分又各不相同，因而动词的差异也会比较大。

有的动作在其他方言里分说，在占米话里则合说，如“打”和

“做”在占米话里有丰富的内涵与搭配，“放鞭炮”说“打连炮”，“要枪”说“打关刀花”，“号脉”说“打脉”，“消夜”说“打豆豉”，“梳髻”说“打髻团”，“按手印”说“打手印模”；“干活；工作”用“做工夫”，“办亲事”用“做好事”，“出麻疹”用“做麻仔”，“变戏法（魔术）”用“做把戏”。此外还有一些形象、生动的说法，如“溜旱冰”用“坐雪屐”，“行贿”说“趸水”，说人家“编造事实”用“嚼舌头”“漏下颌”。其他例子如表21所示。

表21

序号	方言词	普通话词义	序号	方言词	普通话词义
1	屏寻	藏老蒙（找预先藏匿在某个角落的同伴）	11	跪大路	用纸写下自己的不幸，摆在路边，祈求行人的帮助
2	剥赤脚	赤脚	12	肚腹屙	腹泻
3	打卦	卜卦	13	屙痢疾	（患）痢疾
4	踩高屐	踩高跷	14	发脉	癫痫
5	出口[tan33]	犯伤寒	15	发抽筋	抽筋了
6	出古仔	出谜语	16	发哈唏	气喘
7	出门	上班	17	发冷震	发抖
8	出屋	走亲戚	18	发梦憒	做梦
9	锄水	排水（使水出地）	19	发羊彩	癫痫发作
10	锄田	锄地	20	担酒	过嫁妆

⑤形、状

形容词、副词方面，海丰占米话与广州话、海丰话、梅州话的差异不大，在同类词比较中，与广州话、海丰话、梅州话都不同的形容词、副词所占比例约为1/3。总体而言，一般都是描摹物态和物性的词差异比较小，而带有人的主观感情色彩的词则差异会大一些，如表22所示。

表 22

序号	方言词	普通话词义	序号	方言词	普通话词义
1	臭狐狸骚	狐臭的味道	8	俏	美（一般用于女性）
2	臭宿	（饭）馊了	9	坦坦仰困	形容仰面睡
3	皓	光亮	10	鸭屎青	鸭蛋青
4	见笑	不好意思，腼腆	11	眼皱皱	形容皱着眉头
5	净	瘦（指肉）	12	嘴淡淡	嘴没味儿
6	净利	干净	13	做专	做作
7	膨胀	消化不良	14	畏	恶心（要呕吐）

⑥数、量

在数、量词方面，占米话往往给刚接触它的人两大印象，一是数词“一”用于量词前，人们经常不说“一 + 量词”而说“[a] + 量词”；二是“只”和“条”的广泛使用，“鸡、鸭、鹅”用“只”，“人”也用“只”，“猪、牛、狗、狼、虎”等家畜及其他兽类基本用“条”。

作为封闭性词类之一的数、量词，往往会保持自己的方言特色而较少受其他方言的影响。虽然海丰占米话不同于广州话、梅县话、海丰“福佬话”的数、量词只有 44 个，在同类词中所占比例却不低，为 32.1%。相关词例如表 23 所示。

表 23

序号	方言词	普通话词义	序号	方言词	普通话词义
1	百几只	百把来个	5	□ [a^{33}] 摆、□□ [$a^{33}pan^{22}$]	洗一水（一次）
2	里零两里路	里把二里路	6	□□ [$a^{33}mi^{24}$]	一层（纸）；一片（肉）
3	亩零两亩	亩把二亩	7	□ [a^{33}] 抓	一把（米）
4	□ [a^{33}] 筒、□ [a^{33}] 只	一轴儿（线）	8	（请）□ [a^{33}] 张台	（请）一桌（客）

四　占米话的语法

占米话作为粤方言在粤东地区的一支土语，其在语法上表现出来的特点，大多在粤方言各地都存在，部分还与客、闽方言相同，下面略举比较突出的语法特点。

1. 表示动物性别的语素有“公”“牯”“乸”“卵”“哥”等，一般都置于动物名称之后，如“鸡公”“牛牯”“鸡乸”“鸡卵（未下过蛋的小母鸡）”、“猪哥（配种用的公猪）”等。

2. 使用频率较高的几个词缀。

（1）加于亲属称谓或人名前的“阿”，如阿叔、阿乸（母亲）、阿龙、阿英。

（2）前缀“老”，用于比较熟悉的人或放在姓氏前用于称呼，如“老公”“老表（表亲）”“老张”。

（3）后缀“仔”大致相当于共同语的“子”，但使用范围不完全对应，有的表小义，如“雀仔（小鸟）”“碗仔（小碗）”；有的表爱称，此时的“仔”读变调［-⁴⁵］，如文仔（阿文）、姑仔（小姑子）；有的表某一属性的人，有时略带一点诙谐、贬义，如“矮仔”“盲仔”“学生仔”等。

（4）后缀“佬”用在形容词及某些专门行业名称之后，指成年男子，略带一点诙谐、贬义，如“泥水佬（泥水匠）”。

（5）与“仔”“佬”相关联的有表示年轻女性的“妹”和表示成年女性或老妇人的“婆”“乸”，如“学生妹”“肥婆”“湖南婆（湖南女人）”“湊仔乸（带孩子的家庭主妇）”等。

（6）此外常用作词尾的还有“公”（表老人）、“哥”（表男青年）、“鬼”（带厌恶的称呼）等。

3. 几种特殊的重叠方式。

ABB 式：如“眼突突（鼓眼泡儿）”“瘦唛唛（很瘦）”等；

AAB 式：如“禽禽青（毛躁、匆忙）”；

4. 动词的“体”不像广州话分得那么细，表示进行、持续都用“紧”，如“睇紧（正在看）”“揩紧（拿着）”“掌紧（看管着、守着)”；表示完成、经历用“了”“过”；表示回复、重做用“翻”。

5. 数词的特别用法，主要表现在两种情况。

(1) 在“数—量—名”结构中，数目以“一”打头时，这个“一”可省略掉，让量词直接与名词结合，或简化成一个音［a^{33}］，“畀（［a^{33}］）只佢”——给他一个；也可以换成指示代词“呢头（‘这’的意思，两字往往合音为［n ɐu^{53}］）“个（那）”；

(2) 当开头的数字是高位时，随后的下位数可以省略，如第一位是“万”，第二位的“千”可以省去；第一位是“千”，第二位的“百”可以省略，依次类推，如“万三人（一万三千人）” “千二银（一千二百元）”。

6. 成分后置现象。

(1) 成分后置表修饰，副词“多”“少”和“快”“慢”等，可置于述语中心动词之后，如“食多只苹果（再多吃一个苹果）”“买少呢餸（少买点菜）”“行快两步（快走两步）”“食慢呢（慢点儿吃）”；

(2) 成分后置表“可能”，结构助词“得”放在动词后面表示可能、能、能够，与否定副词“唔”搭配“唔得”，表示不能、不会、不可以，如“着得（能穿）”“食唔得（不能吃）”。

7. 比较句，被比较的对象放在比较词后面，用“A + 形容词 + 过 + B”的格式，如“佢大过我（他比我大）”。

8. 被动句，占米话用介词“畀”表被动意义，如“我畀佢吓倒（我被他吓到了）”，这里的施动者不能省，如果不必说出施动者，也要用上一些泛指的词，如“你个荷包畀人偷了（你的钱包被偷了）”。

9. 处置句，普通话里常用的“把”字句，在占米话里没有工整的对应，而是用 VO 形式或反用被动来表达，如“风吹开门了（风把门吹开了）”“个呢苹果畀佢食净了（他把那些苹果全都吃掉了）”“本书畀佢放哪了（他把书放哪儿啦）”。

10. 反复问句，谓词性成分用肯定和否定形式并列构成发问，基本形式包括以下两种。

(1)“VP 唔 VP”，如“下昼佢来唔来（下午他来不来）”。

如果后面有宾语，则用“VP 唔 VP - O”形式，如“你上唔上车（你上不上车）”，或者用“爱 VP - O 唔”形式，如“你爱上车唔（你上不上车)”“你爱食饭唔(你吃不吃饭)”。

(2)“有VP无”询问经历和完成,回答是“有”“有VP”或“无”“无VP”,如“佢有来无(他来了没有)”“佢旧年有来归无(他去年回家了吗)”“你有落班无(你下班了吗)”。

11. 否定句使用的否定词有“唔(对意愿、行为、变化、情状的否定)”“无(对存在、经历的否定)”“唔好(对将要发生的动作行为的否定,多用于规劝、制止)”“孬(‘唔好’的合音[mɐu^{24}],跟‘唔好’同)”等。

12. 有字句,动词“有”放在动词或形容词前面,表示对行为动作已经发生的肯定,并与“无”相对,如“佢今日有去上班(他昨天上班了)”“佢今日无去上班(他今天没去上班)”。

汕头方言词汇改革开放以来的变化*

陈凡凡**

摘　要　汕头方言词汇丰富、古远特殊，或是继承古汉语的语词，或是借自外族的借词，还有本方言的特有语词等。改革开放以后，这些特征词都不同程度发生了变化，或消亡，或精简合并，或被替代。本研究以《汕头方言词汇》及《潮汕方言词考释》所列2488个汕头方言固有词为参照，通过分层抽样的方法，对不同年龄层汕头方言母语者进行实地调查。基于调查结果及量化分析，分类讨论方言特征词的传承与变化，各义类词语的变化及演变类型；统计各义类词语的变化速度，说明汕头方言词汇的演变趋势；最后对变化原因做出综合分析。

关键词　汕头方言　词汇变化　演变类型　变化趋势

汕头市位处我国东南沿海潮汕平原的南端，居韩江、榕江、练江三江汇合出海之处，是潮汕地区政治中心、经济中心、文化中心。目前，

---

* 原载《汕头大学学报（人文社会科学版）》2017年第8期。

** 陈凡凡，女，广东澄海人，2008年毕业于中山大学语言学及应用语言学专业，获博士学位。现为汕头大学文学院副教授，硕士生导师。2010年入选广东省高等学校“千百十工程”第六批培养人选；2014年入选广东省高等学校优秀青年教师培养对象。主要研究方向为第二语言习得、对外汉语教学及方言。已发表论文20多篇，参与编写《商务馆学汉语近义词词典》（商务印书馆2009年版）一部及《高级汉语精读课本》（北京大学出版社2006年版）一册。目前主持教育部人文社科项目、广东省哲学社会科学规划项目、教育厅育苗项目等。论文曾获“中国社会语言学会青年学者优秀论文奖”三等奖（一等奖空缺）、汕头市社科优秀成果奖三等奖等。

汕头市辖区包括龙湖、金平、濠江、澄海、潮阳、潮南、南澳等7个区县，幅员2064平方公里，常住人口约500万人。潮汕方言通行于以上7个区县。汕头中心城区（龙湖、金平一带，下莲、新溪、外砂、鮀浦、岐山镇除外）所使用的潮汕方言，通常被称为“汕头方言”或“汕头话”，是潮汕方言的代表点。

汕头方言属闽南语系，但与其他闽南语分支不同，并非直接从古代汉语分化出来。而是周边方言接触融合的结果。历史上的汕头，曾是一个由海滨泥沙积聚而成的小渔村。因出海方便，从澄海、潮州、揭阳和潮阳迁徙至此的渔民、商贩越来越多。经过100多年的迁徙定居，如今已形成一个相对固定的群居体。他们操着各自的方言在数代的生活接触融合中，在20世纪40年代形成了“一个统一的、有明确标准的、有规范作用的汕头市区音系”①。汕头方言也逐渐形成一支具有自身语言特征且结构稳定的方言：它以“澄海话”为基本底语，同时吸收了周围地区如潮安、潮阳以及揭阳的一些语音特点；在词语构成上，汇集了几乎不同时间层次的中原汉语及吴语、楚语等方面的语词，形成了丰富多彩的古代汉语词语宝库②。

汕头方言形成、定型至今，已经历半个多世纪的发展。其方言词汇随社会生活的变迁已发生了不同程度的变化。尤其是改革开放后，这种变化更是巨大，很多方言特征词已完全消失；有些只保留在老派口中；有些成了历史词语，只在特定场合出现；有些则保留在郊外农村……改革开放以来，汕头方言词汇发生了怎样的变化？这方面鲜有系统的研究。

本研究以《汕头方言词汇（1—4）》③及《潮汕方言词考释》④所列2488⑤个汕头方言固有词语为参照⑥，采用分层抽样的方法随机抽取

---

① 施其生：《从口音的年龄差异看汕头音系及其形成》，《中山大学学报》1988年第3期。

② 李新魁、林伦伦：《潮汕方言词考释》，广东人民出版社1992年版。

③ 林伦伦：《汕头方言词汇》，《方言》1991年第2—4期，1992年第1期连载。

④ 李新魁、林伦伦：《潮汕方言词考释》，广东人民出版社1992年版。

⑤ 剔除重复的129条词条。

⑥ 潮汕方言词汇研究具有代表性的文献不少，或以潮州话为标准，如翁辉东《潮汕方言》；或以揭阳话为代表，如蔡俊明《潮州方言词汇》《潮语词典》等；以汕头方言为标准并收录最全的当数正文所列两份文献。

了25位汕头方言母语者，其中60岁以上3位，50—60岁4位，40—50岁3位，30—40岁6位，20—30岁4位，20岁以下5位。运用实地调查法，记录下每一词条的使用情况[①]，包括词语的消亡、替换、词义的变化等。基于调查结果及量化统计，系统分析改革开放以来汕头方言词汇的变化。

一 汕头方言特征词的传承与变化

著名汉学家高本汉（B. T. Karigren）曾指出："汕头话是现今中国方言中最古远、最特殊的。"[②] 其词汇中的特征词多是一些继承了古汉语的语词，也有借自印度尼西亚语、马来语、英语等的借词，还有本方言的一些特有语词。这些特征词随着时代的变迁在传承中变化着。表现在以下几方面。

1. 存有大量古汉语词语和词义，既有先秦时代的积淀，也有汉魏六朝的遗留，还有唐宋元明的留存。其中有些至今仍在使用，如来自先秦的"晏[③]"（晚）[④]、"乞食"[⑤]（乞丐），来自南北朝的"眠床"[⑥]（睡觉的床）等。但也有部分古语词已被取代，如"粜"[⑦]（出售大米或其他米豆类农产品）现用"卖"；"丁忧"[⑧]（大哭大闹）现叫"嚷"；"花嘴"[⑨]（花言巧语、爱说谎）现叫"说谎话"。

---

① 如某词条在某年龄层中无人使用和知晓，则认为该词条已在该年龄层中消亡。

② 转引自李新魁《广东的方言》，广东人民出版社1994年版。

③ 文中方言词采用本字、训读字或本地俗字记录，有音无字的用"□"代替，并加注国际音标。

④ 《论语·子路》："冉子退朝，子曰：'何晏也？'"

⑤ 《左传·僖公二十三年》："（重耳）乞食于野人。"

⑥ （南朝·梁）陶弘景《冥通记》卷四："持之（九茎紫茵琅葛芝一斤）南行，取己所住户十二步，乃置眠床头按上。"

⑦ 《韩非子·内储说下》："韩昭侯之时，黍种尝贵甚。昭侯令人覆廪，吏果窃黍种而粜之甚多。"

⑧ 《晋书·袁悦之传》："（悦之）始为谢玄参军，为玄所遇，丁忧去职。""丁忧"原为丧葬用语。后因僧众诵经超度亡灵时诵经敲磬之声不绝于耳引申出吵闹之意。

⑨ 《醒世恒言·卖油郎独占花魁》："这都是刘四妈这个花嘴，哄我落坑坠堑，致有今日。"

2. 受古汉语或古台语影响，汕头方言存在一批词序与共同语不同的“异序词”，修饰语置于中心语后，如“菜花”“鸡母”“闹热”“人客”“历日”“鞋拖”等。如今部分词语已被共同语同化，如“历日”“鞋拖”现称“日历”“拖鞋”。

3. 近数百年来，大量潮汕人到南洋等地谋生，在频繁地回乡探亲和生意往来时为汕头方言带来了不少外来词。但如今除了“阿铅（马① ay-an）、㩳（马 tingagila）、需甲（马 suka）”等仍被使用外，大批外来词如“肉（net）、菲林（film）、火士令（vaseline）、实巴拿（spanner）”等已被共同语汉化，用为“触网”“胶卷”“凡士林”“扳手”等。

4. 汕头方言的固有语词，或与旧风俗习惯、生活方式相关，或源于当地特殊自然环境及物产。这些词因习俗变更、物产消失而或消亡或被共同语同化。“唱潮剧”曾是潮汕地区为数不多的群众喜闻乐见的文艺生活之一。人们管连演几夜的戏叫“长连”，管装道具的箱子为“戏囊”，管戏迷叫“戏沙”，把外地的戏种称为“外江戏”，伴奏的管弦乐部分称“文爿”，打击乐部分为“武爿”。但随着文艺生活的多样化，潮剧逐渐失去生存的空间而沦为乡间游神时专供神明祖先——“老爷”看的表演，被戏称“老爷戏”；相关词语自然也就淡出人们生活。又如在 20 世纪那个饥荒的年代，连柴火也难以保障，家家户户需要靠捡猪粪来当燃料，“粪耙”“粪掼”是每家每户的必备。如今生活水平大大提高，家家燃起煤气炉，“粪耙”“粪掼”这些词也便跟着淘汰了。

二　各义类的词汇变化

从义类分类看，变化最大的是文教体育（45.9%）和农事农具（38.8%）；其次是天文（33.3%）、地理（30.4%）、房屋器具（25.6%）和亲属人事（23.3%）、工商百业（22.3%）；动物（19.9%）、生活交际（18.9%）和植物（16%）次之；婚丧生育、性状程度、身体疾病、衣着穿戴、饮食起居等也有一定变化；唯独位置指

① “马”指马来语。下同。下文括号中不作标注者为英语。

代类几乎没有任何变化。详细情况如表 1 所示。

表 1　　各义类词汇变化统计表

义类	天文	地理	时令时间	农事农具	工商百业	植物	动物	房屋器具	亲属人事	身体疾病
词汇总数	48	69	89	85	148	125	146	133	103	205
变化词数	16	21	6	33	33	20	29	34	24	25
比率	33.3%	30.4%	6.7%	38.8%	22.3%	16%	19.9%	25.6%	23.3%	12.2%
义类	衣着穿戴	饮食起居	婚丧生育	宗教迷信	生活交际	文教体育	行为动作	性状程度	位置指代	数量虚词
词汇总数	84	189	42	29	90	61	289	330	40	83
变化词数	9	17	6	3	17	28	16	46	0	4
比率	10.7%	9.0%	14.3%	10.3%	18.9%	45.9%	5.5%	13.9%	0	4.8%

1. 自古以来，潮汕先民沿袭着一种自耕自耘、自给自足的生活方式。汕头方言于是保留着一批指称各种农耕用具、生产方式的词语：晒谷用的大竹席“谷笪”、扬谷的风车“风柜”、拴牛的桩子“牛橛”，拔稗子叫“择稗”，等等。这些词语随生产方式和生产工具的更新已接近四成被淘汰。经济的转型，使从事农业生产的人越来越少，即使在农村，务农的也基本上是 50 岁以上的老人。这些词语也就只有老年人或农村一小部分“作田园人”能明白所指。

文教类词语变化最大。61 条词目有 28 条只有年长者才懂但已不用，年轻人已不知所云。如上文提到和潮剧相关的词语。又如“戏上棚”“戏落棚”改称“演出开始”“演出结束”；“□［puaŋ^{11}］涂戏”改叫“化装游行”；“柴头栲栳”改叫“木偶”；“自来水笔”改叫“钢笔”；等等。

2. 农业和渔业曾是潮汕地区的主要产业，潮汕子民每天过着“看天吃饭”的日子，因此他们密切关注与生产活动相关的天气变化与地理环境。“赤西北”预示台风将至；“拗回南”说明台风接近尾声；通过观察“碱潮”“潮□［ti^{35}］”“涝流”来判断何时出海捕鱼。但随着经济结构的改变和天气预报的愈加精准，人们不再关注身边这些细微变化，相应词语也逐渐被人淡忘。还有部分形象、生动的词语表现了人们对自然天象的朴素认知。如把来势凶猛的龙卷风看成“狗□［kã$^{55-11}$］风”（□［kã$^{55-11}$］：叼、咬），管下个不停的雨为“长骹雨”（骹：腿），这些词随着认识的提高也已被淘汰。

随着生活习惯的改变，与生活相关的词语也有相应变化。一些旧的生活方式和生活用品被摒弃或取缔，如“铰鋏”“甎”“瓠檝”。“门楼房”“伸手”“中桁”“桷”等房屋结构词语如今也只在老人谈起“四点金”“驷马拖车”“下山虎”等旧时潮汕民居时才偶被提及。房屋器具类词语有 34 条已退出口语。

与社会发展关系密切的还有各种行业。一些在当时颇为重要的行业现已消失，如专门拉风箱的工种“牵□□［t'iʔ^{2}t'uʔ^{5}］”、专养种猪为他人母猪配种的行业“牵猪豭”、旧时捕鱼的方式“药鱼”等已再无人从事或采用。以前家家户户都能动手制作一两件“柴头家伙”（家具），“抽”“墨斗”“柴杮”“锯屑”等词家喻户晓；如今这些词只存于木工的口语中。“走鱼鲜”现叫“鱼贩”、“财副”现叫“会计出纳”、“家长”现叫“经理”也都是行业规范化专业化的结果。

行业的增减兴衰同时带来了专有称呼的变化。如“摇鼓”（货郎）、“大车”（管发动机的师傅）、“教戏”（教戏剧的老师）、“赤脚”（婢女）等 4 个词已消失；有 20 个词已被共同语取代，如“头手”改叫“师父”、“杀团”改叫“小偷”、“剃头团”改叫“发型师”等。

3. 生活交际类的“摒挡”“□［kioʔ^{5}］骹团”“傠”等 3 条已退出口语，“丁忧”“刁蹬”“打揲”等 14 条年轻人已不使用。动物类词语有的因物种消失而消失，如“苦瓜核”“□□［ka^{33}ts'ĩõ 33］”等；有的被共同语取代，如“鲮鲤”现叫“穿山甲”，“刺毛虫”现叫“毛毛虫”，“客鸟”现叫“喜鹊”等；约占该类的 22.6%。

植物类除了“放步”“掼产”“吉贝”3 个词已在 50 岁以上人群中消失外，“午时花”“风树”“粙稿草”等 17 条词语逐渐在 50 岁以下人群中消失。

4. 由于殡葬改革，和丧葬有关的“做亡斋”“长生”“护晋”等 6 个词语已基本消亡。关于疾病的词语，有些因为卫生环境的改善已极为少见，如“糜目舷”“疥”“乌泡”等；医学知识的普及也使部分疾病名称开始规范化，如“耳聋鳔”现叫“中耳炎”，“着北寒”现叫“患疟疾”，“肺痨”现叫“肺结核”。这些词约占该类的 12.2%。承载着某些时代记忆的衣着穿戴，如“卫生衫”“棕蓑”“骹缴”等 10.7% 的词已经“过时”，不为年轻人所知晓。“旌功”“心悖”“湁濮”等约 13.9% 的性状程度类词语已逐渐消亡。“□□［so^{32}lo^{35}］包”“落解麋”“豆头”等约 9.0% 的饮食起居类词语年轻人已经不用。

5. 时令时间有变化的是“天光大昼”“东爿拍白”“眼在”等 6 个词，约占 6.7%。宗教迷信除了“奉佛”现叫“信佛”、“同身”现叫“做老爷”、“命蹇”现叫“命孬”外，其他 89.7% 的词语仍沿用至今。行为动作 6.9% 的词语有变化，如“砑”现叫“□［niaŋ^{55}］)”、“用”现叫“治”等。数量虚词除了 2 个量词“注”和“朵”，2 个副词“不日”和“一地”更改了说法外，其余 95.2% 的词语仍沿用至今。

唯一没有更替变化的是位置指代类词语，共 40 个词语仍在继续使用。

三　汕头方言词汇的演变类型

（一）随事物、活动的消失而消失

这类词语主要与农具更新、行业更替、生活方式改变等相关。农事农具约 21. 2% 的词语成为历史词，如“搭团”“草锄”“戽斗”“梚”等。工商百业约 7.4% 的词语成为历史词，如“纸煤”“火熥”“箬斗圈”等。还有上文提及随行业更替而消失的称谓名称 4 个。“斗概”“瓦瓶”等 13 条房屋器具类词语成为历史词。文体教育有“番批”“红纸库”“奅弦”等 10 条词语消失。

消失的词语还有上文提及的 5 个殡葬丧事词语，“骹缴”“裬”等 4 个衣着穿戴词语，“钉鱼鸟”“纺车姨”等 4 个动物名词，以及“痡”“瘍”“留瀸”等 5 个身体、疾病词语。“辅”“丘”“草□［k′ou^{213}］”“葳蕤”“穳”5 个词语也已成历史词。

（二）其他方言词语的替换

一些方言词语或合并或替换，原有说法已被淡忘，逐渐退出日常口语。这些都是词汇系统内部竞争的结果。而竞争的结果则是词汇系统趋于简单。

1．近义词的竞争。汕头方言词汇中的一些近义词，它们或并行兼用，或各安其所，如“此在”和“眼在”、“日头/日”和“日头公”、“电毛”和“吹波”等，前者多见于市区城镇，后者多见于农村。市区用语以一种向心力的作用，随不断加速的城镇化进程影响着农村用语，逐渐取代了往往更为形象却也因带着更为朴素认知而略显土气的词语。

2．书面语和口语的竞争。汕头方言的诸多古语词，大都带有书面语色彩。老派汕头人在谈及一个人品行时，会说“只个人行止好”（这个人品行好），“只个破家团，过无行啊”（这个败家子，太没品行了）。“行止”是个古语词，《旧唐书·韦贯之传》上有：“同列以张仲素、段文昌进名为学士，贯之阻之，以行止未正，不宜在内庭。”①“无行”取“行”加否定语素构成。这一说法现被“品”“品孬”取代。“行止”一词如今只存于潮剧唱词中。表“附近”意时，有些老辈人会用“左近”，也是一六朝时语②，如今口语都用“骹□［t'au^{213}］”。又如“不日”（有朝一日），先秦时语③，今口语用“有日”，等等。

还有部分书面语的消亡，是以口语句子作为补偿。如“曈昽”④现用“天欲光”（天要亮了）。又如“同门”⑤，现年轻人都用“伊二人个老婆个是姐妹”（他俩的老婆是姐妹）迂回表达。

3．上下位词的竞争。原先汕头方言不同方式的“买进”有不同词语：买酱油、醋、酒等液体用“沽”；买米谷豆类叫“粂”；不称重估价买进叫“□［mau^{35}］”；以货易货叫“儬”；统称买这种行为叫“交关”。现在这些词都被上位词“买”替代了，“粂”“□［mau^{35}］”“交关”等词只有老派汕头人才偶尔说起。

又如“柴称”“厘称”现都叫“称”；“平担”“尖担”现都叫

---

① 林伦伦：《潮汕方言：潮人的精神家园》，暨南大学出版社2012年版。

② 《水经注·夷水》：“……平乐村左近村居辇草秽著穴中。”

③ 《诗经·大雅·灵台》：“经始灵台，经之营之，庶民攻之，不日成之。”

④ 《说文·日部》：“曈昽，日欲明也。”

⑤ 《广雅·释亲》：“同门谓之壻。”

“批担”；“毡□ [p'io^{35}]”“草□ [p'io^{35}]”都叫“帽”；“□□ [t'oʔ^{2} t'oʔ^{5}]”“畅”都用“肥”。这使得汕头方言系统逐渐走向单一。

总体而言，汕头方言中一些富有特色、极为生动形象的词语逐渐被合并简化，有些虽仍在使用，但活跃程度和构词能力已大不如前。词汇系统趋于单调，是方言萎缩的突出表现。

（三）共同语的替换

受共同语影响，一些方言词逐渐被搁置起来。汕头方言原有一批指称动植物的方言词，因生态环境的破坏，很多动植物逐渐远离人们的生活，对它们的认知现只能通过媒体书籍，方言名称自然也就被共同语取代，如上文提到的“鲮鲤”“刺毛虫”“午时花”等，又如“鸡髻花”改叫“鸡冠花”，“□□ [bue^{35}iaʔ^{5}]”改叫“蝴蝶”等。类似的还有一批疾病名称，如“暍着暑”改叫“中暑”，“雀瞑”现叫“夜盲症”，“瘫偏”现叫“瘫痪”，“肺痨”现叫“肺结核”。

这些共同语借词都与日常生活密切相关，甚至有相当部分已进入基本词汇，如“阿姨/阿妳、阿伯/阿叔、毫/毫子、槽头肉、四角街”现叫“妈妈、爸爸、角、猪颈肉、十字路口”。

被取代的还有一批“过番”时期的外来词。如“实巴拿”“吉贝”“肉”“动角”等现叫“扳手”“木棉”“触网”“拐杖”。

通语词的影响还表现在语素的构词能力上。“番”这个语素在汕头方言中多指舶来品，可指人和物。如称外国人为“番囝”，阿拉伯数字叫“番仔码”，称饼干叫“番仔饼”等，现都被普通话代替；一些新引进的外来事物也基本沿用普通话名称，不用“番”构成新词。“番”的构词能力大大降低。

在30岁以下年轻人中，共同语的影响更为明显和直接，不单是词汇上的借用，连读音也照搬过来。如“落火、偏枯、趣[illegible]、脢肉”年轻人都只知普通话说法“添油加醋、半身不遂、游荡、里脊”。他们既不懂方言词，也不知相应通语词的方言发音，因此只能“全盘照搬”。这部分词语多为一般词汇，且书面语偏多。随着共同语与汕头方言接触的愈加深入，这类词语会越来越多。这是方言萎缩加剧的表现。

（四）义项变化

1. 义项增多。如“候棚”，本义指每一幕戏之间相隔的时间长，后用来比喻做事拖拉不准时。但这一用法年轻人并不熟知，他们更常用“拖拉”。又如以前“上市”和“上行”都指去集市买东西，但分工不同。前者用于平时购物或办“好事”时的购物，后者用于办丧事时的购物。但后来“上市”的语义逐渐将“上行”涵盖进去，“上行”也便逐渐被“上市”取代。“客厅”原指旧式院落的正堂，现同样用来指接待客人的房间。

2. 义项减少。“割草”原指一农事活动，后来“草”用以比喻“钱”，“割草”也被用来指“赚钱”。现比喻义项丢失，“赚钱”叫“□［t'aŋ^{55}］钱”。“买水”原为潮汕礼俗——丧家到河边投以硬币，舀少量河水回来为死者净身，后受普通话影响衍生出字面意思“购买饮品”；随着丧葬礼俗的简化，前一义项消失。“摒挡”原指身体微恙不断，也指欺负人、整人。现后一义项在年轻人中已被“焦做”取代，前一义项也只在老派人口中偶有听到。

3. 义项转移。“乌面”原指潮剧中的花脸，现指维护正义、真理、事实敢说真话的人。“无脚蟹”原指“无依无靠”，现形容人过于老实，不中用。“车头”“船头”原指“车站”“码头”，现指车、船的前部。又如“吐泄漏”原指霍乱，该义项已被通语词“霍乱”取代。现“吐泄漏”更多用于骂人——“吐泄漏囝”，无实指。类似的还有“瘕龟抽”（哮喘）。

四　汕头方言词的演变趋势

（一）汕头方言词的变化趋势

各义类词语在各年龄层中的变化呈现一定的规律和趋势。我们对方言词的变化速度作了统计，如图1所示。

图中显示，方言词汇量随年龄的降低递减，变化速度随年龄的减小而递增；越年轻的群体，方言词的变化速度越快。从年龄分段可看出词汇变化的大致趋势。

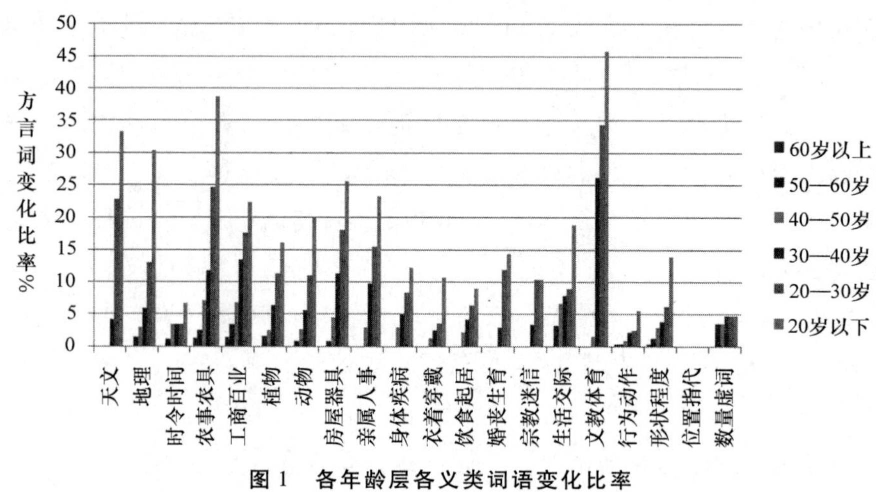

图 1　各年龄层各义类词语变化比率

说明：变化比率 = 该年龄层该义类变化词语数量/该义类所有词语数量

1. 50 岁以上人群：变化小、速度慢。

消亡的方言词在 60 岁以上人群中仅 5 个，50—60 岁组增加到 24 个。从义类看，60 岁以上人群仅 4 个义类有变化；到 50—60 岁组有一半义类出现变化；但各义类词语的消亡速度①仍保持在 5 个百分点以内，呈较为匀速的变化。

2. 30—50 岁人群：变化范围扩大，数量增加。

40—50 岁组消亡的方言词增加了 47 个共 71 个；30—40 岁组又增加了 77 个共 148 个，是 40—50 岁组的 2 倍，50—60 岁组的 6 倍，60 岁以上人群的近 30 倍。40—50 岁组，出现变化的义类增加到 3/4，而 30—40 岁组，基本所有义类均有词语消亡；工商百业、房屋器具、亲属人事 3 个义类的消亡速度开始超过 5 个百分点，达到 6.7 个百分点至 6.8 个百分点；而文教体育类更是达到 24.6 个百分点。汕头方言词汇开始呈衰变趋势。

3. 30 岁以下人群：变化数量骤增，速度加快。

除上述 148 个词语外，20—30 岁组有 92 个词消亡，20 岁以下组在此之上又增加了 147 个，分别达到 240 个和 387 个，为 50—60 岁组的

---

① 消亡速度 = 该年龄层的变化比率 - 上一年龄层的变化比率。

10 倍和 16 倍；消亡词汇量骤增。大部分义类呈高速衰变状态。20—30 岁组文教体育（14.6%）、天文（18.7%）、农事农具（12.9%）等衰变速度均超过 10 个百分点，平均消亡速度为 5.2 个百分点。20 岁以下组衰变速度继续加快，平均消亡速度达到 6.4%。超过一半的义类词汇消亡速度超过 7 个百分点，呈均衡高速衰变趋势。

可见，汕头方言词是在 50 岁以下人群中开始出现衰变，在 30 岁以下人群中出现大范围的快速衰变。

（二）汕头方言词演变类型的变化趋势

表 2 数据显示，40 岁以上人群方言词消亡近一半为其他方言词替换。而在 40 岁以下人群中，因事物消失而消亡的词语突然增多；这主要是改革开放后，社会的快速发展使得大批生产工具、生活生产方式、行业及旧制度被淘汰，相关词语也逐渐退出日常使用范围。

表 2　**各年龄层方言词消亡类型分布**

消亡类型	60 岁以上		50—60 岁		40—50 岁		30—40 岁		20—30 岁		20 岁以下	
	数量	比率（%）①	数量	比率（%）	数量	比率（%）	数量	比率（%）	数量	比率（%）	数量	比率（%）
随事物、活动消失而消亡	1	20	4	16.7	14	19.7	43	29.1	68	28.3	87	22.5
被其他方言词替换而消亡	2	40	11	45.8	34	47.9	58	39.2	85	35.4	138	35.7
被共同语替换而消亡	2	40	9	37.5	23	32.4	47	31.8	87	36.3	162	41.9
消亡词语总量	5		24		71		148		240		387	

从 20—30 岁组开始，共同语的影响成为词汇量减少的主要原因。20 岁以下人群更是近一半词语被共同语替代；甚至还出现了直接转用普通话的情况，并随年龄减小呈增多趋势。随着社会经济一体化的发展，与外界交流机会的增多，共同语的影响将继续加大，成为日后汕头方言变化的主要趋势。

① 比率 = 该年龄段该类型消亡词汇量/该年龄段消亡词汇总量。

五　汕头方言词汇变化的原因

（一）时代变迁与社会经济发展

20 世纪 70 年代末，我国实行了改革开放；1981 年，汕头市被列为全国首批四大经济特区之一，走在改革开放的最前沿。时代变迁带来了生产力的极大提高，影响最直接的是生产工具的更新、生活用品的改善及生产行业的兴衰，这也引起了词汇上的批量变动。如上文提到的农具农事、房屋器具、工商百业等词语，大都已不再用。又如量米用的“斗概”，舂米用的“碓”，存放粮食的“米箩”，用木头建起的“枋桥”，烧煤用的“火钳”等都已淘汰。

如今从事农业生产的人越来越少，使用“擎锄头”“掼粪箕”的都是一些 50 岁以上的农民，年轻人对农事农具的认知几乎为零；而近几年，大量田地租给了外来务工者，这进一步加速了相关词语的丢失及通语借词的使用。

此外，社会高速发展的负面影响便是生态环境被破坏。一些曾经熟悉的生物朋友已悄然离去，如“苦瓜核”“□□［ka³³ts′iõ³³］”等；人与自然的关系越来越疏远，很多动植物的名称也渐渐被人淡忘。

（二）科教进步与文化生活改变

随着科教的普及，一些旧观念旧习俗也随之改变。宗教迷信活动在旧时代潮汕人民生活中占有重要位置。民间信仰的各种神仙鬼怪、仪式、器具和信念都有丰富的词汇。如占卜用的器具“杯”（杯爻）就有“跋杯”“圣杯”“笑杯”“稳杯”；对巫师、巫婆的称谓有“师公”“落神婆”“同身”等。如今这些词语或消失或只有年长者知道。又如上文提到的殡葬改革后逐渐消失的一些丧葬词语。

以前群众的文化生活主要以地方戏为主，如今文艺形式多样化，地方戏也面临着衰落萎缩的尴尬局面，相关词语也逐渐萎缩。其他群众活动，如“纸影”（皮影戏）、“柴头栲栳”（木偶戏）、“把戏”（杂耍）、“约谜”（猜谜）、“□［puaŋ¹¹］涂戏”（化装游行）等也在外来文化形式的冲击下逐渐被相关通语词替代。

（三）语言生活变迁与语言态度变化

20世纪50年代，全国上下开始推广普通话；1992年，中共广东省委、省人民政府联合发布了《关于大力推广普通话的决定》；2001年汕头市颁布了我国第一部地级市“推普法”——《关于推广和使用普通话的决定》。尤其是改革开放后，汕头与外地交流频繁，大量外地人才、行业、技术开始进入汕头。政策的引导及经济环境的改善给汕头输入大量先进技术的同时，也带来了大量的共同语词汇，如日常行业用语、文化教育用语、动植物名称、疾病名称等。

以前汕头方言的外来词都是直接从“番畔”输入的，通过音译（如肉net）或音译加意译（如五脚彻[1]）借用过来。共同语的影响使这批外族词逐渐被汉化。如今，外来词的借用都经由共同语借入，如“沙发”“T恤”等。

语言生活的变迁对年轻人的影响尤为明显。对于改革开放后出生的年轻人，可以说普通话是他们孩提时便已开始习得的第二语言。“一个群体学习一种比较通用的第二语言，不论是出于移民还是其他的原因，他们都会在日常交际中使用第二语言的词汇。”[2] 这在一定程度上导致了年轻人母语词汇量的减少。这是方言使用能力减退的突出表现。

潮汕自古有“宁卖祖宗田，不忘祖宗言”的古训。潮汕人民对自己的母语是保守的。但在经济大潮中，为了获取更多的机会和利益，他们开始改变自己的语言态度，主动使用普通话；甚至出现只教孩子普通话的情况。Anderson指出，在语言接触情境下，更大程度上决定变化方向的是一个社区的态度，而不是接触的程度。[3]

（四）思维方式变迁与思想认识改变

旧时为求小儿易养，民间故意用偏称，如称母亲为“姨”“妳”，称父亲为“伯”“叔”、“□［paʔ²］”等。如今这种认识已改变，人们更愿意称为“爸、妈”。又如以前称跟着母亲改嫁的孩子为“缀路仔”，

---

① 五脚彻［ŋou³⁵k'a³³kiʔ²］：街廊意；“脚彻”音译自马来语kaki，因宽度一般为五英尺，故前加“五”。

② 徐大明：《语言变异与变化》，上海教育出版社2006年版，第254页。

③ Anderson, H., Center and periphery: Adoption, diffusion and spread. In Jack F. (ed.) *Historical Dialectology: Regional and Social*, 1988, Berlin: Mounton de Gruyter, pp. 39–84.

称外国女人为“番婆”，二者均带有对这些人的歧视。随着社会开放度的提高，人们也开始接纳这些人，反映在词汇上便是这些词语逐渐被淘汰。

一些汕头方言词，带着旧时代人们对事物的朴素认识。如把有别于需不断蘸墨水才能书写的笔叫“自来水笔”；以前人们管各种表演叫“戏”，后来出现了荧幕上的表演，人们便称之为“电戏”，把能看到真人表演的叫“人戏”。如今，认识改变，这些词也相继被“钢笔”“电影”“戏剧”等取代。

“有序异质”理论在汉语方言词汇研究中的价值

关伟华*

摘　要　“有序异质”理论是社会语言学的语言观。运用社会语言学的研究方法来研究现代汉语，人们多关注于语音系统。其实，在方言词汇研究中运用“有序异质”理论同样具有重要意义。现代中国的语言生活丰富多彩，双语现象普遍存在，运用“有序异质”理论可以更清楚地揭示方言词汇与普通话词汇中形同义殊的词语分歧及其之间的关系，有助于勾勒词语的历史发展脉络。

关键词　“有序异质”理论　普通话　方言　语言状况

“有序异质”理论是社会语言学安身立命的语言观，它是以温瑞奇、拉波夫为首的社会语言学派在20世纪60年代末期提出来的。与结构主义语言学关注的静态、封闭的语言系统不同，它关注的语言系统是开放的、动态的。“有序异质”理论认为语言是多个子系统并存的大系统，比如说方言区中教育文化程度较高的人，或者是对外交往频繁的语言使用者有普通话、方言两个系统。所以“异质有序”理论在共时平面关注母语者头脑里丰富的语言系统，把语言的共时态和历时态统一起来，使得所关注的语言项既有共时的描写，也有它和系统中其他语言项

---

* 关伟华，女，1978年5月出生于河南长葛市，维吾尔族。2002—2005年在汕头大学文学院师从林伦伦教授攻读汉语言文字学专业，获文学硕士学位，现为河南师范大学文学院讲师，山西大学在读博士生，曾参加国家社科基金项目一项，主持并完成河南省教育厅人文项目两项，发表论文多篇。

的相互制约关系，从而显示语言如何变化，以及将要如何变化。

“人们大多只注意语音的变异现象，很少有人研究词汇、语法的变异。”① 方言区的语言使用者因文化程度、社会阶层的不同在交际中使用相同词语形式但表义却有区别。如“喝汤”，在中原官话相当一些区域里指吃早饭或晚饭。而在正式的宴请招待中则指喝点烹调后汁儿特别多的副食。类似这样的词语在方言中大量存在，正如周祖谟先生所论：“如果我们把方言词汇跟普通话词汇作一番比较，我们可发现其间主要的差异有四点，”其中之一就是“同一个语词，在方言里和普通话里含义的广狭不同，在某一种用法上是一样的，可是在另外一种用法上就不同”②。汉语方言词汇系统的调查研究可以分为静态和动态两种，静态研究的重点是在汉语方言词汇调查基础上对方言词语的考释，动态研究关注的是从社会语言学的角度来看汉语方言词汇系统的变异。前者是没有发生变化的结果，后者关注变化后方言词汇系统的面貌。

在方言词汇研究中运用“有序异质”理论，关注的是共时平面中方言区内的语言使用者因社会因素而产生的差异，以及这些差异对汉语方言词汇演变的影响。从前者关注的对象我们可以看到方言词汇系统在当前的状态，从后者关注的对象我们可以管窥方言词汇演变的方向。

当代中国的语言生活状况，从现代汉语的使用情况来看，符合“有序异质”模式所界定的语言状态。本文拟从词汇意义的揭示及汉语方言词汇的演变方向两个方面来看“有序异质”理论在汉语方言词汇研究中的作用。

一　当代中国的语言生活状况

“宁丢祖宗田，不忘祖宗言”，这是客家地区广泛流传的一句话，表明客家人对自己方言的重视。传统的户籍制度，中国人的安土重迁思想，都导致普通民众的对外交往并不频繁。国人耳熟能详的唐代诗人贺知章的名句“少小离家老大回，乡音无改鬓毛衰”，似乎向我们表明传

① 阮畅：《语言变异研究综述》，载《唐山学院学报》2003 年第 1 期。

② 周祖谟：《周祖谟文字音韵训诂讲义》，天津古籍出版社 2004 年版，第 327 页。

统社会人们的语言系统变动不大。其实并非如此。南北朝时期的颜之推已注意到当时语言之间的相互影响和融合，即“南染吴越，北杂夷虏”，以及世族和庶民之间语言的差异现象，即“易服而与之谈，南方士庶，数言可辩”（《颜氏家训·音辞》）。

到了近代，这种语言之间的相互影响和融合的现象更为普遍，同治九年刊印的《醴陵县志》已注意到当时“路通八省，音混五方”① 的语言现象。1936 年刊印的《龙门县志》也提及当时的方言使用者在对外交往中的语言使用情况：“人旅外，或从事懋迁者，朋侪交接，率能别操方言……贵人无论说某音，均是我就人，断无人就我。”②

英国著名语言学家 R. L. Trask 在其力作《历史语言学》中，以“接触和语言的生灭”作为第十一章章节标题，醒目地道出了语言之间的相互接触是普遍存在的。当把眼光放到当下的中国社会，我们就会发现当代中国的语言生活状况有了很大的变化，其中一个非常明显的变化就是不同语言或方言之间直接或间接的相互接触更加惯常和密切。如果我们把汉民族普通话和方言视为两种语言系统的话，那么现代中国已经成为一个双语社会。

根据 2010 年度权威部门的统计，全国各地参加普通话测试的共 417.9 万人次，“其中公务员 17.85 万人次，教师 41.36 万人次，学生 335.5 万人次，广电系统 0.44 万人次，社会其他人员 22.83 万人次。其中使用计算机辅助测试人员达 163.7 万人次”③。参加普通话测试的人数还在逐年递增，到 2013 年全国共有 490.3 万人参加了普通话水平测试。

在某种程度上可以说，从一个国家的语言生活状况到具体方言区的语言使用者，完全不受普通话影响的人们微乎其微。早在 1998 年，张树铮《对“无方言族”的初步观察》一文考察了“产生在外地人较多的大城市或大单位‘无方言族’”这种新的语言群体。但一个人总会有

---

① 转引自［日］波多野太郎《中国方志所录方言汇编》第 2 卷，东京横滨市立大学 1965 年版，第 191 页。

② 转引自［日］波多野太郎《中国方志所录方言汇编》第 1 卷，东京横滨市立大学 1965 年版，第 198 页。

③ 教育部语言文字信息管理司：《中国语言生活状况报告》，商务印书馆 2011 年版。

自己的母语。“如果母语是有方言的，则他的母语总是属于某个方言，即母方言。即使母方言是共同语的基础方言，也仍然是方言。”再加上“由于受当地方言的影响，无方言族所说的普通话总是会或多或少地带有一些方言特点的。这在语音、词汇、语法各方面都会有所表现”①。

2015年启动的“中国语言资源保护工程”，与以往语言资源保护项目一个显著的不同就是增加了对当地普通话的情况进行调查记录的内容。“如果条件符合，方言发音人和口头文化发音人可以兼任地普发音人。”② 党政机关、学校、新闻媒体和主要公共服务行业是推广普通话的重要工作领域，但是在语言生活中使用普通话的并不仅仅是相应的这些行业领域，使用普通话的也并不仅仅是相应从业人员。曹志耘先生在《方言是母亲的声声呼唤》一文中描述过这样的情形：生活在浙江金华小山村的文盲祖父母，见到平时都在附近城镇上学的孙子、孙女，竟会马上转换成普通话和孩子们说话，而这几个孩子跟爷爷奶奶也是说普通话。

这种情形并不只发生在一个村庄。据《中国语言文字使用情况调查资料》统计，农村人口在家庭、集贸市场、医院和政府部门等场合使用汉语方言的比例均高于城镇人口。农村本来是方言使用的一个重要阵地，但自从改革开放后，随着社会经济文化的发展变化，以及推广普通话的影响，普通话和方言接触及其带来的语言变化时时刻刻都在发生。尤其是随着城镇化进程的推广，农村的常住人口在逐渐减少，大量农村人口涌向城市，农村人的思想观念也发生了很大的变化，随之而变的还有他们使用的语言。进城后，他们往往同时使用普通话和家乡话两种语言变体。普通话作为外部交流工具，主要是在单位或公共场所如医院、邮局、商场等与人交谈时使用。方言逐渐成为内部交流工具，主要是在和“家人”“朋友”交谈时使用。当这些长期在城市打工的农民回到家乡后，那些常住乡下说方言的人在与他们交流时，无疑会受到他们的影响。这一切正如曹志耘先生所描述的那

① 张树铮：《对“无方言族”的初步观察》，《语文建设》1998年第8期。

② 教育部语言文字信息管理司、中国语言资源保护研究中心：《中国语言资源调查手册·汉语方言》，商务印书馆2015年版。

样："我们也许可以把'普通话化'想象成一场'持久的雪'，这场雪从城市到农村，从东部到西部，从小孩子到大人一点点地覆盖、融化着各地原有的方言土语。"①

二 "有序异质"理论视角下的方言词汇研究

当前的中国语言生活现状呈现出普通话对汉语方言的巨大冲击，多数中国人是既说普通话也说方言，言语交际中人们可以自如地在不同的语言系统中提取相关要素进行交流。以"有序异质"理论视角，在言语交际中可以更清晰地对某种方言中与普通话同形意义微殊的词语词义进行解释，展开研究。这样既可充实对方言词汇的研究，为大型综合性工具书词典编纂打下基础，也对推动汉语词汇史的深入研究大有裨益。

作为一个双语双方言的语言使用者来说，他的语言系统并不会截然有别。在交际交往中，语言使用者会自如地根据交际场合、交际对象、交际目的选取适当的语言系统。他的普通话语言系统中会加入方言因素，方言系统中也会加入普通话的元素。所以，普通话水平测试中的话题测试"说话"部分，以单项"说"为主，主要考查应试人在没有文字作为凭借的情况下，说普通话的能力和所能达到的规范程度。这里的一个测试项目就是用词是否规范，其中的重点和难点是准确区分方言词汇和普通话词汇。运用"有序异质"理论来审视方言区人们的词汇系统，就可以把方言词汇与普通话词汇的地域差异在一个语言系统中呈现出来。

周祖谟先生认为："我们要了解方言词汇与普通话词汇的异同，单单从字面上对照是不成的，必须要注意一个词在语言里实际应用的意义才行。"② 比如"饭"在《现代汉语词典》中有四个义项："1. 指煮熟的谷类食品。2. 特指大米饭。3. 指每天定时吃的食物。4. 指吃饭。"对于潮汕地区的人来说，饭常用的义项就是"特指大米饭"，吃饭就是吃大米饭。但对北方人来说，吃大米饭往往要特指说"吃米"或者

---

① 曹志耘：《方言与民俗研究结合的有益尝试》，载《语文建设》2016 年第 2 期。

② 周祖谟：《周祖谟文字音韵训诂讲义》，天津古籍出版社 2004 年版，第 311 页。

“吃米饭”。“米”在《现代汉语词典》中有三个义项：“1. 稻米。2. 泛指去掉壳或皮后的种子，多指可以吃的。3. 小粒像米的东西。”根据《现代汉语词典》，“米”与“饭”在现代汉语中有着清晰的分工。笔者曾经在汕头大学餐厅买饭时说“二两米”。当地的服务员满是迷茫地回答：“只有饭，没有米。”原来“米”与“饭”在当地和在《现代汉语词典》中一样有着语义分工，但是在作者生长的河南省多以面食为主，米可以指大米饭，也可指稻米。河南话与普通话中米的意义的区别，如果不是不同母语背景的交际者在交际中产生障碍，那么我们不容易发现这些细微差别及其所反映的地区物产特色及饮食文化。对汉语方言词汇调查，正如李荣在《现代汉语方言大词典》序中所说：“如果调查者不是当地人，对词语的解释和细微的词义分辨都比较困难。”所以汉语方言词汇的调查者往往是接受了语言学训练的本地人。这对从“有序异质”理论视角来审视不同语言系统中的同形但意义微殊的词语非常有利。因为本地人的先天语感加上语言学的后天训练，所以他们对语言系统中的异质成分非常敏感，能及时捕捉到那些方言与普通话中形式相同但意义不同的词语。这对汉语方言词汇的研究非常有帮助。

语言的词汇是个庞杂的总体，内容五花八门，门类繁多。运用“异序有质”理论对汉语方言词汇研究，研究者碰到一个能发现的词语就描写一个，似乎缺乏系统性。但是我们从语言的交际中发现的这些形同但意义微殊的词语，往往是词汇系统中的核心——基础词汇。基础词汇具有全民常用性、能产性、稳固性。“打开词典，凡是意义最多，用例最多，差不多都是这批词。”① 蒋绍愚先生认为对这些常用词语的研究意义重大，“常用词是词汇的主体，如果不弄清常用词在近代汉语时期的发展变化，那么，要描写一个时期的词汇系统和近代汉语词汇发展史，都是无从谈起的”②。对常用词的词义及演变倍加关注的学者还有王云路、李宗江、徐时仪、汪维辉等先生。以“异质有序”理论切入，从语言的交际中考察词形相同、意义因为不同语言系统而有差别的常用

① 徐通锵：《普通语言学纲要》，北京大学出版社 2010 年版，第 121 页。

② 蒋绍愚：《近代汉语研究概况》，北京大学出版社 1994 年版，第 283 页。

词语，可以发现常用词词义在共时平面的地域差异，从而探讨常用词词义嬗变的历时过程。

在山西省的外地人经常听到类似“有事你告我”的表达，但交际双方并无剑拔弩张的情形。在普通话中“告”可以作成词语素，单独成词的“告”只有一个义项：动词，向行政司法机关检举、控诉，告发。在山西话中“告”有两个义项：1. 说给别人，通知，告知。2. 向行政司法机关检举、控诉、告发。普通话里说“我告诉你件事儿”，在山西话表述成“我告你个事儿”。根据温端政《忻州方言词典》，“告诉 $kɔ^{54}su^{54-21}$”的意义与普通话不同，指的是聊天交谈，如忻州本地人在聊天时说：“咱俩告诉告诉。”《玉篇》曰：“告，语也。”《楚辞·九章·怀沙》：“明告君子，吾将以为类兮！”洪兴祖补注：“告，语也……故以此明白告诸君子。”《弟子规》中家喻户晓的那句“出必告，反必面”就体现了“告”的言说类用法。现代汉语普通话中“告白”“告知”“告密”等词语还保留了“告”的告知意义。山西话中的“告”保留了这种意义及其独立成词的用法。遗憾的是，很多学者都未关注到这一点。如汪维辉先生在《汉语“说类词”的历时演变与共时分布》一文就没有涉及“告”的用法及演变分布情况。

程度副词“很”是副词研究的一个热点，只从普通话中我们并不能圆满地解释“很”的一些特殊用法及“很”的词义嬗变过程。刁晏斌从历史的角度考察现代汉语中“程度副词 + 动词性词组”的历史发展状况，认为从五四运动后“程度副词 + 述宾词组”逐渐成为常见的一种形式，并列举了“不很吃菜、不很有新书、不很睬中国人、很开玩笑”等例子。他认为“程度副词 + 动词性词组”格式中的动词词组都有程度义，在程度上可以有一定的伸缩性。比如“很歧视女生”和“比较歧视女生”这是两种不同程度的行为。该文以使用量度大小不同的程度副词来修饰这些述宾词组的方法，来说明这些动词性词组的程度义，但是对文中所举的“不很吃菜、不很有新书、不很睬中国人、很开玩笑”这些例子，选择时间频度不同的时间频率副词比选择量度大小不同的程度副词来检验更合适。如“不经常吃菜，不总吃菜”。虽然刁晏斌的文章没有说明普通话中“很”做时间频率副词的用法，但我们可以从刁文列举的用例看出普通话中实际上也存在着“很”做时间频率副词的用法。普通话中的“很”做程度副词修饰心理动词时，其实也具有时间频率副词的用法的特点，二者并不是截然有别。杨德峰在对程度副词考察时列举过这个例子：“‘大行不辞小让’觉得生活上的小事不值得去费心，自我管理很疏忽。”[①] 这里的很疏忽，可以换成有点儿疏忽，也可以换成时常疏忽。既可以说疏忽达到的程度，也可以说疏忽这一动作经常发生。在生活中一个动作达到的程度往往和它的发生频率和持续时间有一定关系，但“很”做程度副词的用法及意义在普通话中占据了主流。储祥泽等对普通话中的程度副词“很”下了一个结论，认为“‘很（1）’与‘很（2）’都是程度副词，都可表示通比性的程度，不必分化为两个词，但它们的功能分布的确是不同的”[②]。从普通话对程度副词“很”的研究来看，学者们纠结在程度副词“很”与一般动词的组合与搭配上。

中原官话长葛方言中常用的是程度副词“可”“老”，由于受普通话的影响，程度副词“很”在长葛方言正式的文体或会话中也开始使用。但在长葛方言中占据主流的用法还是“很”做时间频率副词，时间频率副词用在一般动词结构前，表示动作频率或持续时间长短，如“你很吵他干啥哩”“你很动啥哩”。程度副词用在形容词、心理动词、具有程度义的动作动词前，如“很感谢”。

从程度副词“很”的历史来源上看，程度副词“很”由动词“很”发展而来。如清代作品中的“很”与现代汉语的“很”在用法上有所不同，“这一时期‘很’可以直接修饰动作义较强的动词及短语”[③]。如《红楼梦》第九十九回写道：“我们新来乍到，又不与别位老爷很来往。”这句话用长葛方言中的时间频率副词来解释通顺合理，而用程度副词“很”来解释则说不通。长葛方言中把清代“很”的这种用法发扬光大，普通话中则把“很”与形容词、心理动词、部分动作动词组合表示程度的用法继承下来。所以，从来源上看它们都是

① 克景禹等编著：《中华现代校园美德录》，辽宁民族出版社 1997 年版，第 271 页。

② 储泽祥、肖扬、曾庆香：《通比性的“很”字结构》，载《世界汉语教学》1991 年第 1 期。

③ 廖娟：《“很”、“太”的共时与历时考察》，湖南大学出版社 2012 年版，第 70 页。

"很"的历时演变结果，只是在不同的方言词汇系统中保留了不同的词义演变结果。事物的特征往往在对比中凸显出来，从"异质有序"理论视角，凸显出共时平面中不同语言系统中的常用词语词义的区别及历时演变历程，从而丰富汉语词汇及词汇史的研究。

以"异质有序"理论视角，我们还可以对方言词汇系统中词义的演变作一个预测。从普通话程度副词"很"与长葛方言时间频率副词"很"的关系看，它们之间并非截然无关。由于推广普通话和长葛社会经济的繁荣，在长葛方言特定场合中，人们也开始使用程度副词"很"。这是长葛方言受普通话的影响而产生的，目前有一定的使用范围。只有一定文化程度的人在比较正式的场合才使用程度副词"很"。"很"在长葛方言中占据主导地位的还是时间频率副词的用法。但是随着对外交往的频繁和普通话推广的日益加剧，在长葛方言中"很"做程度副词的用法会越来越广泛。

中原官话中亲属称谓"叔"除可"称呼跟父亲辈分相同而年纪较小的男子"，还可以做父称，这和普通话是有所不同的。当然这种用法随着计划生育政策及语言生活状况的变化，使用的机会越来越少。"叔"在中原官话中做父亲的词义如果不注意收录，那么不知什么时候就会湮没在历史长河中。

语言的历时变化会反映在共时平面的方言中，正如王力先生所说："现代活生生的口语就是汉语史最好的根据。现代汉语的方言是复杂的；正是由于方言的复杂，更有足够的语言事实来证明汉语发展的过程。"① 运用"有序异质"理论，在具体的句子中把方言同形异位词义在空间上的差异呈现出来，可以凸显词汇历史演变的不同阶段，这为探寻汉语词汇史演变另辟了一个窗口。

语言是开放动态系统，随着社会经济文化的发展，方言区人们的语言系统也会更多地加入普通话的元素。运用"有序异质"理论来审视方言区人们在语言交际中的词汇系统，就可以把方言词汇与普通话词汇的地域差异在一个语言系统中呈现出来，帮助我们了解系统内语言项之间的关系，从而了解因文化差异、社会环境差异而使用有区别的相关词

① 王力：《汉语史稿》，山东教育出版社 1988 年版，第 28 页。

语，以及这些差异对语言因素未来发展的影响。这样的研究不仅有助于我们了解方言、普通话中的形同义殊的词语，也有助于勾勒词语的历史发展脉络，对汉语词汇史的研究大有裨益。

极性程度义“掉渣”的功能、搭配与成因*

李 洁**

摘 要 述宾短语“掉渣”句法位置发生变化、语义虚化后，演化为一个表达极性程度义的准副词。副词化的“掉渣”在句法功能上具有唯补性，语义搭配上多选择和单音节消极义的性质形容词组配，其虚化机制是转喻模式。形容词性质的“掉渣”是另一个语法化方向的结果，与极性程度义的“掉渣”并无承继关系。

关键词 掉渣 述宾短语 极性程度义 准副词

一 前言

对于述宾短语的补语化现象，张谊生分别论述了“透顶”和“绝顶”、“到顶”和“极顶”这两对词语由述宾短语演化为程度补语的过

---

* 原载《海外华文教育》2016 年第 6 期。

** 李洁，女，1976 年出生于山东乐陵，1995—1999 年，在烟台师范学院（现鲁东大学）中文系攻读汉语言文学专业，获文学学士学位。2000—2003 年在汕头大学文学院师从林伦伦教授、黄挺研究员攻读汉语言文字学专业（方言与文化方向），获文学硕士学位，学位论文为《城市化进程中农村语言变异的研究》。2003 年至今，在绍兴文理学院任教，现为上海师范大学对外汉语学院语言学及应用语言学专业在读博士生。研究方向为现代汉语语法及对外汉语教学。

程和机制[①]，蔡丽把“翻天”作为高程度补语的个案进行了分析[②]，宗守云从语义发展的角度探讨了“到家”由终点义到极致义的演变[③]。

“掉渣”在现代汉语中本来是一个述宾短语，结构上并不凝固。但近年来，“掉渣”的语义和功能发生了变化：句法上常处于补语的位置，结构上开始固化，语义上表达极性程度义，有着明显的副语化倾向。与述宾结构的“要命、吓人、翻天”等这样的准副词[④]有着类似的演化过程和表达效果。本文拟从句法功能、语义选择和认知机制三个方面对已具备极性程度义的“掉渣”进行研究。

文中语料来自北大语料库、人民网和百度搜索引擎。为便于查证，均注明语料出处。

二　句法分布和功能

（一）“掉渣”的分化。“掉渣”由述宾短语发生语法化后，有两个发展方向：一个形容词化，一个副词化

1. 杨智慧说，看到厨房里没有一点菜，几颗咸蒜瓣上爬满蚁虫，馒头干得掉渣，她哭了10多分钟。（《周口15岁女孩自创百余首歌曲关注留守儿童》，2014年8月21日，人民网）

2. 事件中的公交司机真是大胆，由于你工作的特殊性不允许你分心，网友自然海喷不断，将别人的生命安全置身事外，什么心态？多亏偷拍哥将你的掉渣行为拍下，让更多的人来喷你。（《公交司机边开车看无码AV太掉渣》2012年12月20日，人民网）

3. 看到也有很多人说《武林外传》格调不高，俗得掉渣。俗，那

① 张谊生：《“透顶”与“绝顶”的句法功能和搭配选择》，《语文研究》2008年第4期；张谊生：《程度副词“到顶”与“极顶”的功能、配合与成因——兼论从述宾短语到程度副词的结构与语义制约》，载《世界汉语教学》2013年第1期。

② 蔡丽：《程度范畴及其在补语系统中的句法实现》，博士学位论文，暨南大学，2010年。

③ 宗守云：《从“到家”的演变看终点义到极致义的语义发展途径》，《世界汉语教学》2014年第3期。

④ 张谊生《程度副词充当补语的多维考察》（载《世界汉语教学》2000年第2期）称此类词语为准副词。

又有什么关系呢？这样一部戏，轻松，让人可以开怀一笑，还不够吗？我已经很多年不愿看悲剧，尤其受不了那些苦情戏，生活里本来已经很多苦痛，在我可以控制的虚拟世界里，为什么不轻松地甚至放肆地开心一下呢？（当代\电视电影\文艺\武林外传）

例1中“掉渣1”为述宾短语，未发生虚化，实在意义强，结构上可以扩张，如“掉了很多渣”。例2中标题和语篇内容中的两个“掉渣”性质相同，都为形容词的“掉渣2”，是“差、坏”的含义。例3中的“掉渣3”，在形容词后做补语，表达极性程度义，虚化为准副词。从语料搜集情况来看，形容词“掉渣2”使用情况并不多见，多用于新闻标题，使用频率上远不及补语化的“掉渣3”。

在北大CCL古代汉语语料库中并没有发现包含“掉渣”的用例，在现代汉语语料库中发现最早的包含表程度义的补语化的“掉渣”是20世纪90年代初，这说明“掉渣”是近些年来才出现的新兴的一个表程度的准副词。尽管目前尚没有辞书将“掉渣”收入为词，但从语义和功能上来看，“掉渣3”已有很强的副词化倾向。与已被《现代汉语词典》收入为词条的“要命、吓人、翻天”一样，都为准副词，具有唯补性，表达着极性程度义。

（二）补语的组合形式。补语化的“掉渣”多用在形容词后，可以为组合式补语也可以为黏合式补语形式

1. 我们住在村上，三月不知肉滋味，鸡蛋从来没见过。乡镇干部人均年收入不到500元，穷得掉渣。（《〈新时期乡镇干部培训读本〉座谈会发言摘选》，2015年1月4日，人民网）

2. 今天是谢娜生日，也是张杰谢娜领证三周年。二人虽然永远拗不出时尚范儿，永远那么土到掉渣，但是真爱屹立不倒。（《盘点因戏生情终生恨的明星 朱茵此生不提周星驰》，2015年4月23日，人民网）

3. “维密天使”超模何穗也来助阵发布会，并大方曝“自黑”照——土掉渣的学生装扮，是她饰演的筱萧的校园造型，虽是银幕首秀，何穗被晓明真诚称赞“把反差度很大的角色演得非常棒”。（《黄晓明Baby情侣自黑变兄妹〈何以笙箫默〉众星PK颜值》，2015年4月26日，人民网）

组合式补语中，“掉渣”前的补语标记为“得”（也写成“的”）或者“到”，既可以构成“A 得掉渣”，也可以构成“A 到掉渣”结构。从北大语料库的语料搜集情况来看，“掉渣”的补语形式仅为组合式，且都为“A 得掉渣”，并无“A 到掉渣”的结构形式。但在人民网和百度引擎中搜索，补语标记为“得”“的”“到”的使用频率都很高。这是因为“到”是一个新兴的补语标记，北大语料库内的语料没有近十几年的语言用例，因此网络媒体上的语例更能反映近些年来语言的动态变化。

北大语料库中无“A 掉渣”这种结构形式的语例，可见“掉渣”的补语黏合形式也是后起的表达式。从搜集的语料来看，“掉渣”的补语黏合式多见于新闻标题，在语篇内容中常在句中充当定语成分。

4. 范爷古装造型美掉渣 闺蜜之战妆容谁胜（2014 年 5 月 14 日，新浪网）

5. 董洁西瓜头卖萌太雷人 丑掉渣毁形象（2014 年 6 月 6 日，股城网）

6. 看着这些帅掉渣的时尚大片，收到台历的朋友在大饱眼福的同时，也免不了成为粉丝们围攻的对象，“跪求转送”什么的类似要求也再正常不过啦。（《明星过年小礼品拼创意：有吃有用顺带秀恩爱》，2015 年 2 月 15 日，人民网）

7. 对于我这样的观众而言，至少，在多年以后，问起动画片，在我们的脑海中，除了老掉渣的黑猫警长和葫芦兄弟，还有这么一群羊和狼的故事，让我们怦然心动。（《为〈喜羊羊和灰太狼〉高兴》，2010 年 2 月 23 日，人民网）

之所以“掉渣”的黏合式补语形式一般用于新闻标题和定语修饰成分中，是因为标题一般要简洁醒目，修饰成分也是简洁化比较好。

（三）补位上的固化度。处于补语位置的“掉渣 3”，与“极了、要命”等后置副词一样表达着极性程度义。“A 得（到）掉渣”或“A 掉渣”既可以充当句子成分，也可以充当句法成分。以此来看，称“掉渣”为一个新兴的唯补副词，并不为过。但是，我们发现补位上的“掉渣”固化度还不够

1. 问题不断的奶制品行业，问题不断的蒙牛牛奶，再一次成为公

众关注的焦点。不过，就具体问题而言，蒙牛这次出现的问题并不“新奇”，而且，手段还有些老套，甚至俗到掉了渣——涂改生产日期。(《王传涛：“永不过期的牛奶”挑战公众底线》，2012年8月23日，人民网)

2.《武林外传》里也会出个时尚星球的人，这是小伙伴们想不到的，当年他们真的土掉了渣。但是不得不否认，这些人都不同程度地红了，闫妮频繁在电视剧中吃嫩草，沙溢娶到胡可，姚晨大着肚子依然登芭莎封面。(《一部剧捧出一堆大腕 这些明星一战成名世界知》，2014年7月28日，人民网)

对于副词化的检测标准，张谊生①这样认为：只要是成词的并且已程度化的副词，那么，无论出于什么样的分布中，一般都不能再分离或中间插入时态成分“了”。例1、例2中的“掉渣”中间能加入时态成分“了”，但依然表达着极性程度义。可见处于补语位置上的“掉渣”保留着原述宾式结构的语法特点，还处于副词化的演化过程中。

3. 上一季跑男里除了俊男靓女还有什么？王祖蓝和王宝强，但虽然这两兄弟都姓王但画风实在不搭呀，一个是憨厚得直掉渣的宝宝，另一个是逗比无穷尽的祖蓝，相比之下双胞胎弟弟包贝尔和祖蓝画风更为接近，扮起葫芦娃也是同样的么么哒。(《包你乐，包贝尔上〈跑男2〉的N种比拼指数》，2015年4月25日，人民网)

上面的例3中的“掉渣”前还可以用副词“直”来修饰限制，更是说明补位的“掉渣”副词化尚未完成，原述宾式结构的特点还比较强。

三 语义选择和搭配

(一) 搭配关系的制约

副语化的“掉渣”不可以出现在谓词前作状语成分，只能在谓词

① 张谊生：《程度副词“到顶”与“极顶”的功能、配合与成因——兼论从述宾短语到程度副词的结构与语义制约》，载《世界汉语教学》2013年第1期。

后作程度补语。与之相搭配的谓词一般为性质形容词，有时也可以为等同性质形容词的外来字母词。

1. 习大大让你吃海鲜，你敢不听么？扔掉LOW得掉渣的红烧牛肉面、老坛酸菜面、老干妈吧，把刚出海的海鲜吃到爆，才算来过马尔代夫。（《去马尔代夫，习大大说别吃泡面吃海鲜》，2014年9月22日，人民网）

"'A得（到）+掉渣'或'A掉渣'结构形式都是对'A'的程度加以说明或强调，之所以结构中的'A'多为性质形容词，是因为性质形容词都具有弥散的量幅，适合于将性状延伸进而具体化、生动化"①。偶有附在动词后面做程度补语的情况，但是这种组配率比较低。

2. 都让被人虐得掉渣了，巴西怎么了。（《长春晚报》2014年7月14日）

3. 摩羯男迅速和她离婚又攀上了另一个白富美。又利用女方坐上了管理位置，摩羯男利用二个女人上位后存了一大笔钱后终于肆无忌惮，居然还包养了一个小三。和第二任又离婚。摩羯们利用完就甩的功利心真是让人心寒到掉渣渣，你身边的摩羯男是真心爱你，还是利用你？（《那些极品的星座恋人你了解多少》，2014年12月17日，人民网）

上面的例2是新闻标题，里面的动词"虐"除了在被动式外，一般很少独立为词，只是作为词语的构成语素，如"虐心、虐待等"。例3中的"心寒"为心理动词。

（二）音节组配的限制

与补位上的"掉渣"相搭配的形容词一般为单音节性质形容词。少数也可以为双音节，甚至为多个形容词联合而形成的多音节形式。

1. 有读者说："余秀华的诗，是生生从土里拔出来的句子，新鲜得掉渣。"然而，也有人认为她是把"苦难煲成了鸡汤（《自媒体作"东风"，大众诗歌掀热潮》，2015年1月22日，人民网）

---

① 张谊生：《试论当代汉语新兴的补语标记"到"》，载《当代语言学》2014年第1期。

2．时尚搭配让你美丽掉渣（新浪博客标题，2011 年 11 月 17 日）

3．但现在的房子所取的名字，能够有他们这样的雅致吗？“富贵豪庭”“罗马花园”……那些俗气又土气得掉渣儿的名字，怎么能够和“小杨柳屋”“平屋”相比呢？（《白马湖之春》，2009 年 6 月 4 日，人民网）

后面程度补语对相搭配的形容词单、双音节的选择，应该与韵律有关。汉语的韵律规则是两个音节构成一个音步，当补语为双音节时，为使音律协调、整齐，一般会选择双音节形容词。“掉渣”虽然是双音节，但它作程度补语时，多采用组合式补语形式，因为有“得”或“到”这样的补语标记，所以形容词多为单音节形容词，与“得”或“到”组合为双音节。

（三）语义选择的倾向

补语化的“掉渣”一般与消极义的性质形容词相搭配。北大语料库、人民网及百度搜索引擎所得的语例，与极性程度义“掉渣”相搭配的形容词，“土”（即“土气”）的比例最高，继而为“丑、老、穷、俗、贱、坏”这样的消极义性质形容词。

1．FOX 喜剧《神烦警探》凭借着逗比侦探贱得掉渣的表现成为第 71 届金球奖中的一匹黑马，成功击败了包括《摩登家庭》《生活大爆炸》《公园与休憩》和《衰姐们》等热门剧，捧走了喜剧类最佳剧集奖，而男主角安迪·桑姆伯格更拿下了喜剧类最佳男主角的头衔。（《新剧老剧抢滩美剧秋季档　闪电侠绿箭侠联手打怪》，2014 年 10 月 14 日，人民网）

2．最近，他又在美剧《谜案追凶》里演一个坏得掉渣的 IT 天才。（《罗琳续写“哈利波特”引热议 盘点哈利赫敏等去哪了》，2014 年 7 月 14 日，人民网）

3．外媒现在又为我们带来了 Beta 多人测试时的截图，令人失望的是画面并没有想象中的高清，甚至可以用烂到掉渣来形容。（《〈光晕 5 守护者〉Beta 多人模式新截图曝光》，2014 年 12 月 22 日，人民网）

这些形容词多具有［＋外貌评价］的语义特征，如“土、丑”等；有的具有［＋秉性评价］的语义特征，可以为事物的秉性也可以为某人的秉性，如“坏、贱、老、俗、笨、蠢、糙、烂”等；少数是［＋

境遇评价］的语义特征，如“穷、惨、苦”等。

作为极性程度义表达的“掉渣”用法泛化后，也可以和积极义的性质形容词相搭配，多为单音节，偶有双音节形容词。这些积极义的形容词同样也具备［+外貌评价］［+秉性评价］［+境遇评价］这些语义特征。

4. 跟着“马向阳”下乡如火如荼的开展起来，大槐树、槐树小学、马向阳宿舍、二叔刘世荣家、老祖奶家、辘轳井都成为游客的必到之地。尤其是那景色美得掉渣的“齐长城”，都成为这里的地标性景点。（《你知道吗？好多电视剧都是在我们身边拍的》，2015 年 1 月 26 日，人民网）

5. 昨日，华中师大举行大二英语期末考试，学生考后纷纷表示试卷“潮得掉渣”。小苹果、蓝翔技校、炸鸡和啤酒等紧贴社会热点、娱乐八卦的内容在考题中频现，不少学生笑言“考试真欢乐”。（《楚天都市报》，2015 年 1 月 18 日）

6、帖子主题：纯朴得掉渣的朝鲜电影（铁血社区铁血国际论坛）

7、李薇，一个幸福到掉渣的女人。（帖子标题，2011 年 6 月 13 日，个性网）

四　形成机制和动因

（一）语义虚化与认知机制

“虚化是一种词汇——语法现象，同时也是一个心理认识过程，是从一个认知域向另一个认知域的转变。”① “掉渣”由一个具有实在意义的述宾短语虚化为极性程度义的准副词，与我们的认知心理密切相关。

1. 那座祠堂年久失修，虽是祭祀祖宗的神圣的地方，却毕竟又是公众的官物没有谁操心，五间大厅和六间厦屋的瓦沟里落叶积垢，绿苔绣织，瓦松草长得足有二尺高；椽眼里成为麻雀产卵孵雏的理想窝巢；墙壁的泥皮剥落掉渣儿；铺地的方砖底下被老鼠掏空，砖块下陷。（陈忠实《白鹿原》）

---

① 张谊生：《论与汉语副词相关的虚化机制》，《中国语文》2000 年第 1 期。

2. 某天，一个蹲在市场上刮鱼鳞的穷苦贤惠的渔妇冲他抬起黄脸，手在围裙上匆忙抹抹，掏出一封揉得掉渣的信，说：总算找到你了。这憧憬使他心里出现了股酸胀。（严歌苓：《扶桑》）

3. 和一周以前相比，她的家已经变了模样：老得掉渣的外墙加上了保温材料，换上了白色节能门窗，楼道墙壁和楼顶全部清理见底儿，单元门也是重装的电子门。（《七台河 1.5 万户居民将受益“暖房子”》，2014 年 9 月 25 日，人民网）

上面的例 1 中的“掉渣”是述补短语，就是指“泥皮的渣往下掉”，在句中做谓语成分；例 2 中“揉得掉渣”中的“掉渣”还保留着述宾短语的实义，但是句法位置移到了句子谓词之后，表动作的结果，做结果补语，表达上略带夸张的效果；例 3 中的“掉渣”不再是动作的结果，而是在形容词后面作补语成分，既可以说是“老”的结果也可以说是“老”的程度，是“掉渣”语义虚化的临界语境。

4. 此类骗局为“邮包诈骗”的升级版，仅仅是在“邮包涉案”上又裹了层外包装，摇身一变成了“快递诈骗”。民警称，这种“换汤不换药”的骗术最为常见，即便是内容老得掉渣，只要由头稍微改变，仍有人会上当受骗。（《提防包裹送到家骗子找上门 警方盘点快递诈骗手法》，2015 年 1 月 14 日，人民网）

上面例 3 中的“掉渣”与例 4 相比，语义上已经完全虚化，只是表达极性程度义。由述宾短语表“结果”到副词化表“程度”的认知机制是转喻，用“某种结果”来指代主观上的“极性程度”。当然这种“结果”是到达了一定的程度才产生的“结果”，现实联系中“结果”与“程度”是相关的，才可以发生替代，这是转喻的认知基础。

需要补充的是，“掉渣”的副词化是原位虚化，并不是由状位或定位虚化而来。极性程度义的“掉渣”具有唯补性，不可以在谓词前做状语成分。形容词性质的“掉渣”时间上出现在补位“掉渣”之后，语义上也有着差异性。形容词化的“掉渣”和副词化的“掉渣”是其语法化的两个方向，不存在继承关系。

（二）语义滞留与主观凸显

语法化的原则中有一条“语义滞留原则”（persistence），即实词的语义滞留在虚词中并限制虚词的使用和句法功能[1]。从语法化的角度来看，“掉渣”的虚化程度并不高。这与语义滞留有关，补语化的“掉渣”依然保持着原结构的语义。

“掉渣”的原义是指事物性质达到一定的程度后发生的一种现象或结果，这种现象或结果是视觉观测到的，而且是不如意的。

1. 长春滨河小区楼外墙掉渣房间内漏雨无人管理（《城市晚报》2013 年 10 月 31 日）

2. “喂，姑娘，吃块秫面饼吗？”缥缥缈缈地，有一个声音传来，“你也想爬火车？跟我们一起走吧，再等一会儿，煤车就来了。”说着，他走过来，递给我一块秫面饼。那饼硬得掉渣，但对我的胃来说，这是真正最充实、最丰盈的歌。（《作家文摘》，1993 年）

上面的例 1、例 2 中“掉渣”都只是述宾短语，语义未虚化，功能上没有副词化。“外墙掉渣”、“硬得掉渣”都可以目测到，都不是希望的结果，具有主观不如意性。正因为“掉渣”是一种目测的结果，所以副词化的“掉渣”不只表达极性程度义，同时还有着夸张、形象化的修辞表达效果。有时，“掉渣”与其他程度义的词语一起使用，其形象化、视觉画面感强的效果很明显。

3. 全村的老少爷们儿服他，不仅在于他出身贫苦，不靠天、不靠地，凭着个人的努力，成为远近闻名的企业家；更在于他富不忘贫、贵不忘本，率众乡亲奔小康，短短几年时间，把穷得掉渣、苦得难熬的裴寨村，建成闻名全国的新农村社区。（《十年一诺裴春亮：为了老支书和众乡亲的嘱托》，2015 年 3 月 6 日，人民网）

4. 今天回顾了这么多版武则天，小编惊奇地发现除了经典刘晓庆版，几乎都出自湖南卫视之手，武则天很忙，被拍了 N 版，有的美得惊艳，有的土得掉渣。（《“武媚娘们”大聚会 范爷太妖刘嘉玲最凶》，2014 年 12 月 30 日，人民网）

补语位置上的“掉渣”偶尔会使用“掉渣渣”形式，表达上比

---

① Hopper, Paul J., “On some principles of grammaticization”, In Elizabeth Traugott and Bernd Heine, *Approaches to Grammaticalization*, Vol. 1: 17 - 35. Amsterdam: Hohn Benjamisn, 1991.

“掉渣”更加形象化，而且还有着程度义加强的效果。

5. 后来，夫妻俩在村里租了一间平房，男的连夜磨豆腐，女的白天开车去市场卖。“生活苦得掉渣渣，可两口子还亲密得很。”（《42岁哥哥救妹妹均被冲走 手拉手至死未松将合葬》，2012年7月27日，人民网）

6. 鹿晗，1990年生于北京，火到掉渣渣的新生代偶像，尤其是在90后的心里，他就是神一般的存在。（《百万“鹿饭”号召力24小时内促使鹿晗代言合作》，2014年12月16日，人民网）

张谊生认为：出现在补位的程度副词几乎都是语言表达过程中因强化主观情态而导致的句法结果[①]。“掉渣”也是因为主观凸显非一般的程度义，所以副词化后的“掉渣”表达高程度义的同时，还凸显［+不如意］这样的主观情态义。因此与程度义“掉渣”组配的也多为消极义、评价义（外观、秉性、境遇）的性质形容词。

“结果”义述宾短语的程度化，除了已研究过的“透顶、绝顶”[②]、“要命、翻天”[③]“到顶、极顶”[④]“到家”[⑤]外，现代汉语中这类短语还有很多，比如：“丑得吓人”“漂亮得没朋友”“好吃到没烦恼”“美得冒泡”等。虽然都为述宾结构表程度，但受各自原结构语义积淀的影响，使用时主观凸显的侧面不同，使用的语境和各自组配的形容词就有所不同。这些短语有的已经词汇化，有的只是临时作程度补语，没有进一步副词化。

（三）语法类推与语用泛化

由北大语料库中搜集到含有“A得掉渣”的有效例句共37例，其

---

① 张谊生：《程度副词“到顶”与“极顶”的功能、配合与成因——兼论从述宾短语到程度副词的结构与语义制约》，载《世界汉语教学》2013年第1期。

② 张谊生：《“透顶”与“绝顶”的句法功能和搭配选择》，载《语文研究》2008年第4期。

③ 蔡丽：《程度范畴及其在补语系统中的句法实现》，博士学位论文，暨南大学，2010年。

④ 张谊生：《程度副词“到顶”与“极顶”的功能、配合与成因——兼论从述宾短语到程度副词的结构与语义制约》，载《世界汉语教学》2013年第1期。

⑤ 宗守云：《从“到家”的演变看终点义到极致义的语义发展途径》，载《世界汉语教学》2014年第3期。

中“土得掉渣”32 例[1]。极性程度义“掉渣”高频与形容词“土”相搭配，这与“掉渣”原结构的语义积淀有密切的关系。

在具体使用过程中，由于语法类推作用，“掉渣”的使用范围开始泛化。与之相搭配的形容词，由最初只是消极义的性质形容词，扩展到积极义的性质形容词；由只是单音节形容词，扩展到双音节甚至多音节形容词联合短语形式；由最初的只是外观评价义的形容词，扩展到事物秉性评价、境遇评价的形容词。

1. 蒋勤勤版穆念慈，美得掉渣了。她们全是顶级美女！（《张纪中金庸剧都是养眼的选美大片》，2015 年 4 月 22 日，人民网）

2. 少女时代徐贤可爱美丽掉渣（视频标题）（17173 视频网）

3. 逼真得掉渣！超酷炫的蓝色横条立体 3D 手绘（帖子标题，2014 年 11 月 28 日，太平洋电脑网）

4. 除了绯闻新恋情，为自己正名也是明星选择 Coachella“秀场”的原因。随便你们怎么在 Robert Pattinson 和 Kristen Stewart 的生活插曲中做文章，人家现在就是幸福得掉渣！（《草地上的时髦：露出美腿 抢眼高招》，2013 年 7 月 10 日，新华网）

由于语法类推作用所致，极性程度义“掉渣”可以与越来越多的性质形容词相搭配。语用范围的泛化必然会更促进其语义上的虚化和结构上的固化。

结　语

“掉渣”的副词化与其他述宾结构的副词化过程和认知机制有共性，也有自己的个性。都具有唯补性，在性质形容词后表达极性程度义。“掉渣”更凸显视觉画面感，是补位上的原位虚化，与形容词性质的“掉渣”不存在承继关系，虚化机制是转喻模式。

目前，“掉渣”结构上的固化度还不够高，语义上还保留着原述宾短语的特点，前面可以用副词“直”修饰限制，结构内部还可以插入时体成分“了”。但随着使用范围的泛化和使用频率的促动，“掉渣”

[1] 其他“穷得掉渣”“老得掉渣”“揉得掉渣”“俗得掉渣”“硬得掉渣”各 1 例。

固化为词，与“绝顶、透顶、要命、到家”等一样被收入词典，是发展的必然结果。

“掉渣”这类新的准副词的出现，是由于语言表达不满足原程度补语所表达的程度，希望寻找新的表达方式来凸显非同一般的程度，是为追求一种标新立异的语言效果。“美得冒泡”“萌到没朋友”“好吃得没烦恼”等也是同样的原因所出现的程度表达语言现象，它们没有如“掉渣”这样副词化，是因为节律的限制和临界用法不够多所导致。

辽西方言特征词说略*

李薇薇**

摘　要　本文报告了用249条辽西方言词组成的词表进行辽西方言特征词调查的过程，对所提取出的32条辽西方言特征词进行了释义，并探讨了辽西方言小片形成的主要原因。

关键词　辽西方言　特征词　特征词释义

一　引言

方言特征词是“一定地域里一定批量的，区内大体一致，区外相对殊异的方言词”①。利用方言特征词理论来研究辽西方言特征词，可以从词汇学的角度为辽宁方言、北京官话的分区提供词汇学依据，也可以进一步验证辽西地区各方言点之间的亲疏关系。

广义的辽西地区是指位于辽宁辽河以西与内蒙古、河北接壤的辽宁西部地区，狭义的辽西地区特指辽西走廊，即从今日的锦州城区到山海关城区之间的一条狭长地带，一般包括锦州、凌海、葫芦岛、兴城、绥

---

* 原载《方言》2016年第1期。

** 李薇薇，女，1975年3月，汉族，讲师。2003年毕业于汕头大学汉语言文字学专业（方言与文化方向），导师林伦伦教授，获文学硕士学位。2016年毕业于黑龙江大学汉语言文字学专业，获文学博士学位。主要研究方向为社会语言学及方言学。发表学术论文十余篇，主持省教育厅项目一项，市厅级项目五项，参编词典教材四部。

① 李如龙：《汉语方言的比较研究》，商务印书馆2012年版，第112页。

中等市、县。钱曾怡、张世方所说的北京官话区的“锦兴片”和“秦锦片”[①]，指的就是这条狭长地带。杨春宇认为“辽西片”除上述地区，还包括“建昌、义县、北宁、黑山、阜新、彰武、盘山、台安、盘锦、大洼”等地。[②]“方言区往往有典型的核心区和边缘区之分。方言特征词往往在核心区表现较为明显。而边缘地带则因受周围方言的影响而表现得不充分。考察方言特征词可把重点放在核心区。”[③] 因此，本文所说的辽西地区指包括辽西走廊和锦州现辖三市县（义县、北宁、黑山）在内的区域。

所谓辽西方言特征词是指在辽西地区使用的，具有一定批量的，区内大体一致，区外相对殊异的方言词。这些方言词在结构上包括单字及多字组合等多种形式，在语法功能上可独立充当句法成分，在词汇来源上不限于基本概念词，这是北方官话与南部方言（以闽、粤为例）特征词来源的最大差异，也体现了南、北方言词汇系统存在的迥异风格。“区内大体一致”是指特征词在区内覆盖面广，对内一致性强。“区外相对殊异”是指特征词与外区交叉少，对外具有一定的排他性。由于方言之间的相互影响和借用，有些方言特征词会不可避免地出现内部覆盖不周遍、外部又有所牵连的特点，因此，在选取方言点的时候，我们着重选取了辽西方言的中心区域锦州地区。如果一个词在这些地区内共同所有，在周边其他地区则较为少见，就定为辽西地区的方言特征词。

二　辽西方言特征词的提取过程

辽西方言特征词的提取是一个反复比较、调查和筛选的过程，整个过程经历了以下几个步骤。

第一步，内部、外部定点调查。我们从现有的相关文献《锦州方

---

① “秦锦片”另包括的“青龙、抚宁、卢龙、秦皇岛”因不属于辽宁省，故不在本文讨论范围。参见钱曾怡《汉语官话方言研究》，齐鲁书社 2010 年版，第 10 页；张世方《北京官话语音研究》，北京语言大学出版社 2010 年版，第 50 页。

② 杨春宇：《辽宁方言语音研究》，《辽宁师范大学学报》2010 年第 5 期。

③ 李如龙：《汉语方言特征词研究》厦门大学出版社 2002 年版，第 3 页。

言札记》《锦州方言集注》中初选出500余条词语，淘汰掉《东北方言大词典》《东北方言概念词典》《哈尔滨方言词典》等辞书中收录的词条，精选出249条词语做成辽西方言特征词调查词表，利用这一调查词表进行内部、外部定点调查。内部方言点选取锦州、凌海、葫芦岛、绥中、义县、北宁、黑山七个市县。外部方言点选取锦州东邻的沈阳和西邻的北票，理由是在方言分区上，沈阳话、北票话与辽西方言均不属于同一方言片①。经初步定点调查、分析比较，结论如表1所示：特征词分布数量越多的方言点越有代表性。

表1　249条特征词在七个内部方言点的分布情况（数量单位：条）

县、市	锦州	凌海	葫芦岛	绥中	义县	北宁	黑山
数量	249	214	166	212	188	156	146

此外，249条特征词在两个外部方言调查点沈阳和北票的分布数量分别是27条和46条。从数据上进一步证明了把沈阳和北票作为外部方言调查点具有一定的合理性。

第二步，内部、外部的验证性调查。我们淘汰掉调查表中北票、沈阳分别都有的词语，提取出121条词语作为辽西方言特征词初稿。为了验证其是否具有合理性与可行性，我们在内部、外部再次选取了九个方言点进行验证性调查。内部方言点选取兴城、外部方言点选取辽阳、阜新、朝阳、法库、开原、鞍山、海城、本溪。

第三步，淘汰掉外部方言点中分布比例占两个点以上（包括两个点）的词条后，对锦州、凌海、葫芦岛、兴城、绥中、义县、北宁、黑山八个市、县的词条进行比较，最后归纳出辽西方言特征词32条。图1是本文调查方言点的示意图（●为内部方言调查点，○为外部方言调查点）。

① 钱曾怡：《汉语官话方言研究》，齐鲁书社2010年版；张世方：《北京官话语音研究》，第50页；杨春宇：《辽宁方言语言研究》，《辽宁师范大学学报》2010年第5期。

图 1 辽西方言特征词调查点示意

三 辽西方言特征词释义

“区内覆盖面广，对内一致性强”是我们提取辽西方言特征词的内部依据。在八个内部方言调查点中，凡是通行于六个方言点以上，即区内覆盖面达到75%以上的词语，都视为辽西方言特征词。这些特征词可分为三组：覆盖八个方言点的特征词、覆盖七个方言点的特征词以及覆盖六个方言点的特征词。特征词的注音以锦州话为例，为了便于理解特征词的注音情况，先简要介绍一下锦州方言的音系及其与辽西七市、地之间的语音差异。

（一）锦州方言的音系

1. 声母 20 个，包括零声母

p 帮巴别	p^h 怕平品	m 明门木	f 非奉发
t 端定大	t^h 透同头	n 女饿鸥	l 来 连 里

tʂ 糟照卷	$tʂ^h$ 仓穿全	ʂ 三审选	ʐ 日
tɕ 精见叫	tɕ 清齐前	ɕ 心邪晓	k 刚古怪
k^h 开葵可	x 话湖好	j 如入辱若	ø 问眼然远软

2. 韵母 36 个

ʅ 资知日	i 西米地	u 五故如	y 雨去句
a 怕辣马	ia 夏家亚	ua 挖话挂	ɤ 乐破佛热
uo 我落若	iɛ 接也写	yɛ 月却靴	ai 该买在
uai 外坏拽	ei 非黑被	uei 为回吹	au 毛闹好
iau 要叫小	ou 后走手	iou 有修求	an 按但站
ian 眼见染	uan 完全卷	yan 远软	ən 恩分真
in 因新心	uən 问混群	yn 云晕	aŋ 张当放
iaŋ 样将想	uaŋ 望黄装	əŋ 横正风	iŋ 应竟顶
uəŋ 翁嗡瓮	yŋ 胸穷	uŋ 红送动	ɚ 而儿耳二

3. 字调 4 个

阴平	［44］	诗开高天
阳平	［34］	时麻食白
上声	［213］	使口好福
去声	［42］	爱怕是各

说明：（1）tʂ $tʂ^h$ ʂ 与 ts ts^h 是自由变体，锦州话中使用舌尖后音的情况较多，因此记音时选用舌尖后音，与之相拼合的舌尖元音也只选用［ʅ］。

（2）部分舌面音与撮口呼相拼时，发成舌尖后音，与之相拼的撮口呼也发成合口呼。如：［tʂuan］捐、卷、绢、倦；［$tʂ^h$uan］圈、泉、全、权、拳、犬、劝、券；ʂ 轩、宣、旋、玄、悬、癣、选；［tʂuən］均、钧、君、俊；［$tʂ^h$uən］群、裙；［ʂuən］薰、勋、寻、循、迅、训。

（3）部分影疑两母开口一、二等字读成 n 声母开头，如“挨、安、鹅、岸、额、恩”等。

（4）古日母字（除止摄开口、遇摄合口个别字）、喻三庚韵平声字、喻四东韵、钟韵平声字都读成零声母，如“绕［iau］、软［yan］、让［iaŋ］、刃［in］、荣［yŋ］、融［yŋ］、容［yŋ］”等。

(5) 个别日母字的声母读成舌面中近音，如“如［ju］、入［ju］、辱［ju］、褥［ju］、惹［juɤ］、若［juo］、人［jən］、仁［jən］”等。

(6) 圆唇音［o］与［pp^h mf］相拼合时，读成 ɤ。

(7) 个别泥母、来母遇摄合口三等字、来母通摄合口三等字的韵母 y 读成 uei，如“驴［luei^{3}］、女［nuei^{21}］、吕［luei^{213}］、虑［luei^{42}］、缕［luei^{213}］、绿［luei^{42}］”等。

(二) 辽西七市地与锦州音系的差异

1. 声母

(1) 在古精、知、庄、章组字声母的读音上，锦州、凌海、葫芦岛、兴城、绥中有很高的相似度，［tʂ tʂ^h ʂ］与［ts ts^h ss］是自由变体，且舌尖前音多发成舌尖后音［ʂ］，如：子［ʂʅ^{213}］、走［tʂʅ^{213}］、抓［tʂu^{44}］、枝［tʂʅ^{44}］。义县、黑山、北宁话中，古精、知、庄、章组字的声母今为［tʂ］、［s］自由变读，具体读音因人而异，缺乏规律性。如义县话中，古知、章组字今都读成［s］，庄组字声母混读，如：追［tsuei^{44}］、长［tsaŋ^{213}］。黑山、北宁话中，精、知、庄、章组字都有［ʂ］［s］混读现象，精组字以读［ts］为主，个别音读［tʂ］，知、庄、章组字则完全混读，无规律可循，如：租［tu］、粽［tʂəŋ^{42}］、桌［tsuo^{44}］、沙［tsa^{44}］等。

(2) 在日母字的读音上，义县均读作［ʐ］，黑山、北宁则为［ʐ］［ø］混读，如：如$_{黑山、北宁}$［ʐu^{34}］、柔$_{黑山}$［ʐou^{34}］、柔$_{北宁}$［iou^{34}］、刃$_{黑山、北宁}$［in^{42}］、闰$_{黑山}$［ʐən^{42}］、闰$_{北宁}$［in^{42}］。锦州、凌海、葫芦岛、兴城、绥中五地则是［ʐ］、［ø］、［j］三读，如：如［ju^{34}］、人［iən^{34}］、然［ian^{34}］、日［ʐʅ^{42}］等。部分“永”类零声母字在锦州、绥中、黑山话中读作［ʐ］，如：永［ʐuŋ^{213}］、拥［ʐuŋ^{44}］、勇［ʐuŋ^{213}］、涌［ʐuŋ^{213}］、用［ʐuŋ^{42}］等。

(3) 影母开口一等字读成［n］或［ø］声母的情况。锦州、凌海均读成［n］，其他六市地则［n］［ø］两读，如：挨［nai^{44}］、安［nan^{44}］、鹅［nɤ^{34}］、爱［ai^{42}］、欧［ou^{44}］、奥［au^{42}］等。

2. 韵母

(1) 圆唇音［o］与［pp^h mf］相拼合时的读音情况。锦州、凌海、兴城、绥中具有高度的一致性，都读成［ɤ］。黑山、北宁都读成［o］，义县、葫芦岛则［o］、［ɤ］混读。

（2）个别泥、来母遇摄、通摄合口三等字韵母的读音情况。凌海与锦州都读成［uei］，如：女［nuei^{213}］、吕［luei^{213}］、旅［luei^{213}］、虑［luei^{42}］、缕［luei^{213}］、屡［luei^{213}］、绿［luei^{42}］。其他六地则读［y］。

3. 声调

单字调4个。葫芦岛、凌海、兴城、黑山的阴平较锦州稍低，为［33］，其他地方均为［44］。兴城的阳平为［343］，其他地方均为［34］。上声、去声的调值八市地之间基本一致，均为［213］和［42］。八市地在个别阴平字读阳平、古清入声字读上声方面有较大一致性，如："东［duŋ^{34}］、叔［ʂu^{34}］、收$_{拾}$［ʂou^{34}］、机$_{器}$［tɕi^{34}］、都$_{是}$［tou^{34}］、媳［ɕi^{213}］、职［tʂʅ^{213}］、福［fu^{213}］、惜［ɕi^{213}］、$_{感}$觉［tɕiau^{213}］、血［ɕyɛ^{213}］、色［ʂai^{213}］、$_{来}$客$_{了}$［tɕ^{h}iɛ^{213}］、质［tʂʅ^{213}］、雀［tɕ^{h}iau^{213}］、幅［fu^{213}］、泊［pɤ^{213}］"等。

（三）辽西方言特征词释义

1. 覆盖八个方言点的特征词（9条）

下列各组中的特征词按汉语拼音字母排序并进行释义。（释文中字下加"～"表示因考证不出本字而借音的字，下加"_"表示读音发生临时改变的字，"～"用于例句中代替所释词语）。

（1）话扯儿的［xuar^{42} tʂ^{h}ɤr^{44} ti^{20}］：闲话多：整天～，吃饭也堵不住你的嘴？

（2）懒豆腐［lan$^{213-21}$ tou^{42} fu^{10}］：点卤水而不去渣的豆腐。

（3）狸儿花儿的［lir^{34} xuar^{44} ti^{20}］：视力较差，视物不清：我这眼睛看东西～。

（4）说话打唠儿的［ʂuo^{44} xua^{42} ta$^{213-21}$ laur^{42} ti^{10}］：谈话、聊天的状态或时候：～，看不出他有啥毛病。

（5）瞎柳子/瞎柳叶子［ɕia^{44} liou^{213} zʅ^{30}］/［ɕia^{44} lə^{20} iɛ^{42} zʅ^{10}］：柳莺，体小、反应不灵敏，常在柳树上活动，因视力不好而得名。

（6）小老头［ɕiau$^{213-34}$ lau^{213} t^{h}ou^{30}］：家中排行最小的女孩。

（7）又一道劲儿/子［iəu^{42} i^{34} təu^{42} tɕiar^{42}/iəu^{42} i^{34} tau^{42} tɕin^{42} tʂʅ^{10}］：为人处世的方式令人看不惯：他做啥事儿都～。

（8）支客子［tʂʅ⁴⁴ k'ɤ³⁴ zʅ²⁰］：红白喜事中，代替东家执掌事务的人。

（9）猪钢子［tʂu⁴⁴kaŋ⁴⁴tʂʅ¹⁰］：猪鼻子。

2．覆盖七个方言点的特征词（6条）

（1）绰真儿［tʂau⁴⁴tʂər⁴⁴］：较真儿：做啥事儿别太～了。

（2）打（个）透眼儿［ta²¹³（kə³⁰） tʰou⁴²iɐr²¹³］：办事情之前先找人帮助沟通、接洽：我跟他不熟，你先去帮我～。

（3）落稀不落干［la³⁴tɕ i⁴⁴ pu⁴² la³⁴ kan⁴⁴］：不过瘾。一般指食物过少，只能慰藉心灵，无法满足胃口：说是吃螃蟹，实际上一人才一个，～的。

（4）替牙［tʰi³⁴ia³⁴］：动词。小孩儿换牙。兴城、北宁称［tʰi⁴² ia³⁴］。

（5）霨［ve i³⁴］：潽：粥～了。

（6）行（的）了［tɕ iŋ³⁴ （tə²⁰/ti²⁰） liau²¹³］：行、可以，表示轻微赞赏：～哇！会干活啦！

3．覆盖六个方言点的特征词（17条）

（1）编致［pian⁴⁴tʂʅ²⁰］：考究：五大三粗的人，做出来的东西还挺～！

（2）半（截）撼儿［pan⁴²tɕ¹⁰xɐr ⁴²］：半道儿：活儿干到～了。

（3）打了个迟儿［ta²¹³ lə²⁰kə¹⁰tʂʰər³⁴］：停顿了一下、迟钝了一下：这儿年他变化太大了，我～才认出来。

（4）带不预儿［tai⁴² pu³⁴ yər⁴²］：不经意：～一回头儿，竟然发现他了！

（5）丁闷儿［tiŋ⁴⁴ mər²⁰］：总是，不断，又称“总闷儿”“总溜儿”：还有完没完了，～磨叽啥？

（6）炖鸡蛋［tuən⁴² tɕ i⁴⁴ tan⁴²］：蒸鸡蛋糕。

（7）发迟［fa⁴⁴tʂʰʅ³⁴］：发呆、迟钝。

（8）干白豆腐［kan⁴⁴ pai³⁴tou⁴² fu¹⁰］：干豆腐和白豆腐的总称。

（9）个式［kɤ⁴² ʂʅ¹⁰］：①怪相，鬼脸儿：二人转演员可能做～了。②装饰，饰物：衣服上有不少小～③讲究：这人～忒多了！

（10）阁儿楼［kər³⁴lou²⁰］：让儿童骑坐在成人颈肩上的游戏。

（11）混沦着［$xuən^{34}$ $luən^{213}$ $tʂə^{10}$］：不分大小优劣：东西都放～了，分开呀！

（12）老劁儿［lau^{213} $tɕ^{h}iaur^{44}$］：老母猪阉割后育成的肥猪。

（13）码磉［ma^{213-34} $ʂaŋ^{213}$］：打地基。

（14）能够儿［$nəŋ^{34}kour^{42}$］：能干、有本事：她那人儿家里外头可～了。

（15）上紧儿［$ʂaŋ^{42}tɕ iər^{42}$］：病危：他们家老爷子～了，快去看看。

（16）歇绷儿［$xiɛ^{44}pəŋr^{44}$］：工间休息：干到地头～啊！

（17）有挨［iou^{213} nai^{44}］：有指望、有计划：不用愁了，粮食～了。反义说法"没挨"。北镇、黑山等地指有好处、有油水。

（四）辽西方言小片成因试析

尽管上述32条辽西方言特征词在方言区内的平均覆盖面达75%（六个方言点）以上，但在不同市、县的分布还略有差异，如表2所示。

表2　　**32条特征词在辽西八市县的分布情况**

市县	锦州	凌海	葫芦岛	兴城	绥中	义县	北宁	黑山
数量	32	30	25	28	27	26	22	22
占比	100	94	78	88	84	81	69	69

通过方言特征词的比较，可以揭示出上述地区的方言与锦州话之间的亲疏关系。锦州、凌海、葫芦岛、兴城、绥中五市、县特征词的分布比率高达78%以上，这在一定程度上印证了钱曾怡与张世方把辽西五市单独作为北京官话区其中一个方言片的结论，但对义县的统计结果与钱文和张文的结论略有出入。① 钱文和张文中分别把义县划归为北京官话区中的赤朝小片，这是从语音的标准（知、庄、章组字今声母的读音及其与精组洪音字声母的关系）出发得出的结论。本文从特征词的角度考察，发现义县话与锦州话在词语表达方面有很高的相似度，由于

① 钱曾怡：《汉语官话方言研究》，第10页；张世方：《北京官话语言研究》，第50页。

古精、知、庄、章组字今音不同而导致的词语读音方面的细微差异，本文未予考虑。

方言形成的主要原因是社会的分离、人民的迁徙、地理的阻隔、民族的融合和语言的接触。辽西五市、县（锦州、凌海、葫芦岛、兴城、绥中）方言小片的形成主要归结为两点原因。

第一，地理特征。

辽西五市、县（凌海、锦州、葫芦岛、兴城、绥中）同处于渤海湾沿线，形成了由关内到关外必经的走廊地带，五地之间的交往自古繁多，走廊式地理特征决定了方言词汇的内部一致性。医巫闾山、大凌河使走廊地带与北部的义县、北宁、黑山遥遥相隔，山川地理的阻隔决定了辽西五市、县方言词汇与区外的相对殊异。北宁与黑山地处辽河以西，医巫闾山东麓。北宁东邻黑山，西部与义县隔山（医巫闾山）相对，南接凌海，西南与锦州市隔河（大凌河）相望。从战国到隋代，北宁、黑山大部分时间归辽东郡管辖；而锦州与其北邻的义县或属辽西郡，或归辽东属国，或隶于昌黎郡，在所属的行政区域上一直与北宁、黑山有所不同。辽代设州置县之后，锦州与北宁、黑山均属不同州县。山川地理的阻隔、所属行政区域的分离对锦州与北宁、黑山的交通往来造成了一定的阻碍。较偏东的北宁、黑山而言，义县与锦州北邻，与朝阳东邻，在历史上或隶属锦州，或归于朝阳，地缘的接近使得锦州与义县两地的接触往来要远远多于北宁与黑山。

第二，移民。

辽西地区地处中原汉族与北方少数民族（东胡族系和肃慎族系）交界地带，自战国以来，三大族系便不断碰撞、冲突和交融。特别是辽代以后，伴随着建州置县的大规模民族迁徙与融合，改变了辽西地区的语言面貌。据史料记载，今锦州市西部、葫芦岛部分地区、凌海、义县等地在辽代所设的州县均为迁入的汉人所建，如辽太祖“以汉俘建州（锦州）”。辽兴宗以定州（今河北省定县）俘户建宜州（今义县）。因此这些地区主要是汉族移民聚集地[①]。北宁所在的显州是辽世宗为纪念

① 肖忠纯：《辽代北方民族的内聚：辽宁地区的移民及其影响》，载《内蒙古社会科学》2012 年第 1 期。

其父显陵而建的奉陵州，辽世宗曾“迁东京三百余户（渤海人）以实之”[①]，所辖的奉先县、归义县、康州均为迁入的渤海人所置，山东县是辽穆宗时迁入的渤海永丰县人所建。绥中、兴城部分地区则汉人、渤海人杂处。如来州（今绥中前卫镇）主要为解决女真五部饥荒来归附而设。来州所属的隰、迁、润三州居民多数是强制性移民，隰州、迁州多为渤海移民，润州则为河北青县移民[②]。金元时期，因辽西走廊“傍海道（碣石—锦州段）短而平坦的地理优势，中原汉人北迁和东北少数民族南移必经此道，促进了沿海州县的汉族与渤海、女真等少数民族的进一步融合。经过300多年的繁衍生息，辽西走廊一带汉族与其他少数民族语言进一步融合，逐步完成了汉语的阿尔泰化与少数民族语言的汉化，而迁入北宁、黑山的渤海人、汉人与原住民一起也实现了语言文化的进一步融合，这种融合后的语言就成为明代北方官话的语言底层。

附 录

本文的发音合作人：杜淑芳，女，55岁，初中文化，世居锦州；赵兴业，男，71岁，初中文化，世居锦州，调查时间为2015年1月，调查地点均为锦州。吴歌，男，56岁，大学本科，世居锦州市桃园村，调查时间为2015年9月，调查地点为锦州市桃园村。其他地区的发音合作人：张国岩，男，54岁，大学本科，凌海人，调查时间为2015年9月，调查地点为凌海市；甄玉珠，女，60岁，初中文化，世居葫芦岛市台集屯镇，调查时间为2015年9月，调查地点为葫芦岛市台集屯镇；马宝艳，女，57岁，小学文化，世居兴城市高家岭镇，调查时间为2015年9月，调查地点为兴城市高家岭镇；李恩华，男，69岁，小学文化，世居绥中县高台镇莲花池村桃园屯；调查时间为2015年9月，调查地点为绥中县高台镇莲花池村桃园屯；何启胜，男，76岁，小学文化，世居义县七里河镇育新村二组八家子，调查时间为2015年9月，调查地点为义县七里河镇；宋兆贤，男，75岁，小学文化，世居北镇市罗罗堡镇，调查时间为2015年9月，调查地点为北镇市罗罗堡镇；李海波，男，76岁，小学文化，世居北镇市中安镇高丽板村，调查时间为2015年9

---

① 《辽史》卷三八《地理志二》，中华书局1974年版，第464页。

② 吴凤霞：《辽金时期的民族迁徙与辽西走廊滨海州县的发展》，《广西民族大学学报》2012年第4期。

月，调查地点为北镇市中安镇高丽板村；陈树军，男，54岁，初中文化，世居黑山县四间乡，调查时间为2014年7月，调查地点为黑山县四间乡）。

本文词汇材料的调查人为：赵兴业，男，71岁，初中文化，世居锦州，调查时间为2015年1月，调查地点为锦州；杜淑芳，女，55岁，初中文化，世居锦州，调查时间为2015年1月，调查地点为锦州；乔凤山，男，55岁，初中文化，世居凌海市建业乡博字村，调查时间为2014年7月，调查地点为凌海市建业乡博字村；王文生，男，60岁，小学文化，世居北镇市小亮甲村，调查时间为2014年7月，调查地点为北镇市小亮甲村；冯景和，男，84岁，大学文化程度，世居义县，调查时间为2014年7月，调查地点为义县；陈树军，男，54岁，初中文化，世居黑山县四间乡，调查时间为2014年7月，调查地点为黑山县四间乡；陆景杰，女，48岁，小学文化，世居葫芦岛蜂蜜沟，调查时间为2014年7月，调查地点为葫芦岛市；李恩忠，男，73岁，大学文化程度，世居绥中县，调查时间为2014年7月，调查地点为锦州市；蒋财林，男，51岁，初中文化，世居北票市哈尔脑乡旱洼村，调查时间为2014年7月，调查地点为朝阳市；张淑英，女，68岁，高中文化，世居沈阳，调查时间为2014年7月，调查地点为锦州市；栗喜涛，52岁，高中文化，世居兴城市羊安乡望宝村康甸子，调查时间为2014年7月，调查地点为兴城市羊安乡望宝村康甸子；刘微，40岁，大学文化程度，世居辽阳市，调查时间为2014年7月，调查地点为辽阳市；任成，35岁，大学文化程度，世居阜新市，调查时间为2014年7月，调查地点为阜新市。

对以上合作人表示衷心的感谢！

广州话与普通话三字格重叠变式形容词比较研究*

梁嘉乐**

摘　要　广州话是粤方言的代表，与民族共同语普通话既有相似点又存在众多方面的差异。三字格重叠变式形容词是两者词汇中特殊的一类。通过词形、基式与重叠变式及重叠变式之间的转化、概念义与色彩义和句法功能四个方面的比较，可以总结出三字格重叠变式形容词在广州话与普通话中的相同点与差异。

关键词　形容词　三字格重叠变式　比较　广州话　普通话

在广州话和普通话中存在一种特殊的形容词形式，这一形式由三个音节组成，当中存在着两个音节的重叠，并且这种形式是通过单音节基式或双音节基式转化而成的，学界把这一类形容词称为三字格重叠变式形容词。这类词的词形包括 ABB 式、AAB 式、AA 的式等。其概念义中的词义强弱以及色彩义中的感情色彩与语体色彩均与基式形容词有

---

* 原载《广东技术师范学院学报》（社会科学版）2015 年第 6 期。

** 梁嘉乐，1990 年 11 月生，广东广州人，现任职于广东水利电力职业技术学院。2013—2016 年在广东技术师范学院师从林伦伦教授攻读民族学专业少数民族语言与汉语方言方向硕士研究生，硕士学位论文题目为《广州粤语语音比较研究》，获法学硕士学位。曾参与 2013 年度国家社科基金重点项目子项目“广州地区方言的地理语言学研究”、主持广东技术师范学院研究生创新项目“广州粤语语音比较研究”。目前主持中国语言资源保护工程专项任务“广东汉语方言调查·新会”项目、参与广东省哲学社会科学“十三五规划”2016 年一般项目“广州粤语数据库建设与语言地图研究”、2016 年度《广州大典》与广州历史文化研究专项课题“广州方言历史演变与地理语言学研究”等。

别。此外，三字格重叠变式形容词有别于普通形容词之处还在于这类词在一定条件下可以充当句子的各种成分。本文试将广州话和普通话中的三字格重叠变式形容词作比较，总结出其中的异同之处。

一 定义与界定

（一）普通话与广州话

普通话是我国汉民族各方言地区和我国各民族之间用来进行交际的语言。它是以北京语音为标准音，以北方方言为基础方言，以典范的现代白话文著作为语法规范的现代汉民族共同语。而在粤方言中，广府片粤语使用人口最多、通行范围最广、影响力最大。广府片粤语又以广州话为代表，因此，广州话可以说是粤语的标准语。

（二）三字格词

三字格词，即仅从语音上划分出的，由三个音节组成的词，与单音节词、双音节词同属一个层面。常见的三字格词构成形式有：ABB 式、AAB 式、ABA 式、ABC 式等。

（三）形容词

形容词是汉语实词系统中的一大类，常作谓语、定语和补语；多数能受否定副词“不”和程度副词“很”的修饰；往往不带宾语；包括性质形容词和状态形容词两大类；部分形容词能够重叠①。

（四）基式与重叠变式

形容词往往可分为两大类：基式和变式，即形容词固有的原始形态和由“基式”派生而来的新形式。其中，基式包括单音节形容词和双音节形容词；变式包括拓展变式和重叠变式②。

通过重叠能构成重叠变式。重叠主要包括两种类型，一是构词的一种方法，即重叠法，如普通话中的“灰”和“灰溜溜”、广州话中的“腥”和“腥鰛鰛”；二是指同一个词的表示不同语法意义的方法，即重叠式，如普通话中的“孤单”和“孤单单”、广州话中的“憨居”

① 邵敬敏：《现代汉语通论》（第二版），上海教育出版社 2007 年版，第 176 页。

② 潘国英：《湖州方言中的 AAB 式形容词》，载《湖州师范学院学报》2005 年第 4 期。

和“憨居居”。前者属构词法，后者属构形法①。显然，在普通话与广州话中形容词均可以由单音节基式转换成三字格重叠变式。而在双音节基式转化成三字格重叠变式问题上，笔者认同葛本仪关于构词与构形的划分观点，即凡是 AB 成词，经过形态变化后形成的 ABB 或 AAB 都是构形问题；相反的，凡是 AB 不成词，经过重叠方法构成的 ABB 或 AAB 就属于构词问题②。总而言之，不管是通过重叠法还是通过重叠式所构成的重叠形式形容词都属于形容词的重叠变式。

二 词形的比较

与普通话只有 ABB 式、AAB 式和 AA 的式三种形式相比，广州话拥有更多的三字格重叠变式形容词词形。

（一）普通话

1. ABB 式。

孤零零③　软绵绵　硬邦邦　湿漉漉　凉冰冰

红彤彤　黑黝黝　金灿灿　光秃秃　赤裸裸

2. AAB 式。

邦邦硬　冰冰凉　呱呱叫　煞煞白　喷喷香

溜溜平　溜溜光　溜溜严　麻麻亮　蒙蒙亮

3. AA 的式。

白白的　扁扁的　空空的　浅浅的　稳稳的

香香的　湿湿的　直直的　硬硬的　焦焦的

（二）广州话

1. ABB 式。

咸赧赧④　湿涂涂　密质质　散修修　暖笠笠

① 郑梦娟：《ABB 式形容词研究》，硕士学位论文，武汉大学，2004 年，第 8 页。

② 葛本仪：《现代汉语词汇学》，山东人民出版社 2001 年版，第 8 页。

③ 本文普通话例子以《现代汉语重叠形容词用法例释》《现代汉语八百词（增订版）》《现代汉语词典》（第六版）为主要依据，部分自拟。

④ 本文广州话例子以《今日粤语（上、下册）》《广州方言词典（修订本）》为主要依据，部分自拟。

腥鰛鰛　　空寥寥　　冻冰冰　　疏冷冷　　奀雌雌

2. AAB 式。

沙沙滚　　卜卜脆　　闪闪呤　　流流长　　失失慌

失失魂　　绑绑紧　　甩甩离　　湿湿碎　　啰啰挛

3. AA 哋式。

宿宿哋　　糠糠哋　　懵懵哋　　甜甜哋　　静静哋

乖乖哋　　花花哋　　少少哋　　肾肾哋　　瘦瘦哋

4. A 一 A 式。

热一热　　满一满　　黑一黑　　快一快　　靓一靓

冻一冻　　细一细　　阔一阔　　密一密　　实一实

（三）分析比较

1. 随着语言的交流与发展，普通话中也有了 AAB 式形容词，但这一类词数量并不多，使用范围并不广，王国璋等主编的《现代汉语重叠形容词用法例释》也只录入了 10 个 AAB 式形容词[①]。而 AA 的式则是 AAB 式的一种特殊形式，这种形式中的“的”是结构助词，数量丰富，本文列为独立的一类主要是为了与粤语中的 AA 哋式进行比较。

2. 儿化是北方方言的特点，普通话以北方方言为基础方言，因此也深受这种特点的影响。AA 儿的式是普通话中特殊的一类，AA 儿的式中的第二个 A 必定读为阴平并带有儿化色彩。吕叔湘《现代汉语八百词》的“形容词生动形式表”共列出可形成 AA 的式的形容词 116 个，可形成 AA 儿的式的形容词 113 个。而这里并不存在一一对应的关系，即可形成 AA 的式的不一定都能形成 AA 儿的式，如可说“灰灰的”而不能说“灰灰儿的”；可形成 AA 儿的式不一定可以形成 AA 的式，如可说“阴阴儿的”不能说“阴阴的”。当然也有大量单音节基式形容词既可同时形成 AA 的式和 AA 儿的式的，如“香香的”“香香儿的”。[②]

3. 广州话比普通话多了 A 一 A 式这种形式。关于这一形式的讨论，邓少君在《广州话形容词表示程度差异的方式》一文中将广州话的形容词分成七个程度级别进行比较，却没有把 A 一 A 式另外归为一

---

① 王国璋、吴淑春、王干桢、鲁善夫：《现代汉语重叠形容词用法例释》，商务印书馆 1996 年版，第 576 页。

② 吕叔湘：《现代汉语八百词》（增订版），商务印书馆 1999 年版，第 720—722 页。

类，显然她并不承认这类形式的存在[①]。而甘甲才在《广州话形容词一种特殊的重叠形式》中则提出了A一A式是广州话形容词重叠形式中的一类，这类词语不仅在语音上出现了变调还实质上增加了一个“一”的音节[②]。李新魁等学者所著的《广州方言研究》则明确提出：“A一A中的‘一’常与前面的音节合音，合音的结果是‘一’失去声母和韵母，只留下它的高调（55），与前面音节的声调融合，使前面音节的音时延长，声调也发生变化。”“A一A由单音节形容词重叠，中间嵌入‘一’构成，‘一’没有实义。”[③]

三　基式与重叠变式及重叠变式之间转化的比较

在基式与重叠变式转化关系的问题上，笔者认同黄小莉的说法：“作为形容词重叠式的基式，至少有三个必备的条件：基式是能够独立成词的形容词；基式重叠后仍是一个形容词，而不是短语；不管是单音节还是双音节的形容词都可以充当基式。”[④]

（一）基式与重叠变式的转化

1. 普通话。

（1）单音节基式→ABB式。

碧→碧油油　　红→红彤彤、红通通、红艳艳、红希希、红扑扑、红乎乎、红光光

黑→黑蒙蒙、黑幽幽、黑油油、黑糊糊、黑乎乎、黑漆漆、黑压压、黑魆魆、黑黢黢、黑沉沉、黑茫茫、黑洞洞、黑糁糁、黑墩墩

（2）单音节基式→AAB式。

硬→邦邦硬　光→溜溜光　亮→蒙蒙亮

香→喷喷香　凉→冰冰凉

（3）单音节基式→AA的式。

怪→怪怪的　高→高高的　短→短短的

---

① 邓少君：《广州话形容词表示程度差异的方式》，《语文研究》1994年第3期。

② 甘甲才：《广州话形容词一种特殊的重叠形式》，《广州研究》1982年第2期。

③ 李新魁、黄家教、施其生、麦耘、陈定方：《广州方言研究》，广东人民出版社1995年版，第450页。

④ 黄小莉：《形容词重叠式界定的原则与方法探析》，《牡丹江教育学院学报》2009年第1期。

长→长长的　黄→黄黄的

(4) 双音节基式→ABB 式。

火辣→火辣辣　赤裸→赤裸裸　水灵→水灵灵

光秃→光秃秃　乌亮→乌亮亮

2. 广州话。

(1) 单音节基式→ABB 式。

晕→晕酡酡　油→油淋淋　脆→脆卜卜

静→静英英　黑→黑墨墨、黑孖孖

(2) 单音节基式→AAB 式。

脆→卜卜脆　呤→闪闪呤　紧→绑绑紧

彳→单单彳　长→流流长

(3) 单音节基式→AA 哋式。

臭→臭臭哋　馊→馊馊哋　糠→糠糠哋

花→花花哋　青→青青哋

(4) 单音节基式→A 一 A 式。

肥→肥一肥　红→红一红　酸→酸一酸

静→静一静　大→大一大

(5) 双音节基式→ABB 式。

憨居→憨居居　面青→面青青　眼矇→眼矇矇

牙擦→牙擦擦　手多→手多多

(6) 双音节基式→AAB 式。

失魂→失失魂　大只→大大只　巴闭→巴巴闭

湿碎→湿湿碎　啡流→啡啡流

(二) 重叠变式之间的相互转化

1. 普通话。

由于普通话 AAB 式词语本来就少，所以可以相互转化的也就不多了。经学者统计，可由 ABB 式→BAA 式的只有九组，而可由 ABB 式→BBA 式的只有四组[①]。

(1) ABB 式→BAA 式。

沉闷闷→闷沉沉　光亮亮→亮光光　鲜嫩嫩→嫩鲜鲜

---

① 葛本仪：《现代汉语词汇学》，山东人民出版社 2001 年版，第 18 页。

光秃秃→秃光光　乌黑黑→黑乌乌

（2）ABB 式→BBA 式。

光溜溜→溜溜光　香喷喷→喷喷香　白煞煞→煞煞白

硬梆梆→梆梆硬

2. 广州话

（1）AAB 式→BAA 式

卜卜脆→脆卜卜　浸浸凉→凉浸浸　失失慌→慌失失

湿湿碎→碎湿湿

（2）AAB 式→ABB 式

闪闪吟→闪吟吟　懵懵闭→懵闭闭

（三）分析比较

1. 在普通话和广州话中，均可以由单音节基式转化为 ABB 式形容词，而且符合这种变化的单音节基式形容词数量比较多。

单音节基式既可能转化为多种 ABB 式形容词，即一个 A 可以与多个 BB 组合，如“黑”可转化成 15 种不同的重叠变式形容词；也可能仅可以转化成少数几种甚至一种 ABB 式形容词，如“红”“碧”。因此，从单音节基式形容词转化成 ABB 式形容词的情况具有不均等性。

同样，普通话中的 AA 的式以及广州话中的 AA 哋式和 A 一 A 式显然都是由单音节基式形容词转化而来的。

2. 双音节基式形容词能转化成重叠变式形容词是广州话和普通话的共通点。在广州话中，“大只”“细粒”等均被认为是形容词，且能够通过重叠转化成重叠变式形容词，即“大大只”“细细粒”；而普通话中的“大碗”“方形”则被认为是一种前偏后正的结构，属名词性结构。关于这一问题，李新魁等学者进行了较为详尽的论述：广州话中的“大辘”“细袋”等词所构成的是向心结构的词，其核心在前（语素“大”“细”），整个词的功能和核心基本上一致，可以算作一种后补式的合成词，经过重叠后可以转化为“大大辘”“细细袋”。普通话也有类似形式的词，如“大口”“长条”等，但这类词的意义重心在后，整个词的性质为“形量结构”。因此，这类词与广州话中的“大辘”等意义核心在前，语法功能、重叠的方式都和一般的形容词相同，构词方式属后补式的词是不同的[①]。

3．从普通话和广州话三字格重叠变式形容词相互之间转化的情况来看，虽然存在相互间的可转化性，但可以发生这种转化的词的数目不多。

上文未列由双音节基式转化成 AAB 式的例子，因为在普通话中 AAB 式词数量本来就少，而可以由双音节基式转化成 AAB 式的也就基本不存在了。

在广州话中，双音节基式形容词实际上可以转化成三种形容词的生动形式，即 ABB 式、AAB 式和 AABB 式，且在相互之间转化问题上有一定的规律。在双音节基式形容词与三字格重叠变式形容词的关系问题上，笔者认同李新魁等学者的观点："一般说来，有 AAB 式的不能说成 ABB 式，有 ABB 式的不能说成 AAB 式。"[②] 例如"湿碎"能说成"湿湿碎"，就不能说成"湿碎碎"，"牙擦"可以说成"牙擦擦"，就不能说成"牙牙擦"。在三字格重叠变式形容词与 AABB 式转化的关系上，李新魁等学者认为："大多数的 AAB 式和 ABB 式都可以说成 AABB，但 AABB 却不一定都能说成 AAB 或 ABB。"[③] 例如"湿湿碎"可以说"湿湿碎碎"，"牙擦擦"可说"牙牙擦擦"，但是"实实净净"却不能说成"实实净"，也不能说成"实净净"。而李雄溪则持另外一种观点，即认为某些 AAB 式形容词是由 AABB 式简化而成的，如"蓉蓉烂、快快脆"是由"蓉蓉烂烂、快快脆脆"简化成的[④]。

4．由于本节只谈论基式形容词转化为重叠变式的情况，所以在普通话和广州话中普遍存在的 ABB 式中"A"是名词、动词的情况就不予讨论。其实即使 ABB 式中的 A 不是形容词，整个 ABB 形式还可能表示出形容词的意思，充当形容词的语法作用。（如表 1 所示）

---

① 李新魁、黄家教、施其生、麦耘、陈定方：《广州方言研究》，广东人民出版社 1995 年版，第 441—443 页。

② 李新魁、黄家教、施其生、麦耘、陈定方：《广州方言研究》，广东人民出版社 1995 年版，第 452 页。

③ 同上。

④ 李雄溪：《粤语 ABB 式形容词初探》，载《第八届国际粤方言研讨会论文集》，中国科学出版社 2003 年版。

表 1　　A 是名词、动词的 ABB 式词

	名词	动词
普通话	泪汪汪	笑哈哈
广州话	眼坦坦	笑骑骑

显然，“泪、眼”是名词，而“水汪汪、眼坦坦”则能起到修饰事物的作用，是形容词；而“笑”作为动词，当其后加上不同的重叠成分后，整个词也能呈现出形容词的作用，如“笑哈哈、笑骑骑”就是形容词。

四　概念义与色彩义的比较

（一）概念义

概念义是词义中反映客观事物自身的那部分内容，一般又可以称为客观义、理据义或指称义①。

不管三字格重叠变式形容词是从单音节基式转化而来还是双音节基式转化而来，转化后的重叠变式形容词都与原词在词义强弱方面有一定的差别。我们把转化后词义有所增强的称为“强式”，把词义有所减弱的称为“弱式”。姚占龙对普通话及汉语方言中的状态形容词的量级作了全面的考察。他发现形容词的次范畴与其在语义上的量性特征之间存在关联，并给出三字格重叠变式量级序列：AAB 式 > ABB 式 > AA 儿式②。

普通话和广州话中的 ABB 式词的词义往往比单音节基式 A 的词义有所增强。在普通话方面，郑梦娟认为：“构形 ABB 式一般为强化式，没有弱化式。”③ 在广州话方面，邓少君在《广州话形容词表示程度差异的方式》中将 A（如“黑”）定为原级，将 ABB 式（如“黑孖孖”）

① 黄小莉：《形容词重叠式界定的原则与方法探析》，《牡丹江教育学院学报》2009 年第 1 期。

② 姚占龙：《现代汉语状态形容词量级差别考察》，载《语言研究》2010 年第 4 期。

③ 郑梦娟：《ABB 式形容词研究》，硕士学位论文，武汉大学，2004 年，第 18 页。

定为高级。可见，她也认为ABB式词与单音节基式A相比，词义有所增强[①]。虽然ABB式词绝大多数表示强式，但也存在ABB式词的词义比单音节基式A减弱的情况。郑梦娟提道："少数构词性质的ABB式的BB在增添A的生动性的同时，却减弱了A词义。"[②] 在《现代汉语形容词重叠式研究》中，元传军就列举了同一个单音节基式形容词A通过添加不同的叠音成分BB使整个ABB式词词义产生差异的例子。如"红"添加词缀"通通""希希"组成"红通通""红希希"。"红通通"词义程度明显强于基式，"红希希"词义则弱于基式[③]。

（二）色彩义

色彩义着重反映人们的主观认识，也是构成词义的重要成分，可以分为感情义、语体义、雅俗义、古今义、地域义、社区义、时间义、修辞义等[④]。由于篇幅所限，本文仅就感情色彩和语体色彩将广州话和普通话中的三字格重叠变式形容词作比较。

1. 感情色彩。

（1）当三字格重叠变式形容词是由单音节基式添加叠音语素构成时，其褒贬性不仅可能由单音节基式决定，还可能由所添加的叠音后缀决定。单音节基式A决定ABB式词褒贬性质（见表2）。

表2　**单音节基式A和ABB式词褒贬性比较**

后缀（-BB）	单音节基式A	ABB式词
—洋洋	褒义：喜、暖	喜洋洋、暖洋洋
	贬义：懒	懒洋洋
—乎乎	褒义：暖、香	暖乎乎、香乎乎
	贬义：臭、傻	臭乎乎、傻乎乎

① 邓少君：《广州话形容词表示程度差异的方式》，载《语文研究》1994年第3期。

② 郑梦娟：《ABB式形容词研究》，硕士学位论文，武汉大学，2004年，第18页。

③ 元传军：《现代汉语形容词重叠式研究》，硕士学位论文，南京师范大学，2002年，第15页。

④ 邵敬敏：《现代汉语通论》（第二版），上海教育出版社2007年版，第147页。

叠音后缀BB决定ABB式词褒贬性质（见表3）。

表3　**叠音后缀BB决定ABB式词褒贬性比较**

	单音节基式（中性词）	褒义词	贬义词
普通话	黑	黑油油	黑糊糊
	白	白皑皑	白煞煞
广州话	滑	滑捋捋	滑潺潺
	黄	黄桑桑	黄禽禽

（2）当三字格重叠变式形容词是由双音节基式转化而来时，其重叠变式的褒贬性与双音节基式相同，如普通话“水灵、水灵灵”表褒义，“毒辣、毒辣辣”表贬义；广州话“大只、大大只”表褒义，“啡流、啡啡流”表贬义。

2．语体色彩。

普通话三字格重叠变式形容词作为一种公认的生动形式，在书面作品中十分活跃，使用频率较高。而广州话仅是粤方言的代表，使用广州话的人比使用普通话的人少得多。与运用民族共同语进行创作的书面作品相比，运用广州话来创作的书面作品自然也少得多。因此，广州话三字格重叠变式形容词实际上多在日常交际的口语中使用。陶原珂就认为：“书面粤语，作为粤方言口语的书面形式，其发展是不充分的，使用范围有限，而且基本上没有被纳入正规教育之中，因而不普及。”①

（三）分析比较

1．在广州话中，除了ABB式表强式外，相同的A转化成A一A式词和AA哋式词也会引起词义强弱程度的变化（见表4）。

表4　**广州话三字格重叠变式形容词词义强弱程度比较**

单音节基式（A）	强式	弱式
瘦	瘦蜢蜢、瘦一瘦	瘦瘦哋
圆	圆碌碌、圆一圆	圆圆哋
薄	薄切切、薄一薄	薄薄哋

① 陶原珂：《试谈粤方言和现代汉语的几种存在形态》，载郑定欧、蔡建华主编《广州话研究与教学》第3辑，中山大学出版社1998年版。

A 一 A 式形容词的词义明显比基式形容词 A 的词义有所增强，如："瘦、酸"仅表示人或事物的某种性质、状态，不具体描写程度的高低；"瘦一瘦、酸一酸"则有"十分瘦、非常酸"的意思，能表现出程度的高。当单音节形容词 A 重叠后再加词尾"哋"，则能表示程度轻微的意思，相当于普通话"有点儿 A""略 A""稍 A"。如："淡淡哋、慢慢哋"表示"略淡、有点儿慢"。这一点与普通话中的 AA 的式是一致的。

2. 在普通话和广州话中，单音节基式形容词 A 可以通过与不同的叠音形式 BB 组合成不同的 ABB 式形容词，符合这种转化结构的形容词词根与词缀的搭配往往是有固定习惯的，这样的 BB 后缀往往有一定的意思，表示某种形象色彩或感情色彩，因此同一词根带上不同的后缀，所含的形象色彩和感情色彩便不一样。这一点与朱德熙认为的重叠变式形容词的感情色彩由具体的后加成分所决定相一致[①]，如：

普通话中的黑油油：形容黑得发亮。
黑沉沉：形容黑暗（多指天色）。
黑蒙蒙：形容光线昏暗，看不清楚。
广州话中的白晒晒：形容惨白，白得难看。
白雪雪：形容雪白，白得可爱。
白矇矇：形容粉白。

以上例子都是通过在单音节基式 A 后添加不同的叠音词缀构成的，这种变化属于构词法的范畴，即当 A 添加不同的后缀就能构成不同的新词。通过这种方法，汉语词语的数量就能大量地增加，词义所能表达的意思就能更加准确、细致。

五　句法功能的比较

三字格重叠变式形容词作为形容词中的特殊一类，在充当句法成分方面有一定的特点。申跃的《现代汉语 ABB 式形容词研究》[②] 及彭咏梅、甘

① 朱德熙：《现代汉语语法研究》，商务印书馆 1980 年版，第 5 页。
② 申跃：《现代汉语 ABB 式形容词研究》，硕士学位论文，山东师范大学，2008 年。

于恩的《广州方言形容词重叠式语法功能分析》[1] 分别对普通话、广州话中三字格重叠变式形容词所能充当的句法成分作了相当的研究。申跃和彭咏梅、甘于恩均认为在一定条件下三字格重叠变式形容词不仅能充当句子的谓语、定语和补语，还可以作句子的主语、宾语和状语。笔者认同申跃和彭咏梅、甘于恩的观点并搜索出相应的例句予以佐证（见表5）。

表5 （1）普通话三字格重叠变式形容词充当句子成分例句及后加助词比较

句法成分		词形	例句	后加助词
普通话	作主语	ABB	软绵绵的最讨人喜欢	+的
		AAB	梆梆硬的吃起来让人难受	
		AA的	红红的炒起来才香	+＊
	作谓语	ABB	（1）麦苗绿油油，菜花黄灿灿。 （2）隧道里头黑洞洞的，伸手不见五指	+＊/+的
		AAB	包明礼脸皮煞煞白，不敢出声	
		AA的	天蓝蓝的，水清清的，一切都如此的美好	+＊
	作宾语	ABB	原来灯火通明的房间，现在只剩下一片黑沉沉	+＊/+的
		AAB	他刚学了两天做煎饼，想必做得不好，但我尝了尝却发现喷喷香的	
		AA的	果园的苹果基本熟透了，而他却挑了一个小小的、青青的	+＊
	作定语	ABB	她长着一双明闪闪的大眼睛	+的
		AAB	喷喷香的煎饼果子，质量高，价钱低，别处一套一角二，咱这儿只收一角钱	
		AA的	新长的嫩芽在阳光下透出了绿绿的光	+＊
	作状语	ABB	他的胸前明晃晃地挂满了奖章	+＊/+地
		AAB	小孩子呱呱叫地找妈妈	
		AA的	妈妈轻轻地把衣服铺在她的肩上	+＊
	作补语	ABB	全身被雨淋得湿淋淋的	+＊/+的
		AAB	不知起自何年，乡亲们都喝豆沫汤，家家门前有个石臼，里外磨得溜溜光	
		AA的	暑假过后，他被晒得黑黑的	+＊

说明：（“＊”表示词后不加助词）。

① 彭咏梅、甘于恩：《广州方言形容词重叠式语法功能分析》，载《广东技术师范学院学报》（社会科学版）2010年第3期。

表 5 （2）广州话三字格重叠变式形容词充当句子成分例句及后加助词比较

句法成分		词形	例句	后加助词
广州话	作主语	ABB	滑潺潺（嘅）好似鼻涕噉	+ * / + 嘅
		AAB	呢袋卜卜脆（嘅）好好食	
		AA 哋	白白哋（嘅）得人中意	
		A — A	热一热（嘅）饮唔落	
	作谓语	ABB	（1）成日落雨，周围湿湓湓，好唔舒服。 （2）嗰脔树落晒叶，成脔光脱脱噉	+ * / + 噉
		AAB	细纹仔成晚啰啰挛（噉）	+ * / + 嘅
		AA 哋	最趣致嘅就喺一种叫紫背天葵嘅草，啲叶上便深绿色，下便紫红色，晒干之后可以当茶饮，味道酸酸哋、甜甜哋，又消暑又解渴	+ *
		A — A	啲汤热一热，等阵再饮啦	
	作宾语	ABB	（1）近住肇庆有座鼎湖山，呢座海拔成千米嘅山，啱啱碛住北回归线，所以唔理天时几咁热，上咗山都会觉得凉浸浸。 （2）有人中意咸赧赧嘅。 （3）佢变成懵胜胜噉	+ * / + 嘅/ + 噉
		AAB	今日十几度，我都觉得阴阴冻嘅	+ 嘅
		AA 哋	我要呢个圆圆哋嘅	+ 嘅
		A — A	畀你一个大一大嘅	+ 嘅
	作定语	ABB	佢成日就着住件臭崩崩嘅衫，成个乞儿咁	+ 嘅
		AAB	佢喺入戏院之前就买咗包卜卜脆嘅薯片嘞	
		AA 哋	佢今日着咗件红红哋嘅衫，成个人唔同晒	
		A — A	大一大、圆一圆嘅西瓜唔一定甜	
	作状语	ABB	（1）放学之后，佢一个人憨居居企喺走廊睇风景。 （2）喺广州，平均每两个人就有一架单车，冚唪呤有成两百五十万架咁多，所以有人话单车直程就系“马路大王”，唔信你喺返工放工嘅时间去海珠桥睇吓，嗰啲单车密质质噉冚住晒成个桥面，不知几犀利	+ * / + 噉

续表

句法成分		词形	例句	后加助词
广州话	作状语	AAB	（1）你点解会失失魂跌咗张飞机票嘅啫。 （2）点不知嗰七个神仙行行吓撞啱打大风，佢哋失失魂噉荡失咗路，差唔多天光嗰阵，佢哋唔理三七二十一，将嗰七粒宝石喺天上揾咗落嚟，啱啱跌喺西江边，于是乎就变成咗而家嘅七星岩嘞	+＊/+噉
	作状语	AA 哋	老豆轻轻哋帮佢执起支笔	+＊
		A一A	（1）睇见佢快一快走过嚟，小强即刻掉转头扮睇唔到。 （2）佢圆一圆噉画咗个圈	+＊/+噉
	作补语	ABB	佢啲头发生得密质质	+＊
		AAB	将本书整到蓉蓉烂，点睇吖	
		AA 哋	琴晚地饭菜变到宿宿哋嘞	
		A一A	个细路生到奀一奀，怕生虫都唔定	

说明：“＊”表示词后不加助词。

从表5中可以看出，当三字格重叠变式形容词充当主语、宾语时，词后往往要加上“的/嘅”构成“的/嘅”字短语，即由三字格重叠变式形容词加“的/嘅”构成一个整体，再充当句子的主语、宾语。在充当状语时，三字格重叠变式形容词词后往往要添加“地/噉”才能成句。在充当补语时，往往要跟在“得/到”后，而且前面的动词多数为单音节动词。与广州话中的AA哋式不同，普通话中的AA的式中的“的”是一个结构助词，因此AA的式在充当各种句子成分时并不需要添加别的助词；而广州话中的AA哋式中的“哋”仅是一个词尾，并不具有助词的性质，使得AA哋式在充当不同的句子成分时需要添加不同的助词。

对普通话与广州话三字格重叠变式形容词在句中充当的成分及对词后所添加的助词的总结，如表6所示。

表 6　普通话与广州话三字格重叠变式形容词充当句子成分及后加助词比较

	普通话			广州话			
	AAB 式	AAB 式	AA 的式	ABB 式	AAB 式	AA 哋式	A 一 A 式
主语	+ 的		+ *	+ * / + 嘅			
谓语	+ * / + 的			+ * / + 噉	+ * / + 嘅	+ *	+ *
宾语	+ * / + 的			+ * / + 嘅 / + 噉	+ 嘅	+ 嘅	+ 嘅
定语	+ 的			+ 嘅			
状语	+ * / + 地			+ * / + 噉	+ * / + 噉	+ *	+ * / + 噉
补语	+ * / + 的			+ *			

结　语

通过词形、基式向重叠变式及重叠变式之间的转化、概念义与色彩义和句法功能四个方面的比较，可以总结出广州话与普通话在三字格重叠变式形容词方面的多个相同点与不同点。

在词形方面，广州话与普通话中的 AAB 式词均比较少。广州话比普通话多了 A 一 A 式这一词形。

在基式与重叠变式转化方面，在普通话和广州话中，均可以由单音节基式转化为 ABB 式形容词，而且符合这种变化的单音节基式形容词数量比较多。单音节基式既可能转化为多种 ABB 式形容词，也可能仅可以转化成少数几种甚至一种 ABB 式形容词。由于 AAB 式词的数量在普通话和广州话中均比较少，所以由单音节基式或双音节基式转化成的 AAB 式的情况也不多见。在三字格重叠变式的相互转化方面，虽然存在可转化性，但真正能实现转化的只是少数，可见，相互转化的难度相对较大。

在概念义方面，普通话由单音节基式转化成重叠变式并随之产生词义的强化或弱化的方式比较单一，主要是通过添加不同的重叠成分来实现的。而广州话则除了这种方法外，还可以转化成 A 一 A 式表强式、AA 哋式表弱式。在普通话和广州话中，相同的基式可以通过添加不同的叠音后缀来表现其细微的词义差别。通过这种方法，汉语形容词表义的能力大大增强。在感情色彩方面，三字格重叠变式形容词的褒贬性不仅可能由单音节基式决定，还可能由叠音后缀决定。当三字格重叠变式形容词是由双音节基式转化成时，其重叠变式新词的褒贬性则与双音节基式相同。在语体色彩方面，广州话作为地方方言，与民族共同语相比，口语色彩较浓。又由于使用广州话创作的书面作品的发展还不充分，因此三字格重叠变式形容词在书面语中的使用频率比普通话低。

在句法功能方面，在一定条件下普通话与广州话中的三字格重叠变式形容词与一般形容词相比能充当更多的句法成分，除了谓语、定语和补语外，还能充当句子的主语、宾语和状语。普通话 AA 的式中的“的”是结构助词有别于广州话 AA 哋式中不是助词性质的词尾“哋”。因此，普通话 AA 的式在充当不同句法成分时，其后往往不需再添加助词。

沭阳方言的构词特征*

郝红艳**

摘　要　江淮官话是北方方言的一支，语法、词汇不像南方方言那么复杂，和民族共同语比较相似，因此历来研究文章不多。本文拟以沭阳话（属于江淮官话的洪巢片）为例，试图探讨江淮官话的某些构词特征。

关键词　构词特征　加缀法　重叠法

沭阳县位于江苏省北部，处在中原官话与下江官话的分界线的南侧。根据语言特征，将其归入江淮官话洪巢片。[①] 其语音特征为：(1) 声调有阴、阳、上、去、入五个，古入声字今读入声，不分阴阳；(2) 古仄声全浊声母字逢塞音、塞擦音不送气；(3) 古山摄的唇音和牙喉音一二等字不同音，如：搬 [põ]、班 [pan]、官 [kõ]、关 [kuan]。江淮方言的研究资料不多，也许跟江淮方言本身的语法、词

---

* 原载《汕头大学学报》(人文社会科学版) 2000 年第 1 期。

** 郝红艳，女，出生于河南省鹤壁市，籍贯江苏省沭阳县。1994 年河南师范大学文学院学士毕业。1997 年考入汕头大学文学院攻读硕士学位。在潘家懿教授和林伦伦教授的指导下，顺利完成学业。2012 年中山大学文学院博士毕业。现为广东外语外贸大学留学生教育学院教授，汉语国际教育中心硕士研究生导师。主要研究方向为汉语二语教学及汉语方言语法。目前已主持教育部人文社科基金项目两项，参与国家社科重大基金项目两项，主持校级项目五项。出版《沭阳方言语法专题研究》专著一部，主编教材两部。在《方言》《华文教学与研究》《高教发展与评估》《河南师范大学学报》《河南社会科学》《广东外语外贸大学学报》《宁夏大学学报》《云南师范大学学报》等学术期刊发表论文 20 多篇。曾多次获校优秀教学奖、科研业绩奖，被评为“优秀教师”和“优秀研究生导师”。

① 参见李荣《中国语言地图集》，朗文出版社 1985 年版。

汇特点较少有关。本文试以沭阳为例，探讨一些江淮方言的词法特点。

下江官话，从历史形成上看，由于移民的因素，在宁镇地区，北方方言取代了吴方言，奠定了该地区下江官话的最初基础，但下江官话并非纯粹的官话，细辨之，可发现吴语的底层。① 因此行文中参照吴语的一些研究资料。

沭阳方言词汇构造的方式，同民族共同语大体一致。主要是加缀法和重叠法，此外还有加缀与重叠的综合法。

（1）加缀法：就是用加入语缀的方法来构造名词、动词、形容词，语缀所加的位置，可以在词的前面（前缀）、中间（中缀）、后面（后缀），而以后缀居多。如：后缀“子”，构成“儿子”“凳子”等。

（2）重叠法：用重复全词或部分语素的方式来造成词语的形态构造，如：ABAB 式，忽突忽突、喀嚓喀嚓等；AABB 式，全全面面、麻麻溜溜等；BBA 式，喷喷香、拐拐角；ABB 式，酸几几、暖和和；A 里 AB 式，流里流气、肮里肮脏；ABAC 式，整吃整屙、孤嘴孤摸；等等。

（3）加缀与重叠的综合法：有一些形容词可带生动的重叠后缀，如：软济济、滑不济济、黑清清等。

一　加缀法

（一）名词的加缀法

1．前缀

沭阳方言中名词的加缀法与普通话大致相似，前缀和中缀较少，后缀居多。前缀很少用吴语中常用的“阿”，只在“阿姨”中使用，大概是受普通话的影响。一些称谓前加“大、小”，如：对刚出生的婴幼儿一直到 20 岁左右的男女分别叫“小大哥、小大姐”，还有其他一些可加前缀“小”的，“小揪”（小孩）、“小利麻”（幼儿）、“小闺头”（小女孩）等；称呼名字前也可加“小”，如“小玉子、小宁子、小明子”等；对已婚中年男女称“大哥、大姐、大姨、大叔”，一些名物词

① 游汝杰：《方言与中国文化》，上海人民出版社 1997 年版，第 50 页。

前加“大”字，“大头”（头一名）、“大堆”（河堤）。

前缀“老”可以用于以下三方面。

（1）称人，有老爹（孩子背称父亲）、老妈（孩子背称母亲）、老鸽子（小儿子）、老小（对孩子的爱称）、老长班（长辈）。一般在姓前也可加“老”，如“老张、老王”等。

（2）用于排行，从老大、老二排至老九，最小的也称老幺、老小。

（3）用于名物名词，有老鼠、老叼（老鹰）、老鸹子（乌鸦）、老骒猪（母猪）、老将（象棋中的帅、将）等。

2. 后缀

沭阳话中没有儿化词，后缀主要有“子、头、鬼、相、坯、骨头”等 。

“子”在沭阳话中有两读，读［ts□］时有实义，如“棋子、鱼子、独子”等，读［ts əʔ］时无意义，为后缀。普通话中的大部分儿化词在沭阳话中换成“子”尾，且沭阳话的“子”尾比普通话范围要广。

（1）用于指人名词，大体有几种情况，一是缀于一般名词语素的，如：儿子、妹子、婊子、孙子等；二是用于人名后，如：小玉子、小平子、大成子、二强子等；三是缀于形容词语素，如：胖子、瘦子、矮子、麻子等；四是用于动词语素后，如：骗子、叫花子、侉子、蛮子等。

（2）用于名物词。有与身体有关的，如：腰子、耳眼子、肩拐子（肩头）、手指盖子、奶子（乳房）、吞子（喉咙）、头脑子（脑袋）、拳头溜子、腮帮子等；有用于动物名中的，如：蝙蝠子、黄狼子（黄鼠狼）、老鸹子（乌鸦）、毛辣子（毛毛虫）、蛙子（青蛙）、歪子（蛤蜊）、七庆子（蟋蟀）、骚獠子（公猪）、牛蛹子（牛犊）、叫蝈子（蝈蝈）等；有表时间的，如：多会子、多晚子（什么时候）、年根子（年底）；其他事物，如：家天子（家院）、手巾方子（手帕 ）、秸花子（玉米花）、药丸子、药面子、小褂子、了巴子（末名）等，还可附在动语素后：刷子、塞子、钳子、剪子、刨子、戳子（印章）等。

（3）用于熟语里的，如：半吊子、枪尖子（爱出风头的人）、二衣子（两性人）、尥蹶子（不听话）、虾鸡子（有气无力的人）、麻木狗子（轻狂的人）、一叠三来子（叠坐）等。

“头”，沭阳话中的“头”远没有“子”普遍，用于一些动词语素后构成名词，如：看头、找头、虚头、说头、念头等；也可缀于方位语素后，如：上头、前头、后头、东头、西头等。

“头子”有些词尾既可加上“头”，也可加上“子”，看作复合语缀或语缀连用，词性含义不变，只增加音节，舒缓语气，如：砖头子、木头头子、劲头子、梢头子、衣袖头子等。

其他还有一些类后缀，就是在词的末尾结合面宽而有意义、有虚化倾向或具有确定意义类型作用的一些语素。[①] 沭阳话中常用的类后缀有“相、鬼、货、坯”等。

“相”——大约是受吴语的影响，沭阳话中有一些语素加“相”表某种样子、形相，也可替代为“样”，意义大多是消极的，如：吃相、穷相、邋遢相、憨相、拖拉相、鬼相、死相等。

“货”——以物喻人，表示贬义，如：贱货、憨货、懒货、骚货等。

“鬼”——以鬼称人，多含贬义，如；促唠鬼（言行下流的人）、穷鬼、尖头鬼（爱出风头的人）、吊蛋拉鬼（不务正业的人）、倒头鬼（倒霉）等。

“坯”——以某种模式里东西指人，含贬义，如：懒坯、下流坯、坏坯、死坯等。

（二）形容词、动词的加缀法

沭阳话的形容词和动词主要是中缀和后缀。

1. 中缀

沭阳话的中缀不多，主要是镶嵌在一些格式里[②]，如：

哩　滴哩打挂　拉哩拉呱　肉哩扑刺　闷哩吧唧

不　瞎不瞪眼　火不燎辣

×哩不×　糊哩不涂　花哩不叽　吃哩不怔　雷哩不堆（事情不好办）　依哩不本（守本分）　愣哩不叽

① 陈光磊：《汉语词法论》，学林出版社 1994 年版，第 212 页。

② 黄伯荣：《汉语方言语法类编》，青岛出版社 1996 年版，第 383 页。

中缀“溜、令”可以构成一定的格式表程度的加深。如：

	A 溜 B 式	A 溜溜 B 式	A 不溜溜 B 式
透滑	透溜滑	透溜溜滑	透不溜溜滑
滴圆	滴溜圆	滴溜溜圆	滴不溜溜圆
须尖	须溜尖	须溜溜尖	须不溜溜尖
滴直	滴溜（令）	直滴溜溜（令令）	直滴不溜溜（令令）直
雪白	雪溜白	雪溜溜白	雪不溜溜白

但用“恶”作前缀的状语式很少采用这种格式。

2. 后缀

动词、形容词的后缀常用的是“得”，有时使词性词义有所变化，如：“干得、做得、弄得、戳得”表示“杀死”的意思，已改变了词义。“桃子红得、水都黑得、衣裳肥得、鞋子大得、桌子高得”，形容词程度加深。有些带后缀“得”的动词，表“已然”，如：“倒得、拆得、贴得、交得、薅得、屙得”等，另有一些重叠式后缀放在重叠式里讲。

（三）量词的后缀

沭阳话的一些单音量词也可加“子”尾。如：

把子（几个或一部分）：就凭你这一把子就行吗？

沓子（叠）：一沓子纸。

出子（场）：他才来几天就闹好几出子洋相。

起子（次）：这礼拜他迟到好几起子。

党子（群）：一党子小孩。

盼子（阵子）：歇一盼子再干。

目子（一会儿）：睡一目子。

二 重叠法

语素或词的重复叠合只有标志着一种语法功能，说明一定的语法性质，才能成为构形的重叠。不同的词类其重叠所表示的意义，所显示的功能是不同的。下面按词类来说明沭阳话构形的重叠。

（一）名词的重叠

沭阳方言的名词重叠式，与普通话类似，主要有以下几种。

AA 式：

用于亲属称谓：公公、婆婆、大大（父亲）、妈妈、哥哥等

用于人名称呼：婷婷、毛毛、永永、平平、健健、刚刚等

表示遍称：有“每”的意思：天天、月月、年年、人人、家家等

AABB 式，表“众多”义，如：

汤汤水水　碟碟碗碗　坛坛罐罐　枝枝叶叶　花花草草

AAB 式，用来指称一般名物，如：

拐拐角　兜兜裤　蒙蒙亮　万万顺　格格布　歪歪油（蛤蜊油）

（二）形容词、动词的重叠

沭阳话中有与普通话重叠形式相同的，如 AA 式。形容词常在第二个音节后加“的”，构成“AA 的”。如：“平平的、好好的、高高的”等。动词 AA 式再加“看”表示尝试意，如：“你吃吃看，熟了没有？”“你听听看，都说了什么？”另外，单音节动词重叠可以嵌入“一”字，如“走一走、想一想”，也可重叠为 AA 式，如“走走、想想、看看”。双音节动词重叠，常见形式是 ABAB 式，如“活动活动、休息休息、拾当拾当”；AABC 式，“扫扫干净、听听清楚”等。其中动补式中的动词可以自由重叠，如：摆摆正、放放直、切切碎、商量商量、洗洗干净等。

1. 形容词的重叠格式较多

（1）ABB 式：活脱脱　瘦巴巴　肥秃秃　齐斩斩　酸唧唧　白括括

沭阳话的单音节或双音节的形容词可以运用各种形式扩展，补足成四字格，以下分别说明。

（2）AABB 式：随随便便　好好歹歹　惊惊咋咋　摸摸出出（不熟悉）咕咕哝哝　汤汤罗罗　国国颠颠　嘟嘟拽拽（虚胖）

（3）ABAB 式：咕咚咕咚　咔嚓咔嚓　哐啷哐啷　忽突忽突　恶热恶热

（4）ABAC 式，其中形式各样：

A 里 A 气式：蒲里蒲气　迂里迂气　蛙里蛙气　小里小气　呆里呆气

A里AB式：邋里邋遢　拉里拉挂　毛里毛糙　肮里肮脏　啰里啰唆

A头A脑式：霉头霉脑　贼头贼脑　滑头滑脑　憨头憨脑　倔头倔脑

ABAC式：孤嘴孤摸（独自一人）　整吃整屙（死搬教条）　装痴装霉（装傻）　塌嘴塌舌（口齿不清）

大B大C式：大言大语　大声大气　大手大脚　大排大调（摆架子）

（5）AB××式：精神国国　滑不唧唧　甜不唧唧　青筋蔓蔓

其中（4）（5）为加缀和重叠的综合法，下不赘述。

（6）没A没Â式（A与Â表反义）

没大没小　没老没少　没长没短　没好没坏　没高没矮

当A与Â为同类概念时，“没A没Â”式具有形容词功能。

没碗没筷　没饭没菜　没锅没灶　没针没线　没东没西

2. 单音四叠AAAA式

沭阳话形容词、动词的四字格很有特色，常表示程度加深或语气加重的意思，在语音上表现为连读变调，如“够”的单字调调值本为45，但四字重叠时，则调值分别为45、43、32、35。例：我吃得够够够够的。

（1）形容词单音节四叠式表程度。如：

光光光光：几个人吃得光光光光的，连汤都喝了。

满满满满：箱子填得满满满满的。

好好好好：他再调皮，我也能把他治得好好好好。

这些单音节形容词都是在两叠式AA基础上重叠的，表示程度的提高，可谓之“特高级”。

（2）动词的AAAA式，一般表示动作在持续过程中，后面用表示出现新情况的短语或小句①，如：他吃吃吃吃睡着了。

我走走走走不认识路了。

英语学学学学，他学不下去了。

---

① 李荣：《南京方言词典》，江苏出版社1995年版，第27页。

或者四叠式之后再加一个以 A 构成的动词短语，如：

他吃吃吃吃 / 吃睡着得。（ / 表停顿）

我走走走走 / 走迷得。

他英语学学学学 / 学不下去了。

（三）量词的重叠

沭阳话的量词重叠也有几种形式。

AA 式，表逐指、“每一”的意思，如：“天天、年年、回回、次次、趟趟”等。

AAA 式，有明显主观强调意味，如：

年年年：他年年年打摆子。

月月月：他家月月月跟人借钱。

天天天：你怎么天天天迟到？

家家家：以前过七月半，家家家都要烧纸。

回回回：你政治学习回回回都不去。

盘盘盘：他打牌盘盘盘都输。

三叠式，有的是物量词（件、个、根），有的是动量词（趟、回、顿），一般来说三叠式都对应有两叠式，但三叠式有主观色彩，常带有一种不满情绪，而两叠式则客观反映情况。

还有“一 AA”式，如：一次次、一趟趟、一本本、一堆堆等。

双音节量词重叠形式为“ABAB”，如：一碗一碗、一把一把、一船一船等。

（四）副词的重叠

沭阳话的一些副词常以各种重叠式出现，如：

行行：他走行行的，突然跌倒了。（表正在进行）

好好：他写好好的，钢笔却没水了。（表正在进行）

紧紧：开会时间到了，他紧紧不来。（表时间长）

码码：码码过年了，家里东西还没准备好。（快要）

将将：我到车站时，车将将走。（表时间短暂）

将将将：他将将将走。（强调时间更短）

动动：他干不好，动动挨师父骂。（经常）

动不动：动不动他就要回老家。（经常）

随赶随：你头里走，我随赶随就到。（极言时间短）

除了以上所提到的加缀法和重叠法外，沭阳话中还有一些特定的四字格。这些四字格算是本地的俗语，和成语不同，外地人有时难以理解其中的含义。如形容词四字格：清水沥净（没油水）、霉头烂瓜（笨）、手拿把卡（有把握）、肉泥烂酱（不干脆）、鸦打六痴（装糊涂）、牙长刮地（好挑剔人）等。动词也有一些四字格，如“搓手捻脚、揸手舞脚（动作笨拙）、转脸掉腔（背叛）”等。

后　记

自 1997 年入汕头大学求学，光阴流逝已过 20 年。初虽未曾谋面，仅凭电话联络，先生不嫌学生愚笨，循循善诱，不吝赐教，彼时情景至今铭记于心。入学后，得潘、林二位老师亲教，亲睹先生治学风范。至今犹记先生所传治学之宝，当年尚无互联网手段，须入图书馆手做卡片以记录读书心得，如今家中仍有留存。先生博学多识，文采过人，言传身教，学生皆敬爱有加。先生公务缠身、却学术成就卓越。借先生花甲荣禧之际，选小文《沭阳方言的构词特征》，虽文章稚嫩、谬误百出，但属本人读硕期间萌芽之作，以此感激先生教导之恩。

安徽含山话完成体标记“着”及起始体标记“了”的比较研究*

吴　云**

摘　要　含山话助词“着”具有多种功能，本文主要讨论的是完成体标记“$着_1$”与起始体标记“了”。先对它们的用法作详细地分析和描写，在此基础上进行两者之间的比较，接着又分析了两者在句中组合的情况。然后着重将含山话中表完成的“$着_1$”及表起始的“了”与普通话时态助词“了”进行比较。结合普通话自身的实际情况来分析论证，对普通话时态助词“了”的分布和构成提出了一些新的看法，认为：（1）动词或形容词后的句尾“了”，可能是“$了_2$”，可能是“$了_{1+2}$”，但也可能只是“$了_1$”。另外，表偏离标准的“形＋了”中的“了”应是“$了_1$”；（2）体词后的句尾“了”，也有的是“$了_1$”或“$了_{1+2}$”；（3）“太”做状语的句尾“了”是“$了_1$”，“最”做状语的句尾“了”是“$了_2$”。文中最后还考察了完成体标记“着”的来源及分布。

关键词　完成体标记“着”　起始体标记“了”　普通话时态助词“了”　分布的比较

---

* 发表于《语言研究》2001 年增刊。

** 吴云，安徽含山人，1996—1999 年，就读于汕头大学文学院，师从林伦伦教授攻读汉语言文字学硕士研究生，获文学硕士学位。2002 年获复旦大学文学博士学位。2002 年至今任教于复旦大学国际文化交流学院，国际中国语言学学会（IACL）会员。

一 引言

1．含山县属安徽省巢湖地区五县之一，地处长江下游北岸，东经117°53′—118°13′，北纬31°24′—31°53′。东与和县接壤，西与巢湖市相连，南临无为，北接全椒。全县总面积1032.8平方公里，总人口约50万。

含山县内方言可分为本地的含山话和由外地移植过来的桐城话两类。含山话属江淮官话区中的洪巢片，其语音内部一致性较强，相互交谈不存在障碍，但含南与含中、含北在发音上仍存在一些差别。本文“含山话”是指含南陶厂镇的口语，该镇位于县城东南14公里处，人口约4万。

2．含山话的音系。

声母：24个；韵母：40个（本文从略）

声调：5个

阴平21　　阳平34　　上声213　　去声54　　入声5

3．含山话中的助词“着”［tʂəʔ］具有三种不同的功能，在含山话里使用频率很高，请看下面的例句：

a．他吃着饭就走着；（他吃了饭就走了）

b．他在外头站着；（他在外面站着）

c．我讲着清清楚楚。（我说得清清楚楚）

a句中的“着”相当于普通话表完成的时态助词“了”；b句中的“着”相当于普通话表持续的时态助词“着”；c句中的“着”则表示其前后成分之间的述补关系，与普通话中用来连接状态补语的结构助词“得”的用法相同。含山话助词“着”根据功能的不同可分别记作“$着_1$”“$着_2$”和“$着_3$”，本文主要是论述含山话中表完成的“$着_1$”以及另外一个表起始的助词“了”。

4．本文出现次数较多的方言词排列如下，例句中的其他方言词则用小号字加［　］进行注释。

该个：今天　　　　埋个：明天

嵯个：昨天　　　　中晌：中午

一下子：一会儿	等下（子）：等一下
该：这	赖：那
高：上（方位词）	各V：V不V（构成正反问）
醒伢：男孩子	毫（子）：一点
交：遍，趟	冇：没有
把：给（动词）	告送：告诉

二　含山话完成体标记“着$_1$”

（一）“着$_1$”［tʂəʔ］的用法

含山话“着$_1$”可用在动词后表示动作行为的完成或实现，也可用于形容词后表示性质变化的完成。

1．动词后“着$_1$”的用法

（1）动＋～

a．他走着｜我早上吃着｜他嵯个有[也]去着

b．他睡着｜门关着｜箱子锁着

c．醒伢病着｜小狗死着｜他脚崴着

d．他埋个就来着｜水等下就开着｜车子马上来着

动词后的“着$_1$”可单独置于句尾，表示某一动作行为已经完成，a例中“着$_1$”前是动作行为动词，“他走着”即表示他已经离开了，在特定的语境下也可表示已经走过了，指具体动作的完成，如用来回答“每个人要走三趟，他各走着[走了没有]？”这样的问话；b例中“着$_1$”前是兼属状态动词的动作动词，“睡”、“关”与“锁”在这里不是指状态的持续，如“他睡着”不是指正在睡，而是说他已经睡了，有时也指睡过了，如“他睡着，到你睡了”；c例中“着$_1$”前是非自主动词；d例中“着$_1$”可与表将来的时间词同现，表示预期的结果，如“他埋个就来着”表示到明天他就来了。

（2）动＋～＋宾

a．买着两本书｜吃着三碗饭｜看着一场电影

b．写着一上午字｜做着一下子事｜洗着屁大工夫[形容时间很短]衣裳

c. 他该个又喝着酒 | 他们去年结着婚 | 我早上吃着饭，到杠[到现在]都不饿

d. 他家该个来着人 | 早上下着雨 | 他嵯个到着北京

谓词是及物动词时，"着$_1$"后跟光杆名词会受到限制，如一般不能单说"＊买着书、＊洗着衣裳"，宾语前通常要加上数量词（如a）或时量词（如b）；当"动（及物）＋宾"指一种行为时，表示这种行为的完成与实现，宾语前可不加其他修饰成分，但"着$_1$"必须要放在动词和宾语之间（如c），而不能置于宾语之后，如"＊他该个又喝酒着、＊他们去年结婚着"；谓词由不及物动词充当，"着$_1$"后跟光杆名词时则不受限制，可以单说（如d）。

（3）动＋～＋补

a. 跑着三趟都找不到他 | 衣服洗着三交[遍]都没洗干净

b. 他在南京蹲[待]着半年 | 我坐着一下就走着 | 他爹[爷爷]死着三年了

"着$_1$"后的补语可以是动量补语（如a），也可以是时量补语（如b）。

（4）动＋补＋～

a. 洗干净着再吃 | 作业做完着就家去[回家去] | 饭吃过着再去

b. 他睡着着 | 饭煮硬着 | 我跟他讲[说]好着 | 手都快磨破着

c. 他站起来着 | 他跑出去着 | 苍蝇飞进来着

d. 他吓很着 | 我嵯晚[昨天晚上]冻很着 | 狗给人家打很着

a例与b例动词后的补语是由形容词和动词充任的结果补语，其中a是连动式，前者表示后一种情况的假设条件，b表示动作真正实现后所产生或将要产生的结果；c例谓语动词后跟趋向补语时，"着$_1$"只能放在趋向补语的后边，不能置于谓语与补语中间，如"＊他站着起来、＊他跑着出去"；d例程度副词"很"也可以跟在动词后边做补语，后面再接"着$_1$"，表示受事所遭受的程度之深，其中"着$_1$"不能省，否则"动＋很"不成立，如"＊他吓很、＊我嵯晚冻很"。

（5）动＋宾＋～

a. 钱把他着 | 东西还给他着 | 赖件事我告送他着

b. 书摆桌子高着 | 画子贴墙高着 | 桶放墙拐[墙角]着

c. 你太相信他着 | 我太清楚他着 | 他太有规矩着

"着$_1$"一般跟在谓词成分后，但有的也可位于体词后，有三种情况：a. 动词后接宾语再跟"着$_1$"，宾语是动作行为的承受者，这类动词都是具有"给予"语义特征的双宾语动作动词①，如"送、寄、交、卖、输"等；b. 动词后接处所词及方位词后再跟"着$_1$"；c. "太+动+宾+着"，其中"着$_1$"字不能少，否则作为单独的句子一般不成立，如"*你太相信他、*我太清楚他"。

2. 形容词后"着$_1$"的用法：

（1）名+形+ ~

a. 灯坏着 | 花红着 | 手破着

b. 还过两天，瓜就熟着 | 再等下子，天就黑着

c. 该衣裳小着 | 汤咸着 | 袖子长着 | 绳子短着 | 木板厚着

a 例表示事物的性状已出现某种变化，句中的形容词是动态形容词；b 例表示到将来的某一时间，事物就会发生性质或状态上的某种变化；c 例表示事物的某一性质偏离标准，这只是对事物所作出的主观判断，而不是说明事物本身发生了什么变化，所以动态的意味较弱，句中的形容词是静态形容词②。

（2）名+形+ ~ +宾

a. 他嘎嘛[现在]瘦着好多 | 灯亮着两下就过[灭]着 | 天晴着一下子

b. 鞋大着毫子 | 布短着一寸 | 他个子矮着毫子

充任宾语的可以是数量词，如"一寸"（定量词）、"毫子、好多"（不定量词），可以是时量词（如"一下子"），也可以是动量词（如"两下"）。a 例表示事物动态的变化；b 例不表示事物有过什么变化，只是说明事物的某一性质偏离标准。

---

① 双宾语动作动词即可以带两个宾语的及物动作动词，如"我卖给他一本书"中的"卖"，参见李英哲等编著《实用汉语参考语法》，熊文华译，北京语言学院出版社 1990 年版，第 118 页。

② 显示变化功能的形容词称为动态形容词，呈现性状功能的形容词称为静态形容词，参见张国宪《现代汉语的动态形容词》，《中国语文》1995 年第 3 期。

（3）形 + 补 + ～

a. 该个闷死着 | 该开比以往热哄[热闹]多着 | 沙芋[红薯]坏完着

b. 天黑下来着 | 她脸红起来着 | 手肿起来着

c. 他快活极得着[极了] | 该事嘛，好极得着咹

d. 嵯个把我热很着 | 他该两天瘦很着 | 中晌把我饿很着

a 例中充任补语的多为程度副词、形容词及动词；b 例中趋向动词做补语；c 例中程度副词“极”跟在形容词之后做补语，其后必须要紧跟另外一个助词“得”［təʔ］后再跟“着$_1$”，不能说“＊他快活极着”；d 例中程度副词“很”也可跟在形容词后做补语，表示程度之深，任何情况下“着$_1$”都不可少。

（4）太 + 形 + ～

a. 该鞋太大着 | 房子太小着 | 菜太咸着

b. 赖家伙太坏着 | 该醒伢太丧[顽皮]着 | 他太算小[小气]着

c. 他为人太好着 | 他家太干净着 | 赖画张太赞[漂亮]着

“太 + 形 + 着$_1$”是主观的评价，常用感叹的语气，所以形容词的动态意味也很弱，可分为两种情况：a 例和 b 例表示程度过分，多用于不满，但 a 例中“太”可去掉，句子仍然成立，表示不合标准，b 例中的“太”字不能去，否则句子不成立。a 例和 b 例句末的“着$_1$”可以不加，但一般要有后续成分才能结句；c 例表示程度高，多用于赞叹，必须加“着$_1$”呼应，否则句子一般不能单说，当有后续句时一般也可以说，但整句已变成表程度过分之义。

（二）“着 1”的意义及前加词语

1. 通过以上用例，可见“着$_1$”主要是用在动词和形容词之后表示动作行为或性质变化的完成与实现。所以我们可以将“着$_1$”的语法意义概括为［+完成］。需要说明的有以下几点。

（1）“着$_1$”跟在动词或形容词后表完成与动作发生或性状产生的时间无关，句中的参照时间可以是过去的时间，如“他且个[前天]来着”“电视嵯个坏着”；可以是现在的时间，如“他走着，你来着”“灯坏着，不能用了”；也可以是将来的时间，如“他埋个就来着”、“天等下就黑着”；还可以是设想中的时间，如“吃过着再走”“只要风一吹地下就干着”。

（2）“形 + 着$_1$”用以表示不符合某种标准，是一种主观的评判，所以形容词不具备动态的过程，“着$_1$”表完成的意味也就不明显，但这种表示偏离标准的意义正是由表完成的“着$_1$”所赋予的。

（3）“太”作状语的感叹句用来表示主观的评价，其后的“着$_1$”似乎只是表肯定的语气，因为形容词后的“着$_1$”好像可以省去，如“房子太小（着）”、“菜太贵（着）”，但这些句子省略后一般要有后话才能结句。而有些句子“着$_1$”则通常是不能省的，如“他太过劲[厉害]着”、“他太好着”。至于“太 + 动 + 宾”后的“着”就更不能省去，“你太小看他着”、“我太清楚他着”。所以我们认为这里的“着”还是表完成的“着$_1$”，只是因为被用于主观的评价，动态的意味减弱了，看起来好像只是表达肯定的语气。

（4）“着”跟在动结式复合词后，可用于祈使句，如“洗干净着、看清楚着、坐好着、放好着”等。

2．前加词语

由于“着$_1$”表完成，所以：

（1）句中可以加上副词“早就”，如“他早就走着”、“他早就家去着”、“我早就把作业做好着”等。

（2）句中可以加上表过去的时间词“刚才、嵯个”，如“我刚才去着，他家有人”、“他刚才吃着”、“他嵯个到着广州”。

但在表示将来或设想中的实现以及表示主观评判的句子中，“早就”和“刚才”等词则不能加，如“＊他埋个早就来着、＊饭刚才吃着再走、＊菜早就咸着”。

（三）与“着$_1$”有关的疑问式及否定式

1．疑问式

动词后跟“着$_1$”的疑问式有：

（1）各 + 动 + 着？如：他各走着？｜你各睡着？｜他各答应着？｜饭各吃着？

（2）各 + 动 + 着 + 名？如：你各吃着饭？｜你各洗着澡？｜各住着两天？｜各坐着下子？

（3）各 + 动 + 名 + 着？如：钱各把他着？｜你各告送他着？｜东西各放桌子高着？

（1）是最常用的格式；动宾结构和动补结构一般可以用（2）提问；（3）则只限于“着$_1$”位于体词后的句子。以上问句作肯定回答时“着”均保留，如“他各走着？——走着”、“你各吃着饭——吃着”“钱各把他着？——把他着”。

形容词后跟“着$_1$”的疑问式有两种：

（1）各＋形＋着？饭各酸着？｜天各黑着？｜汤各咸着？｜鞋各小着？

（2）各＋形＋着＋名？书各少着两本？｜衣裳各小着毫子？

肯定回答时“着”也保留，如：“饭各酸着？——酸着”、“书各少着两本？——少着两本”。

2. 否定式

（1）“着$_1$”表完成，是过程时状，所以主要用“没”来否定，如“他各走着？——没走”“钱各把他着？——没把他”“饭各酸着？——没酸”“书各少着两本？——没少”。

（2）形容词后跟“着$_1$”表偏离义时，由于是主观的评判，“着$_1$”表完成的意味减弱，不具有过程时状，这时一般要用“不”来否定，如“汤各咸着？——不咸”“鞋各小着？——不小”。

（3）谓词前加“太”的句子中，当谓词是动词时一般用“没”否定，如“你太小看他着”的否定式是“我没小看他”；当谓词是形容词时一般用“不”否定，如“他太坏着”一句的否定式为“他不坏”。

（4）“着$_1$”表已然，而“没”表未然，意义相反，两者不能共现，不能说“＊他没走着、＊菜没咸着”。“着$_1$”一般也不能与否定词“不”共现，不能说“＊他不来着、＊嵯个不下着雨”，但在条件句中可以共现，如“嵯个不下着毫雨就糟得着”。

（5）“着$_1$”可以与“别”同现：a. 谓词之后没有结果补语时，必须要有后续成分，表示禁止对方作出某种行为，如“你别吃着饭就睡”“你别占着便宜就想跑”；b. 谓词之后有结果补语时可单说，表示避免发生某种结果，如“少喝毫子，别喝醉着”“缓毫子$_{[慢一点]}$，别跌倒着”“别吃完着”“别把书盘$_{[盘弄]}$坏着”等。

（四）“着$_1$”的分布特征

“着$_1$”在句中出现的位置主要有：

1. V/A + 着；2. V/A + 着 + O/C；3. V/A + C + 着；4. V + O + 着。

其分布特点是：（1）动词或形容词后的“着$_1$”可位于句尾；（2）“着$_1$”也可以位于体词之后。

三 含山话起始体标记“了”

（一）“了”[ləʔ] 的用法

含山话助词“了”一般只出现于句尾，表示事态开始或即将出现某种变化。

1. 动 + ~

（1）他走了｜我吃了｜我睡了｜你感冒了，快吃毫药

（2）她要哭了｜小鸡快要死了｜你们慢吃，我先走了

a. 动词后跟“了”表示将要发生或刚刚开始的动作行为，如“他走了”可以是他将要走了，也可以是他已开始动身走了，另外还可表示他原先不准备走而现在打算走了；b. 动词前可以加上“要、快要、先”等词，表示动作行为即将发生。

2. 动 + 宾 + ~

（1）下雨了｜吃饭了｜上课了｜下班了；

（2）你不要，我把他了｜他要去洗澡了｜他门年[明年]就结婚了；

（3）他家来亲眷[亲戚]了｜他走着已经有大半年了。

a. 可以表事态刚刚发生，也可以表即将发生；b. 表将要发生；c. 事态已经发生，但强调的是到目前为止的情况。

3. 名 + ~

（1）春晌[春天]了｜二十号了｜八十岁了；

（2）你都小大人了，还怕丑[害羞]啊？｜大学生了，该都不晓得？

“了”可直接跟在单个的名词后面，表示已经到了某一时点或阶段。a. 跟在时间词后面；b. 跟在一般名词后，这些名词都是可以处在连续变化的序列上的，并要求具有一从其发展而来的前项事物。

4. 形 + ~

（1）她脸红了｜天冷了｜他坏了；

（2）手不痒了 | 腰不酸了 | 饭不热了；

（3）我们几个，他最顶能[聪明]了 | 该样[这样]最好了。

a. 形容词后接“了”，表示事物开始转变为某种状态；b. 加上否定词“不”表示原有的状态已经消失；c. 形容词前用表示最高级的副词“最”来修饰，“了”去掉句子也可成立。

5. 动+补+~

（1）天黑着，要把衣裳收起来了 | 你不坐，我把板凳搬走了；

（2）你不瞧，我拿走了 | 我把钱送去了 | 我把它吃完了。

表示将要实施某种行为。a. 动词后是趋向补语；b. 动词后是结果补语。

含山话中“了”有时也读为“兰”[lã]（含有暗示的意味）或“喽”[lɔ]（表示突出、夸张），如“下雨兰！”是暗示对方要去做某事，比如收衣服、赶紧回家等；“下雨喽！”则只突出下雨这一事态的发生。“兰”“喽”当是“了”与语气词“咹”“噢”的合音形式。

（二）“了”的意义及前加词语

1. 意义

“了”用于句末，表示出现新的情况或变化，其语法意义可概括为[+起始]。有几点需要说明：

（1）“了”并不一定表示动作行为的刚刚开始，而是表示一种新情况。原来不知道，现在才发现，也是一种新情况，如“我们回来时，他都在吃了”；

（2）“了”的时体意义是：在中性语境下一般以说话的这个时刻为句中的参照时间。如句中提供了过去或将来的某个时间点，则以这个时间点为参照时间。如“他起来了——他嵯早[昨天早上]五点就起来了 | 他埋早[明天早上]五点就要起来了”；

（3）“了”可用于表示命令、祈使、劝阻的句子，如“走了，走了！”（催促），“好了，好了！”（劝阻），“别吵了！”“别吃了！”（制止）；

（4）句末的“了”是管着它前面的整个句子的，而不是只管谓词，其直接成分是它前面的整个部分，如“他腰酸/了、他头不疼/了、她跟年[今年]十八/了、我不管你/了”。

2. 前加词语

（1）可以加上“要、快要、准备、想、能、可以、会”等表示可能、意愿或需要的能愿动词。如“他要走了、我准备去了、醒伢会走路了”；

（2）可与副词“在”同现，如“他在看书了、烟囱在冒烟了”；

（3）有的可与副词“已经”同现，如“他已经80岁了、腰已经不酸了”；

（4）前面可以用“最”来修饰，如例本节（一）4（3）。

3. 与“了”有关的疑问式与否定式

（1）疑问形式。

动词后的疑问式有：

a. 各 + 动 + 了？如：各吃了？｜各走了？｜各去了？｜各看了？

b. 各 + 动 + 宾 + 了？如：各吃饭了？｜各写作业了？｜各跑步了？

以上问句都含有两种意思：一是问是否继续某种行为，一是问是否开始某种行为，句子的确切含义需视具体语境而定。如“各吃了？”是问是否继续时，肯定回答是：还吃，否定回答是：不吃了；问是否开始时，肯定回答是：吃了/吧，否定回答是：等下再吃。

形容词后的疑问式只有“各 + 形 + 了？”一种形式，肯定回答是：还 A；否定回答是：不 A 了。如“脸各红了？”——“还红”/“不红了”。

（2）否定式

a. 含有“了”的句子一般用“不”来否定，如“不下雨了、他不走了、我不吃了、脸不红了”等；

b. “了”也可与否定词“没”在句中同现，表示某一已然的事态，如“嵯个你来着，他就没走了”“好几个月没看见你了”“该鞋几年都没穿过了”。如果是叙述现在的事态，一般还是用“不”来否定，如“你来着，他就不走了”；

c. “了”可以和“不”“没”同现，也可以和“别”同现，表示否定开始（曾进行过或打算进行的某一动作行为）或否定继续（正在进行的某一动作行为），如“别去了、别参加了”只是否定开始，句中的动词一般都具有［—持续］的语义特征；“别吃了、别唱了”可以是否定继续，也可以是否定开始，句中的动词一般都具有［+持续］的语义特征。

4.“了”的分布

“了”在句中出现的主要位置有：

（1）V/A+了；（2）V+C+了；（3）V+O+了；d. N+了。

其分布特点是：a. 只能位于句尾；b. 可直接跟在单独的名词后。

四 含山话“着$_1$”与“了”的比较

（一）意义

“着$_1$”：表示动作行为的完成，语义特征为［+完成］；“了”：表示事态出现新情况或变化，语义特征为［+起始］。例如：

他走着（他已经走了） 他走了（他要走了）

他站起来着（他已经站起来了）他站起来了（他开始站起来了）

把他着（已经给他了） 把他了（准备给他了）

（二）提问方式

“着$_1$”提问方式：“各V着?”肯定回答：“V着”；否定回答：（还）没V。

“了”提问方式：“各V了?”肯定回答：“还V”或“V了”；否定回答：“不V了”或“等下再V”。

“着$_1$”是问是否完成；“了”是问是否继续或是否开始。

（三）否定式

（1）“了”可以与否定词“不”“没”同现，如“他不讲了、我没吃了”，而“着$_1$”一般则不行，“*他不讲着、*我没吃着”。

（2）“别V着$_1$”是否定发生某种结果，“别V了”是否定开始或继续某种动作行为。

（四）前加词语

（1）“着$_1$”一般不与“了”的前加词语“要、在、最”同现，如“*我要吃着、*她在哭着、*该样最好着”；

（2）“了”一般也不与“着$_1$”的前加词语“早就、刚才、太”同现，如“*他早就走了、*我刚才去了、*他太好了”。

（五）分布

比较两者语法结构上所出现的位置，可以看出：

（1）“$着_1$”可出现于句中也可出现于句尾，“了”只能出现于句尾，不能单独出现于句中，“V/A + ~ + O/C”是“$着_1$”特有而“了”所无的位置；

（2）“了”可以跟在单独的名词后，“$着_1$”则不行，“N + ~”是“了”特有而“$着_1$”所无的位置。

五　含山话“$着_1$”与“了”的组合

以上“$着_1$”与“了”的用法是分开来论述的，为的是能看清它们各自的意义与功能，其实含山话中两者在句中的组合是经常性的。

（一）“$着_1$”在句中，“了”在句尾

（1）他教着十年书　　　　他教着十年书了

　　他在合肥住着两晚　　他在合肥住着两晚了

前者可以指以前的经历，也可以指到现在为止的经历，而后者只能指到目前为止的经历。这是因为加上“了”，句中的参照时间一般即指说话的这个时刻，从而与现在联系起来。所以前者可以加上表示过去时间的词语，后者则不行，如“他曾经教着十年书、他上个月在合肥住着两晚”，这时句尾就不能再跟“了”了。再来看下面的例句：

（2）我吃着三碗饭，吃着铁饱［特别饱］　　　我吃着三碗饭了，吃着铁饱

　　嵯个中晌我吃着三碗饭，吃着铁饱　＊嵯个中晌我吃着三碗饭了，吃着铁饱

可以看出“了”与过去的时间共现，是要受到限制的。

（二）“$着_1$”与“了”在句尾的组合

（1）他走着　　他走着了

　　我吃着　　我吃着了

两者都表示某种动作行为已经完成，但后者加上“了”强调的是现在的完成，在特定的语境下两者的区分还是很清晰的，如问“他各走着？”只是问他离开了没有，回答是“他走着”；如问“他各走着

了？”则是问他现在离开了没有，句中含有一个预设，那就是问话人知道“他”刚才或先前还没走，回答是“他走着了”，强调他现在已离开了。

（2）该鞋小着　　该鞋小着了

菜汤咸着　　菜汤咸着了

前者对事物现有性状的一种判断，表示偏离某种标准，是静态的；后者则表示与过去相比较说明现在出现了某种新的情况，是动态的。两者的区别十分明显。如“该鞋小着”意思是鞋本来就小，而“该鞋小着了”意思则是鞋原来不小，现在变小了。

（3）灯坏着　　灯坏着了

天黑着　　天黑着了

前者只肯定已经出现的情况，不表示有过什么变化，可以是对事物所具有的性状作静态的说明，如“灯坏着，卖不掉”（灯原来就是坏的）；后者则表示一种变化已经完成，出现了新情况，只可能是动态的描述，如“灯坏着了，卖不掉”（灯原来没坏，现在坏了）。

（4）再等一下饭就好着　　再等一下饭就好着了

树叶再过两天就黄着　　树叶再过两天就黄着了

由于是叙述将来时间里要发生的事，参照时间指向将来的某个时点，从而不能构成与过去的比较，所以“了”所附加的时间意义就不明显，更多的是起到加强语气的作用。

（三）“着$_1$”与“了”在句中的组合

（1）他喝着半斤酒了，还要喝　　他喝着了半斤酒，还要喝

我跑着三交了，都没买到　　我跑着了三交，都没买到

“了”一般只出现于句尾，但由于与“着$_1$”组合频繁，“了”有时也可跟随“着$_1$”从句末的位置转到句中来，语气变得更紧凑一些。这种情况比较特殊。

（四）“着$_1$”后跟“了”的条件及意义

1. 条件

（1）中性语境下，“着$_1$”后一般都可以加上“了”，表示到现在为止已发生了某种变化。

（2）前面说过“了”一般不能与表过去的时间词共现，这指的是

叙述在过去某一时段所发生的事，如“我早上吃着，下午没吃”，“着”后不能再加“了”，说成“＊我早上吃着了，下午没吃”。但当句中提供了一个明确的时点，并强调到这个时点为止已出现某种情况时，也就可以加上“了”，如“我早上六点就吃着了”，强调到“六点”这个时刻已经吃过了。又如“去年过年他都到着北京了”“嵯个像该时候他都睡着着了”等。

（3）另外，当“着$_1$”是表示假设性的结果时，句末一般不能跟“了”，如不能说“＊讲错着了，冇关系”、“＊他来着了，我就走”，只能说“讲错着，冇关系”“他来着，我就走”。

2. 意义

以上可见“着$_1$”后加“了”的意义是强调到现在（即说话时间）或确定的参照时间（句中所提供的时点）为止，事态已经出现了某种变化。

六 含山话“着$_1$”“了”与普通话时态助词“了”的比较

（一）意义的比较

普通话时态助词“了”一般都认为可以分为两个。

吕叔湘①认为“了$_1$”用在动词后，主要表示动作的完成；“了$_2$”用在句末，主要肯定事态出现了变化或即将出现变化，有成句的作用。朱德熙②认为动词后缀“了”的作用在于表示动作的完成，语气词“了”表示新情况的出现。容新③证明了普通话动词词尾“了$_1$”表示的是一个情状的完全态（perfective），句尾助词“了$_2$”表示了一个情状

---

① 吕叔湘：《现代汉语八百词》，商务印书馆1980年版，第314页。

② 朱德熙：《语法讲义》，商务印书馆1982年版，第68、209页。

③ 容新（1997）：《普通话中助词“了”所表达的时间范围及时态》，《中国语言学论丛》第1辑；此文针对认为词尾“了$_1$”和句尾“了$_2$”应该就是同一个时态助词“了”的观点而提出异议。

的起始态（inchoative）[①]。金立鑫试图吸取完成论和实现论各自合理的部分，提出动词后宾语前的"了$_1$"是"完成—延续"体的标记，在中性语境下兼表"过去近时"的意义；句尾的"了$_2$"是事件实现后的状态延续到某一参照时间的体与时的混合标记。[②]

尽管对普通话"了"意义的看法及名称的使用不完全一致，但大多认为有一个表完成的"了"，还有一个表新情况的与"现在"这一时间有着紧密关联的"了"。我们可称前者为表完成的"了$_1$"，称后者为表起始的"了$_2$"[③]。

可见，普通话的"了$_1$""了$_2$"是分别与含山话中表完成的"着$_1$"、表起始的"了"相当的。

（二）分布的比较

普通话助词"了"可根据意义将其清楚地分为表完成的"了$_1$"与表起始的"了$_2$"，但两者语音形式及字形都完全相同，在具体的句子当中如何进行区分呢？朱德熙曾指出："动词后缀'了'只在句中出现，不在句尾出现；语气词'了'只在句尾出现，不在句中出现，下边句子里的'了'都是语气词：他来过了、太小了、下雨了、我找到那个地方了。"[④] 说句中的"了"是"了$_1$"应该是没有问题的，但句尾的"了"就远不像上面所说的那么简单，以下用几个小节来分别论述位于句尾的"了"的情况。

---

① 赵元任（1926）：《北京、苏州、常州语助词的研究》，袁毓林主编《赵元任语言学论文选》，清华大学出版社 1992 年版。赵元任分述北京话"了"的用法时也曾用过 inchoative 这一名词。

② 金立鑫（1998）：《试论"了"的时体特征》，《语言教学与研究》第 1 期；金立鑫认为还有一个句尾的"了"是语气词"啦"的弱化形式，将其记作"了$_4$"，这一点下文将会谈到。

③ 李讷（1982）：《已然体的话语理据：汉语助词"了"》，徐赳赳译，《功能主义与汉语语法》，戴浩一主编，北京语言学院出版社；李讷认为在一个句子后加上"了"，是表示该句子表达的某种事态是与当前相关的，这个"了"是已然体的标记，这种看法目前为很多学者所认同，但因为"了$_2$"意义主要还是表示一种"当前相关状态"，更重要的是"了$_2$"可经常用以表未然的事态（如"要下雨了""他马上就走了"等），所以本文采用了字面上较能直接体现其本质意义的"起始体"见李讷等著《已然体的话语理据：汉语助词"了"》，徐赳赳译，载浩一主编《功能主义与汉语语法》，北京语言学院出版社 1982 年版。

④ 朱德熙：《语法讲义》，商务印书馆 1982 年版，第 71 页。

1. 动词后的“了”

吕叔湘指出：“动+了”后不再带宾语，这里的“了”一般是“$了_2$”或“$了_{1+2}$”[①]。朱德熙也认为：“如果句尾‘了’前边是动词，这个‘了’可能是语气词，也可能是动词后缀‘了’和语气词‘了’的融合体。”[②] 刘月华等认为“句末的‘了’如果有表完成的意思，一般是‘$了_1$+$了_2$’”。[③] 可见人们倾向于将前面是动词的句尾“了”分析为“$了_2$”或“$了_{1+2}$”。

而在含山话中，“$着_1$”“了”“着了”都可以位于句尾，如“他走了”在含山话中可分别说成“他走着”“他走了”“他走着了”。据此，普通话动词后位于句尾的“了”就可能是“$了_2$”或“$了_{1+2}$”，但也可能是“$了_1$”。这只是拿含山话来印证所得出的结果，那么在其他方言里大致相当于普通话“$了_1$”与“$了_2$”的助词情况又如何呢？下面选五个点，来作一个比较，这些材料都来自胡明扬主编《汉语方言体貌论文集》[④] 一书中的几篇论文，根据论文所述确定为没有的形式加上“—”，没有找到但也不能确定为没有的形式加上“?”。

（1）

	V$了_1$O$了_2$	V$了_1$	V$了_2$	V$了_{1+2}$	材料来源
客（长汀）：	写黎一张字咧	走黎	走咧	走黎咧	饶长溶
粤（广州）：	报咗名喇	地位提高咗	?	老师嚟咗喇	彭小川
吴（苏州）：	他当仔科长哉	—	俚来哉	俚来哉⑤	刘丹青
闽（海丰）：	洗了一桶衫裤咯	食了	食咯	生活提高了咯	陈建民
湘（安仁）：	教嘎20年书哒	*老师来嘎	老师来哒	老师来嘎哒	陈满华

长汀与广州方言里相当于“$了_1$”的“黎”和“咗”，都可以置于句末，其中，彭小川就试图根据广州话的“咗”就来证明“普通话句末或停顿前的‘了’不一定是‘$了_2$’，有时会是‘$了_1$’”。而苏州、海丰、安仁方言里相当于“$了_1$”的“仔”“了”“嘎”情况就不同了，

① 吕叔湘：《现代汉语八百词》，商务印书馆1980年版，第316页。

② 朱德熙：《语法讲义》，商务印书馆1982年版，第209页。

③ 刘月华等：《实用现代汉语语法》，外语教学与研究出版社1983年版，第226页。

④ 胡明扬主编：《汉语方言体貌论文集》，江苏教育出版社1996年版。

⑤ 根据汪平研究：苏州话句尾“哉”有两个，一个相当于“$了_2$”，一个相当于“$了_{1+2}$”。

“仔”不能用在句末[①]，“了”只在用于答问句时才能放在句末，非答问句末尾只能是“咯”或“了+咯”，“嘎”放在句尾则不成立，如例中的“*老师来嘎”。

根据含山、长汀、广州的方言材料，“$了_1$”可以位于句尾；根据苏州、海丰、安仁的方言材料，“$了_1$”则一般不位于句尾。所得的结果不一致。这是因为各个方言的助词系统不尽相同，每个助词所承担的语法功能也多有出入，加上来源也可能不同——即使来源相同其用法后来一般也会产生一些独特的变化，故而用不同的方言材料就同一语法现象与普通话进行比较印证，得出的结果也往往不同。所以切实的方法还是要回到普通话本身来求证。

一般认为普通话句子中只有“$了_1$”不联系现在，加上“$了_2$”就联系现在。朱德熙有一个例子可说明这一点：“我在这儿住了五年”意思是说曾经在这里住过五年，“我在这儿住了五年了”意思是说到现在为止已经住了五年了。“$了_2$”的主要作用是联系现在，那么是不是有“$了_1$”的句子末尾都可以加上“$了_2$”呢？请看：

（2）a. 我吃了两碗饭了　b. 我早上吃了两碗饭　c. *我早上吃了两碗饭了

c句是不成立的，因为是叙述过去时段内发生的事，并不要求也难以与现在产生联系，所以不能加“$了_2$”。“$了_2$”的这种限制与含山话“了”所受到的限制是一致的。据此，普通话“我吃了”句末的“了”可以分析为“$了_{1+2}$”，而“我早上吃了”句末的“了”则不能分析为“$了_{1+2}$”，它只能是表完成的“$了_1$”。赵元任在比较北京话“勒”（即“了”）的第四种用法——“叙事过去”时所举的例子中的“勒”就只能是“$了_1$”，如“商量得没有结果，大家就回去勒”“一会儿他又出去勒”。

可见普通话的句子中如果不是强调到说话时刻或某个确定的时点为止已产生了某种新情况，而只是叙述过去某个时段内所发生的事，前面是动词的句末表完成的“了”就不含有“$了_2$”的成分，只可能

① 说苏州话“仔”不能用于句末，这也不是绝对的，汪平就提供了几个复合动词后加“仔”位于句尾的例子：“拿书卖脱仔”（把书卖了）、“门关好仔”（门关好/把门关了）。

是“了$_1$”。位于句末的“了”能够表完成，其主要成分肯定是“了$_1$”，为什么很多语法著作中都一定要将其分析为“了$_{1+2}$”呢？这可能是“了$_2$”都是出现于句尾的，所以总觉得不可少，加上它句子才完整，殊不知主要起联系现在作用的“了$_2$”的出现也是有着一定限制的。

下面来看在中性语境下，普通话“了”与含山话“着$_1$”“了”“着$_1$了”的对应形式：

	普通话		含山话	
①	他跑了	他跑着	他跑了	他跑着了
	他走了	他走着	他走了	他走着了
	我睡了	我睡着	我睡了	我睡着了
②	小狗死了	小狗死着	*小狗死了	小狗死着了
	他病了	他病着	*他病了	他病着了
	脚崴了	脚崴着	*脚崴了	脚崴着了
③	她哭了	*她哭着	她哭了	*她哭着了
	她笑了	*她笑着	她笑了	*她笑着了
	小鸟飞了	*小鸟飞着	小鸟飞了	*小鸟飞着了

例①中“跑、走、睡”都具有［+自主］［+完成］的语义特征，后面可接“着$_1$”表完成或实现，也可接“了”表起始，但“他跑着”只能表示动作的完成（跑过了），不能表示离开（跑掉了），表示离开要说成“他跑得着”，而“他走着”可以表示已经离开，也可以表示动作的完成（走过了）。这是因为“走”和“睡”一样可以是变化动词①，而“跑”只能是行为动作动词。

例②中“死、病、崴”都具有［—自主］［+完成］的语义特征，因为动作不能由自己支配，所以后面不能加表起始的“了”。句中有“要”等词的话，有的也可加“了”，如“小狗要死了”。

例③中“哭、笑、飞”都具有［+自主］［—完成］的语义特征，

① 变化动词即可以表明状态变化的动词，例如“生”和“死”就表明了从一个状态（未出生/生存）到另一个状态（生存/死亡）的变化，参见李英哲等编著《实用汉语参考语法》，熊文华译，北京语言学院出版社1990年版，第181页。

这些动词只能表动作的持续，不能表完成，后面不能加“着$_1$”。含山话中要表示“小鸟飞（走）了”的意思只能说“小鸟飞得着”，“＊小鸟飞着”是不成立的。

2. 形容词后“了”

吕叔湘认为：形容词后面的“了”，应该是“了$_{1+2}$”，但如果只着眼于当前的情况，也可以说只是“了$_2$”。刘月华等认为：形容词谓语句句末的“了”都是“了$_2$”。

但普通话“脸红了”一句在含山话可分别说成“脸红着”“脸红了”“脸红着了”，据此，普通话形容词后的“了”也可能是“了$_1$”。与动词后“了”的情形相同，上面提到的五个方言点中，长汀、广州相当于“了$_1$”的助词也可以位于形容词后，处于句末，如“茶花红黎”“我个表慢咗”，而苏州、海丰、安仁则不行。同样我们也应回到普通话本身去考察。

（1）和动词后的“了$_2$”一样，形容词后的“了$_2$”的出现也要受到过去时间的制约，如“天阴了”中的“了”可以分析为“了$_{1+2}$”，而“刚才天阴了”中的“了”则只能是“了$_1$”，不可能含有“了$_2$”的成分。再如“别说了，她脸红了”句尾的“了”应是“了$_{1+2}$”，而“你上次说她，她脸红了”句尾的“了”只可能是“了$_1$”。

（2）另外，就是以现在为参照时间，有时也只能是“了$_1$”，如“这支笔坏了，我得重买一支”（原来没坏，现在坏了），“了”应是“了$_{1+2}$”，但“这支笔坏了，你给我换一支”（本来就坏了，现在并没有发生变化），“了”只是“了$_1$”。

（3）赵元任①认为短语之后的“了”（即“了$_2$”）用在形容词之后，表示超过预料中的某一标准，含有过度的意思，如“这东西贵了、汤咸了、袖子长了”等。刘月华等也认为表示不合某种标准的“了”是“了$_2$”。我们却认为这个“了”其实还是表完成的“了$_1$”，它表现的是主观上的实现，这种实现是相对于说话人心目中预设的某一标准而言的，动态的意味也因此而减弱，从而显得有些特别。如“该衣裳你穿大着，他穿小着”，“大、小”是依据具体某一标准而作出的判断，

---

① 赵元任著：《汉语口语语法》，吕叔湘译，商务印书馆1979年版。

衣服本身并没有发生“大”或“小”的变化。

来看中性语境下，普通话“了”与含山话“着”“了”“着了”的对应形式：

	普通话		含山话	
①	鞋小了	鞋小着	* 鞋小了	鞋小着了
	菜咸了	菜咸着	* 菜咸了	菜咸着了
	木板薄了	木板薄着	* 木板薄了	木板薄着了
②	他瘦了	他瘦着	* 他瘦了	他瘦着了
	荷花红了	荷花红着	* 荷花红了	荷花红着了
	路平了	路平着	* 路平了	路平着了
③	脸红了	脸红着	脸红了	脸红着了
	天黑了	天黑着	天黑了	天黑着了
	灯亮了	灯亮着	灯亮了	灯亮着了

例①句中形容词加“着”表示事物性状的偏离，是静态的，后面可再加“了”表示已出现了某种变化。因为是静态的，形容词后不能直接加表起始的“了”。

例②句中形容词加“着（了）”表示事物性状的实现，是动态的。虽然是动态的，但形容词不能表示事态在瞬间开始出现变化，所以一般也不能直接加表起始的“了”来表示事物开始出现某种变化。

例③句中形容词是动态的，并且也可表示事态在瞬间开始出现变化，如“脸开始红了、天开始黑了”，所以三者都可以加。

3．体词后的“了”

朱德熙认为：“凡是体词后头出现的‘了’只能是语气词，不可能是动词后缀。”刘月华等认为：“了”在句末，前有宾语，一般是“$了_2$”。

含山话中有的“$着_1$”也可以跟在体词后面，如前面提到的“钱把他着（了）、书放桌子高着（了）”等。分为两种类型，一是动词后接受事再接“着”，动词是具有“给予”义的双宾语动作动词，如“给、还、卖、交、寄、送、输”等；一是动词后接处所宾语再接“$着_1$”，动词都是具有“置放”义的动作动词。

来看普通话中与这两种格式相对应的几个句子：

①钱我给他了｜作业交给班长了｜书我还他了

上面的几个句子都有歧义，包含两种意思，一是动作已完成（属常用型），二是动作将实施。分别加上“早就”和“要”就可清楚地区别开，另外两者的否定词也不相同，例如：

②钱我早就给他了｜作业早就交给班长了｜书我早就还给他了（用“没”否定）

钱我要给他了｜作业要交给班长了｜书我要还给他了（用“不”否定）

可见表完成、用“没”否定的句尾“了”是“$了_1$”或“$了_{1+2}$”，表未然、用“不”否定的句尾“了”只是“$了_2$”。

③书放在桌子上了｜衣服收到箱子里了｜水瓶摆在墙角了

例③和例①一样，每一个句子也包含两种含义：一是动作已完成（属常用型），可用“早就”修饰，用“没”否定，句中“了”是“$了_1$”或“$了_{1+2}$”；二是动作将实施，可用“要”修饰（一般须在受事前补上一个“把”，再在“把”前加上“要”及施事，如“我要把书放在桌子上了”），用“不”否定，句中“了”只是“$了_2$”。

可见，普通话与含山话一样，有些体词后的“了”也可能是“$了_1$”或“$了_{1+2}$”。卢英顺曾用变换法鉴定了“邹素贞在午饭时转告他了”中的“了”当是“$了_1$”（可变换为“转告了他”），这与我们的分析是一致的[①]。

4.“太”“最”作状语句尾的“了”

刘月华等用“太”作状语的感叹句，句末用“$了_2$”，这时“$了_2$”不表示什么语法意义，但在结构上是不可缺少的，有表示肯定语气的作用；金立鑫认为：作为语气词“啦”的弱化形式“$了_4$”的典型分布是处在形容词谓语句中，而且总有主观情绪性程度副词“太”“最”伴随。

含山话中“太”后面只能用“$着_1$”，“最”后面只能用“了”。来

① 该文把“魔鬼附体了”中的“了”也判断为“$了_1$”，因为这句可变换为“魔鬼附了体”，但含山话不能说“*魔鬼附体着”，我们认为这句应是“魔鬼附了体了”省略所至，句末的“了”是“$了_2$”。

看普通话中的情形。

普通话中“太”作状语的句子中，谓语是动词时句尾“了”不可缺少，“你太相信他了、你太小看他了”，而且可用“没”来否定，“我没相信他、我没小看他”，可以确认这个“了”是“$了_1$”；谓语是形容词时句尾“了”有的可以去掉，如“衣服太小、房子太破”，但一般要有后话才能结句，而有的则不能去除，如“他太好了、这本书太精彩了”。“了”这种用法与含山话“$着_1$”是一致的，所以我们认为这个一般被分析为只表示肯定语气的“了”应该也是来源于表完成的“$了_1$”。

普通话“最”作状语的句子中，“含有在若干可能的候选者之中选定一个的意思”①，如“这样最好了、他最不像样了、他最舒服了”，这在某种意义上也算是提供了一种新情况，所以这个“了”可以看作“$了_2$”。

“太”与“最”都带有主观评价的色彩，谓词后“$了_1$”与“$了_2$”的时体意义不明显。但通常也并不能缺少，所以不宜将其处理为单纯的语气词。

5．通过以上论述可得出如下结论

（1）普通话中位于句中的“了”是“$了_1$”，“$了_2$”不出现于句中；

（2）普通话中动词或形容词后的句尾“了”，可能是“$了_2$”，可能是“$了_{1+2}$”，但也可能是“$了_1$”，另外，“形＋了”表偏离标准的“了”应是“$了_1$”；

（3）普通话中体词后的句尾“了”，也有的是“$了_1$”或“$了_{1+2}$”；

（4）普通话中“太”作状语的句尾“了”是“$了_1$”，“最”作状语的句尾“了”是“$了_2$”。

（三）用法上的几点不同

1．普通话有的“动＋宾＋了”格式可表完成，如“你吃饭了没有？”和“你吃了饭没有？”意思相同。邢公畹根据《官话类编》和《红楼梦》的语言材料，指出这种“动＋宾＋了”格式是“动＋了＋

① 赵元任著：《汉语口语语法》，吕叔湘译，商务印书馆 1979 年版，第 307 页。

宾+了”的省略式，是现代北京话的新生现象①。含山话中没有这种省略式，如只能说“你各吃着饭（了）?”，不能说“＊你各吃饭着?”，而“你各吃饭了?”则只能用来问是否开始或是否继续，而不能问是否完成。

2．普通话动趋结构中的“$了_1$”可放在趋向补语的前或后，如“他站起来了”“他站了起来”，而含山话“$着_1$”只能放在趋向补语之后，如“他站起来着”，不能说“＊站着起来”。

3．普通话“了”可置于动词的重叠式之间表示短时态，如“看了看、想了想”，含山话“$着_1$”无此用法，不能说“＊看着看、＊想着想”，表示短时态则要说成“看着下子、想着下子”。

4．含山话有“动+很+$着_1$”的格式，如“把他讲[责备]很着、把他打很着、把我饿很着”，普通话则没有。

七　完成体标记“着”的来源及分布

（一）来源

梅祖麟对完成貌“着”的来源作了深入的探讨，认为：(1) 因为六朝文献里的方位介词“著（着）”兼有“在”“到”两个意思，所以当“著”字在吴语和其他方言中变成动词词尾时，“著（着）”字既能标志持续貌，又能标志完成貌；(2) 完成貌“著（着）”字最早出现于《大慧书》(1134—1163)，跟北方话“动+了+宾”成为完成式的标准句型的年代（11世纪到12世纪初）密切相接；(3) 完成貌“著（着）”字的产生是由于两个因素，一个是北方话完成貌句式散播到南方，一个是江南地区“到”义的方位介词“著（着）”字产生了新的用法。前者是句式的来源，后者是虚字眼的来源。②

曹广顺认为：“着（著）”从动词（有“附着、置放”等义）向助词发展，到唐代已经基本完成。这个过程中，“着”字经历了三个阶

---

① 参见邢公畹《现代汉语和台语里的助词“了”和“着”》，《民族语文》1979年第2—3期。

② 梅祖麟：《汉语方言里虚词“着”字三种用法的来源》，《中国语言学报》1989年第3期。

段：(1) 跟在某几类动词之后表示附着性结果；(2) 跟在一般动词之后表示动作完成或获得了某种结果；(3) 表示动作状态的持续和进行。认为“着”表完成，唐代已有用例并一直延续下来，如：

承祯颇善篆隶书……定着五千三百八十言为真本以奏上之。(《旧唐书·隐逸传》卷192)

黄鹤青云当一举，明珠吐着报君恩（王昌龄：《留别司马太守》)

且放下着许多说话，只将这四句来平看，便自见。(《朱子语类》卷79)

又只恐你，背誓盟，似风过，共别人，忘着我。（杨无咎：《玉抱肚》)

(潘金莲）便写封书封着，叫春梅送与陈姊夫。(《金瓶梅词话》第55回)①

那一年得罪着辛翰林……（《醒世姻缘传》第9回)②

文中进一步指出唐代以后动态助词多功能的现象极为普遍，“却、着、将、取、得”在获得结果、完成、持续这三种动态上，几乎都有相同的用例。这三种动态中，都隐含有动作完成、获得结果的意思，共同的发展过程和共有的隐含语义，这是造成唐代动态助词混用现象的原因。

综合两家的观点可以得出：(1)“着”在唐代即可用来表完成，并非受北方话完成貌句式的影响而后产生的；(2) 汉语方言中表完成貌的助词，北方方言主要用“了”，南方方言则主要用“着”。

一个助词的产生、发展或消亡，在不同的方言里往往存在着种种差别。在含山话中，“着”用来表示动作完成的这一用法，不但没有消

① 以上五例均引自曹广顺《近代汉语助词》，语文出版社1995年版。

② 此例引自徐丹《从北京话“V着”与西北方言“V的”的平行现象看“的”的来源》，《方言》1995年第4期。

失，反而更进一步发展了，其主要的原因是：在现实的句子中，含山话表示动作完成的“着$_1$”与表示状态持续的“着$_2$”的使用一般呈互补状态。关于这一点我们已有另文讨论。

（二）分布

梅祖麟论证了上海话的“仔”、长沙话的“达”、安庆话的“着”的来源都是“著”，并怀疑广州话“咗”、四川话“到”也是由“著”演变来的。平田昌司、伍巍论述了休宁话中表完成的“着”并提到江淮官话泰如片用“着”表完成的情况也十分普遍①。可见完成貌“着”主要是分布于吴语、江淮官话、湘语、徽语等方言区，这些方言区都集中于长江流域。

这些表完成的助词虽然都来源于同一个“着”，但用法上却有着各自的特点，可大致分为以下三种类型。

1. 湘语	（长沙）	他吃达饭达	邢公畹
	（衡山）	我写哒回信哒	毛秉生②
徽语	（休宁）	花落着不少着	平田昌司、伍巍

与普通话助词“了”一样，表完成和表起始都用同一个词。

2. 江淮官话	（安庆）	吃着饭了	邢公畹
	（庐江）	书我看仔一遍了	洪　波③
吴语	（常州）	买则菜连	史有为④

句中和句尾的两个助词分别相当于普通话的“了$_1$”与“了$_2$”。

3. 吴语	（苏州）	我到仔上海哉	
		落哉	汪　平

句中和句尾的两个助词与普通话“了$_1$”“了$_2$”不是呈简单的一对

① 参见张双庆主编《动词的体》中《休宁方言的体》一文，香港中文大学中国文化研究所1996年版。

② 参见《衡山动态助词“哒”和“咕”》，汉语方言学会第九届学术年会论文，汕头大学，1997。

③ 洪波（1996）：《庐江话的虚词“仔”》，《南开语言学论集》，北京语言学院出版社。

④ 史有为（1988）：《助词“了”在常州话、上海话中的对应形式》，《吴语论丛》，上海教育。

一的关系，句中的助词与“了$_1$”相当，而句尾的助词则有时与“了$_2$”相当，有时又包含有表完成的成分，相当于“了$_{1+2}$”。如“落哉”（下〈雨〉了）有两种解释：一是指开始下了（“哉”相当于“了$_2$”）；一是指已经下过了（“哉”相当于“了$_{1+2}$”）。

广东揭阳闽语的小称“儿”缀*

吴　芳**

摘　要　揭阳闽语有一种“尼”缀小称现象，本字未明。本文拟以翔实的语料阐释揭阳闽语“尼”缀小称的特点，并从语音演变与语义功能的结合上，论证揭阳闽语的小称“尼”缀实际就是汉语的“儿”缀。文章同时并对这种“儿”缀小称的几种变体作客观的解释。

关键词　揭阳闽语　“尼”缀　“儿”缀　语源　语音变体

揭阳闽语①为粤东闽语的一支，其常用小称后缀除了“团”缀外，还有一种“尼（$ni^{55}/ni^{35}/ni^{33}/niʔ^{5}$）”缀小称。这种“尼”缀小称现象在粤东闽语，乃至其他闽南方言中同样存在，通常亦写作“*呢”或“孧”②。本文认为揭阳闽语“尼”缀小称中“尼”的本字就是“儿”，“尼”缀小称正是“儿”缀小称。

---

*　原载《方言》2009 年第 4 期。

**　吴芳，女，广东揭阳人，2002 年毕业于汕头大学中文系，获学士学位，2006 年获暨南大学硕士学位，2009 年获暨南大学博士学位，2014—2015 年，在香港科技大学从事博士后研究工作，现为深圳大学人文学院副教授，主要研究领域为汉语方言、语言地理。目前发表论文 20 余篇，主要著作有 3 部，主持教育部国家语委、广东省社科基金项目多项，参与国家社科基金重大项目并主持项目的子项目。

①　本文的揭阳闽语主要包括老揭阳县所辖区域内闽语的情况。区域内闽语的声调一致为八个：阴平 33、阳平 55、阴上 35、阳上 53、阴去 213、阳去 22、阴入 5、阳入 2，该方言小称涉及相应的变调。

②　见温端政《浙南闽语里的“仔”、“子”和“孧”》，载《中国语文》1958 年第 5 期；邵慧君、甘于恩《闽语小称类型比较》，载《闽语研究及其与周边方言的关系》，香港中文大学出版社 2002 年版。

一 揭阳闽语"儿"缀小称的考证

（一）"尼"的语音论证

"儿"这一语素在揭阳闽语中常读为 dzi^{55}，大多出现在书籍或戏剧台词的"儿女""儿童""阿儿"等书面词语中。而"尼"一般只出现在口语中，本音为 ni^{55}。从语音上看，ni^{55}（尼）和 dzi^{55}（儿）之间的区别仅在声母。

我们知道，"儿"为止摄日母开口字，中古时期声母应为舌面前鼻音ʔ--类的音，这已是学术界的共识。在吴方言、粤方言、徽州方言等方言中的"儿缀"或"儿化"里仍旧保留了这类声母。如：

南部遂昌吴语：小鸡儿（小鸡儿）ɕi ɐɯ$^{52-33}$ ie$^{55-22}$ȵie$^{221-212}$

铃儿（小铃儿）li ŋ^{221}ȵie$^{221-212}$

广西贺州粤语：虾儿（小虾儿）ha$^{52-22}$ȵi^{52}

□下儿（玩一下儿：表时间短）t øŋ^{214} a^{214} ȵi^{52}

旌德徽语：伢儿（小孩儿）ŋ ɔ$^{42-22}$ ȵi^{2}

黄蚁儿（蚂蚁）uo^{42}ŋɛ$^{213-22}$ȵi^{2}

一下儿（一会儿）i^{5}xɔ$^{213-55}$ ȵi^{5}

揭阳闽语音系中并没有舌面前辅音声母，相应的只有一套舌尖中的辅音声母，因此日母字与中古日母的对应形式应该为 n-。今天，揭阳闽语口语中的一些常用日母字声母仍为 n-，如："肉 nek^{5}""软 n ɤ ŋ^{53}""瓤 neŋ^{55}"等，这当是明证。而日母字在揭阳闽语中分 dz-、n-文、白两个读音层次的语言事实也十分清楚。

白读		文读
染：nĩ^{33}（染衣：指为衣服染色）	——	dziaŋ^{53}（感染）
忍：nuŋ^{53}（忍下：忍一下）	——	dzeŋ^{53}（忍心）
让：nĩõ^{22}（让伊：让他一下）	——	dziaŋ^{35}（相让）

由此而论，小称是一种常见的口语现象，在揭阳闽语中，日母字“儿”声母保留着早期鼻音形式 n 应是一个无可置疑的语言现象。如此，我们可以确定，“尼”的本字实际上就是“儿”，“dzi^{55}”与“ni^{55}”不过是“儿”字在文白两个不同层面上的声母异读差异。

（二）“尼”缀小称的语义论证

语音上，“尼（ni^{55}）”完全符合揭阳闽语“儿”的音韵演变；语义功能上，“尼”缀小称与汉语的附加小称语素“—儿”同样具有许多相互对应的关系，主要表现在以下三方面。

1. 语义范畴

揭阳闽语“尼”缀小称的功能可归纳如下：

①表动物幼崽，用于一些与人类活动较亲近的小动物名中，如：

猫尼（小猫儿）、猪尼（小猪儿）、狗团尼（小狗儿）；

②表数量少或量位小，用作量词、数量词后缀，如：

滴尼（一点儿）、喙团尼（一小口儿）

一碗团尼（一小碗儿）、两粒团尼（两小颗儿）；

③表语气态度亲切缓和，用作形容词后缀，如：

宽宽尼（慢慢儿）、轻团尼（放落来）（轻点儿放下来）、宽尼（行）（慢点儿走）。

可见，在语义施用的范围上，揭阳闽语“尼”缀小称与汉语的附加小称语素“—儿”具有明显的对应关系。

2. 语义语用功能

汉语的附加小称语素“-儿”用于有生命体名词中时，往往带有一定的感情色彩，如“小兔儿、婶儿、娟儿（小童名）”等都表达出亲切喜爱之情。揭阳闽语“尼”缀小称用于名词中时，也一定是施用于惹人喜爱的事物中，并带有亲昵、喜爱、温婉等感情色彩。如“猫尼”“猪尼”，除了事物强调小，还表达出对事物的喜爱之情。而像“小老鼠、小蟑螂、小苍蝇”等不讨人喜欢的事物，一般不能带“尼”缀：不能说“*猫鼠尼（小老鼠）、*甲由尼（小蟑螂）、胡蝇尼（小苍蝇）。这一特点同样显示出揭阳闽语“尼”缀小称与汉语附加小称语素“-儿”的相似性。

3. 构词形式

揭阳闽语的“尼”缀可以单用，也可用在“-团”结构之后构成

“—团尼”叠用的形式，如：孥团尼（小孩儿）、鸡团尼（小鸡儿）、滴团尼（一点儿）、轻团尼（轻点儿）。这一情况同样与汉语的附加语素“-儿”很相近，近代汉语中同时也有“些子儿”“身子儿”等“-子儿”叠用形式，如①：

柴门只解关烟雨，不隔离愁些子儿。（宋·华岳《夜步水西》诗）

谁家玉匣新开镜，露出清光些子儿。（宋·卢多逊《后池对新月》诗）

面皮儿黄绀绀，身子儿瘦岩岩。（元·张可久《收心二首》曲）

从上述语义功能的讨论中可看出，揭阳闽语“尼”缀小称的语义特征与汉语附加小称语素“儿”基本一致。

论述至此，揭阳闽语“尼”缀小称无可争议地当是“儿”缀小称。

二　揭阳闽语“儿”缀小称四种语音变体形式分析

细分揭阳闽语“儿”缀小称共有 ni^{55}（阳平）、ni^{35}（阴上）、$niʔ^{5}$（阴入）、ni^{33}（阴平）四种语音变体，为论说方便，我们将“儿”的四种变体形式分别记作“儿 1（ni^{55}）、儿 2（ni^{35}）、儿 3（$niʔ^{5}$）、儿 4（ni^{33}）”。下面分别对这些变体形式的功能及其相互关系展开论述。

（一）“儿”缀小称四种变体语义范围的区别

1.“儿 1（ni^{55}）”语义范围最宽，除施用于名词、量词及数量结构外，还可施用于形容词。

①用于人、动物名之后，不施用于非生命体的物名词，如

孥儿 1（小孩子）　　猫儿 1（小猫儿）

②用于量词或数量结构之后，如

段团儿 1（一小段）　　一块团儿 1（一小块）

① 近代汉语材料引自北京大学图书馆制作“四库全书电子数据库”搜索。

③用于形容词之后只表示亲近、温婉的语气，如：

宽宽儿1（慢慢儿地）　轻轻儿1（轻轻地）

2. “儿2（ni^{35}）”的施用范围最窄，只与名词结合，常指称小孩儿和一些小动物，如：

儿儿2（小孩的昵称）　猪儿2（对小猪的昵称）

3. “儿3（$niʔ^{5}$）”的语义范围相对较窄，主要施用于名词（小孩儿和一些小动物）、数词及数量结构，不用于形容词。与“儿2（ni^{35}）”相比，“儿3（$niʔ^{5}$）”独不与形容词结合。如：

孥团儿3（小孩子）　猫儿3（小猪儿）

滴团儿3（一丁点儿）　两粒团儿3（两小颗儿）

4. “儿4（ni^{33}）”的使用范围最窄，不用于名词、形容词，只与量词、数量结构结合。如：

滴儿4（一点儿）　困团儿4（一会儿）

一块团儿（一些儿）　两碗团儿4（两小碗）

揭阳闽语“儿”缀小称四种变体语义施用范围的区别如表1所示。

表1　揭阳闽语“儿”缀小称四种变体语义施用范围的区别

	名词（人与动物）	数量词	形容词
儿1（ni^{55}）	+	+	+
儿2（ni^{35}）	+	-	-
儿3（ni？^{5}）	+	+	-
儿4（ni^{33}）	-	+	-

上述介绍表明，“儿1”是揭阳闽语儿缀小称的基本形式，施用范围最宽，其他几种变体当是“儿1”的发展演变；“儿3”施用范围相对较窄，除名词与数量词外，独不用于形容词；“儿2”“儿4”施用范

围最窄，前者只用于名词，后者只用于数量词，两者成明显的互补关系。进一步的分析，“儿 2”“儿 4”两者与“儿 3”间又有某种对应关系，“儿 2”“儿 4”的施用总和正好等于“儿 3”。

（二）“儿”缀小称几种变体语义功能的区别

汉语附加小称“-儿”最初当由名词开始，然后逐渐发展到数量词、形容词①，揭阳闽语“儿”缀小称的发展也基本如此。前面说过揭阳闽语的“儿”缀小称与“囝”缀小称的分工，“儿”缀小称集中表达亲昵、喜爱、温婉等表小的感情色彩，“儿 1”“儿 2”“儿 3”所举的例证无不如此。唯“儿 4”（ni^{33}）有些特殊，它不用于名词，只用于数量词，且已基本丧失了明显表小的感情意味，在功能上今天主要标志所附加词语的口语色彩，因此我们认为“儿 4”是揭阳闽语“儿”缀小称功能磨损与退化的表现，可以暂放在“儿”缀小称几种变体形式的横向比较之外。

“儿 1”“儿 2”“儿 3”均施用于名词，我们可以将它们放在同一平面上进行比较。请看下列词语：

施用于小动物	施用于小孩儿	表小功能
猫儿 1（普通惹人喜爱的小猫）	孥团儿 1（一般讨人喜爱的孩子）	一般表小
猫儿 2（更小、更惹人喜爱的猫）	孥团儿 2（更小、更可爱的孩子）	凸显表小
猫儿 3（极小、极可爱的绒猫）	孥团儿 3（特别惹人喜爱的婴儿）	极度表小

比较显示，“儿 1”（ni^{55}）只是口语中的一般表小，没有强调意味；“儿 2”（ni^{35}）与“儿 1”相比有明显的凸显意味，表示更小、更可爱；“儿 3”（$niʔ^{5}$）与“儿 1”“儿 2”相比，表小的程度最高，三者的表小功能呈递进的级次，区别十分清楚：

---

① 伍巍：《广东曲江县龙归土话的小称》，载《方言》2003 年第 1 期。

儿 1 < 儿 2 < 儿 3
猫儿 1 猫儿 2 猫儿 3
（小猫） （更小的猫）（最小的猫）

作为数量词语的后附加，其表小功能同样如此。其中“儿 2”只用于名词而不用于数量词，我们不妨将“儿 1”与“儿 3”作相应的比较：

一粒团儿 1 —— 一粒团儿 3 滴团儿 1 —— 滴团儿 3
（一小颗） （极小极小的一颗） （一点儿） （极少极少的一点儿）

“一粒团儿 1、滴团儿 1”表示一般的小、少，“一粒团儿 3、滴团儿 3”表示极度的最高层级的小、少，在数量词语的表小功能上，“儿 1”“儿 3”与名词的功能一致。

（三）“儿”缀小称几种变体形式的生成机制

1．“儿 2”的生成

前面介绍过，揭阳闽语的“-团”缀与“儿”缀在使用上有一定的分工，“儿”缀集中于体现亲昵、喜爱、温婉等表小的感情色彩，这样就给“儿”缀腾出了一定的发展空间。我们知道，作为汉语的小称形式，在长期的高频率的使用过程中，往往会产生功能“磨损”现象，如北京话的“语文儿”“自来水儿”今天并无表小功能与感情意味，只标志口语色彩。在某些方言中，随着小称形式的发展，往往会出现更进一步的凸显形式，如徽州休宁方言较短的一会儿为“一下儿 i^{213-21} $xɔn^{24}$”，“下儿”声调为 24；表示更短的时间则为“一下儿 i^{213-21} $xɔn^{35}$”，“下儿”声调由 24 变作 35 调，产生了进一步的凸显形式①。

揭阳闽语的“儿”缀小称同样有它的凸显形式：“儿”缀小称的原形“儿 1”（ni^{55}）只有一般表小功能，不能满足进一步强调表小的需要。为表达更小、更可爱的语义，“儿”缀原形的声调由高平变为高升，于是就产生了表小的凸显形式“儿 2”（ni^{35}）。“儿 2”的产生无疑

① 伍巍、王媛媛：《徽语方言的小称研究》，《语言研究》2006 年第 1 期。

是对该小称功能的发展与丰富。

2. “儿3”的生成

“儿3”是揭阳闽语的极度表小形式，它同时施用于名词与数量词。仔细比较，凸显表小的“儿2”本当不应只用于名词，也应同时施用于数量词，这样才能与“儿1”“儿3”在名词、数量词的表小层面上形成相对整齐的“一般”“凸显”“极度”三级对应关系。上面介绍过了，“儿4”仅用于数量词，在表小的功能位置上，它应该与“凸显”层级的“儿2”形成互补关系（见表1）。可今天的“儿4”在“滴儿4”（一点儿）、“两碗团儿4”（两小碗）等数量词语中只标志一般的口语色彩，已丧失了明显的表小情感意味。其声调变作非高调的中平（33调）形式，表明“儿4”强调功能的磨损与退化，在“凸显”层级上形成了数量词位的表小残缺。为了进一步补足“儿”缀小称的强调功能，“儿”缀进一步由舒调变为促调，且韵尾带上后喉塞，于是就产生了揭阳闽语的极度表小形式“儿3”（$niʔ^{5}$）。有关研究认为：“喉塞尾、超高调、嘎裂声各种紧喉发生状态是后起的现象，都是为了强化高调、更有效地体现高调而增生的。”① 揭阳闽语“儿3”（$niʔ^{5}$）的产生正是“儿”缀小称语义功能在发展过程中进一步凸显与强调的需要。

总结上述的分析，揭阳闽语“儿”缀小称的整个发展变化过程如下：

“儿”缀原形　　　　　　“儿”缀发展形态

（一般表小）　　　　（凸显表小）　　　　（极度表小）

儿1（ni^{55}）　→　儿2（ni^{35}）→　儿3（$niʔ^{5}$）

↘（磨损形式）

儿4（ni^{33}）

① 朱晓农：《亲密与高调：对小称调、女国音、美眉等语言现象的生物学解释》，载《当代语言学》2004年第3期。

翁著《潮汕方言》中的民俗文化*

杜　奋**

摘　要　本文以翁辉东先生著《潮汕方言》的词语变化为考察对象，试解释词语变化中潮汕地区的民俗文化，发现随着社会经济文化各方面的发展，对词语变化带来积极的影响。本文以民俗文化为主，简要例举和分析了较有特色的类型变化。

关键词　《潮汕方言》词语变化　民俗文化

一　引语

刊行于1943年的《潮汕方言》，是最早研究潮汕方言词的著作。作者翁辉东先生有感于“语言变迁，罔可穷诘。虽假壤遐陬，田夫野老，囿于乡音而语不失方，转与雅、记”①。翁氏经廿载系统探索研究撰著此书，这是研究潮汕方言词汇的第一部著作，《潮汕方言》出版后，上海商务书局设专柜发行这部潮州文化书籍，在语言文学界产生重

* 本文为潮州市哲学社会科学规划项目“翁辉东《潮汕方言》研究”阶段性成果，项目编号：2013—A—12。

** 杜奋，男，1984年生，广东省汕头市人。2009年5月毕业于英国哈德斯菲尔德大学教育学院，获教育管理学士学位；2009年9月考入广东技术师范学院民族学院，2012年6月师从林伦伦教授攻读获民族学（语言方向）硕士学位，学位论文题目《从〈潮汕方言〉看70年来潮州话词语的发展》。2012年8月起在韩山师范学院潮学研究院任职至今。

① 翁辉东：《潮汕方言》，涵晖楼，1943。

要影响。《潮汕方言》共十六卷，共收集方言词约 1124 条。我们对《潮汕方言》中的词语变化进行了调查，初步统计数据显示现存至少有词条数约 649，占《潮汕方言》词条总数的 57.7%，当中出现了许多民俗文化的变迁。

潮汕地区一直以来有着许多民间习俗，随着经济的迅猛发展，生活节奏加快，有些民俗文化活动渐渐被简化，有的已经消失。通过对词语变化的调查，得出当今潮汕地区的民俗文化现状。

二　保有活力的潮汕民俗

以下选择的几个词语反映了潮汕地区一年四季的民俗活动。潮汕地区一直以来有着许多民间习俗，随着经济的迅猛发展，生活节奏加快，有的民俗依然保持着旺盛的生命力，如：

1. 赛会（卷三，第 98 页），俗以牲礼，彩以绒帛，聚集比赛，谓之赛会，亦谓摆“神前”。每乡年必一次，或若干年轮值一次。

游神赛会这一潮汕民俗活动随着经济的发展，时代的改变本已逐渐式微，但是许许多多的海外潮人思念家乡，每逢节日必会举行游神赛会，这一思乡情怀也得到了国内潮人的热烈响应，使游神赛会愈演愈烈，迸发出新的活力。

2. 筅㞘（卷八，第 191 页），腊月择日，洒扫屋宇，曰筅豚。豚当作㞘。

潮汕地区以前是以农耕为主，因地处亚热带一年两种或三种，全年无休，但是潮人对过年的观念根深蒂固，希望一年的农忙歇下来后有个舒服的新年休假，因此在过年前一个月都会进行大扫除。

3. 七样羹（卷九，第 206 页），俗每逢人日，人家就当时所出之蔬类，凑备七种合煮之，全家会食，名曰“食七样羹”。按五代·梁·宗懔《荆楚岁时记》：“正月七日以七种菜为羹。”此风遗传，至今不替。

潮汕地区仍保留着这一习俗，因现代社会提倡健康膳食，七样羹由七样蔬菜烹煮而成，因此更加受到民众喜欢。

4. 挂纸（卷三，第 99 页），祭墓，俗呼过纸，应作挂纸。按寒食禁烟，垂为令典，潮人历遵之，纸钱不焚而挂，具见古风之遗。……潮俗祭墓，多在清明举行。爱盛挂纸之风，沿习久之，虽冬天亦然。

潮汕地区清明时节扫墓叫作“挂纸”，与其他地区不同的是，潮汕地区可以是清明节“挂春纸”，也可以是冬至时节“挂冬纸”。潮汕作为侨乡，每逢清明节或冬至还会有海外的侨胞回乡扫墓。既保持了传统，又联系了海内外的乡情。

5. 扒龙船（卷十一，第 237 页），乡人制长数丈之条状船，而为全龙之彩饰。于端阳前后，落水竞赛。呼曰“扒龙船”。

潮汕地区每年的端午节“赛龙舟”不仅是为了纪念屈原，更是为了祈求潮汕平原风调雨顺、物产丰收。“赛龙舟”还逐渐成为一项民间体育赛事。

三 潮汕民俗中对人一生的重视

（一）出生

科学技术和医学的发展，使得潮汕人民对于以前人生仪礼逐渐有了科学正确的认识，但是不得不提的就是，下列两个有关对刚出生婴儿所进行的仪式词语虽然逐渐消失，但潮汕人民在过去对于生命和子孙后代的重视程度由此可见一斑。

1. 开喈（卷六，第 142 页），故事。婴孩产后十日举行开荤。开荤先期必须开喈。法取历书上八卦图一页。生葱二枞。吉贝二条。龙眼干十二枚。乌糖、咸菜各少许。盛于柳盘。延高寿妇人以中指裹菜叶揾糖纳小儿口拭之说吉祥语名曰开喈。

现在潮汕大多地区还保留着这一习俗。

2. 憩腊（卷十二，第 244 页），婴儿始生，七日之内，戒勿震动，俗谓憩腊。憩读如腔下去声。过期而获安全。谓之过腊。按田艺衡《春雨逸响》云：“人之初生。以七日为腊。死以七日为忌。一腊而一魄成。一忌而一魄散。”又婴儿于腊内死亡者。谓之着锁。

上述措施和礼俗，既有符合科学、卫生的因素，也有迷信落后的成分。如今产妇临产多到妇产医院，以新法接生，旧俗所含的迷信成分已逐渐被时代潮流淘汰。

（二）离世

1. 生居（卷十三，第 257 页），生前筑坟，名曰生居，但讹为“生基”。案《汉书·蔡邕传》：“百岁之久，归乎其居。”毛苌注：“居，坟墓也。”

2. 灰金缶（卷十三，第 260 页），俗呼贮骨殖之器为灰金。……《潮州府志·丧葬篇》：“葬时用灰掩坎，陋俗相沿。或十余年，则易其棺，而贮骨于瓷罂，名曰金罐。”

从生时墓地的选择，到过世后十年对其先人骨殖的保存，这两个词共同表达了潮汕地区对长辈先人的崇敬之情。

四　式微的民俗文化

（一）民俗活动现状

有些习俗和宗教迷信活动渐渐被简化，有的已经消失。下面所列出的这些词所反映的活动是当今所比较少见甚至消失的一些民间习俗。

1. 解纸（卷三，第 98 页），又呼还愿为解纸。民俗于二月朔日，用金纸一束，中夹愿语，扎于神座，求平安。至冬则以牲礼报之，如阖族举办者，则大演戏剧，谓之谢平安，将所扎之纸解除，是为解纸。此春祈秋报之意。

现在此仪式渐渐简化。

2. 听暗卦（卷四，第 110—111 页），俗于除夕，潜步出门，窃听人语以辨吉凶，曰听暗卦。按：《潮州府志·岁时篇》：“饶平辞岁，更阑人静。抱镜出门。潜听市人语。以卜来年休咎，谓之响卜。”潮安曰听暗卦。

现在此习俗已消失。

3. 靖油火（卷四，第 111 页），进宅之前晚，必请师公，以锅盛油，煮沸喷洒，遍及各室，迨及最后，鸣锣执磬，并擎余油，狂趟歧路，倾盆泼去，名靖油火，亦曰出火。

现在举行“靖油火”活动的越来越少了，一般人家只祭拜“地主爷”及燃放鞭炮。

4. 功德冥斋（卷四，第 120 页），俗遇丧事，延僧诵经，一日以上，谓之“做功德”，潦草成事，半日而毕，谓之“做冥斋”。按：佛典术语……凡诵经礼佛，皆曰功德……。

这种仪式，旧时潮汕各地甚为流行。在今天乡村，做冥斋之遗风仍广泛存在。

5．祭路头（卷四，第110页），俗尚迷信，农家有病不求医，或至语，人曰“犯着路头煞”，乃以酒饭、冥衣、草鞋、雨伞，向三岔路禳祭，曰祭路头，又曰祭送。

现在此仪式渐渐简化。

（二）民俗活动从业者的词语

潮汕地区的宗教活动，当中夹杂着一些迷信成分。潮汕人民的宗教活动只是对道教和佛教中的“神佛”以及土著巫术的崇拜，重在祭拜以求赐福，不在严格的宗教信仰。因此，潮汕地区的“神”更多被称为“老爷”。于是造就了潮汕方言中众多关于这一系列宗教仪式的词语，有关迷信职业者的。如：

1．四众人（卷七，第184页），俗以群众为“四众人”。按佛典以比丘、比丘尼为出家二众，优婆塞、优婆姨为在家二众，合为四众。

2．师公（卷七，第177页），道士与巫，本非同道，今所称师公，动作似巫，而衣冠则道士也。

3．同身（卷七，第177页），俗呼巫曰同身，谓其同神之身也。又呼同乩，谓其同乩语之可卜休咎也。

4．乩童（卷七，第178页），俗呼扶乩之人为乩童……祀神者置沙盘，为丁字架，用两童子，扶架盘上，云有神降，则乩能动作写字。

上述的四个词语在潮汕地区的市区已不常见，但在城乡接合部或乡村仍有所保留。

上述两个小部分词语的逐渐消失是现代文明影响的结果，对于此现象我们应以客观的态度来对待，从民俗文化的角度对这些活动以及从事这些活动的职业者进行各种手段的记录和保存。

结　语

语言是文化的载体，是人类社会得以形成的重要因素之一，而且还是人类社会得以延续发展的必要条件。法国社会心理语言学派的代表人物梅耶认为，语言学是一种社会科学，要想了解语言的变化，就必须了解社会的变化。反之亦然。了解语言的变化也可以从中得出一些社会的变化。《潮汕方言》中消失的方言词我们应将其当时所表达的意思和反映的社会现实进行真实记录、整理和保存，这将是研究潮汕民俗文化不可替代的珍贵资料。

《潮汕方言历时研究》读后
——兼谈韩愈对潮汕方言发展的影响*

李宏新　翁　夏**

摘　要　《潮汕方言历时研究》是一部系统化、理论化讲述潮汕方言形成发展过程的学术著作，对潮汕方言研究、闽方言研究，乃至汉语语音史和词汇史研究都具有较高的学术价值和资料价值。本文评介了该书主要内容和一些重要观点，补充论述了韩愈在潮汕方言的丰富和发展过程中所发挥的作用。

关键词　《潮汕方言历时研究》　潮汕方言　韩愈

《潮汕方言历时研究》大约是语言学家林伦伦先生对潮汕方言所作的纵向的历时性研究的阶段性总结了，其主体部分可算是粤东地区的闽方言发展史，全书基本囊括了他迄今潮汕方言的主要学术成果，而收录其中的“潮汕方言词法特点与历时研究”部分，是作者1994年获评中国语言学界最高奖项——中国社会科学院青年语言学家的系列论文。该书是广东省教育厅重点攻关项目阶段性成果之一，笔者有幸拜读，获益匪浅，在“温故知新”之余有所联想和阐发，兹做读后感并顺便一述

---

* 原载《韩山师范学院学报》2016年第2期。

** 李宏新，1974年生，籍贯广东汕头。广东历史学会常务理事、广东民间文艺家协会理事、广东丘逢甲研究会副会长、潮汕历史文化研究中心特约研究员，2016年获“广东优秀民间文艺家”称号。多年从事学术研究及文艺创作。翁夏，1989年生，籍贯广东汕头。《汕头日报》记者。

己见。

一 《潮汕方言历时研究》梗概

《潮汕方言历时研究》第一—四章的最主要内容，是对潮汕方言“是什么”“从哪里来”“为何是这样”的学术解答。

潮汕方言学术称谓是“粤东闽南方言”，属于闽南次方言的一种，它也叫潮州话、汕头话、潮汕话或潮语，与台湾话、泉州话、厦门话、漳州话、雷州话、海南话的性质一样，其实只属于闽方言的闽南次方言的一种土语。潮汕方言主要流行于粤东的汕头、潮州、揭阳三市和汕尾市部分地区，目前海内外的使用人口约有2000多万。

潮汕方言是怎样形成的?《潮汕方言历时研究》即对潮汕方言纵向发展过程进行专业研究及介绍，简而言之，潮汕的方言发展大约是：春秋时期，潮汕先民使用土著越语——一种属于壮侗语族的少数民族语言；秦汉六朝时期，汉（闽）语进入，潮汕地区正在逐步融合生成一种与闽南方言大同小异的汉语次方言，这种方言同时含有原土著越语的不少成分；唐宋元明时期，潮汕方言渐进形成了自己的特点，区别于闽南方言其他土话（漳州、泉州话等），明代之后，终于发展成一种独立的次方言土话。现在的潮汕方言，仍然保留了古闽语的很多特点，这些特点实际上也是古吴越语、古汉语的特点。此后，晚清、民国直至改革开放以来潮汕方言的发展都有所演变，这些，该书都作了科学的梳理和阐述。

如何能够证明以上的发展脉络及阶段划分情况?《潮汕方言历时研究》结合当时潮汕人口流动等社会因素，通过潮汕方言在各阶段保留的语言沉淀层实例，从语言学、音韵学等专业角度，科学化、系统化、理论化地进行论证。春秋时期，作者主要以土语沉淀层作为论据，如“墟”作市集解、“寮”作简陋小屋解与今武鸣、龙州壮语相同，“妳”作乳房、乳汁解的音义与今武鸣、龙州壮语和西双版纳、德安傣语接近，“干”作为“干湿”的音义与布依语相似，“个”作结构助词（略等于普通话“的”）解与布依族的“的”“者”音义相同等，书中举例还有很多。秦汉六朝时期，作者主要从语音、词汇两大方面对汉语次方言（闽南方言）沉淀层进行严密比较，分析大量名词、动词、形容词、亲属称呼、量词及其他类词汇的结构等，逐一考察汉魏之前及六朝时期的两个层次沉淀的古语词，在理论上确立其观点。唐宋元明时期，作者主要就语言沉淀层和地方文献资料，将之与《广韵》为主的中古音系进行比较等，从音韵、语法特点、词法结构等各方面出发，说明潮汕方言在元明时代初步独立，并进一步分化独立成闽南方言下的次一级方言土语。晚清、民国至现当代，作者主要是用第一手地方文献资料进行分析论证。

这整个论证过程是专业而严谨的，现存可用材料都是该书研究所及。林先生在学术验证的同时，再次指正了至今仍广为流行的谬误，如指出并未有迹象显示古楚语影响延及潮汕地区；如辨正倒序词（“客人”称“人客”等）并非潮汕方言所独有；又如强调并非“秦戍五岭”时期秦人直接带来中原汉语，潮汕方言保留古汉语特点其实多由闽方言间接而来，是因为与移民的迁徙路线相关等。

像上述这些似是而非的观点多年前虽已被学界所证谬，然而至今报纸杂志仍时有出现。要知道语言学是一门专门学问，潮籍语言学、音韵学家一直是中国相关学界的生力军乃至领军者，出现这种情况不免遗憾，想来还是宣传、普及不够造成的。这里强调一下，并非说不能质疑或假设，但在缺乏专业知识支持、不了解方言发展规律下随意臆想出来的“观点”，很难令人信服，乃至有的爱好者仅凭直观类比和文学思维便轻易作“学术”“考证”，且一副真理在握的样子，则未免流于荒诞。

同时，《潮汕方言历时研究》对“潮汕方言”这个大名的外延、内涵以及当下潮汕三市方言音系的命名作出专业界定：“粤东闽语作为粤东闽南话的泛称，专业术语可使用。但为了使广大人民群众也乐于接受，通常情况下可使用‘潮汕方言’或‘潮汕话’的叫法。因为‘潮汕’本身就是一个泛称，现在常指汕头、潮州、揭阳三市。但作为区域方言，还应包括海陆丰一带（即今汕尾市）的闽南话和丰顺、大埔所说的闽南话。使用‘潮汕’这个名称，可以避免‘潮州’‘汕头’等叫法在广义和狭义上产生混淆。把‘大名’确定了以后，我们便可把各地地名作为各地方言的‘小名’了：潮州话指的是潮州府城话（与枫溪区、潮安县方言有一定区别），汕头话指的是汕头市话（与濠江区及金平区的鮀浦、岐山，龙湖区的下蓬、外砂、新溪街道，和澄海区方言有一定区别），揭阳话指的是揭阳榕城话（与普宁、惠来话也有区别）”。[①] 类似这些，想来应是相关研究者、爱好者所必须懂得的。

《潮汕方言历时研究》第五章和第六章，是从语法特点和词语的方面作历时性的考证和分析，其中潮汕方言保留的历代文献中的词语考释部分列举了潮汕方言至今仍保留着的先秦、两汉六朝、唐宋、元明清四个历史阶段近500个（组）古汉语词，可说是其20多年前方言考释扛鼎之作《潮汕方言词考释》[②] 的最新补充，其考证精当，文献材料详实丰富，由于还举了方言口语的例子，内容也易懂，非专业者大可“看趣味”。这些，在目前网络上普遍存在滥用谐音字表达口语情况下，对部分潮语的规范书写也应有所帮助。

二　韩愈对潮汕方言发展的影响

《潮汕方言历时研究》中提到的一个问题值得注意。林伦伦先生结合史料，从语言学角度证实潮汕方言文读系统的雏形至迟在唐末形成，他还强调了韩愈在其中所起到的历史作用：“被忽视了的、然而值得一提的、对潮州方言产生较大影响的事件还有韩愈治潮八月。”[③]

应该说，韩愈对丰富、发展潮汕方言的影响，的确是学界向来所忽略的，粗阅各辑《潮学研究》《潮学研讨会论文集》以及多期汕头大学、韩山师范学院学刊，确未见专文论及。

考察新、旧《唐书》，以及现能见所有封建时代刊行的四种完整《潮州府志》和六种《广东通志》，以及饶宗颐先生总纂的民国《潮州志》，唐代谪官贬潮较早者为贞观十八年（664年）的张玄素，《粤大记》载其“抚摩困穷，兴建学校，悉以勤民事”[④]，则是史料明确的本区最早兴学记录，此后，仪凤二年（677年）常怀德“以礼仪教民，民

① 林伦伦：《潮汕方言历时研究》，暨南大学出版社2015年版，第26页。

② 李新魁、林伦伦：《潮汕方言词考释》，广东人民出版社1992年版。

③ 林伦伦：《潮汕方言历时研究》，暨南大学出版社2015年版，第15页。

④ 郭棐：《粤大记》，书目文献出版社2003年版，第193—197页。

皆化之"[①]、大历十四年（779 年）常衮"兴学教士，潮俗为之丕变"[②]、元和十四年（819 年）韩愈"首置乡校，延赵德为师，捐俸百千为举本，收其赢余给学生厨馔费，自是潮笃于文行"[③]等兴学事迹接踵出现于多种地方志书。当时他们的语言与本区土语是不能相通的，而读书讲学、吟诵诗文用的是近于当时的普通话的另一种话，即现在所谓的"孔子正"、语言学上新称的"文读系统"，《潮汕方言历时研究》经过专业、缜密的考证充分证实了"现在同白话系统分庭抗礼的潮话文读系统也应该奠定于此时到此后的一段时间"，可谓的论。韩愈及赵德他们在潮汕地区的传道起文，对文读系统的奠定和后来的最终形成，有着举足轻重的影响。

首先，虽然韩愈之前已有官员兴建学校，然而屡经荒废，如公元 664 年张玄素兴学教士，但在 100 余年后州已无学，因此顺治版《潮州府志》才认为 779 年入潮的常衮是启蒙者，称常衮"抵潮兴学校，潮人由衮知学云"[④]，后又荒废，至韩愈 819 年始再度兴学，所以嘉靖版《潮州府志》才载韩愈"首置乡校……自是潮笃于文行"[⑤]（嘉靖府志的史源应是韩愈《潮州请置乡校牒》[⑥]），之后史料再未出现类似"州失学"的记载。这说明韩愈之后，潮汕兴学情况再没中断。这样，当时有多少读书人便有多少"孔子正"直接传播，其间接影响则可及市井乡村，因为《潮州请置乡校牒》中便提到官吏和乡人，且韩愈自言首倡《乡饮礼》、诵唱《鹿歌》，而所有礼教所采用的语言载体必然是"孔子正"——文读系统。

其次，语言的传播与人口息息相关，现能见潮汕最早的人口数据来自《宋书·州郡四》的记载，称："义安太守，晋安帝义熙九年，分东官立。领县五，户一千一百一十九，口五千五百二十二"[⑦]，即东晋义

---

① 郭春震：《（嘉靖）潮州府志》，潮州市地方志办公室，2003 年，第 60 页。

② 同上。

③ 同上。

④ 吴颖：《（顺治）潮州府志》，潮州市地方志办公室，2003 年，第 98 页。

⑤ 郭春震：《（嘉靖）潮州府志》，潮州市地方志办公室，2003 年。

⑥ 韩愈：《韩昌黎文集校注》，马其昶校注、马茂元整理，上海古籍出版社 1998 年版，第 691—692 页。

⑦ 沈约：《宋书》，中华书局 1974 年版，第 1199 页。

熙九年（413年）义安建郡时有户口数1119户，丁口5522人。隋唐时期，《隋书·地理志》载“义安郡梁置东扬州，后改曰瀛州，及陈州废。平陈，置潮州。统县五，户二千六十六”[①]，这个时间应该是在隋开皇十一年（591年），当时有户口数2066户；《元和郡县图志·岭南道一》称“潮州，潮阳。下。开元户九千三百三十七。乡一十六”[②]，即有户口数量9337户，时间在唐开元年间（713—741）；又《元和郡县图志·岭南道一》载806—820年间有1955户，《太平寰宇记》载唐开元年间有1800户[③]，据黄挺等的分析，此两者应是指“编户”而非实际户[④]，《新唐书·地理七上》载“潮州潮阳郡，下。本义安郡。……户四千四百二十，口二万六千七百四十五”[⑤]，即有户口数4420户，丁口26745人；《通典·州郡十二》载“潮阳郡。……户一万三百二十四，口五万一千六百七十四”[⑥]，即有10324户，丁口51674人，统计年代，稳妥点讲是在780年至801年之间；《潮州请置乡校牒》中韩愈称潮州有户数10000余户，时间在其贬潮的元和十四年（819年）。上列是至唐代的潮汕原始人口数据，虽然古文献所录可能因时势不同、统计口径有异等因素而不易解读，但也只能以这些作为最重要参考资料。则从上引可知，大约至韩愈时潮汕人口也迅速增加，无疑此期传播受众最多，范围最广，更主要的是，“孔子正”传承因兴学未再中断而更显牢固。

这里还应指出的是，见于潮汕和福建地方志的陈元光率兵入潮汕事迹，史源实际来自屡经叠加美化后的早期族谱[⑦]，章学诚所称的“（谱

① 魏征、令狐德棻等：《隋书》，中华书局1973年版，第881页。

② 李吉甫：《元和郡县图志》，中华书局1983年版，第894页。

③ 乐史：《太平寰宇记》，王文楚等点校，中华书局2007年版，第3035页。

④ 黄挺、杜经国：《潮汕地区人口的发展（唐—元）》，《韩山师范学院学报》1995年第1期。

⑤ 同上。

⑥ 杜佑：《通典》，王文锦、王永兴、刘俊文、徐庭云、谢方点校，中华书局1982年版，第1529页。

⑦ 关于陈元光事迹的内容可参见：谢重光著《陈元光与漳州早期开发史研究》，文史哲出版社1994年版；谢重光《〈龙湖集〉的真伪与陈元光的家世和生平》，《福建论坛》1989年第5期；杨际平：《从〈颍川陈氏开漳族谱〉看陈元光的籍贯家世——兼谈如何利用族谱研究地方史》，载《福建史志》1995年第1期。

系之法）子孙或过誉其父祖，是非或颇谬于国史……以伪乱真，悠谬恍惚，不可胜言……则有谱之弊，不如无谱”[①] 大约以此为典型，至少在介绍陈元光“文治武功”上存在若干虚构夸大现象，如因袭族谱而载于多种地方志书的两篇表文，便是大量剽窃自柳宗元三篇表文的伪作，两表文且被冠以“陈元光”名误收入清代成书的《全唐文》[②]，后来出现的陈的生平介绍多是源此而来。因此个人认为，随陈元光到潮的人口数量及连带语言影响相对有限，反而是以韩愈为代表的南来官员在本地实施的汉文化教育事业，才是此期影响潮汕方言发展的主要因素，当然，实施教化的对象也包括闽人在内的渐次移入的外来人口。

最后，《潮汕方言历时研究》称在韩愈入潮“此时或之后一段时间”是文读系统的“奠定时期”而不提“形成时期”，这个定位描述是十分精当的，笔者读后获益匪浅。还有一条较原始的材料可以参考，《永乐大典》引《三阳志》，说潮州郡城以东的瓷窑、水南两地，仅离城五六里已经语言不通：“郡以东，其地曰白瓷窑，曰水南，去城不五七里，乃外操一音，俗谓之‘不老’。或曰韩公出刺之时，以正音为郡人诲，一失其真，遂复不变。市井间六七十载以前，犹有操是音者，今不闻矣。惟白瓷窑、水南之人相习犹故。”[③] 按：《三阳志》（或《三阳图志》）刊行时间上限为南宋，下限为元代，今原本不存，仅残留曾被引用的若干记录，《永乐大典》向来被认为成书较为粗疏，然而这条转用倒显清晰：一方面再次佐证韩愈确曾“以正音为郡人诲”；另一方面，“一失其真，遂复不变”说明当时直接影响范围是很广的，只是后来“正音”又有所失去，导致《三阳志》成书（南宋或元代）前六七十年城东数里便有异音——考本区在开宝四年（971）纳入北宋版图时

① 章学诚：《文史通义校注》，叶瑛校注，中华书局 1985 年版，第 571—572 页。

② 表文全文参见：（唐）陈元光：《请建州县表》、《漳州刺史谢表》，载（清）董诰等编《全唐文》，中华书局 1983 年版，第 1673—1675 页；（唐）柳宗元：《代韦永州谢上表》《代裴中丞贺分淄青为三道节度表》《代裴行立谢移镇表》，载（清）董诰等编《全唐文》，中华书局 1983 年版，第 5771、5774、5775 页。

③ 此段载《〈永乐大典〉卷 05343（潮字）卷 05345（潮字）辑录本》，潮州地方志办公室、韩山师范学院图书馆，2000 年，第 24 页。按：《永乐大典》所引用的《三阳志》《三阳图志》，是否同一书或同一版等，目前尚有不同说法。

户口数已达3万余，元丰年间（推测为1080年前）又增至73672户[①]，则这种“失去”有可能是受外来人口激增所影响。

综上所述，如果将保留古汉语形式和特点等视为“贡献”的话，则韩愈的功绩显而易见，因为在潮汕方言初步奠定时期，正是韩愈复兴了自张玄素滥觞又几度中断的汉文化教育事业，且他在离开时又安排本土文士赵德存续教化，遂有兴学、文读系统延绵不断，让今天的潮汕方言更大限度地成为名副其实的“古汉语的活化石”。在标志着现代音韵学史开端的著作《中国音韵学研究》中，著名汉学家高本汉曾经对“三十三种中国方言详细研究”[②]，从而得出“汕头话是现今中国方言中最古远，最特殊的”[③] 结论，正是以韩愈为代表的南来官员此项功绩的体现。

结　　语

《潮汕方言历时研究》是一部系统化、理论化讲述潮汕方言形成过程等的学术著作，对潮汕方言研究、闽方言研究，乃至汉语语音史和词汇史研究都具有较高的学术价值和资料价值。此外，该书提及的韩愈刺潮事件对潮汕方言形成的影响，的确不容忽视，可以说，韩愈在潮汕方言的丰富和发展过程中发挥了极大的作用。

---

① 参见（明）解缙总编《永乐大典》卷5343《潮州府·户口》：“（三阳志载）宋朝开宝初，有户三万余。迨元丰间，《九域志》成，主客户计七万三千六百七十二，比唐时七倍其数。”载《〈永乐大典〉卷05343（潮字）卷05345（潮字）辑录本》，潮州地方志办公室、韩山师范学院图书馆，2000年，第41—42页。

② 高本汉：《中国音韵学研究》，赵元任、罗常培、李方桂合译，商务印书馆1940年版，第143页。

③ 林伦伦：《潮汕方言历时研究》，暨南大学出版社2015年版，第17页。

粤菜命名说略*

温东芳**

摘　要　粤菜即广东地方风味菜，本文拟从语言学的角度从粤菜命名的形式结构、语义组合、文化特色三方面分析粤菜命名的方法。粤菜命名的形式结构体现为少量的复合词和复杂多变的短语组合；粤菜命名的语义组合体现为以原料、方法、性质等语义要素为基础而形成的有规律的琐碎排列；粤菜命名的文化特色主要表现为比喻、夸张、双关等修辞手法的运用和广东三大次方言部分词汇的运用。

关键词　粤菜命名　形式结构　语义组合　文化特色

粤菜①即广东地方风味菜，主要由广州菜、潮州菜、客家菜组成，以广州菜为代表。粤菜是我国著名的八大菜系之一，因特有的菜式和韵味而在国内外享有盛誉。粤菜食谱绚丽多姿，烹调技艺精良，并以其用料广博繁杂而著称。据粗略估计，粤菜的用料达数千种，即便各地弃而不用的蛇、鼠、猫、狗、山间野味等，粤菜也视为上肴。

菜名在反映菜肴特色的同时，也具有较高的商业价值，因而对菜名

---

* 原载《广东技术师范学院学报》（社会科学版）2013 年第 2 期。

** 温东芳，女，1988 年 9 月 29 日生于广东省普宁市。2007—2011 年在韩山师范学院中文系获文学学士学位。2011—2014 年在广东技术师范学院攻读硕士学位，师从林伦伦教授。2014 年至今在中山大学攻读博士学位，师从庄初升教授，专业是汉语言文字学，研究方向是汉语方言学。读博期间参与 2014 年度国家社科基金重大项目“海内外客家方言的语料库建设和综合比较研究”“东莞方言建档”、国家语保工程等课题。

① 文中的粤菜名主要参考书籍《粤菜 1688 例》（江苏科学技术出版社 2011 年版）；王熙西：《金牌粤菜》（新疆美术摄影出版社 2011 年版。）

的研究具有语言学和文化学的双重意义。本文拟从语言学的角度从粤菜命名的形式结构、语义组合、文化特色等三方面分析粤菜命名的特点。

一 粤菜命名的形式结构

菜名最基本的功能是传递原料和烹饪方法等信息。菜名是沟通食客与菜肴的桥梁，在生活中口耳相传，所以不宜过长，一般为2—6个音节。菜名结构也较为简单，可分为词和短语两类。

（一）词

词是最小的能独立运用的语言单位，从构成方式来看，词可以分为单纯词和合成词。粤菜用词命名的较少，本文随机抽取了2000个粤菜菜名，没有发现用单纯词命名的菜名，而粤菜用合成词命名的也屈指可数，大多为偏正型复合式合成词，如：粉果、油煎、笋粄。

（二）短语

粤菜主要由短语命名，这些菜名虽然构成的语言单位是短语，但语义上仍是一个整体，功能相当于词。

粤菜由短语命名的菜名大体上可以分为四类。

联合短语：联合短语由语法地位平等的两项或者几项组成。粤菜由联合短语命名的，中间一般无关联词。两项组成的，主料＋主料的，如：萝莴笋、百合腰果；配料＋主料的，如：菜心牛肉、苦瓜腱肉。三项组成的，一般为主料＋主料＋主料，如：红豆香芋糖水、鸡汁竹荪菜心。

偏正短语：偏正短语组成菜名两部分是修饰和被修饰的关系，前一部分修饰后一部分，修饰成分多表示调料、质地、味道、口感、形状、工具、地名、数量、烹调方法等，被修饰的部分多表示主料。修饰成分表示调料的，如：“咖喱鸡肉、柠檬鸡脯”中的“咖喱”“柠檬”；表示食物味道的，如：“浓香豉油鸡、茶香海参”中的“浓香、茶香；“香酥菜卷”中的“香酥”则有“香”“酥”两种味觉。表示制作工具的，如：“砂锅鱼唇、竹筒饭”中的“砂锅、竹筒”。另外，还有一些修饰成分表示人名，在这里，人名表示这种菜肴是这个人创制的或是创制过程和原因与这个人有关，如：贵妃鸡翅、太白鸡。

动宾短语：动宾短语组成菜名两部分多是烹调方法和主料，在意义上有支配和被支配的关系，前一部分多是烹调方法，后一部分是烹调的对象。只有一个动词的如“酿苦瓜、炸馃肉”，“酿”是加工方法，“炸”是烹调方法。有两个动词的较少，往往采用了两种加工或烹饪方法，如：煎焗鱼嘴、煎酿藕片。

主谓短语：主谓短语组成菜名一般由复杂短语组成。格式是：主语+谓语+宾语，如：茶树菇蒸牛肉、木瓜煮肉丸、青椒炒猪肚、柱侯焖牛腩。这一结构并不等同于我们常说的陈述关系，因为菜名中的主语和宾语，并不是真正的施事与受事的关系，而是二者均为受事对象。如“青椒炒猪肚”，青椒并不是施事者，它和猪肚同是受事者，都是被炒的对象。“海米焖黄金片”，这里的海米和黄金片（炸过的茄子片）均为受事者，都是被“焖”者，但形式上却是陈述与被陈述的关系。

二　粤菜命名的语义组合

（一）语义要素

粤菜命名雅俗共享，菜名传达的信息十分丰富，不仅有菜肴本身的特色，比如原料、属性、工艺等；而且有丰富的社会文化内涵，比如典故、传说等。好的菜名要让顾客了解菜的用料、做法、形状等，在反映菜式的特点时，不同菜名语义要素的使用也会有所差异。采用不同的语义要素组合成菜名，简洁明了，直观质朴，这些语义要素主要包括方法、原料、性质等。

“方法”有两种，一种为加工方法，即菜肴在烹调前或烹调中的加工造型方法。这种方法较少，如“捆、叠、穿、扎、拼、排、酿”等。一种为烹饪方法，即菜肴在烹调中的加热处理、调和滋味等具体的制作方法。这种方法较多，如煎、炸、煮、焖、焗等。在菜名中两种方法可以单独出现也可以一齐出现，但“加工造型方法”往往不能同时出现两种。

原料主要包括主料、配料和调料。主料是必不可少的因素，它的位置比较随意，可在菜名的前或后。配料是菜肴中所使用的辅助性材料，调料则是决定菜肴味道的盐、生抽、姜、蒜等。

“色、香、味、质、形、器、营（养）”是菜肴的七种基本属性。一般来说，除了“营”较抽象外，其他六种要素加上主料都可以构成菜名。

较复杂的要素是“形”，即菜肴刀工后或烹调后装在容器中的形象。“形”可以放在主料之后，补充说明主料的形状，如“卷、片、条、粒、丝、丸”等，这类往往是主料经刀工后形成的某种状况。如：紫菜鱼卷、冰镇黄鳝片、荠菜炒鱼条、黑椒鲍菇牛仔粒、荠菜炒红薯丝、虾丸。

其他要素有人名、地名、数字等。

（二）语义组合粤菜名称绚丽多彩、千姿百态，这与丰富多样的命名方法有着密切的关系

粤菜命名由各种语义要素组合而成，一般可分如下几类。

1. 原料式

原料式可分以下几类：

主料＋主料，用以命名的主料通常为两种，如：菠萝莴笋、果仁金瓜。也有以三种主料或者四种主料来命名的，但比较少见，如：首乌天麻老鸭汤、马蹄雪蛤大枣糖水。

配料＋主料，如：椰蓉牛肉、双冬油面筋等（“双冬”指冬笋和冬菇）。另有配料＋配料＋主料，如：奶汤竹荪鲍鱼。

调料＋主料，如：蜜汁猪颈肉、咖喱蟹。

调料＋配料＋主料，如：耗油甜豆牛肉、黑椒鲍菇牛仔粒。

2. 方法加原料式

方法＋原料式，如：啫啫家鸡、白灼牛百叶。

配料＋方法＋原料式，如：姜葱焗牛肚、白果扣猪肚、鲍贝烩豆瓣。当然很多菜肴并不是只用一种方法烹制，如“煎焗竹肠”就同时用了“煎”和“焗”两种方法。“黑鸡拆烩老猫公”也同时用了“拆”和“烩”两种方法烹制。“叉烧”是只用制作方法命名的，将猪肉以叉子放在火上烧熟而成。此菜命名只有方法，没有原料。

3. 菜肴基本属性加原料式

颜色＋主料，有的菜名表示颜色比较具体，如：黄金虾仁、雪花鱼翅；有的较抽象，如：五彩鱼青。

香味＋主料，有的菜名表示的香味类型较为具体，如：荷香鸭；有

的则较抽象，如：清香鸡。

味道+主料，有的表示基本味道，如：甜绉纱肉；有的表示复合的味道，如：酸甜排骨；有的表示的味道则较抽象，如：美味土虾。

质地+主料，"质"指菜肴的物质组织结构的性能，即人们食用时所产生的口感。如：香滑鲈鱼球、酥牛肉。

工具（即"器"）+主料，这类菜名绝大部分工具都指在烹调过程中放置主料的器物。如：铁板鱼肚、砂锅鱼头。

4. 人名+原料式

这类菜名在粤菜中并不多见，包含的人名大多是创始人的名字，这类菜名主料前冠以创始人的姓名。如"太爷鸡"，相传是一位知县发明的菜肴。

5. 地名+原料式

这类菜名说明菜肴的起源地，属于地方风味浓郁的菜肴。如：白云猪手（指广州白云山）、广州文昌鸡、潮州大鱼丸、罗定鱼腐面；也有发源地+烹调方法+原料式，如：潮州蒸粉果、肇庆裹蒸粽、东江盐焗鸡、顺德酿鲮鱼。地名+原料式所指地点大多明确，但也有的所指不明确，如"客家萝卜丸、潮汕水晶饺"都仅表示民系，没有确定的地点。

6. 数字+原料式

包含数字的粤菜有一定意义。比如"一"，以"一品"为多，代表高贵，它原指古代官吏的最高级别。如：一品鲳、一品豆腐。"五"，中国自古就流行"五行"说，由此多称"五味""五声""五色"等，强调美的多样性统一。百、千、万，多是虚指，象征多、长久和美好。

但大多数字都表示所用原料的种类或名称，从而用数字称代原料。如：四红汤（四红指红枣、红豆、桂圆、红糖）、三丝上汤如意菜（三丝指海参丝、鸡脯肉丝、蛋皮丝）、三杯鸡（因烹制时不放水，仅用米酒、猪油、酱油各一杯而得名）。

三　粤菜命名的文化特色

（一）修辞文化

粤菜某些菜名是通过比喻、夸张、双关等手法来命名的，从而体现了一定的文化特色。

1. 比喻

粤菜菜名中比喻的类型一般是暗喻和借喻。菜名中的暗喻由于语言精练、结构紧凑、表意确切的需要，一般不出现比喻词，喻体、本体构成前修饰后的偏正结构。如：佛手排骨（肉沫在排骨上捏成佛手状，“佛手”是喻体，“排骨”是本体）。绣球白菜（白菜形似球花）、笑口枣（面粉做成的粉粒炸至金黄色，形状似笑开口的枣）等。

借喻不出现本体，以喻体代替本体，有突出本体特性的作用。如算盘子（芋头泥、薯粉和成的面团按成小圆球状，在中间压一小孔）。有时，菜名中出现两个喻体。如：白雪红梅，点点红梅盛开在白雪之中，“红梅”喻鱼子，“白雪”喻瘦肉、豆腐、鱼汤冷冻后的颜色。

粤菜命名使用比喻，比喻的喻体有所偏爱，某些喻体经常出现，如“龙”“凤”“鸳鸯”等。“龙”指古代传说中有鳞有须、兴云作雨的万兽之首，“凤”指古代传说中色彩绚丽、风姿绰约的万鸟之王。数千年来，龙、凤一直是汉民族英武、富贵、吉祥、美好的象征。粤菜喻体为龙时一般指“蛇类”，如豉汁蟠龙鳝（此菜“鳝”状若昂着的蟠龙）。喻体为“凤”时本体一般为“鸡”，如：凤吞翅、白云凤爪。“鸳鸯”是一种著名的观赏水禽，一般雄为“鸳”，雌为“鸯”（也可合称）。粤菜命名用“鸳鸯”往往体现了汉民族追求成双成对的圆满。菜名冠之以“鸳鸯”的，往往此菜肴具有两个鲜明对立的部分，其中一为“鸳”，一为“鸯”。[①] 如“陶都鸳鸯鲩鱼”是广东石湾酒家首创的招牌菜，在同一尾鱼上，吃出炸与蒸两种不同的风味。“月眉鸳鸯卷”的区别为原料不同，一边是豆沙、咸蛋黄馅，另一边是叉烧肉。

2. 夸张

夸张可以引起人们丰富的想象，有利于突出事物的特征。粤菜菜名“鱼跃龙门”表示离开了大海的鱼，就像跃龙门一样，因而此菜菜名十分夸张。粤菜命名使用的夸张手法有时是数字形成的夸张，如“江南百花鸡”原为广州文园酒家的招牌菜，是将虾胶摊在鸡皮内侧再蒸熟而

---

① 段益民：《从中菜的命名看汉民族文化的中和之美》，载《齐齐哈尔大学学报》（哲学社会科学版）2006 年第 6 期。

成，装盘时以夜来香或白菊花伴边，故称“百花鸡”。另如“千丝万缕”（白萝卜和青萝卜切成丝）用夸张的手法象征思念。

3．双关

粤菜菜名的双关往往是利用音同、音近的联系构成的谐音双关。如“发财好市（发菜蚝豉）”是从食物的字音方面来命名的，粤方言中“发菜”与“发财”同音，而“蚝豉”则与“好市”同音。“年年有余”（清蒸大海斑）粤方言中“鱼”与“余”同音，将一味平淡无奇的蒸鱼起了一个期望未来能有盈余的名字。“步步高升（蒸萝卜糕）”利用“糕”和“高”的谐音表达了吉利的愿望。

（二）方言文化

粤菜命名中折射的饮食文化特征是社会文化的一个重要组成部分，从一定程度上反映了人们的文化心理、审美标准和价值取向。粤菜菜名中，有很多吸纳了广东三大次方言，即粤方言、潮汕方言、客家方言的词汇，因而具有强烈的地域特征。

如“咕噜肉”是广东的传统名菜，由北方的“古老肉”而来，普通话“古老”在粤语中读作“咕噜”，所以就变成“咕噜肉”。“鸿运庆团圆”（红豆沙汤丸）是从色彩方面为菜式命名，在粤语中“红”与“鸿”同音，因此以鸿运代表了红豆；而汤圆有“圆”字在内，有团圆的意思。这道甜品，既富有喻义，又能贴切地反映出食品的特色。[①] 又如“干煎虾碌、油泡鱼青丸、时菜烩猪红”，其中“虾碌、鱼青、猪红”都是粤方言词汇。

“返沙芋头、白果鸭母捻、炒糕粿”，其中“返沙、鸭母捻、粿”都是潮汕方言词汇。粿文化是潮汕饮食的一大特色。“粿”就是糕、面条和煎糕。有很多用“粿”命名的潮汕小食，如“菜头粿（潮汕叫“萝卜”为“菜头”）、红桃粿、甜粿”等。潮汕人喜欢吃粥，吃粥是潮汕饮食文化中不可或缺的一部分。潮汕的白米粥称为“白糜”，有别于外地的粥的煮法。白糜加上其他物品，便成了各式各样的糜，如：虾糜、蟹糜、肉糜、蚝糜、番薯糜、芋头糜。

客家饮食文化中，“粄”在糕点中占了重要地位。“粄”指用大米

① 田小琳：《香港中文修辞与饮食文化》，载《浙江树人大学学报》2006年第4期。

做成的糕点，略相当于北方人所说的“糕”。用它构成的词语异常丰富。如：老鼠粄（因其形状像老鼠尾巴而得名）、笋粄、仙人粄、甜粄、黄粄、发粄、红粄。另外，“焗”和“酿”是客家菜的独特做法，也是菜肴的主要特色，往往在菜名中表现出来。如：盐焗鸡爪、姜葱焗猪肚、客家酿豆腐、酿丝瓜。

结　论

菜肴命名的主要功能在于用传递菜肴信息的方式吸引食客，因此，命名者总是尽可能展示菜肴的用料、配色、造型、做法等，力求新奇多变。粤菜命名时主要采用词和短语相结合的形式结构，运用不同的短语结构来命名。命名时往往用写实性方法或隐喻性方法。写实性方法通过各种语义要素的组合把菜肴的某种属性如原料、方法、性质等展现出来，隐喻性方法则主要用比喻、夸张、双关揭示菜肴的某一特点。这三种修辞手法都能使菜名虚实结合恰到好处，使食客对菜名所要表达的内容有更深刻的印象。另外，粤菜菜名并不是单纯地传递原料、方法等烹饪要素，而是加入了较多的地域文化，在粤菜某些菜名中吸纳了广东三大次方言的不同词汇。因而，研究粤菜菜名具有语言学和文化学的双重价值。

广东潮安县李工坑村畲民语言生活调查*

林伦伦　洪　英**

摘　要　李工坑村是粤东凤凰山区的一个畲族自然村，其语言生活相当有特点。全村通行一种近似于汉语客方言的畲话。此外，几乎所有的村民都能熟练掌握潮州话，大多数的居民还学会普通话，还有少数人掌握了其他方言。本文在实地调查的基础上，运用社会语言学的方法，分析了性别、年龄、文化程度和职业等四个因素如何制约李工坑村畲民掌握和使用语言的情况。

关键词　李工坑村　畲族　语言生活

畲民是闽、粤、赣三省结合部山区的古老居民之一，现主要分布在福建、浙江、江西、广东、安徽80多个市、县的部分山区，总人口709592人（2000年）。[①] 畲族内部交际时，分别使用两种语言：居住在广东罗浮山区的惠东、海丰和莲花山区的博罗、增城四县共1200多称"活聂"的畲族使用的是属于苗瑶语系的一种语言；其他占全国畲族总人口99%的畲族，包括潮安县畲族，使用的是另外一种语言。据游文

---

* 原载《语言研究》2005年第4期。

** 洪英，广东潮安人。香港科技大学人文学部哲学博士（语言学专业）。自2004年起，师承林伦伦教授研究汉语方言、历史音韵学和语音学，先后在学术刊物发表论文十多篇。2014年起先后在汕头大学文学院、香港理工大学专业进修学院任教。

① 王远新：《广东博罗、增城畲族语言使用情况调查——保护濒危语言的重要途径》，《中央民族大学学报》2004年第1期。

良考证，这种语言包含有古畲语成分（主要是壮侗语族语言成分的中层和现畲族居住地汉语方言成分的表层）①。

分散在全国各地的大部分畲族人民都有祖籍广东凤凰山的传说。而根据史料记载，大概在唐宋时潮州凤凰山就生活着畲族居民。南宋时潮州的畲族人民起义抗元的传说，在地方志多有记载，“南宋景炎二年(1277 年)，潮州畲族首领许夫人在凤凰山建立畲家军，并联合福建漳州畲族首领陈遂（即陈吊王）和各路畲军，前往泉州讨伐降元的宋臣蒲寿庚。畲家军的抗元斗争一直坚持了 36 年”②，由此可见畲族确实是生活在潮汕地区的一个古老民族。

一　潮安县畲族语言历史与现状

现在的潮安县畲族聚居在潮州市东北面的凤凰山脉，分布于凤凰镇的石鼓坪村，归湖乡的碗窑、山犁村，归湖镇的溪美岭脚村，文祠镇的李工坑、黄竹洋村，意溪镇的雷厝山村。由于没有自己的文字，畲民没能把自己祖先的历史记载下来。而现在居住在这里的畲族居民，又都是明清时期迁进来的，因此对本民族的起源，已经无证可考了。对于历史上本民族的语言使用和发展，也没有人能说清楚了。我们只能根据清乾隆年间《潮州府志》卷一二“方言”条载：“畬人（即畲民）谓火曰‘桃花溜溜’，谓饭曰‘拐火农’。”这一鳞半爪的记录知道历史上凤凰山区的畲民曾经使用过类似于今天博罗、惠东一带畲族所讲的畲语。“正是这两个词，证实了潮州一带的畲族过去也是说现今博罗增城一带的畲语的。”③

当代凤凰山区畲族所使用的语言，据毛宗武、蒙朝吉的研究《畲语简志·概况》，“约在公元六世纪末七世纪初，以广东潮州凤凰山为中心的粤、闽、赣三省交界地带，已形成一个比较广阔的畲族先民聚居区，他们在这个三省交界地区居住到公元十三、十四世纪前后，才有一

① 游文良：《畲族语言》，福建人民出版社 2002 年版。

② 潮州市地方志编纂委员会编：《潮州市志》，广东人民出版社 1995 年版。

③ 毛宗武、蒙朝吉：《博罗畲话概述》，载《民族语文》1982 年第 1 期。

部分陆续从汀（州）、潮（州）一带往闽南、闽中、闽东、闽北以及浙江一带移动，值得注意的是，在这个比较长的历史阶段中，尤其是后一阶段，现今说客家话的这部分汉族先民大批地进入粤东地区以后，畲族语言发生了巨大的变化……经过一段时间使用双重语言，最后导致绝大部分畲族放弃了自己的语言，在任何场合都使用汉语客家话。但是，畲族说的这种客家话仍带有畲族的语音色彩……今天福建、浙江、江西、以及广东潮州一带的畲族就是属于放弃自己语言，基本使用汉语客家话的类型"[①]。而根据1961年黄家教、李新魁在凤凰山区的调查，畲族有自己的语言，"这种畲话很接近汉语的潮州话而又保存了相当多的中古汉语的语音特点，现在的畲话与汉语十分接近，这是畲话长期'汉化'的结果，其本身还保存着一些自身的特点"[②]。关于全国大部分畲族人民所说的这种"畲话"的性质，现在学术界众说纷纭，还没有一个比较统一的说法，因此我们暂时只能把这种畲话看作一种既有客家话特点又有闽南话特点，同时又残留畲语特点的比较复杂的方言。

尽管这里的畲族聚居地还流传着具有氏族图腾信仰特色的"槃瓠"传说、歌谣和画像，但潮安县的畲族汉化程度已经很高。据调查，目前只有文祠镇的李工坑村保存较完整的母语。可以说，李工坑村是畲语保存最好的村落，而归湖镇碗窑和山犁两村仅有一半人能讲畲语，在石鼓坪村和溪美岭脚村仅有几个老人会讲，而雷厝山已经没有人讲畲话了。

本次调查的主要对象李工坑村，是粤东潮州市潮安县文祠镇的一个自然村，距潮安县城庵埠镇北37.2千米。李工坑原名"李公坑"，相传此地最先居住的是李姓汉人，故名。据《潮州地名志》，畲族雷氏于明万历十三年（1585）由福建龙岩县遣此创畲族村[③]，新中国成立后始改为李工坑。它位于潮州市区北部的凤凰山区。全村皆为雷姓畲族人，65户共306人。李工坑村的地理环境属于山地丘陵，村落依山而建，由于地处半山腰，仅有一条简易的小道通往山下公路，因此交通十分不便。

---

① 毛宗武、蒙朝吉：《畲语简志》，民族出版社1986年版。

② 黄家教、李新魁：《潮安畲话概述》，载施联朱主编《畲话研究论文集》，民族出版社1987年版。

③ 潮州市地名委员会、潮州市国土局：《潮州地名志》，广东省地图出版社2000年版。

种植业一直是当地的主要经济来源，但是近年来由于土地贫瘠等原因，务农无法维持基本生活，村民们纷纷外出打工，以增加经济收入，大大加强了畲族村与外界汉族村的联系。

李工坑畲民聚居地主要通行两种方言，一种是“白话”（即潮州话），一种是“本地话”（即我们上面所讨论的畲话）。本族人的母语一般是畲话，但全部会说潮州话，他们对外使用潮州话，对内则用畲话进行交流。除了畲话和潮州话两种方言，一些上了年纪的人还会讲一种当地称为“石坑话”的土话（据调查，这是一种类似于客家话的方言，在当地已不多见，可能是客家人曾经居住在这里的残留）。

本文拟通过对李工坑畲民日常生活语言使用状况的个案调查，讨论并探寻该地区当前及今后一段时间的语言生活状况及其发展趋势。

二　调查结果的社会语言学分析

本次以李工坑自然村为主要调查范围，李工坑共有居民 65 户 306 人，其中男性 159 人，女性 147 人。我们按照等距抽样的方法，从中抽取了 37 户，获得有效问卷 82 份。在主要调查对象中，畲族 67 人，汉族 15 人；男性 43 人，女性 39 人；60 岁以上 8 人，36—59 岁 29 人，18—35 岁 27 人，18 岁以下 18 人；出外打工 27 人，在家务农 31 人，学生 17 人，其他 6 人；文盲 3 人，读过小学的 24 人，读过初中的 49 人，高中以上的 5 人。

本文的调查方法主要是问卷、统计分析法及个别交谈形式。

调查表明，性别、年龄、文化程度和职业是造成个体（个人或言语社团）之间差异的主要社会因素，潮安县畲民语言的习得、语言的熟练程度、语言的具体运用在以上社会变体条件中均有不同的体现，下面分别举例加以阐述。

（一）性别因素

社会语言学认为，在影响语言使用的社会因素中，性别往往是重要的因素之一。无论是国外的语言学者，还是国内的语言学者，都一致认为性别是影响语言使用的重要社会变体之一，“男女在使用语言上有差别是显而易见的事实”[①]。而通过这次调查，我们也发现，性别差别在语言的掌握和使用中的表现还是较突出的。从调查中可以看出，主要有两个方面的具体体现：（1）男性的语言能力明显高于女性；（2）在不同的交际场合，男性、女性的语言使用有差异。我们可将男性、女性的语言能力进行一下对比（见表1）。

表1　男性、女性的语言能力的对比情况

语言／性别	畲话	潮州话	普通话	其他方言
男（人）	43	43	42	9
占比（%）	100	100	98	21
女（人）	32	39	29	1
占比（%）	82	100	74	3

从表1可以看出，男性的语言能力普遍要高于女性。除了潮州话一项，男性对畲话、普通话和其他方言的掌握都要比女性高一些。原因有三：其一，男性都为本村畲族人，而女性中却有不少来自汉族村的媳妇，尽管她们大部分都学会了畲话，但仍有少数人由于各种原因没有熟练掌握；其二，由于男尊女卑的传统思想的影响，男性上学受教育的比例普遍要比女性高，因而自然获得其他语言的机会也要比女性高；其三，在传统的中国社会，男主外、女主内，男性一般担负着养家糊口的重任，因此李工坑村的男性出外打工的很多，而女性则要少一些，大都留在家里照顾老人孩子，因而女性与外界的交际机会很少，对交际工具的学习和掌握自然也就少。

男性的语言能力高于女性还表现在语言的熟练程度上。以普通话为例，女性中有10人表示完全没问题；13人表示基本能交谈，但不熟练；有7人能听得懂，但不太会说。而男性分别为15人、22人、6人，

① 徐大明、陶红印、谢天蔚：《当代社会语言学》，中国社会科学出版社1997年版。

熟练程度明显要比女性高。

语言使用的偏好还造成了在不同的交际场合男性、女性语言使用的差异，我们可以比较一下在家里和在村里这两个不同的交际场合中，男性、女性的语言使用情况（见表2）。

表2　**在家里和在村里这两个不同的交际场合中，男性、女性的语言使用情况**

语言 / 性别	畲话		潮州话		两种话都讲	
	在家里	在村里	在家里	在村里	在家里	在村里
男（人）	36	35	1	2	6	6
占比（%）	84	81	2	5	14	14
女（人）	18	20	12	11	9	8
占比（%）	46	51	31	28	23	21

从表2我们可以发现，无论是在家里还是在村里，女性的语言使用都比较灵活，畲话和潮州话的运用比较平均，只是在村里使用畲话比在家里略高一点。而男性则出现一边倒的现象，无论是在哪种交际场合，畲话都占有绝对的优势。究其原因，在于中国传统的封建意识在起作用，男性负担着传宗接代、继承祖宗传统的社会责任，要求对本族的文化传统包括本族语言进行继承和传播；而女性是嫁出去的人，因而语言的忠诚度当然没有男性高了。

（二）年龄因素

陈松岑先生认为，年龄是决定某些变异的一个很重要的外部因素。“人无时不是生活在数量不等的成员所组成的社会集体中，因而他的语言，也必然受到该集体的影响。在不同的年龄段中，他对不同的集体，也会有不同的认同感，从而对他的语言产生不同的影响。”①

从调查中我们发现，掌握语言能力的强弱与说话人年龄成反比，以普通话为例（见表3）。

① 陈松岑：《语言变异研究》，广东教育出版社1999年版。

表 3　　不同年龄段掌握普通话的比例

年龄段	60 岁以上	36—59 岁	18—35 岁	18 岁以下
人数（人）	4	20	24	18
占比（%）	50	69	89	100

表 3 的数据显示出，年轻人掌握普通话的比例要比年纪大的人高得多，拿 18 岁以下年龄段与 60 岁以上年龄段相比，差不多要高出一倍，差距非常明显。这跟年轻人受教育的机会比老年人多以及我国一直坚持不懈深化推普的努力是分不开的。

在调查过程中我们还发现这样一个现象，畲族本族人虽然都会说自己的母语，但是在掌握母语的熟练程度上，年轻人也比老年人差一些。也就是说，掌握母语的熟练程度与说话人的年龄成正比。在我们调查的 17 个 18 岁以下的畲族人中，有 13 人表示能够熟练使用，但有 4 人表示基本能交谈，但不熟练。据我们了解，李工坑村只有一所小学，继续升学只能到文祠镇上的中学去。在那里，畲族学生跟同学和老师主要用潮州话交流，只有回到村里才说畲话，所以他们使用潮州话的时间要比畲话多得多，使用潮州话熟练程度自然要比畲话高得多。

一般来说，年轻人的心态远远比老年人开放，他们不甘落后于社会潮流，因而易于接受社会的新事物，当然更愿意说在当地更为流行的潮州话和普通话。而且由于年轻人与外界的接触更频繁，他们外出求学、打工等，使他们没有机会讲他们的母语。久而久之，自然就对自己的母语生疏了。

另外，交谈对象不同导致的语言运用不同也呈现出不同的年龄段差异，四个年龄段在与他们的同龄人交流时使用的语言情况如表 4 所示。

从表 4 我们不难发现，年轻人在和他们的同龄人交谈中使用母语即畲话的频率并不高，而且这种趋势随着年龄段的递减是逐步加强的。年轻人更趋向于一种多元化的交流方式，即畲话与潮州话交替使用。由于年轻人新鲜猎奇、讲求实用的心理特点，他们的母语忠诚度显然也要比老年人低得多。

表 4　　四个年龄段同龄人交流时使用的语言

年龄段＼语言	畲话		潮州话		畲话与潮州话兼用	
	人数（人）	占比（%）	人数（人）	占比（%）	人数（人）	占比（%）
60 岁以上	8	100	0	0	0	0
36—59 岁	15	54	5	22	8	29
18—35 岁	10	40	7	28	8	32
18 岁以下	3	19	5	31	8	50

（三）文化程度因素

我们把被调查对象的文化程度大致分为三级：文化程度较低、文化程度中等、文化程度较高。文化程度差别在语言的运用中具体体现在语言态度的差异，在对语言的主观评价调查中，不同文化程度的群体呈现出不同的特点（见表 5）。

表 5　　文化程度差别在语言态度上的差异　　单位:%

	畲话有用	潮州话有用	普通话有用
文化程度较低	50	36	14
文化程度中等	33	44	23
文化程度较高	13	63	24

从表 5 我们可以看出，认为畲话有用的人大多集中在文化程度较低群体；而潮州话刚好相反，随着文化程度的递增，认为潮州话有用的比例越高。一般来说，文化程度较高的人社会地位也相对较高。由于畲话流通范围窄，只能在本村内通用，带有“土俗”的特点。而包围着畲族村的其他汉族村乃至整个潮汕平原说的都是潮州话。因此，在畲族人看来，畲话虽然是他们的母语，但是潮州话具有更高的权威性，有更重要的交际作用。基于这种社会意识和自我认识，文化程度越高的人越趋向于使用强势方言和普通话。

调查还反映出，在语言的熟练程度一项上，不同文化程度的人掌握普通话的熟练程度呈现出不同的特点。

在文化程度较低的人当中，只有 2 个人表示他们的普通话完全没问题；有 10 个人表示他们基本能交谈，但仍不熟练；有 8 个人表示他们能听得懂，但不太会说；有 4 个人表示他们能听懂一些，但不太会说。

在文化程度中等的人当中，有 22 人表示他们的普通话完全没问题；有 22 人表示他们基本能交谈，但仍不熟练；有 4 个人表示他们能听得懂，但不太会说；只有 1 个人表示他们能听懂一些，但不太会说。

文化程度较高的人全都表示他们的普通话完全没问题。从以上数据我们不难发现，掌握普通话的熟练程度与文化程度成正比。究其原因，在于文化程度越高的人，接受教育的机会多，他们趋向于使用更加规范、权威的语言。

（四）职业因素

职业的差别主要体现在掌握语言的种类上，如表 16 所示。

表 6　　**职业的差别与掌握语言的种类**

掌握语言 / 职业	会四种方言		会三种方言		会两种方言		只会一种方言	
	人数（人）	占比（%）	人数（人）	占比（%）	人数（人）	占比（%）	人数（人）	占比（%）
打工者	5	20	20	74	1	4	1	4
学生	0	0	17	100	0	0	0	0
务农者	5	16	13	42	9	29	4	13

从表 6 我们可以很明显地看出，掌握语言的种类随着职业差异呈现出不同的特点。出外打工的人掌握四种方言的比例最高，因而他们的语言能力最强。而学生比较均衡，都集中在掌握三种方言这一项上。在家务农的语言能力最差，他们当中有 29% 的人只掌握了两种方言，还有 13% 的人只掌握了一种方言。出现这种现象的原因很容易理解，出外打工的人由于与外界接触频繁，势必要学会当地的方言，这样才能更有利于沟通。而学生接触的社会面比较狭窄，一般是家里和学校，自然没有机会学到其他地方的方言。与外界接触最少的要算在家务农的人了，由于没什么机会与外界进行交流，只会一两种方言的现象也就不足为

奇了。

在调查中，我们还发现一个很特殊的现象，无论是外出打工的人，还是在家务农的人，他们对本民族语言，即畲话都表现出了高度一致的热爱，如问到他们觉得哪种话比较亲切时，他们都会不约而同地选择母语。其答案统计数据如表 7 所示。

表 7 **对语言的主观评价**

语言 / 职业	畲话		潮州话		普通话		其他方言	
	人数（人）	占比（%）	人数（人）	占比（%）	人数（人）	占比（%）	人数（人）	占比（%）
打工	17	85	3	15	0	0	0	0
学生	13	77	4	23	0	0	0	0
务农	23	92	2	8	0	0	0	0

从表 7 我们看到，在对语言的主观评价上，大部分畲族人（无论职业）选择了自己的母语，即认为自己的母语最亲切。一般认为，外出打工的人或者是外出求学的学生由于与外界接触比较频繁，对自己的母语感情会比较疏远，母语忠诚度普遍不高。但通过这次调查，我们发现李工坑村的情况并非如此，作为一个语言的“弱势群体”，在潮州话等强势方言的包围下，畲族聚居地人民仍然能保持着如此高的语言忠诚度，这跟畲民对本民族语言有着深厚感情是不无关系的。据了解，就算是在外面打工，本族人碰到都会讲畲话，对自己母语表现出了很强的情感依赖。我们认为，这可能是李工坑村畲话保存得比较完整的最重要原因。

我们认为，处于弱势地位的李工坑畲话之所以没有被相对强势的潮州话所取代，原因有二。

首先，较为集中的民族聚居区是畲话得以保留的客观原因。畲民聚居的凤凰山区，是潮州市经济比较落后的地方。这里地处山区，交通不方便。因此畲民与外界的接触不多，而且聚居很集中，一般是一村一姓，这就保证了交际环境的纯洁性。在同一个村里，大家同属于一个民族，说同样的话是再自然不过了。这样高度单一化的交际环境也迫使那些从外地嫁入的汉族媳妇不得不努力学习畲话，以求能更好地融入这个环境。在我们所调查的15个外地媳妇中，有10人熟练掌握了畲话，剩下的5人虽然不会讲，但都能听懂。所以即使畲族村四面都包围着说潮州话的汉族村，他们内部语言的使用仍然能够保持着高度的统一性。

其次，畲族对母语的深厚感情和语言忠诚，则是不容忽视的主观因素。在调查中我们了解到，李工坑的畲民母语意识很强，小孩子从一出生就教他们讲畲话，同村人见面都讲畲话，无论是在村里还是在外面打工、学习。维护民族语言的意识很强烈，这也是李工坑的畲话保存得比较完整的一个重要原因。

总之，年龄因素、性别因素、文化程度因素和职业因素是畲民语言使用存有差异的主要社会因素。而交际对象、交际场合的变化等动态因素也制约着畲民语言的使用。李工坑居民使用的多种语言中，畲话是村民们世世代代口耳相传的“祖公声”，是李工坑畲族人民用以维护宗族团结、联络宗亲感情的重要纽带，至今，它还备受村民们的珍视。因此，我们认为，近年内畲话还将作为李工坑村民的主要交际用语，继续完整地保留下来。但是，我们同时也要看到，作为畲民母语的畲话前景并不乐观。地理环境的限制，迫使他们不得不出外打工谋生。现在全村共306人，有166人外出务工，常住人口不足一半，超过一半的村民离开了李工坑这个交际圈。失去了这个交际环境，母语的流失将会越来越严重。而且很多年轻人都在外面成家立业，而这些在外面成家立业的人只有逢年过节才回到村里来，平时根本没有机会说自己的母语。严重的人口外流现象必将导致畲话交际圈的快速萎缩，随着本村中老年人的老去和年轻人的外流，畲话将会渐渐地退出李工坑村的交际舞台，让位于生命力更加强大的潮州话。而随着普通话的深入推广，也必将在李工坑的语言生活中占有一席之地。在未来的几十年中，畲话慢慢消退，乃至于最后消亡。

少数民族语言是我国语言史上的“活化石”，有着其自身独特的文化价值。因此，在全球一体化，少数民族语言区日渐萎缩的历史趋势下，如何深入开展少数民族语言调查，有效地制订相应的少数民族语言规划，挽救濒危少数民族语言，抢救少数民族非物质遗产，是当前我国民族语文工作者面临的一个重要课题。

广东潮州凤凰山畲族语言现状与保护对策*

杨　姝**

摘　要　广东潮州凤凰山畲语，是本已濒危的畲语中最危急的一部分。本文通过考察凤凰山畲语的生存状况，提出当前畲语研究应以保护与传承畲语为第一要务，开展凤凰山畲语普查、开设多渠道学习和研究通道等一系列具体保护对策，并呼请各界加大保护力度。

关键词　畲族　濒危语言　非物质文化遗产　潮州　凤凰山

广东潮州凤凰山是畲族民族发祥地①，位于今潮州市与梅州市的交界，古属潮州府管辖范围，绵延百余里。在潮州凤凰山地区，由于畲民人口少且分散聚居，本已濒危的畲语，在这里已处于消亡的最边缘。由于经费、人力等因素限制，此前学者主要进行资料收集和整理，重在客

* 原载《韩山师范学院学报》（哲学社会科学版）2010 年第 1 期。

** 杨姝，女，湖南湘潭人，1974 年 8 月 14 日生于湖北省武汉市。1993 年考入湖南科技大学汉语言文学专业。1996 年毕业后于中国建筑第五工程局第二公司工作，于 2001 年考入汕头大学汉语言文字学专业，师从林伦伦教授。2004 年 6 月毕业，获汉语言文字学硕士学位。2005 年进入韩山师范学院潮学研究所，从事汉语方言、地域文化研究工作，2007 年 12 月被聘为助理研究员。2012 年 1 月进入韩山师范学院文学院，从事现代汉语方面的教学工作。研究工作主要涉及汉语方言、地域文化、海外华人历史文化方面。

① 据现存闽、浙、赣、皖等省畲族《高皇歌》、祖图、族谱、移民记录以及史学家考证，潮州凤凰山是畲族民族发祥地和祖居地。如现存福建畲族谱牒闽东宁德猴墩《雷氏宗谱》、福安田螺园《冯翊雷氏宗谱》等都有对本族祖先居于凤凰山的记录。毛宗武、蒙朝吉《畲族简志》也认为是在公元 6 世纪末 7 世纪初，以广东潮州凤凰山为中心的粤、闽、赣三省交界地带，已形成一个比较广阔的畲族先民聚居区。

观描写与记录，难以对畲语作出整体性、长期性的保护规划。本课题尝试对此作出一些具体探索，希能对将来出台的整体保护方案有所裨益。

一　凤凰山畲语的性质

现代畲语有两种：一种属苗瑶语族，分布于广东增城、博罗、海丰、惠阳一带，使用人口占畲族总人口4‰；另一种接近但又不同于汉语客家话，分布于粤东凤凰山地区及闽浙赣皖等省，占畲族总人口99%以上。凤凰山畲语属于后一类型。游文良认为凤凰山畲语性质是包含了源自古越语和部分古苗瑶语的隋唐古畲语底层（比闽浙等保留得更完整），宋元汉语客家话中层，现代潮州话、客家话和粤语表层以及部分不明来源成分的混合性语言，也是研究古畲语、古客话和汉藏语系的语言活化石。从这个意义上说，畲语不是客家话。[①]

2000年全国第五次人口普查凤凰山地区有畲民2321人，占广东省畲族的8%和全国畲族的0.3%。分散在潮州8个村：潮安县归湖镇碗窑村、山犁村、岭脚村，凤凰镇石古坪村，文祠镇李工坑村，湘桥区意溪镇雷厝山村，潮安县文祠镇黄竹洋村，饶平县饶洋镇蓝屋村；梅州市1个村：丰顺县凤坪村（凤吹磜）有数百畲民。他们所说的畲语均为第二种类型。

二　凤凰山畲语濒危状况

20世纪中叶时，这种独特的凤凰山畲语仍在碗窑、山犁、岭脚村、石古坪村、李工坑村、雷厝山村及部分散居畲民内部交际时通用。据1963年黄家教、李新魁调查，“山犁、碗窑聚居畲族同胞约千余人，成年人大都能讲潮州话，在本民族内部交际用畲话，对外用潮州话”[②]。黄淑娉记录过一位汉族女子嫁到山犁村后，由村里内部交流原来只讲畲

---

① 游文良、雷楠、蓝瑞汤：《凤凰山畲语》，吉林人民出版社2005年版，第3—4页；游文良：《关于畲族和畲族语言的思考》，全国畲族文化学术研讨会论文，2007年12月，第5—6页。

② 黄家教、李新魁：《潮安畲话概述》，载施联朱主编《畲族研究论文集》，民族出版社1987年版，第298页。

语到可讲潮州话的过程。[①] 如今，只有李工坑村、碗窑村和凤坪村畲语保留得较好，男女老幼仍用畲语内部交流；山犁村只有40岁以上的会说畲语；石古坪村有几个老人会讲，而溪美岭脚村、黄竹洋村、雷厝山村已全部改说潮州话，饶平县蓝屋村则完全改用当地客家话。凤凰山畲语受到客家话和潮州话的影响，呈现出畲、客、闽语互相浸润的格局。

这种语言使用的变化，源自社会发展和环境变迁。畲村早已不限于族内婚，汉族等的入住使原畲语的交际环境不再纯粹；而且许多畲民外出经商、打工和上学，离开了畲语环境，畲语使用人口减少。以畲语保存最完好的李工坑村为例，"现在全村共306人，有166人外出务工，常住人口不足一半。……而且很多年轻人都在外面成家立业，而这些在外面成家立业的人只有逢年过节才回到村里来，平时根本没有机会说自己的母语"[②]。留守者多是老人、妇女和儿童，儿童普遍还会说普通话、客家话或潮州话。随着畲语使用人口、使用范围和语言交际功能的逐年缩减，已经无法保证这些儿童长大后还能完全继承畲语。如果不对畲语传承进行干预，可以预见未来数十年内畲语将在潮州甚至凤凰山地区消失，代之以客家话或潮州话。[③] 有鉴于此，我们认为要做好濒危的凤凰山畲语保护工作，需要制订整体性保护方案。

文化生态学认为各民族文化不论发展程度高低，都是人类重要物质和非物质文化遗产，都代表着特定人群独特的思维方式和历史传统。1993年联合国大会通过"濒危语言方案"。

三　凤凰山畲语保护与传承方案构想

（一）思想上认清其必要性，行动中以畲语保护为先

我国《宪法》和《国家通用语言文字法》规定："各民族都有使用

① 黄淑娉：《重访山犁畲村，再谈民族认同》，载广东省民族研究学会、广东省民族研究所《广东民族研究论丛》第8辑，广东人民出版社1995年版，第1—11页。

② 林伦伦、洪英：《广东潮安县李工坑村畲民语言生活调查》，载《语言研究》2005年第4期，第126页。

③ 李锦芳：《中国濒危语言研究及保护策略》，载《中央民族大学学报》（哲学社会科学版）2005年第3期，第117页。

和发展自己的语言文字的自由。”现在语言权也被认为是重要人权之一。但世界范围内濒危语言保护行动不力，不如其他人权受重视。实用和功利主义语言观也危害了濒危语言保护，比如简单认为语言大同有利于人类社会生存与发展。凤凰山畲语面临同样的问题，保护行动主要停留在政府部门、凤凰山部分畲民和学术机构口头与笔头上，没有形成地方民众自觉参与畲族文化保护的氛围。市民甚至凤凰山畲民，对畲族历史文化渊源和文化保护都缺乏必要认识，自然也就意识不到肩负的责任。

畲语是畲族民族文化的重要载体和民族认同感的坚固基石。凤凰山畲语虽然濒危，但仍有保护好并传承下去的可能，李工坑村等畲语保存较完好的村落即为畲语传承提供了现实基础。另外，对畲语独立性和性质的争议牵扯了不少时间和精力，现在仍然没有定论。[①] 但是无论99%以上畲族人口所持畲语和广东增城、博罗等地另一种畲语性质如何，这种争议不应该占到畲语研究的主要方面。因为现在畲语研究最重要、最急迫的任务应该是保护和传承畲语。我们的态度应该是：即使所见只是一些原始畲语成分的遗留，学术界和政府部门也有责任使其尽量留存，延缓消亡。所以，本文建议暂时搁置争议，以抢救畲语为第一要务，学者和有关机构主要精力应集中到畲语保护上来，将有限资源投入最需要的地方。不仅畲语，对其他濒危语言也应如此。

（二）开展畲语普查活动

虽然我们已经作了部分调查，但是尚未能进行全区域普查。这项基础性工作应用录音、录像等方式尽量真实、系统地记录原生态畲语。由于调查人口不算多，居住地也相对集中，全方位系统调查是完全可能的。

普查者在观念上应充分认识工作的必要性，防止实用主义和功利主义思想的危害，防止传递错误的文化保护信息。注意向畲民宣传国家民族政策和语言生态多样的重要性，保障被调查者充分的知情权，激发勇

---

① 畲语性质至今尚无定论。见施联朱《面向21世纪畲族历史文化研究的几个问题》，载丽水学院畲族文化研究所、浙江畲族文化研究会编《畲族文化研究论丛——2005年全国畲族文化研讨会论文集》，中央民族大学出版社2007年版，第11—14页。

于和善于履行保护的职责；提倡讲畲语、唱畲歌，鼓励继承畲族语言文化，并以多种方式创新。

从目前国际、国内濒危语言保护和语言复兴活动的经验教训来看，首先应注意：抢救和保护畲语要着眼保护整个语言生态，尽量维护畲族生存的自然和社会生态的完整性。保护濒危语言的工作要有目标、按计划进行。现在畲语分散在全国多个省市，濒危程度不一，各自向当地汉语方言靠拢，内部差异越来越大，呈分离之势。畲语保护即使有，也是各自为政，缺乏统一规划，缺乏适用教材。对于畲语是尽量恢复还是被动记录，如何保护以及要达到何种程度都没有统一看法。所以有必要对畲语生态进行调查与评估。在有效鉴定的基础上加强畲族母语教育和语言规划、规范工作。对凤凰山畲族来讲，可以马上展开的措施有：（1）制订畲语保护短期、中期、长期规划；（2）组织编写和出版畲语教材和音像资料，可能的话还应编写字典和词典。可以参考在畲族教学和教材编写方面已有所成的福建宁德市民族中学；[①]（3）鼓励畲民用文字或录音记录现实生活语流和口头文学；（4）利用电视、网络等传媒宣传畲族文化保护的重要性，介绍成功经验；每年2月21日“国际母语日”、每年6月第二个星期六国家“文物保护日”及凤凰山畲族独有的节庆日开展专题宣传等。

（三）多渠道开设凤凰山畲族学习和研究通道

有关单位和学术机构合作在畲村建立田野调查和研究基地。开办畲语培训班，将日常畲语和畲歌印制成宣传小册子和音像制品，分发给各户畲民学习；尝试在畲村或学校教学、教唱畲语、畲歌；在畲族节日举办畲歌会；适当制订畲民能接受的乡规民约，提倡用畲语进行内部交际，增强传承畲族历史文化的自觉、自信和责任感。培训地点，如李工坑村可以利用既有的民俗陈列馆；其他村落，可以是村委会办公室、居民家庭或老年活动中心，支付一定比例的经费。师资力量，前期可能以志愿者为主。还可以把畲语比较纯正的中老年人，热心畲族文化事业的

---

① 根据李健民《关于畲族的民族精神与民族性格》（畲族文化学术研讨会论文，2007年12月），福建宁德市民族中学于2005年8月编制了面向本校的畲族教育试用读本《畲族文化简说》。

村民以及部分研究畲族文化的专家、学者都吸纳进来。培训中应充分重视畲族青年一代，形成老、中、青人才梯队，培养有热情、有耐心，熟悉物质文化遗产和非物质文化遗产保护相关法规，掌握文化保护的方式和技能的专业人才队伍。现在保护行动以中老人居多，而年轻人和儿童较少，所以培训班、文化研究室的主要培训对象，应该以学习能力较强的中、小学生和儿童为重点，让他们学会使用畲语，系统性地了解畲族历史文化传统；畲族文化研究项目应吸收一定比例的畲族青年，特别是大学生参与，在项目研究的同时学会用现代化手段和专业知识有效保护本族文化遗产。

结　语

虽然凤凰山畲族文化保护工作已取得一些重要进展，但是从调查情况看，无论人、物、财力的投入还是保护的实际效果都仍然有限。本文在此呼吁有关部门和机构加大保护力度。我们之谓的保护，并非简单要求畲族群众维持原有生活状态，畲族人民有权利用现代文明成果改善生活和生产状况；更不是对畲族文化的复古主义，而是在文化保护从规划到实施的全过程中，充分尊重和吸纳畲族群众和当地人士意见；采取实际措施时，尽量不干扰畲族村民既有生活，增强畲族人民自我成长和竞争能力以及畲族文化的创新能力。这样才能最大程度地保护好凤凰山地区原生态畲族文化，让积累千年的畲族历史文化传统在畲村平和安定的日常生活中继续传承下去。

饶平县疍家人语言生活状况调查报告*

许婉虹**

摘　要　饶平县疍家人主要聚居于广东省潮州市饶平县柘林镇海洋社区，现有在籍人口505人。该社区主要使用的语言是潮汕话，部分人掌握使用疍家话、粤语和普通话。影响饶平县疍家人语言使用状况的因素主要有年龄、职业、交际场合、文化程度和性别等。饶平疍家话已成为濒绝语言，面临母语传承断代的局面，并将在二三十年后消失。

关键词　饶平疍家人　疍家话　语言生活现状　濒绝语言

广东省潮州市饶平县位于广东省最东部，东部和东北与福建省诏安县、平和县毗邻，北与广东省梅州市大埔县接壤，西和西南与潮州市的潮安县、湘桥区，汕头市澄海区交界，南濒南海，与南澳县隔海相望。饶平海域海湾多，港口多，主要有潮州港、柘林港、三百门港、海山港等港口。柘林湾面积68平方公里，为粤东唯一的天然优良深水港湾，隋兴宋盛明清繁荣，俗云："未有汕头埠，先有柘林港。"①

疍家人一般指生活于中国南部沿海或者内河的水上人家，以艇为家，也称"艇家"，文献上多有记载，"疍"亦作"蜑"。清光绪《饶

---

*　本文原载《韩山师范学院学报》2016年第2期。

**　许婉虹，女，1992年出生于广东省潮州市，汉族。2010年至2014年就读于韩山师范学院中文系对外汉语专业。2014年至2017年在广东技术师范学院民族学院师从林伦伦教授攻读少数民族语言与汉语方言专业，学位论文题目为《饶平疍家话语语音研究》。

①　饶平县地方志编纂委员会：《饶平县志（1979—2005)》，广东人民出版社2011年版，第1—2页。

平县志》载："天启四年（1624 年）造册……蜑人有五姓：麦、濮、吴、苏、何，古南蛮以蛇为神，观其家蛇像可见，世世以舟为家，无著陆，不事耕织，唯捕鱼装载以谋生，不通土人婚姻，岭东河海有之，本县旧九十户。"① 柘林疍民有冯、黎、黄三姓，多于清末从珠江三角洲的宝安、顺德、番禺等地（冯姓来自宝安县；黎姓来自顺德县；黄姓来自番禺）飘移到饶平沿海捕鱼，以柘林为临时泊居点。饶平疍民在柘林湾泊居多年，新中国成立后仍泊居柘林港沿海。1961 年组建海洋居委会，时称柘林拖船队，位于柘林镇政府驻地北侧，与镇政府相连接。1964 年，县人民政府和柘林公社帮助疍民上陆定居，当地划给土地建房，并于 20 世纪六、七十年代先后移居入室，落籍柘林镇。1979 年改为海洋队，1989 年成立柘林渔业公司，同年改称海洋居委会，辖区称海洋社区，隶属柘林镇政府迄今。海洋社区现有在籍人口 505 人，76 户。

一　饶平疍家人语言使用状况及其态度

（一）日常语言使用状况

饶平柘林湾的疍家人来源于珠江三角洲，原来的母语是珠江三角洲的粤方言。有学者将居住于柘林湾的疍家人所操方言称为"饶平疍家粤语"② 或"饶平的疍家话"，认为是音韵体系受潮汕方言影响和渗透的粤语③。本文将饶平柘林镇疍家人所讲粤方言称为疍家话。

饶平县柘林镇通用语言为潮汕话。由于普通话的推广普及和珠三角地区的经济主导地位，普通话和粤语也是当地人人知晓的语言。本文调查的是饶平县柘林镇海洋社区，该社区主要使用的语言是潮汕话，部分人掌握使用疍家话、粤语和普通话。

本文运用社会语言学的相关理论，采用系统抽样的方法对饶平县柘

① 饶平县地方志编纂委员会：《饶平县志（1979—2005）》，广东人民出版社 2011 年版，第 992 页。

② 潘家懿：《广东饶平疍家粤语的变异及其交际功能的丧失》，载《汕头大学学报》2001 年第 3 期。

③ 庄初升：《岭南地区水上居民（疍家）的方言》，载《文化遗产》2009 年第 3 期。

林镇海洋社区村民，即疍家人的语言使用状况进行个案调查。调查共发放问卷100份，回收92份，其中有效问卷79份。调查对象中男性43人，女性36人；20岁以下（不包含20岁）14人，20—49岁25人，50—69岁26人，70岁以上14人；渔民29人，务工人员17人，个体户14人，农民1人，学生16人①，干部2人；小学文化程度21人，中学30人，中专4人，大专及以上学历12人，其他②12人。另外，在每个年龄段中抽取男女各一人进行访谈。个案调查后对调查结果进行统计分析（见表1），探究该社区当前的语言使用状况。

表1　饶平疍家人日常生活语言能力统计分析

	熟练		一般		不熟练		不会	
	人数（人）	百分比（%）	人数（人）	百分比（%）	人数（人）	百分比（%）	人数（人）	百分比（%）
疍家话	16	20. 25	20	25. 32	16	20. 25	27	34. 18
潮汕话	74	93. 67	2	2. 53	3	3. 80	0	0
粤语	20	25. 32	14	17. 72	6	7. 59	39	49. 37

注：1. 这里将语言能力分为四个层次：熟练（能自如地听说）；一般（能听懂，但说的不流畅）；不熟练（基本能听懂，但只能说上几句，交流还有一些障碍）；不懂（听不懂也不会说）。2. 日常生活中，饶平疍家人极少用普通话进行交流，因而不作统计分析。

从表1可看出：（1）被调查者中绝大多数人熟练掌握潮汕话，93. 67%的人熟练掌握，“一般”级和“不熟练”级总共5个人，占6. 33%，“不会”级的人数为0。调查中发现，目前潮汕话是饶平疍家人最主要的交际工具，人们日常生活完全依赖于潮汕话，原来只讲疍家话的老渔民也因上岸居住多年，长期与“山顶人（岸上人）”③打交道，也掌握且能熟练使用潮汕话。“一般”级和“不熟练”级的5个人

① 其中3个幼儿园儿童也被视为学生。
② 包括文盲和学前儿童。下同。
③ 饶平疍家人称柘林本地原住民为山顶人。

都是19岁以下的青少年，长期在外地居住求学，能听懂但不能熟练使用潮汕话。(2) 能熟练使用疍家话的人数仅占20.25%，45.57%的人能听懂疍家话，“不会”级的有27人，占34.18%。据了解，经常出海打鱼的渔民基本上能使用疍家话交流，但熟练程度不一，70岁以上的老渔民基本能自如使用疍家话，20岁以下的青少年基本上听不懂疍家话。(3) 能够熟练使用粤语的人比疍家话人数略多，占25.32%，“不会”级的占49.37%。越来越多的年轻人外出到珠三角地区求学打工，所以在这些地区学会粤语，但没出过远门的中老年人和儿童大多数不懂粤语，只是看电视节目时从电视中听到，少数人可以听懂一些常用语句。

从整体上看，潮汕话是饶平疍家人现阶段最主要的交际语言，掌握疍家话的人已经不多，主要是老人和经常下海的渔民，年轻一辈的只能大概听懂甚至完全不懂。海洋社区在籍人口中，外出到珠三角地区的求学打工者约85个人，约占社区总人口的16.83%，外出的这些人大多学会且能自如使用粤语，但回到家乡——柘林镇依然用潮汕话交流。日常生活中，饶平疍家人极少用普通话进行交流。

(二) 语言态度

强烈的自我语言文化认同感能使得人们自觉有意识地保护自己的文化和语言，使其代代相传。但调查中发现，饶平疍家人受潮汕本土文化的影响很深，对疍家的语言文化认同感和忠诚度都不是很高（见图1）。在“最有用的语言”调查中，甚至没人认为疍家话是最有用的语言，而是认为普通话最有用，占73.42%，潮汕话次之，占21.52%。大多数认为普通话最有用的理由是，现在普通话最普遍，走到哪都能交流；认为潮汕话最有用的理由是，潮汕话是潮汕地区最普遍的语言，只要是在这里生活居住，都要使用到潮汕话；很多人认为疍家话跟粤语是一样的，但是没有粤语那么“准”、那么好听，而且现在疍家话只有老一辈的渔民会说，年轻的不以讨海为生，没必要学“不准”的粤语。在“最好听的语言”调查中，仅1.27%的被调查者认为疍家话是最好听的语言，65.82%的人认为潮汕话是最好听、最顺耳的语言，还有29.11%的人认为粤语最好听，3.80%的人认为普通话最好听。认为潮汕话好听的原因是：在柘林镇住久了，听的说的都是潮汕话，习惯了潮汕话的腔调，听别的话觉得不习惯。

饶平疍家人处在潮汕话层层包围的情形下，潮汕话为疍家人提供了更广阔的交际空间，过去疍家人为了争取与“山顶人”相同的社会地位和机会，放弃了疍家话而转用潮汕话，潮汕话现在已经成为饶平疍家人生活中最重要的交际语言。由于普通话的推广，普通话成为全国通用语，普通话因为其普遍性成为疍家人心里最有用的语言，掌握普通话意味着能得到更多更好的资源和机会。而疍家人的母语——疍家话在他们心中被视为无关紧要甚至越来越没用的语言，调查中问到“是否希望后代讲疍家话”时，大多数人表示最重要的是学好普通话，疍家话学不学无所谓，部分人表示不希望后代学习疍家话，觉得疍家话没什么用。也就是说，疍家人对疍家话已经基本上丧失了语言的忠诚度，疍家人从主观意识上放弃了母语的使用和传承。

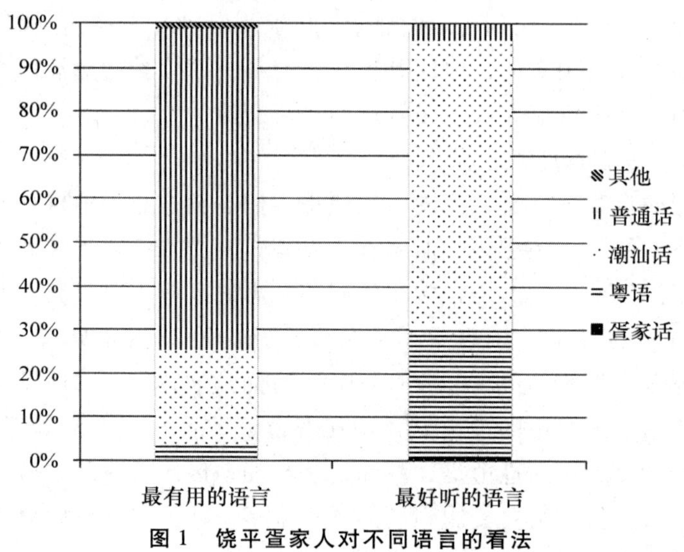

图 1　饶平疍家人对不同语言的看法

二　影响饶平疍家人疍家话使用的若干因素

语言使用跟地域、说话人的社会身份（年龄、性别、社会地位等）

和语言使用场合等有关。① 本文从年龄、性别、职业、文化程度、交际场合等方面分析饶平疍家人的疍家话使用现状。

（一）年龄因素

年龄是影响人们语言使用情况的重要因素，不同年龄的人所使用的语言和对语言的掌握程度都不同。社会语言学认为，人生活在社会成员所组成的社会集体中，个体在不同的年龄段中对社会集体有着不同的认同感，这对其语言会产生一定影响。② 我们将被调查者划分为四个年龄组：20 岁以下（不包含 20 岁）14 人，20—49 岁 25 人，50—69 岁 26 人，70 岁以上 14 人，分析不同年龄段人群的语言能力，见图 2。

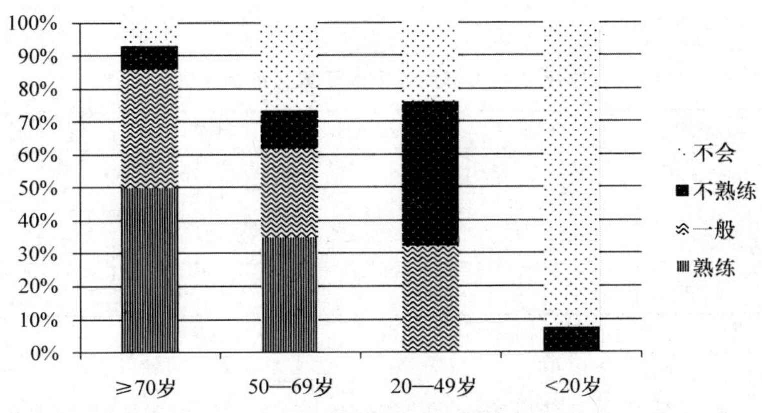

图 2　饶平疍家人不同年龄段的疍家话能力对比图

被调查者中 70 岁以上“熟练”掌握疍家话的比例最高，占该年龄段总人数的 50%，“一般”级的占 35.71%，“不熟练”和“不会”各占 7.14%；50—69 岁“熟练”掌握疍家话的人数占该年龄段总人数的 34.62%，“不会”级比例 26.92%，明显高于 70 岁以上人群；20—49 岁人群“熟练”级已消失，76% 的人处于能听懂但说得不流畅或交流有障碍的水平，“不会”占该年龄人数的 24%；20 岁以下人群“不会”

① 徐大明、陶红印：《当代社会语言学》，中国社会科学出版社 1997 年版，第 172 页。

② 陈松岑：《语言变异研究》，广东教育出版社 1999 年版，第 148 页。

级人数陡然升高，占92.86%，“不熟练”的占7.14%，“熟练”和“一般”级的人已然消失。从整体上看，饶平疍家人疍家话的使用情况有明显的代际性特征，年龄大小对疍家话水平高低有一定影响。在饶平疍家人聚居区——海洋社区内，还有部分中老年人能用疍家话进行交流甚至熟练运用，疍家话语言能力随着年龄递减而减弱，青壮年和儿童已经无法通过习得掌握疍家话，只有部分人能大概听懂，“不会”占绝大多数比例。而且，由于多种原因，掌握了疍家话的中老年人大部分放弃了疍家话而转用潮汕话。

（二）性别因素

性别也是影响语言使用的一个重要的因素，我们将性别作为变量进行调查分析，结果见表2。

表2　**饶平疍家人不同性别的疍家话能力统计**

性别	该职业人数（人）	熟练		一般		不熟练		不会	
		人数（人）	百分比（%）	人数（人）	百分比（%）	人数（人）	百分比（%）	人数（人）	百分比（%）
男	43	10	23.26	11	25.58	8	18.60	14	32.56
女	36	6	16.67	9	25	8	22.22	13	36.11

从表2看来，饶平疍家人的疍家话语言能力与性别差异的关系不是特别明显，被调查者中男性“熟练”级比例略高于女性。疍家人上陆定居后，出海打鱼的基本只有男性，女性长期在陆上生活，使用疍家话的场合少，于是使用疍家话的语言能力逐渐减弱；另外由于在陆上生活的女性多担负与“山顶人”买卖的任务，这使得她们更积极地学习潮汕话以更好地与当地人交流。

（三）职业因素

职业也是影响语言使用的一个重要因素，调查中发现，饶平疍家人的主要职业有渔民、务工人员、个体户、学生、农民和干部六个类别，其疍家话语言能力情况见表3。

表 3　　饶平疍家人不同职业的疍家话能力统计

职业	该职业人数（人）	熟练		一般		不熟练		不会	
		人数（人）	百分比（%）	人数（人）	百分比（%）	人数（人）	百分比（%）	人数（人）	百分比（%）
渔民	29	16	55.17	8	27.59	1	3.45	4	13.79
务工人员	17	0	0	5	29.41	9	52.94	3	17.65
个体户	14	0	0	6	42.86	2	14.29	6	42.86
学生	16	0	0	0	0	4	25	12	75
农民	1	0	0	0	0	0	0	1	100
干部	2	0	0	1	50	0	0	1	50

由于历史沿袭，饶平疍家人至今仍然靠海吃海，相当一部分人是打鱼为生的渔民，渔民是当前饶平疍家人的主要职业，在所有被调查者中人数最多。疍家话是渔民出海最主要的交际语言，因此渔民的疍家话语言能力相对较好，“熟练”掌握疍家话的占 55.17%，“一般”级占 27.59%，“不熟练”和“不会”总共占全部的 17.24%，这部分被调查者都是在陆上出生的疍家人，出生后也很少下海或者没下过海，只是在柘林镇从事织网等工作。务工人员中也有少数是受雇佣的海上作业者，个体户有一部分原来是渔民，因此务工人员和个体户这两个职业的疍家话语言能力比其他三个略高，部分人能听懂并进行简单交流。

（四）文化程度因素

表 4　　饶平疍家人不同文化程度的疍家话能力统计

文化程度	该文化程度人数（人）	熟练		一般		不熟练		不会	
		人数（人）	百分比（%）	人数（人）	百分比（%）	人数（人）	百分比（%）	人数（人）	百分比（%）
小学	21	8	38.10	3	14.29	3	14.29	7	33.33
中学	30	3	10	13	43.33	3	10	11	36.67
中专	4	0	0	0	0	2	50	2	50
大专及以上	12	0	0	1	8.33	8	66.67	3	25
其他（包括文盲和学前儿童）	12	5	41.67	2	16.67	1	8.33	4	33.33

从表4可看出，文化程度相对较低的“小学”和“其他”的疍家话能力较强，小学文化程度的有38.10%属于“熟练”级，“其他”文化程度的有41.67%属于“熟练”级，远高于其他文化程度的人。深究其中，文化程度与年龄有一定的关系，小学文化程度的被调查者中有80.75%的人是50岁以上的疍家人，“其他”文化程度中50岁以上的疍家人占被调查者的75%。由于多种原因，老一辈的疍家人受教育程度普遍较低且多讨海捕鱼为生，因此对疍家话较为熟悉。而中学以上文化程度的疍家人大多数是50岁以下的年轻一辈，被调查者中仅有极少数常年下海打鱼的渔民能熟练使用疍家话。

（五）交际场合因素

交际场合是影响语言选择的重要因素。社会语言学的语码转换理论指出：交际场合的变更会引起语言的变更，交际场合的改变促使人们选择不一样的语言来表达自己的思想，也称“情境性转换”。①

表5　**饶平疍家人在交际场合中的语言使用情况**

	疍家话（人）	粤语（人）	潮汕话（人）	其他（人）
家里	2	2	73	2①
对父母	20	3	54	2②
对子女	3	1	50	25③
对同龄人	15	3	59	2④
上学前	19	1	56	3⑤
学校	0	3	62	14⑥
工作或赶集时	0	3	74	2⑦
出海	35	0	17	27⑧
祭祀	0	0	79	0

说明：表5“其他”一栏中，①②④⑤⑦均为普通话；③的25人中1人对子女讲普通话，其他24人均未婚没有子女，所以不存在“对子女”这一交际场合；⑥的14个人中7个人在学校使用语言为普通话，另外7个则是没上过学，其交际场合中没有“学校”；⑧的27个人均没出过海，其交际场合中没有“出海”。

① 徐大明、陶红印：《当代社会语言学》，中国社会科学出版社1997年版，第172—173页。

从表5可以看出，目前饶平县疍家人生活中主要使用潮汕话，无论在哪一种场合潮汕话都是主要使用语言。根据对不同对象、不同场合的语言使用情况的调查，除了懂疍家话的中老年人在“对父母”“对同龄人”“上学前”“出海”等几个特定场合使用疍家话外，其他场合如“家里”“学校”“工作或赶集”“祭祀”等基本上转用为潮汕话。疍家话只在家庭内部或者只有疍家人在的场合才使用，如“对父母”和“出海”，在有“山顶人”在的场合不使用疍家话，如“学校”和“工作或赶集”等场合，疍家人不使用疍家话。

饶平疍家人疍家话使用的范围在逐渐缩小，潮汕话是其最主要的交际语言，大部分人的疍家话交际能力丧失，年轻人已不会使用疍家话交流，在社会交际中，几乎没有疍家话使用的场合。在家庭内部，部分老人会用疍家话与子女交流，但仅限于50岁以上的且能熟练使用疍家话的子女，只要有不懂疍家话的家庭成员在场便转换为潮汕话，疍家话在家庭中逐渐消退。目前使用疍家话最主要的场合是“出海”，居住于饶平柘林镇的疍家人现在仍有部分人下海捕鱼，而捕鱼最主要的去处是汕尾。根据潘家懿和罗黎丽的调查，汕尾港至今仍集中着讲粤语（疍家话）的疍家渔民。[①] 经常出海到汕尾等地捕鱼的渔民仍能使用疍家话交流，但使用范围仅限于渔船上，且年轻人多数外出求学或打工，极少人从事海上作业，已基本没有机会使用疍家话。随着从事海上作业的人越来越少，疍家话的使用人数和场合也随之缩减，原来会说的人也因失去使用机会而对疍家话日渐生疏。祭祀一般由家庭主妇负责，疍家男性娶了当地的潮汕妇女，使得祭祀语言由原来的疍家话快速转换为潮汕话，而嫁入“山顶人”的疍家妇女则会被要求祭祀时使用潮汕话。疍家人与“山顶人”互相通婚也极大地改变了家庭用语的使用，孩子习得的第一语言不再是疍家话，而是潮汕话，迅速瓦解了原来疍家话在家庭中的权威地位，进而影响了父子之间、祖孙之间和夫妻之间的交际语言。家庭以外的社会交际语言在柘林镇、饶平县和潮汕地区潮汕话的包围

① 潘家懿、罗黎丽：《海陆丰沿海的疍家人和疍家话》，载《韩山师范学院学报》2013年第2期，第100页。

下，疍家话处于极其弱势的地位。可以推测，再过 20—30 年，饶平疍家话将消失。

结　　语

饶平疍家人使用的多种语言（方言）中，潮汕话占主导地位，对潮汕文化的认同与融入当地生活的需要使得疍家人选择潮汕话作为最主要的交际工具。在柘林镇、饶平县和潮汕地区的多层包围渗透下，疍家人的母语——疍家话的交际功能已经严重丧失，这可能使得饶平疍家话面临消亡的命运。疍家话交际功能丧失由多种原因促成，总结如下面三个方面。一是语言使用人口少与杂居环境下的交际需要。现在的海洋社区有户籍人口 505 人，常住人口 200 多人，不到一半。疍家人居住的地方被“山顶人”包围，日常活动与“山顶人”密不可分，到市场上买卖东西，到医院、学校和政府部门等地方都只能使用潮汕话。受访者冯老先生说，他的潮汕话就是上岸之后跟“山顶人”做买卖才学的，不学没办法在柘林镇生存。二是疍家人的语言态度。语言态度是影响人们语言使用的重要因素，饶平疍家人消极的语言态度加剧了疍家话的消亡，在生活环境和发展需要的影响下，饶平疍家人对自我文化的认同感很低，厌恶排斥自己的母语，父母不再将疍家话传授给下一代，也已经不存在使用疍家话的社区，儿童失去习得和学习疍家话的机会。三是疍家人跟“山顶人”通婚。疍家人上岸陆居后与当地原住民通婚，无论是疍家男性迎娶当地潮汕妇女还是疍家妇女嫁给“山顶人”，其后代习得母语都是潮汕话，父母与子女之间的交际语言也主要是潮汕话，这使得疍家人家庭内部的语言状况发生改变。上岸居住后，即使是疍家人内部通婚，其子女也因交际需要和心理认同等原因，从小学习潮汕话以便与“山顶人”交流。在当地具有强势语言地位和交际功能的潮汕话便逐渐在家庭交流中占据主导地位。

可见，在现实需要和自我排斥的双重影响下，饶平疍家人放弃自己的母语，而对潮汕本土文化的高度认同感导致了他们语言态度的转变，选择了在当地实用性最强的潮汕话。饶平疍家话在村社青少年和儿童中已完全不使用，村社中的中老年人虽然掌握但日常生活中已少用母语，这部分语言已不可能激发、保护其语言活力，将很快消亡。这部分语言也可以称为“记忆中的语言”，因为在日常生活里已很少用，只是少数母语掌握好的老年人在一起的时候才说，这些语言使用者属于所谓“母语半操用者”。①饶平疍家话已成为濒绝语言，面临母语传承断代的局面。

① 李锦芳：《中国濒危语言研究及保护策略》，载《中国民族大学学报》2005 年第 3 期，第 115 页。

现代英语中的汉语借词说略*

林伦伦　陈慨丽**

摘　要　频繁接触，广泛交往，使越来越多的汉语词汇进入到英语词汇当中，本文通过透视汉语方言，探寻两种语言之间相互联系的起源及各种不同的借词类型。重点在现代英语中常用的汉语借词及语言借用。

关键词　现代英语　汉语借词

一

正如萨丕尔所言，语言像文化一样，是很少能自给自足的。在社会的发展和变迁中，交际的需要使一种语言与邻近的语言或文化发生间接或直接的接触，从而产生了两种不同文化体系之间文化要素的采借和传播。而语言中的语法和语音的系统性、民族性较强，词汇则是相对活跃、敏感的因素①。几个世纪以来中西文化的交流、接触使大批英语借

---

* 原载《辽宁大学学报》（哲学社会科学版）2000 年第 2 期。

** 陈慨丽（Dr. Kaili Chen Zhang），1976 生，女，广东汕头人，汕头大学汉语言文字学专业 1998 级硕士研究生，导师林伦伦教授。2001 年获美国得克萨斯基督教大学教育学硕士学位，2004 年获北德克萨斯大学教育学博士学位。历任美国德克萨斯基督教大学、北德克萨斯大学、新加坡南洋理工大学、香港大学、澳大利亚天主教大学等大学教职，2015 年至今任新西兰 UNITEC 理工学院高级讲师，致力于幼儿教育领域的研究与教学工作。曾在多家国际期刊上发表多篇学术论文。

① ［美］爱德华·萨丕尔：《语言论》，陆卓元译，商务印书馆 1997 年版，第 172 页。

词进入了汉语。反过来也有不少汉语借词进入英语，并且日渐为人们所了解和应用，虽然为数不是很多。

英语经过 1500 年的变迁，从几个日耳曼部族的语言发展为今天世界最流行的语言，几乎成了世界语言的交际工具，这与其词汇的开放性是分不开的。在莎士比亚时代记录下来的英语词汇仅约 14 万，而现已达 50 万，而且每年仍约有 5000 个新词、新义进入英语。英语的外来词多来自希腊语、拉丁语和中东语言，由此长期以来人们对英语词源的考释多偏重于印欧语言方面，很少注意到亚洲的语言，尤其是汉语。在 A. J. Bliss 的 *Dictionary of Foreign Words and Phrases* 中，所收集的到 20 世纪为止的汉语借词仅有 5 个：sampan（舢板）、typhoon（台风）、kowtow（叩头）、cheong sam（长衫）及 kuomintang（国民党）[①]。斯塞特（Waller Wskeat）编纂的 *Etymological Dictionary of the English Language* 中的汉语借词稍多些，共 15 个。英语语言史专家塞让森（M. S. Serjeantson）编的 *A History of Foreign Words in English* 中所记录的到 19 世纪为止的汉语借词共有 27 个，包括 silk（丝绸）、li（里）、bohea（武夷茶）等[②]。以上几部词典中提到的汉语借词范围偏窄，远远没有反映出现代英语（公元 700 年至今）的汉语借词全貌。实际上，最近从 16 世纪开始，西方的旅行家、航海家和传教士陆续来到了中国。在马可·波罗（Macro Polo）及耶稣会士之后，19 世纪初期山东青年教徒樊守义赴欧洲并一待 10 年，厦门林针在 1846 年被派到纽约教授汉语。到 19 世纪 60 年代，中国向西方派出去了第一个外交使团。后来又有千千万万的中国人漂洋过海，向西方世界带去了中国的文化和语言。在这几个世纪的民间交流和使节往来中，英美人对中国的物质、制度和心理文化发生了浓厚的兴趣。而只要有文化借贷，就可能把有关的词也借过来。从目前笔者所搜集的资料看来，现代英语中的汉语借词远不止上面几部词典所搜集的那么多，起码有 100 多条，它们，可以分为以下几类。

（一）官话借词

顾名思义，官话借词即指英语中源于官话的译借词。在文化的交流

---

① A. J. Bliss, *Dictionary of Foreign Words and Phrases*, London: Routledge, 1966.

② 汪榕培、卢晓娟：《英语词汇学教程》，外语教育出版社 1997 年版。

中，具有独特文化意义的天然物产在词语借用中留下了鲜明的印记，而其中最具东方色彩的莫过于与西方迥异的 饮食文化了，如：

tofu，豆腐，又意译为 bean curd；ginseng，指东北三宝之一的人参。

maotai，茅台酒，据说茅台酒的出名起于美国总统尼克松的访华。自此之后 maotai 便频频见于报端。另外关于饮食方面的还有 kadiang（高粱），cha（茶）等词。

shantung 乍一看似指山东省，但实际上它被更广泛地用来指山东绸或纺绸。盛产丝绸的山东省在早年便蜚声海外，许多外国人一提到山东就会想起纺绸，正如人们已把 china（瓷器）与中国紧密联系起来一样。

pongee（茧绸），山东府绸，据说是来自汉语“本机”一词。“本机”大概指的是由山东当地产的机器，pongee 则是用“本机”织的茧绸了。

chienyao，吉安窑，有时也用 chien ware 表示，指的是盛行于宋代的今山西吉安永和镇烧制的瓷器。

nankeen 是南京产的棕黄色棉布，又叫本色布。

从上面的例子可以看出，英美人喜欢用地名或与地名读音近似的记号来指代当地的某一特产。类似的例子还 yi - hsing ware（宜兴瓷器）等。

在官话区，上下五千年形成的由社会习俗、价值取向、审美情趣等构成的独特文化对英美人而言同样是一切具有巨大吸引力的磁石。如：kang，北方人睡的炕；hutong，胡同；I - ching，易经；yinyang，阴阳；tao，道；mencices，孟子；confucius，孔夫子……

一大批具有浓厚东方神秘色彩的词都一一进入了现代英语，至于 li（里）、yuan（元 ）、chou（州）等专有名词，许多西方人更是耳熟能详。

而中国人团聚的节假日如 the Lunar New Year（春节），the Mid - autumn Festival（中秋节）及 Ching Ming（清明）也早为西方人所了解，这正如现在的中国人对母亲节、情人节已普遍接受一样。

英美人见面也有用 chin - chin（“请，请”的谐音 ）这一问候语的。从“字”面上看，chin（请）实表示“please”，但现代英语却可以用“chin, chin”表示“How do you do!”（你好）或“Hail, Hail”（嗨）。甚至还有“I chinchin you”（我向你告辞了）的说法。

中国有句俗语“树要皮，人要脸”，自古以来许多中国人视“面子”如同生命般宝贵。英美人也由此发现了“face”（脸、面子）一词的广泛用途，现代英语中的save face（保全面子），lose face（丢脸），give face（给面子）等短语十分活跃，人们也渐渐忘记它们原来是“舶来品”。中国人以下跪叩头表示尊敬、降服及敬拜等。kow tow（叩头）也早在19世纪便进入了英语词汇。早期的“叩头”是以kotow的形式出现的，后来前面的“o”被后面的“ow”逆同化而成kow tow，dinghow（顶好）一词也被英美人借用来表示“the most excellent best”，当然，当夸耀别人时他们还常学习中国人跷起大拇指，可见这是文字与手势语的同时引进了。

几乎所有的词源学家都认为gungho（狂热的，或当动词表“起劲地干”）来自汉语，但对其汉语的书写形式却颇有争议。大多数词典对gungho的考释结果是“工合”或“共和”。前者汉语中并无此词，而“共和”指的是一种民主制度，意义不等。另一种解释是gungho与官话中的“更好”音近，“起劲地干”意味着带来“更好的结果”。但无论如何，gungho早在第二次世界大战时便成为美军陆战队口号，而现在在英语文章中也“频频亮相”。

（二）粤语借词

“吃在广州”，此话一点不假，现代英语词汇中的粤语借词大部分是关于饮食文化的。如：

dimsum，点心；wonton，云吞一种广州面食，类似馄饨；chop suey，杂碎，一种主要由豆芽、竹笋、荸荠、香菇、肉或鱼等做成的美式中国菜，亦做chop sooy; chow mien，炒面；chow fan，炒饭等。除了以上的各种点心类小吃外，还有大量的关于水果蔬菜类的名词也已为英语所借用，如：lychee，荔枝，亦作lichee；longan，龙眼；soy，酱油；loquat，芦橘，即枇杷；kancquat，金橘；choysum，菜心；等等，一大批粤语词与食物一同出口。

可以说，英语中粤语借词的数量不亚于官话借词，大概是由于长期以来粤语方言区（尤其是广州与香港等地）的特殊地理位置，使这一带长期已成为英美人了解中国的重要窗口。试看：

kylin，麒麟，古代传说中的一种动物，古人拿它象征祥瑞；cheongsum，长衫、旗袍或指一种女式开襟紧身衣；fungshui，风水；sycee，银锭，旧中国的货币，又称 syceesiluer，音谐粤语的“细丝”，纯银加热可拉成细丝，故名。像这一类的词不胜枚举，连春节问候语 kung hei fat choy（恭喜发财）也已为不少英美人所熟悉了解。

由于香港粤语对英语的影响相对较大，在香港流通的英语中有不少粤语借词。另外，香港的语言生活与外国唐人街的有不少相似的地方，多种方言并存，但仍以粤语和英语为主。有人把这种地区的平民阶层中流通的英语戏称为 chinglish（即 Chinese English ）。进入英语词汇中的香港粤语借词有：

taitai，太太；aisee，利是，又称利市，吉利的意思；samfoo，衫裤，衣服；hong，行，商行；foki，伙计；tai paitong，大排档；wok，镬，炒菜锅等词。在英、美、加等地，常光临唐人街饭店的外国人或许能够看懂这样的招牌：chowyok（炒肉）；subgum pork（什锦猪肉 ）；mushroom gaipin（蘑菇鸡片）；egg fooyung（芙蓉蛋）。

这种中西结合的“混血儿”在波士顿，旧金山等地的唐人街早已见怪不怪，当然，若放在其他地方便难以流行开来。

（三）闽语借词

上文提到，塞让森（M. S. Serjeantson）在 *A History of Foreign Words in English* 中记录了到 19 世纪为止的 27 个汉语借词。这些词中有 6 个来自闽语，且全是关于茶的。它们分别是：

tea，茶；bohea，武夷茶；pekoe，白毫茶；oolong，乌龙茶；congou，工夫茶；souchong，细种，即小种茶。由此可见英美人对中国茶的兴趣之浓厚。

除了关于茶的名词外，现在能够收集到的闽语借词并不多。关于福建的有 Amoy（厦门）、Fukien（福建）等。这两个地名专有名词至今的使用频率仍很高，它们不像中国的其他地名名词，在拼音字母的普遍使用之后便被废弃，而根据普通话读音改为 Xiamen 或 Fujian。同样来自闽语的 Swatow（汕头）今却已多被 Shantou 取代。

另据某些词典解释，cumshaw（小账，赏金，赠品）出自厦门话“感谢”的读音，不过该词已鲜为人知。

（四）吴语借词

现能够溯源的吴语借词也不多。sampan（舢板）是中国近海或江河上用桨划的小船，又叫舢板。该词大概是19世纪末上海开埠后由在上海经商的英美人或海员传入英语的。

时至今日，上海人仍十分喜爱打麻将牌，茶余饭后到处可见三五成群的人们聚集在一起“筑长城”。大概当时mahjong（g）一词就是伴随着这种民俗进入英语词汇的。mahjong（g）起源于宁波话“麻雀”（牌上有麻雀图案，故名）的读音，后又进入上海话，最后才被英语借用。

除了汉语各方言外，其他少数民族语言中的一些词也进入了现代英语词汇。如藏语中的lama（喇嘛），dalailama（达赖喇嘛）及yak（牦牛）、tsa mba（糌粑）、dzo（犏牛）等。由于英语中的少数民族语借词数量较少，且不属于本文探讨的范围，这里就不详述了。

二

由于英语的词缀及词成分十分活跃，构词能力强，再加上文化科技等发展的需要，外来词源源不断地进入英语词汇。根据外来词的同化程度，英语中的汉语借词可以分为完全英化的、半英化的和完全未英化的。

第一类，这些汉语借词在读音、词形方面已完全英化，受同化的原因主要有两个：一是进入英语的时间较长，潜移默化，读音、词形都发生很大变化，一是被同化的词在进入英语词汇之前，有的已受其他印欧语言所“改造”，也即是说，这些汉语借词并非直接进入英语，而是有一个“西游”的过程。这样的汉语借词为数不少，下面仅举数例。

ngale（良姜；高莎草），该词在中古英语中已存在。根据词源学家考释，galingale最初指高良姜（产于广东高良），仅作此义又可写成galangal，它先后进入了阿拉伯语、中古低地德语、古弗里斯兰语，最后才来到中古英语，并以 galingale 或 galanga 的形式在英语中“定居”下来。

silk（丝绸），该词现已完全看不出是汉语借词，但它最初确是源于汉语的“丝”，现 silk 与“丝”的读音仍相近。后来“丝”随实物进入了希腊语、拉丁语，最终“蜕变”为今天英语中的“silk”。

serge（哔叽，一种斜纹的纺织品），最早来自英汉“混血儿”silk-worm（蚕），但后来又受希腊语、俗拉丁语（指现成现代法、意、西班牙、葡萄牙等语的拉丁方法，区别于古拉丁语书面语）、古弗里斯兰语的影响，终变成 serge，注译音为“哔叽”。

bonze（和尚），该词的“移民”路线是这样的：汉语（早指梵僧）→日语 bonso→法语 portbonzo，最后在英语中落户。

tea（茶），据说最早在福建、广东饮用，当地人称之为 té 或 tay。17 世纪的印度尼西亚爪哇还没有人种植加工茶。后来爪哇人模仿中国的南方人称茶为 té。荷兰人在爪哇学会了这个单词 té，并带了此茶叶回欧洲，后又传到了英国，并由 té 变为 tee 及 tea。

typhoon（台风）本指 7 月、10 月南中国海上的强劲暴风，这个词义的形成约在 18 世纪。实际上 typhoon 一词是由三个词语的合并混合而成的：（1）粤语 taifung；（2）阿拉伯语 tū fan（飓风）；（3）tuphon，希腊神话中的风之父。

不论是以何种形式或途径进入英语，完全英化的汉语借词已被当成是英语中固有的，很少人知道其原本姓“汉”。类似的词还有 soy（酱油）、hyson（熙春茶）等。

第二类，即半英化的汉语借词，它们抑或在语音、词形或在语音、词形两个方面受英语语音系统的影响而有所变化，但仍保持原来的某些特征，也未完全“脱胎换骨”。如 longan（龙眼）、sycee（细丝、银锭）等。

第三类，即完全未英化的汉语借词，它们或是长期以来乡“音”不改，“面貌”依旧，或是刚刚进入英语词汇，尚未被同化，学习英语的中国人一看一读便可以辨认出来，如 kang（炕）、Fukien（福建）、cha（茶）等。

三

上面所谈的基本是英语词汇中的汉语音译借词，实际上现代英语词汇中的意译借词（ca －lque，又可称为汉语译借词，汉语概念词）数量也十分可观。意译借词又可分为纯意译借词，如 spring rott（春卷）、josshouse（庙）等，以及音义兼译的汉语借词，如 brick tea（砖茶）等。人们多在这类译借词上加上 china、Chinese、mandarin、canton、mao 等，甚至构词成分 sino 以示与本土事物的区别。如：mandarinorange，中国的柑橘；mandarinduck，鸳鸯；mandarin fish，桂鱼等。china card，中国牌；china tree /berry，苦楝；china watcher，中国问题专家；canton china，广瓷；sino mania，中国热；mao jacket，毛式服装。这一类词数不胜数。最近几年还出现了 canio－pop、Canto－rap 一类的词，它们分别指说广州话的音乐家演奏的流行乐曲及说广州话的音乐家演奏的一种美国黑人音乐，90 年代在香港十分流行。

词语译借是一种广泛的文化语言现象，不同文化主体间文化交流的形式或媒介是多种多样的。英语中的译借词多体现在我国的政治、文化生活上，像 one country with two systems（一国两制），brain washing（洗脑），running dog（走狗），等等，此外还有洋泾浜英语 long time no see（好久不见）之类，也为英美人所喜闻乐道。

有些译借词一旦被“借用”，便很快在英语世界中占据广泛的市场，经常被活用并产生一系列的引申义。美国的《时代周刊》上曾有一篇评论中国对外政策的文章名为“Big Leap Out”，无疑这是模仿了“大跃进”的意译词 Big Leap Forward。又如 chow 有一含义是指食物或动词“炒”，现便有了 chow up /down（吃，喝），chowchow shop（中国的食杂店），chow time（开饭时间）等一系列的新词及短语。

四

据词源学家的估计，现代英语词汇中较常用的汉语音译借词有 100 个左右，香港通行的英语中达四五百个，如若加上意译借词就更多了。

有些词纯属专业词汇，如关于中医的有：cupping glass，拔火罐；ear acupuncture，耳针；acupuncture points，穴位等。建筑、造船等用的有 tungoil（桐油），制陶瓷用的 petuntse（白墩子）等词恐怕只有对这些行业有特殊兴趣的西方人才懂得。近年来随着中国的“英语热”及外国的“汉语热”的进一步升温，随着中西方之间的交往和理解的进一步加温，中、英语的相互影响已越来越大，我们相信，汉语词汇走向世界的速度必然也越来越快。

广东省城乡居民口语夹用英语单词情况调查研究*

陈　瑾** 林伦伦

摘　要　语言之间的相互借用乃至夹用，是语言发展的一个普遍现象，在汉语语境中夹用英语单词的情况已屡见不鲜。通过对广东省广州市、汕头市和汕头市澄海区莲上镇这三个城市化程度依次递减的地区居民口语中英语单词的夹用情况的实地调查，探寻这一语言现象在不同社会经济环境中的异同表现，并分析其成因。

关键词　广东省　城乡　口语　英语夹用　调查

在中国，学英语的热潮使人们日常的表达方式出现了明显的变化，其突出表现之一就是在汉语表达中常常夹杂英语单词，也就是所谓的语码转换。这种语言现象在毗邻广东的香港由来已久，在改革开放前沿，也是粤语区的广州市，表现也较为突出。那么在广东省内部，大城市和中等城市，城市和乡镇的不同年龄、学历和性别的居民中，这种语码转换情况究竟怎么样呢？

笔者选取了广州市、汕头市和汕头市澄海区莲上镇这三个城市化程度依次递减的地区对这种语言现象进行实地调查，力图找出同一种语言现象在不同的社会经济环境中的异同表现，并研究这些现象形成的

* 原载《汕头大学学报》（人文社会科学版）2007 年第 5 期。

** 陈瑾，女，1979 年 11 月出生，现工作于广东技术师范学院党委办公室，语言学讲师。2006 年毕业于汕头大学文学院汉语言文字学专业，获文学硕士学位，师从林伦伦教授，研究方向为社会语言学与跨文化对比。

原因。

一　调查地点

本次调查按照地域性的标准确定调查范围为广东省三个沿海地区。“之所以把地域性标准放在第一位是因为它涵盖面大，每一地域都有我们所想要涉及的其他社会范畴。”

广州市是广东省省会，是广东省政治中心、经济中心、科技中心、教育中心和文化中心，是中国改革开放的前沿地，在全国十大城市中，它的综合实力位列第三。广州市濒临南海，毗邻香港和澳门，是华南地区的交通通信枢纽和贸易口岸，是中国的“南大门”。从语言生活的角度看，广州市属于粤语区，跟香港一样，从鸦片战争以来受西方文化和英语的影响最大。

汕头市位于广东省的东部、韩江三角洲的南端，素有“岭东门户，华南要冲”之美称，它是近代中国最早对外开放港口城市之一，华侨众多，与海外联系密切，经济和社会各项事业快速发展，是中国的经济特区之一。但它不是粤语区而是闽南语区。

莲上镇位于汕头市澄海区中部，国道 324 线、省道安澄公路穿境而过，是澄海区重要的轻工业产品生产加工基地、供货出口基地和塑料二料供应基地，也是汕头市重点台商投资的区域，属于城乡接合部。

广州市、汕头市、莲上镇三地是广东省三个城市化程度依次递减的地区，在城市化程度上有明显的对照性，在外来文化影响方面具有可比性。因此，把这三个地区确定为调查点。

二　调查对象

这次受访的总人数是 310 人：广州市 104 人，占 33.6%；汕头市 112 人，占 36.1%；莲上镇 94 人，占 30.3%；男性 175 人，占总人数的 56.5%；女性 135 人，占 43.5%。年龄层主要集中在 25—35 岁年龄段，占 50.6%，其次是 25 岁以下，占 34.8%，35—45 岁和 45 岁以上年龄段的受访人群较少，各为 10.3% 和 4.2%；73.6% 的受访者具有大学以上学历，少数技能型人才具有研究生以上学历，如表 1 和表 2 所示。

表 1　　**总受访人群性别与年龄比例**

	性别			年龄				
	男	女	合计	≤25 岁	25—35 岁	35—45 岁	>45 岁	合计
人数	175	135	310	109	158	31	12	310
百分比（%）	56. 5	43. 5	100	34. 8	50. 6	10. 3	4. 2	100

表 2　　**总受访人群学历比例**

	教育程度					
学历	初中以下	初 中	高 中	大 学	研究生及以上	合计
人数	3	20	59	198	30	310
百分比（%）	1	6. 5	19	63. 9	9. 7	100

在受访对象的五个群体中，身份主要分布如表 3 所示。

表 3　　**三地区受访人群身份比例**

	身 份							
	教 师	学 生	公务员	白 领	技术人员	工 人	其 他	合计
人数	60	63	48	52	65	21	1	310
百分比（%）	19. 4	20. 3	15. 5	16. 8	21. 0	6. 8	0. 2	100

从受教育程度来看，三个地区有明显的差异。在广州市，接受大学教育的受访人群达 87. 5%，其中研究生学历高达 17. 3%；在汕头市，接受过大学教育的人群比例为 78. 5%，研究生学历达 8. 9%；莲上镇，接受大学教育的受访人群达 52. 1%，有研究生学历的只有 2. 1%，其中，高中和初中教育程度所占的比例也明显增大，分别为 28. 7% 和 18. 1%（见表 4）。

表 4　**三地区受访者学历分布**

受教育程度	广州市		汕头市		莲上镇	
	人数（人）	百分比（%）	人数（人）	百分比（%）	人数（人）	百分比（%）
初中以下	1	1.0	1	0.9	1	1.1
初中	0	0.0	3	2.7	17	18.1
高中	12	11.5	20	17.9	27	28.7
大学	73	70.2	78	69.6	47	50.0
研究生及其以上	18	17.3	10	8.9	2	2.1
合计	104	100	112	100	94	100

在英语水平方面，广州市受访人群多数认为自己英语水平一般（48.1%），27.9%的受访人群认为英语水平良好；在汕头市，受访人群认为自己英语水平一般和水平差的比例旗鼓相当，分别为37.5%、33%，水平良好的也占了25.9%的比重；在莲上镇，各有41.5%的受访人群表示英语水平一般或差，英语能力良好的只有11.7%（见表5）。

表 5　**三地区受访者英语水平**

英语水平	广州市		汕头市		莲上镇	
	人数（人）	百分比（%）	人数（人）	百分比（%）	人数（人）	百分比（%）
优秀	3	2.9	4	3.6	5	5.3
良好	29	27.9	29	25.9	11	11.7
一般	50	48.1	42	37.5	39	41.5
差	22	21.2	37	33.0	39	41.5
合计	104	100	112	100	94	100

从表5中我们可以明显地看出广州市、汕头市、莲上镇三地的差

异，在各地区学历比例方面，高中教育程度以下人数比例由高至低依次是莲上镇→汕头市→广州市，大学以上教育程度人数比例由高至低依次是广州市→汕头市→莲上镇；各地区英语水平比例方面，“优秀—良好”区间人数比例由高至低依次是广州市→汕头市→莲上镇，“差”的比例由高至低依次是莲上镇→汕头市→广州市；汕头市的数据基本上介于广州市和莲上镇之间。在调查过程中，我们也切身地体会到莲上镇与汕头市的区别，这种区别主要体现在受访对象的合作态度和自信心上。同样是大学本科毕业的中学教师（英语教师例外），面对我们所进行的语言社会调查有一定程度的抗拒和回避，原因主要出自对自己外语水平不高的担忧和窘迫，参加调查的教师大都是在我们的鼓励下完成问卷填写。

三　调查结果

（一）夹用英语单词比例的三地差异

分别对广州市、汕头市、莲上镇三地各身份人群夹用英语词语的人次进行统计，数据如表 6、表 7、表 8 所示。由于我们是对调查问卷的回答人次进行统计，所以出现数据统计超过总人数 310 人。

表 6　　**广州市**（$x^2=28.224$　$p=0.000$）

组别	身份					合计
	老师	学生	公务员	白领	技术人员	
夹用英语	85 （36.2%）	136 （48.4%）	113 （39.8%）	143 （42.3%）	95 （28.5%）	572 （38.9%）
未夹用英语	150 （63.8%）	145 （51.6%）	171 （60.2%）	195 （57.7%）	238 （71.5%）	899 （61.1%）
合计	235 （100%）	281 （100%）	284 （100%）	338 （100%）	333 （100%）	1471 （100%）

数据通过统计学检验，p 值为 0.000（$p \leqslant 0.05$），说明广州市各身份群体对英语的夹用存在差异性，广州市英语夹用人次百分比最高的分别为学生（48.4%）和白领（42.3%）（见表 6）。

表 7　**汕头市**（$x^2=13.061$　p=0.011）

组别	身份					合计
	老师	学生	公务员	白领	技术人员	
夹用英语	88 （28.2%）	113 （40.8%）	71 （30.0%）	81 （30.2%）	91 （30.5%）	444 （31.9%）
未夹用英语	224 （71.8%）	164 （59.2%）	166 （70.0%）	187 （69.8%）	207 （69.5%）	948 （68.1%）
合计	312 （100%）	277 （100%）	237 （100%）	268 （100%）	298 （100%）	1392 （100%）

对汕头市各身份群体的统计数据进行统计学检验，p 值为 0.011（p≤0.05），说明汕头市各身份群体对英语的夹用存在差异性，学生对英语的夹用频率最高（见表 7）。

表 8　**莲上镇**（$x^2=53.928$　p=0.000）

组别	身份					合计
	老师	学生	公务员	白领	技术人员	
夹用英语	67 （23.8%）	124 （43.2%）	32 （23.4%）	60 （52.2%）	128 （43.7%）	411 （36.9%）
未夹用英语	215 （76.2%）	163 （56.8%）	105 （76.6%）	55 （47.8%）	165 （56.3%）	703 （63.1%）
合计	282 （100%）	287 （100%）	137 （100%）	115 （100%）	293 （100%）	1114 （100%）

对莲上镇各身份群体的统计数据进行统计学差异检验，p 值为 0.000（p≤0.05），说明莲上镇各身份群体夹用英语比例不同，莲上镇夹用英语词语频率最高的是学生、白领和技术人员群体（见表 8）。

综合上述对三个城市化程度不同地区内部各身份群体所进行的数据统计，广州市、汕头市、莲上镇三地夹用英语单词的比例分别是 38.9%、31.9% 和 36.9%，这个等级差没有预想的大。一方面是因为调查对象所定的范围以学生和知识分子为主；另一个方面，是农村城市化进程发展得比较快，在这些调查对象群体中，城乡的差异也正在逐步变小。

从调查对象的身份来看，夹用英语最多的都是学生、白领和技术人员，这是三地的共同之处。教师和公务员同样是知识分子，但是由于其身份的特征，要求其讲话要规范和注意分寸，所以，比较彰显个性和随意性比较强的英语单词就明显使用得少了。

（二）三地区夹用英语词语的年龄差异

在三地区 25 岁以下、25—35 岁、35—45 岁和 45 岁以上四个年龄层中，对英语词语夹用得最多的是 25 岁以下的人群，如表 9 所示。

表 9 **三地区各年龄段比较**

组别	年龄段				合计
	≤25 岁	25—35 岁	35—45 岁	>45 岁	
夹用英语	628（44.2%）	756（36.4%）	88（20.0%）	37（22.3%）	1509（36.8%）
未夹用英语	793（55.8%）	1319（63.6%）	351（80.0%）	129（77.7%）	2592（63.2%）
合计	1421（100%）	2075（100%）	439（100%）	166（100%）	4101（100%）

青年人对新生事物的好奇心理是学生群体高频率夹用英语词语的原因之一。胡明扬等说得好："青年人最急于寻求独立性，也最急于显示独立性，他们要和传统决裂，不喜欢陈词滥调，最富于创新精神，什么都爱新鲜，爱好玩儿，所以最常见的流行语总是在青少年群体中创造和使用的。"① 此外，陈原在讨论新语词形成情况时也提道："在特定的语言群体（例如在校大学生中，在中小学生中……在黑社会中等等）由于某种需要或甚至为了某种'好玩'的原因（特别是在学生群体中）而形成的新语词或新词组。"② 25 岁以下青少年对新兴事物好奇，感兴趣，接受能力、模仿能力和学习能力都非常快；25—35 岁人群在语言能力、社会经历、创新意识上均优越于其他年龄层，对于新兴的语言现象更容易接受并运用。而 34—45 岁年龄层相对来说比较保守，对新生事物或现象反应不敏感，对英语词语的夹用频率很低，45 岁以上的人群就更少了。

① 胡明扬、张莹：《70—80 年代北京青少年流行语》，载《语文建设》1990 年第 1 期。

② 陈原：《语言和人》，上海教育出版社 1994 年版。

(三) 三地区夹用英语词语的性别差异

探究言语性别差异的原因是一项异常艰巨的工作，因为“它一方面跟男女两性的生物特性有关，另一方面又跟社会和心理等多种因素相关，诸如民族的文化传统、宗教、科技和社会地位、道德观念、年龄、性格等密切相关”①。中国传媒大学社会调查研究小组对天津和北京某些语言现象进行实地调查、整理、分析，得出的结论是：“在日常生活中，男性比女性在对待语言的态度上更为开放些，他们所获得信息的渠道更全面。”但是我们在调查中发现广州市对英语词语夹用用得更多的是女性。如表 10、表 11、表 12 所示，广州市女性的比例（44.9%）高于男性（38.6%）。而在汕头市，则男性略多于女性。莲上镇则比例基本相同。这说明在城市化程度不一的大、中、小三个地区，男女在语言接触、吸收以及运用上已经没有太大的区别，女性虽然在追逐语言时尚中居于优势，但在语言模式成为共识或达成普遍态式下，男性夹杂英语单词的语用模式也是一种趋同的必然。

表 10　**广州市的性别比较**（$x^2=5.029$　$p=0.025$）

组别	性别		合计
	男	女	
夹用英语	262（38.6%）	266（44.9%）	528（41.5%）
未夹用英语	416（61.4%）	327（55.1%）	743（58.5%）
合计	678（100%）	593（100%）	1271（100%）

表 11　**汕头市的性别比较**（$x^2=1.782$　$p=0.182$）

组别	性别		合计
	男	女	
夹用英语	239（31.7%）	215（35.1%）	454（33.2%）
未夹用英语	516（68.3%）	398（64.9%）	914（66.8%）
合计	755（100%）	613（100%）	1368（100%）

① 卫志强，《当代跨学科语言学》，中国社会科学出版社 1992 年版。

表 12　　莲上镇的性别比较（$x^2=0.000$　$p=0.996$）

组别	性别		合计
	男	女	
夹用英语	253（34.5%）	174（34.5%）	427（34.5%）
未夹用英语	481（65.5%）	331（65.5%）	812（65.5%）
合计	734（100%）	505（100%）	1239（100%）

（四）三地区夹用英语词语的学历差异

从图 1 各地区不同学历夹用英语人次比例折线图可直观地看出广州市、汕头市和莲上镇三个地区夹用英语的人群主要集中在“高中—大学”区间，而且比例随着城市化程度、城市规模以及经济发展水平的递减呈下降趋势（广州市→汕头市→莲上镇）。英语夹用的频率并没有如我们所期望的与受教育程度因素成正比。通过对数据进行统计学检验，我们可以得出以下结论：在接受高中以上教育、具备一定英语水平的前提下，由于受到年龄因素的影响，年龄越小，接受、模仿、学习新事物的能力越强，兴趣越浓厚。上了大学以后，过了青春期，在掌握一定英语水平的基础上，对英语的新鲜感反而逐步下降，英语夹用的频率也随之逐步下降。

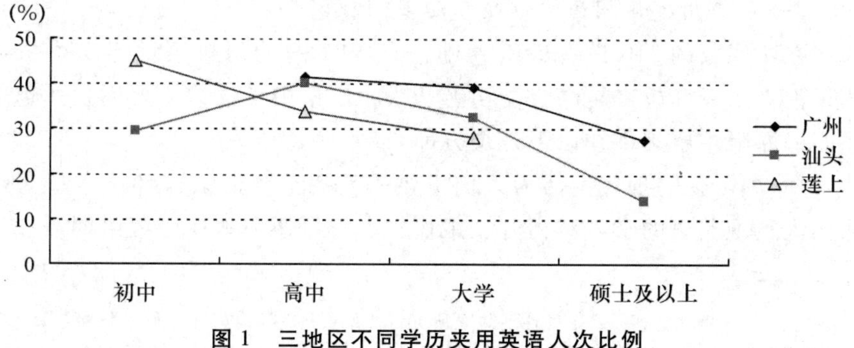

图 1　三地区不同学历夹用英语人次比例

四 调查结果小结

由于受地理位置及其语言生活、经济发展速度、都市化程度、传统文化等客观因素的影响，广州市、汕头市、莲上镇三地在语言使用上有细微的差别。

1. 不同区域：粤语受英语影响较早，广州市问卷中英语选项人次所占百分比远远高于其他两个地区。

2. 各年龄段：广州市、汕头市英语夹用频率高的年龄段包括25岁以下及25—35岁，莲上镇只有25岁以下人群，说明大、中城市英语夹用现象更为普遍，夹用英语人群的年龄跨度比小城镇更为广阔，日常交际中夹用英语的人数更多。

3. 性别差异：随着男女平等观念的深入人心、女性独立自我意识的增强，中小城市男女英语夹用频率相当，大都市中女性对英语的夹用频率已高于男性，打破了传统意义上女性在语言态度上较为保守、被动、追求礼貌、得体的性格特点和话语风格。①

4. 教育程度：同一教育程度（如高中—大学），各地区夹用英语人次比例随着城市化程度、城市规模以及经济发展水平的递减呈下降趋势（广州市→汕头市→莲上镇）。

五 调查结果相关问题思考

（一）夹用英语词语比例越来越多的原因

在所回收的310份有效问卷中，有69%的受访对象觉得汉语中英语词汇夹用频率越来越高。受访者认为，汉语中英语词汇夹用频率越来越高的原因主要集中在以下几个方面。

1. 国际化的现代生活为人们提供了使用英语的语言环境，越来越多的人重视英语的学习和提升，工作中也不可避免地使用英语词语。

---

① 参见李颖《话语风格上的性别差异研究》，载《毕节师范高等专科学校学报》2004年第4期；方怡《论言语行为中的性别差异》，载《合肥工业大学学报》（社会科学版）2005年第5期；王芬《女性礼貌言语成因探析》，载《湖湘论坛》2005年第1期。

2. 经济发展，文化交流频繁，人员流动频繁，中国公民的素质整体向上。

3. 信息技术的迅猛发展，网络已经成为人们日常生活的必用工具，而英语是世界第一网络语言。

4. 时尚，更是受过高等教育身份的象征，英语作为强势语言的地位影响。

5. 有些中文的表达法没有英语简便，容易被后者所取代，就如以下几个典型的例子：

> 收到我的 email（电子邮件）了吗？请把文件直接 fax（传真）给我吧。
>
> 你 check in（办理登记手续）了吗？
>
> 我会 call（打电话）你的。
>
> 自己动手“DIY”（do it yourself）。
>
> 现在是 e 时代的 e 生活。
>
> 你去 SPA（水疗）馆了吗？
>
> 你今天 QQ（聊天）了吗？
>
> 你好 q（可爱）哦！
>
> 这件衣服很 in（时尚）。

以上例子说明，某些情况下的语码转换确实可以使表达更简明扼要，这也是这种表达方法在社会上迅速蹿红的重要原因；在某些情况下，还可以通过语码转换有意识地选择听众，使身边英语程度不高的人听不懂较为隐私、敏感的话题，或满足委婉表达的需要。

（二）三地区不同受访人群对英语词语来源的调查结果分析

如图 2 所示，在朋友交流、书报、电视传媒、网络等来源候选项中，“网络”在三个地区的比例均是最高的。确实，“互联网以无孔不入之势蔓延至人们生活的每个角落”①。21 世纪更是信息技术狂飙突进的时代，作为“第四媒体”的网络的迅速崛起，为人类开辟了一种全然不同于以往任何方式的交流手段，并成为一个能涵盖各种错综复杂的

① 于根元：《网络语言概说》，中国经济出版社 2001 年版。

互动关系的人际交往的结合点。麦克汉认为："某种新的传播媒介一旦出现，无论其内容如何，媒介本身就会改变人们的思考方式和行为方式，网络的出现证明了这一点，它作为'客观现实中的一个新现象，对人类生活方式产生了极大的影响'。"①

相比之下，三个地区中"朋友交流"选项所占比例最少，可见，朋友间的交往、交流对个人语言习惯的影响系数很小。

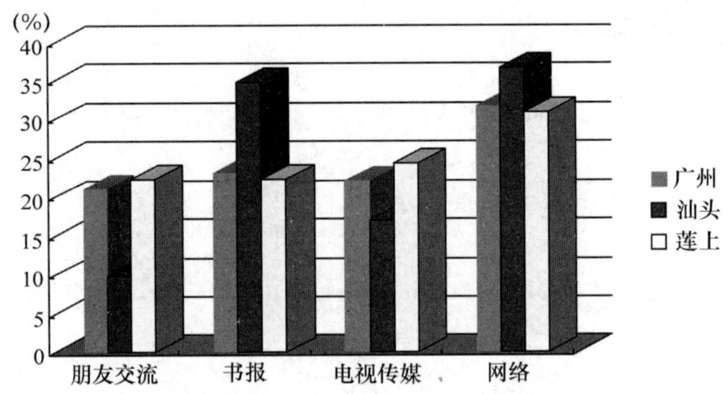

图 2　三地区英语词语来源调查结果

可以预见的是，随着互联网的迅猛发展和网民队伍的日益壮大，网络在以后很长一段时间内仍将成为人们获取信息、了解世界最高效的途径，在汉语中夹用的英语网络词语也将大比重地增加。产生于网络这种特殊语境的网络语言以其特有的鲜活性有力地丰富了汉语普通话词汇的表现力，为语言交际开拓了更广阔的空间。

由于物力和人力的缘故，本文的调查对象只有 310 人，而且集中在学生和知识分子这两个群体中。准确地说，本文的题目应该是"广州市、汕头市、莲上镇学生和知识分子群体口语中夹用英语词语情况的抽样调查"。由于未对其他群体（例如打工者等）进行调查，所以缺乏这方面的资料。

---

① 转引自张伟靖、叶晓楠《从〈第一次亲密接触〉的火爆看网络文学的发展》，《当代传播》2001 年第 4 期。

中文媒体中的英语词语借用现象及其成因*

许竹君**

摘　要　在信息时代的中文媒体中，越来越多的英文词语夹杂在中文句子中，这些英语词语主要有三种表现形式：一是英文字母缩略语；二是英文单词；三是英文词组或短句。较多出现英文缩略语的是科技类、财经类、问题类、生活类以及网络专业术语等，而出现较多短语词的则是一些反映新时尚新生活的领域。本文在掌握大量鲜活的语料的基础上，对这些现象进行了分析和研究，并对中文媒体借用英文词语的规范问题提出了若干意见。

关键词　中文网络　英语词语　借用规范化

随着网络媒体这个被称为“第四媒介”的迅速崛起，连同报纸杂志等传统大众媒体给人们带来的影响是无孔不入的，人类的生活也因此而产生急剧变化。它们的互相作用、互相影响和互相促进导致外来文化和外来词语大量涌入汉语之中，汉语语境的传媒中出现了大量的以各种

---

* 原载《外语电化教学》2008 年第 2 期。

** 许竹君，女，广东潮安人，1971 年 10 月生于吉林省长春市，1994 年毕业于广州师范学院英语专业，获学士学位，现为广东技术师范学院教授，硕士生导师。2015 年获得广东南粤优秀教师称号，主要研究方向为二语习得、社会语言学。已发表论文 20 多篇，主持省委宣传部课题一项，参与教育部项目一项。

形式出现的与中文相混用的英文词语。有人把这种词语叫作“混血儿”[①]。网络的出现更加速了英语在中文里的混合使用情况。

在西方一些操双语的国家，如英语、法语和西班牙语等语种在社会场合均被利用，人们出于各种目的，采取不同的交际手段，不同的语种语码转换不存在交际障碍[②]；而我国是一个以单一的汉语交际为交际工具的国家，媒体中大量出现英文和中文的混合使用也是近年来的事情，对于汉语语境下词语借用的研究也有上升的趋势，主要有何自然、吴东英[③]和港澳台的一些语言学家如陈张美美、郭张凯伦[④]研究的词汇借用与社会、文化、心理因素方面的关系，以及英语在现代汉语的借用现象。

新词语的产生载体主要有电视、报纸、广播以及杂志等各类书籍出版物。本文主要针对中文媒体中所出现的英语词语进行借用分析，目的在于：（1）通过对现象的分析，探讨英语词语在中文媒体中出现的形式以及其成因；（2）在分析的基础上对中文媒体借用英文词语的规范化进行探讨。

一　中文报刊中的英文词语表现形式

本文所用语料来源于2005年广州地区的几种主流报纸，这些报纸信誉好，发行量大，颇具代表性。这样收集到的语料真实，有实效性，影响到的受众也是较为广泛的。在报纸中出现的英文词语也具有一定的广泛性和普遍性，适合作为分析研究的对象。

汉语网络语境下的英语词语形式主要有以下两类。

（一）直接借用未经翻译的英语词语

当下出现的众多术语中，有很多是直接使用的。如：com、@、

---

① 朱永锴、林伦伦：《二十年来现代汉语新词语的特点及其产生渠道》，《语言文字应用》1999年第2期。

② 崔学新：《媒体中英语码转换的“翻译”》，《黑龙江社会科学》2004年第3期。

③ 何自然、吴东英：《内地与香港的语言变异和发展》，《语言文字应用》1999年第4期。

④ 陈张美美、郭张凯伦：《香港语文中的借用英语词汇》，香港大学亚洲研究中心，1990年。

Outlook 等。有些是中英文并存①。研究认为，外来词主要借助事物类概念，也就是说外来词中名词居多。

在报纸杂志中出现的英文专有名词有人名、品名、公司名称等，如：

例 1：今年以来，假银行事件频频发生，假工行网站 www.lcbc.com.cn 以一字之差混淆视听屡次得手。②

例 2：淘宝的“继续免费”战略刚刚露出一点风，eBay 易趣已经严阵以待了③。

例 3：来自美国的“孩之宝”、德国的 BIG 以及日本的 Tomy、Bandi、Takara 等国际知名品牌，向中国消费者展示其最新产品④。

例 4：昨晚，备受青年学子喜爱的李开复博士，以 Google 公司中国区总裁的新身份来到华南理工大学，作了一场精彩的演讲⑤。

例 5：中国城市里面每多一处 mall，就证明铜锣湾的中国造 mall 理念多了一次征服。⑥

例 6：作为中国 Shopping Mall 的始创者，作为零售商业专业人士，陈智逛商场显然并不是为了买东西，这是他工作的一部分。⑦

例 7：身在新浪 blog，自然对周围邻居的事也要关心一下，虽然他们可能是住在别墅区，但也是低头不见抬头见⑧。

例 8：近年国外流行一种 FUN 的家庭生活方式，对提高人的健康水平有良好的效果⑨。

---

① 杜曾慧、杨慧群：《对网络语言中英语外来词的思考》，《南京工业职业技术学院学报》2003 年第 3 期。

② 《羊城晚报》2005 年 10 月 21 日。

③ 同上。

④ 《羊城晚报》2005 年 10 月 21 日。

⑤ 《南方日报》2005 年 11 月 2 日。

⑥ 《南方日报》2004 年 12 月 22 日。

⑦ 同上。

⑧ 《羊城晚报》2006 年 3 月 18 日。

⑨ 《中国消费者报》2000 年 10 月 10 日。

为了吸引读者的眼球，英文词语还出现在标题上，如：

例 9：TOM 在线计划进军印、美①。

例 10："哈，我家老晚报 IN！活力新面孔。"②

类似的直接使用外语词在新闻媒体的例子多不胜数，如：in、out、party 等。

例 11：时髦的，时尚的，新潮，漂亮："多姿多彩的手套是这个季节至 in 的装饰。"③

（二）英文缩略语形式

其出现的形式主要有以下几种。

1. 纯字母缩略语

纯字母缩略语是语汇中较为常见的形式，大多是英文单词首字母构成的常规缩写。其中有的是名词性词组的缩写。有表示组织或机构的英文名称，如：WTO（世界贸易组织）、WHO（世界卫生组织）；有与计算机相关的专业术语，如：DNS（域名服务系统）、WAP（无线应用协议）、ISP（网络接入服务商）、IDD（国际直拨电话）、IT（信息技术）、MSN（即时信息发送器）、CPU（中央处理器）、IE（互联网搜索器）、ISDN（综合业务数字网）、CAD（计算机辅助设计）、GSM（全球移动通信系统及其业务）等。

例 1：BI 界面 Web 化④。

例 2：CDMA 用户可以拿手机当活地图了。近日，联通 CDMA 导航手机终于正式投入商用，用户只需要在手机中输入想去的目的

① 《南方都市报》2005 年 1 月 12 日。
② 《羊城晚报》2005 年 9 月 6 日。
③ 《黄金时代》2000 年第 2 期。
④ 《计算机世界》2005 年 1 月 6 日。

地，手机就可以“语音指路”①。

例3：数字音乐的版权问题突然之间火热起来。一些SP和搜索引擎面临这版权之痛，纷纷成为唱片公司起诉的对象②。

例4：“如今当你走进城镇中稍具规模的零售药房，都会见到在店内引人注目的位置都会放置一个‘OTC’的标志，同时已将药品分成处方药与非处方药来陈列。”③ 又：“中心城市药店多过米店，农村280亿大蛋糕没人睬，广州药业锁定农村OTC市场。”④

例5：作为国内最大的SP，也是最大的数字音乐厂商之一的TOM在线CEO王雷雷，却并不认同上述的两种模式⑤。

例6：留学美国的中国学生要考的TOEFL、GRE、GMAT等都是ETS命题推广的考试。为什么身价颇高的ETS会相中中泰德新媒体集团，而不是别的公司呢？⑥

2. 字母缩略语 + 汉字式

网络的普及已经为英语字母与汉字的混合使用提供了前提。在媒体中出现的字母词多是涉及电子、通信、软件等领域的自然科学术语，表达讲究严密。如：

Linux软件等，用Linux缩小其语义指称范围。类似的还有：

PC空间、BBS文化、NC机、3G电话、TCP /IP协议、Inter网、HAIER冷柜、IQ大测试等。

例1：可见现代社会虽然已经进入E时代，依照传统严父慈母的情况在台湾社会仍然相当普遍⑦。

例2：IP FAX系统是基于TCP /IP协议，利用因特网（inter-

---

① 《南方日报》2005年11月1日。

② 同上。

③ 《羊城晚报》2000年5月21日。

④ 《羊城晚报》2000年6月20日。

⑤ 《南方日报》2005年11月1日。

⑥ 《中国青年报》，2002年1月11日。

⑦ 《中国青年报》2000年5月19日。

net）发送传真的传真存储转发系统。由于因特网的通信费用与距离无关，因此，通过本系统用户可以只付本地电话费及因特网信息服务费就可以享受到与全球任何地方进行“传真”交谈的服务①。

例3：更有关于K房的不良传统，大家都喜欢传播，弄得休一下闲还要证明自己的身家清白②。

例4：SOHO族中有许多高人是以工作室的方式在家中从事生产的。他们不属于某某公司，同样是在家打工，名声却好听多了——“自主创业”③。

例5：3G手机——由于3G时代的姗姗来迟，此类手机仍将处于“中秀不中用”的状态④。

3．英文短语的缩略语

这种表达并不多，属于直接采用国外的用法在中文媒体使用，如：今天你DIY了吗（DIY：do it yourself）?

例1：现在，彩铃也可以DIY了⑤。

例2：这里，笔者于大家一起分享一下彩铃DIY的心得，希望能够帮助大家轻松制作出具有鲜明个性的彩铃⑥。

例3：PK来源于网络游戏中的名词“Player killer”，意思是击败、决胜、末位淘汰的意思，发展为/黑道0语言，还可以是搞定、放倒、干掉之意，可用作动词：“现在再有人问你：黄圣依PK周星驰，你选谁？告诉他答案，全部K，你自己做主角？其实问题还不至于我们该同情谁支持谁上，而是一定要学‘超女’玩PK，学习将黄圣依和周星驰放在一起PK”⑦。

---

① 《南方日报》2000年12月14日。
② 《中华读书报》2000年1月26日。
③ 《黄金时代》2000年第11期。
④ 《中国民航报》2004年1月5日。
⑤ 《南方日报》2005年11月8日。
⑥ 《南方日报》2005年11月8日。
⑦ 《南方都市报》2005年8月21日。

二　中文媒体中的英文词语的使用特点

（一）语法意义的转用

语言的各个层面不是彼此隔离或相互独立的，因此英语对汉语的影响不仅仅局限于词汇这一个方面。受英语语序对汉语的影响和干扰的影响①，中文的语序亦会有所变化或变异，造成词汇的超常转类现象。这主要是通过翻译而产生影响的。如：你百度了吗？在这里，“百度”原本是名词，作动词使用。在日常语言中，名词作谓语、带宾语随处可见，例如“别忘了伊妹儿我！”汉语的名词通常不直接充当谓语，更不能带宾语，这里的“伊妹儿”是 E－mail 的音译，即“电子邮件”本是名词，在这里却作了动词，它来自其英文句子“Don't forget to email me”，比“别忘了给我发电子邮件”或是“电子邮箱我”来得更自然，现在更常见的说法就是“别忘了 e 我”。

另外名词用作动词的例子也有，有本书的书名就叫《你雅虎了吗——网络第一品牌之路》②，在这里，其英文原形是 Do you Yahoo！？“雅虎”是网站 Yahoo！的中文名称，是典型的名词，可后来被网友们效仿英语，用作了动词并且在网上广泛传播，受到了大家的认可。还如：

> 例 1：如何防止网页被黑？（http：//www. qm sky. com /asptroy. asp）（形容词用作动词）。
>
> 例 2：有事 Q 我。

例 1 中是形容词作动词。汉语中形容词不能带宾语，更不能用于被动结构，而当今的报纸也出现了这样的用法；汉语名词不能直接带宾语，Q 原本来自 QQ，即腾讯公司开发的网上聊天的一种形式，应该是名词，在例 2 中用作动词，成为网络上通话的意思。

① 仲洁：《中文网络语码混用及变异现象》，《暨南学报》2001 年第 1 期。

② 陈炎、高岩：《你雅虎了吗？——网络第一品牌之路》，江苏人民出版社 1999 年版。

（二）词语的直接借用

直接把英文单词混同中文表达一起使用的形式有如："夏普 vs. 松下'口水大战'""office 游戏无间道""刘小康—— 崇尚自由的 Freeman""一起去 party""也就是说，人们把 sex 和 love 分离了""最近一小时 HOT 新闻"等。

直接借用不仅意味着形式的借用也还表明词性也同样借用过来了。但直接借用形式的另一方面体现在进入中文的英文词语会受中文的影响而改变其词性。每种语言都是属于特定社会的，其语词构成必定会受制于这个特定的社会文化系统，只能产生忠实地反映这个特定的社会文化系统的语词，而不能产生完全反映另一个社会文化系统的语词①。

在报纸杂志里出现的英语词语，词性会随中文语境的情况有所改变，变成在报纸杂志里出现的英语语词，词性会随中文语境的情况有所改变，变成地道的中文属性的英语介词。报纸、杂志、网络上出现的诸如："最 in 护手霜"中的 in 则解释为时尚的，在这里用作形容词，改变了它原来的介词的词性；"一笔 out 掉"指取消，原为香港无线电视台节目栏目名称，因其收视率高而成为流行语："房改房上市限制一笔 out 消，'肥肉'在手干着急，不少房改房所有者急盼出手，部分企业忧心忡忡，房产商、中介商、银行生意开抢……"② out 在英文意思是出去，介词，用在这句中文里则变成动词了。

另一个很典型的特例来源于 2005 年湖南卫视的一档节目，主持人说某某和某某要 PK 一下。顿时，这个用法传遍大江南北，还有继续延伸使用的趋势。本来是名词，在以下的例子里，可用作动词："这算什么游戏规则，有种的，我们 PK 一下，一决高低，输了走人，赢了就上，看谁有真本事，谁放倒谁。"③

而后又衍生出了"PK 台"一说：明星新秀齐上 PK 台。所有的运动会，明星总是最吸引人的焦点。他们的成败都牵动着很多人的心④。在这里，PK 用作形容词。

---

① 林纲：《略论网络用语中的语词接触现象》，《徐州师范大学学报》2005 年第 5 期。

② 《羊城晚报》2001 年 12 月 2 日。

③ 《羊城晚报》2005 年 9 月 7 日。

④ 《羊城晚报》2005 年 10 月 10 日。

还有一种是不加任何翻译的英文短句，这在各大报纸、网络等媒体频繁看到，如：

（1）现在，给你一个舞台，你敢来闪亮吗？Ready？Go！①

（2）他们更希望把它做成一次“Teamwork Building Activities”（团队合作精神塑造活动）。

（3）当然，我也会定期到美容院做 Facial，毕竟美容师更专业一些。②

（三）仿造字母词的产生

一个新词语诞生了，模仿的词语会随即出现并流行起来。随着年轻人群使用这一类词语频率的增加，词汇的构词方式将逐渐趋于稳定并最终定型，同时逐渐地具备构词能力，而且能产性比较高。比如，根据 CEO（chief executive officer，首席执行官）仿造出来的 C×O 活跃于各行各业，如：CAO（chief administrative officer，首席行政官）、CBO（chief business officer，首席商务官）、CFO（chief financial officer，首席财务官）、CTO（chief technology officer，首席技术执行官）、CNO（chief negotiation officer，首席谈判代表）、CKO（chief knowledge officer，首席知识官）等随即出现并为人所熟悉。再如，CBD 是最近一个时期引人注目的热词之一，C（central）即中心或中央，B（business）即商务，D（district）即街区的意思，CBD 也就是中央商务区的意思。一时间出现了 CBD 后花园、CBD 后院、CBD 客厅、CBD 卧室、CBD 中心区等。e 表示电子，这个构词能力也颇强，出现有 e 化、e 时代、e 生活、e 教室、e 社区等词语。再如，客，有黑客、红客、白客；现在又有了博客、播客、丫客，还有摩客等。还有以“族”为后缀的词语，如：闪客族、暴走族、快闪暴走族等。随着生活的日益多样化，今后还会有更多类似的形式出现。

1. 字母化趋势

快捷、简便是缩略语最大的特点，符合报纸、杂志、网络等媒体的要求，即“把必要信息压缩（浓缩）到在接触的一瞬间就能立刻了解

① 《广州日报》2005 年 1 月 6 日。

② 《羊城晚报》2005 年 5 月 19 日。

的程度”[1]，通过使用约定俗成的缩写，能够让读者第一时间理解其含义。这种使用的上升趋势让学者们开始注意到现代汉语的拉丁字母化现象，如邓景滨[2]、Li、史有为[3]。

2. 本土化趋势

和本地语混着用，创造出一种新的表达方式：或是中文的语法英文的影子，或是中文的文字英文的语序，典型的例子就是词缀化，如忙碌中……营业中……。

三　英文词语广泛使用的原因探究

20 世纪 90 年代以后在汉语语境的传媒中出现了大量的与中文相混用的英文词语，这种新鲜形式和新鲜现象加速了汉语词汇发展的进程。之所以出现大量的各种各样混合在中文里使用的形式，主要有以下几个原因。

（一）源于高新科技的迅猛发展和本国与国际接轨的需要

英文词语在中文媒体的大量出现和广泛使用与社会的发展是分不开的。汉语新词语中规则英语字母缩略词明显增多，特别是在计算机等高新科技领域，体现了当今时代科学技术的突飞猛进。计算机网络技术在日常工作生活中扮演着极其重要的角色，世界范围内科学技术的广泛交流传播使专属领域术语由一种语言进入多种语言，并日益为人们所熟悉和运用。高新科技的日新月异的发展，使我们还来不及去把英语术语汉化，所以，只好“拿来”先用上再说。就像当年我们把电话叫“德律风”、把小提琴叫“凡雅令”一样。

（二）英语的强势影响

因特网是 60 年代美国政府为冷战而发展起来的小计算机网络，现在已经迅速发展成了一个世界性的信息资源网络。这就使得美国在语言上取得了先发优势，英语成为全球计算机通用语言，很多命令提示都直

---

① 陈原：《世纪之交汉语领地的新景观》，《参考消息》2001 年 5 月 15 日。

② 邓景滨：《港澳新词语研究》，博士学位论文，暨南大学，1996 年。

③ Li, David, C. Shi, *The English alphabet in the Hong Kong*, Chinese Press: functions and status, Manuscript, 1995.

接用英文显示。英语是电子文本的“官方语言”，互联网上 90% 的信息用英语发布[①]。这导致在网络语言交际工具中，英语理所当然成为主导语言，这也体现在带有英语国家印记的网络文化上。关于这种想法当然有大量的证据。接近 50% 的翻译是从英语到其他语言，而仅有 6% 是从其他语言翻译到英语[②]。随着全球化和信息化浪潮的到来，越来越多来自不同国家的人们在用一种语言即英语相互交流和传播思想。另外，英语国家的技术强势也使英语在国际传播中占主导作用，如“好莱坞效应”和“硅谷现象”。前者主要是指文化产品，包括英语媒体、电影等娱乐产品；后者主要是指电脑和互联网为基础的技术产品。这些产品在世界的风靡必然导致产品所包含的英文词语流行到全世界，这些产品在世界的主导地位当然也会帮助英语在国际传播过程中取得强势。在认识熟悉这些产品的过程中，上至七八十岁的老太太、下至四五岁的孩童耳濡目染，也能说出个把英文单词来[③]。现在的年轻人满口 TOEFL、GRE、NBA，“Good idea!”“OK!”“No problem!”等，可以说在年轻人当中，英文词语一方面已经具有很强的生命力，另一方面，这些英语单词已经渗透到人们生活的方方面面。我们不能限制他们说什么话，不说什么话。

（三）人名、地名、公司名、品牌名等的不可翻译性

任何一种语言接触另一种语言或接触来自另一文化系统的新概念、新事物时，往往形成语词缺项，无法反映相异的社会文化系统或者新生事物，其中一个办法是通过各种形式借用后者的有关用语[④]。英文词语以其原来的形式出现就是一种方式。如在上面的例子当中的 DIY、PK、SOHO 一族等。这也是为了保证新闻信息的时效性，在没有相对应的中文翻译的前提下也要让新闻见报的原因。报纸因此会出现很多英文单词，如前面所说的设计师 Tom Ford，巧克力的牌子 GOD IVA，机构名称 Information Network 等。另一方面，某些行业的更新速度是相当快的，

① 刘乃仲、马连鹏：《网络语言：新兴的网络社会方言》，《大连理工大学学报》2003 年第 3 期。

② 《金融时报》2006 年 1 月 13 日。

③ 陈原：《世纪之交汉语领地的新景观》，《参考消息》2001 年 5 月 15 日。

④ 林纲：《略论网络用语中的语词接触现象》，《徐州师范大学学报》2005 年第 5 期。

如电子类，电子产品的更新可以说是一天一个样，往往一个新的产品还没有找到相应的得体的中文翻译名称时，更新换代了的产品又出现了。比如：VCD 才刚被大家所熟悉，LCD、EVD 又出现了。再比如 MP3（Mpeg1 Layer，一种压缩比率较大的活动图像和声音的压缩标准）还未被众人认识，MP4 又出现了。不少新生事物和新新概念一时没有合适或贴切的形式来表示。

（四）时尚要求

媒体的读者很大一部分是青年人。一方面是由于英语的普及和人们对英语的重视，使用字母缩略词的人群的文化素养和知识层次逐步提高，而现在的年轻人受教育的文化层次较高，普遍具备基本的英语水平，他们把说英语当成一种时髦，乐于接受报纸的这类表达，如上例中的"最 in 护手霜""夏普 vs. 松下'口水大战'"其实都可以用相应的中文表达，分别可以理解为"最时尚的护手霜"和"夏普对松下'口水大战'"。为满足这部分群体的需要，媒体也采用了他们所认同的汉英杂糅形式的表达。年轻化、时尚化和科技化比较突出的报纸杂志出现英文单词的概率会高很多，在这些时尚类刊物和对外来文化有较强认同感的年轻人当中，这样的表达法还有逐渐升温的趋势。程志超在《流行语漫谈》的序中提到，同一类东西，有的要用中文名儿叫之，有的却必须用英文名儿称之①。两者的差别之大，足以在流行观念里成为两种东西。名称的叫法不一样，从商业角度讲会影响商业销售，从报刊发行上讲，会影响读报的阅读群体。简单说之，如：歌迷影迷，当被称为"fans"的时候，其身份好像变得时尚了很多；再如汗衫不叫汗衫了，叫"T 恤"，出租车不叫出租车，叫 taxi（的士）。

（五）英文词语所代表的事物与人们的生活息息相关

由于人们的日常生活已经日益现代化，越来越离不开网络、数码等电子产品。如 VCD、CT 等，虽然开始难被普通老百姓接受，但随着电子产品与人们关系的日益接近，人们也渐渐开始接受并使用这些英文缩略语了，而且发现比中文的表达要来得更清楚、更简洁，如：LCD、CT、MSN、FM、AM、DVD－ROM、TV、DJ 等。

---

① 程志超：《流行语漫谈·序》，花城出版社 2003 年版。

（六）简化语言表达的需要

的确，英语的某些表达简洁，清晰，省事，尤其是英语缩略词的快速增长真实反映了快节奏生活语言的新特点，一些较新出现的字母形式基本上采用了缩略的方式，这是近20年来汉语发展的显著特征。而现代生活的节奏不断地加快，导致媒体也有这样的反映和体现。

四　对英文词语规范化的几点建议

词语规范就是定型，词语定型是词语产生发展过程中的成熟或被全社会接受的过程，这个定型过程应当遵循自然、顺畅、有利运用的基本原则①。出现翻译不过来的时候也即语词缺项时，会利用自身构词材料创造新词，或者通过各种形式借用后者的有关用语。这种情况会在一段时间内长期存在，并经过自然淘汰，留下通用的适合普罗大众的词语。

尽管外来词大量出现的今天，存在滥用英文、盲目洋化等负面倾向，需要加大力度进行新词语的研究、引导和规范，但语言是反映社会生活的一面镜子，新词新语是语言生命力的体现，更是体现和观察社会生活变化的窗口，应该鼓励。语言学家所能做的只是去规范和引导。知道CD的英文全文是什么的也不多，但一般人几乎都知道它是什么东西，这种简洁的表达被所有的说中文的人群接受了，还说明，有些电子产品的英文缩略语，虽然开始较难被人们所接受，但随着这些产品的日益普及并与人们关系的日益接近，人们也渐渐开始接受并使用这些英文缩略语了，而且发现比中文的表达要来得更清楚、更简洁。

总的来说，积极影响还是比消极影响大，特别是新时期大量英语字母词的出现，体现了汉语的极大宽容性，构词形式的新发展也使汉语外来词更趋于成熟，与社会进步同步，适应现代化的进程和信息化的需要。

我们建议，新闻传媒使用英文词语要把握以下几点。

（一）使用英文单词要适度

很多的报纸杂志的主要对象就是一些年轻、有学识的上网族，为吸

① 贺国伟：《汉语词语的产生与定型》，上海辞书出版社2003年版。

引这类读者，在网上使用的英语词语也已经“下线”到了报纸杂志上来。但语言的使用要适度，如果一个版面或者一条新闻中出现过多的英文单词，会让读者茫然或产生歧义。如果不是经常用计算机武装自己的人，恐怕不知道接下来的这条新闻是什么意思：“如果在未来一段时间内，能出台按照流量计费的 BT 使用规范，那么就能非常有效地限制和规范 BT 下载等 P2P 软件的使用。”[①] 这里出现的 BT 和 P2P 都是很专业的词汇，BT 指的是 bit torrent（疯狂下载），P2P 指的是 peer to peer（点对点）。只有在读者相当熟悉这些缩略语时才能使用，否则非但不能添光彩，而且可能使读者或听者一头雾水。

（二）采用规范词语，尽量避免歧义

由国家权威的语言机构审议音译词的音译标准，避免音译时出现选用不同字形的情况，要注意统一书写形式，多采用常用词，以免造成一词多音译。不作翻译或解释的字母词的随意使用会造成理解混乱或表意不明，对专业性强或一词多解的外来缩略词更应该谨慎，明确使用语境，避免贻笑大方。对于不可避免的英文单词可采用以下几种方法。

1. 出现有英文缩略语的，在其后加注中文解释或同时加上其英文原词，让读者看得明白。

2. 若有约定俗成的中文翻译，可以在中文后显示英文原文。如：“泛网时代（Ubiquitous Age）是指任何人，在任何时间、任何地点，以任何方式，与任何人都能进行方便地交流与沟通的时代。”[②]

3. 对于暂时还没有统一翻译的新词新语，可在报刊中使用英文原文，但在其后括号里加注尝试性翻译，避免不懂英文的读者不知所措。比如上面出现的“Teamwork Building Activities”（团队合作精神塑造活动）这种写法即可。

---

① 《南方都市报》2005 年 1 月 12 日。

② 《中国电子报》2005 年 1 月 7 日。

影响广东媒体新词的动态语境变量分析*

陈　倩**　林伦伦　许竹君　胡秋红

摘　要　新词语历来都是语言学者研究的热点，但对于反映特殊地域独特性和个体性的新词研究却较少涉猎。作为改革开放的排头兵，广东在文化软实力方面也创造了很多“领先”，对丰富现代汉语作出很大的贡献，因此本研究选择近年来广东媒体出现的新词作为研究对象。本文以系统功能语言学语境模型为理论基础，从社会文化的角度出发，论述新词语与话题、时空位置、活动赛事、网络问政、媒体视角、语气表述、方言、惯用语群和媒介等社会文化语境变量之间的相互关系。同时，针对新词语中的负面倾向，提出语言应用导向问题，建议大力倡导规范、文明和绿色用语。

关键词　语境　语境变量　广东媒体新词语　语言应用导向

---

* 本文是2011年中共广东省委宣传部特别委托项目“2008年以来广东媒体新词语语料库建设及其研究”阶段性成果之一。课题组成员还有陈亚静、赵聪。原载《学术研究》2013年第7期。

** 陈倩（1982—），女，广东技术师范学院外国语学院副教授，中山大学访问学者。研究方向：系统功能语言学，语篇分析，新词语研究，语类教学。在科学研究方面取得了一定成果，已在《学术研究》《语言科学》等核心期刊上发表论文十余篇；出版专著和教材数本；并主持教育部人文社会科学青年基金项目、参与省委宣传部、省教育厅等多项省部级课题。在林伦伦教授的指导下，作为项目骨干成员参与“广东媒体新词语语料库建设与研究”课题组。

一 引言

社会语言学认为：语言是一个动态系统，与社会处在共变的关系中，社会的发展变化促使语言各要素发生变化。而词汇则是语言中最活跃的部分，对社会发展变化最敏感，是观察社会生活变化的窗口，因而历来都是语言学者研究的热点。国家语言资源检测与研究中心从2004年起，采用更科学的方式对汉语语言文字进行定量检测研究，每年定期发布“年度新词语调查报告”，统一语言使用规范和善用国家语言资源，为语言学者提供了珍贵的资源。但是，“国家年度新词语”毕竟是面向全国，而单独省份地域的特殊性和个体性却没能凸显。广东作为改革开放的排头兵，在经济和政治方面的研究成果汗牛充栋，在文化软实力方面也创造了很多“领先”，并从港台引进了很多新词语，对丰富现代汉语做出了很大的贡献，如第五版、第六版《现代汉语词典》中收录了许多源自粤语方言的新词，例如与房地产相关的“按揭、楼宇、楼盘、楼花、置业、物业、写字楼、烂尾、廉租”等；又如“狗仔队、无厘头、爆炒、埋单、搞掂、爆满、生猛、炒鱿鱼、煲电话粥”等一系列颇具粤语方言特点和文化烙印的新词语，它们都代表着南粤文化对现代汉语的影响。探讨这种特定的历史时代背景，对滋生于该背景中的新词语的各个方面的影响既有现实意义，也具有重要的学术价值。①

二 影响广东媒体新词的语境变量因素

语境是变化着的，因而是动态的，但这并不意味着语境因素不可归纳，或者不需要归纳。根据系统功能语言学对文化语境的划分，我们把影响区域性汉语新词的语境变量分为话语范围、话语基调和话语方式这三大类。为了更好地解释广东媒体新词的产生与社会文化语境的关系，语境变量因素还可以在三大类的基础上继续细分。

---

① 董骞：《改革开放的社会语境对汉语新词语的影响》，《山东行政学院山东省经济管理干部学院学报》2003 年第 5 期。

（一）话语范围

话语范围是第一语境要素，任何话语活动都必须在一定的范围内进行。所谓话语范围，既包括话题，又包括伴随话语活动的其他相关事件①。本研究从广东媒体新词出发，认为影响广东媒体新词语的话语范围变量包括：全国性话题、区域地理位置、区域活动赛事、区域网络问政这四个方面。

1．全国性话题

话题是指谈论的内容和主题。几乎所有的语言学家都将话题归纳为话语范围必不可少的因素。许多的年度新词语围绕着每年全国发生的一系列影响深远的事件而产生，如“特殊党费”“延考区”“甲流”“新型猪流感”“躲猫猫”“钓鱼执法”“李刚门”“抢盐潮”“退盐潮”“郭美美”“小悦悦”“黑十字”“毒姜”等这些耳熟能详的新词，是对近年社会热点话题的真实反映、时代精神的真实记录。

广东舆论氛围宽松包容，为新词语的传播和发展提供了广阔的空间，如创造出了与汶川地震相关的新词“希望航班”。又比如在楼市不断升温下创造了新词“点按揭”“买房后悔权”“填海建房热”。除广东外，“沪九条”以及“京十五条”分别是上海、北京两个城市针对房地产调控政策制订的地方执行细则，体现了在楼市限购令背景下产生的区域特色新词语。

全国年度新词语的特点之一，是网络词语与社会生活词语的迅速融合。如“躲猫猫”等，同样是在看守所内意外身亡，广东媒体也爆出了指被棉被闷死的“盖被死”这个新词。全国各地也在这个话题背景下产生了类似新词语，如发生在开封的“冲凉死”、江西九江的“上厕所死”和河南的“开水门”等，这些新词泛指隐藏真相，带有戏谑和反讽的意味。

广东媒体除了关注全国各地的热点话题外，还将目光聚焦在了本地新闻上。发生在广东佛山的“小悦悦事件”，由广东媒体率先报道，继而引发全国人民讨论，激起民愤的同时也拷问了我们的道德底线。在对18名路人路过但都视而不见的谴责声中，广东媒体不忘弘扬真善美，

① 朱永生：《语境动态研究》，北京大学出版社2005年版。

创造了“最美婆婆”这个称号给见义勇为的拾荒阿婆陈贤妹，旨在宣扬见义勇为、乐于助人的高尚品质和崇高精神。又如“托举哥”（周冲）这一新词语，也是在广东媒体首先使用的，后来全国先后出现了不少同样能够传达正能量的“××哥”。

2. 区域地理位置

地理位置一般用来描述地理事物时间和空间关系，在这里指特定区域在全国的位置。广东毗邻香港，由于语言接近，社会经济活动交往频繁，香港文化以电视、报刊等形式涌入内地，大量华洋杂陈的港式粤语长驱直入，对粤方言所作的深耕改土，是历史上两百年都难以达到的。

2008 年“毒奶粉事件”曝光，震惊全国，与其相关的新词语包括“三聚氰胺”“问题奶粉”“三鹿事件”“结石婴儿”“结石宝宝”“结石门”等。在广东媒体的关注下，针对“毒奶粉事件”衍生出了“走粉族”“囤粉族”“拖粉族”等新词。不掌握社会文化语境，就不能正确理解语言。为何这个起源于全国背景下的新闻却在广东媒体首先产生了几个新词语呢？究其原因，首先，广东人民对食品安全、品质历来都非常重视，俗话说：“食在广州”。其次，由于港币和人民币汇率差异，人们更愿意到价格更便宜的港澳地区购买奶粉。最后，也是最重要的原因，由于广东地理位置比邻港澳，为了能买到正宗国外进口奶粉，广东人有到香港“拖粉”（因为大量购买奶粉，以至于要用手推车来拖走）的习惯。在“毒奶粉事件”曝光后，在特殊的地理位置前提下，三种因素相互叠加，便衍生了这几个颇具代表性的广东媒体新词语。

3. 区域活动赛事

每年全国各地都会举办各项盛事，如 2008 年举世瞩目的北京奥运会、2009 年上海世博会、2011 年深圳大运会等。这些大赛活动影响之广，无一不成为当年人们热议的话题，由此还引申出了许多的年度新词，如 2008 年的新词包括：“奥衫”“奥运钞”“祥云小屋”“蓝立方”“奥博会”“鸟巢一代”“玉带祥云”“笑奥语录”等；2009 年的新词有：“世博人家”“冰立方”“油立方”“紫蚕岛”等；2011 年的新词包括：“U 哥”“U 姐”“UV 行动”“U 彩”“U 站”等。

在 2010 年的秋天，广州也迎来了期盼已久的第十六届亚运会。广州亚运会的成功举办离不开一大批志愿者的无私奉献，他们的身影感动了世界。在广州亚运会的文化语境下，产生了与志愿者有关的新词，如“绿羊羊”“微笑姐”“心脚标”“志愿彩”“志愿礼”“志愿歌”等，社会文化语境为媒体新词语的出现提供了萌芽的基础，通过与语境环境的互动，媒体工作者通过自然的过程创造了新词语，极大地丰富了亚运宣传报道。

4. 区域网络问政

互联网诞生以来，人们的交流方式瞬间解放。各级政府积极创新，依托互联网平台，提高工作效率、加强与民众沟通、公开财政收支，更好地为民服务，为新词语的诞生埋下伏笔。据观察，年度新词语里的许多新词都与网络问政、网络办公有关，如“政务微博”“3G 城管”“帖案”“淘凶”“网络反腐”“网络打拐”等。

自从新浪微博推出以来，不少政府机构相继推出了自己的微博账号，“微博云南”和“桃源县人民政府”是其中较早尝试的两个。为了更好地开展警民互动，广东省各级公安部门则集体开了微博，被媒体称为“微博 110”。如果说“微博 110”是政府与人民群众沟通的窗口，那么“万民邮箱”则架起了企业与政府职能部门之间的桥梁，以方便企业与政府职能部门之间的联系，节约办公资源。

（二）话语基调

话语基调这个概念由迈克尔·格雷戈里（Michael Gregory）和韩礼德（Halliday）[①] 提出，是指交际者，以及他们的基本情况、特点、地位、参与者之间的角色关系等。本研究从媒体报道视角、媒体语气表述和媒体方言使用这三个方面的变量出发，对影响广东媒体新词语的话语基调进行分析。

1. 媒体报道视角

媒体是传播信息的媒介，要准确鲜明地宣传中央精神，又要及时如实地反映人民心声。媒体还肩负着促进新闻信息真实、准确、全面、客观传播的责任。

在最近几年的广东媒体新词语中，出现了“冒死爷”“举牌哥”

---

① Halliday, M. A. K., *Language as Social Semiotic: The Sopcial Interpretation of Language and Meaning*. London: Edward Arnold. 1978.

“拇指妹”等这些反映平民百姓对广州政府工作提出了不同意见的新词语。“冒死爷”“举牌哥”“拇指妹”是人民群众的代表，他们的举动代表了社会各阶层的声音。作为一个小市民，对行政机构的决策提意见，无异于以卵击石，但出于对广州这片土地的热爱，他们勇往直前、不怕挫折。随着时代进步、社会变迁，媒体视角将从多视角出发，媒体人在新闻报道中更贴近百姓生活，在客观报道的同时从情感出发，宣扬媒体良知，呼唤道德回归，这与话语基调中的情感变量不谋而合。

2. 媒体语气表述

系统功能语言学的语境理论认为，语气的选择在很大程度上受到话语基调的制约，而这种制约又是与说话者与受话者的社会地位、相互关系和交际目的紧密联系的。马修森（Matthiessen）、韩礼德在谈到语言的特征时曾经这样指出：“语言是‘活’的，因为它是一个动态的开放性系统。这个系统通过与环境的互动不断变化，从而得到保持。”① 在现代社会，媒体搭建起政府与民众沟通的桥梁，因此在报道社会类新闻中，媒体应该用一种让老百姓易于接受的、幽默的、接地气的语气来阐述社会事件。

广东媒体新词“酱油男”“厅哥”“咆哮哥”就是在这样一个动态的开放性系统中出现的。“酱油男”指对热门事件漠不关心或不愿发表言论的男性。“厅哥”是网友对省公安厅微博的昵称。“咆哮哥”则来源于广州市法制办态度蛮横的公务员。其他省市的网友也都在新兴媒体中用幽默的语气创造与社会事件有关的新词语，如向江苏无锡新区劳动保障监察大队送“不为人民服务”的大红锦旗的“锦旗哥”。以及专门拍摄公车私用现象并予以曝光的“专拍哥”。还有新词“酱油帝”，它与广东媒体新词“酱油男”同出一辙，都是由“打酱油”衍生而来。

3. 媒体的方言使用

独特的地域，腔调各异的方言，它们是地理表征和情感纽带。出自粤语方言的“炒更”“揾食”“搞掂”“无厘头”等词语风行全国。为了拉近媒体与受众的距离，使语言听起来更亲切，广东媒体新词语也打

---

① Matthiessen, Christian & M. A. K. Halliday, *Systemic Functional Grammar: A First Step into the Theory*. Macquarie University. 1997.

上了方言的烙印。如称专门组织网友参加AA制聚会活动，并从活动经费的结余中获利的人为“搞手族”，“搞手”是粤语方言的叫法，与“搞掂”的“搞”相类似。“八卦”“放电”等词语同样来自粤语。虽然含有方言的新词只占全国新词的很少一部分，但它们体现了这个地区独具特色的语言文化，推而广之，向全国宣扬了地方文化。大家耳熟能详的新词“躲猫猫”则源自西南方言，“忽悠”“相当的”则来源于东北话。

（三）话语方式

话语方式指的是语言在交际中所起的作用，包括交际渠道和修饰方式。影响广东媒体新词语的话语方式包括了惯用语群和媒介这两方面的变量。

1. 惯用语群

韩礼德（Halliday）在著作中提出：“社会不是静止不变的，物质条件和社会条件的变化导致新意义的产生和交换。通过自然的过程创造词汇，最重要的一点就是这个过程是开放式的，更多的词汇可以增加进来，任何一种语言的词汇量都没有限制。现有的语言词汇不仅可以满足使用者的需求，而且可以为创造其他词汇指明方向。”①

根据2009年《中国语言生活状况报告》② 语言发展的特点之一是反映社会问题的词语群增多，如“被××”“楼××”“~门”“~执法”“~族”“~男、~女”“~二代”等。广东媒体新词也吸收了全国新词语的特点，并将其进一步发展，创造了如：“尘肺门”“资料门”“暴炒门”“金罐门”“弃婴门”“八毛门”“楼陷陷”“李染染”“赶园一族”等一系列词语群。在这些新词的背后，都包含着独立的社会事件，它们影响广泛。如发生在广东省佛山市南海红十字会医院错将早产儿当死婴遗弃的“弃婴门”和先天性巨结肠症儿童患者只吃了八毛钱的药就治好了在别的医院需花10万元做手术治疗的“八毛门”，这些惯用词语群组成的新词将医患关系、医患矛盾推向了舆论浪尖。

---

① Halliday, M. A. K., *Language as Social Semiotic: The Sopcial Interpretation of Language and Meaning*. London: Edward Arnold. 1978.

② 《中国语言生活状况报告》，国家语言文字工作委员会发布，2009。

这些新词语的产生，除了得益于媒体善用文字，创造出三字词语，让人们望文生义外，归根结底还是词语群的出现激发了作者的灵感，而词语群的出现，正是在社会文化语境下总结并反映了社会问题和多元人群的特点，其实也是流行文化具有模仿性特征的明显表现。

2．媒介

还有语言学家认为，话语方式还应该包括交际得以实现的媒介。媒介可能是口头的，也可能是书面的，选择何种媒介，取决于这种媒介是否更加得体，是否更加符合相关场合的正式程度，更加适应交际的需要。

本研究的对象是广东媒体新词，因此，媒介则是指发布新闻报道的媒体，它们是广东新词语的创造者，也是传播者。在网络新媒体环境下，信息传播不仅是个人简单的获取与阅读的过程，也是个体与他人互动、融入社会的过程。网络新闻语言比传统平面媒介更加简洁生动，新词新意层出不穷，如上述广东媒体新词的例子，带有调侃的语气，切合年轻网民的口味。

三　动态语境下汉语新词的语言应用导向

社会的复杂性决定了文化的多样性，文化在发展变迁的过程中，不是纯粹的、单方面的发展，反映社会文化变迁的新词语也就难免带有一些语法未规范的，或品位不高、表示粗俗文化的词语出现。[①]

（一）语法欠规范

某些新词语不符合词汇规范和群众语言习惯，因临时表达的需要而随机、随意拼凑而成，以违规短语和句子的组合、搭配，貌似东拉西凑字和词的形式出现。

1．突破语法常规

本来“控”是一个动词，表示控制、控告，但现在可以成为名词（词缀），是一种新式的社会认知的自我投射，表示“热衷于某一事物的人”，如2010年“签到控”“微博控”；2011年“辟谣控”“穿越控”

① 粟应人：《现代新词语的文化透视》，《怀化学院学报》2006年第11期。

“四叶控”“推特控”。又例如2011年的新词“桥危危”，本来“危”字表示“危险”，是形容词，放在名词前起修饰作用，但现在却放到了名词后面，而且是叠字，表示对损坏严重、存在危险的桥的戏称。类似的例子还包括2009年的“楼高高”“楼薄薄”“楼脆脆”等。

2. 谐音字泛滥

以下是近几年出现的谐音字新词，2008年“言塞湖”（堰塞湖）、“袋袋相传”（代代相传）、“笑奥语录”（笑傲语录）；2009年“杯具”（悲剧）、“杯洗具”（悲喜剧）、“餐见”（参见）、“创伪”（创卫）、“围脖”（微博）；2010年“跳早族”（跳蚤族）、“毕剩客”（必胜客）、“鸽你肉”（割你肉）、“煤超疯”（梅超风）、“苹什么”（凭什么）、“神马”（什么）、“蒜你狠”（算你狠）、“糖高宗”（唐高宗）、“虾死你”（吓死你）、“油你涨”（由你涨）、“姜你军”（将你军）；2011年出现的“付二贷”（富二代）、“恐聚”（恐惧）、“谣盐”（谣言）。这些新词的出现，大多都是借用谐音字来进行调侃、讽刺的，或者只是开开玩笑而已，还如“老湿”（老师）、“叫兽”（教授）、“砖家”（专家）、“妹纸”（妹子）、“骚年”（少年）、“绳命”（生命）、“霾没”（埋没）、“主牛”（主流）等等。

3. 多国语言混用

继流行语“I服了U”后，2008年到2011年相继出现了“Do都城”“Emo族”“E爸妈”“IN词”“hold住”和“円族”。前5个都是汉英混用，最后一个则是汉日混用。“円”是日文中日元的货币单位，因字形酷似鼠标，故借其形表示点击鼠标购物。这种多国语言混用的语用现象，硬生生将两种完全不同的语言搭配组合使用。但因为它简单易记、琅琅上口，而且带有英文单词和字母，又具有新奇性和独创性，符合流行文化的诸多因素，所以便在喜欢标新立异的年轻人中传开了。最典型的例子就是2012年出现的“江南Style”，流行的结果是英文词战胜了北京方言词“范儿”而在中国畅行无阻。[①]

4. 脱离语言约定俗成

2011年出现了新词“3D空调”，乍眼一看，还以为3D是英文3

① 林伦伦：《新词语漫话》，花城出版社2012年版。

Dimensions（三维）的缩写，但原来是指“低碳、低能耗、低价格”的空调。D 为三个“低”字的拼音首字母。2009 的新词“疯驴症”，以为是像“疯牛症”类似的疾病，结果两者却风马牛不相及，“疯驴症”指酷爱旅行的嗜好。“驴”是“旅”的谐音。而这种脱离语言约定俗成，有时候也会造成不明就里的人的误解而产生误会。前不久著名电影导演冯小刚把“屌丝”理解为“JB 毛”（鸡巴毛），而对屌丝一词的使用产生了错误的解读，引起造词者李毅及其粉丝的强烈不满和反扑。这宗“不明真相”案的缘由就是“屌丝”这个新词产生过程“帝丝（李毅大帝微博吧的粉丝）—D 丝—吊丝—屌丝”的“无厘头”。

5. 网络雷词涌现

2008 年出现的“槑”和“囧”这两个网络用字被纳入全国新词的范围，更由“囧”引申出了“囧吧”“囧片”“囧倒”“囧事”“囧剧”等一系列新词语。2012—2013 年的电影《人在囧途》《泰囧》的火爆，更使“囧”字的使用频率迅速升高。2010 年的网络流行语“闹太套”，源于“not at all”发音不准，广泛用于对具有滑稽、可气、可悲等性质的事物的调侃。求新求变的社会心态，无疑是社会进步、个体意识增强的表现，但无形中也使语言方面造成了一些负面影响。

（二）品位不高，粗俗化

还有的新词语虽然从客观上反映了社会上某些低级、粗俗的流行文化存在，但对文化健康发展还是起了不少负面影响。2008 年的新词“脑残症”“脑残族”“泡良族”以及 2011 年出现的“二群”“二傻青年”“二 B”折射出了部分人做事不合逻辑，崇尚消极、粗俗文化的态度。把原来的贬义词逐渐变成中性词乃至褒义词，是旧词翻新的一种倾向，例如“牛 B”“贱”“坏”等词语的新义项。

（三）新词应用导向

创新好奇原属人之常情，新词语本来可以展现标新立异的心态，但是突破语法常规、谐音字泛滥成灾、多国语言混用、网络雷词横行，这些文字游戏大量地充斥着汉语言体系，会对青少年的认知造成障碍。同时，新词语应遵循约定俗成、表意明确的原则，不能随意拼凑，要让别人看得懂、听得懂，在加强表达功能的同时而不引起歧义和混乱。新词语是文化变迁的一面镜子，品位不高、粗俗化的新词对青年一代影响极大。要想使新词语的发展及应用在既保障规范与纯洁的前提下推陈出新，又适应现代人的生活、学习以及心理需求，我们认为应该是冷静观察，宽容对待，客观评价，重要的是要积极引导，科学预测。①

结　论

新词语是这个时代的文化，时代的精神，紧贴群众的语言生活习惯。全国各地涌现出的大量新词语，充分展现了中国人民锐意创新、灵活变通的思维模式。随着社会进步、舆论开放，媒体新词语越来越受到社会的关注和重视，引入系统功能语言学理论，为媒体新词语的研究提供了一个新视角。话语范围、话语基调和话语方式三个概念反映的是系统功能语言学从社会符号立场所观测到的语境的要素②。在各种变量因素分析中列举了大量的广东媒体新词以及全国各地相同语境的新词，以点带面，点面结合。广东媒体新词语是社会发展的一个真实记录，也是广东政治、经济、文化、科技的一个缩影，它们具有生活性、言简意赅、融入外来词汇等特点，充分体现了广东人们务实创新、思维活跃、注重生活质量、乐于接受外来文化的创新精神以及广东兼容并蓄、舆论氛围宽松的社会环境。

---

① 林伦伦：《新词语漫话》，花城出版社2012年版。

② 朱永生、严世清：《系统功能语言学再思考》，复旦大学出版社2011年版。

微博语言特点说略*

赵　聪**

摘　要　微博是一种虚拟的网络信息平台，其语言特点是变异性的语话风格、创意性的标点组合和模仿性的语言类比；微博产生的原因主要是工具媒介的便捷性和社会节奏的快速性。微博语言对语言的创造性和表现力具有一定是正面效应，但在一定程度上应强化其规范性和实用性。

关键词　微博语言特点　具体表征　多元成因

微博是一种通过关注机制分享简短信息的广播式的社交网络平台，是微型博客（Micro Blog）的简称。微博用户可以通过 WEB、WAP 以及各种客户端组建个人社区，以 140 字左右的文字传递信息（网易是 163 字，这是为了突出“网易 163”的品牌特点）。微博的内容十分广泛，它可以包括语言信息和多媒体信息，如图片或影音剪辑等。

本文拟探讨微博语言的特点，并分析这些特点形成的多元成因。

---

* 原载《广东技术师范学院学报》（社会科学版）2013 年第 1 期。为 2011 年广东省宣传部委托项目“2008 年以来广东媒体新词语语料库建设及其研究”阶段成果之一。

** 赵聪，女，1986 年出生，河南郑州人，2010—2013 年在广东技术师范学院师从林伦伦教授攻读民族学专业（少数民族语言与汉语方言方向），获法学硕士学位，学位论文题目《微博语言特点研究》。2015—2016 年在广州番禺职业技术学院工作，2017 年开始在广东工贸职业技术学院工作。

一 微博语言特点的具体表征

（一）变异性的话语风格

微博表述的内容十分琐碎、繁杂，因而微博语言体现出“鸡零狗碎”“鸡毛蒜皮”“微生活”“微价值”等特点。

微博的出现，使信息呈现出非完整性的碎片化、即时化和移动化的特性。通过微博自由、便捷、即时地抒发自己的情感，已成为互联网上的时尚，而微博也成为社会热点事件披露、评论的重要平台。

微博需要在简短的篇幅中吸引受众的注意，因而词语运用和句式选择两方面都具有变异性的特点①。“碎片化”的语言和新锐词语成了微博用户独特的用语方式。

微博语言往往推陈出新，如生僻汉字的复兴。汉字是表意文字，某些文字的象形性很强，网友们在微博中采用某些生僻汉字，强调这些字形的象形之意，使字形的感觉添加了丰富的联想意义。如：

1. 磊一剑寒九州：再一次被韩国人的弱智靐（bìng）到了青岛的黄昏：天下最雷，莫过于此——靐。

“靐”的字义是雷声的意思，在此指太“雷”了，用法同“雷”。

微博中经常出现旧词新用的现象，旧词产生新意，更接近年轻网民求新求异的心理。如：

2. Catherine 君：微博上就三种人：一种是把自己想说的话说出来的人；另一种是把自己不想说出来的话说出来的人；第三种是打酱油的。

“打酱油”，按以前的意思是买酱油，但在此指不谈敏感话题，旁观而已。

微博语汇中另一种比较流行的形式是谐音式。谐音式产生的原因一是由于网络语言的限制，某些敏感词汇必须用谐音字来替代；二是某些谐音字能使话语风趣幽默；三是谐音字能表示讽刺调侃，从而能体现褒贬社会现象的讽喻功能。如：

① 姜珍婷、周凯：《从微博看现代汉语新变化》，《江西科技师范学院学报》2010 年第 4 期。

3. @老黄金眼：继 CBD 被翻译成“车倍儿堵”后，我们又创造出一个新词：GDP 就是“搞地皮”。北京是最典型的搞地皮。

4. 微博老邹：媒体，即霉体。内心发霉、没有人性的东西。

以上例 3 是中文和英文缩写的谐音对应，例 4 是中文和中文的谐音对应。

谐音式还可将某些社会惯用语替换某些词语来影射社会现实，如：“蒜你狠”“豆你玩”“糖太宗”等，影射了某段时期大蒜、黄豆、白糖的价格飞涨。

就词语组合而言，微博语汇往往善于利用常规组合强化其情感或利用非常规组合强化其事件的荒谬性。如：

5. almal08：最近学了个新词，羡慕嫉妒恨，哈哈！情景造句：为啥那么多国家针对中国，那完全是羡慕嫉妒恨啊。

“羡慕、嫉妒、恨”这三个词语都是表达情绪的，词义程度层层递进，因而当这三个词语依序组合后，一种强烈的情感跃然纸上。

在微博中也有许多不合逻辑和语序规则的非常规组合。如“洗脸死”，荆州市公安县一名在押男子离奇地死在该县看守所，警方称该男子在洗脸台水池里“溺亡”，因而微博网友创造了新词“洗脸死”。

“洗脸”和“死”这两个动词，意义不能搭配，但正是因为这种超常搭配，增强了视觉的冲击力和语言的表现力。另如“睡梦死”“洗澡死”“发狂死”“摔跤死”“妊娠死”“喝水死”“激动死”“上厕所死”“证据不足死”“鞋带自缢死”“床上摔下死”等。

微博中的句法形式也因为碎片化、即时化和移动化的特性而体现出某种变异性。

其一为短句较多，长句较少。微博话语因字数的限制大都用短句，因而文章短促有力，表达自由灵活。如：

6. Chenshanqi：今年的天气真是不寻常，四月中旬下起了大雪。可能很少有人经历过。整整下了两个多小时，真是奇怪！接着青海又发生了地震。难道 2012 提前到来……

其二为非主谓句多，主谓句较少。由于微博字数的限制，兼之又以自我表达为主要内容，所以文章往往省略第一人称主语，这样既节省用字也不会造成理解的困难。如：

7. lvxinhai：祝福玉树的朋友们。早日恢复

其三为变式句多常规句少，有的则为普通话和方言的混杂。如：

8. 汤念文：起床起床，今天仍要奋斗一单作品，那我走先了。

“走先”虽然语序不合现代汉语语法规范，但是由于使用的简便性和通俗性，因而这种具有粤方言色彩的表述并不影响语言的交际效果。

（二）创意性的标点组合

为了追求新颖、独特的表述效果，很多微博用户都喜欢比较随意地使用标点符号，很少考虑标点符号的规范性。

在微博语言中，标点符号经常出现任意组合、连用等情况[①]，甚至用某些标点符号直接代替某些话语。如：

王牧笛V：。。。

@财经网V：【于洋王晓理恐被赶出奥运村 或将受国家追加处罚】国际奥委会正在完成一系列剥夺羽毛球女双消极比赛选手的资格、将她们驱逐出奥运村及送她们回家的手续。奥运会结束之后，于洋王晓理还可能面临中国奥运代表团的追加处罚。http://t.cn/zWpcVNQ

今天13:04　来自新浪微博　　转发(2527) | 评论(1564)

今天13:43　来自红围脖iPhone客户端　　转发(263) | 取消收藏 | 评论(244)

这条微博是对财经网微博内容的评论，发微博者连用三个句号（在语义上相当于省略号）表达了作者的无语与无奈。

又如：

刘百雨：扁桃体发炎，舌根红肿，说话疼，吃东西疼，喝水疼，这什么时候上的哪门子火呢。。？？！！

2分钟前　来自新浪微博　　转发 | 收藏 | 评论

---

① 韦茂繁、李胜兰：《微博语言中变异标点符号刍议》，《广西民族大学学报》（哲学社会科学版）2012 年第 2 期。

这条微博中包括了两个句号、两个问号和两个感叹号，从而使我们能够感受到作者感情的起伏变化。作者先用句号表达“上火”的陈述，继而用问号表达了自己的疑问和纳闷，最后用叹号强化了句子的语气。

微博作为一个即时、流动的信息平台，表述方式必须具有特异性才能吸引受众。而标点符号超越传统的表达方式，在某种程度上满足了微博用户在微博字数的限制内抒发情感的愿望，并增加了微博内容的丰富性和复杂性。

（三）模仿性的语言类比

在微博语言中，网友们往往用恶搞和游戏的精神模仿热门事件的新型表达方式，由此出现了各种各样风格迥异的微博体，即“体式模板化”①。体式模板化，类似于传统语言的仿写，是指根据内容表达的需要，参照微博体所提供的基本句式，另写一个与原句式结构相同、内容相关的句子。

微博体大致分类如下：

类别	体式
社会事件	撑腰体
事物名称	淘宝体、海底捞体
创造者	德纲体、梨花体、丹丹体
艺术作品	王家卫体、见或不见体、TVB 体、宝黛体
表现形式	中西混搭体、咆哮体、雨珠体、五四体、方阵体
帖子内容或关键词体	下班回家体、如果体、唤醒体、膝盖中箭体、秋裤体、有种体、hold 住体、青年体、不相信爱情体、眼中体、最早情诗体、精神体、涨工资体、遇见体、小明体、梁朝伟休闲生活体、扫地老太太体

以上各类微博体都有不同的来源，如表社会事件的“撑腰体”是针对社会上老人摔倒了无人扶的现状发表的议论；表事物名称的“淘宝体”是淘宝网站的名称；表创造者的“德纲体”的创作者是相声演

① 张艳龙：《析微博体语言的特征》，《邢台学院学报》2011 年第 4 期。

员郭德纲；表艺术作品的“王家卫体”指王家卫导演的电影台词。

有的微博体注重语言的表现形式，如“雨珠体”指帖子里一段话中的每个字，都用句号隔开，行文就像雨珠一样；大部分微博体都是“帖子内容或关键词体”，如“下班回家体”是诉说晚上下班回家时的遭遇，“如果体”是以“如果”为关键词来表达理想与现实的差距等等。这些体式都具有较强的流通度和影响力。现在，网络上还出现了各种微博体生成器①，微博用户只要按照生成器提供的模板填充某种内容，便能生成具有原创风格的微博。

二　微博语言特点的多元成因

（一）工具媒介的便捷性

当今社会已进入了以网络、电子通信等为媒介的信息时代。微博用户可以通过浏览器、手机、即时通信软件（如 MSN、QQ、Skype 等）以及外部 API 接口等多种方式进行信息发布。使用者只要拥有一部手机就可以通过短信或者彩信发布微博消息。如果手机可以上网，发布的途径则更为丰富，快速的流动信息是快捷生活方式的具体表现。

工具媒介的便捷性直接导致了微博用户的海量增加。微博的低技术门槛大大扩张了传播者的数量，使一些原本受到技术限制不愿意发布信息的网民也成了新的微博用户。

微博用户的急速膨胀强化了微博功能的丰富性和微博内容的复杂性。人们通过电脑、手机等媒介连接到互联网，使微博产生了发布功能、转发功能、关注功能、评论功能、回复功能和私信功能。而微博提供的发布和转发功能，使用户可以随意转播感兴趣的信息，从而大大扩大了信息的传播范围。微博的私信功能则可以让两个互不相识的人进行交流，成为朋友。

尽管字数限制了微博内容的深刻性，但微博内容的丰富性超过了以往任何媒介提供的可能性。微博用户不需要深厚的语言功底，也不需要华丽的辞藻和深刻的思想，更不必用长篇大论阐述哲理，微博用户只需

① 张曼：《微博新词新语探析》，《学理论》2011 年第 23 期。

随意地记录生活的点滴碎片，就能够满足微博这种特殊媒介的主体功能。

微博这种碎片化的语言形式开启了碎片化沟通时代和指尖记录时代，而且这些碎片化的语言形式既被微博用户使用，也被微博受众接受。微博用户独特的语言方式是快捷的生活方式的映照，也是微博用户和微博受众互动反馈的结果，而工具媒介的便捷性则构建了微博语言的现实语境。

（二）社会节奏的快速性

微博的文本字数一般限制在140字以内，由于字数的限制，由于现代社会高速的生活节奏和信息量的快速增加，微博用户要在短时间、小篇幅内发布相对完整的微博内容。网络世界交际过程的时效性、快速性和语言输入法的便捷性，促使微博用户用精简的文本字数表达丰富的信息容量。

社会节奏的快速性和微博“短小精悍”的语言风格十分吻合。用户用140个以内的文字来发布信息，不可能对生活进行详尽、细致的分析，也不可能对事件的背景进行细致的交代，而只能传递琐碎的生活细节、快速的新闻资讯、瞬间的思想感悟等等。

微博兼收并蓄、多元共存的特点营造了一个迄今为止在形式上最为民主的言论环境，这无疑是互联网应用中去中心化的典范，也是组织松散却能量巨大的样板。

博客、播客、维基等都需要用户事先组织语言陈述或视频编辑，因而相对烦琐，即所谓“深水”；微博仅需只言片语就可以即时发布信息，这种“浅水”更符合现代人快节奏的生活以及信息流动、扩散的需求。

尽管微博的信息日益碎片化，但微博用户一系列微博的连贯表述能自发组织、完成对某个事件的完整报道和传播，也能够记录微博用户生活中的点点滴滴，从而构建微博用户的生活图谱。

电子技术的发展导致了信息的海量泛滥，从而引发了人们的感官膨胀和疲乏。信息的更新速度和飞快的生活节奏导致人际交往表层化、快捷化，但人们需要传递信息、表达情绪、分享感受，而微博则是最好的“对谈式”媒体。对微博用户“碎片化”的表述，受众可以即时反馈，因而微博用户和微博受众二者的互动可以使对话无限地延续下去。

微博的意义和价值是在互动、反馈、沟通中建立起来的，因而兼有博客和通信的微博在构建群体结构和构建人际关系方面具有明显的社会学意义。微博本身即时性、分享性和群体性的特征，凸显、强化了人际影响力。微博所体现的人际关系主要来源于两大方面，一种是原有人际关系在微博上的延伸，一种是通过微博所建立的人际关系。微博延续了SNS网站的功能和特点，使个体社交圈不停地放大、膨胀，最后成为一个巨型的传播网络，这对快节奏中社会失衡而产生的人际淡漠和心理失落是一种较为有效的抚慰和矫正。

但微博在带给年轻人极大的心理安慰和心理调节时，也会产生显而易见的负面影响。由于其便利性和互动性，微博用户中出现了不少"微博控"，微博已不同程度地影响了这些人的生存状况，重度患者甚至会出现焦虑症和狂躁症等心理疾病。

快速的生活节奏导致了海量的信息泛滥，随着微博用户的迅速增加，信息的平庸性日益显著。而要在海量信息中获取关注，语言的独特性是一个要素；兼之微博是一个情感宣泄的即时平台，为了增加情感宣泄的强度往往需要增加语言的力度。这些，都构成了语言变异性的动因。

小　结

微博语言的特点主要是变异性的话语风格、创意性的标点组合和模仿性的语言类比。这些特点产生的动因既有物质形态也有社会形态。从物质形态来看，主要是工具媒介的便捷性。网络、电子通信等媒介的飞速发展，导致了微博用户的海量增加。从社会形态来看，主要是社会节奏的快速性。社会节奏的快速发展，导致了社会关系的急剧变化，也导致了人们频繁的心理失衡。现实生活中的人际淡漠，使网络成为不同社会群体的心理平台。而微博碎片化、即时化和移动化的特性，正契合了微博用户信息传递和情感宣泄的需求。

在海量泛滥的信息中，要在信息泡沫中备受关注，语言的独特性和变异性是一个重要的前提。

微博语言的变异性既有其正面价值也有其负面价值。就正面价值而言，它主要体现在语言的创新性上。这些创新性背离了传统的规范，但对强化语言的表现力和风格的独特性进行了有益的尝试。其全新的网络语言和话语方式形成的丰富的文化生态，使语言的运用在微博这种具有口语化的风格和准书面语的形式的契合中显现出勃勃生机。

就负面价值而言，变异性的微博语言在创新的同时也造成了语言使用的混乱。因而，语言工作者应该对微博语言进行深入研究，给予必要的引导，以促进微博语言的健康发展。

论对外汉语口语句典的编写*

董琳莉**

摘　要　编写对外汉语口语句典，这在对外汉语教学界还是一个全新的概念。本文以全新的构式语法理论和语块理论为指导，从对外汉语口语语句学习的特殊性以及语言工具书的发展趋势出发，肯定了对外汉语口语句典产生的现实意义，并且对对外汉语口语句典条目的选择、编写体例（包括释义、语境、语气语调、例文、提示、译文等版块的设立等）做了相关的探讨，对目前对外汉语口语句典编写需解决的问题提出了自己的意见和建议。

关键词　工具书　对外汉语口语　构式语法理论　语块理论　句典

一　对外汉语口语句典编写的必要性

要编写一部对外汉语口语句典，首先要弄清楚下面几个问题。

---

* 原载《汉语教学学刊》第8辑，北京大学出版社2012年版。

** 董琳莉，女，江西吉安人。现为北京大学对外汉语教育学院副教授，硕士生导师。1994—1997年在汕头大学师从潘家懿教授和林伦伦教授，攻读汉语言文字学专业（方言与文化方向）。其间，受两位恩师的安排被送到暨南大学文学院学习两年，师从李如龙教授，继续攻读方言与文化专业，并兼修对外汉语专业。1997年6月获暨南大学文学硕士学位。1997—2001年在汕头大学对外汉语中心工作。2001年9月至今在北京大学对外汉语教育学院工作，其间，2005—2006年、2009—2010年分别在韩国庆熙大学（Kyung Hee University）和美国狄根森学院（Dickinson College）访学任教，2013年2月在日本新潟大学（Niigata University）进行新HSK的辅导和培训。主要研究方向为对外汉语教学研究、留学生预科教育研究和教材编写研究。已发表学术论文20余篇，并参与编写和出版了《新编趣味汉语》《快乐时光幼儿汉语》等多部汉语教材。

（一）关于句子的定义

《马氏文通》中对句子所作的定义是："凡有起词、语词而辞意已全者曰句。"① 黎锦熙认为："就一种事物述说它的动作，或情形，或性质、种类，能够表示思想中一个完全意思的，叫做'句子'，通称'句'。"② 吕叔湘："即使只是一个短语或一个词，只要用某种语调说出来，就是句子，听的人就知道这句话完了；即使已经具备主语和谓语，只要用另外的语调说出来，就不是句子，听的人就等着你说下去。"③

张朋朋的解释是："话语中能表达一个完整意思的最小的交际单位是'句子'，一个人听不懂和说不出'句子'是不能进行口头交际的。'话语'可以是一个句子，也可以是一串句子，人听到和说出的'话语'是由'句子'组成的，因此，'句子'是语言的基本单位。"④

"《新概念英语》的作者英国著名英语教育家亚历山大在书的前言中就指出：学生要想成为熟练的语言运用者，就必须很熟练地使用语言单位，而语言单位并不是人们曾经普遍认为的单词，而是句子。"⑤

从以上专家的论述中我们可以看出，语言是用来交际的，而句子是语言的基本单位，句子可短可长，只要具有一定的语义，能使听话者了解对方表达的意思，就可以把它看作句子。句子是语言的基本单位，不能表达一定意义的词语是无法完成交际任务的。因此，我们在第二语言的教学中，应该看重句子教学的重要性，应该有目的地指导学习者进行句子的训练，使学习者在大量的句子训练中，认识句子的结构，从而学会并掌握各种句子。

（二）汉语口语语句学习的特殊性

与汉语书面语相比，口语的学习与表达有一些突出的特点。

1. 书面语的句子可短可长，最长可至上百字。而口语语句为表达方便，大多字数有限，容易记忆，便于出口成章。

① 马建忠：《马氏文通》，商务印书馆 1983 年版，第 385 页。

② 黎锦熙：《新著国语语法》，商务印书馆 1992 年版，第 15 页。

③ 吕叔湘：《汉语语法分析问题》，商务印书馆 1979 年版，第 28 页。

④ 张朋朋：《语言的基本单位是"句子"》，《汉字文化》2006 年第 3 期。

⑤ 同上。

2．口语语句的难度并不一定随着词语的难度级别而增长，也许只是由简单、平实的汉字组成，但其语义常常并非字面的简单相加，而另有特定的含义。

3．一些口语语句是在口语交际中由临时的自由组合，经过长期使用，形成约定俗成含义的特殊语块，“如何准确地理解这些‘口语常用语块’，也是多年来困扰对外汉语教学工作者的一个难题，因为很多语块无法用一般的语法概念来解释清楚，教材中对这些语块的解释也只是简单带过，所以当教学中或学习者遇到这类问题时，教师只能凭借自己平时的语感，作出不一定完全恰当的说明”①。如“够意思”，对于缺少汉语语感的外国学习者来说，往往难以判断甚至猜测。这种“口语常用语块”“一直都是留学生汉语学习和交际中的难点和弱点，直接影响到留学生使用汉语交际的流利程度和交际效果”②。

4．从语用上说，口语语句“对语境有较强的依赖性，在某一特定语境中，它是一个语块，而一旦脱离这一特定语境它就不再是语块，而是一个临时组合”③。如“有病”这个词语，如果我们在特殊的场合用很厌恶、很生气的语气说出这两个字来，那就表示一个完整的意义，是一句表示对某人行为不满的骂人的话。但是如果以平缓的叙述语气说出来，它只能算作一个词语或者一个句子成分。

5．一些口语短句，是典型的构式，“不能根据其构成成分推导出整个结构的形式和意义”④，在教学中宜采用整体解释的方法，而在使用中则整体提取，“这样的‘构式义处理法’学生相对容易接受”⑤。如“有的是”，如果当作一个整体解释或使用，就容易得多，如果拆开来作词语分析，就变得相对复杂了。

根据以上口语语句的特点，我们有必要把口语教学与其他技能的教学区分开来，认真研究口语语句的特点，探讨采用何种办法使学习者掌

---

① 罗庆：《汉语口语常用语块的特点及其对第二语言教学的启示》，《湖北大学成人教育学院学报》2008 年第 6 期。

② 丁洁：《口语习用语作为预制语块的教学》，《语文学刊》2005 年第 6 期。

③ 张娟：《汉语语块分类与教学浅探》，《文理导航》2010 年第 9 期。

④ 陈满华：《构式语法理论对二语教学的启示》，《语言教学与研究》2009 年第 4 期。

⑤ 同上。

握语句学习的规律，从而尽快达到与其他人交际的目的。

（三）新的语言理论引起工具书编写的变革

汉语的工具书是从字典、词典逐步发展起来的。随着语言的变化，新的语言理论的产生，使人们感到，如今语言的学习单凭字典、词典是无法满足需求的，需从工具书中学到更多的东西。特别是近年来语言学界构式语法理论和语块理论被引进我国汉语语法学界之后，对语言类工具书的变革不能不说有较大的影响。

构式语法理论和语块理论被引进中国的历史都不长。语块理论要稍早一些。

Becker（1975）是最早对语块理论进行专门研究的，他认为语言记忆和存储、输出和使用并不是以单个词为单位，那些固定和半固定的模式化了的板块结构（idiosyncratic chunks），才是人类语言交际的最小单位①。

陆俭明指出："语块理论的核心内容是，根据心理实验所提供的数据，大脑运用语言进行组码（即编码）也好，解码也好，能容纳的离散块的最大限度是七块左右（即±7），关注范围是四块左右（即±4）；这样，一个经过组块（chunking）而成的语句表面看是由若干个语素或若干个词组合成的，实际的组成单位是语块（chunk）。语块是'人类信息处理能力的实际运用单位'。"②

陆俭明认为需从构式的角度来认识语块，指出："语言的句法层面存在的是各种各样的构式；每个构式都由语块组成，语块是构式的构成单位。"③

那什么是构式语法理论呢？苏丹洁和陆俭明在《"构式—语块"句法分析法和教学法》一文中介绍了构式语法理论的基本观点：

1. 构式是形式和意义（含功能）的匹配（pair）；

2. 构式本身能表示独特的语法意义，自身有独特的语义配置方式（即独特的语义结构关系）；

---

① 转引自郑弘《"预制语块"与英语教学》，《大学时代》2006年第6期。

② 陆俭明：《汉语语法语义研究新探索（2000—2010）演讲集》，商务印书馆2010年版，第171—174页。

③ 同上。

3. 构式的形式、意义都不能从其组成成分或其他构式推知。[①]

构式语法理论的这些观点无疑符合心理学和认知科学关于“整体大于部分之和”的完形（gestalt）原理。

我们为什么要用很大的篇幅介绍构式语法理论和语块理论呢？因为这些理论有可能引起语言类工具书编写的一场革命。

构式—语块理论运用于汉语教学中，有助于语感的培养，因为“存储在大脑中的语块就好像是一个个半成品预制件，不需要再作精细入微的词汇间的语法关系分析，稍微组装加工就可形成流利地道的句子”[②]。当学习者把一些在交际中有用的语块作为一个个整体来学习、记忆并且掌握，他们就能在不用考虑语法规则、只需考虑不同语境的情况下脱口而出，同样能够达到正确交际的目的。

（四）编写对外汉语口语句典的重要性

既然语块是“人类语言交际的最小单位”，既然我们提倡将语块整体输入与输出，那么很显然像字典、词典这样的工具书是无法承担这种语库的重任的。像《现代汉语词典》在不断的修订中，陆续增加一些新的内容，但是把“有的是”“没说的”收入，显然已经超出了词典的范围。《现代汉语八百词》出书较早，其中虽然收入了大量习用语之类的类似语块的内容，但毕竟没有相关理论的指导，显得散乱，缺少系统性。于是语典、句典这样的工具书便应运而生了。

近年来汉语语典陆续出现，如《语海》[③]《汉语语典》[④]《现代汉语语典》[⑤] 等。这类工具书的面世，是在字典、词典的基础上的一个飞跃，是工具书的发展和进步。但是也应看到，这些语典所收录的大多是“成语”“谚语”“歇后语”“惯用语”等，对于我们日常生活中用于交际的常用语块特别是口语语块很少收录，而且收录的内容大多不能独立应用，必须在语言水平达到一定的高度才能理解和使用，因此对学习者

---

① 《世界汉语教学》2010 年第 4 期。

② 周健：《语块在对外汉语教学中的价值与作用》，载《暨南学报》（哲学社会科学版）2007 年第 1 期。

③ 何承伟（总策划）：《语海》，上海文艺出版社 2000 年版。

④ 贾采珠等：《汉语语典》，汉语大词典出版社 2003 年版。

⑤ 许匡一等：《现代汉语词典》，湖北长江出版集团 2008 年版。

完成日常交际任务的帮助有限。

20世纪末，汉语的工具书书架上开始出现了句典类的工具书，如《现代汉语句典》[①] 等。《现代汉语句典》是一部“收集句子加以解释供人检查参考的工具书”，在这部句典的代前言中，论述了这部句典与词典的不同，指出这部句典是以“能表达一个完整意思的语言运用的基本单位”——句子为收集对象的。还指出“句”是有一定范围限制的，“那就是流传在人们口头上的，或者在文章中经常使用的，用起来会使表达变得丰富生动的那样一些比较固定的句子”[②]。

遗憾的是，尽管《现代汉语句典》有关“句典”的提法为汉语工具书的发展又向前迈了一大步，但是从这部句典所选条目看，大多还是名句、谚语、格言、歇后语、俗句等，我们只能把它看作语典类工具书的扩展，对学习汉语特别是汉语口语的外国学习者来说，还是远远满足不了需求。

在与中国人的日常交际中，外国学习者颇感头疼的是一些在口语交际中由临时的自由组合，经过长期使用，形成约定俗成含义的口语短句或者口语句式，我们称之为“口语常用语块”，这些语块看似简单，但是对于缺少汉语语感的他们来说，却完全无法理解其准确的含义，比如“看你说的”，四个字都是初级阶段就学过的甲级字，但是组合在一起，就不明白它的完整意义了，如果没有在教学上的指导，学习者就很难和“别这么说”的义项联系在一起。

一些从事对外汉语教育方面的学者意识到上面提到的问题，近年来先后出版了有关方面的工具书，其中有一定影响的有北京语言学院出版社出版的《口语习用语功能词典》[③]，北京大学出版社出版的《汉语熟语学习手册》[④]，新世界出版社出版的《实用汉语习语一百例》[⑤]，北京大学出版社出版的《汉语口语常用句式例解》[⑥]，等等。

---

① 白维国主编：《现代汉语句典》，中国大百科全书出版社2001年版。

② 白维国主编：《现代汉语句典》，中国大百科全书出版社2001年版。

③ 常玉钟主编：《口语习用语功能词典》，北京语言学院出版社1993年版。

④ 胡鸿编著：《汉语熟语学习手册》，北京大学出版社2002年版。

⑤ 郭玉玲、王环宇编著：《实用汉语习语一百例》，新世界出版社2003年版。

⑥ 刘德联、刘晓雨编著：《汉语口语常用句式例解》，北京大学出版社2005年版。

这些工具书的出现，已经具备了语典甚至句典的雏形。这从几本工具书的“编者的话”或“前言”中可以看到编写者的理论依据。《汉语熟语学习手册》在“编者的话”里面指出：出版这本书的目的“就是帮助你如何理解这样一些每个词都认识可是从字面上却看不懂，词典上也可能找不到的词语或句子句式”[①]。《汉语口语常用句式例解》在“前言”中也提到编写这本工具书的缘由：“学习语言的一个难点，就是怕遇见一些看似简单有时却无法知道其确切含义的短语。这些短语在一般的工具书中又很难查到。”[②] 以上提到的工具书的面世对学习汉语的外国人来说，无疑带来了极大的方便。对从事对外汉语教学的教师以及其他语文工作者也有较实用的参考价值，因为其中有很多词语、小句或者口语句式，都是其他工具书中没有收录的，而且许多口语化的语句，对于外国学习者来说，确实有相当的难度。而对对外汉语教师来说，如果没有精心研究，也都是只能意会而无法即时传授的。这些工具书的出版，“不仅对外国人学习汉语很有帮助，而且对以汉语为母语的中国人来说也很有启发”[③]。在肯定以上工具书的作用的同时，我们也应看到：这些工具书所选内容，大多还是以词语或短语为主，且体例不一，有的是包括了惯用语、话头话尾的熟语；有的则称是排除了成语、俗语、惯用语等熟语的习用语；有的虽然提到所选内容为口语语句或口语句式，但是也有一些不能单独成句，只能看作口语词汇的条目混杂其中。因此，这些工具书，还不能算作完全意义上的句典。

总之，当我们贯彻“句本位”教学原则，注重“口语常用语块”的整体输入与输出，将那些在特殊语言环境中有特殊意义的口语短句作为口语教学的重要内容之时，为了配合这种教学，也为了给那些自学者的学习提供指导，编写对外汉语口语句典就显得尤为重要。

---

① 胡鸿：《汉语熟语学习手册》（编者的话），北京大学出版社 2002 年版。

② 刘德联、刘晓雨：《汉语口语常用句式例解》（前言），北京大学出版社 2005 年版。

③ 邵敬敏：《口语与语用研究的结晶——评〈口语习用语功能词典〉》，载《世界汉语教学》1994 年第 2 期。

二　对外汉语口语句典条目的选取原则及编写体例

（一）条目的选取原则及其相关讨论

编写一部句典，应当“有意识地把句子作为一级语言单位来对待，并以此为着眼点来编纂相应的工具书”。

但是有一点我们应当看到，句子的形成在语言中相当广泛，若干语块，或许一个语块，甚至只有一个字，当它出现在一定语境中、具有一定语义和语言表达形式、能够作为整体来表达某个完整意义的时候，它就是一个完整的句子。因此，要穷尽汉语中所有的句子，把它们全部收入一部句典中，这是完全做不到的。我们只能选取部分学习者需要了解的语句收入其中。

既然我们要编写的是对外汉语口语句典，那就需要针对外国学习者在汉语口语学习中所遇到的学习难点，选取相关的口语语句收入这部句典中。坚持这一原则，虽然已经大大缩小了收录语句的范围。但在编写过程中，还需要对这一范围内的语句有所取舍。

1. 选取日常交际中使用频率高，能表达完整意义的短句。这类短句的使用往往局限于某些语境当中，它们具有较强的语用功能，“经过长期使用，演变成了现成的预制语块，形成约定俗成的含义”，“这类预制语块在汉语母语者之间被大量频繁使用，以至于习以为常”①，在适当的场合往往可以脱口而出。这类语句对于外国学习者来说，理解起来稍有难度，或者虽然理解，但是不能与使用情境联系起来，比如“留步”“哪里哪里”“那就不客气了”“请慢用”“说的是”“一点小意思”等。至于“你好”“谢谢”等语句，由于流传太广泛，一般没学过汉语的外国人也大多了解它的含义，就不一定包括在内了。

2. 虽然来自书面语甚至古汉语中的典雅语，但是一直流传到现在，并且在当代生活中广为使用，也可以酌情选入。如“幸会幸会”“久仰

① 罗庆：《汉语口语常用语块的特点及其对第二语言教学的启示》，《湖北大学成人教育学院学报》2008 年第 6 期。

久仰”“无可奉告”“下不为例”“恕不奉陪”等，特别是一些规范的交际语言，当外国学习者能够准确无误地表达出来时，会使与之交际的中国人感到对方的汉语水平达到一定的高度，容易在中国人面前树立有文化素养的形象。

3．选取能够表示一定完整意义的相对固定语块，也就是我们常说的口语固定词组，如习用语语块、插入语语块等。在这里，我们所说的习用语语块，主要指看似简单但在特别的语言环境中，能够单独成句的那些词语，比如“彼此彼此”“够朋友”“说得过去”“看着办”“我说呢”“一是一，二是二”“走着瞧”“看你说的”等。这些由简单词语组成的语块，在组合到一起之后产生了新的义项，有一定的认知难度，对初次接触这一语块的外国学习者来说，容易产生歧义。还有那些插入语语块，如“不瞒你说”“你还别说”“我想”“看样子”“总而言之”等，这些语块经常位于句子的句首、句中或句尾，它们本身具有一定的意义，但是必须与主句组合，才能够表现出它们的作用。可以说，它们是口语语句的重要组成部分，认知难度也比较高，比如“你还别说”，如果没有释义和用法的指点，外国学习者很难理解这个语块的真正含义。我们在编写对外汉语口语句典的时候，应该考虑将这些常用于口语语句的相对固定语块收入其中。

4．对于一种结构类的语块是否该收入口语句典也在我们的讨论范围之内。在汉语口语中，有一类口语语块，既是相对固定的，又具有一定的弹性。从整体看，它是一个完整的构式，如“看把你急得!”，我们在解释这一构式的特征时，不需要对“把”“得”等词语作详细的分析，只要采取整体解释的方法，告诉学习者这句话的整体意思就是劝对方“不要有过度的行为或过于暴露某种情感”就行了。这样的“构式义处理法”学生相对容易接受。而从另一方面看，这类语块在维持基本的结构的同时，还可以有局部的变换，如把上面句子中的“急”改成“高兴”“美”“激动”“得意”等。这些变换都不影响句子本来的释义，当学习者记住了一个语块就等于记住了若干语块。教会这类结构类的语块对于外国学习者来说，常常可以起到举一反三的作用。

（二）对外汉语口语句典的编写体例

根据汉语口语语句的几大特征，对外汉语口语句典的体例，应当包括以下几个方面。

1．释义。

任何语言类的工具书，都有“释义”这一项，对外汉语口语句典也不例外。与其他工具书不同的地方在于两个方面。

（1）体现“对外”的特点，作为面向外国学习者使用的工具书，对外汉语口语句典的释义要尽量浅显易懂。要避免过去一些词典中词语互释的现象，用来解释的语句不要比原句更难。行文也尽量口语化，减少外国阅读者在释义方面的理解难度。

（2）在解释语句条目的时候，要采取整体解释的方法，把所选语句当作一个不可拆分的单位来讲解，不需要使用语法规则来加工分析，“依据语块教学法，提倡学习者把输入当做整体来接收，并存储在自己的语库里面，在需要时直接调用就可以了。”①

2．语境。

鉴于汉语口语语句对语境有较强的依赖性，为使外国学习者准确理解所查询的语句并能够正确使用，对外汉语口语句典应当增加“语境”这一版块。因为“语言教学专家还发现只有在交际环境中对学习者进行听说训练才可以使他们知道怎么使用句子”②。我们要让外国学习者了解到，许多口语语句，在某一特殊语境，有着某种特殊的含义。一旦脱离了这一语境，也许就不是一个语块，仅仅是一个词语的组合。比如“意思意思”出现在下面的对话中：

甲：大家都是朋友，用不着给他买礼物吧？

乙：人家帮了咱们那么大的忙，咱们总得意思意思吧。

在这种语言环境中，“意思意思”表示“无论多少，对别人的帮助总要作出某种报答”。如果不指出这句话的语境，外国学习者往往会误用。

3．语气语调。

吕叔湘说过：“句子说出来必得有语调，并且可以用不同的语调表

① 周正钟：《商务英语信函写作语块教学与研究》，西安交通大学出版社2010年版，第15页。

② 张朋朋：《语言的基本单位是“句子”》，《汉字文化》2006年第3期。

示不同的意义。”① 在汉语口语的表达中，有许多语句带有强烈的感情色彩，同一句话，用不同的语气语调说出来，表达的意思可能就完全不同。请看表1：

表1　　不同的语气表达的意思可能就完全不同的例子

语句	语气
没错儿	肯定
得了吧	否定
恶心	骂人
好家伙	感叹
老天爷	惊叹
看你	嗔怪
美的你	讽刺
完了	哀叹
有的是	夸张

表中的语句，一般都是独立出现并带有惊叹号的短句，如果学习者不了解这些语句在使用中的语气，以平淡的叙述语气说出，表达出来的也许就是另外的意思了。

因此，汉语口语句典在语气语调方面作一定的提示对外国学习者有一定的指导意义。

4. 例文。

由于口语语句的丰富性、活泼性、省略性及不规范性，有时候很难用非常科学严谨的解释概括它。此外，从阅读者本身来说，以有限的汉语水平来理解工具书中的释义，往往会有一种似懂非懂的感觉。这时候，句典中的例文就显得尤为重要。要注意以下两点。

（1）对外汉语口语句典在处理某些条目的时候，需要通过上下句的对应关系让学习者体会所学口语语句的意思和用法。一些口语常用语

① 吕叔湘：《汉语语法分析问题》，商务印书馆1979年版，第28页。

块，常与另一语块形成上下句的关系。就像我们在说“认识你很高兴”的时候，往往会得到“我也很高兴”的回应。

（2）在介绍可局部替换的结构类语块的时候，要选取使用频率较高的替换词语，并给出一定的数量与范围。如果替换词语的自由度过宽的话，让缺少汉语语感、对释义又理解不深的外国学习者以为随便一个“形容词”什么的，就可以随便替换，就很容易造出一些不伦不类的句子来。因为很多语块的替换词语是有一定限制的。有些词语是绝对不能用于某一语块的替换的。

5. 提示。

对一些外国学习者容易产生误会的语句，也应增加“提示”之类的版块，加以特殊说明。如“拜托”，在特殊的语境中，有时用于请求对方停止某种自己不喜欢的行为，有恳求或者厌烦的语气。再比如“A 也好，B 也好”这一句式，是在列举两类人物、事物或事情，和句中“好”的本义没有关系。还有“不是 A 就是 B”这一句式，表示的是两种情况都会出现，而不是否定前者，肯定后者。以上这些句式都是外国学习者很容易误会的，如果在句典中作出提示就避免了学习者的误解。

6. 译文。

由于使用对外汉语口语句典的读者主要为外国的汉语学习者，为了能使学习者准确理解句典中每一条目的意思，编写体例中适当加上译文是必要的。在给句典做译文的时候，首先要注意的是要意译而不要直译。因为汉语口语中的很多句子虽然都是由简单的汉字组成的，但是组合在一起表达的却是另外一个意思，而且无法用一般的语法概念来解释清楚。比如“你还别说”，四个字都是常见的甲级字，但是组合在一起，用在特别的语境中，就有了“确认某种说法或事实，表示赞同”的意思。像这样的语块必须按照意译的方法进行翻译，而不能逐字翻译，引起不必要的笑话。其次，要注意多义项的语句，翻译时要详细指出不同情境下语句的不同含义。如“拜托”，有时用于请求，有时用于表示不满。一定要让学习者分清这一语句在不同语境中的不同含义。

三　编写对外汉语口语句典需解决的问题

（一）对外汉语口语语句的系统研究

编写一部好的工具书，除了要贯彻科学性、趣味性、实用性等原则以外，系统性也是一条不可忽略的原则。

国家汉办1988年制订了《汉语水平等级标准和等级大纲（试行）》（北京语言学院出版社），1992年制订了《汉语水平词汇与汉字等级大纲》（北京语言学院出版社）。在以上两书的基础上，1995年制订了《汉语水平等级标准与语法等级大纲》。

以上几部大纲对我们编写"对外汉语字典""对外汉语词典"都有一定的指导意义。

而我们要编写对外汉语口语句典的时候，是否需要相关的大纲作指导呢？

其一，是否需要制订一部汉语语句的大纲？

尽管汉语口语的语句成千上万，但是我们可不可以梳理出外国学习者在与中国人的交际中常用的语句，制订出"汉语口语语句大纲"呢？这是一项很有挑战性的开创性的工作，因为不像"对外汉语字典""对外汉语词典"那样有前人的工具书做样板，工作量很大，而且具有一定的弹性。比如"你还别说"，我们也可以说"还别说"甚至"别说"，是都选入句典呢，还是选取使用频率高的一项？如果都选入，是都做释例呢，还是选取其一？这些都是我们需要考虑到的。

笔者认为，制订一部对外汉语口语语句大纲是早晚要列入我们的研究规划之内的事情。我们完全可以从功能、情景、文化的不同角度，选取日常口语中使用频率较高、形式相对固定的口语句子收入这部大纲之内。如果有这样一部大纲作指导，我们就可以从中筛选出对于学习者来说理解有一定难度的句子，编写出一部实用的口语句典。

其二，是否需要分级？要不要像"汉字大纲""词语大纲"那样分甲、乙、丙、丁四级？

笔者认为很有必要，因为其积极意义在于：能够指导口语教学和口语教材以及口语工具书编写的系统化和科学化，避免随意性。从目前情况看，我们的教科书中，汉字、词汇、语法的教学因为有大纲作指导，所以比较规范，能够循序渐进，由浅入深。而语句的教学甚至在口语教学中，还都是遇到什么讲什么，没有等级之分。如果在语句大纲中划分了语句的等级，我们的教学、教材与工具书的编写就能够有序地进行了。

其三，我们的《汉语水平词汇与汉字等级大纲》，收入 2905 个常用汉字和 8822 个汉语词汇。那我们在编写对外汉语口语句典的时候，是否也要有一个量的限制？收多少语句才能够基本满足学习者的需求？

笔者在所教的一个预科班作过一个调查，这个班的口语老师曾要求学生把课本里、课堂上以及课外学到的句子记录下来，而且必须是新学的句子，在 9 个月之内至少要记录 1000 句以上，并且每天诵读。当学生按要求甚至超标准完成这个作业之后（有的学生完成 1600 多句），学生的口语水平大大提高，最后这个处于中下等的班级，全班考入本科。根据这个案例，笔者认为如果有个量化的标准作指导，比如说以千句为标准线，每 1000 句为一个层级，这样教材编写者就能够在编写教材的时候，做到心中有数。

（二）对外汉语口语句典的排序方法

我们的字典、词典一般都是按照 A、B、C、D 的语音顺序排列的。当学习者在学习材料中发现不明白的汉字或词语，可以通过语音顺序或者部首检字表在工具书中查到需要弄懂的汉字或词语。

对外汉语口语句典排序可以参照这一方法，但是句典与字典、词典还是有所不同。因为汉语口语的语句有时候是由多个词语组合而成的语块，外国学习者在阅读汉语读物的时候，常常分不清哪些词语是组合在一起的，或者说，某一口语语句是由哪几个词语组成的，因此无法按音序在句典中查找。

可不可以按照汉语口语的功能、情景、文化等类别划分呢？这种划分也许会帮助外国学习者在特定的交际场合需要使用特定的交际语句时，在短时间内找到可以表达自己意思的交际语句。问题在于，不是每个口语语句都能适当地划分到某一框架中的。这也是口语工具书的编者们需要考虑到的问题。

（三）对外汉语口语句典在条目选择方面需要研讨的问题

在筛选语句的过程中，条目的取舍也有一些值得讨论、解决的问题。

1. 具有地方色彩但已泛化而为众人所知的地方话，如四川人说的“雄起”等；赵本山小品中许多因其表演生动而流传甚广的东北地区的方言等，是否酌情收入？

如果考虑收录这类语句，要注意以下问题。

第一，这类语句往往带有强烈的地方腔调，如果用普通话的语调说出来，就没有了原来的味道，甚至让人听不明白。

第二，这类语句有些是因为某一电影、小品、相声而广为人知，随着时间的流逝，渐渐被人们淡忘，有一定的时效性。

2. 网络中的流行语句，因现代技术的发展而流传迅速，如“我晕”“雷到了”“伤不起”等，要不要收入？

对这类语句是否该引入我们的语言中历来争议很大。一些中小学禁止学生在作文以及考试中使用此类语句。但是也有人对此表示宽容。北大、清华的校长在2011年的毕业致辞中，也多次使用了一些网络语言，如“浮云”“伤不起”“雷人”等。但是有些网络语言确实只有网络人才能明白。

3. 粗俗语言和骂詈语，特别是带有脏字的骂人语，如“滚一边去”等，是否收入？

曾经有一位美国黑人问我的朋友：“什么是‘黑鬼’？”当我的朋友告诉她以后，她感到非常愤怒：因为刚才她在跑步的时候很友好地向一个小孩打招呼，那个小孩却叫她一声“黑鬼”。这就提出一个问题：我们要不要将这类语句传授给外国学习者？尽管我们的课本中一般不教这类语句，但是据我所知：有很多外国留学生有自己积攒的“骂人语句摘录”。

笔者认为，骂人语也可酌情收录，像“缺德”“讨厌”之类的词语。收录骂人语的主要目的不是教学习者怎么骂人，而是让他们能适应某种语言环境，并且可以对学习者在极端愤怒时有适当的引导，避免说出非常过分的带有脏字的话语来。

余　论

我们之所以提出有关对外汉语口语句典编写的论题，是因为这一讨论，对我们的学科发展，有如下好处。

（一）促进理论与实践的结合

对外汉语教育是一门新兴的学科，若想使这一学科逐步发展，成功地立足于语言教学领域，需要加强相关的理论研究。

早期的“句本位”理论和近年来引入中国的构式语法理论和语块理论，对语句的研究以及对外汉语口语句典编写的研究，具有重要的指导意义。

（二）有利于对外汉语教材的变革

在“对外汉语口语大纲”的指导下，对外汉语口语句典的编写，必然会促进新一代的口语教材（包括听说教材、视听说教材）的诞生，一改杂乱无章的现状，向科学化、系统化发展，使我们的口语教材更适用于新的时代。

（三）有助于工具书领域的扩展

汉语工具书从字典、词典扩展为语典、句典，是工具书适应新时代的必然产物。对外汉语口语句典的编写，目前还属于创新时期，倘若有一定分量的对外汉语口语句典能够尽早面世，相信这会成为汉语工具书发展的一个新的里程碑。

对外汉语听力教学模式评介*

郭校珍**

摘　要　本文根据相对有限的资料，评介了国内对外汉语听力教学的四种模式，提出：对外汉语听力教学应改变现在的一盘磁带和一个录音机的做法，根据学生不同的汉语水平，采用不同的教学方法，在提高学生听力技能的同时，培养学生听力过程中的元认知策略。

关键词　对外汉语　听力　教学模式

随着对外汉语教学的发展，对外汉语教学听、说、读、写诸方面的研究不断深入。但是相对于阅读教学、口语教学，听力教学的研究还处于发展阶段，特别是探讨听力课教学模式的研究还很有限。国内有专章和专文介绍听力教学的专著并不多见，据笔者所见，仅有戴庆厦主编的《第二语言教学概论》①、杨惠元的专著《汉语听力说话法》② 和赵贤州、李卫民的《对外汉语教材教法论》③ 三部书里有相关内容，其他有关听力

---

* 原载潘文国主编《汉语国际推广论丛》（第1辑），北京大学出版社2006年版。

** 郭校珍，1995年就读于汕头大学汉语言文字学专业（方言与文化方向）硕士点，师从潘家懿教授和林伦伦教授。2001年于复旦大学博士毕业后，任教于华东师范大学对外汉语学院。2008年移居美国至今。

① 戴庆厦主编：《第二语言教学概论》，民族出版社1999年版。

② 杨惠元：《汉语听力说话教学法》，北京语言学院出版社1996年版。

③ 赵贤州、李卫民：《对外汉语教材教法论》，上海外语教育出版社1990年版。

教学的讨论都散见于一些论文之中。[①] 笔者从这些材料中，归纳出国内听力课教学的几种常用模式，进行评述，并介绍其相关的理论依据。

国内对外汉语听力教学的一些基本模式，主要是在借鉴外语听力教学特别是英语听力教学的基础上形成的，其理论依据也与英语听力教学基本一致。当前，一些教师在听力课堂上采用的教学模式，往往跟他们对听力理解本质的理解有关。老师们普遍认为，听力活动是一个相当复杂的过程，是听者通过听觉接受语言信息，进而通过思维活动进行加工、理解、储存、综合处理后连贯地理解所听内容并加以反馈的积极的相互的活动。但是，听者是如何处理、加工所听到的语言信息的，学术界有各种不同的看法，语言教师也常常根据自己的理解，选择与自己观点接近的理论，以此指导自己的课堂教学实践，这样逐渐形成了自己的教学模式。[②]

一　图示理论影响下的对外汉语听力教学模式

图示（schema）的提法最早见于哲学家康德的著作。图示作为一个心理学术语则是从英国心理学 F. Barlett 开始，他认为，人的记忆不

① 浮根成：《有声作业与听力教学》，《语言教学与研究》1997 年第 3 期；高霞：《图示理论与第二语言听力教学》，《楚雄师范学院学报》2003 年第 2 期；韩冠男：《浅析对外汉语教学中的听力训练》，《潍坊学院学报》2004 年第 5 期；刘颂浩：《对外汉语听力教学述评》，《世界汉语教学》2001 年第 1 期；刘丽宁：《对外汉语初级阶段听力输入的内容及方式》，《语言与翻译》2002 年第 4 期；马燕华：《初级汉语水平日本留学生的听力障碍》，《北京师范大学学报》1995 年第 6 期；马燕华：《中级汉语水平留学生听力跳跃障碍的实现条件》，《北京大学学报》1999 年第 5 期；马伟阳：《对外汉语听力能力培养初探》，《焦作大学学报》2004 年第 2 期；毛悦：《从听力测试谈留学生听力理解方面的障碍》，《中国对外汉语教学学会的五次学术讨论会论文选》，北京语言学院出版社 1996 年版，第 202—210 页；钱如玉：《对外汉语听力理解中的语义分析》，《常州信息学院学报》2004 年第 1 期；王宏丽：《自然法在对外汉语初级水平听力教学中的应用》，《四川教育学院学报》2004 年第 3 期；杨惠元：《论听与说》，《语言教学与研究》1991 年第 3 期；杨惠元：《听力课的教学环节——关于备课和上课》，《语言教学与研究》1993 年第 2 期；杨惠元：《听力训练理论研究的回顾与展望》，《世界汉语教学》1997 年第 2 期；张梨：《预测原理在听力教学中的应用》，《语言教学与研究》1994 年第 1 期；赵立江：《中高级视听说课有关问题的调查分析与探讨》，《世界汉语教学》1997 年第 3 期；朱正才等：《语言听力理解能力的认知结构与测试》，《语言教学与研究》2001 年第 3 期；周晓峰等：《听力理解领先原则与初级汉语教学》，《第三届国际汉语教学讨论会论文选》，北京语言学院出版社 1996 年版。

② 杨惠元：《中国对外汉语听力教学的发展》，《世界汉语教学》1992 年第 4 期。

是死记硬背的心理过程，而是一个保留事件主题，再根据总印象重建细节的过程。在 F. Barlett 之后，现代心理学家认为，参与理解的已有知识（语言方面的知识和非语言方面的知识）经过整理、类化，并形成一定的组织，这些组织就是图示。图示作为一种心理组织，集合了关于事物具体构成的知识，当人的知觉开始发生的时候，所注意的外部信息激活知识网络中的某个图示，使与它连接的其他图示处于活动状态，这就是预测和联想。当搜寻到的外部信息与开始的预测相吻合时，知觉过程就顺利完成了，而搜寻到的外部信息与开始的预测之间的距离太大时，知觉判断就会出错或需要太多的时间。可是，当人的听力活动开始时，究竟是如何加工处理信息的，目前还存在两种截然相反的观点。一种观点认为是"自下而上"（bottom - up）的方式，即听者通过对音素、词义、语法的解码激活相关图示，进而确定所接收的言语信息。如果接受这种观点，那么听力课堂上，学生是被动的，他们就像录音机一样，被动地接受知识，把听到的信息储存在大脑里。另一种观点是"自上而下"（top - down）。这种观点认为，听者在接收语言信息的同时，积极地调动大脑里的已有图示，利用已有的知识对所接收到的信息进行预测、解码，修正，最后确认、理解。如果接受这种观点，那么在听力课堂上，学生是主动的，是积极的"模式建构者"。目前，"从上到下"的观点在对外汉语听力教学中占主导地位。[①] 但是，依笔者看来，就听力教学而言，无论是"从上到下"还是"从下到上"的方式都是很重要的，只不过两种方式在不同等级（水平）的群体中，所占的比例不同罢了。在初级阶段的对外汉语听力教学中，因为学生的汉语知识、汉语文化背景有限，图示不足，"从下到上"的方式应占主要地位，教师在课堂上进行大量的信息输入，但对学生的要求不能过高，学生只要大致懂听力内容就可以了。而在中高级阶段，"从上到下"的方式就应该上升到主导地位，教师在听力课堂上充分调动学生大脑中已有的"图示"，在学生不断预测、修正、解码达到理解的基础上，更重视听力后的"输出"，创造新的图示。

依据图示理论，对外汉语的听力课堂教学通常分为听前阶段、收听

① 高霞：《图示理论与第二语言听力教学》，《楚雄师范学院学报》2003 年第 2 期。

阶段和听后阶段三个阶段。

听前阶段：在听之前，教师可提示材料的背景、范围功能，激活学生大脑里已有的图示。在这一阶段，学生最应该做的工作是预测。在听力教学中，因学生无法接触到实际的生活场景和看不到说话人的神情态度，无形中增加了理解的难度。在缺乏环境直观因素的条件下，听前预测为学生制定了一个听的目标和框架。其次，预测能起到一种热身的作用，激发他们的好奇心，从而调动学生的学习兴趣。预测有各种不同的方式。通常，可根据听力材料题材，采用不同的方式。对贴近生活的题材，如婚姻、家庭、吃饭等，可让学生结合自己的经验进行讨论，激活他们的已有图示，并引起他们听的欲望。对于文化常识性题材，由于文化的东西常常是潜藏的，因此，在课前，老师有必要对相关的文化背景和常识进行必要的讲解；对于科技性的题材，通常是利用练习中的问题和答案找寻关键词，并因此进行联想，建立起初步的信息框架。这样当学生接触到听力材料后，就能迅速展开填补、修正信息框架的活动，加快听力理解。

收听阶段：经过听前阶段的准备工作，学生的已有知识即图示已被激活，并进入紧张的解码、筛选检索的心理状态，教师应引导并训练学生把握录音材料的主题意义，学会跳跃障碍或筛选，从而有效地提高听力理解的程度。跳跃障碍的方法主要有两种。第一，忽略。在教学过程中，教师会发现学生更重视细节如字词和句子的理解，在这种情况下，教师必须让学生敢于放弃某些信息或容忍在听力过程中的某些知识上的模糊性。因为短时记忆的容量有限，保存时间很短，一旦遇上听不懂的字词乃至句子，忽略过去，集中精力听下面的信息，否则，将会影响下面的听力理解。第二，根据上下文或练习中的某些相关词语猜测、推断。在语流的进行过程中，可能出现了学生已忽略内容的相近或相关的词或句子，学生可利用这种相近或相似的内容进行猜测或推断。

听后阶段：经过收听阶段的解码、检索，学生已基本听懂听力材料。在听后阶段就需要将所听到的内容进行及时重组，以便储存在记忆里，降低遗忘率。此时，听力教师所做的工作就是让学生整理收听阶段做的记录，最后进行分组讨论、复述、表演、延伸故事等转化短时记忆为长时记忆的练习。如果可能，教师还应该将听力的原始材料发给学生，让学生作最后阶段的修正、检验，进一步加强深化新增的图示知识。①

绝大多数以图示理论指导听力课堂实践的老师不赞成在学生听材料前讲解生词。② 笔者以为，如果生词所占听力材料不超过10%，在课前，完全没有必要讲解生词，可以让学生根据听力材料上下文或相关的内容进行推测。超过10%的听者是初级水平时，可作适当的讲解，但不要深入。在听后阶段，教师可以精确地介绍词语的用法，甚至讲解语法，这是跟听力课的课型不冲突的。

二 语言输出理论和有声作业法

Merri Swan（1985、1993、1995）根据当前流行的交际理论的缺陷提出了语言输出理论，强调了输出的重要性。③ 目前也有一些从事对外汉语教学的老师用这一理论来指导听力课堂实践。

语言输出理论主要强调输出的三个功能。（1）注意功能。目的语的生产输出过程促使学习者注意到自己的语言问题，即发现其语言知识与语言生产之间的差异性，从而提高了学习者的主动性，尽量去面对这些问题，努力去提高自己的语言能力，促进理解。（2）验证功能。学习者的主动性完全掌握在自己手里。当学习者遇到难题时，肯定会积极思考应对，使学习在不断的检验与修正过程中得到收获。语言输出，说出来或写出来，便是验证自己语言能力的一个重要途径。（3）反馈功能。通过输出，学习者认识到自己的问题，就会接受反馈信息使学习者做出反应，即纠正错误，加以改正。

既然输出对语言学习者如此重要，所以在听力教学中，有些教师在兼顾语言输入的同时，加大了语言输出在听力课堂上的比重。输出的方式，一种是让学生在课堂上多说、多写，另外一种方法就是有声作业

① 高霞：《图示理论与第二语言听力教学》，《楚雄师范学院学报》2003年第2期。

② 胡波：《三部汉语听力教材分析》，《世界汉语教学》2000年第2期。

③ 转引自杨惠元《听力训练理论研究的回顾与展望》，《世界汉语教学》1997年第2期。

法。后者值得推介。

有声作业法分为三种，一种是单向式命题有声作业。即教师出题目，让学生按要求独立录制五六分钟的录音；另一种是双向式有声作业法，即教师给出一定的范围，让学生在该范围内选择适当话题，然后去与现实生活中的中国人交流，让他们体验真正的汉语；最后一种是无主题有声作业。学生可以漫无目的地自己说，也可以漫无目的地和他人交流，只要有录音即可。在学生完成了有声作业后，教师都要作有声批改，即除了作书面的批改外，还要把自己的批改（指出学生在语音、词汇、语法乃至语调、停顿等方面的错误）录到学生的有声作业之后。这样，学生在拿回自己录音带的时候，不仅知道了自己语音、词汇和语法等方面的错误，还获得了另外的听力材料。与此同时，教师也可以在征得学生同意的基础上，选择适当的有代表性的有声作业在课堂上作听力材料，发扬优点，改正缺点，特别是用来纠正学生们在习得汉语时的共同偏误或错误。

有声作业法强调了输出的重要，为学生提供了说话和检测自己话语的机会。学生在完成作业的同时，学过的语言知识得到了检测，进一步知道了自己之所能与所不能，有利于错误和偏误的改正。同时，由于学生是在课后完成作业，降低了情感焦虑。这是有声作业法的优点。由此，也就产生了它的缺点。由于学生在课后录音，是在有准备的基础之上的，很可能该录音不是他真实语言能力和交际能力的反映。另外，单向式有声作业，学生在命题的基础上录音，脱离了真实的语境，也增大了学生的难度。

三　自然法与对外汉语听力教学

20 世纪 70 年代末，在美国出现了自然法，是基于观察和解释在非正式语法学习下如何习得第二语言教学法的流派。①

自然法的指导思想是 Krashen 的习得理论，重视自然的交际，不重

① 袁博平：《第二语言习得研究的回顾与展望》，《世界汉语教学》1995 年第 4 期。

视语法的分析，强调信息输入的重要性。[1] 自然法通常适合于初学者。用自然法进行听力教学的老师，其教学模式基本上是从三个方面展开。（1）以听为主，尽量增大可懂性的输入，避免无意义的输入。在初级阶段，由于学生词汇量和语法结构还掌握不够，不能进行顺畅的言语表达，因此，在听力课开始的一两个月内，听力教师的主要工作是初步培养学生听力理解的一些最基本的技能和技巧，例如，如何找寻关键句、主题句；如何根据主题句、关键句、话轮转换知识来预测听力材料主题；如何跨越障碍、如何根据上下文和练习推测词义等等。在这一阶段，教师不要求学生说，除非学生很主动。在课堂上，教师往往也只用相当简单的语法结构和词语向学生提问，学生根据自己的理解回答。学生回答错了，教师也不纠错，只是重复一到两遍正确的形式，加深学生的印象。（2）听力过程中，以句子和短文为主，词和语音不是听力理解的单位。自然法强调成人学习第二语言，也要向小儿习得母语一样，所以，经过集中的语音学习阶段以后，听力练习重点放在了句子和短文上。经过一两个月的沉默期后，学生有了一定的语感和口语能力，教师开始要求学生回答稍复杂的问题，并在此后的时期，进一步要求学生复述听力材料的大义或根据听力材料有感而发或课堂讨论相关的话题。（3）当学生有足够的可理解性输入之后，可以适当增加听力理解材料的难度。自然法提出过著名的“输入假说”（the input hypothesis）：即为了习得下一阶段的语言，学习者应该理解含有下一阶段的语言知识。因此，在适当的阶段，可以进一步提高听力资料的难度。国内的老师主要是通过补充材料来达到这一目的的。每堂课预留七八分钟的时间，让学生听辨难度较大的补充材料，做一些适当的练习，在不增加学生负担的基础上，进一步提升学生的学习兴趣和预备下一阶段的知识。

用自然法指导对外汉语听力教学有优有劣。自然法强调听说，这是它的优点，与此同时，这种方法忽略词汇和语法，如在课前，听力教师不讲解生词，而是让学生根据上下文推测或干脆忽略过去；课上，学生口语中有语法错误也不纠正。笔者本人以为，固然要让学生像儿童学母

---

① 杨惠元：《听力训练理论研究的回顾与展望》，《世界汉语教学》1997 年第 2 期。

语一样，“自然”地习得汉语，但是，语法还是很重要的。特别是当学生是欧美人时，在听力教学中强调语法特别是汉语的语序是相当必要的。另外，用自然法指导课堂实践的老师，为了降低学生的“焦虑感”，常常调整自己的语言，使用适合学生汉语水平的词语和语法结构，笔者以为，这是违反“自然法”原则的。教师在课堂上应该使用正常语速，在避免使用过难的语法结构和词汇的同时，还是应该使用平时交际中的常用词和语法结构，让学生多接触真实的正常的汉语话语，提高他们的听说能力。

四 视听说法

视听说教学法现在比较流行，也是大家普遍熟悉的一种教学模式。目前国内的大部分院校开了视听说课。该种模式是通过视的手段，充分地调动学生的大脑，在增加言语知识的吸收率的同时（心理试验表明，人的视觉吸收率为83%，听觉吸收率为11%），激发学生学习汉语的兴趣，并让学生身处其境，充分地表现自己的语言才能和交际能力。① 就目前的视听说教学模式来说，在初级阶段，主要是利用实物或实物的图片、幻灯为视觉目的物，媒介物不是太多。而在中高级阶段，可利用的视觉资料就丰富得多，主要是一些经典电影、经典电视剧的相关片断。中央电视台的“轻轻松松学汉语”也是一种重要的模式。就视听说这一模式而言，如何处理好“视”和“听说”的关系，是教学的关键，也是听力教师关注的问题。目前在讨论这一问题的人还不多。② 笔者以为，因听力课的课型决定，视听说课以“听”和“视”为主，“说”只是验证手段，教师应该花大量的时间在“听”和“视”上。余又兰给出的数据是“视”占10%—15%，“听”占35%—45%，“说”占40%—50%，我们以为“视”应占40%，“听”占40%，而“说”占20%。因为倾向于听力课的视听说课应该通过“视”和“听”获取大

---

① 李亿民：《视听说对外汉语编制初探：国际商务汉语的总体构想和编制原则》，《汉语学习》1999年第1期。

② 赵立江：《中高级视听说课有关问题的调查分析与探讨》，《世界汉语教学》1997年第3期。

量的信息，最后通过“说”来验证。

五　一点建议

听力课的目的固然是提高学生的听力，但教会学生如何听，在听力过程中如何调控自己的听力策略，则更为重要，因此建立在元认知（meta - cognition）理论基础上的听力教学模式值得推介。这种模式主要是利用元认知监控的原理，教师有目的地指导训练学生在听力过程中的元认知意识和认知策略。其手段是：首先，教师在课前先行组织，让学生对所要进行的学习活动涉及的概念、原理事先予以总体上的了解；然后，要求学生进行定向性和选择性的注意，忽略无关信息与因素；最后，要求学生在听力过程中进行自我监控和自我评价。即老师在课前，根据课堂上所训练的项目设计出适当的表格，让学生在每个项目完成后，填写自己在听力过程中的所运用的策略，最后，学生之间相互对照、互相借鉴。教师也根据学生在听力过程的策略，帮助学生总结经验，发现不足，进行自我反思：是词汇量不够，还是听觉和视觉之间的转换能力弱，是短期记忆差，还是图示知识不够，在此基础上，教师可根据实际情况制定相应的教学目标，挑选适当的听力材料，有的放矢地改善学生在听力过程中的薄弱环节，提高学生欠缺的听力微技能。[①] 这一模式，特别是其中的自我评价一环节，在当前的对外汉语听力课堂上还比较少见。笔者以为，这一环节是非常重要且值得我们借鉴的一个环节。把这一环节运用到高级汉语的听力课堂上，可以促使学生更加清醒自觉地进行自我监控，在提高听力微技能同时，使他们的学习变被动为主动。

教无定法，每个老师都有自己上课的模式。但是，针对当前对外汉语听力课堂上，大部分听力课教师依然是一盘磁带、一台录音机、一个课本，先听课文后纠正答案的现状，我们殷切期望，听力课老师应该结合学生的汉语水平，改变自己单一的授课模式，采用多种教学模式，提高学生的汉语听力，进一步培养他们对汉语的兴趣。

① 朱正才等：《语言听力理解能力的认知结构与测试》，《语言教学与研究》2001 年第 3 期。

非洲留学生汉语学习观念的社会语言学调查*

任梦雅**

摘　要　非洲留学生是在粤留学生中的一个很有特点的群体，其语言学习背景相对复杂，学习汉语的动机和观念与欧美留学生有所不同。由于非洲语言情况较为复杂，除了通行的本土族际通用语，同时又由于很多非洲国家是曾经的法属殖民地，法语也是他们的社交主体语言之一，构成了其多语背景下汉语学习的特殊性。本文在实际调查的基础上，运用 spss11.5 统计学软件，对非洲留学生的学习观念进行社会语言学分析。主要从外语学能、语言学习难度、语言学习性质、学习和交际策略，动机这 5 个方面对非洲留学生的汉语学习观念情况进行分析探讨。

关键词　非洲留学生　语言学习观念　社会语言学　spss11.5 统计学软件

引言

20 世纪 70 年代，弗拉维尔等人在对儿童记忆理解和交流方面的认

---

* 原载《韩山师范学院学报》2010 年第 5 期。

** 任梦雅，女，1985 年出生于安徽省舒城县，汉族。2003—2007 年，在合肥师范学院外语系攻读英语文学专业，获文学学士学位。2008—2011 年，在广东技术师范学院师从林伦伦教授攻读汉语方言学和社会语言学专业，获法学硕士学位。2011—2014 年担任以色列珐玛生物科技公司（Biopharmax Israel）亚洲区采购总监，2014 年至今担任安徽广电传媒集团旗下安徽广行通信科技股份有限公司总经理助理，董事会秘书。

知发展研究中提出了“元认知”的概念，对外语教学产生了重要影响。自“元认知”概念提出后，外语教学的研究重点从“如何教”转为“如何学”，从“以教师为中心”转为“以学生为中心”，从对各种教学法的实践和探索，转向以学习者个人为中心的研究，真正做到了“以生为本”。[①] 语言学习观念调查（learner beliefs about language learning）是此类研究的组成部分之一。针对个体差异的调查能够让教学者更加有目的、有针对性地开展外语教学活动。根据“元认知”的概念，元认知知识是自己关于什么因素和变量以什么方式影响认知行为的过程和结果的知识或信念。这些因素或变量主要包括认知主体、认知客体和策略。在具体的研究中，变量的设定和对于各种个体因素的假设性十分重要，国外有诸多的语言学家在这些细节变量的设定上提供了很好的参照。

在第二语言学习的研究中，许多研究者认为学习观念可能影响学习者的学习策略。Ellis 提出了一个关于学习过程和机制的理论框架，这个理论框架由三组相互关联的因素组成：学习者个体差异、学习策略和学习成就，其中个人因素中包括关于语言学习的看法（学习信念），这同学习策略和语言学习成就相互关联。[②] 在现有的诸多研究中，语言学习观念对语言学习策略，以及语言输出所产生的影响是得到证明的。针对语言学习观念的具体定义，Horwitz 的比较全面，她的研究指出语言学习观念包括以下五个方面的认识：语言难度、外语学能、语言学习本质、学习和交际策略、动机和期待。[③] 本调查就是运用这一定义来处理变量的关系的。

国内的外语教学研究中，针对中国学生学习英语观念而进行的调查已有很多，并且经过反复的对比、考察和论证，变量等主要因素的讨论也较为成熟。然而针对对外汉语教学中汉语学习者的学习观念调查还不

---

① 转引自钱玉莲《第二语言学习策略研究的现状与前瞻》，《暨南大学华文学院学报》2004 年第 3 期。

② Ellis，R.，*The Study of Second Language Acquisition*，上海外语教育出版社 1999 年版，第 34—67 页。

③ 转引自钱玉莲《第二语言学习策略的分类及其相关问题》，《汉语学习》2005 年第 6 期。

是很多，究其原因，一是对外汉语教学中留学生的语言和文化背景复杂，调查工作需要很多前期工作才能够更加有针对性；二是国内现今针对汉语本体的研究很多，对留学生个体的研究还没有大规模开展。笔者的对外汉语教学经验认为，非洲留学生作为多文化背景下留学生的一个特殊群体，其学习观念很有自身特点，值得探讨。

非洲留学生作为一个很有特色的留学生群体，由于其自身的殖民文化和历史特点，以及地广人稀的地缘性，造就了他们非凡的外语能力。非洲各个部落之间使用族际通用语，即非洲本土的通用语言。除此之外，所有的非洲人至少会说一种外语，通常是法语或英语。非洲的本土语言与汉语有一些相似性，他们也是声调语言。① 这种多语的语言文化背景，使非洲留学生对语言难度估计偏低，更有自信，和单一语言民族的留学生之间有很大不同。我们在此后将会针对这种特殊性进行讨论。

本次调查的对象是广东技术师范学院国际教育学院的非洲留学生，年龄 25 岁以下，共 46 人。学习汉语的时间为两个月至半年不等，所有被调查对象都是初级班学生，汉语水平一般，选择初级班学员是由于需要在后面的调查中考察其母语和第一语言有无对学习观念产生影响，以及影响的程度如何。调查采用的是社会语言学方法，采取发放调查问卷（BALLI）的方式，实际发放 50 份，回收有效问卷 46 份，无缺省项值的出现，所以调查结果中将要讨论的统计学分析结果有效。

一　调查结果的社会语言学分析

本调查采用社会语言学问卷的方式，调查问卷为 Horwitz 于 1983 年就研究设计了的《语言学习观念调查表》（BALLI），她是语言学习观念调查的创始人之一，该表由 34 个问题组成，每题表述一个学习观念，这些题目分成五组：（1）外语学能；（2）语言学习的难度；（3）语言学习的性质；（4）学习和交际策略；（5）动机。② 该量表要求学

① ［荷］艾卜拉姆·德·斯旺：《世界上的语言——全球语言系统》，乔修峰译，花城出版社 2008 年版，第 115—138 页。

② 关于欧美留学生语言观念的调查数据来源于昌晶《留学生学习观念研究》，硕士学位论文，华东师范大学，2006 年，第 14—26 页。

生在五级李克特量表上记下自己对每条学习观念赞成或不赞成的程度。BALLI 在实际调查中被使用者不断完善，并根据自身的调查需要进行问题的小范围修改，笔者在此表的基础上根据非洲留学生的实际情况，进行了删减和添加。问卷以中、英、法三种语言表述，以便被调查者更容易理解其中的表述内容。下面将就非洲留学生上述五个方面的观念进行分析。

（一）非洲留学生汉语学能观念

语言学能，通俗的解释即是语言学习的能力。例如很多语言调查都会假设，女人有先天的语言学习优势，或是有的人天生就能很快地学习多种语言。但这些假设是否存在，调查的个体不同，结果也会有差异。本文所讨论的语言学能，主要分为三个方面：（1）语音能力，指识别语音成分及将其储入大脑的能力；（2）语法能力，指识别语言中句法结构的能力；（3）推理能力，指语言学习者分析语言素材并由此确定意义与语法形式之间的关系的能力。① 根据调查结果的分析，对于“有些人有特殊的天生外语学习能力”的选项，60.9% 的被调查者选择非常同意和同意。那么非洲留学生认不认为自己也是“有特殊能力的天生外语学习者”呢？答案是肯定的。在“我有外语学习能力”选项中，调查者的赞成率是 69.6%。在所查阅的关于欧洲国家汉语学习者语言观念的调查中，针对这一问题，35.3% 的人同意或比较同意。认为自己完全和基本不具有语言学能的占 24%，40.7% 的人对自己是否具有学能既不赞成也不反对，对自身外语学习能力的自信值没有这么高。非洲留学生的这种自信来自什么方面？在调查中还有另外几个选项，“已经会说一种外语的人学另一种更容易”，赞成率为 67.4%，“我国家的人擅长学外语”，赞成率 57.6%，均超过半数。在 BALLI 表之外的背景调查中，非洲留学生的多语能力非常明显，95.7% 的人会说 2—4 种语言，所以对他们而言，语言学习能力的自信是当然的。调查数据也证明了这一点。多语能力是非洲留学生在语言学能观念上非常自信的重要条件。有多语学习经验的成人，往往会将第二、第三种语言的学习预期成为前一种语言学习的复制过程。在调查中，“学外语，女人比男人学得好”

① 王守元：《海外语言学习观念研究综评》，《外语界》1999 年第 2 期。

选项也达到了半数的赞成率，这和一般的认知是相同的。

（二）非洲留学生的语言学习难度观念

在这个维度的调查中，一共出现相关的5个问题，“汉语好不好对我很重要”，96.5%的非洲留学生觉得重要。67.4%的学生觉得汉语有点难，但是所有的留学生都相信“我觉得最后我可以说好汉语”。86.9%的学生赞成“说汉语时发音很重要”。73.9%的学生同意“说汉语和说别的语言不一样”。在交叉对比中，我们发现了一个有效的对比结果（见表1）。

表1 **汉语难易—汉语读写比听说容易**

Chi - Square Tests

	Value	df	Asymp. Sig. （2 - sided）
Pearson Chi - Square	29.719	16	0.020
Likelihood Ratio	27.322	16	0.038
Linear - by - Linear Association	0.304	1	0.581
N of Valid Cases	46		

从表1中我们可以看到，这两个变量的卡方检验值（Chi - Square Tests）小于0.05，具有统计学意义。证明了这两个变量之间的相关性。调查中，汉语难易选项有67.4%的学生觉得汉语有点难，但是觉得难的只有30.4%，在“汉语读写比听说容易”选项中，持赞成和持反对意见的不相上下。由此可以看出，在非洲留学生的汉语学习观念中，对汉语的总体感觉是听说读写都不容易，但是又觉得自己通过努力都可以习得。这也与国外一些官方的文件一致。《美国国务院外语绩效评估报告》也把汉语看作最难学的语言之一。①

（三）非洲留学生语言学习本质观念

这一部分着重讨论的是非洲留学生对汉语本质的认识。在调查中，

① http：//news. eastday. com/eastday/node81844/nodesls 54/node155984/ula2264059. htlnl.

“学习汉语要知道中国文化”选项中，持赞成和反对意见的差不多，说明非洲留学生在语言学习的初级阶段对文化在语言学习中的作用不能够明显感知到。所有的被调查者都赞成应该在中国学习汉语。在另外两项，“学汉语就是学习很多语法”和“学汉语差不多就是翻译母语”中，我们找到了这两者间相关联的统计学证明（见表2）。

表2　　**学汉语就是学很多语法 * 学汉语差不多就是翻译母语**

	Value	df	Asymp. Sig. （2 - sided）
Pearson Chi - Square	36. 326	20	0. 014
Likelihood Ratio	35. 131	20	0. 019
Linear - by - Linear			
Association	2. 563	1	0. 109
N of Valid Cases	46		

从表2中我们可以看出，卡方检测值小于0.05，是有效数据，证明这两个变量之间的关联性。有56.5%的学生不同意“学汉语差不多就是翻译母语”，而支持和赞成“学汉语就是学很多语法”的学生各占小于半数的一半。这种情况的出现说明，一是汉语和非洲留学生的母语有很大的不同，在句法上不对等，所以不可能可以直接从一种语言翻译成另一种语言，目的语和母语之间没有交集。所以在对外汉语的初级课堂中，应该少介绍一些语法知识，尽量先让学生适应汉语的词和句，在高一阶段的学习中，再加入多一些的语法内容。与“学汉语就是学很多语法”相关的有效的统计学关联数据还有其他几个变量：“参加培训课程很重要”（P值[①] =0.005），“说中文比理解中文容易”（P值 =0.027）“学汉语和学别的语言不一样”（P值 =0.023）“汉语语法和我的母语基本完全不同”（P值 =0.024）。说比理解容易说明对于汉语语法的认识是比较消极的。汉语和别的语言不一样，说明非洲留学生的已有外语习得中没有汉语这样的语言，所以对于非洲留学生来说，学汉语

① P值即 Pearson Chi - Square 值的简称。P <0.05 具有统计学意义。

就是学很多语法。

（四）非洲留学生学习和交际策略观念

学习策略观念和交际策略观念是能够在一定程度影响到语言学习效果的重要方面。关于学习策略所设置的两个变量，一个是“汉语的读写比听说容易”，上面我们已经分析过，在初级阶段，非洲留学生对听说读写的难易没有非常明确的界定；还有一个变量是“参加汉语培训课程很重要”，几乎所有的被调查者都选择了赞成，说明他们能意识到环境对语言产生的积极作用。“说汉语时发音很重要”在这个维度里与其他好几个变量之间有统计学数据证明其相关性。“说汉语时发音很重要”与“说汉语时，如果说的不对的就不说”（P 值 =0. 011），说明在交际策略上，非洲留学生倾向于在知道自己说不准的情况下会选择回避，这就要求对外汉语教师需要多鼓励学生的积极性，多有针对性地进行一些操练。与“如果我听到别人说汉语，我会和他练习”之间（P 值 =0. 006），说明非洲留学生在交际上会比较主动，前面一项表明的是在交谈过程中，他们往往会因为觉得听不懂而放弃尝试很多次，但是在日常生活中，他们比教喜欢先打开话题和别人主动去练习。在“如果你一开始就错了，以后很难改过来”这个变量中，50% 的学习者不赞成，说明在语言自我纠正习惯上，非洲留学生也很自信。在“在别人面前说汉语我觉得不舒服”这个变量中，仍然是 50% 的人持反对意见，这个结论符合非洲留学生的语言学习心态。

（五）非洲留学生的学习动机观念

动机是一切行动的起因。心理动机在语言学习中占有很重要的地位，当学生觉得对所学习的内容感兴趣并且自觉地能够保持相对较高的忠诚度的话，他们的学习过程将是原发的、自主的，效率也相对要高一些。Lambert 和 Gardner 是开展外语学习动机调查最有影响力的人，他们把外语学习的动机分为结合型动机和工具型动机。[①]结合型动机的学习者“对目的与社团有真正的兴趣，他们学习外语是为了更好地同目的语社团的人进行交际，与目的语文化有更密切的接触”。工具型动机

---

① Oxford, R. L. , *Language Learning Strategies*, Newbury House Publishers, 1990, pp. 113 - 151.

的学习者学习外语是为了“利用外语工具去寻找好职业，改善自己的社会地位和资格等”。在本次调查的问卷中，关于学习动机的变量是“你为什么学汉语”，提供的选项共有 8 个，分别是“对中国文化感兴趣”“对汉语感兴趣”“有朋友说汉语，想和他们说话”“需要汉语课才能毕业或者需要参加 HSK 考试”“因为上班需要或以后工作需要”“多选”。调查结果如表 3 所示。

表 3　　**为什么学汉语**

Valid	Frequency	Percent	Valid Percent	Cumulative Percent
对汉语有兴趣	9	19.6	19.6	19.6
对中国文化有兴趣	1	2.2	2.2	21.7
有朋友说汉语，想和他们说话	1	2.2	2.2	23.9
需要参加 HSK 考试	13	28.3	28.3	52.2
因为工作需要	9	19.6	19.6	71.7
多选	13	28.3	28.3	100.0
Total	46	100.0	100.0	

从统计数据中我们可以发现，占比例相对较大的是“需要参加 HSK 考试”，属于工具型动机，正因为这个原因，在调查中“为什么学汉语”和“参加汉语培训课程”这两个变量之间的卡方值检验是 0.002，远低于 0.05，所以这两者间的关系密切。结合学习动机观念的数据，正因为需要参加 HSK 汉语水平考试，所以参加课程培训的必要性是显而易见的。除了参加考试，另一部分所占比例较大的是因为工作需要，这也属于工具型动机，由于很多非洲留学生在广州有工作，或者在做生意，所以他们的汉语学习动机也很强烈，会更加积极主动地学习，而且在生活中使用汉语的频率也很高，很多非洲留学生甚至自学了一些简单的粤语。当然，从心理动机的层面上来说，个体的差异明显，正如马基雅维利的人类需求层次理论所阐述的一样，需要层次理论强调

的是当下一级的需要得到满足以后，自然会产生动力追寻更高一级的目标。[①] 从调查结果中我们能够发现，对汉语和中国文化有兴趣的非洲留学生所占比例并不大，76.1%的非洲留学生是为了利用汉语能力来达到某个目的而学习，这是出于“社交需要”，而在针对欧美学生的调查中，这一比例达到近一半（46%），所以非洲留学和欧美学生之间在动机上的差异还是明显的。非洲留学生的汉语学习中，只有当“社交需要”得到满足以后，才能够往“求知需要”层次上发展，从这个方面可以很好地解释为什么对文化背景和汉语本体感兴趣的比例所占甚少，暂时没有得到留学生的充分重视。在对外汉语的实际教学中，应该根据学生学习汉语的阶段性设置课程，在帮助学生完成了“社交需要”的基本要求后，再介入文化的相关课程。

二 结论与讨论

本研究针对非洲留学生的汉语学习观念进行调查。通过对调查结果进行的社会语言统计学分析，得出的结果如下。（1）在语言学习能力方面，非洲留学生对语言学习都相当自信。这种自信与他们的多语能力相关：非洲留学生大多数可以说两种以上的语言，在语言学习中对汉语难度的预期比较乐观，认为自己两年内可以学好汉语的占很大比例。在语言学习能力的态度方面，非洲留学生的自信超过大多数欧美留学生，这是很好的汉语学习观念。但是在教学中，教师也要给非洲留学生以正确的引导和适当的调整，过多的自信会让留学生在前期的语言学习阶段低估了汉语学习的难度，而同其已有的语言学习经验做对比和重复。由于语言的特殊性，有时这种母语学习观念会对汉语学习造成观念的负迁移现象，导致学生在学习后期不能正确处理困难和预期的关系。（2）在语言难度观念方面，非洲留学生普遍比较赞成学习汉语拼音很重要，与后面要叙述的学习动机相结合，我们能够了解在实际语言接触和使用中，“说”是非洲留学生选择语言输出的第一步，同时也是最大目的。

① Skehan, P., *Individual Differences in Second Language Learning*. N. Y.: Routledge, 1989. pp. 24 – 67.

但在调查中由于控制了调查对象的汉语水平和学习汉语的时间，所以初级阶段的非洲留学生觉得汉语的听说读写都很难，没有量上的显著差异。在调查问卷之外作者的随机访谈中，很多留学生觉得说比较容易，但是听很难；读容易，而写很难。针对这种情况，在对非洲留学生的对外汉语教学中，我们应当重视“听”这个输入的过程，多在课堂使用汉语进行教学，增加学生“听”的信息量。（3）语言学习本质观念方面，非洲留学生的显著观念特点是对“中国文化在汉语学习中很重要”不大认同，并且不觉得文化因素是自己汉语水平得不到很大提升的原因之一。这种语言学习本质观念的形成，除了被调查对象的语言学习能力属于初级阶段、尚难体会文化对语言学习的重要性以外，还由于非洲留学生的汉语需求仅仅是能够沟通交流，而简单的沟通交流其实不需要包括太多的文化内容。在这一点上，国内对外汉语相关研究中证明欧美学生对文化的重要性赞同率较高，因为欧美留学生背景的学生来中国学汉语的主要原因之一，大多是体验中国文化。[①]（4）交际策略观念的调查表明，非洲留学生能意识到环境对语言产生的积极作用，倾向于在知道自己说不准的情况下会选择回避，这就要求对外汉语教师需要多鼓励学生的积极性，多进行一些有针对性的操练。同时他们会因为觉得听不懂而放弃尝试很多次。但是在日常生活中，他们比较喜欢先打开话题和别人主动去练习。针对这些调查结果，在非洲留学生的课堂教学中我们应当强化错误纠正的反复练习，以鼓励参与为主，培养他们敢于自我修正的习惯和信心。（5）对于学习动机观念的考察表明，对汉语和中国文化有兴趣的非洲留学生所占比例并不大，76.1%的非洲留学生是为了利用汉语能力来达到某个目的而学习，这是出于“社交需要”。只有当“社交需要”得到满足以后，才能够往“求知需要”层次上发展。从这个方面可以很好地解释为什么对文化背景和汉语本体感兴趣的比例所占甚少，暂时没有得到留学生的充分重视。在对外汉语的实际教学中，应该根据学生学习汉语的阶段性设置课程，在帮助学生完成了“社交需要”的基本要求后，再介入文化的相关课程。

① 顾安达：《面向欧美学生汉语教学的观察与思考》，《第八届国际汉语教学讨论会论文选》，高等教育出版社2007年版。

对话理论在阅读教学中的实践探索

余 江*

摘 要 对话教学是相对于传统“独白式”教学而言的，以“沟通”为其本质，目的在于把学生培养成能动的、富有创造性的、对话能力的现代人。本文着眼于师本对话、生本对话、师生对话、生生对话、自我对话进行实践探讨。

关键词 对话理论 阅读教学 对话教学

传统的应试教育势力强大，本应鲜活丰富的、促进学生全面发展的语文教学，最终的检验方式基本都是一场考试，学生为考试而学，教师为考试而教。学生的学习负担和厌学情绪不断加重。语文教学更多的应该让学生领略其人文性，为此我在阅读教学中进行了对话教学的实践探索。

一 对话理论

20 世纪初，德国马丁·布伯认为，个体与世界上各种存在物发生关系的方式有两种，即“我—你”关系和“我—它”关系。“我—它”关系中双方是对立的，“我”不能在“它”中发现自身存在的意义，

---

* 余江，女，1977 年出生于四川省甘孜藏族自治州，藏族。1997—2001 年，在西南师范大学（今西南大学）中文系攻读汉语言文字学专业，获文学学士学位。2001—2004 年，在汕头大学文学院师从林伦伦教授攻读汉语言文字学专业，获文学硕士学位。2004 年至今，在深圳市第一职业技术学校任教，广东省语文学科骨干教师。

"它"（客体）只是"我"（主体）认识利用的对象，是达到"我的目的的手段；而'我—你'关系二者是平等、交融、包含"关系，"你"不再是"我"的经验物，"我"也不再是关系中的唯一主体，通过对话我可以走向你，你可以走向我。真正的"对话"关系是"我—你"关系。所以，对话的本质意味着参与各方的平等，以及表达各自观念和意见的自由和权利。①

二　对话教学的内涵

对话教学，是指师生在民主、平等、宽容的氛围中，以言语、理解、体验、反思等方式在经验共享中创生知识和教学意义，提升人生品位、境界及价值的教学形态。

对话教学意味着教学从传递知识到生成知识的转换，知识的价值不在于给人现成的东西，而在于提供不断创造的起点。对于学生来说，学习不再是被动地接受，而是发生在对话过程中的知识生成。

三　对话理论在阅读教学中的实践探索

（一）师本对话

师本对话是教师和文本的融合过程。教师有自身的生活经历、文化素养，这些都会形成他作为解释者的"先见"；文本指作为被解读者的内容，有其产生的时代背景、作者情感痕迹的流露。"只有当这两个历史背景，即解释者的'先见'和被解释者的内容，能够融合在一起，产生意义，才会出现真正的理解，加德默尔称这种过程为'视野的融合'。"② 此时，文本的意义世界已不再是其原有的世界。"它新生于两个不同世界交融时刻的理解，解释者在理解中，不仅重新规定了他的精神世界，也给作品开拓了可能造成的意义世界。"③

---

① ［德］马丁·布伯：《我与你》，陈维刚译，商务印书馆2015年版。

② ［德］加达默尔：《真理与方法》（上卷），洪汉鼎译，上海译文出版社1992年版。

③ 邹进：《现代德国文化教育学》，山西教育出版社1992年版，第68、73页。

可见，教师理解文本的过程，是教师与文本通过积极对话不断形成新意义、新思想的过程。如笔者在讲李清照《声声慢》时，反复诵读，与李清照对话：您在什么情况下写了这首愁苦深重的词，让它成了千古绝唱？您早期的诗，俏皮温婉，即使忧愁也淡然，为何这首词却愁得入骨、浓得化不开去？……翻检李清照的诗文和生平，查阅关于李清照的传记文章以及两宋历史。在此基础上，想象还原，披文入情，以至唏嘘感慨、佩服有加。这样亲近文本、走进文本的情感体验，知人论世，深入思考，从中获取丰厚充足的对话资源。

（二）生本对话

生本对话是指学生对文本的阅读与理解。阅读教学是学生、教师、文本之间对话的过程。学生与文本的对话过程，实际是学生用自己已有的经验、知识和情感去体验和建构文本意义世界的过程。

如讲曹禺的《雷雨》时，让学生探讨周朴园对鲁侍萍的感情是真诚的还是虚假的。学生根据自己的生活体验和认知，绝大多数人认为，30 年前的周朴园放弃鲁侍萍，有无奈，因为资本家大少爷不可能娶侍女为妻；后来周朴园对侍萍的思念及第四幕汇款两万元到无锡鲁家等细节，可以看出他在爱情上曾经的真诚，表现出人性的真。

再如讲史铁生的《我与地坛》时，让学生探讨为什么那时的“我”与那时的“地坛”那么契合？为什么作者那么笃定地坛为“我”的到来，等待了 400 多年？而我们读完全文丝毫不觉得作者矫情、一厢情愿？学生根据自己人生遇挫的经历，大多能认识到：“我”在 21 岁最轻狂的年纪，失了双腿，觉得被全世界遗弃，自怨自怜，了无生机；有这样一个剥蚀了繁华、褪去了绚烂的世界，矗立，无言，久久等待“我”的到来，包容我所有的怨怼、颓丧和伤痛，任我发泄和沉沦，然后以生命的本真启发我，让“我”审视自我、审视生命的意义，寻找活着的价值。它是“我”的精神家园。这样的史铁生何其幸运！

（三）师生对话

德国文化教育学家斯普朗格认为：“教育绝非单纯的文化传递，教育之为教育，正在它是一个人格心灵的‘唤醒’，这是教育的核心所在。”教育的最终目的不是传授已有的东西，而是把人的创造力诱导出来，将生命感、价值感“唤醒”。①

师生对话是老师和学生在对话中的精神相遇。师生作为独立的精神主体在相互尊重和信任的前提下，共同步入教学领域，并在其中相互理解、平等交流。

如讲鲁迅的《祝福》时，我们共同探讨：生活中有祥林嫂这样的人吗？如果我们自个儿身处鲁镇、是整个事件的亲历者，面对祥林嫂的生死，我们会是其中的谁？鲁四老爷、柳妈、短工，还是鲁镇上的群体？为什么？

师生畅所欲言，最后明确：生活中确实有祥林嫂这样的人，逢人便说自己的不幸，一次一次，遭人厌烦。但如果我是其中的亲历者，我可能是冷酷自私的鲁四老爷，也可能是愚不可及的帮凶柳妈，还可能是冷漠麻木的短工，更可能是鉴赏他人不幸的鲁镇群体。但是读了这篇文章，我希望给予她力所能及的帮助，让她感受人世的温暖，活得有尊严，有奔头。在这次灵魂叩问中，我们正视了最真实的自己，在精神深处被卷入，沉浸与被吸引到对话之中，完成了情感教育和价值养成。

再如讲《荷花淀》时，我们围绕一个问题展开对文本的读解：这篇“带着新鲜的荷叶荷花香”的抗战小说何以一经发表就惊艳文坛？

同学们各抒己见，最后明确，这篇战争小说与常规战争题材小说最大的不同有二：其一，为较少笔墨写战争场面，更不用说血肉横飞的场景，而是用诗意笔法写环境之唯美——荷花淀月夜清丽、正午壮美，人与自然、人与人和谐共存；其二，小说主角是一群没有名字、淡化了肖像的农村妇女，如淀里随处生长的荷花般朴素，她们从守在家里等丈夫、牵挂丈夫寻丈夫的贤惠小妇人，转变为亲历战争后学会射击“来回警戒”守家园、配合子弟兵作战的女战士，真实而美好。文章细腻婉约，如诗如画，洋溢着乐观主义精神。惊艳 1945 年的延安文坛，甚至入选 2000 年《亚洲周刊》评定的“20 世纪中文小说 100 强”都在情理之中。

在这样的师生对话中，学生真正理解了这篇非典型小说的价值，也真正理解了爱国爱家是人捍卫美好的本能，从而唤醒了学生真挚的爱国

---

① 邹进：《现代德国文化教育学》，山西教育出版社 1992 年版，第 68、73 页。

情感。

（四）生生对话

指学生之间就某一共同话题所展开的讨论与交流。如学莫泊桑的《项链》时，关于“造成路瓦栽夫人——玛蒂尔德悲剧的原因是什么?”的讨论，答案基本是：虚荣心。但绝非教参所说的“资产阶级虚荣心”。联系当今社会现象，学生畅所欲言，认为虚荣是人性弱点，超越时代、阶级而存在。路瓦栽夫人身上有人性的优点，比如她丢失项链后，以一种“英雄般的气概”，用十年的辛劳，从一个妩媚动人、富于幻想的小书记员之妻变成了“胡乱绾着头发”“拎着一桶水从楼下走到楼上”“高声大气地和肉铺讨价还价”的劳动妇女。十年后遇见佛朗思节夫人时，她的“得意”与“天真”，让我们在同情之余，也不禁对她诚实守信、捍卫自尊的人格肃然起敬。

再如，同学习对于《致橡树》独立平等爱情观的讨论热烈非凡：有男生喜欢做参天大树，给予爱人依靠和庇护；有女生愿意做依人的小鸟，社会挣扎太辛苦；有人认为，现在生活压力太大，所有责任都让男性扛，太自私；有人联系社会现实，列举经济不独立，从而人格不独立，最终婚姻不幸福的众多现象……在这一过程中大家自由言说，相互倾听，充分表达和展现自我，思维碰撞，学会了欣赏与发现、理解与尊重。

（五）自我对话

自我对话是指个体对自身内在经验和外在世界的咀嚼与回味、认识与探究。在语文教学中，教师、同学成为他人的参照，而课文中的人、事、情也成为一个他者。语文阅读的对话教学中，教师的自我对话常常表现为：我是否尊重了学生？我是否很好地阐释了文本内容？学生能否在我的阐释中走向敞亮？……

如讲莫言的《卖白菜》一文，我从“白菜最终卖掉了吗?”来设问，让学生寻找事情的起因、经过和结果；进而追问“为什么”，让学生厘清人物之间矛盾冲突的根本原因；最后讨论这件小事之于我一生成长的影响，分享了莫言在瑞典文学院的颁奖演讲。课堂紧凑，效果不错。

但在随后的记叙文写作——“对我影响至深的一个人”中，学生

的表达不感人，缺少细节描写和情感投入。为此，我又找了多篇不同角度写人叙事的情感类美文与学生共读，启发他们沉淀自己的情感，从细微处书写属于自己的独一份的文字片段。

在这样的反思、完善中，我逐渐摸索搭建了引导学生由读到写的通道。从此，教学反思成了我的日常教学习惯。在这种持续的自我反思中，我形成了自我督察的能力，形成专业发展和自我成长的核心因素，不断完善自我。

对话教学是一种比较先进的教学方式，它可以发展成语文教学的主流范式。对话教学作为教学的又一新理念，充满了把学生从被动世界中解放出来的人文情怀。要使民主、平等成为我们课堂的主旋律，还需我们不断努力。

奉 觞 编

文学卷

以禅通艺，道通为一

——饶宗颐书学成就与其诗文琴画之关系*

蔡典娉** 林伦伦

摘 要 饶宗颐是当代身兼学人、文人、诗人、书画艺术家、音律学家多位一体的学贯古今中外的“通儒”式大学者。他以广博的学养、简约而不简单的禅意和元气充盈的诗心创作书法，其书艺和他的诗词文一样“皆以气行”，气格超俗；与他的琴艺道通为一，韵律灵动，高山清音；同他的“学者画”相融，极其注重神韵和自我，追求清旷奇古的意境，在恣肆翰墨的过程中，以“饶家样”的独特面貌驰骋书坛艺海，遗世独立而又从容自得，实已臻化境。

关键词 饶宗颐 书法 文学艺术 诗词文赋 绘画 琴道

引 言

饶学是研究饶宗颐学术与艺术成就及其相关方面的一门新兴学科。而关于饶宗颐文学与艺术的研究自然也属于“饶学”的重要组成部分。

---

* 原载《韩山师范学院学报》2015 年第 5 期。

** 蔡典娉，女，1992 年出生于广东潮州。2011—2015 年，在韩山师范学院文学与新闻传播学院汉语言文学（师范）专业读书，在林伦伦教授的指导下，完成学士学位论文《饶宗颐书法研究综述》，并获得学校“优秀毕业论文”。2015 年至今，在首都师范大学中国书法文化研究院师从赵宏教授攻读美术（书法）硕士。目前在赵宏教授、林伦伦教授的指导下，正在撰写《论饶宗颐“学者型”书家的文化内涵——以其隶楷书体为例》为题的硕士学位论文。

关于其诗词、绘画之研究，论者甚夥，有专著若干种，论文数十篇。但对于其书学造诣的研究，从我们掌握的文献资料看，却只零零碎碎地散落在各类饶学著作中，鲜有学者对其书学造诣进行系统的研究。对其书艺与文学及其他艺术门类关系的探讨也都是只言片语、语焉不详，未见全豹。本文试图通过对饶宗颐书法与文学艺术，具体来说，就是与诗词文、与绘画、与琴道这三个方面之关系进行研究，力图通过这一研究，建立起“饶宗颐书学成就与其他文学艺术门类之关系”的整体性认识。

从文学成就层面上看，饶宗颐诗词、歌赋、骈文，各体皆擅。其诗不仅在形式上各体皆通，气格清逸；而且在内容上，将古今中外熔为一炉，高旷畅达。其词，造诣最高的属独步词坛的“形上词”，打破了宋词、清词的固有面貌，“师心不师道”。饶宗颐还精通琴艺，而且书画皆擅，其作品书卷气淋漓氤氲，清奇脱俗，韵高千古。其书法作品充满简约而不简单的禅意和元气充盈的诗心，其书艺与其诗词文一样“皆以气行”，与他的琴艺道通为一，韵律灵动，高山清音；同他的“学者画”相融，极其注重神韵和自我，追求清旷奇古的意境，在恣肆翰墨的过程中，以“饶家样”的独特面貌驰骋书坛艺海，遗世独立而又从容自得，实已臻化境。

书法作为一门以方块汉字为基础的、通过线条和符号传承智慧与保存文化的造型艺术，从汉字的特点出发，汉字的形符主视觉，象形性是书法和绘画这两门造型艺术产生的美学因子；而声符主听觉，一音一符，则生出韵律美，形声对称，在产生不同美感的同时，也带起了情感的共鸣，故经过“文字、书法、文学”的连锁反应，生出情文。这是汉字与书法、绘画、乐律、诗文之间的美学纠葛，是一个连锁的整体，共生共存。饶宗颐诗文、书画、琴艺皆造诣极高。其文章称世，吟咏称雄，抚琴操缦，涂抹翰墨，艺绝一时，是真正的通儒。用曹鹏引述前人评价沈周“分其才艺，足了十人”的八字来述评饶宗颐之技艺和才华①，是为的论。对于饶宗颐之多才多艺，中山大学姜伯勤教授还独具慧眼地在《论饶宗颐先生的艺术史理论——以〈画预〉为中心》中以

---

① 曹鹏：《艺术是学问的升华——饶宗颐访谈录》，潮州市地方志办公室：《走近饶宗颐》，潮州市地方志办公室，2005 年，第 133 页。

"艺术换位""通感"等西方美学的概念来分析与评价其艺术样式相通的现象，肯定了饶宗颐对于艺术样式和审美心理的"不隔"体会。其实，"审美是社会性的东西（观念、理想、意义、状态）向诸心理功能特别是情感和感知的积淀"①，这种对艺术的融会贯通，正是审美上的综合取向和心理结构的逐渐成熟的综合反映，也是由此，才使其书艺与其他门类的艺术互相寄养，彼此共生，进而呈现出一种与众不同的书风面貌与艺术格局。

一　饶宗颐书学成就与诗词文之关系

综观饶宗颐书法成就与其诗词文之关系，首先可从"情志"探其文学与艺术的互相寄养、彼此辉映的审美通识。从中国古代的词学看，词中情志皆以温柔敦厚为最终审核标准，这也是华夏文化非酒神型的审美趋向和民族心理的积淀和结晶。为情造文，以真为文，情志是情文产生的核心因子。但是，词有情志，只是词学入门之第一要义。而饶宗颐在《澄心选萃》中则独具匠心地打破传统千年的惯性思维，提出"以道言，贵得中和，然以艺言，则不'悲'不足以动人"。这是其对道与艺的不同认识，也是其对于艺术与文学的独到体会。这也暗合了徐晋如在《在情与禅之间——略论饶公宗颐的词学思想》中所叙述的饶宗颐之所以"乃能开倚声之新境者"，其要旨"端在不否定悲艳之情，且以之为词骨"之观点，故饶宗颐"为词不求奇险，惟求理义高妙"。② 而深入了解饶宗颐的"书法魅力论"，则可从其中窥得其书法与词骨诗心的关联，不管是其书法各体，还是其各种规格、韵律的诗词文，皆主张"立体以树骨力，究用以尽风采"。这种认为"书艺乃个人精神之总表现"③ 的书艺心得与其词中情志、理义高妙自在暗合，更是其艺学"不悲不足以动人"的表现，也是其书法丝毫无匠气，却总是莫名地动人

① 李泽厚：《华夏美学》，天津社会科学院出版社 2001 年版，第 16—17 页。

② 徐晋如：《在情与禅之间——略论饶公宗颐的词学思想》，《阜阳师范学院学报》（社会科学版）2010 年第 4 期。

③ 曾宪通：《治学游艺七十春——贺饶宗颐教授米寿》，载黄挺、林枫林《从韩江走向世界——饶宗颐之旅》，香港博士苑出版社 2005 年版，第 44 页。

心弦的线条奥秘所在。中国书法家协会原副主席、广东省书法家协会主席陈永正教授慧眼独到地指出，饶宗颐以“词”品书，在当代书法理论的建树中，首创一格，新颖独特，而又不失根据，在情在理。他认为饶宗颐的书法蕴含着宽广深刻的哲思，其独创的“形上词”，书与学合，神融意畅，是“从心所欲不逾矩”的高境界。其实，从词学的角度上看，饶词之所以独具自家面貌，不同于唐宋词，不类于清词，也只因饶宗颐将画趣、琴心、书意等艺学综合运用于一体、交相辉映之结果。对于饶宗颐学艺的游刃有余，都应归功于其一切之学都以文学来筑基。

其次，饶宗颐的书法成就与诗词文之关系，还体现在情文与书意的酣畅相随，形神具融。在饶宗颐的诗国词翰之中，与书法联系最为密切的当属他的题画诗，以诗题画，挥毫序跋，诗情、画意与书韵交融辉映，共同打造了“饶家样”的不俗气格。郑欣淼别出心裁，以小词“书画津梁，诗文渊薮，纵横学海为山斗”[①] 的形式对饶宗颐的诗文书画给予“为山斗”的高度评价。

饶宗颐的诗、书第一次结伴出现在人们的视野中的，当属他 14 岁时为饶家莼园所撰书的联语：

山不在高，洞宜深，石宜怪；
园须脱俗，树欲古，竹欲疏。[②]

据资料显示，这是饶宗颐留存至今最早的文学作品与书法创作相结合的佳作，端正遒劲的楷书与清新高雅的诗风相映成趣，书作中线条的情调所蕴含的生气与诗联内容的古朴脱俗，显示了少年饶宗颐的颖慧与不凡。曾宪通在《“饶学”之根在潮州》一文中，记叙了饶宗颐关于“艺”方面的修炼扎根在年少，家藏的元代古帖刻本是其接触书法、接触碑体的开始。曾宪通提出了“书法从碑体入手和作文从韩文入手一

---

① 郑欣淼：《踏莎行（四首）》，载陈韩曦《梨俱预流果：解读饶宗颐》，广东高等教育出版社 2006 年版，第 198 页。

② 严海建：《香江鸿儒：饶宗颐传》，江苏人民出版社 2012 年版，第 18 页。

样，是令他终身受用”[①]的看法，点出了饶宗颐于文学、于书法，都强调了入门须正、气格须大的学习共性。这与饶宗颐《论书十要》之一所强调的书要“庶免轻佻、妩媚、纤巧之病。倚声尚然，何况锋颖之美”[②]，是理论与实践的同步并行。

而陈韩曦主编的《饶宗颐书画题跋集》则让吾侪深深地被饶宗颐以诗词作跋、借优美如画的诗文形式来表达自己的书画观点与艺术心得的匠心所折服。是书集中了饶宗颐从20世纪50年代至今的书画题跋作品，为我们了解饶宗颐的诗文与书画之关系提供了丰富的第一手资料。陈氏在该书的《编者后记》中对于饶宗颐题跋的以学入艺、以艺融学之“中得心源”境界做了翔实的论述。饶宗颐的诗书画，以书款写诗入画，使诗情画意融成一体。细品其书画题跋，在内容上，既言情，又叙事，既是书画论著，又是学艺心得；在形式上，则以书法的形式统领画面，点到为止，使观画者于色彩与图形之外，另有所获。这是他人所难有的点睛之笔，也是“学者画”超然于当今画坛的成功因素之一。诚然，饶宗颐是诗与学通，以学养艺，相与为一。在这一点上，黄苗子在《〈饶宗颐书画〉序》中则以具体的诗作指出了其中所寄托着的关于饶宗颐在书画艺术上所追求的境界，以诗论书，凭诗论艺。而饶宗颐也在自书的《苏体行草七言大联》“诗到老年唯有辣，书如佳酒不宜甜”[③]中，再次以诗与书法联姻的形式表达自己对于诗心与书道的“共鸣”。

二　饶宗颐书学成就与绘画之关系

书法与国画，是中国传承了几千年的民族艺术的精魂。同样作为线条艺术，线条美是书画道通的根本因子，是笔墨这极具特色与个性的艺术表达工具在华夏传人智慧中不断碰撞的结晶。墨分五色，浓淡、干湿、焦渴等技法变化在黑白世界中不断幻化、衍生，从根本上诠释了中

① 曾宪通：《“饶学”之根在潮州》，曾宪通：《选堂访古留影与饶学管窥》，花城出版社2013年版，第176页。

② 饶宗颐：《论书十要》，《美术报》2011年12月17日，第4版。

③ 饶宗颐：《饶宗颐书画题跋集》，花城出版社2014年版，第283页。

国道家“一生二，二生三，三生万物”的哲学内涵。而这墨彩的运用，不仅是中国画表情达意的凭借所在，更是书法抒发胸中蕴藉的载体。从“笔墨”的本质上看，饶宗颐在《画頮——国画史论集（中国精神史探究之二）》中指出“画家在书法上的训练，他的爱好，取舍方向，配合个性，造成行笔的习惯，以此决定他的画笔的特色”[①]，这也是书画同源的根本所在。而从书画的表达手段上看，线条美是二者道通的桥梁，在《从明画论书风与画笔的关联性》一文中，饶宗颐指出：“六法中以‘骨法用笔’为最基本条件；国画的特色是由笔、墨产生气韵，笔为骨、墨与色为血肉”，“但主要还是以行笔的线条为主，线条的厚重、轻倩、刚健、婉丽，形成不同的风姿，此即所谓‘线条美’”。

书画自古同源而异流，王国华在《书法六问：饶宗颐谈中国书法》中概括了饶宗颐对于书画关系的阐述，曰“书道画理，笔饱锋展”[②]。饶宗颐自己也在《论书十要》中指出书画皆“贵以线条挥写”[③]，并在《饶宗颐书画自叙》中以张彦远论画得出了书、画之运笔实乃同源、道通为一的艺术心得。饶宗颐常把书画当作学问的一种，常以治学之方治书治画，“于画派则究源通变，于书法则穷高极深，以植基深厚为先务，而后转益多师”，[④] 故其画素有“学者画”之美誉，其书则以“饶体”之独特面目驰骋书坛。从饶宗颐在20世纪70年代的《题范宽秋山旅行图》中提出了作画亦贵知白守黑的画论、道通书艺的“即白当黑”，以及《跋刘海粟山水画册》中从黄山谷“字中有笔”悟出“画中有笔”且“画以笔为主，墨次之，形构斯其下矣”[⑤]的画论主张，可窥探饶宗颐的书画论的殊途而同归和以书论画、以画入书的“不隔”。对此，戴密微也在《〈选堂书画集〉序》中言简意赅地指出饶宗颐以书入画；林悟殊的《饶宗颐教授与泰国华人文化》一文也有关于饶宗颐书画相融、造诣不凡的论述；雷铎在《旷世奇才大宗师——饶宗颐教授治

① 饶宗颐：《画頮——国画史论集（中国精神史探究之二）》，台北时报文化出版公司1993年版，第375页。

② 王国华：《书法六问：饶宗颐谈中国书法》，人民美术出版社2012年版，第2页。

③ 饶宗颐：《论书十要》，《美术报》2011年12月17日。

④ 饶宗颐：《饶宗颐书画题跋集》，花城出版社2014年版，第208页。

⑤ 同上书，第32页。

学治艺概说》中也指出饶宗颐的书画合璧，正以立意，奇以用笔，相成生辉。

蔡起贤《略论选堂书画》则不仅指出饶宗颐书画之道已打通，而且从中西方美学的审美差异出发，点出了其书法的技法锤炼对于线条艺术的独特作用。中央美术学院教授金维诺也云："饶先生是书法家，又是画家。在他的绘画作品上，既可以看到画中的意境，也可以看到作者的书法功力，同样也体现着作者的人品和素养。"① 其实，这也是黄苗子、河野秋邨等所言的开卷即是"沁人心脾的书卷气"② 的原因。

除了理论上的互通不隔，在创作实践中，饶宗颐也常常是书画相因、以书法的技法融入画作，以画家墨彩的操控进军书作。在20世纪60年代的《狂草云林小对幅》中，饶宗颐即以"一笔草法"作画。严海建指出饶宗颐在20世纪90年代中期常以篆书笔法创作巨幅荷花。因此，饶宗颐的荷花在当代画坛是独具个性的新样子，被尊称为"饶荷"。邓伟雄在《从近代白描画谈到张大千、饶宗颐》中指出，饶宗颐运用汉晋稿书笔法来表达敦煌白画豪纵的线条，进而开辟出白描画的新路。诸如此类的书画同行，在饶宗颐的艺术作品集里比比皆是。诚如饶宗颐自己在《大师谈艺录》中所强调的那样："我的画有很多都是从头一笔到尾，这是很多人做不到的，因为这需要很强的书法功底。书法如画，中国画同西洋画没办法比，西洋画是用颜色和笔触构成的，中国画是线条，没有线条就没有中国画。搞现代画的人就画不出这样的线条，也没有这个胆子，就是因为书法功夫不够。"③ 姜伯勤教授运用西方的艺术批评理论，指出饶宗颐《澄心选萃》中之《花卉通景》在构图上给人耳目一新的清新感，书法与花卉错落相陈，有一种现代艺术批评所推崇的"陌生感"，清新、清奇、清雅，一种没有霸悍之气、深涵陷

① 季羡林、郑欣淼、金维诺等：《学坛嘉许》，载陈韩曦《梨俱预流果：解读饶宗颐》，广东高等教育出版社2006年版，第1页。

② 河野秋邨：《〈选堂先生书画集〉序》，载郭伟川《饶宗颐的文学与艺术》，香港天地图书有限公司2002年版，第302页。

③ 曹鹏：《艺术是学问的升华——饶宗颐访谈录》，潮州市地方志办公室编《走近饶宗颐》，2005年，第107页。

秀、极具艺术震撼力。[①] 独具慧眼——这是饶宗颐“学者画”超然于当代画坛、“不古不今”的独特奥秘之一，也是其书法成就独树一帜的原因所在。在充满创新意识而又竞争激烈的当代书坛，饶宗颐以书画互养，使其书法艺术内涵更为充盈、与众不同、“落笔便高”。[②]

总之，关于饶宗颐书学成就与绘画之关系，主要可以从三个方面来认识：一是从理论层面分析饶宗颐书论与画论的“通灵”；二是从技法，即创作实践层面分析书画技法的相互渗透、自成一家之风格；三是从书画同源的本质出发，分析二者“不隔”的道通。

三　饶宗颐书学成就与琴道之关系

关于书法与琴道的关系，是从书法线条的节奏感、韵律美与音律学的线性一维感、节奏表达技巧之间的内在纠葛出发的。书法与音律的关系是自汉字产生之日起就产生了的，汉字一音一符的美学天赋是书法节奏美感产生的不可变异的基因。苏珊·朗格曾经指出：“音乐能够通过自己动态结构的特长，来表现生命经验的形式，而这点是极难用语言来传达的。情感、生命、运动和情绪，组成了音乐的意义……所以音乐理论的基本命题便都可以扩展到其他艺术领域。”[③] 这是音乐这门艺术与其他艺术门类“不隔”的关键所在，也是书法与音乐这两门艺术种类统一于华夏文化的因子。于此，饶宗颐也深有体会，20 世纪 90 年代，在其《镜斋山水画册引》中就以优美的骈文提出了“琴为众艺之源”的观点，并加以简约而到位的论证。

而对于饶宗颐书法与琴道之关系，可从饶宗颐常以琴理论书道这一方面窥探其一二。如他在《论书十要》之七中强调书写的进退往复时，指出“书道如琴理，行笔譬诸按弦，要能入木三分。轻重、疾徐、转

---

① 姜伯勤：《“不了可通神”：论艺术与生命的超越》，载陈韩曦《梨俱预流果：解读饶宗颐》，广东高等教育出版社 2006 年版，第 202 页。

② 黄苗子：《〈饶宗颐书画〉序》，载郭伟川《饶宗颐的文学与艺术》，香港天地图书有限公司 2002 年版，第 306 页。

③ ［美］苏珊·朗格：《情感与形式》，刘大基、傅志强译，中国社会科学出版社 1986 年版，第 42 页。

折、起伏之间，正如吟猱、进退、往复之节奏”。[①] 饶宗颐将书法运笔的节奏感和提按顿挫与琴艺技巧之间的内在脉动言简意赅地化生为笔底理论，揭示了不同艺术门类之间只是表达形式上的差别，而其中深涵的真谛相与为一，是为美学的共性与艺术的通灵。此外，2001 年，他还在《历史博物馆展览小引》中，道出了书法与音乐“相辅相资，而乐以成”的独到体会 [②]，又云：“书法与古琴都同样可用线条的韵律来寻求它的美所以形成的道理。”书法与音律、琴理的相似性解剖到这两门艺术的组成单位和内在成分中去，进而突破其外在的表达形式，寻求到一种内在的普遍性的生命节奏，这就是饶宗颐书道琴理谙熟的奥秘与道通的关键所在。而在《诗画通义》一文中，饶宗颐又指出：“六法，其一曰气韵生动，韵本声律之事。刘勰云：‘同声相应谓之韵’是也。嵇康琴赋‘改韵易调，奇音乃发’。改韵可得奇音，迅笔乃出异彩，文之韵，亦犹乐之韵也。”这些都是饶宗颐独特的琴艺与书学的见解，从侧面显示了他“不隔”的匠心与高迈的成就。

此外，饶宗颐在 1990 年 7 月《明报》月刊发表的《书法艺术的形象性与韵律性》一文中，又从中国艺术之共性的高度指出：“中国艺术包括图画音乐，似乎都以散点透视（Multipoint Perspective）为主，打破空间距离的对称核心，以无限的空间线条的活动表现活生生而气韵充满的生命力，在不整齐之美的笔划中建立和谐和秩序。”这种“和而不同”的美学标准是“‘A 而非 A ±’，即‘中庸’的哲学尺度”[③]，即诗教中的所谓的“乐而不淫，哀而不伤，怨而不怒”，亦即“温柔敦厚”。也正因此而积淀成华夏美学“非酒神型”[④] 的文化心理结构，这是一种要求喜怒哀乐等内在情感都不可过分的传统，过分则既有损于个体身心，也有损于社会稳定。因此而使在华夏土壤扎根和汲取养分的音乐、书法等各种艺术形成了所谓“一唱三叹”“余意不尽”的中国艺术的特征。隗芾在《论饶宗颐先生在乐律学方面的贡献》一文中说：“乐律学几乎成为‘绝学’，几乎无人问津了。复杂性在于，中国古代文化是一

---

① 饶宗颐：《论书十要》，《美术报》2011 年 12 月 17 日，第 4 版。

② 饶宗颐：《饶宗颐书画题跋集》，花城出版社 2014 年版，第 208 页。

③ 李泽厚：《华夏美学》，天津社会科学院出版社 2001 年版，第 42—43 页。

④ 同上书，第 50 页。

个整体，不仅哲学、文学、历史等混在一起，连自然科学与社会科学也搅在一起。”①要把音乐的节律韵调与人的情感波折、民族的文化律动以及自然界事物运动的速率和节奏相对应地统一于乐音标符的重新排列组合，通过音高、音调、音色来架构一个相互感应的同构系统，确非易事。正因为音律学的复杂和广博，致使现当代的学术界与艺术界少有专业人才能取得独当一面的成就。也正由于此，饶宗颐的琴道与书法之关系的论述，曲高和寡，只因今天的世上罕有兼通书艺、琴理二者之高人也。所以，对于饶宗颐书学与琴道之关系，除了饶宗颐本人发人深思的艺术见解之外，几乎没有人能涉足其中。真的是高山流水，知音难觅了！

余论

从古至今，中国传统文化与艺术相因相存，饶宗颐在《画𬱃——国画史论集（中国精神史探究之二）》的《小引》中提出了“以禅通艺，开无数法门”②的观点，一新天下耳目，实是其在对于中国精神文化史的探求过程中，把艺术与宗教史紧密结合起来所得出的结论，慧眼独到，言人之所未言，发人之所未发。庄子云：“形本生于精，而万物一形相生。”“禅”则是其中的精华，以一而衍化成各种各样、形形色色的艺术门类和文化现象，也因此才有了饶宗颐诗书画琴皆以“禅道”一以贯之的特殊的文化现象：读饶诗，有禅趣；观饶画，有禅境；赏饶书，有禅风；听饶琴，有禅音。综观饶宗颐的诗词文、书画琴，虽姿态各殊，但皆以气行，师古而出古。其实，“气”乃文学与艺术入门的关捩，“气之先天地生，亦犹意之在笔先”，这与饶宗颐自己主张的“无气则笔不能壮旺，乏气则韵味索然”③浑然一调。于此，郭伟川也在为《饶宗颐的文学与艺术》作序时，对于饶宗颐的诗文书画总结道：“诗

① 隗芾：《论饶宗颐先生在乐律学方面的贡献》，载曾宪通主编《饶宗颐学术研讨会论文集》，香港翰墨轩出版有限公司 1997 年版，第 49 页。

② 饶宗颐：《画𬱃——国画史论集（中国精神史探究之二）》，台北时报文化出版公司 1993 年版，第 246 页。

③ 饶宗颐：《饶宗颐书画题跋集》，花城出版社 2014 年版，第 208 页。

文书画常具有雄奇之气势，盖其器识与气魄俱大，而诗文书画皆以气行，乃藉笔墨以抒胸臆，有以致之。”[①] “皆以气行”，这是饶宗颐诗书画琴等通于无数法门的精魂所在。而饶宗颐诗词书画琴，一通于艺，入古出新，临古汲古，最后能摆脱古人绳墨，自立规模，遗貌取神，由有意为之至于无意为之，由依傍门户以至含茹古今，包含元气，实乃不易。正如董香光的“拆骨还父，拆肉还母”的书论见解，饶宗颐自运出新，做到情和貌都是自己的，而韵律、笔法、画规、琴理只是法度，只是表情达兴、一抒胸中蕴藉的凭借而已，于文学与艺术是已达“从心所欲不逾矩”的“通境”。如此人天凑泊，足以润饰洪业也。

① 郭伟川：《〈饶宗颐的文学与艺术〉序》，载郭伟川《饶宗颐的文学与艺术》，香港天地图书有限公司2002年版。

从民俗看潮汕文化的多元因素*

王伟深**

摘　要　一个地区所流行的民俗活动，是这个地区本土文化中不可缺少的一部分，通过对这些民俗的分析、追根溯源，往往可以从中探寻出本土文化的发展轨迹。本文从民俗这个角度进行探讨，认为潮汕文化是一种多元的综合性文化，其主要构成成分既受中原文化的影响，又受荆楚文化和百越文化的渗透，同时也体现出海洋文化的属性。

关键词　潮汕文化　民俗　多元　溯源

潮汕文化是一种多元的综合性文化，其主要构成成分既受中原文化的影响，又受荆楚文化和百越文化的渗透，同时也体现出海洋文化的属性。近年来，不少学者、专家都从不同角度对这一个观点撰文论证，然而，却很少有专文从民俗这个角度进行探讨。一个地区所流行的民俗活动，是这个地区本土文化中不可缺少的一部分，通过对这些民俗的分

---

* 原载《汕头史志》1994 年第 1 期。

** 王伟深，现为澄海区人民政府副区长，民盟汕头市委副主委、民盟澄海总支主委，广东省语言学会会员，潮汕历史文化研究中心特约研究员。汕头政协文史特约研究员。1986—1990 年在汕头大学中文系就读时，开始担任林伦伦教授研究助理。他们先后合作编撰了《潮汕妙语趣谈》《潮汕地名掌故》《潮汕名人轶事》《潮汕民俗漫谈》等潮汕文化通俗读物，在林伦伦教授指导下，出版了《潮汕俗语文化趣谈》等著作，发表 100 多万字成果，参与了中山大学民俗研究中心主任叶春生教授和林伦伦教授主编的《潮汕民俗大典》（获首届区文艺作品奖一等奖）一书的编撰，与陈卓坤合著的《潮汕民间礼仪》（获第六届潮学奖三等奖）、《潮汕人生礼俗》两本著作分别获得 2006 年、2007 年汕头市宣传文艺奖二等奖。主编《澄海旅游散文》《澄海文艺界巡礼》《澄海》文艺杂志等书刊，进一步繁荣了澄海文艺事业。

析、追根溯源，往往可以从中探寻出本土文化的发展轨迹。笔者不揣浅陋，就近年来搜集到的资料粗加分析，一陈管见，以期抛砖引玉，就教大方。

一　潮汕民俗中的中原文化陈迹

在潮汕发展史上，中原汉人曾经有过几次大规模的南迁活动。公元前214年，秦始皇相继派屠睢、赵佗带兵平定南越，之后，这些大军就驻扎在五岭一带。晋太康年间，中原地区发生了长达16年的“八王之乱”，中原汉人为逃避战乱，纷纷南迁。这些南迁者史称“流人”。这种南迁活动一直到了南朝仍在继续。据清道光《广东通志》载：“东晋南朝，衣冠望族，向南而迁，占籍各郡。”唐初陈元光带兵平息潮州动荡之后，这些士兵在这里定居下来，发展生产，繁衍后代。唐代以后，不断有中原官吏进入广东和潮州。这些官吏，有的是被委派为封疆大吏，有的则遭受贬谪，如韩愈、常衮、李宗闵、李德裕、杨嗣复、陈尧佐、杨万里、周敦颐、赵鼎等。这几次大规模的移民和先后入潮的文人学士，对传播中原文化起到相当大的作用。我们至今从一些民俗活动中仍然可以看出中原文化的陈迹。

潮汕农村地区的婚嫁习俗，到了迎娶的这一天，往往是择定入更后的良辰，男方到女方家中迎接新娘。这仪式古礼称为“亲迎”。在白天举行亲迎仪式的很少。迎亲的时候，由几个人提着贴上红纸的“风台灯”（马灯）在前方照明引路。为什么要选择夜间举行呢？我们知道，周朝的亲迎仪式，便是在昏黑里举行的。郑玄注《周礼》时提到：“古娶妻之礼，以昏为期。”正因为是夜间举行，所以，迎亲时候必须“执烛前导”（《礼仪·士昏礼第二》）。从汉字结构看，“婚”字从女从昏，望其文而知其义，便是“娶妇以昏时”（《说文解字·女部》）。这种夜间亲迎的习俗，潮汕地区的农村至今不变。在别的地方已经产生演变，变成了在大白天吹吹打打迎接新娘，如《酉阳杂俎》载：“在昏礼必用昏，以其阳往而阴来也，今行礼于晓。”

潮汕人穿木屐，十几年前还相当流行。穿着木屐走在石板路上，“啪哒、啪哒”相当有特色。周《潮阳县志》：“屐有五便：南方地卑，屐高远湿，一也；炎徼虐暑，赤脚纳凉，二也；所费无几，贫子省屐，三也；澡身濡足，顷刻遂燥，四也；夜行有声，不便为奸，五也。”《南越笔记》也说：屐“以潮州所制拖皮为雅”。在前人诗作中，也常常提到潮人穿木屐的习俗。清徐乾学的《潮州杂兴》诗云：“蛮女科头足踏尘，丈夫偏裹越罗巾。天无晴雨穿高屐，岂是风流学晋人。”同时代的孟亮撰写的《潮州上元竹枝词》：“从入新年便踏青，青郊十里扑香尘。怪他风俗由来异，裙屐翩翩学晋人。”从诗中看，穿木屐是我国晋代中原人的一种穿着习俗。《晋书·宣帝纪》：“使军士二千人著软材平府大屐前行。”晋诗人谢灵运喜欢游山玩水，特制“谢公屐”。李白《梦游天姥吟留别》云：“脚着谢公屐，身登青云梯。”可见当时中原地区颇流行。永嘉之乱后，随着中原人的南迁，这种穿着习惯也随之传入了潮汕地区。

食糜，是潮汕人的日常习俗。《说文解字·米部》：“糜，粥也。”又说：“黄帝初教作糜。”可见吃糜是中原一带很早就有的饮食习惯。古籍中多次出现有关“糜”文字记载。曹操《苦寒行》：“斧冰持作糜。”颜真卿的《借米帖》也提到借米作糜的事。潮汕的糜，形式多种多样，除白糜外，还有猪肉糜、鸡肉糜、鱿鱼糜、草鱼糜等。

从潮汕祭祀习俗活动中，也可以一窥中原古俗的陈迹。例如潮汕人求神问卜所用的杯筊，就是用两片竹木或者贝壳制成的，求神时，祷告毕掷落地下，再看看它呈现的形状来定吉凶。中原地区占卜求神的用具很多，有龟背、草、竹、骨、蹄等，这种杯筊至少在唐代已经使用。著名的大诗人韩愈写的《谒衡岳庙遂宿岳寺题门楼》诗云：“手持杯筊导我掷，云此最吉余难同。”

清明上山扫墓，潮汕人称为“挂纸”（“挂”音同“过”），顾名思义，指上坟时用土块把黄白纸条压在新培好的坟堆上面。这些纸条，用竟相当于冥钱。“挂纸”之俗从何而来？我们认为应该源于古代的“寒食”“禁烟”。因为寒食期间禁烟火，故冥纸不烧化，只“挂”在坟面上。

“禁烟”之俗，上古已有。《周礼·司烜氏》已有“仲春以木铎修火禁于国中”的制度。《吕氏春秋·仲春纪》亦云：“是日也……无焚山林。”看来，禁烟只是一种保护林木的防火措施，后来被人与介子推拉上关系。晋陆翙《邺中记》说：春秋时晋人介子推辅佐公子重耳回国，不图富贵，隐于山中。重耳想烧山逼他出来，介子推抱树而被烧死，国人哀之，便在介子推死难之日（夏历三月初五日），禁烟寒食以纪念他。后来，人们纪念自己的祖先也在这一天进行，并且代代相传下来。《荆楚岁时记》载："去冬节一百五日……谓之寒食，禁火三日。"关于寒食祭坟纸钱只"挂"而不烧化的习俗，古人也有所描写。唐白居易的《寒食野望》诗云："风吹旷野纸钱飞，古墓累累春草绿。"纸钱没有烧化，才会有被"风吹"而"飞"的景况。宋欧阳修在《五代史·周本纪论》中说："寒食野祭而焚纸钱，居丧改元而用乐，则礼乐歧刑，几何不坏？"可见扫墓而不焚纸钱，是当时的礼。《帝京景物略》也载："三月清明日，男女扫墓……以纸置坟头。"其俗与潮俗相同。

皮影戏，每逢迎神赛会，潮汕农村不少地方，常在广场上搭起戏棚，请来皮影戏班演出，以之祭神愉人。关于皮影戏的最早文字记载为《汉书·外戚传》："汉武帝因李夫人死，思之不置。齐人少翁称有术能致之，夜设帐，张灯烛，帝坐他帐望之，仿佛见夫人之像，由是后有皮影戏。"到了宋代，有关皮影戏的记载已经颇多了。吴自牧的《梦粱录》记得相当详细："有弄影戏者，元汴京初以素纸雕簇，自后人巧工精，以羊皮雕形，用以彩色妆饰，不致损坏。杭城有贾四郎、王升、王闰卿等，熟于摆布，立讲无差，其话本与讲史书者颇同，大致真假相半，公忠者雕以正貌，奸邪者刻以丑形，盖亦寓褒贬于其间耳。"从这里我们可以了解到：潮汕皮影戏的制作，内容及艺术造型的特征，都与宋代人有关皮影戏的记载差不多。

潮汕灯谜，闻名遐迩。清同治元年（1862）潮阳知县陈坤曾赋《潮州元宵》诗云："上元灯火六街红，人影衣香处处同。一笑相逢无别讯，谁家灯虎制来工。"这"灯虎"便是灯谜。谜语的雏形，起源于春秋战国时期，说客们为了使游说显得委婉而又能服人，往往采取迂回曲折的形式，当时叫"隐语"或者"庾词"。但真正成为一种书面形式而叫"谜语"，则应该在汉魏时期。南朝梁刘勰的《文心雕龙·谐隐》云："自魏代以来，颇谐俳优，而君子嘲隐，化为谜语。谜也者，回互其辞，使昏迷也。"

甚至现在仍然流行的一些日常称谓，如称婆婆为"大家"、媳妇为

“新妇”、父亲为“大人”、儿子为“阿奴”、男子为“丈夫”，都是南朝汉魏时期中原地区所流行的。①

二　荆楚文化和百越文化

荆楚文化、百越文化对潮汕文化的影响相当大。百越是古代分布在长江流域和珠江流域的一个庞大族群。《汉书·地理志》“臣瓒”注：“自交趾至会稽七八千里，百越杂处，各有种姓。”潮汕地区的先民属闽越，明人王士性在《广志绎》中提到：先秦时“潮州为闽越，自秦始皇属南海郡遂隶广至今，以形胜风俗所宜则隶闽者为是”。例如赛龙舟一俗，很多人认为这是战国时代楚国人为纪念屈原而演绎下来的习俗，也有人认为赛龙舟是古代吴越人祭祀他们所崇拜的“龙”时所举行的一项活动。无论哪一种说法，都可以证明，荆楚文化和百越文化的确与潮汕文化有相当大的关系。

潮汕各地建有青龙庙，祀奉的是蛇神。崇拜蛇神，以蛇为图腾，本是闽越族的信仰习俗。这种习俗也影响到我们潮汕人的信仰。吴震方《岭南杂记》载：“潮州有蛇神，其像冠冕南面，尊曰游天大帝，龛中皆蛇也，庙祝必致辞而后出，盘旋鼎俎间，或倒悬梁椽上，或以竹竿承之，蜿蜒纠绕，不惧人，亦不螫人。”

潮汕的饮食习俗，不少是受南越所影响。潮汕人吃鱼生的食俗，在某些地区还存在。将生鱼剖片，配以茼蒿、杨桃片等佐料。晋人张华的《博物志·五方人民》提到：“东南之人食水产，食水产者，龟、蚌、蛤、螺以为珍味，不觉其腥臊也。”《广东新语注》提到粤俗吃鱼生一事：“粤俗嗜鱼生，以鲈、以（鰽）、以鳙白、以黄鱼、以青鲚、以雪鲶、以鲩为上。鲩又以白鲩为上，以初出水泼刺者，去其及剑，洗其血腥，细脍之以为生，红肌白理，轻可吹起，薄如蝉翼，两片相比，沃以老醪，和以椒芷，入口冰融，至甘旨矣。”

潮汕民间的婚嫁习俗，闹洞房时人们总要新娘敬“槟榔”、荐“槟

① 林伦伦：《试论潮汕方言形成的历史过程》，载《潮汕方言与文化研究》，广东高等教育出版社1991年版，第15—34页。

榔盒”。吃槟榔本是南方古代百越流行的习俗。因为古代百越号称瘴疠之地，而槟榔又有去瘴疠等诸多功效，因而“岭南人啖之以当果食，言南方地湿，不食此，无以祛瘴疠也”。现在槟榔已经少见，代之以橄榄。“食槟榔”一俗已经是存其名而亡其实了。

唐朝诗人元稹有一首《赛神》诗曰：“楚俗不事事，巫风事妖神。”“年年十月暮，珠稻欲垂新”的时候，“杀牛贳官酒，椎鼓集顽民”，结帮结伙地举行赛神活动。这诗中所提到的楚俗与我们潮汕地区每年十月十五新稻收割时举行“尝新”，祭拜五谷母活动是相似的。

过去，潮汕地区的老年妇女，发饰多打一个“鬃”（发髻）。顾炎武在《天下郡国利病书》说：“潮之峷（畲），其种有二，曰崎鬃，曰平鬃。”可见潮汕妇女的这种发饰，是受畲人所影响的。

现在潮汕地区的某些农村，有一些农民的田地离家较远。当他们需要在田地里连续劳作多日的时候，常常在田头搭起一个简单的草棚，称为“田寮。”这个“寮”的语源来自瑶族，瑶族人多搭竹木茅草为屋，称为“打寮”。

潮汕人死后，有“买水报地头”的习俗，这也是古百越族的遗俗。“老人寿终正寝……孝男或孝女便到河边买水（烧纸，投铜钱进河里）回来……给死者洗身……此俗已沿袭了很久。《岭外代答》说：‘亲人始死，孝人披发，顶竹笠，提瓶瓮，持纸钱到河边号恸，掷钱于水，而汲归浴尸谓之买水。’”[①] 这种习俗见于壮族、潮州和福建等地的畲族，中原的丧礼并没有这个环节。

潮汕人过去流行二次葬的习俗，“即埋棺数年之后，择吉日再挖坟开棺，把遗骨按人体骨骼构造的顺序拾于一个瓦坛（又叫金坛）内，请风水先生选择风水好的地方第二次下葬”[②]。停棺葬习俗，即人死后入殓，棺木停放于某处，经过三年后才入葬墓穴。这两种葬式，都源于百越习俗。[③] 现在在东北沿海、台湾、百川等地也发现这种葬式，是否古越族后裔迁移而将这种葬式也带到那里呢？

---

① 林伦伦：《潮汕方言的外来词及其文化背景》，《韩山师专学报》1992 年第 1 期。

② 覃国生等：《壮族》，民族出版社 1984 年版，第 128 页。

③ 周苏平：《中国古代丧葬习俗》，陕西人民出版社 1990 年版。

三　潮汕民俗体现的海洋文化属性

潮汕地区处于海洋的边沿，境内有韩江、榕江、练江三大河经过，这种与海为邻、境内水域面积宽广的地理特点，使潮汕地区的一些民俗事项都体现出海洋文化的属性来。

潮汕在大海之南，海产资源十分丰富，如黄花鱼、带鱼、墨鱼、金枪鱼、马鲛鱼、蟹、海带、紫菜等。潮汕居民多以捕食海产品为生，而且潮汕饮食亦以烹制海鲜见长。例如鱼丸，将鱼去鳞去骨去刺，捣烂佐以多种调料炮制而成，充分体现了这种精巧的海洋文化特点。又如“鱼露”，是用鱼腌制而成，也是潮汕地区所特有的。潮汕人吃蚶，要吃个鲜血淋淋，才认为是真正好味道，而外地人却视若茹毛饮血。这种饮食习俗，也反映出潮汕民俗的海洋属性。

根据中山大学李新魁教授和曾宪通教授的考察，潮汕地区的某些房屋，特别是祠堂、庙宇等，都把屋脊塑建成船型，中梁弯曲，两头翘起，极似一条船横置在屋顶中梁之上，而越接近内陆地区以及新建的房屋，屋脊平直，两边屋角平整成方块状，看不出船的形象。李教授得出结论说：这是福建、潮汕一带的先民本以入海捕捉鱼虾为生，长期生活在船上，后来上岸建屋，也把屋脊建成船形。[①] 李教授的这种考察结论，我认为是可信的。

从信仰方式看，也表现了潮汕民俗的海洋文化属性。例如妈祖崇拜。大陆沿海各地——包括台湾地区以及海外的东南亚等地都拜奉妈祖，到处建有妈祖庙。据《三教搜神大全》载：妈祖生前、死后都尽力保护航海或者海上捕捞的渔民的安全。因为妈祖跟海洋有密切关系，所以海边人就对她顶礼膜拜了。

当然，潮汕民俗中也有一些是受到佛禅文化的影响。佛禅文化在潮汕地区传播之盛，以唐开元年间改建开元寺为标志。例如七月十五日的中元节，潮俗家家户户设祭孤魂野鬼，谓之“施孤”，这习俗源于佛经中的“目连救母”故事。潮邑六月六日的施济亡灵习俗，恐也与此有关。

---

① 李新魁：《试论潮汕文化的特点》，《韩山师专学报》1992 年第 2 期。

潮汕民间文学多模态传承体系的构建及其传播路径*

林朝虹** 林伦伦

摘　要　潮汕民间文学是指潮汕民系口头创作、口头流传，以潮汕方言为载体并不断修改、加工的流传于潮汕地区民间的文学作品，主要有潮州歌册、潮语歌谣、潮汕民间传说、故事、谜语、熟语等。潮汕民间文学以其浓郁的地域色彩和较高的文化价值，陆续成为国家级和省级“非遗”代表性保护项目。从“非遗”保护的视角去构建潮汕民间文学多模态传承体系，使传统民间文学以漫画、音乐、动漫画，以及漫画衍生品——明信片、微信等不同模态传承；该体系的构建借助协同创新各方的资源与力量，通过“四位一体”传播路径来实现，以达到“非遗”活态保护的终极目标，同时也为中华优秀传统文化传承体系的建构提供潮汕民间文学成功的案例。

关键词　潮汕民间文学　多模态传承体系　传播路径　活态保护

---

* 原载《文化遗产》（2016 年第 1 期），系 2015 年教育部人文社会科学研究规划基金项目“‘非遗语境下潮语歌谣的研究与新媒体下协同创新的传承”（批准号：15YJA850002；主持人：林朝虹）的阶段性成果。

** 林朝虹，女，祖籍广东省揭西县，出生于潮州市，任教于韩山师范学院潮州师范分院，2004 年取得国家级普通话水平测试员资格，2015 年被评为中国民间文学教授。2013 年获得“第十一届中国民间文艺山花奖”，2014 年获得广东省文艺精品奖。曾被评为广东省“南粤优秀教师”（2000 年）、广东省优秀测试工作者（2005 年）。从 2010 年起，在林伦伦教授的指导下，从事潮汕方言歌谣研究与推广工作，先后与林伦伦教授合作出版了《全本潮汕方言歌谣评注》、有声选本《精选百首潮汕方言歌谣》《精选潮汕方言童谣》《潮汕方言歌谣曲集》《潮汕方言歌谣研究》等书籍。2016 年以来，陈平原教授、林伦伦教授、黄挺教授主编从小学一年级至高中的《潮汕文化读本》一套五册，林朝虹任小学版分册主编。

潮汕民间文学是指潮汕民系口头创作、口头流传，以潮汕方言为载体并不断修改、加工的流传于潮汕地区民间的文学作品，主要有潮州歌册、潮语歌谣、潮汕民间传说、故事、谜语、熟语等。其中潮州歌册作为说唱艺术成为第一批国家级“非遗”代表性项目；民间传说中的《陈三五娘》则为第三批省级“非遗”项目；潮语歌谣又称潮汕方言歌谣或潮州歌谣，属于民间口传文学，2015 年成为第六批广东省省级“非遗”项目。可以说，潮汕民间文学以其浓郁的地域色彩和较高的文化价值，陆续成为国家级和省级“非遗”代表性保护项目。

与其他“非遗”项目不同，民系方言文学是以方言为载体，其濒危的主要原因除了生存社会环境巨大变化之外，还有语言环境的致命打击。共处同一语言文字社会，一种语言的推广必然导致其他语言（方言）的萎缩乃至消亡。共同语的普及，势必缩小方言的使用范围和交际等功能。以前潮汕孩子最先学会的是自己民系的童谣，现在孩子们进入幼儿园更多的是学习普通话儿歌，方言文学几乎被遗忘，陷入了生存危机，处于濒危状态。

那么，如何使“陈列在广阔大地上的遗产活起来”，从而实施抢救性保护？本文根据团队多年来传承研究的实践，建构了潮汕民间文学多模态传承体系，借助协同创新各方的资源与力量，通过“四位一体”传播路径实现、达到活态保护的终极目标。既丰富“非遗”保护的理论成果，又为其他民系方言文学的传播传承提供范例，且从民间文学的角度共同为中华优秀传统文化传承体系的建构探究合适的策略与路子。

一　什么是活态保护

“把跨越时空、超越国度、富有永恒魅力、具有当代价值的文化精神弘扬起来，让收藏在博物馆里的文物、陈列在广阔大地上的遗产、书写在古籍里的文字都活起来。”这是习近平主席在 2013 年 12 月 30 日主持政治局集体学习时首次提出，并在 2014 年 3 月 27 日联合国教科文组织总部的演讲再次呼吁的，他谈到的就是优秀传统文化的活态保护。

关于活态保护或活态传承，当下盛行一种观点，认为“非遗”的保护就是要维护其原生态，创新往往使其变化了、走样了，不是本真意义上的“原生态”。

首先，有没有本真意义上的“原生态”？

非物质文化遗产都是依赖于特定的自然环境和社会文化环境而产生的，环境在变，“非遗”也在变，环境是“皮”，“非遗”是“毛”，所谓的“原生态”都是在今天历史横截面上认定的“原生态”，而不是所谓本真意义上的，其核心元素和本质特征的表现形式是适应环境而变化的。因此，一旦“皮之不存”，只有通过创新其他表现形式才能得以存在和传承。活态就是动态，就是“活生生”的，“要使原生态的‘非遗’在新的历史环境下活态传承，这种原生态必须是动态的，不断地变化着的”①。

其次，运用现代科技手段是否就不属于活态保护？

“非遗”只有得到当地民众的认知与认可，才能获得良性的传承。而不少非物质文化遗产如潮州歌册、潮州歌谣离现代人已渐行渐远，不少年轻人对自己民系的民间文学已经非常陌生。为传统文化注入现代元素使年青一代易于接受已显得非常必要，而这往往要靠现代科技手段，尤其是在新媒体时代和微时代下，现代科技的恰当运用会使古老的文化焕发出蓬勃生机。

因此，我们认为，活态保护是指或在非物质文化遗产生成发展的环境中，或在人民群众生产生活过程中，或通过各种恰当的手段和合适的方法，包括运用现代科技和方法，对“非遗”进行保护和传承的方式，以使“非遗”项目为所在地民众所认知、认可并传播、传承，从而达到“非遗”保护的终极目标。

二　潮汕民间文学多模态传承体系的建构

随着共同语被国家规定作为学校教育、文化传承、社会公共交际工具和公务往来用语，地方方言便退居到家庭用语、亲朋叙旧、乡亲交往用语，退到只用在几乎没有文化层次的吃饭、睡觉之类日常生活狭小的

---

① 苏向东：《试论非物质文化遗产的活态保护》，文化中国—中国网（cul.china.com.cn），最后访问日期：2011 年 7 月 12 日。

范围内，局限于生活用语上来，越来越窄的使用空间和越来越小的交际功能将使越来越多的方言走上了名存实亡的不归路。皮之不存，毛将焉附？没有了方言，方言文学也将淡出人们的视线。方言式微，方言文学也濒危。“没有潮汕话，就不会有潮剧、潮曲；没有潮汕话，就不会有潮州民谣、潮州歌册；没有潮汕话，就不会有潮汕民间故事；没有潮汕话，就不会有潮语相声、小品；没有潮汕话，陈三五娘、苏六娘、桃花、渡伯、李老三将离我们而去……”① 以前，潮汕地区大人哄小孩时可能会唱起潮语童谣，孩子们还可能边做游戏边唱歌谣；而现在，基本上被普通话儿歌所替代，青少年对自己民系歌谣已经很陌生。笔者曾三次对潮汕青年人对本民系歌谣的熟知情况进行了调查（见表1）。

表1　**潮籍学生对潮汕方言歌谣的认知情况**

时间	地点	对象	人数	出示经典歌谣	熟知情况
2011.09	潮州师范分院	韩山师范学院潮州师范分院中文大专二年级学生	104	1. 歌谣序曲《畲歌畲嘻嘻》 2.《雨落落》	9%学生知道是潮汕歌谣；没有学生会背诵
2014.12.4	韩山师范学院	韩师中文系本科三年级选修《潮州俗文学研究》学生	80	1.《雨落落》 2.《天顶飞雁鹅》 3.《天顶一粒星》	有1位学生能勉强背出《雨落落》
2015.9.24	陶瓷学院	中文专业大专三年级学生	95	1.《雨落落》 2.《天顶飞雁鹅》 3.《潮州八景好风流》	没有学生会背诵其中的任何一首

从调查可以知道，往日潮汕民系耳熟能详的歌谣，离当今青年学生已经相当遥远了。如何让民间文学得到本民系年轻一代的认知与认同，是传承研究必须解决的一大课题。

在民间文学的传承中，曾有过请传承人原汁原味传唱的尝试。2015年4月25日，潮州歌册公益演出在潮州市牌坊街进行，活动虽冠以“潮州歌册”之名，但10个节目中却糅合了潮州歌谣、舞蹈表演还有

① 林伦伦：《潮汕方言：潮人的精神家园》，暨南大学出版社2012年版，第3页。

植入潮剧元素的歌册演唱等好几种形式。其中最正宗、最纯粹、最地道的是省级传承人唱潮州歌册《宋仁宗叹五更》，然而笔者却感受到了现场观众的明显不给力，甚至有人说："老了！"什么老了？人？曲？故事？还是表现形式？其实潮州歌册本身就不是拿来舞台表演的，是当年"姿娘团（姑娘）间"女人们的叙事曲，需要静心聆听的。拿到大街舞台上表演又只做口耳相授式的传唱，场合就很不对劲儿，虽内容与表现形式原汁原味、很具"原生态"，但这种没有观赏性的说唱想得到台下观众的认可就着实艰难。

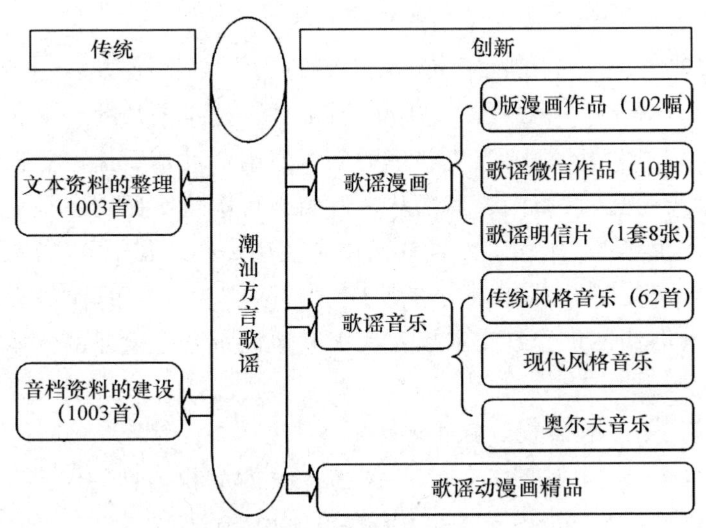

图1　潮汕方言歌谣多模态传承体系

其实，"人类交际不再是语言独尊的局面，而是由声音、口语、图像、音乐、动画、网络等多种模态来共同完成的，这些模态在合适的语境中都对意义做出同等的贡献"①。多模态（multimodality）是指在口头或书面交际中，交际符号的多样性。中国古代的诗歌、绘画、书法等作品，常常是多种模态并存，诗中有画，画中题诗、题词、题

① 林朝虹：《方言口传文化协同创新的传承研究——以潮汕方言歌谣为例》，《广东技术师范学院学报》2015年第4期。

字，讲究文字与艺术的融合，让人们从各种模态的融合中获得启示和美感，领会超越于自然和人生之上的妙道，可谓“诗中有画，画中有诗”[①]。

多模态理论给予我们创新民间文学的传承以思考与启发。多模态民间文学可以有效拉近传统文学与现代年轻人之间的距离，让年轻一代在各种模态的交融中获得对传统民间文学的重新认识与理解，从而接受、认同甚至去传承自己民系的口传文化。潮汕民间文学多模态传承体系是民间文学活态保护的活力之源。下面以潮汕方言歌谣多模态传承体系的建构为例进行阐述。

（一）基于社会语言学视角的文本整理

2012 年，我们出版了 66.8 万字的《全本潮汕方言歌谣评注》（下称《全本》）[②]，共评注了 1003 首歌谣。这本书从社会语言学的角度，提出并遵循了歌谣收集整理的五大原则，以及歌谣用字四项基本原则，即首先从俗原则、其次从古原则、再次造字原则、最后替代原则等学术观点[③]，建立了方言歌谣用字使用标准，使 1003 首歌谣统一了用字，解决了几百年来方言歌谣“特多声无字”的俚俗土语记录难题，为潮汕民系方言文献以及我国其他民系方言歌谣的文本整理提供了借鉴。

（二）千首歌谣音档资料的建设

文本传承也有局限，《全本》出版后，尽管出版社一印再印，以应坊间需求，然而不少中青年朋友反映，书中歌谣不知道怎么读，甚至有位读者在购书网上评价“很多歌谣不押韵”。其实书中 1003 首歌谣只有 1 首不押韵，我们在《全本》中都一一指出了每一首的韵脚，看来那位读者真的不会读。可见，如不进行音档资料的建设，我们整理的歌谣将会成为沉睡于书本中的文字，活不起来。

为此，我们带领了 18 位来自潮汕三市的“90 后”用了一年半的时间对《全本》中千首歌谣进行朗读录音，并将所有音档资料上传至团

① 代树兰：《多模态话语研究的缘起与进展》，《外语学刊》2013 年第 2 期。

② 林朝虹、林伦伦：《全本潮汕方言歌谣评注》，花城出版社 2012 年版。

③ 林朝虹：《论潮汕方言歌谣收集整理的原则与方法》，《暨南学报》2012 年第 5 期。

队建设的“潮汕方言歌谣”网站（www. csfygy. com），供海内外潮人免费点读点听。方言歌谣朗读有两大语音难点：一是连读变调，潮汕方言有大量的连读变调，这对如今说方言的水平不如说普通话的青年学生来讲的确困难；二是字的白读音，文、白二读，在方言歌谣中，除个别押韵之需外，很多需要读白读音，如“染红槽”中的“染”，学生只懂得它的文读音［$riam^{53}$］，其实应白读为［ni^{53}］才符合民间歌谣口语化与草根性的特点。诸如此类，不胜列举。

文本传承、音档传承，这是传统的传承形式，保留了民间文学的本来面目，但这一脸严肃的面孔或许也难于得到年青一代的认可。不局限于民间文学，借助美术、音乐、动漫画等艺术形式，跨界发展，协同创新，多模态传承，为传统的古老文化注入现代的时尚元素，是我们对方言歌谣进行活态保护的思路与尝试。

（三）Q版漫画作品的创作

借助漫画艺术，创作方言歌谣漫画作品。在读图时代，仅仅以文字单一模态出现难以满足阅读者的需求，不利于传承。合作单位蓝海动漫科技有限公司的年轻人通过市场调查，最后把漫画风格定在Q版卡通的造型上。这种以“萌”为主的风格，与当今年青一代的审美情趣相吻合。在《全本》中精选歌谣和童谣，创作了102幅精美卡通的Q版歌谣漫画，出版了有声选本《精选百首潮汕方言歌谣》（小学版）①和《精选潮汕方言童谣》（幼儿版）②，两本童书成了图、文、音并茂的绘本。

童书的创作，也为微信作品和明信片的制作储备了图文素材，使歌谣手机微信作品和歌谣明信片的流播成了不甚费力之事。

（四）手机微信作品的流播

微时代下，手机微信具有强大的传播功能，2014年制作了10期歌谣微信作品，每周一期在公众微信平台推出。手机微信作品的传播“如能与各种节日结合，应景推出，点赞率和转发频次会飙升，传播

① 林朝虹、林伦伦：《精选百首潮汕方言歌谣》，花城出版社2013年版。

② 林朝虹、林伦伦：《精选潮汕方言童谣》，花城出版社2013年版。

范围会更广”[①]。潮汕方言歌谣微信作品尽管图文与音频整合度不甚很高，而据后台统计，阅读量一般是一天几千次，最高峰一天达到2万次，超乎意料。2015年11月开始推出“潮汕方言歌谣”专题，将千首歌谣的图片文本和朗读音频逐批推出，以迎合微时代下人们的阅读方式。

（五）明信片等衍生品的传播

明信片则符合微时代“微”“轻”的特点，满足了现代人寻求体验的情感需要，具有收藏价值和学习卡片功能，所谓“千年非遗，一卡传承”。潮州邮政借助我们合作单位的设计力量，发行了一套8张的“潮语歌谣”明信片。从目前销售情况看，颇受海外潮人喜爱。

（六）歌谣音乐作品的创作

借助音乐艺术，创作方言歌谣音乐作品。潮汕方言歌谣原本是谣不是歌，而潮汕方言有8个声调，加上大量的连读变调以及每首歌谣都是很押韵的韵文，使歌谣声律变化丰富、抑扬顿挫、朗朗上口，具有很强的韵律感和音乐性。借助更具有感染力和艺术性的音乐形式，会使传统歌谣得以更好地传承。团队尝试了传统风格、现代风格的音乐创作，以及奥尔夫音乐教学。

传统风格：在《精选百首潮汕方言歌谣》中挑选62首歌谣，采用接近念打律动原则谱曲，并请潮剧爱好者演唱，用三弦、琵琶、古筝伴奏，逐首录音，出版了《潮汕方言歌谣曲集》[②]。这种风格的音乐作品符合潮汕方言歌谣本身的声律特点，保留了方言歌谣传统的韵律色彩。

现代风格：在保留传统潮文化元素的基础上，加入说唱、植入口技、加快语速，使作品动感时尚、诙谐有趣。制作者认为，这样的音乐效果更能引起年轻人的共鸣。

笔者曾于2015年利用几次上方言歌谣课的机会，对两种风格歌谣音乐作品受欢迎情况做了调查（见表2）。

---

① 林朝虹：《方言口传文化协同创新的传承研究——以潮汕方言歌谣为例》，《广东技术师范学院学报》2015年第4期。

② 蔡炫琴、林朝虹、林伦伦：《潮汕方言歌谣曲集》，花城出版社2015年版。

表 2　　对两种风格歌谣音乐作品的喜爱情况

时间	地点	对象	喜欢传统风格（人数；比例）	喜欢现代风格（人数；比例）
7 月 25 日	湘桥区文化馆	潮州歌谣体验营 13—20 岁青少年	5 人；占 16.7%	25 人；占 83.3%
8 月 13 日	潮州师范分院	枫溪区骨干教师 30—55 岁	45 人；占 81.8%	10 人；占 18.2%
9 月 23 日	韩山师范学院	中文专业本科三年级学生	23 人；占 51.1%	22 人；占 48.9%
9 月 24 日	陶瓷学院	中文专业大专三年级学生	34 人；占 35.8%	61 人；占 64.2%
合计			107 人；占 47.6%	118 人；占 52.4%

调查数据显示：对传统、现代两种风格的喜爱各占一半左右，各有喜爱的人群；后者会稍多一些，年纪越小的，越偏向于它；年纪越大的，越偏好于前者，或许传统曲调勾起了这一年龄层更多人的童年记忆。我们把 62 首传统风格的歌谣音乐作品以网友可以下载的方式上传至歌谣网站，以期更好地传播和传承。

奥尔夫音乐教学：奥尔夫音乐教育体系是当今世界最著名、影响最广泛的三大音乐教育体系之一。奥尔夫音乐是“原本性音乐”，“原本的音乐绝不只是单纯的音乐，它是和动作、舞蹈、语言紧密结合在一起的；它是一种人们必须自己参与的音乐，即人们不是作为听众，而是作为演奏者参与其间”①。奥尔夫音乐也是一种多模态的音乐。它提倡本土性，运用本土方言儿歌、童谣进行教学，既增强学习兴趣，又保留各民族、各民系的本土文化。我们团队的奥尔夫音乐教学在学前教育专业学生中运用潮汕方言童谣进行了节奏、动作、器乐等音乐教学。

（七）动漫画精品的研发

潮汕方言歌谣要为年青一代所接受，不能固守原来的表现形式。在各种艺术表现形式极其丰富的今天，潮语歌谣这种以“谣”为主、口

① 《卡尔·奥尔夫自白》，《旋律》1965 年第 32 期。

耳相授的传承形式，其表现力和感染力是非常不够的。上述歌谣漫画或歌谣音乐，都为它增添了艺术感染力；而研发潮汕方言歌谣动漫画精品，则是综合了各种艺术形式的多模态作品。动漫是动画（animation或anime）和漫画（comics，manga；特别是故事性漫画）的合称和缩写。动漫是一门综合了文学、美术、音乐、戏剧、影视、物理、计算机等学科的综合性艺术，具有时尚、互动、综合等特点。将传统歌谣和现代动漫有机结合，为方言歌谣的传播与传承赢得更广阔的发展空间，也是歌谣的传承或输出，站在接受者的视角去实施与表达。我们团队已研发、播出的几个歌谣动漫精品如《麻雀相打跋落坑》等，在镜头脚本的绘制上力求歌谣与动画的契合，增强生动性与神秘感。“据不完全统计，儿童通过动画来记忆童谣比通过书本诵读要快2倍。且动漫画加入一些时代元素，加入电声乐器伴奏，加强音乐的流行性，使其更符合年青一代的审美趣味；而且按照内容需求配上青少年儿童喜闻乐见的精美动画，不仅有助于青少年儿童理解歌谣的内容，也大大拉近潮汕童谣与青少年儿童之间的距离，让青少年儿童乐于传诵。”①

总之，潮汕方言歌谣多模态传承是先做好传统的文本收集整理与录音朗读等基础工作，之后借助科技手段和其他艺术门类，跨界发展、协同创新，创新了歌谣传承的其他形式——歌谣漫画、歌谣音乐、歌谣动漫画，以及歌谣漫画衍生品——歌谣明信片、歌谣微信等，使传统民间文学以不同模态传承，收到意想不到的传播效果。建构多模态传承体系，赋予民间文学旺盛的生命力，达到“非遗”动态保护的终极目标。

三　协同创新“四位一体”的传播路径

濒危潮汕民间文学多模态传承体系的建构，必须借助协同创新主体各方力量与资源，通过“四位一体”的传播路径来实现，即家庭传播、学校传播、媒体传播和社区传播，具体见图2。

---

① 林朝虹：《方言口传文化协同创新的传承研究——以潮汕方言歌谣为例》，《广东技术师范学院学报》2015年第4期。

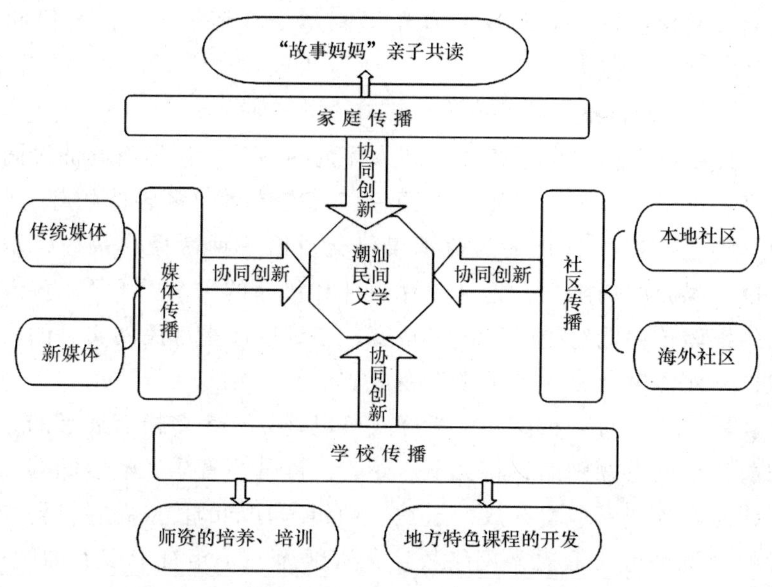

图 2　潮汕民间文学"四位一体"的传播路径

协同创新（Collaborative Innovation）的定义是美国麻省理工学院的彼得 · 葛洛最早给出的："由自我激励的人员所组成的网络小组形成集体愿景，借助网络交流思路、信息及工作状况，合作实现共同的目标。"① 从国内外实践看，协同创新多为组织内部形成的知识（思想、专业技能、技术）分享机制，特点是参与者拥有共同目标、内在动力、直接沟通，依靠现代信息技术构建资源平台，进行多方位交流、多样化协作。② 潮汕民间文学多模态传承体系的建构，主要依靠高校文学、音乐、美术等学科跨界创新，高校与基础教育学校研究与传承并举创新，高校与公司、企业、行业潮人文化创意产业共同研发，资源共享，优势互补，协同创新。譬如潮汕方言歌谣，学科跨界进行文本资料、音档资料和数字化资料库的建设以及歌谣音乐、奥尔夫音乐教学等的创作与实

① Collaborative Innovation Network，http：//en. ikipedia. org/wiki/Collaborative_ Inno - vation_ network.

② 张力：《产学研协同创新的战略意义和政策走向》，《教育研究》2011 年第 7 期。

践；研究与传承并举进行潮汕方言歌谣地方课程的开发和歌谣微课的制作；潮人文化创意产业研发了Q版漫画与动漫画精品，进行民间文学衍生品的制作与流播。

（一）媒体传播：跨越时空，深度介入保护

通过纸媒、传统电子媒体、新媒体的网站、微信等将潮汕民间文学以文字、声音、漫画、音乐、动画等多模态传播，多媒体的综合运用，避免了将“非遗”的传播与传承仅仅交付给一种途径、一种技术，避免了单一媒介的局限性、记录的片面性和传递的“碎片化”。多模态体系下的媒体传播能跨越时空，多角度、多维度地呈现民间文学的内涵与价值，从而深度地介入“非遗”保护。

新媒体下，每一种民间文学样式可以建立一个多模态展示的、综合学习与传播的专题网站，将文本、录音、漫画、音乐、动漫画等文件上传，向海内外读者免费开放，这是一种超越时空的传播路径。譬如我们建设的“潮汕方言歌谣”网络数字化资料库，一年有十多万的阅读量。承载着文化传承的网站必须具有点读、点听、点看功能，通过文本、声音、动画、视频等各种模态帮助网友自主学习。潮州歌册也建立了数据库，包括文本、研究、口述史等几个子库。如果每个民系、每种文学样式都建立了数字化资料库，这种深度介入“非遗”保护的举措将促使整个国家民间文学类保护质量与水平的提升。

（二）社区传播：借助民俗活动进行文化传播的模式

潮人文化既有原乡本地社区的传播，也有海外潮人社区的传播。海外5000多万华侨、华人中，有1500多万潮人。潮文化的地方性与国家性特征兼容，地域性与国际性特征兼备，在“21世纪海上丝绸之路”战略语境下，其国际交流的作用尤为突出。譬如马来西亚“三月初三锣鼓响”，是新山市一帮文化人利用三月初三庆祝“大老爷”元天上帝诞辰的传统民俗而策划出来的一个民俗文化活动品牌：“大老爷”圣诞万民庆贺的习俗照过不误，但注进了新的文化元素，可谓是“旧瓶装新酒”。这项庙会从2002年开始，每一届庙会，都有一个具有文化内涵的主题：2013年第12届是“潮汕方言歌谣”；2012年第11届是潮阳英歌舞和潮州大锣鼓表演、全马潮青学艺大比赛；2011年第10届是“返乡里·去潮州”摄影大赛和全柔佛州潮州歌曲卡拉OK公开赛；2010

年第9届是王敏讲古和潮州文化旅游风情展……而每一届庙会，在“柔佛古庙”举行庆祝“大老爷”——元天上帝诞辰仪式是永远的主题，并附带着的从精神到物质的两个小主题：潮味十足的潮剧观赏和潮州美食品尝。庙会一连三天，活动一个接着一个，正像庙会的宣传词说的：“锣鼓一响，精彩连连。”

2013年马来西亚“三月三锣鼓响”的文化品牌活动，摘录了《全本》中80首歌谣，在祭拜“大老爷”的民俗活动中注入了文化主题，举办了“潮州歌谣文化展”，包括开幕式歌谣表演、古庙回廊80首歌谣的展板展出、林伦伦主讲潮州歌谣讲座等在内的系列活动。方言歌谣从原乡走到海外，成了海内外潮人血脉乡情的联系纽带。他山之石，可以攻玉，借助祭祀、求福等民俗活动进行文化传播是一种成功的传播模式。它有特定的传播主导者，明确的传播目标和相协调的传播手段，是一种整合性的社区传播，值得原乡社区民系文化传播借鉴。

（三）学校传播：构建从幼儿体验到高师学习的课程开发模式

关于课程开发，已有不少按课程与教学论的开发原则与要求进行研究的成果。但这些成果中，校本课程的多，地方课程的少，方言文化课程的开发则更少，而属于真正的行动研究的则少之又少。在“非遗”语境下，在“创新传统文化、扶持通俗文化”的时代背景下，在基础教育课程改革深入开展的今天，那种具有可行性、可持续性与可借鉴性的方言文化地方课程开发的行动研究，是最值得关注的。

方言文学地方课程的开发，教材建设是前提，合适的教材是顺利实施的保证；作为承载着文化传承任务的课程，如何更有效高质地实施教学，师资的培养与培训是关键；作为地方课程而不仅仅是校本课程，组织撰写课程目标则是增强开发的目的性与规范性，减少盲目性与随意性的必要环节；探索不同的课程形态，突破课程实施的重难点，帮助更多老师提高水平，是促使课程开发顺利推进的重要途径；而地方课程的可持续发展，则需要不断完善课程资源给予支撑。因此我们的开发策略是：编著师生用书，培养培训师资；组建骨干团队，编写课程目标；探索课程形态，突破实施难点；制作微课，完善课程资源。我们课程开发的原则是：本土性、灵活性与兴趣性的原则。遵循开发原则，采取一定策略，我们构建了从幼儿园学前孩子体验，义务教育学生学习，高师师资培养，以至基础教育师资培训的课程开发模式。

（四）家庭传播：再现“非遗”语言环境，优化生存状态

传统潮汕民间故事、歌谣本来就是通过口耳相授、代际相传的形式传播与传承。我们尝试了通过“故事妈妈”公益活动让妈妈、爸爸与孩子共同阅读的形式进行方言故事和歌谣的传播。这种亲子共读的形式，很好地创造了文化空间，再现和还原了“非遗”的语言环境。潮汕民间故事用方言口头表达，通过恰当的停连与合适的语速处理，能将其节奏感淋漓尽致地表达出来；而其朗朗上口的语音特点往往是依靠各种形式的押韵来表达。潮州歌谣、潮州歌册更是一种韵律感极强的有韵文学，韵律对孩子是有调节作用的，有利于培养孩子的节奏感。因此潮汕年轻的家长愿意进行民间故事、民间歌谣的亲子共读。这种传播形式优化了民间文学动态化、活态化的生存状态，很好地避免了“非遗”记录和传播的数据化与片面化。

总之，本文从“非遗”保护的视角去梳理传承研究，对“活态保护”进行了重新定义，创新性地构建了潮汕民间文学多模态传承体系，提出了协同创新“四位一体”的传播路径，以期建立潮汕民间文学整体性的保护与传播网络，达到“非遗”活态保护的终极目标，为建构中华优秀传统文化传承体系提供潮汕民间文学案例。

影片《当幸福来敲门》所诠释的幸福法则*

段　英**

摘　要　最合于享受人生的理想人物是一个“热诚的、悠游自在的、不畏惧的人”，是一个兼备“情”、“智”、“勇”的人。影片主人公克里斯·加德纳正是这样一位人物，他对生活怀着坚定的信念、对孩子怀着深挚的爱，凭借自身的智慧和勇气，不懈奋斗，历经磨难，最终成功地改变了命运，在追求幸福的艰难过程中他体味着最真实的幸福。

关键词　“情”　“智”　“勇”　幸福的真义

电影《当幸福来敲门》（2006 年）是根据美国黑人克里斯·加德纳的同名自传 *The Pursuit of Happiness*（《追求幸福》）改编而来，讲述了克里斯·加德纳从一个穷困潦倒的医疗器械推销员蜕变为一位知名的金融投资家的人生经历。

世人都渴望幸福和快乐，美好的生活是每个人都本能地要去追求的。我们都很钟爱那些从失败走向成功、由困境转为辉煌的电影故事，这种喜爱可能是源自我们内心对于幸福的那份渴望和期待，潜意识总会觉得电影里所讲述的就是自己正在经历的事情或即将去体验的人生。然而，我们在热切关注幸福结局的同时，更应深切领悟比外在的成功更为

---

* 原载《电影新作》2013 年第 1 期。

** 段英，四川人，1996 年考入汕头大学文学院，师从林伦伦教授攻读汉语言文字学硕士学位，1999 年获文学硕士学位。1999—2003 年任教于广东教育学院中文系，从事语言学、对外汉语教学和研究工作，现任教于上海戏剧学院，主要研究方向为戏剧影视文学。

重要的东西，那就是决定一个人最终是否能够获得幸福的内在品质。林语堂在《生活的艺术》中指出“最合于享受人生的理想人物，就是一个热忱的、悠游自在的、不畏惧的人”，孟子将“大人”的三种“成熟的美德”列述为“仁、智、勇”，林语堂则认为将“仁”改为“情”就更为确当，宣称大人物的特质乃“情、智、勇”三者①。影片中的克里斯就是这样一位兼备“情、智、勇”的人物。

一　热忱深挚的“情”

被誉为“银幕界的欧·亨利”的美国著名导演弗兰克·卡普拉（Frank Capra）曾说过“所有伟大的故事都是爱的故事”，爱并不局限于两性之间的爱情，《当幸福来敲门》中我们所看到的就是一位父亲对儿子的深挚的爱。

克里斯 28 岁时才与自己的父亲第一次谋面，由于自己从小缺失父爱，克里斯非常珍视和儿子之间的这份亲情，自身所缺失的，他要加倍补偿给孩子。

不论生活沦落到何种地步，克里斯始终都为儿子苦苦守护着一片温情的天空，想方设法尽量不让孩子的心理因贫困而蒙上阴影，不让孩子过早地去体认那真实生活中艰辛与残酷的一面，虽然在懊丧、急迫的时刻，克里斯也会对孩子大吼大叫，可是，当两人相守时，克里斯在孩子面前，总是显得那么轻松和镇定，充满自信、充满慈爱，让孩子感受到一种温暖的呵护。克里斯彻底破产后，他和孩子被赶出了汽车旅馆，夜晚流落在地铁车站，谈话间，克里斯灵机一动，将错就错，把自己推销的骨质密度扫描仪当作“时光机器”，带孩子“返回恐龙时代”，为了逃避恐龙的袭击，两人躲进了“山洞”——其实就是地铁站内的公用卫生间。在反锁了的卫生间里，孩子在他怀中疲惫地睡去，突然，外面有人拼命敲门，急促而持久。俯视镜头下，克里斯用手紧紧捂着孩子的耳朵，一只脚死死地顶住门，痛苦而羞愧地哭起来，场面辛酸至极。后来，当他用卖血的钱买来零件，修好最后那台失而复得的扫描仪并成功

① 林语堂：《生活的艺术》，中国戏剧出版社 1991 年版，第 95 页。

推销出去之后，准备带孩子去宾馆住，儿子却说其实他们可以再回那“山洞”的，可见这个极度窘迫的生活场景对孩子的心灵并没有产生任何的负面影响，留在孩子记忆中的只是一个好玩的游戏而已。

在为生计疲于奔命之余，克里斯不仅悉心照料孩子的生活起居，他还不忘对孩子进行适时的教育和引导。送孩子上学途中，耐心地教孩子“happiness”（幸福）一词的正确拼法，委婉地解释有的脏话是大人们很生气的时候才会说的，小孩子是不能说的。有一次，在篮球场上，克里斯判定孩子像他一样，没有打球的天赋，孩子就沮丧地把球扔到一边，此时，他郑重地告诫孩子“别让任何人来跟你说你做不了什么事情，即使是我也不行”“如果你有梦想的话，你就要去捍卫它”，这些话是对孩子的谆谆教诲，也是对自己的激励与鞭策。尽管生活颠沛流离、十分艰苦，孩子的心态却一直都很阳光，这不能不归功于克里斯平日的言传与身教。

张潮《幽梦影》中有云：“情之一字，所以维系世界”，“情”是正常人类的生活基础，是我们人生的出发点和支撑点，“情”能“给我们以内心的温暖和活力，使我们快乐地去对付人生”①。在人与人之间只是赤裸裸的利益关系的金钱至上的社会中，乖巧懂事的儿子是克里斯漂泊人生中唯一的慰藉和寄托，孩子对他无条件的信任和爱是他最大的财富，没有孩子，也就没有奋斗的方向和动力，可以说，孩子是他精神的支柱、力量的源泉和生命的支点，克里斯正是拥有了对孩子深沉真挚的爱，这才让他得以在无比艰难的困境中依旧能乐观地、无畏地去应对，最终获得成功。可以说，正是他对孩子的那份深挚的爱成全了他的幸福人生。爱的真谛是：“你给予的越多，你得到的就越多”，这句话听起来好像是矛盾的，可是却深蕴至理。

二　灵活应对的“智”

“人生是严酷的，热烈的心性不足以应付周遭环境，热情必须和

① 林语堂：《生活的艺术》，中国戏剧出版社 1991 年版，第 96 页。

智、勇连接起来，方能避免环境的摧残。”① 克里斯的机智与智慧，是他最终能获取成功和幸福的根本。

影片中，克里斯的机智得到了充分的展现。为了能够有机会接近证券公司异常忙碌的人事主管，得到一个面试的机会，克里斯谎称和他是同路，一起搭乘同一辆出租车，车上他滔滔不绝地介绍自己的特长，但主管充耳不闻，只顾着摆弄手上的魔方，陷入迷惑，这时，克里斯主动“请缨”，在主管难以置信的目光和语气中，将魔方复原，给主管留下了深刻的印象。

因为没钱交违章停车的罚款，克里斯正在刷漆的时候，被警察给带走了。他被拘留了一夜，而第二天早上就要去参加面试，从警察局出来，他一路狂奔，穿着满身涂料的衣服出现在几位西装革履的面试官面前，尽管他已经做了解释，可是公司的最高主管最后还是严肃地问了他一个问题：“如果有一个人，连一件衬衫都没穿就来面试，而我最后还录取了他，你会怎么想?”克里斯一本正经地说：“那他穿的裤子一定很考究。”他的机智和幽默，引得几位面试官哈哈大笑，克里斯就此顺利成为证券公司 20 名实习生中的一员。

克里斯思维敏捷、反应迅速，随机应变的能力很强，这是他最终能被公司聘用为股票经纪人的关键性因素。为了给自己创造机会，为了赢得别人的信任，有的时候克里斯也只能靠谎言甚至是吹嘘来编织自身的形象，这是冷酷现实中无可奈何的选择，若不如此，穷困潦倒的他，便会被冷峻、犀利的目光拒之千里。

机智是在特定的言语和行动中展现的，而智慧则体现于面向生活所选取的姿态和恪守的原则。影片开始不久，在克里斯事业陷入困顿之际，他微笑着询问大街上遇到的一位开跑车的人，他问这个人是做什么工作的，得到的答复是股票经纪人，做这种职业呢，只要善于跟数字打交道、跟人打交道就可以了，并不一定要有大学文凭。正是这次简短的对话，给克里斯指引了生活的方向，使他有了明确的奋斗目标。实习期间，克里斯因帮办公室主管泊车，错失了和重要客户见面的机会，后来他主动上门道歉，赢得了对方的信任和好感，被邀请一起去看橄榄球

---

① 林语堂：《生活的艺术》，中国戏剧出版社 1991 年版，第 99 页。

赛，自己的业务也由此打开了局面。身处困境也好，痛失良机也好，这些并不可怕，只消能不断地主动去寻求化解和补救的方法，生活的魔方就有可能呈现出崭新的一面，有时甚至是不可思议的一面。敞开自我，以一种开放的姿态积极地直面生活中的各种难题是心智通透的一种表征。克里斯深谙与人相处之道。与客户打交道时，他总是竭力表现出热情、自信、风趣的一面，内心的紧张、失落与悲苦则全力掩饰，绝不示人，这是赢得客户信任的一个基本原则。

日子可以艰苦，但心态不能悲苦。不管生活是如何的凄苦与绝望，克里斯总能设法让孩子感受到温暖和希望，这是爱的流露，也是智慧的一种体现。与克里斯形成对照的，是他的妻子琳达——因忍受不了日子的拮据与无望而出走，虽然她也曾为家庭尽过力，坚持上了四个月的双份班，但愁苦一直挂在脸上。内心阴郁、不晴朗，便注定了她等待不了生活中出现阳光。

生活是如此严酷，但难能可贵的是，在克里斯的内心深处仍存有一份超然。他卖了最后那台扫描仪之后，就不去教堂排队争取临时的救济床位了，而是带孩子去旅馆住了一晚，第二天，又带孩子去海边，享受短暂的宁静时光，远离一切人事、一切喧嚣。尽管还在经受着生存的考验，克里斯却能保持这种优游不迫的心态，实在是一种大的智慧，如此，方能保全自己的心性，不致因生活的压迫而受根本的摧残。

三　迎头而上的“勇”

“如果智不能生勇，智便无价值。”① 真正的智慧总是和“勇”相伴相生的，“智”要有“勇”的支撑才能实现其价值。克里斯的勇敢与坚韧使梦想最终变为现实，从而彻底摆脱了人生的困境，完成了自我的救赎。

生活中的克里斯透着一股狠劲，遇到问题和麻烦时，他总是迎头而上，毫不退缩。发现家庭托儿所对孩子不负责时，他直接向老师表达不满。因为无处栖身，克里斯带着孩子去教堂收容所排队，被别人插队

① 林语堂：《生活的艺术》，中国戏剧出版社 1991 年版，第 99 页

时，他据理力争，甚至不惜动手一搏。为了夺回赖以生存的扫描仪，他每次都是不顾一切地奋力追赶，甚至冒着生命危险在车流中穿梭。影片中出现了很多克里斯奔跑的镜头，镜头追着克里斯一直向前移动，周遭的景象迅速后退，这种场景的快速切换，除了制造紧张剧情之外，更是一种影像的象征，标志着克里斯不断奋力向前、追逐命运的人生姿态。克里斯的“勇”还体现在不在乎世俗异样的眼光，每次遭遇尴尬时，他总是坦然直面，不躲闪、不羞怯，这种不被世俗眼光所束缚的淡定，实源自内心的强大。

一时的勇，并不是真正的勇，真正的勇敢是一种恒久的品质，那就是坚韧。实习期间，用他自己的话来说就是一段“被低估、不被赏识”的时期，上司经常有意无意间让他打杂跑腿，尽管自己为了节约时间连水都不喝，可是他对上司的种种差使从来都是有求必应，他坚信自己的能力终会得到证明。为了取得笔试的好成绩，克里斯在教堂收容所昏暗的灯光下、嘈杂的餐桌上，甚至有的夜晚在流落的车厢里啃证券行业的那本“圣经”，见缝插针地利用一切时间。

人生要敢于树立自己的梦想，更要勇于坚守自己的梦想、捍卫自己的梦想。

当克里斯把想当股票经纪人的这个想法告诉妻子时，却受到了奚落，妻子面带讥讽地问他“不是去当宇航员?”，但他还是选择了在证券公司做一名六个月内没有任何报酬、成功机会非常渺茫的实习生，勇敢地接受挑战。当克里斯在电话里得知妻子要离开时，他凝视着硬币上的托马斯·杰斐逊头像，想起《独立宣言》上的经典名句“人人生而平等，造物者赋予他们若干不可剥夺的权利，其中包括生存权、自由权和追求幸福的权利”，他琢磨着为何要在“幸福”前面要加上“追求”二字，或许正是因为“幸福”是只能去追求却永远也追求不到的，他后来甚至怀疑托马斯·杰斐逊在本质上可能只是个耽于理想的艺术家。一直到实习期快要结束的时候，他还神情黯淡地在怀念小时候成绩还能得个 A 什么的，可是眼下却什么事情也做不成。实际上，克里斯的生活中也一直贯穿着沮丧和失望，可是他从未放弃梦想，不屈不挠地坚持到了最后。

当证券公司最高主管在实习期满的最后一天告诉克里斯：“你的衬

衫很漂亮，明天请继续穿着它来上班，因为明天将是新的一天”时，克里斯嘴唇翕动，却说不出任何话，眼睛噙满泪水，他冲到楼下，在熙熙攘攘的人群中，高举双手为自己、为生活鼓掌，为终于降临的幸福而战栗发抖，此时画外音响起：“在我人生的这一部分，一小部分，叫做幸福”，他奔跑着赶到托儿所，抱起儿子，紧紧地、久久地拥在怀里，再次流下泪水，克里斯这时候才体会到“追求幸福”这句话的真谛。

四　幸福的真义

个人英雄主义是美国的一种国家宗教，其中心原则和信条就是“你可以掌控你自己的命运”，可以说，美国文化的最高信条就是：个人的力量决定他的命运。美国电影之所以能够风靡世界，也许正是因为很多电影故事中传达了这样的一种信念[①]。通常被归为励志电影的这部《当幸福来敲门》也不例外，它是一个真实版“美国梦”的实现，讲述的是克里斯凭借自身的智慧和勇气，不懈奋斗，历经磨难，最终成功地改变了自己的命运。他的故事昭示着这样一条幸福法则：怀着单纯而坚定的信念，内心热忱，依靠自身的智慧和勇气，奋力争取，坚持到底，幸福终会降临。

不过，我们在看到影片圆满结局的同时，更应看到真实生活的严酷和社会底层人们与命运抗争的惨烈，米兰·昆德拉的《生命不可承受之轻》里有这样一句话：“我们常常痛感生活的艰辛与沉重，无数次目睹了生命在各种重压下的扭曲与变形。”影片中我们看到，平时显得很有教养也很注重孩子教育的坚强的克里斯，在生活的逼迫下，也不免暴露出人的软弱和脆弱：为了不付出租车费，仓皇逃窜，遭受司机的咒骂和追赶；为了追讨 14 美元，和唯一的朋友翻脸，失态叫嚣；为了抢公交车座位，蛮横无理地插队；而在破产之后，克里斯的面容急剧苍老，奔跑的姿势日趋疲惫，当公司最高主管临时向他借 5 美元零钞打的时，他却颤抖地捏着钞票，迟迟不忍离手，嘴里嗫嚅着，神情惶惑，场面之

① ［美］霍华德·苏伯：《电影的力量》，李迅译，中国人民大学出版社 2008 年版，第 120、389 页。

悲哀，令人唏嘘。

克里斯是幸运的，很难想象，如果他最后未被证券公司录取，他的命运又将会是怎样的结局。尽管影片的英文原名叫《追求幸福》，不过，克里斯眼中的幸福只是在取得世俗成功之后才降临的，而我们需要明确的是：追求幸福，其本质并不是追逐成功，更不是追逐财富。通常来说，热忱、智慧和勇气在现实生活中能给个体的幸福提供一种有力的保障，可它们却并不能必然推导出成功。如果只把幸福建立在获得成功的基础之上，这种想法和做法是有着巨大的潜在风险的，其实，即便成功，也并不就意味着幸福。

幸福是什么？幸福是一种安定、明朗的心理状态，是一种坚定、积极的生活姿态，更是创造价值的艰难过程和承担责任的不懈努力。就如影片中那首赞美诗中所唱到的：“主啊，不要把高山移走，请给我力量攀登它。”在追求梦想的道路上充满了艰辛和挫折，可同时幸福也隐匿其中。世间苦难所存在的意义就在于让我们经受必要的考验，未经省察的人生是不值得过的，不曾经受大考验的人生则是不完整的。没有付出就没有真正意义上的收获，不经受严峻的考验，也就产生不了真正意义上的幸福。

这部影片虽然主要是在讲述追求幸福的艰辛，却又能让人从种种艰辛中时刻感受到幸福的存在，因为有宝贝儿子相依为命，克里斯内心一直是温暖的。追求幸福本身就是一种幸福，或许克里斯·加德纳本人也没有深刻地意识到，其实，在追求幸福的艰难过程中他已在体味着最真实的幸福。

波德莱尔在诗歌《高翔远举》中曾说道：“在厌倦和巨大的忧伤的后面，它们充塞着雾霭沉沉的生存；幸福的是那个羽翼坚强的人，他能够飞向明亮安详的田园。”其实，幸福并不一定要抵达某个特定的地点，能够奋力振翅，便已是幸福。

论《史记》中所描写的项羽这一人物形象的悲剧性格因子*

马学云**

摘　要　本文依据的材料主要是司马迁所著的《史记卷七·项羽本纪第七》。笔者拟通过对相关文字的解读来论证《史记》中所描写的项羽这一人物形象的悲剧命运主要是其悲剧性格因子所致。

关键词　史记　项羽　人物　悲剧　性格　因子

一　引言

“历史”是另一个具有不同含义的复杂能指。虽然历史本身不可能“死亡”（正如它不可能“活着”一样），但人们有可能设想历史是一种已经丧失了所有意义的“符号”，不再与它自身之外的任何东西有关，已经同它的指涉分离，或者变得无法同其指涉分开。一言以蔽之，“历史之死”并非“历史”的死亡，而是指作为符号的“历史”的

---

* 原载《广东职业技术教育与研究》2014 年第 1 期。

** 马学云，男，1975 年出生于四川省凉山彝族自治州，彝族。1995—1999 年，在西南师范大学（今西南大学）中文系攻读汉语言文字学专业。1999—2002 年，在汕头大学文学院师从林伦伦教授攻读汉语言文字学专业，获文学硕士学位，学位论文题目《沙玛铺子彝人汉语音系及其变异研究》。2002—2005 年，在广州卫生学校任教。2005—2016 年，在广州医科大学任教。从 2017 年开始，在广州卫生职业技术学院任教。

“死亡”。①

《史记》虽然是一部历史，但是其文学色彩同样非常浓厚。虽然《史记》中所记载的历史故事早已经消隐，但是今人通过对它的解读，依然能够汲取许多有益的营养。《史记》中有众多经典而又鲜活的人物形象值得今人去分析和品味。在其中，项羽是一个耀眼的人物形象。项羽的一生是悲壮的一生，是轰轰烈烈的一生。项羽在其崛起的时刻显得非常霸气，在其自刎乌江的时刻同样显得非常霸气。总的说来，项羽这一人物形象充满了矛盾性。而在其中，项羽悲剧性格因子的存在扮演了重要的角色。

二　项羽这一人物形象的悲剧性格因子分析

通过仔细地阅读和分析，笔者归纳出了《史记》中所描写的项羽这一人物形象的悲剧性格因子主要有以下几点。

（一）项羽性格中有浮躁的因子

《史记·项羽本纪》说道：“项籍少时，学书不成，去学剑，又不成。项梁怒之。籍曰：‘书足以记名姓而已。剑一人敌，不足学，学万人敌。’于是项梁乃教籍兵法，籍大喜，略知其意，又不肯竟学。”

根据所引文字，笔者分析出：项羽性格中有浮躁的因子。项羽少时，无论是读书，还是学剑学兵法，都不能坚持下去。究其根本原因，主要是他的性格比较浮躁。这样的性格致使他在做任何事情方面都很难坚持下去。这样的性格使项羽做事总是比较冲动，显得非常不理性。这样的性格为项羽最后命运的覆灭埋下了种子。

（二）项羽性格中有狂傲的因子

《史记·项羽本纪》说道：“秦始皇帝游会稽，渡浙江，梁与籍俱观。籍曰：‘彼可取而代也。’梁掩其口，曰：‘毋妄言，族矣！’梁以此奇籍。”

根据所引文字，笔者分析出：项羽性格中有狂傲的因子。在项羽还是一介平民的时候，看见威风出巡的秦始皇，他竟然能够说出“彼可

① 阎嘉：《文学理论》，中国人民大学出版社2006年版。

取而代也”的话语。这确实显得他狂傲异常。狂傲虽然能在一定程度上彰显出其内心深处深藏的远大理想，但是狂傲也能使其做事说话都非常张扬。可以说，项羽性格中的狂傲因子为项羽最后命运的覆灭埋下了种子。

（三）项羽性格中有残暴的因子

1. 项羽在崛起前有残暴的表现

《史记·项羽本纪》说道：“项梁前使项羽别攻襄城，襄城坚守不下。已拔，皆坑之。”“项梁使沛公及项羽别攻城阳，屠之。”

根据所引文字，笔者分析出：项羽性格中有残暴的因子。在项羽的叔叔项梁锋芒正劲的势头下，项羽彼时处在附属的地位。就是在这样的情形下，项梁两次派他攻打城池。结果，项羽在攻打下城池后，均分别对襄城和城阳两座城池进行了屠城，屠杀了全部守城军民。尤其可怕的是，在攻打襄城后，项羽采取的屠杀方式是坑杀。在这惨绝人寰的屠城行动中，项羽的残暴性情表现得非常明显。

2. 项羽在崛起后有残暴的表现

《史记·项羽本纪》说道：“于是楚军夜击坑秦卒二十余万人新安城南。”“居数日，项羽引兵西屠咸阳，杀秦降王子婴，烧秦宫室，火三月不灭，收其货宝妇女而东。人或说项王曰：‘关中阻山河四塞，地肥饶，可都以霸。”“项王见秦宫室皆以烧残破，又心怀思欲东归，曰：‘富贵不归故乡，如衣绣夜行，谁知之者！’说者曰：‘人言楚人沐猴而冠耳，果然。’项王闻之，烹说者。”

根据所引文字，笔者分析出：项羽性格中有残暴的因子。在收服秦将章邯之后，由于担心降服的秦朝吏卒到关中后不听从命令，项羽命令楚军一夜之间屠杀并掩埋了二十多万投降的秦军士卒。在进入秦朝都城咸阳之后，项羽做了三件事：一是杀了已经投降的秦王子婴，二是放火烧了秦朝宫室，三是掠夺了大量的财物和妇女，四是烹杀了向他提建议定都关中的人。在这几件事情当中，项羽残暴的性格表现得淋漓尽致。在他的内心里有着几个做事原则：一是从肉体上消灭逆己者，二是“顺我者昌逆我者亡”，三是独断专行和一意孤行。在这几个做事原则的影响下，项羽给人留下了这样的印象：他是一个残暴的赶尽杀绝之人。

3．项羽在与刘邦争锋时有残暴的表现

《史记·项羽本纪》说道："项王见纪信，问：'汉王安在？'曰：'汉王已出矣。'项王烧杀纪信。""当此时，彭越数反梁地，绝楚粮食，项王患之。为高俎，置太公其上，告汉王曰：'今不急下，吾烹太公。'"

根据所引文字，笔者分析出：项羽性格中有残暴的因子。项羽在与刘邦争锋时，曾经围困刘邦。后来，刘邦在纪信的帮助下脱逃。项羽在抓到假扮刘邦的纪信之后，将其活活烧死。项羽这种行为无异于告诉天下人自己是无义之人。后来，在与刘邦争锋时，项羽将刘邦的父亲太公放在砧板上，以此威胁刘邦来降。项羽这种行为无异于告诉天下人自己是不孝之人。这些行为就像广告一样，使天下人都知道项羽是一个为了达到目的会不择手段的人。俗话说，"得民心者得天下"。项羽的种种行为一次次使自己失去了民心。

（四）项羽性格中有偏听的因子

《史记·项羽本纪》说道："沛公左司马曹无伤使人言于项羽曰：'沛公欲王关中，使子婴为相，珍宝尽有之。'项羽大怒，曰：'旦日飨士卒，为击破沛公军！'"

根据所引文字，笔者分析出：项羽性格中有偏听的因子。在得到曹无伤的密报之后，项羽未做理性思考和筹谋，就立刻冲动地表示要发兵攻打刘邦。作为一个领导者，无论其官职大小与否，他都应该遵循这么一个做事的原则：兼听则明，偏听则废。更何况，项羽是众多诸侯的领军人物。虽然曹无伤的密报有一定的根据，但是作为领军之主，项羽应该先好好筹谋一番再做相应的应对。这样做，项羽可以实现战略上的主动。

（五）项羽性格中有不善于保护于己有利之人的因子

《史记·项羽本纪》说道："沛公旦日从百余骑来见项王，至鸿门，谢曰：'臣与将军戮力而攻秦，将军战河北，臣战河南，然不自意能先入关破秦，得复见将军于此。今者有小人之言，令将军与臣有郤。'项王曰：'此沛公左司马曹无伤言之；不然，籍何以生此？'项王即日因留沛公与饮。"

根据所引文字，笔者分析出：项羽性格中有不善于保护于己有利之人的因子。此一段文字是《史记·项羽本纪》中最为精彩的一部分，它能让人深刻明白项羽为什么在和刘邦的争锋中最后失败。刘邦在鸿门宴中所说之话有几个效果：一是刘邦表明自己和项羽的地位平等，两人都是怀王部下，两人“戮力而攻秦”，只不过“将军战河北，臣战河南”而已。二是刘邦标榜自己进入秦都咸阳是天意，不是自己故意的，因为“然不自意能先入关破秦，得复见将军于此”。刘邦这番话给人的感觉就是“天命不可违”。刘邦此语意在向项羽表明，自己只是顺天而为。三是刘邦表明自己没有对项羽不敬，两人之间的矛盾主要是“有小人之言，令将军与臣有郤”。刘邦的这番话非常有技巧。通过这一番话，刘邦不仅标榜了自己是顺天命之人，而且不着痕迹地撇去了自己与项羽不和的干系，将所有的责任都推在“小人”身上。四是刘邦成功诱导项羽说出：“此沛公左司马曹无伤言之。不然，籍何以生此?”在刘邦的一番话语之后，项羽就实实在在地说出了于己有利之人的名字。项羽这种行为其实就等于直接把曹无伤送上了断头台。其直接的后果就是“沛公至军，立诛杀曹无伤”。曹无伤的命运是悲惨的。曹无伤自己做梦都不会想到他会死在项羽的无保护意识下。曹无伤的死实际上等于向天下人宣告：项羽性格中有不善于保护于己有利之人的因子。这种行为最终使项羽的部下纷纷弃他而去。淮阴侯韩信以及后来的汉相陈平都曾经是项羽的部下，可是后来他们都纷纷投靠了刘邦。这些事件的不断上演最后为项羽的失败埋下了伏笔。

（六）项羽性格中有在政治方面缺乏远见的因子

1. 项羽在灭秦之后缺乏政治远见

《史记·项羽本纪》说道：“项王自立为西楚霸王，王九郡，都彭城。”

根据所引文字，笔者分析出：项羽在灭秦之后缺乏足够的政治远见。项羽虽然是义军盟主，在灭秦的过程中贡献不小，但是在他的上面还有楚怀王这面大旗。灭秦之后，项羽急切地想要称王。但是，由于楚怀王的存在，他不好实现。于是，他先尊怀王为义帝，再分封各路诸侯为王。最后，他才顺利地自立为西楚霸王。其实，项羽这样做是非常不明智的。当时，天下只有一个名义上的最高领导者义帝。对此，项羽却要变相地取而代之。他这样做，相当于把自己置于“火炉”之上。在众诸侯的眼里，项羽的这种自私行为使自己成了众矢之的。

2．项羽在灭秦之后分封不公

《史记·项羽本纪》说道：“田荣闻项羽徙齐王市胶东，而立齐将田都为齐王，乃大怒，不肯遣齐王之胶东，因以齐反，迎击田都。田都走楚。齐王市畏项王，乃亡之胶东就国。田荣怒，追击杀之即墨。荣因自立为齐王，而西杀击济北王田安，并王三齐。荣与彭越将军印，令反梁地。”

根据所引文字，笔者分析出：项羽在灭秦之后分封不公。项羽在灭秦之后分封诸侯时，站在众诸侯的角度来看确有不公之处。按常理，项羽应该让齐王继续当齐王，不应该徙封胶东。项羽这样做，相当于是贬低齐王。更为严重的是，项羽立齐将田都为齐王。这就显得有点混乱了。项羽这样做，给了田荣一个作乱的理由。为了恢复所谓的秩序，田荣赶跑了田都，击杀了齐王，击杀了济北王。紧接着，田荣策反了彭越。紧接着，陈馀开始反抗，刘邦也开始回军平定三秦。就这样，由于项羽的分封不公这条导火线的爆发，天下再次陷入大乱。

3．项羽在与刘邦讲和之后缺乏政治远见

《史记·项羽本纪》说道：“项王已约，乃引兵解而东归。汉欲西归，张良、陈平说曰：‘汉有天下太半，而诸侯皆附之。楚兵罢食尽，此天亡楚之时也，不如因其机而遂取之。今释弗击，此所谓“养虎自遗患”也。’汉王听之。”

根据所引文字，笔者分析出：项羽在与刘邦讲和之后缺乏政治远见。在与刘邦讲和之后，项羽就引兵而去。他没有想到张良和陈平会建议刘邦来攻打“兵罢食尽”的自己。刘邦的突然进攻使项羽猝不及防，兵败如山倒。在这件事情上，项羽缺乏政治远见的因子得到了放大。正是由于项羽缺乏政治远见，刘邦的势力才有机会一天天壮大。可以说，缺乏政治远见的因子使项羽逐步丧失了与刘邦争锋的资本。

4．项羽性格中有怨天尤人的因子

《史记·项羽本纪》说道：“项王自度不得脱。谓其骑曰：‘吾起兵至今八岁矣，身七十余战，所当者破，所击者服，未尝败北，遂霸有天下。然今卒困于此，此天之亡我，非战之罪也’。”“项王笑曰：‘天之亡我，我何渡为！且籍与江东子弟八千人渡江而西，今无一人还。纵江东父兄怜而王我，我何面目见之？纵彼不言，籍独不愧于心乎？'"①

根据所引文字，笔者分析出：项羽性格中有怨天尤人的因子。项羽在冲出垓下之后对身边仅剩的28个骑兵说，自己之所以有现在的境况，那是上天要灭亡他项羽，不是他项羽打仗的过错。在乌江渡口，项羽在与摆渡的乌江亭长对话时说，既然上天要灭亡他项羽，他项羽还要渡江干什么呢？这些话语明白地揭示了：项羽性格中有怨天尤人的因子。这种因子的影响一直伴随项羽一生，直到项羽自刎乌江的那一刻。

结　论

人们比较容易注意到的事实是：随着我们价值观念的不断变化和发展，是什么样的“部分”还可以继续为我们的文学提供动力。这也不是一个立即就能够回答的问题。因此，我们的文学史需要不断地“重写”。能够进入中国现代文学“传统”的部分也在发生着变化，总会因为有新的“发现”而不断丰富的内容。② 总的说来，笔者认为，在《史记》所描写的项羽这一人物形象的悲剧命运中，其悲剧性格因子的存在扮演了相当重要的角色。

---

① 阎嘉：《文学理论》，中国人民大学出版社2006年版。

② 李怡：《现代性：批判的批判》，人民文学出版社2006年版。

奉　觞　编

历史学卷

从八二风灾看地方应急救助运作

——以澄海县为例[*]

蔡文胜[**]

摘　要　1922年8月2日（农历六月初十）发生于潮汕地区的一次特大风灾，给潮汕地区沿海各县造成严重损失，以澄海、饶平、南澳、潮阳等县和汕头市为甚。本文以当时受灾较为严重的澄海县为例，运用《澄海县八二风灾特辑》《樟林风灾特刊》等文献资料，结合现存的碑刻资料和上世纪八十年代文物普查时所记录的口述资料，分析在这一灾难来临之后，地方政府、士绅商人、海外华侨以及各种慈善机构、教会组织等在这一应急救助过程中所扮演的角色及其运作过程。

关键词　八二风灾　地方政府　社会力量　应急救助

1922年8月2日（农历六月初十）发生于潮汕地区的一次特大风

---

*　原载黄挺主编《第七届潮学国际研讨会论文集》，花城出版社2009年版。

**　蔡文胜，男，1968年生，1990年毕业于汕头大学中文系汉语言文学专业。现为广东省汕头市澄海区博物馆副馆长、文博专业副研究馆员。潮汕历史文化研究中心学术委员会委员、汕头市“海上丝绸之路”申遗专家委员会成员、澄海区第一届规划委员会专家委员、澄海区非物质文化遗产专家组成员。曾任汕头市澄海区第三次全国文物普查普查队长，被评为“广东省第三次全国文物普查工作先进个人”。长期从事文博工作，主要研究领域为文物、考古、地方文史。先后发表《从考古发现看潮汕先民的越族文化特征》《从八二风灾看地方应急救助运作》《清末民国时期澄海华侨建筑对乡土建筑景观的影响》等论文20多篇，论文《试论文物工作在全面建设小康社会中的作用》获文化部团委、中国文化报等单位联合举办“洛娃杯”全国文化青年论先进文化建设征文三等奖。参与撰写《广东省古村落：程洋冈村》《百年澄中》等书籍。担任《海上丝路寻踪》执行编委、《汕头市不可移动文物名录》编委、《历史的记忆：澄海老照片》编委。

灾，给潮汕地区沿海各县造成严重损失，以澄海、饶平、南澳、潮阳等县和汕头市为甚。计澄海死者26996人，饶平近3000人，潮阳1000余人，揭阳600余人，汕头2000余人，总共34500余人。庐舍成墟、尸骸遍野。[①] 本文以当时受灾较为严重的澄海县为例，运用《澄海县八二风灾特辑》《樟林风灾特刊》等文献资料，结合现存的碑刻资料和20世纪80年代文物普查时所记录的口述资料，分析在这一灾难来临之后，地方政府、士绅商人、海外华侨以及各种慈善机构、教会组织等在这一应急救助过程中所扮演的角色及其运作过程。

一　八二风灾惨况

八二风灾是澄海置县以来最严重的一次风灾。8月2日（农历六月初十）下午3时起，刮强台风，傍晚愈急，夜9时狂风夹暴雨，海潮涌起。全县决堤5万余丈，平地水深丈余，乡村多被淹于海水中，共有4万多间房屋倒塌，2.69万余人死亡，6.6万余人流离失所。[②] 关于这次风灾惨状，《县署呈报县属被灾办理善后经过情形连同灾况调查表具缴请予察核备案文》中记载：

> 本年八月二日下午，县属徒起飓风狂雨，入夜九时以后，风力益厉，拔木毁屋，扬沙飞石，加之海汐骤至，沿海乡村，顷刻之间，顿成泽国，平地水深逾丈，即地之稍高者，亦莫不灭顶，以致人民罹难而死者计共二万六千九百九十余人，而屋宇之倒塌，田园之淹没，堤围之崩决，牲畜之漂流，财物之损失，船筏之倾覆，又复不胜枚举……诚千数百年未有之奇灾也。死者则尸骸遍地，生者

① 《澄海救灾善后办事处报告书》，征访册，载王琳乾编著《潮汕自然灾害纪略（714—1990）》，广东人民出版社1994年版，第23页。关于当时的死亡人数，陈沅《潮汕东南沿海飓灾纪要》以及《汕头港志》等各种资料记述略有不同。实际死亡可能不止上述数字。澄海县救灾善后公所在《本公所组织成立分呈列宪请为备案文》中就说：“（澄海）人口淹溺而毙者数达三万余人之多”。

② 澄海县人民政府编印：《澄海县政府志》，内部资料，1992年，第225页。

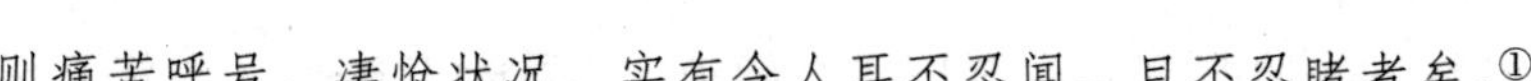

则痛苦呼号，凄怆状况，实有令人耳不忍闻、目不忍睹者矣。①

澄海县救灾公所在民国十八年（1929）所立《风灾纪念碑》中对此次风灾也作了记述：

澄滨大海，多飓风，潮溢时或有之，然只覆舟决堰，从未有毁庐舍、毙人畜如民国十一年八月二日之祸之烈者。是日，狂风陡起，昏夜涌怒涛，骇浪以俱来；地覆天翻，神号鬼哭，呼吁无门，奔避无路，哀哀蒸黎，不为蚯蚓，则为鱼鳖，悲乎伤哉！平明风定潮落，闾里为圩，津梁断绝，杈丫、泥秽，柴路梗途；重以尸骸枕藉，原野填塞，沟渠掩压，充积于败瓦颓垣之下，死人无数，槁葬未遑，伤心惨目，有如是乎？盖论风力固猛倍曩时，而潮涨之高，尤为生斯土者目所未见、耳所未闻。鳄浦有浮尸骨于竹梢，莱芜有汽船搁于山脊，凤岛上漂尸数十，暴露月余始有觉者，涨度于斯，可见受灾安得不若是酷！其幸而孑遗者历劫余生，无以为家，饮露餐风，惨难言状。

外砂是这次受灾最重地区之一，有的全村人命财产尽化为乌有。民国十二年（1923 年）外砂乡众所立的《重修外砂灾尸义冢碑》的记述更为触目惊心：

民国十一年岁次壬戌，八月二号风潮为灾，澄汕间惟外砂受灾最重，灾踵如狼似虎，潮壮如山，冲决堤岸，淹没庐舍，顷刻间平地水深数丈，一望汪洋，尽成泽国。男女老幼，呼救无灵，其随风浪卷去葬身鱼腹者，不知凡几。迨水既退，淹毙尸骸累累，悲乎恸哉！

虽然事隔几十年，但亲历其事者提起这场风灾仍记忆犹新。在溪南

① 澄海县救灾善后公所编：《澄海县八二风灾特辑》（1922 年）之《县署关于赈灾事宜与各界来往文牍》。

镇外蚁村调查时，当年的亲历者介绍说："外砂当年叫弓兜新乡，倒存个井，全乡拉平。""共100多人死于这次风灾。陈老大一家10多人死存孙媳及孙儿2人……全村只存10余人。"① 新溪北中谢开荣老人介绍说："（当年）全社死了7000多人，因为食灾后脏水，许多人得病，又死了1000多人。八合村竟有一家18口全死去。华侨寄钱来收尸，10多天收不完，有的一个月后才收，已经发臭，用竹竿去扶。"② 而在莲阳一带，"1922年前，盛州人口达1400多人，1922年风灾，屋毁人亡，死者达700多人，今78岁之大林祖辈本有21口，风灾中殁者17口"，"1922年8月以前凤州人口400多人，八二风灾死400人，幸存者仅40多人。现金鸿公路四围段凤州陇南端有墓三口，埋着当年风灾时死难者遗骸，男、妇、童合计137具"。③ 东里的石丁村原名为敬业里，在八二风灾中，全村200多人就死去177人，全村房屋全部倒塌，只存下祠堂的几条石丁，因此易名为石丁村至今。

这次风灾涉及范围广，造成的损失极为惨重，以上仅为当年受灾情况之一斑。

二　灾后应急救助运作

八二风灾造成了巨大的生命损失和财产损失，对地方社会产生了较大影响。风灾过后，地方政府、士绅商人、海外华侨以及各种慈善组织紧急动员起来，投入灾后的应急救助之中，教会和外国领事馆等也积极协助做好风灾"善后"工作。

（一）地方政府的赈灾行动

在八二风灾中，县署也未能幸免，据《县署邮电各宪及汕市厅、总商会、各县长报告县属受灾情形文》中所述："本月冬日下午三时，澄地忽然发生飓风，及至傍晚愈急，入夜后风势益恶，加以大雨倾盆，

---

① 调查材料：1983年8月30日，澄海县溪南镇外蚁村。被调查人：陈阿狮（74岁），调查人：蔡英豪等。

② 调查材料：1982年12月8日，澄海县新溪镇北中村。被调查人：谢开荣，调查人：陈跃子等。

③ 李才进：《三湾史略》，广东人民出版社2007年版，第73、74页。

平地水深丈余。是时，县署全座次第倾塌……署内损坏案卷、公件为数甚巨”，只得“暂借县城李氏宗祠为县署办公地点”①。县署除一面派员切实调查受灾详细情形，设法筹款急赈外，即致电各宪及汕头市厅、总商会、各县长报告受灾情形。并向国务院及各部长呈报灾情请求急赈。② 当时“据各区调查统计，淹毙人口已达数万，冲没乡村不胜其数……尸骸遍野，无可为殓，加以水势尚未全退，粮食缺乏，居民无可采购，不死于灾将成饿殍”，县署除函电海内外各团体恳赐急赈外，还分电上宪，请求“先将县署收存之投变常平仓谷价九千余元全数提充急赈之需”。③ 同时，县署致函保卫团总局长，提出：“似此浩劫，苟非妥筹善后办法，则来日大难实有不可思议者，亟应组织一全县赈灾善后公所，所以为筹款支配及办理一切善后事宜。”④ “复由县长召集全县绅董组织救灾善后公所，举定总理、协理专司其事，并于各区组织分所十处，以期通力合作，易于收功而免孑遗灾黎有流离失所之叹。”⑤ 并推举县长李鉴渊为救灾善后公所总理。

此次灾情严重，“死者固多，暴尸原野，无从殓埋，而生者亦多露宿风餐，嗷嗷哀鸣”⑥。据当时目击者介绍：“八二风灾那时，厝、堤全成平地，死者铺路，全部尸首是男是女都无衫无裤，全部是涂。”⑦ “当时死猪死牛死人成堆……一个一个在水中直冒……还有草底的、梁下的，有的涨得鼓鼓，腐臭。”⑧ 因此，收尸救济成为善后救急工作的重

---

① 《澄海县八二风灾特辑》之《县署关于赈灾事宜与各界来往文牍》，第1页。

② 《县署邮电北京潮州会馆并转呈黎大总统、国务总理呈报灾情求急赈文》，《澄海县八二风灾特辑》之《县署关于赈灾事宜与各界来往文牍》，第3页。

③ 《县署分电上宪请准将已变常平仓谷价拨充赈款文》，《澄海县八二风灾特辑》之《县署关于赈灾事宜与各界来往文牍》，第1页。

④ 《县署致保卫团总局长请组织全县赈灾善后公所函》，《澄海县八二风灾特辑》之《县署关于赈灾事宜与各界来往文牍》，第1—2页。

⑤ 《县署呈报县属被灾办理善后经过情形连同灾况调查表具缴请予核察备案文》，《澄海县八二风灾特辑》之《县署关于赈灾事宜与各界来往文牍》，第4页。

⑥ 《县署邮电北京潮州会馆并转呈黎大总统、国务总理呈报灾情求急赈文》，《澄海县八二风灾特辑》之《县署关于赈灾事宜与各界来往文牍》，第3—4页。

⑦ 调查材料：1983年8月9日，澄海县溪南镇银砂村。被调查人：陈有亮（85岁）；调查人：蔡英豪等。

⑧ 调查材料：1983年8月30日，澄海县溪南镇外蚁村。被调查人：陈亿通（90岁）；调查人：蔡英豪、朱少丹等。

点之一。县署于灾后即电请潮安县商会、红十字会及各善堂“迅即设法多运棺木、干粮、药品到县，分别接济急赈”[①]。并选派干员携款先行择要驰赴灾区，会同组织救灾分所，急筹收殓浮尸，赈济灾黎，同时要求各区警团“会同雇夫收殓，并将所属渡船责成照常开行以利交通”[②]。

随着灾情的发生，社会治安问题变得更为突出，趁火打劫者时或有之。如《樟林灾后见闻录》中就记述了“盗贼乘灾行劫”之事：“此次变起非常，人心惶乱，十二日忽风传有盗船二艘，泊于石丁脚，拟是晚入乡行劫，民团局闻耗，即开紧急会议，表决加雇更夫，轮流巡守，迨晚果有数盗，在陈德茂门前窥探，为陈家更夫瞥见，遂放枪示威，各社更夫亦相继驰赴援助，始将该盗击退。”[③] 樟林垂庆里有黄阿来，见某氏身陷瓦砾，旁有端箱一个，遂起贪念，将箱窃去，置氏于不顾。[④] 针对“各处有不法之徒，竟敢趁机攫取灾乡财物、牲畜以为己有”的情况，县署除分令警团严为查禁外，又发出布告，“对于被灾各乡财物牲畜均不得擅行攫取，如敢故违，定行拘拿，从严惩办不贷”[⑤]。

县署作为地方政权的代表，在重大自然灾害发生时，责无旁贷地负起对内赈济灾民、维护社会稳定，对外请求援助的职责。

（二）救灾公所的救助运作

关于救灾公所的成立经过，《本公所组织成立分呈列宪请为备案文》中有较详细记述：

> 窃查八月二日县属地方飓风恶潮相乘为灾，倒塌房屋，损坏堤基，淹没田园、财物不计其数，而人口淹溺而毙者数达三万余人之

---

① 《县署邮电潮安县长、商会、红十字会及各善堂请求急赈文》，《澄海县八二风灾特辑》之《县署关于赈灾事宜与各界来往文牍》，第 3 页。

② 《县署邮电各区警团急筹赈济收殓浮尸文》，《澄海县八二风灾特辑》之《县署关于赈灾事宜与各界来往文牍》，第 2 页。

③ 《樟林灾后见闻录》，樟林救灾公所编《樟林风灾特刊》，汕头诚安印务公司 1922 年刊印，第 13 页。

④ 《樟林灾后见闻录》，《樟林风灾特刊》，第 16 页。

⑤ 《县署布告严禁乘机攫取灾乡财物牲畜以为己有文》，《澄海县八二风灾特辑》之《县署关于赈灾事宜与各界来往文牍》，第 8 页。

多，灾情之大实自开创以来所未有。虽经由县拨款分区抚恤，并承慈善各界惠赠粮米，派拨多人来县收死赈生，藉济目前之急，然灾区极广、灾情奇重，死者长已矣，生者无家可归、无生可谋者遍地皆是，且堤围未固，洪水一涨，后患堪虞，自非妥筹善后之方，难免流离失所之惨。现经全县官绅合力，议定章程，组织救灾善后公所，暂假县城保卫团总局为办事处，并承众推举鉴渊为总理，之松、道为协理，俾便办理一切赈灾善后事宜，并刊钤记一颗，文曰《澄海救灾善后公所钤记》，业经于八月十二日成立，启用钤记，着手办事。[①]

在救灾公所成立之后，“还奉县长指令，以在县城成立救灾总所，各区应即设立救灾分所，以归划一”[②]。在各区相应成立救灾分所。

救灾公所成立伊始，即布告《博采周咨文》，征询“对于救灾善后各事，如伏尸之清埋，灾黎之赈济，流亡之安集，堤基之修筑，卫生之讲求，交通之恢复”之良法。[③] 救灾公所及分所的主要活动即围绕以上诸事展开。

1. 对各区灾情的调查和施赈工作的开展。救灾公所成立后，即致函各干事员，请赴各区调查灾情，“对于该区各乡此次受灾人口之伤亡、房屋之倒坏、田园之伤损、财产之漂失，现在灾民之失业者究有若干，各方之到县赈济有无普及，该区救灾分所之散给有无偏枯，支配是否公允，发款救灾应从何处着手，逐一报告本公所”[④]。在《本公所请求赈济与各界往来文牍》中就收录有调查员报告调查各区受灾情形文。同时，召集各区绅商开会共同磋商，拟定待赈灾民详细调查表，分送各区救灾分所，

---

① 《本公所组织成立分呈列宪请为备案文》，《澄海县八二风灾特辑》之《本公所请求赈济与各界往来文牍》，第1页。

② 陈慎之《樟林救灾善后公所之设及办理经过之纪略》，《樟林风灾特刊》，第47页。

③ 《本公所布告博采周咨文》，《澄海县八二风灾特辑》之《本公所请求赈济与各界往来文牍》，第3页。

④ 《本公所致各干事员赴各区调查灾情函》，《澄海县八二风灾特辑》之《本公所请求赈济与各界往来文牍》，第3页。

要求“克日派定各乡各社调查员就各该乡社详细调查填注，依限报告”[①]。经过各区分所调查并经救灾公所复查，县属待赈灾民人数共 6 万余人，随将赈品、赈款按受灾轻重情况定施济之厚薄，进行施赈。[②]

2. 向海内外各团体请求赈济。《本公所请求赈济与各界往来文牍》中收录有《本公所致各港华侨暨各同乡请求特别捐助以济灾黎邮电》《本公所致省港陈殿臣君暨诸同乡恳请特别抹款救灾函》《本公所致各港华侨请求特别捐助以济灾黎函》等文牍，据《澄海救灾公所办理赈务收支数目对照表》《细数分表》，救灾公所共收到各处捐款 32 条，计值银一十九万一千二百二十二元一角七仙五文，捐款者包括不少商人、商号以及旅沪潮汕风灾筹赈处、暹罗赈灾团、安南宅郡潮州公所等团体。[③]

3. 修复堤围。此次风灾，各处堤围损坏十分严重，沿海堤岸，冲决殆尽，“决堤五万余丈”。[④] 如上蓬区“堤围崩坏，几同平地”，[⑤] 苏南区的堤围“或全堤俱烂，或决口多处，几乎无一幸免”，[⑥] 樟林一带“各处堤围，多被海潮冲崩”。[⑦] 为更好办理善后事宜，救灾公所除派员调查外，还制定调查总表及堤基分表，分函各救灾分所调查各区田园堤围崩决损坏情况。[⑧] 由于各区堤围被海潮冲决或损坏甚多，苟非从速修复，不特沿海乡村失其保障，且田园不能耕种，对于人民生活造成的影响极大，因此，拨款修复堤围成为救灾公所的一项重要支出，据《澄

① 《本公所致各区救灾分所详查待赈灾民并发调查表解释及处分办法函》，《澄海县八二风灾特辑》之《本公所请求赈济与各界往来文牍》，第 5 页。

② 《本公所布告分给各区待赈灾民棉衣棉被等物文》，《澄海县八二风灾特辑》之《本公所请求赈济与各界往来文牍》，第 11 页。

③ 《澄海救灾公所办理赈务收支数目对照表》及《收支细数分表》，《澄海县八二风灾特辑》之《收支数目对照表》，第 1—4 页。

④ 《澄海县八二风灾碑记》，蔡英豪主辑《澄海县文物志》，澄海县博物馆 1987 年，第 156—157 页。

⑤ 《本公所调查员蔡郁文、陈雨初报告调查上蓬区被灾情形文》，《澄海县八二风灾特辑》之《本公所请求赈济与各界往来文牍》，第 8 页。

⑥ 《本公所调查员周之相等报告调查苏南区受灾情形文》，《澄海县八二风灾特辑》之《本公所请求赈济与各界往来文牍》，第 9—10 页。

⑦ 许卓之《八二惨记》，《樟林风灾特刊》，第 8 页。

⑧ 《本公所分函各分所调查各该区田园堤围崩决损坏文》，《澄海县八二风灾特辑》之《本公所请求赈济各界往来文牍》，第 7—8 页。

海救灾公所办理赈务收支细数分表》，共发给各区、乡修堤款43宗，支银35270元。[①]

4. 道路清理及卫生保障。灾后的道路及卫生问题较为突出。“当时死亡枕藉，秽物塞途，瓦砾纵积，污泥载道，交通几乎断绝，臭恶到处中人，满地疮痍，诚有不忍寓目者。”[②] 为此，救灾公所除“函行各救灾分所将大道通衢协警清理并责令各家门口由该家人等逐日清扫”外，又致函澄海县署通饬警区“派警巡查，如有违抗致碍公共卫生者，处以相当科罚”[③]。“分令各区警察分所长赶紧率带警员，按乡按社督令所有居民自行扫除整顿，所有瓦砾、粪土、秽物等如果太多无地容纳，即用火焚化或雇工挑运，投之深流，务以廊清净尽，毋容留积致碍卫生而免蔓延。”[④]

因民众受伤、患病者众多，救灾公所遂雇用医生，组织救生队，带齐药品驰往各区施救。[⑤] 对于潮安中医公会和澄海在城临时医院施医赠药的经费给予补助。[⑥] 并在临时医院及救生所裁撤之后，在县城设立医院，聘请中西医生逐日施医赠药，所有经费统由救灾公所负责。[⑦]

在风灾的善后工作中，救灾公所成为主要的组织者和实施者，其救助运作是卓有成效的。

（三）华侨的捐助行动

澄海是著名的侨乡。由于地处南海之滨，早在建县之前，便有抗元

① 《澄海救灾公所办理赈务收支细数分表》，《澄海县八二风灾特辑》之《收支数目对照表》，第5—7页。

② 《本公所致澄海县请分令各警区督饬员警将各处积秽瓦砾认真扫除以保卫生函》，《澄海县八二风灾特辑》之《本公所请求赈济与各界往来文牍》，第17页。

③ 《本公所致澄海县通饬各警区会同各救灾分所将大道通衢认真清理函》，《澄海县八二风灾特辑》之《本公所请求赈济与各界往来文牍》，第17页。

④ 《本公所致澄海县请分令各警区督饬员警将各处积秽瓦砾认真扫除以保卫生函》，《澄海县八二风灾特辑》之《本公所请求赈济与各界往来文牍》，第17页。

⑤ 《澄海救灾公所办理赈务收支细数分表》支出项下第九款，《澄海县八二风灾特辑》之《收支数目对照表》，第11—12页。

⑥ 《澄海救灾公所办理赈务收支细数分表》支出项下第十款，《澄海县八二风灾特辑》之《收支数目对照表》，第12页。

⑦ 《澄海救灾公所办理赈务收支细数分表》支出项下第十一款，《澄海县八二风灾特辑》之《收支数目对照表》，第12页。

的宋遗民流落海外。从明朝嘉靖四十二年（1563 年）建县以至民国时期，澄海移居海外的人数不断增加。早在清朝初期，县属的樟林港已发展成一个重要的贸易港口，号称“粤东通洋总汇”，本县以至整个粤东和闽南地区的人民，源源不断地从这个港口移民海外。汕头开辟为商埠之后，潮汕各县出洋谋生的人日渐增多，澄海以其特殊的有利条件，出洋的人更多。澄海侨乡的分布面极广，可以说遍及全县。20 世纪 30 年代，陈国梁、卢明在《樟林社会概况调查》中就指出：“澄海县因为土地狭小，人口众多，生产不足以供给，所以县属各乡往南洋谋生的人都很多，樟林是各乡出洋人数最多的一处；其次是第七区的第二乡和二区的东湖乡、冠山乡，每乡出洋人数都在千数百人以上。最少的亦有一百几十人以上，但这些都是县属较小的乡村。”①

海外华侨骨肉情深，对家乡贡献良多，有着爱国爱乡、赈灾济困的优良传统。“盖地方安危所系，即乡人休戚所关，素稔仁人义士、缙绅大夫侨居外洋，念切桑梓，闻灾情之浩大，当忧心之如焚。”② 因此，当八二风灾发生之后，澄海县署即邮电香港、安南、暹罗、新加坡各会馆、商会、善团请求急赈。③ 救灾公所也先后发出《本公所致各港华侨暨各同乡请求特别捐助以济灾黎邮电》《本公所致省港陈殿臣君暨诸同乡恳请特别抹款救济函》《本公所致各港华侨请求特别捐助以济灾黎函》等，恳请特别捐助以济灾民而安桑梓。

澄籍侨胞对于灾情关心倍切，捐助不遗余力。据灾后所立《捐款芳名碑》，记录澄海救灾公所共收到各界捐款 32 项共 19 万多元，其中包括了香港、实叻、暹罗、安南等地的商号、慈善团体和个人的捐款。而直接“向各区捐款救济者为数视上倍巨”④。

华侨的救济使很多亲历其事者一直念念不忘，一些人仍记得当时的

---

① 陈国梁、卢明：《樟林社会概况调查》（国立中山大学社会研究所丛书，1936 年），转引自陈维烟主编《红头船的故乡——樟林古港》，天马出版有限公司 2004 年版，第 288 页。

② 《本公所致各港华侨请求特别捐助以济灾黎函》，《澄海县八二风灾特辑》之《本公所请求赈济与各界往来文牍》，第 4—5 页。

③ 《县署邮电上海、广州、香港以及安南、暹罗、新加坡各会馆、商会、善团请求急赈文》，《澄海县八二风灾特辑》之《县署关于赈灾事宜与各界来往文牍》，第 4 页。

④ 《澄海县文物志》，第 157—158 页。

情景："救济的衣裤上盖着一个碗仔大'不准当卖'的印，外洋华侨用火船载很多米来救济灾民，华侨多想得周到，还拨沙船来救济，给掠鱼人作生产工具。"①

华侨的救济涉及民生的各个方面。正如灾后所立的《澄海县八二风灾碑记》所说：

> 平地风波，无端丁此浩劫，天乎人哉！幸蒙海内外慈善家矜恤，解衣推食而外，为之医药以疗创病；为之帡幪以蔽风雨；毡毯裀被以御冬寒；货布泉刀以资日用；又虞治生无具，伐竹编筏，畀之以渔者有之；筑堤增堰，畀之以耕者有之。今后得以休养生息，皆诸慈善家赐也。②

以修复堤围为例，澄海地处韩江最下游，濒临南海，堤围直接关乎民生，影响到乡村的安危和生产的恢复，而此次堤围受损又极为严重，"堤围修筑之费，非在百余万元不能恢复原状"③。从现存的多件复堤碑记来看，华侨的捐赠对于堤围的恢复有着举足轻重的作用。如外砂华新乡的《华埔堤复堤碑记》、溪南云英乡的《牛埔堤复堤碑记》、莲下德邻乡的《东洲堤复堤碑记》以及澄城《外埔乡修堤碑记》等所涉及的捐款修堤的华侨团体就有香港东华医院、华商总会、暹罗赈灾团、实叻赈灾团、越南赈灾团、旅港潮洲八邑商会赈灾团、驻汕暹罗赈灾团以及缅甸仰光华侨商会、实叻布行公局等。④

华侨在灾后卫生医疗方面的表现也很突出。澄海便生医院作为八二风灾后救死扶伤的医疗机构，得到了华侨的大力支持。从现存的捐款碑可以看到，捐款者除了上海等地国内商号外，大部分为各地华侨，包括

---

① 调查材料：1983 年 8 月 30 日，澄海县溪南镇外蚁村。被调查人：陈阿狮（74 岁）；调查人：蔡英豪等。

② 《澄海县文物志》，第 156—157 页。

③ 《县署呈报县属被灾办理善后经过情形连同灾况调查表具缴请予核察备案文》，《澄海县八二风灾特辑》之《县署关于赈灾事宜与各界来往文牍》，第 4 页。

④ 《澄海县文物志》，第 152—155 页；林广宇：《80 年前石碑记载一场大灾难》，载《汕头特区晚报》2003 年 2 月 19 日，第 2 版。

峇株巴辖、麻坡、暹罗、西贡堤岸、金边、宜安、海防、河内、南定、香港等地。[①] 该医院推聘在海外显有声望的知名人士陈硕友（澄城人）担任董事长，建院期间于“陈家祠”施医赠药，至民国十六年（1927）竣工，设内科、外科、妇科、儿科、中医科，置简易病床20张，成为澄海县历史上第一家县级医院。[②]

应该说，华侨在善后捐助工作中的表现是突出的，对于灾后生产、生活的恢复起了重要作用。

（四）善堂、红十字会、教会与善后工作

在此次风灾的善后工作中，各种社会组织也发挥了各自的作用。

1. 善堂、红十字会

善堂、红十字会等民间慈善机构在扶危济困、赈灾救贫、施医赠药、修桥造路等慈善公益方面向来热心参与，在救灾善后工作中，是一支不可忽视的力量。因此，灾情发生后，县署即邮电红十字会及各善堂等慈善机构请求急赈。[③] 当时许多善堂和红十字会，如庵埠遂心善堂、汕头存心善堂、潮安商会促进会辅仁善堂以及南海红十字会、岭东红十字会、汕头红十字会、潮安红十字会等“闻报星驰来县，分别拯救施赈”。[④] 其义举感人殊深。

以潮汕著名的存心善堂为例，风灾发生后，该善堂马上采取行动，发动大规模的赈灾工作，《存心善堂堂务报告》记录了当时主要的赈灾活动：“一、修复韩江及榕江沿岸被海潮冲激溃决堤防，并建立各渡头雨亭，并于澄属举登村建立桥梁；二、开浚澄海岐山新溪以利农田宣泄，免决堤之后患；三、修筑汕市往澄海灰路以利行人；四、施赈对象，如海滨鱼户，则施渔网渔船，如农村塌屋无力复耕，则施竹蓬盖屋，施农具犁耙，以利复耕，一般灾民则施衣被米食，以免饥寒，尽救

① 《便生医院捐款碑》，《澄海县文物志》，第162—165页。

② 杜亭：《澄海之最》（修订本），汕头大学出版社2004年版，第337页；澄海县地方志编纂委员会：《澄海县志》，广东人民出版社1992年版，第752页。

③ 《县署邮电潮安县长、商会、红十字会及各善堂请求急赈文》，《澄海县八二风灾特辑》之《县署关于赈灾事宜与各界来往文牍》，第3页。

④ 《县署致各善堂请将到县施赈并收埋死尸列单送县以便呈请褒奖函》，《澄海县八二风灾特辑》之《县署关于赈灾事宜与各界来往文牍》，第5—6页；许卓之：《八二惨记》，《樟林灾后见闻录》，《樟林风灾特刊》，第3、13页。

济天职。”① 保存至今的多处碑刻，如溪南云英乡《牛埔堤复堤碑记》、莲下竹邻乡《东洲堤复堤碑记》、澄城《外埔乡修堤碑记》等都记载了存心善堂捐款修堤的义举。

再如，潮安有德善堂最先到达樟林，其时各社积尸甚多，诸善友不辞劳苦，奋勇殓收，有些尸体非常臭烂，有德善员勇敢收殓，毫无半点畏惧之态，期近一月，计共殓尸千余。②

2. 教会

澄海盐灶是潮汕地区基督教最早传入的地方。清道光二十九年（1849）二月，德国传教士黎力基乘船来到澄海县盐灶村传教。1861年秋，于盐灶上社建立“起源所”。1920年创建基督教堂，1924年又扩建为“中华基督教堂”，成为潮汕地区最早建立的教堂。盐灶也成为岭东教会的发源地。

八二风灾中，盐灶乡是受灾较为严重的乡村之一，据统计，该乡“倒屋23座又616间，淹死男女385人”。③ “盐灶教会同道之罹灾者百有余人，占全乡死亡人数十分之三。”④ 盐灶教会等组织也积极参加到赈灾行动中来，吴国维《八二风灾与盐灶教会》中对此有较详细的记录：

> 此次灾难，震惊中外，恤灾救济，声彻云衢，港汕西商会特募巨款，组织赈灾团，委托华河力、江克礼、林之纯三位牧师，率领童子军至盐灶沿海放赈。更请盐灶教会牧师吴国维，长老林章宠、廖献诚以董其事。于是乎，调查抢救，急赈施米，以工代赈，纷至叠来，日无宁晷。筑堤防，以捍潮患；造船舶，以通海运；购耕牛，以利农田。慢急相济，地方秩序逐渐恢复，惟鉴灾后孤雏，无

---

① 转引自张帆《政府与民众之间——民国时期善堂与救助事业研究》，载黄挺主编《潮学研究》第12辑，汕头大学出版社2005年版，第69页。

② 许卓之：《八二惨记》，《樟林灾后见闻录》，《樟林风灾特刊》，第6、13页。

③ 《樟林区盐灶乡灾图》，《澄海县八二风灾特辑》之《灾图》，第17页。

④ 吴国维：《八二风灾与盐灶教会》，中华基督教会盐灶堂会编印《百年纪念刊》1950年版，第7页。

家可归，乃更筹建孤儿教养院，以收容灾后各地孤儿。①

此外，乡村的宗族组织②、外国领事馆③以及许多个人和团体也都积极参与到救灾善后工作中来，为赈灾救困出力。

通过以上分析可以看到，面对八二风灾这一重大灾难，地方政府以及各种社会力量都积极参与到灾后应急救助工作中来，群策群力，为重建家园而努力，各种民间力量在其中所起的作用更是不容低估。

---

① 吴国维：《八二风灾与盐灶教会》，中华基督教会盐灶堂会编印《百年纪念刊》1950年版，第7页。

② 参见陈春声《"八二风灾"所见之民国初年潮汕侨乡》，饶宗颐主编《潮学研究》第6辑，汕头大学出版社1997年版，第377页—378页。

③《本公所编造县属受灾图表分送各领事官查收备览文》、《本公所准美领事官提议出资帮助修堤办法转函各区文》，《澄海县八二风灾特辑》之《本公所请求赈济与各界往来文牍》，第18、19页；《救灾公所文牍》之《分致各乡函》，《樟林风灾特刊》，第39—40页。

揭阳民国时期海外华人捐助活动探析

——以现存的题捐碑刻文献为中心*

欧俊勇**

摘　要　海外华人题捐碑刻文献是地方史和中外关系史研究的重要史料。其主要内容涉及桥路修建、庙宇修建、祠堂修建及学校修建等四种类型。这一类文献生动地揭示了海外华人与地方社会的互动关系，反映了社会结构的变迁。

关键词　揭阳　民国时期　碑刻　华人　捐助活动

关于潮汕地区华侨与中外文化关系的研究，学术界已取得非常丰硕的成果。不过，大多数的研究材料来自纸质文献，而直接利用碑刻文献的研究成果比较少①。笔者在揭阳地区长期的田野调查过程中，发现了不少涉及海外华人的碑刻文献，其主要内容集中在海外华人对地方公益

---

* 原载《五邑大学学报》（社会科学版）2014 年第 2 期。

** 欧俊勇，1981 年生，广东揭阳人，硕士，副教授，揭阳职业技术学院科技与设备处副处长、揭阳三山国王文化研究所副所长、潮汕历史文化研究中心学术委员会委员，主要从事潮学研究工作。曾主持全国高等院校古籍整理研究项目、广东省哲学社会科学规划项目等课题 10 余项，著有《揭阳方言民俗图典》（合作）、《南方人民银行文化史研究》（合作）等专著，已发表论文 30 余篇。

① 这一方面研究主要有陈春声教授的《海外移民与地方社会的转型——论清末潮州社会向“侨乡”的转变》（《人类学与乡土中国——人类学高级论坛（2005 卷）》，2005 年）、《“八二风灾”所见之民国初年潮汕侨乡——以樟林为例》（《潮学研究》第 6 辑，汕头大学出版社 1997 年版）；吴榕青副教授、黄挺教授的《1949 年以前海外潮人在本土捐资兴学概述》（《汕头大学学报》2003 年第 6 期）；黄挺教授的《从沈氏〈家传〉和〈祠堂记〉看早期潮侨的文化心态》（《汕头大学学报》1995 年第 6 期）等。

事业的捐助活动上。笔者对其做了初步的探索[①]。本文试图在前期研究的基础上，对这一类型的碑刻文献进行更深一层分析。

一　民间行为与历史记忆

侨批文献成为世界记忆遗产（Memory of the World）之后，将进一步成为研究海外华人与中外关系的重要文献。不可否认，侨批文献具有非常丰富的历史研究价值。但是，海外华人与中外关系的研究资料不应仅仅局限于侨批文献。本文所要探索的涉及海外华人活动的地方碑刻也同样蕴含着重要的历史信息。显然不少专家也充分意识到碑刻文献所蕴含的历史价值。不过，由于碑刻材料的存放地往往较为隐秘和分散，加之碑体本身经受风雨洗刷而文字已模糊不清，给文献整理带来了许多不便。因此，以往的研究者较少利用碑刻材料进行专题性研究。不可否认的事实是，此类型碑刻文献也同样值得学界进一步关注。

就内容而言，侨批文献内容更多呈现对个人或者家庭行为的历史记录。而记录海外华人与地方社区互动关系的碑刻文献更侧重于群体性行为。从笔者所窥见之碑刻文献看，涉及海外华人活动的地方碑刻较为系统、真实地反映了海外华人群体与地方社会关系的状况，而且较少地受到官方的影响，明显呈现出其“民间性”的特点，至少从碑刻内容反映看，由海外华人捐助的揭阳公益事业没有出现官方的影子。碑刻当中的董事、首事、盖印人、监管人等都是来自民间。甚至这些活动的组织管理者还有部分来自海外，如存于揭西县棉湖镇永昌古庙的《旅暹棉人捐缘芳名碑记》中出现了“中华民国七年岁次戊午太簇之月望日，旅暹同人仝监”的信息，也就是说，在这通记录永昌古庙周边环境修理整顿的碑刻中旅暹捐款人参与工程监管的工作。这个例子说明，碑刻文献能够反映民间层面华人与中外关系密切度。又如黄岐山崇光岩《北极神庙题捐碑刻》：“为立石竖碑记念事。兹因崇光岩北极庙破坏，

① 这一部分的成果包括：《现存揭阳海外华人题捐碑刻释读（一）》，《揭阳史志》2009年第4期；《现存揭阳海外华人题捐碑刻释读（二）》，《揭阳史志》2010年第1期；《揭阳现存题捐碑刻的货币单位浅析》，《揭阳职业技术教育》2012年第4期。

致屡年香烟失侍，近因陈氏顺德系欲重修已不力量。携带二女往唉叻、坤甸得诸位善信喜心捐题，并诸乡绅介绍印付与林玉英、古乔林宜春两人仝到夷邦，幸公果完全，即将绍印并诸善信姓名开列。”文中提及的组织者、介绍人、捐款者没有政府牵头。这个例子更能说明海外华人与地方公益事业的互动关系中基本归属民间属性。许云樵的研究表明：“中国与南洋之交通也，官民异趣：官方虽出政治作用，民间则受经济支配。”[①] 捐助行为属于经济层面的活动，经济活动成为民间公益事业维系海外华人与地方社会的纽带。

当然，就题捐碑刻行文而言，也反映了民间海外华人与地方社区互动关系的民间属性。捐助碑刻往往在捐款姓名和款项之前会有一个简单的叙事，将捐助活动的目的和工程完成后的保障管理做一个叙述和说明。如棉湖镇永昌古庙《旅暹棉人捐缘芳名碑记》序文：“永昌庙左，太平门边，厕池贰所，买断为先，却除垢秽，清洁雅观，庶免热卖，朝夕奉香。幸吾桑梓，旅暹乐捐，筑城埕地，道路康庄，不准盖搭，以乱规章。倘敢故违，议罚从严，重则禀官，轻则梨觞，官出法随，绝不宽焉。”这段序文只是简简单单将整修永昌古庙周边环境缘由和整修结束的后续管理做了说明，文辞简陋，叙事简单，谈不上很好的文学性，但是恰恰这些充满原始性的文献记叙了海外华人与地方社会的民间性。

涉及海外华人活动的碑刻具有民间性，也具有真实性。诚如上文所言，这一类型碑刻原始地记录了海外华人对地方公益事业的资助活动。与民间社会主导的建设项目相比较，官方的活动更侧重于“政治作用”。[②] 政治的意义往往会受到政治势力和政治利益的驱使而淡去事实真相。海外华人的题捐资助大多数集中在群体性的民间工程建设上，直接关系民间群体。社会生活史的研究需要真实的具有历史现场意义的史料为依据。值得一提的是，在这些碑刻中，还出现了大量的商号，如《暹京诸善翁喜捐造桥芳名碑》就包括了“新合顺”“合盛茂”“合兴利”“陈悦记”等商号，商号及各种经济组织的出现可以反映华侨经济情况，这些都是研究海外华人商业贸易结构的重要史料。显然，涉及海华华人捐助活动的碑

---

① 许云樵：《南洋史》（上卷），星洲世界书局有限公司 1961 年版，第 13 页。

② 同上。

刻具有丰富史料结构的重要意义，它既是探寻海外华人与地方社会互动关系的历史记忆，又是探索民国时期中国社会结构变迁的重要史料。

二　类型与分布

揭阳地区碑刻按照其捐助的目的，主要涵盖：桥路修建、庙宇修建、祠堂修建、学校修建四种类型。捐款地来自坤甸、唦叻、文呀坡[①]、暹京等东南亚地区。

（一）桥路修建

路桥作为交通的重要载体和社会关系的地缘网络表征，直接关系到民间大众群体的切实利益。或许与明清社会思想的余绪有关——佛教的传播，使普通民众接受了佛教因果报应的思想，路桥修建被视为积累阴德的一种表现。如榕城区仙滘村《筑路捐银勒石竖碑》记录民国十四年（1925）旅居坤甸、惹呀坡的仙滘村林氏族亲捐助该村修建灰路题捐款项及道路情况的碑刻，同时对除修路费用以外的捐款“存则归公置物”的处理办法。如果说上述碑刻仅仅涉及单一村落的话，那么存于榕城区蓝兜村的《暹京诸善翁喜捐造桥芳名碑》体现了海外华人群体对更广泛性的公益事业的支持。该碑刻共两块，记录了暹京海外华人为修造蓝兜村附近的仙桥而捐款的情况，碑刻中的货币单位全部使用“未”（铢），从捐款人的姓氏看，其构成比较复杂，商号、女性都有涉及，尤其是女性姓名都直接镌刻于碑记之中。可以基本推断当时有大量的华人参与到该桥的修建工作中。

（二）庙宇修建

庙宇属于宗教场所，也是普通民众沟通神灵、举行宗教仪式的重要场域。揭阳地区民间信仰具有多样性特征，拜神祈福活动成为民间生活的重要组成部分。郑振满教授的研究表明，在明清时期“由于里社制度与地方神庙系统的有机结合，导致了地方行政体制的‘仪式化’”[②]。这种行政制度的仪式化的过程，演变的结果一方面使庙宇组织合法化，

① 崇光岩：《北极神庙题捐碑刻》原文作“文呀坡”，通常译为“惹呀坡”，来自马来文“Johor Bahru”，即今马来半岛最南端新山一带。

② 郑振满：《明清福建家族与社会变迁》，中国人民大学出版社2009年版，第234页。

另一方面对于普通民众来说，更加深了他们思维空间的泛神信仰观念。通过拜祀神灵来获得神灵的佑护成为他们生活极为重要的部分，即使离开故土远居异邦，他们的观念中依然存在对神灵的敬畏，如在侨批的结束语中经常使用的“套语”就是“蒙神天保佑，两地平安”或“蒙神天庇佑，内外平安”。因此，一些庙宇的修建总能看到华人的努力。这些努力往往被视为“善缘”，捐助的海外华人被视为“善众”、“善信”或“善翁”。[①] 如崇光岩《北极神庙题捐碑刻》揭橥了民国十五年（1916）因“崇光岩北极庙破坏，致屡年香烟失侍”，作为女性身份的陈顺德到[illegible]叻、坤甸一带募捐，得到海外华人群体的捐助，“公果完全”，[②] 使北极庙得以修缮完成。而普宁市林惠山村三山国王庙的《题捐碑》也记录了暹罗一带海外华人捐资修庙的情况，乔林乡天后宫《坤甸西河众喜捐银碑记》记录了该村旅居坤甸侨民捐资修建天后宫的情况。颇有意思的是，揭阳篮兜村《祖师庙题捐碑》中除了收录郑姓坤甸侨胞已到款名单外，还把款额收支情况也收录进来，如“绳□支坤甸银九十元未还”，“……建后应银一万九千二百二十六元，前捐银一千四百□六元，支坤甸四千八百二十元”。

（三）祠堂修建

祠堂建筑是宗族组织建筑的视觉表现[③]。对于明代以后潮汕地区形成的宗族而言，祠堂是族人祭祀祖先或处理宗族公共事务的场所。祠堂建筑的形成，既是宗族内化合力的象征，也是显示宗族在地方社会空间地位的权利象征，具有强烈的族群标签意义。[④] 这种宗族理念自明以降，一直延伸到当代。[⑤] 通过对侨批的考察我们可以发现，虽然空间阻隔了海外华人与家乡的联系，但是海外华人总是试图和家乡宗族保持互动关系，其捐助行为的文化动机就在于宗族公共事务之中保持着身份的

---

① 如崇光岩《北极神庙题捐碑刻》，蓝兜村《暹京诸善翁喜捐造桥芳名碑》。

② 见崇光岩《北极神庙题捐碑刻》。

③ ［英］科大卫：《皇帝与祖先：华南的国家与宗族》，卜永坚译，江苏人民出版社2009年版，第162页。

④ ［日］横田浩一：《潮汕地区村落的族群标签与其历史演变——以潮州市饶平县X村的宗族与移居传说为例》，《韩山师范学院学报》2012年第1期。

⑤ 黄挺：《近十年来潮汕的宗族重建》，《潮学研究》第8期，花城出版社2000年版，第184页。

存在意义。侨批中，除了资助直系血缘关系的亲属外，还对旁系血缘关系亲属进行资助，甚至对血缘关系以外的亲属进行资助，如 1955 年《泰国许镇藩寄章籍老乞老姆》一批，讲述了老乞老姆“儿时在家乡”对许镇藩“何等爱惜”，令许镇藩“永远不忘”。[①] 该批强调的是“家乡”概念的存在意义。1981 年《谢仁荡寄丰邑汤坑埔寨采芝楼谢仁衬》则对家乡祖坟风水事务表示强烈的牵挂：“风水事，福荫后代子孙。”同时嘱咐谢仁荡的弟弟谢仁衬“选择地师，择吉进行茔同葬”。[②] 这说明，即使空间的阻隔也未能阻止他们对家乡事务的参与热情。不过，在祠堂修建方面，较侨批文献而言，碑刻文献更加注重宗族群体内部的团结，比如强调宗族事务是每个宗族成员“分内”的责任。如民国二十九年（1940）榕城篮兜村《潜默公派孙旅坤题捐碑刻》记录了 96 位旅居坤甸潜默公派孙为修建潜默公祠进行的捐助，就很好地展示了海外华人在祠堂修建时体现“分内”的群体团结意识。

（四）学校修建

学校是教育的载体，关系到知识的传播与民众素质的提高，也关乎国家未来的发展，因此，“迫于生存竞争之大势，不能不兴学”[③]。海外华人在海外受教育的权力往往处于弱势，他们自身知识的匮乏和对西方文明发展模式的理解，使不少华人认为“自己的教育不及人，以致被人轻视，因而相信教育一发达，即刻可提高地位”[④]；“教育不振则实业不兴，国民之生计日绌”[⑤]。教育在华人的经验中被赋予了特别的意义，和以上几种类型相比，教育的捐资和学校的修建充满了政治色彩，他们试图通过振兴教育来达到国富民强的目的。从大量的史料可以看出，揭阳地区的华侨捐资助学似乎有比较久的传统。如抗战复员后，为了重修被毁坏的揭阳县立第一中学，《揭阳青年日报》刊登的相关评论就提到

---

① 《泰国许镇藩寄章籍老乞老姆》，载《潮汕侨批萃编》第二辑，公元出版有限公司 2004 年版，第 10 页。

② 《谢仁荡寄丰邑汤坑埔寨采芝楼谢仁衬》，载潮汕历史文化研究中心编《潮汕侨批萃编》第一辑，公元出版有限公司 2004 年版，第 181 页。

③ 杨群熙、吴坤祥：《海外潮人对潮汕教育事业贡献资料》，潮汕历史文化研究中心，2005 年版，第 10 页。

④ 同上。

⑤ 陈嘉庚、王增炳等：《陈嘉庚教育文集》，福建教育出版社 1989 年版，第 448 页。

了解决的办法："一向省港京沪南洋各地的侨商劝捐……亦热烈函请当地侨商募捐。"① 而在乡村社会中，学校修建更是得到海外华人的热心资助，如民国三十年（1941），揭阳棉浦村建筑校舍就得到了坤甸侨胞的捐助，捐助人全部是该村张姓侨胞，今存题捐碑刻一通，"坤甸教室"石匾二通。

上述讨论中，涉及内容都是来自公益事业，这一点与侨批有较大的不同。侨批更多的是涉及资助款项的分配问题。这些公益事业主要包括，庙宇修建类型是主要类型，共11通碑刻，桥路修建类型共3通碑刻，祠堂修建共1通碑刻，学校修建碑记1通、石匾2块，详见表1。

表1　　揭阳地区现发现民国时期海外华人捐助碑刻情况

碑刻名称	类型	时间	存放地	碑刻数量	捐助来源区域	捐助钱物
筑路捐银勒石竖碑	修建桥路	1925年	榕城区仙滘村	1	坤甸	钱（单位：元）
暹京诸善翁喜捐造桥芳名牌	修建桥路	民国民间，具体不详	榕城区篮兜村	2	暹罗	钱（单位：未）
旅暹棉人捐缘芳名碑记	修建庙宇	1918年	棉湖永昌古庙	1	暹罗	钱（单位：元）
北极神庙题捐碑刻	修建庙宇	1926年	榕城区崇光岩	1	坤甸、唭叻、东茸、文呀坡	钱（单位：元），杉
坤甸西河众喜捐银碑记	修建庙宇	民国年间，具体不详	揭东区乔林村	5	坤甸	钱（单位：元）
三山国王庙题捐碑	修建庙宇	民国年间，具体不详	普宁市林惠山村	1	暹罗	钱（单位：元、铢）
祖师庙题捐碑	修建庙宇	民国年间，具体不详	榕城区篮兜村	2	坤甸	钱（单位：元）
潜默公派孙旅坤题捐碑刻	修建祠堂	1940年	榕城区篮兜村	1	坤甸	钱（单位：盾）
"坤甸教室"石刻门匾	修建学校	1941年	揭东区棉浦村	2	坤甸	——
校舍题捐碑	修建学校	1941年	揭东区棉浦村	1	坤甸	钱（单位：元）
重建文昌帝君庙碑记	修建庙宇	1891年	揭东区西头村	1	暹罗	钱（单位：七兑元）

① 《完建一中校舍》，载《揭阳青年日报》1947年4月19日。

从时间看，从1918年延伸到1941年，这说明捐助的延续性特点；从空间看，以坤甸一带华人群体居多，共计8通碑刻；从捐助形式看，基本以直接的货币捐助为主，出现了盾和铢的海外货币单位，也出现直接捐助实物的情况，如捐助杉木。

三　动机与社会结构

黄挺教授在对潮安县彩塘镇华美村以成公祠内的两块石碑所记录清同治、光绪年间新加坡潮侨沈以成父子的事迹进行研究时认为，海外潮商在传统儒家文化的熏陶下，怀有极其强烈的乡土宗亲观念，情系家乡父老，热心公益事业。同时，黄教授借用余英时先生关于近世商业伦理精神及费孝通关于血缘和地缘社会理论进行分析，很好地诠释了海外华人对地区社会的捐助行为。[①] 黄挺教授的研究之于揭阳地区海外华人题捐碑的分析亦然。一方面，儒家伦理精神的熏陶，促使海外华人将捐助行为视为一种善举和义举；另一方面，典型血缘社会特征所培育出来的“归本孝思”的文化心态，则是他们维系家乡、乐捐好施的心理动机。

当然，对于揭阳地区海外华人题捐碑刻文献的解读，在笔者看来，这不仅仅是捐助活动的历史记忆，更是一种海外华人与地区社会的互动关系，渗透着社会结构变迁。

陈春声教授对樟林神庙系统的研究表明，神明和庙宇的信仰空间并不是“信仰圈”“祭祀圈”理论框架下的“比较确定的、可满足共时性研究需要的人群地域范畴”那么简单，并且实际情况要“复杂许多”。[②] 揭阳地区海外华人题捐碑刻也体现了“动态的演变过程”。崇光岩《北极神庙题捐碑刻》颇为值得关注：

为立石竖碑记念事。兹因崇光岩北极庙破坏，致屡年香烟失

① 黄挺：《从沈氏〈家传〉和〈祠堂记〉看早期潮侨的文化心态》，《汕头大学学报》1995年第4期。

② 陈春声：《信仰空间与社区历史的演变——以樟林的神庙系统为例》，《清史研究》1999年第2期。

侍，近因陈氏顺德系欲重修已不力量。携带二女往㖸叻、坤甸得诸位善信喜心捐题，并诸乡绅介绍印付与林玉英、古乔林宜春两人仝到夷邦，幸公果完全，即将绍印并诸善信姓名开列。盖印人：林维发、林时拔、林炳贤、罗顺记。㖸叻潮州栈谢福长已易门三十二元众善信捐艮二百元。坤甸、东茸、文呀坡众善信捐艮一百二十元郭刚合捐艮廿元。

㖸叻：热心代捐艮二百元，黄静捐艮四十元，曾裕两捐艮一百元，潮州栈捐艮廿元，刘荣□捐艮七十元，林炳贤捐艮十元，伟丰、卢氏捐艮五十二元，柯瑞莲捐艮十元。

坤甸：罗秀清捐艮七十元，林益成捐艮廿元，林时财捐艮五十元，黄和丰捐艮十元，老兴合捐艮三十元，林时轻捐艮十元，罗和英捐艮三十五元，罗氏捐重修□杉。

民国十五年岁次丙寅冬月吉立

崇光岩北极庙修建时间不详，最早可见雍正版陈树芝《揭阳县志》："松冈岩即崇光岩也，在黄岐山西边石上有榕树。其岩二洞，有石门，内有佛像，左右有禅室，有元帝庙。"① 至迟在雍正年间，崇光岩的北极神庙就已经存在，而且具有较大规模。庙宇历经风雨，在民国年间已经遭破坏，"致屡年香烟失侍"。因此，陈顺德试图对该庙进行重修。庙宇的修建是一项极大的工程，陈氏"重修已不力量"，才在地方诸乡绅的介绍下携二女前往夷邦坤甸、东茸、文呀坡一带募捐，从碑刻文献看，陈氏应该受到当地华人的大力支持和认同。首先，尽管陈氏籍贯身份无从考据，但是可以肯定的是，作为女性，陈氏起到了发起者和组织者的作用。尽管在揭阳地区庙宇碑刻可以看到女性捐款人的身影，如乔林乡双忠庙碑刻、洪阳昆冈天后宫、榕城屯埔三山国王庙等等，但是女性作为发起人参与到庙宇修建的碑刻文献却较少看到。这似乎也在说明，在民国时期，女性在公益事业建设中地位得到很好的提升，有别于封建王朝只有男性才是大型建设的主导者。其次，碑刻所记录的捐款人除了直接出现姓名之外，出现了"老兴合""㖸叻潮州栈"

① 陈树芝纂修《揭阳县志》卷之一《山川》"松冈岩"条。

等商号或商铺名称，这说明海外华人商团在民国时期有了更为详细的分工。而另一通碑刻《暹京诸善翁喜捐造桥芳名碑》所记录的商号情况更能说明这个问题，涉及商号至少有 58 个，其中以“号”为商号的计 7 个，以“记”为商号的计 12 个，以“堂”为商号的计 3 个。其三，碑刻中提到“罗氏捐重修□杉”，这种以实物捐助的形式显然说明华人对地方公益事业的热情度。

更值得一提的是，在这些海外华人题捐碑刻中，除了开列了华人钱款和物品的资助，更透露出他们参与到公益事业的管理工作中。榕城仙滘村《筑路捐银勒石竖碑》后文落款“中华民国十四年葭月初二日竣工坤坡集捐董事等仝立识”，并且对捐款余额的处理也做了说明：“除建筑费外，存则归公置物，以垂永远。”也就是说，修建该村灰路是存在一个“坤坡集捐董事会”的协调组织，它享有对捐助财务的监管权和支配权，明确规定修路以外款项用于宗族购置公共物品。又永昌古庙《旅暹棉人捐缘芳名碑记》落款“中华民国七年岁次戊年太簇之月望日，旅暹同人仝监”的记录也明显提出了旅居暹罗捐款人享有监管权。权力的细化进一步说明，海外华人深度介入了地区公共事务建设中，成为公共事务的重要主导力量。

尽管同一时期的公共事务，揭阳地方政府态度还是颇为重视的，[①] 但就上述海外华人题捐碑刻而言，我们没有发现民国地方政府力量的介入。这说明，海外华人在捐助活动中受到地方政府的默许或肯定，也充分体现了民间社会权力结构的变化。

杜赞奇（Prasenjit Duara）在研究清帝国晚期华北乡村社会时有一个观点值得我们关注，在 20 世纪以来的国家建设中，传统的宗族力量不断被削弱。[②] 诚然，在民国这样一个背景下，在社会流动性强、社会秩序剧烈变迁的形势下，在海外华人和地区社会的互动关系中，体现了地方权力结构的变化——区域权力中心逐渐下移至普通百姓。从笔者所搜集到的涉及海外华人捐助活动的题捐碑中，我们可以明显看到揭阳最

---

① 如存于崇光岩的《民国揭阳县知事兼警察事务所所长王栋布告》（1913）、《揭阳县政府布告重新崇光岩碑记》（1924），双峰寺的《广东财政厅为给照管业事案查官产清理事务碑》（1928）、紫峰寺的《重修檀越堂记名碑》等等。

② ［美］杜赞奇：《文化、权力与国家》，王福明译，江苏人民出版社 1994 年版。

晚至民国时期，海外华人群体在家乡慈善事业中扮演着重要的角色，成为一股影响地方公益事业建设进程的重要力量，① 并且可能在建构一个新的“权力的文化网络”。②

综上所述，民国时期海外华人的公益活动对地区的发展起到较大的推动作用。但是，海外华人的慈善活动和同一时期揭阳地区的捐助活动具有很大的差异性，这提醒我们在研究地方社会建构的同时不能一概而论，相反的是，我们应该注意到这些慈善活动的复杂性。而这种复杂性恰恰与杜赞奇的“权力的文化网络”具有很强的对话空间。

---

① 有意思的是，有学者从械斗的角度研究了民国时期福建晋江地区海外华侨所起的作用，并指出海外华侨成为地方社会的一股重要力量（陈金亮：《民国时期的晋江华侨与乡族械斗》，《社会科学家》2010 年第 2 期）。其实，本文的研究与该文在本质上是相通的。

② ［美］杜赞奇：《文化、权力与国家》，王福明译，江苏人民出版社 1994 年版。

奉　觞　编

宗教学卷

海外华人宗教的文化适应
——以泰国德教白云师尊造像演变为案例*

陈景熙**

摘　要　发源于二十世纪三四十年代广东潮汕地区的德教，是倡导行善积德、宣扬华人传统道德观的当代海外华人宗教。在当代泰国，德教与主流社会的关系尤为密切。德教初传泰国，始于1945年底泰国侨生林修悟由汕头返回曼谷时，带去了“白云师尊”画像及香火。随后，在四十年代末五十年代初泰国的政治背景下，德教在曼谷逐步发展，取得了合法地位。与此同时，“白云师尊”的造像特征，也由“道貌”易为“僧容”。

本文以泰国德教界所供奉的白云师尊造像的历史演变为案例，探讨二十世纪五十年代初海外华人本土化的历史背景下，华人宗教的文化适应的历史过程与具体机制。

---

* 原载《世界宗教研究》2015年第2期。

** 陈景熙，男，1972年出生于广东澄海。1995年获华南师范大学文学士学位，1999—2002年在汕头大学文学院汉语言文字学专业（方言与文化方向）硕士点学习，师从林伦伦教授、潘家懿教授、谢重光教授、黄挺研究员，2002年获汕头大学文学硕士学位，2010年获中山大学历史学博士学位。1995年至今先后在汕头教育学院、汕头大学、华侨大学工作，2011—2014年在中国社会科学院从事宗教学博士后研究，2012—2016年，曾先后在新加坡国立大学中文系、荷兰莱顿大学汉学研究院、泰国法政大学东亚研究所担任访问学者。现任华侨大学华侨华人研究院副教授、硕士生导师，华侨大学华侨华人文献中心主任，《华侨华人文献学刊》副主编，华侨大学海外华人宗教研究中心副主任，中国社会科学院世界宗教研究所海外华人宗教研究基地副主任，中国宗教学会理事，中国华侨历史学会理事，潮学网站长，泰国德教会紫真阁荣誉顾问。

关键词 海外华人宗教 文化适应 泰国 德教 造像

引言：问题、材料与方法

对于图像资料与历史研究的关系，葛兆光教授曾精辟地指出：

> 图像资料的意义并不仅仅限于“辅助”文字文献，也不仅仅局限于被用作“图说历史”的插图，当然更不仅仅是艺术史的课题，因为图像是历史中的人们绘制的，它必然蕴涵着某种有意识的选择、设计和构想，而有意识的选择、设计与构想之中就积累了历史和传统，无论是它对主题的偏爱、对色彩的选择、对形象的想象、对图案的设计还是对比例的安排，非凡是在描摹图像时的有意变形，更羼入了想象，而在那些看似无意或随意的想象背后，恰恰隐藏了历史、价值和观念，因此，图像资料本身也是思想史应当注重与研究的文献，只是目前尚需要有一些不同于文字文献的研究方法。①

在宗教史研究领域中，佛教、道教、基督教、天主教、伊斯兰教等方面，对于图像资料的研究也已出现比较丰厚的研究成果，② 相比之下，民间宗教（包括海外华人宗教）方面的图像资料研究则尚存较大的学术发展空间。

在当代海外华人宗教领域，发源于20世纪三四十年代的广东省潮汕侨乡的倡导行善积德的德教，是值得关注的当代世界性华人宗教。③当代世界德教领域中，以紫真阁为龙头的泰国德教界具有突出的社会影

---

① 葛兆光：《思想史研究视野中的图像》，《中国社会科学》2002年第4期。

② 参阅张总、王宜峨、苏喜乐、刘平、杨桂萍等《中国佛教、道教、基督教、天主教、伊斯兰教艺术》，五洲传播出版社2011年版。

③ 参阅陈景熙、张禹东主编《学者观德教》，社会科学文献出版社2011年版。

响力，中山大学林悟殊[①]、台湾辅仁大学郑志明[②]曾对其历史与现状进行了宏观描述性研究；近年来，华侨大学张禹东、陈景熙也在社会文化史的视野下，以泰国德教为案例，研究海外华人宗教传播与海外华人社会网络的关系。[③]与此同时，以泰国德教为研究案例，探讨海外华人宗教组织乃至于海外华人社会的本土化历史过程及其文化适应机制，仍然是有待开拓的学术空间。

因此，本文拟以泰国德教界所供奉的白云师尊造像的历史演变为案例，试图在分析海外田野调查所获的图像资料、乩文、回忆录等文献的基础上，探讨20世纪50年代初泰国华人本土化的历史背景下，泰国华人宗教的文化适应的历史过程与具体机制。

囿于学力及其他条件限制，文中不足之处在所难免，尚祈诸位师友不吝赐正。

一　德教南传泰国

综合现有的相关研究成果，德教南传泰国的脉络，大略如下。

1941年底，祖籍澄海县（今汕头市澄海区）南砂乡，1913年出生于泰国的泰国侨生林修悟，奉父命自泰国回到家乡澄海县南砂乡。居乡期间，林修悟参鸾汕头德教鸾坛紫雄阁，受录为德生，德号“德悟”，拜白云道长为师，从紫雄阁中请到了一帧白云道长画像。[④]

1945年，日军投降前后，林氏归泰心切，以“包香火”方式从紫雄阁中请白云道长护佑其返泰。白云道长则降乩嘱其回泰国后创立新阁，并赐题阁匾“紫辰阁”，及冠首联“紫气东来创佛阁，辰光南照渡

① 林悟殊：《泰国潮人德教信仰考察》，《星暹日报》2002年6月25日、29日，7月2日、6日。

② 郑志明：《泰国德教会的发展》，《宗教论述专辑》（第五辑），2003年。

③ 陈景熙：《德教海外扬教与“香叻暹汕”贸易体系》，《海交史研究》2008年第1期；陈景熙、张禹东：《海外华人社会网络与华人宗教传播：泰北德教团体创建考》，《世界宗教研究》2013年第1期。

④ 调查材料——调查对象，林修悟（1913—2009），调查地点：泰国曼谷，调查时间：2007年7月28日至8月1日。又参见林铮《赤子情怀——记我的叔祖父林修悟（上）》，载泰国《新中原报》2001年4月25日。

苍生”。[①]

1945年11—12月间，[②]林修悟奉画像、香火、乩题匾联，搭乘汕头开往泰国的第一班货轮“富升号”返回泰国。回到泰国初期，林氏即在自家商号，嵩越路“海市”楼上供奉白云道长画像香火，训练“海市”杂工林德炎为乩手，开始不定期扶乩。[③]

1947年，林修悟函邀汕头紫雄阁乩手黄是山前来泰国。[④]随后，罗作根、张永嘉等汕头紫雄阁同德亦纷纷移民泰国，泰国德教第一阁“紫辰阁”正式启动，每晚开鸾。[⑤]“嗣后潮汕德生赴暹聚缘，德友渐多，师命陈子德泰再创紫玄阁，当地好德人士相继参录，德业渐见端绪，为团结发扬大计。再由二阁联合组织玄辰总阁，以为宣化请鸾之所。”[⑥]

虽然如上所述，在40年代末50年代初，德教香火南传泰国后，曼谷先后创立了紫辰阁、紫玄阁、玄辰阁，“惜因战后社会仍不安定，且暹政府颁布禁止五人以上集会，故对于开鸾扬教，难于正式公开”。[⑦]

因而，壬辰年冬月（1952年12月）德生萧锦锡向曼谷白桥景福寺主持宝恩大师商借该寺前殿，作为公开扶鸾地点，创立紫真阁，“师委萧君德禄为阁长，领导三阁德友，协力宣扬德教，请鸾为地方人众，指示迷津，及乩赐赠医施药，福利贫病，救治疾者，日有四五百人之多，深获地方好评”。[⑧]

癸巳年元月十一日（1953年2月24日），泰皇陛下御驾临幸紫真

---

① 调查材料——调查对象，林修悟（1913—2009），调查地点：泰国曼谷，调查时间：2007年7月28日至8月1日。又参见林铮《赤子情怀——记我的叔祖父林修悟（上）》，载泰国《新中原报》2001年4月25日。

② 陈景熙：《德教海外扬教与“香叻暹汕”贸易体系》，《海交史研究》2008年第1期。

③ 调查材料——调查对象：林修悟（1913—2009），调查地点：泰国曼谷，调查时间：2007年7月29日。

④ 《黄是山自传》，载陈汉藩编《德教南传——崇庆皇上登极六十周年大典、德教会南传泰国发扬一甲子纪念特刊》，泰国德教会紫真阁，2006年，第5页。

⑤ 陈汉德：《泰国执掌扬教扶鸾三杰乩生史略》，载陈汉德编《德教史源》，泰国北榄鳄鱼湖动物园，1993年，第6页。

⑥ 马贵德、李怀德：《德教根源》，载《竹桥集成》，星洲德教会紫新阁，1955年，第1页。

⑦ 《紫真阁史铭》，载黄鹤主编《德教文集》，泰国德教会紫真阁，1995年，第179页。

⑧ 上揭《紫真阁史铭》。

阁礼佛参师。[①]

同年，泰京诸德生乘此机缘，由萧锦锡等11位为临时理事，委任泰国籍的陈锦源等五位为申请注册人，将玄辰阁注册登记为慈善团体“玄辰善堂”，于癸巳年六月十八日（1953年7月28日）举行揭幕礼。[②]故此，虽然“迨后因宝恩大师圆寂，监护乏人，景福寺前殿改为宝恩大师之灵堂，乩鸾乃暂停”。不过，具有合法注册地位的玄辰善堂“仍定于周三及周日晚继续开鸾”[③]。

50年代中期之后，德教的香火又走出曼谷，传播至泰北地区。[④]

二　四相师尊系统的形成

在上述的历史过程中，泰国德教界在祭祀仪式、崇拜对象等方面，逐步形成了有别于草创时代的潮汕本土德教，也有别于德教南传之后的香港德教、新马德教紫系的系统，并传承至今。

（一）泰国德教紫阁师圣系统

在崇拜对象方面，今日泰国德教慈善总会下属的泰国、老挝德教界各紫阁所供奉的师圣系统，由上至下的基本格局是：

由玄旻高上帝玉皇大天尊、协天阁关平主裁组成的至高神层面。

由杨筠松师尊（又名杨益）、柳春芳师尊（又名柳浑）、张玄同师尊（法号白云道长）、吴梦吾师尊（法号空空道长）组成的“四相师尊”层面（在上述二层面之间，不少紫阁还供奉着吕祖、济公、观音、何野云等神明；在四相师尊层面，有的紫阁还供奉大峰祖师）。

由“成”字辈“师兄”、崇山老人组成的“师兄”群体层面。

上揭的师圣系统，在泰国德教紫阁中共同层面是至高神层面与“四相师尊”层面。[⑤] 其中的“四相师尊”系统，是在40年代末50年

---

① 上揭《紫真阁史铭》。

② 陈汉德：《玄辰善堂与白云道山史略》，载《泰京玄辰善堂成立五十周年纪念特刊》，玄辰善堂，2003年，第102页。

③ 上揭《紫真阁史铭》。

④ 陈景熙、张禹东：《海外华人社会网络与华人宗教传播：泰北德教团体创建考》。

⑤ 以上认知，资料来源是笔者近8年来在泰国获取的田野调查资料。

代初，德教香火初传泰国期间，逐步建构形成的。

（二）四相师尊系统的逐步形成

1939年，潮汕德教第一阁紫香阁创立时，最初降鸾于潮阳县和平镇英西港村杨氏杏花草庐（即“紫香阁”）的，是柳春芳仙师，即该阁主坛师尊。随后，因为英西港修理寨门工程的需要，又邀来杨筠松仙师降鸾①。紫香阁坛上，悬挂着杨、柳二位师尊的画像。至于紫香阁法坛上崇奉的诸佛仙尊，在传世的创阁初期紫香阁印行的劝导念佛的《念佛带归果证》上，就开列了柳春芳先师、杨筠松先师、华佗先师、大圣佛祖、药师佛、观世音菩萨、地藏王菩萨、阿弥陀佛凡八位名讳。②

1940年，潮汕德教第二阁紫清阁成立于潮阳棉城马贵德家宅中，主坛柳春芳师尊。③

1942年，陈德荧、陈立德、马贵德等创立潮汕德教第三阁紫和阁于汕头市区潮安街，“由协天阁关平主裁亲主阁务”。④

1942年，紫和阁德生奉该阁乩谕创立潮汕德教第四阁澄海县城紫澄阁，据马贵德、李怀德的《德教根源》记载，“（紫和阁）蒙华佗师尊亲主鸾务”。⑤ 不过，值得注意的是，紫澄阁阁长吴淑瑜于1948年12月19日致马贵德函件⑥中云：“瑜自供奉柳师以来，感师德之厚，师恩之深，无日或忘。”则紫澄阁主坛师尊很可能是柳春芳师尊。

1944年，李怀德奉紫清阁乩谕，在潮安县庵埠镇创立潮汕德教第五阁紫阳阁，“由柳师尊亲主坛务”。⑦ 在紫阳阁降鸾的仙真，按《竹桥初集》中辑录，计有：太上老君、八仙、陈抟老祖、文昌帝君、武昌帝君、财帛星君、福德神、司命神、玄天上帝、协天大帝、何野云祖

---

① 调查材料——调查对象：杨树荣，（1930—?）杨瑞德二子，调查时间：2005年7月25日。

② 实物材料，潮阳和平紫香阁念佛社《念佛带归果证》（1940年代汕头市同平路友会印务局承印）。

③ 马贵德夫人郑瑞英女士（1916—?）口述，2008年5月23日，汕头。

④ 马贵德、李怀德：《德教根源》。

⑤ 同上。

⑥ 马贵德长子，泰国曼谷马桂旭先生藏。

⑦ 马贵德、李怀德：《德教根源》。

师、华佗祖师、医圣张仲景暨杨柳祖师。[①]

1944年，马贵德、李怀德创立潮汕德教第六阁紫雄阁于汕头市区镇华里。[②]据《汕头紫雄阁的回忆》，在该阁降鸾的，有关平主裁、济颠佛尊、白云、吴梦吾、杨柳仙师等。[③]不过，其中的吴梦吾降鸾问题，很可能是受到德教南传泰国后产生的四相师尊系统的影响而产生的误记，因为在草创时代德教乩文集《竹桥初集》中未见有关记录。而据《竹桥初集》，玉皇大天尊、孔圣夫子、道祖太上老君也曾在该阁降鸾"颁行德教，敕命清阳二阁，共负发扬大任"。[④]

综上，从潮汕德教第一阁潮阳和平紫香阁至潮汕德教第六阁，亦即泰国德教香火的来源阁汕头市区紫雄阁，草创时代德教的师圣系统尚未定型，不过，以玉皇大天尊、关平主裁为至上神的层面已经出现，以杨柳师尊，特别是柳春芳师尊为主坛师尊的情况较为多见。

1945年11—12月间，[⑤]林修悟奉画像、香火、乩题匾联等圣物返回泰国时，所携带南来并开始在曼谷供奉的德教神像，是白云道长画像。[⑥]

随后，从1945年底至1952年紫真阁创立之前的这段时间中，泰国德教界的紫辰阁、紫玄阁、玄辰阁的鸾坛上，供奉的师尊圣像，就是这幅从汕头虔请来的白云师尊画像和在泰国绘制的杨柳师尊画像；传世的该时期的乩文集《德桥醒世浅集》中，所记录的也主要是白云师尊乩文，其次是柳师尊、杨师尊的乩文。[⑦]

1952年12月紫真阁成立之前，萧锦锡等德生集资并捐献黄金首饰，

---

① 《竹桥初集》，载《潮汕鸾文集粹》，马来西亚高级拿督紫瑞阁阁长刘玉波印赠，1998年，第1—78页。

② 马贵德、李怀德：《德教根源》。

③ 吕一潭：《汕头紫雄阁的回忆》，刘禹文、吕一潭主编：《寻源记（1）》，德教寻源史源委员会，1998年，第23页。

④ 马贵德、李怀德：《德教根源》。

⑤ 陈景熙：《德教海外扬教与"香叻暹汕"贸易体系》。

⑥ 调查材料——调查对象：林修悟（1913—2009），调查地点：泰国曼谷，调查时间：2007年7月29日。

⑦ 《德桥醒世浅集》，紫真阁，1993年。

共铸铜、金合金的白云师尊金身一尊。①另从紫真阁成立时的殿堂照片可以看到，坛上除供奉白云师尊金身外，尚悬挂有杨、柳二位师尊的画像。

至于1953年7月28日玄辰善堂成立之前，主要供奉的德教师尊，可从《德桥醒世浅集》所载甲午年二月初八日②（1953年3月12日）白云师尊乩文窥其端倪：

> 在白无彼此分别，一视同仁，惟以有德者，先登德录，决不以面为善，须有表里相合，如泰生，今夕白言之，其功大苦多，六创始人不久之时，将奉敕为灵霄辅弼。望继起各生，以德为怀，以口为心，决不负各生之望。须知白与杨柳二友奉敕，非凡间游神，亦非龟精鳖怪，而贪人利，遇有德者当竭力以呈。而跟本堂年久者，亦决不负其苦心，位以有定。今夕白一片之言，尽沥其情，望勿退心。③

上文中的“六创始人”，即玄辰善堂的六位“本堂建堂人”。④而文中对于德教师尊奉天命救度世人的表述是“白与杨柳二友奉敕”，换言之，此时玄辰善堂所崇奉的德教师尊，是白云师尊、柳春芳师尊、杨筠松师尊三位。

至于“空空道长”吴梦吾，进入泰国德教的师尊系统的经过，由《德桥醒世浅集》中所见的大致经过为：

壬辰年二月十五日（1952年3月10日）之前⑤，“空空道长”降示《空空词》一篇、乩诗一首。⑥ 这是笔者经眼的从1939年至50年代

---

① 调查材料——调查对象：林修悟（1913—2009），调查地点：泰国曼谷，调查时间：2007年7月30日。

② 按：《德桥醒世浅集》中该乩文仅记录月日，年度不详，笔者据其上下乩文时间及本乩文内容确认其年度。

③ 《德桥醒世浅集》，第63页。

④ 《泰京玄辰善堂成立五十周年金禧纪念特刊》，玄辰善堂，2003年，第4页，“建堂人名录”，第7页，“本堂建堂人合影（一九五五年二月十二日）”。

⑤ 该则乩文时间不详，在《德桥醒世浅集》中置于壬辰年二月十五日（1952年3月10日）乩文之前。

⑥ 《德桥醒世浅集》，第78、79页。

初的德教早期乩文中，首次出现“空空道长”的乩文。

壬辰年十月十五日（1952 年 12 月 1 日）之后，甲午年四月十七日（1954 年 5 月 19 日）之前，[①]“空空道长”降示乩诗一首。[②]

甲午年五月初五日（1954 年 6 月 5 日），“吴梦吾道长”（乩文原注：“即空空道长”）降鸾，下马诗的前四句的诗冠是“吴梦吾至”[③]。这是笔者经眼的德教早期乩文，首次出现“吴梦吾”的师圣姓名。下马诗之后的训谕乩文，首句即云：“五五之日，本师借清风来此，但别子等久矣。”[④]乩文中又云：“此地得玄同道兄主持，不愧你们之师。”[⑤]

十日之后，甲午年五月十五日（1954 年 6 月 15 日），“空空道长”又降鸾，在下马诗之后，降示了在乩文集中命名为《吴师尊自传》的履历：

> 吾生也有涯，然生尘世间不难离开空念。夫空念一生，则万物无思。既无思矣，其他一切事物皆空，与入梦同。
>
> 故本师自登仕郎后，以权奸当道，任你诗才满腹，亦难登入其门，是以舍心从道，细心研究道法，去一切繁杂之念，洁心以博爱为怀。至羽化之日，以空空为名。殊不料宇宙变幻无常，聊得一居，而恶魔毁庙，致为三山九洲游方寄迹。幸南疆吾教正盛，方能至此一言。思之痛矣！[⑥]

自传之后，复言：

> 各生，本师系一客师来此，蒙至诚之心，敬吾以醇酒香茗鲜花，实使本师心领而多感。
>
> 德宇本体一，住居各别。前你师言了，善无先后，诚则灵。心善

---

① 该则乩文时间不详，笔者据其前后乩文确定大致时间。

② 《德桥醒世浅集》，第 103 页。

③ 同上书，第 126 页。

④ 同上。

⑤ 同上书，第 127 页。

⑥ 《德桥醒世浅集》，第 130 页。

算了，如世人身拥千百万资，其为人也，一毛不拔，其可谓善乎？吾空心，空叹世，叹世人不空，茫茫皆空从，不择正邪空心拜，任你拜尽亦空空。①

由上可见，在1953年7月28日玄辰善堂成立之后，此前偶或降鸾的来历不明的乩仙“空空道长”，以乩文降示的方式，被逐步建构成为具有姓名、履历的泰国德教鸾坛的“吾教”“客师”。而在1954年6月15日之后的乩文中，更进一步地被称呼为“吴梦吾师伯”②“吴梦吾师尊”“吴师尊”“吴师”③。换言之，在玄辰善堂成立大概一年后，泰国德教界已形成了由杨筠松师尊、柳春芳师尊、张玄同师尊、吴梦吾师尊组成的“四相师尊”的崇拜系统。

三　白云师尊造像的演变

从德教香火南传泰国至四相师尊系统形成的过程中，泰国紫辰阁、紫玄阁、玄辰阁、紫真阁、玄辰善堂的主坛师尊，均为白云道长。

白云师尊的履历，在草创时代的德教文献《竹桥初集》中，未见记载。

德教香火南传之后，在泰国的德教鸾坛上，扶出了白云师尊的自述履历：

姓张名玄同，湖北人，明嘉靖生于湘滨，故名曰：“滨雁”。十四入泮，十九入翰苑，廿三出任雒县令，三年奉诏入京为礼部侍中。年廿八，奉旨任大名府尹，一往四任，一任三年，自问案无留积。哈哈！可笑能治一府之民，奈何河东狮争权，室无安日，已存了尘之念。后奉旨至江淮之上。莫奈当时受权者阻，受命四载，在五台之麓得遇火炜真人及了空禅师之指，故舍心从道。初至庐山静

① 《德桥醒世浅集》，第131页。

② 参阅陈德益抄本《协阁诸师鸾示》，抄录时间不详，现藏紫真阁。

③ 参阅《德桥醒世浅集》。

> 修，名曰：川陵道人。十年苦修，再受了空之引，至白云山白云寺闭关，四年苦心。后在白云山之背闲游，忽见峰石有光，登视之，该石有："白云在此了凡"。迨后悟了空师之言有意，故改名白云。坐化在嘉靖末年六月十八日。[①]

要之，这位泰国德教的师尊，是一位儒释道合一的民间宗教崇拜对象。

更重要的是，从潮汕至曼谷，白云师尊的造像处于演变之中。

1945 年底，林修悟返回泰国时，所携带南来并供奉于紫辰阁的白云道长画像，描绘的是一位风神萧散的道士形象，头结发髻，裹以方巾，身着道服，左手执拂尘，跣足而立，见图 1。据林氏回忆，这张画像是由汕头紫雄阁乩手纪云程在扶乩状态下绘出的白云师尊自画像。[②]另据其他口述史料，纪云程在执乩紫雄阁之前，原为潮阳金浦乡紫梅阁乩手，而当年紫梅阁坛上供奉的神像，就是一幅与林修悟奉请往泰国的画像大略相同的白云道长画像。[③]

1952 年 12 月紫真阁成立之前，萧锦锡等德生共铸的铜、金合金的白云师尊金身，作跏趺坐的老僧形象，右手持书卷，置于盘腿上，左手结智慧手印（拇指、食指相扣，余三指自然伸舒），置于腹前，见图 2。

随后，1953 年陈德仁绘制的白云师尊像，则作洒净造型：右手置于胸前右侧，拇指、食指相扣，捻一杨柳枝或石榴枝状植物枝条，左手平置于腹前，掌中放有水盂，见图 3。

此后迄今的泰国各德教会以及受泰国德教界影响的其他国家德教会的白云师尊像，除手印及执持法器有所不同外，在僧衣僧貌的形制上是相同的，见图 4。

---

① 《德桥醒世浅集》，第 12—13 页。《德桥醒世浅集》无记录该乩文时间。不过，在《德桥醒世浅集》的底本，陈德益题签的《协阁诸师鸾示（其壹）》第 5 页，该乩文系于甲午年二月初八晚（1953 年 3 月 12 日）的乩文之后。

② 调查材料——调查对象：林修悟（1913—2009），调查地点：泰国曼谷，调查时间：2007 年 7 月 29 日。

③ 调查材料——调查对象：潮阳金浦乡紫梅阁阁长郑宛民五子郑衍璧（1936—），调查地点：潮阳金浦乡，调查时间：2007 年 10 月 28 日。

图 1　汕头紫雄阁乩绘白云道长画像

图 2　1952 年紫真阁铸白云师尊金身

图 3　陈德仁绘白云师尊像

图 4　马来西亚济阳阁白云师尊像

也就是说，1952 年泰国德教界的租借“景福寺”前殿创立紫真阁，是白云师尊示现僧容的开始。

那么，为什么白云师尊的造像，会在彼时彼地由“道貌”易为“僧容”？

据当事人，泰国德教界第二代乩手陈汉德回忆，由私下开鸾的玄辰阁发展出公开扶鸾的紫真阁的经过为：

> （玄辰阁成立后）当时惜因环境关系，而无定期开鸾，未敢正面扬教。一日，三聘城门成利发行东翁萧锦锡（原注：德禄），三聘街俊盛行东翁陈洽藩（原注：德福），引导白桥景福寺主持宝恩大师莅临玄辰阁参鸾。适白云道长降坛，柳动沙飞，圣灵显赫。宝恩大师为其感动，神会心通。当时善信众多，鸾期人山人海，水泄不通，而时局未定。诸理事因向宝恩大师商量，如此继续开鸾，实有不便，是否移鸾往白桥景福寺，未卜大师意下如何？宝恩大师当场允诺。众同德遂禀告师尊，承蒙白云道长即赐第四阁名为紫真阁，……天运壬辰年冬月（原注：公元一九五二年），紫真阁应缘而生。①

文中所谓的“惜因环境关系，而无定期开鸾，未敢正面扬教”，其实是因为当年“暹政府颁布禁止五人以上集会”②。

扶乩开鸾，是德教的基本宗教仪式，而仪式的进行，需要正副乩手、报谕、录谕及坛下德生善信等角色，因此在紫真阁成立以前，当年泰国德教界的扶鸾，实际上是非法行为。所以，萧锦锡等泰国德生才需要向景福寺主持宝恩大师商借会所，以便在这个黄袍佛国的首都“以礼佛为名而开鸾”，③ 依托佛寺取得合法活动的空间。

在依托对象方面，当年泰国德教界人士选择的景福寺，是越南僧侣的佛寺。日本学者吉原和男对此曾作过分析：

> 泰国的德教界内有几个有影响力的组织。其中一个就是紫真阁。紫真阁源自 1952 年几个潮州籍男子借用越南佛寺景福寺进行扶乩。众所周知，越南佛教与泰国佛教不同，是承自中国的大乘佛

① 上揭陈汉德：《泰国执掌扬教扶鸾三杰乩生史略》。

② 上揭《紫真阁史铭》。

③ 上揭《紫真阁史铭》。

> 教，因之对华侨、华人来说是很有亲近感的。之前在泰国由于反共法的存在，在私宅内是不允许扶乩的。但始建于19世纪中叶拉玛三世时期的越南佛寺景福寺的住持对扶乩表示一定的理解，并向紫真阁提供了扶乩的便利。①

不过，吉原和男并未提及，泰国德教界缘何不选择同样是大乘佛教，而以潮州籍僧侣为主体的泰国华宗佛教寺庙作为依托平台的问题。

事实上，草创时代德教文献表明，早在乙酉年五月初三日（1945年6月12日），澄海紫星阁扶乩时，被柳师乩文称为“普生”的释普净和尚，就到阁参鸾。②

释普净（1902—1986），广东省潮汕地区揭阳县人，1927年南游泰国，出家为僧，1932—1934年间、1942—1948年间、1949年，三度回中国参访，在泰国弘化60年，兴建、重修大乘佛教寺庙十余所，自1951年起屡受泰皇、泰僧王的敕封，1956年受敕封为“华宗大尊长”。③

笔者以为，50年代初期，以萧锦锡为首的泰国德教界和以释普净为首的泰国华宗佛教界，二者虽均为潮州族群的宗教组织，且在此前就曾有所接触，但在泰国德教界寻求合法存在的地位时，两者之间却显示出疏离关系，目的在于避免受到当年施行控制华人集体活动政策的銮披汶政府的猜疑与打击。④

所以，越南僧侣宝恩大师主持的大乘佛教寺庙景福寺，就成了泰国德教界趋利避害的合适选择，宝恩大师推动了德教在泰国的本土化、佛教化历程。

关于1952年12月紫真阁成立前，萧锦锡等德生共铸的白云师尊金

---

① 本文日语版〈中国人の宗教－儒教に注目して－〉，原载关一敏、大塚和夫编《宗教人类学入门》，弘文堂，2004年，第13—32页；中文版《东南亚华人德教述论——以儒教为切入点》（黄蕴译）原载《思想战线》2009年第5期。

② 上揭《竹桥初集》，第58页。

③ 于凌波：《中国近代佛门人物志》（第四集），台北慧炬出版社1998年版，第1—6页，“华宗大尊长普净大师”。

④ 参阅［美］施坚雅《泰国华人社会：历史的分析》，许华等译，厦门大学出版社2010年版，第301页，“第九章镇压和重新考虑：1948—1956年銮披汶第二次执政的华人”。

身的“道貌”易“僧容”的形象突变问题，泰国德教界耆老陈汉德回忆说，宝恩大师具有圆光术的神通，能够在其大拇指上显示出神鬼祖先的形象，当年在铸造白云师尊金身之前，泰国德教界人士请求宝恩大师大显神通，然后根据其拇指上显现的僧侣形象白云师尊模样，铸造出那尊金身。[①] 换言之，泰国德教界在景福寺中供奉的白云师尊像，是按照该寺主持宝恩大师提供的形象塑造的。

从紫真阁中珍藏的四相师尊画像[②]来看，杨柳二位师尊的道士形象画像是按照二位师尊自述圣容的乩文[③]来绘制的，空空道长吴梦吾师尊画像与白云师尊画像均作跏趺坐于山石的老僧形象，左手均平置腹前，掌中放有水盂，略有不同的是吴梦吾师尊左手立掌当胸，拇指与无名指相扣。也就是说，1952 年的造像，不仅是泰国僧容版白云师尊像的发轫，同时也影响到 1953 年 7 月 28 日玄辰善堂成立后进入德教师尊系统的吴梦吾师尊像的形象塑造。

白云师尊造像转型以后，泰国德教界不仅解决了合法存在问题，也开启了良性发展的历史进程。

壬辰年冬月（1952 年 12 月）位于曼谷白桥景福寺前殿的紫真阁正式成立。

两个多月后的癸巳年元月十一日（1953 年 2 月 24 日），泰皇及现任泰国僧王驾临景福寺，宝恩大师以东道主身份，引导泰皇至紫真阁参鸾。[④]

四日之后的癸巳年元月十五日（1953 年 2 月 28 日），紫真阁扶鸾时，白云师尊乩撰《玄辰善堂缘起》，为玄辰阁注册登记并营造堂宇进

---

① 调查材料——调查对象：林修悟（1913—2009），调查地点：泰国曼谷，调查时间：2007 年 7 月 30 日。

② 这套画像上，除志明四位师尊各自名讳外，右侧均志明：“紫真阁，癸巳年元月十一日，陈德仁敬具”。从本文第二部分的考证看，该时间并非写实，而是应该是在四相师尊系统形成后，泰国德教界人士借用泰皇参鸾紫真阁的时间以增强泰国德教界，特别是紫真阁的社会影响力。

③ 《德桥醒世浅集》，第 111 页“柳师尊谕示圣容”、“杨师尊谕示圣容”。该乩文具体时间不详，在《德桥醒世浅集》中载于甲午年四月十七日（1954 年 5 月 19 日）乩文之前。

④ 《泰国德教会紫真阁成立五十周年金禧纪念特刊》，第 38、39 页。

行动员。[①]随即，泰国德教界委托五位泰国籍华人为申请注册人向泰国政府、警察总署办理了玄辰善堂登记手续，[②] 癸巳年六月十八日（1953年7月28日）举行堂宇揭幕礼后，积极举办公开的慈善救济活动，跻身于泰华五大善堂之列。[③]而由此以降，泰国各地纷纷遵循合法注册方式，建立德教团体。[④]

结语：泰国华人宗教的文化适应

对于泰国德教的本土化问题，郑志明曾指出：

> 由于泰国特殊的文化背景，德教的发展不得不采以下两种发展策略，第一依附于泰国浓厚的佛教气氛，彰显佛教意识，认同为佛教下的一种修行法派，与泰国各种佛教团体保持密切的交际关系，其各种庆典活动，也会邀请佛僧主持诵经顶礼等仪式。第二则走慈善社团的路线，将宗教与善堂组织结合起来，举办赠医施药、施棺助葬、救济灾害等福利工作，在曼谷方面除了历史较为悠久的华侨报德善堂外，德教的玄辰善堂、世觉善堂等也是著名的慈善团体，合法化其扶乩的宗教活动。[⑤]

本文的研究表明，泰国德教在传入后的合法生存及良性发展，均以崇拜对象白云师尊的造像转型为突破口。因此，本文所钩稽的白云师尊造像历史演变脉络，实际上是从图像资料研究的角度，提供了探讨泰国华人宗教在本土化历程中文化适应机制的实证案例。

对于东南亚华人的文化适应问题，曹云华专门做过深入研究。[⑥] 在宗教信仰层面上，曹氏认为，东南亚华人三种类型的宗教信仰者：华人

---

① 《德桥醒世浅集》，第3、4页“玄辰善堂缘起”。

② 《泰京玄辰善堂成立五十周年纪念特刊》，第8、9页。

③ 陈汉德：《玄辰善堂与白云道山史略》。

④ 参阅林悟殊《泰国潮人德教信仰考察》，郑志明《泰国德教会的发展》。

⑤ 郑志明：《泰国德教会的发展》。

⑥ 曹云华：《变异与保持：东南亚华人的文化适应》，中国华侨出版社2001年版。

穆斯林、华人基督徒、华人传统宗教信仰者，其文化适应的方向大相径庭：华人穆斯林文化适应的方向是本土化，华人基督徒文化适应的方向是西方化，华人传统宗教信仰者文化适应的方向是中华化。[1]

然而，就本文提供的案例来看，泰国德教的德生善信，所谓的“华人传统宗教信仰者”，其文化适应的方向，显然还是倾向于本土化，即主动地适应泰国本土的宗教文化生态。

问题的症结所在，或许是因为曹氏探讨东南亚华人传统宗教信仰者文化适应问题时，主要立足于当代马来西亚华人传统宗教领域。[2]而就本文所探讨的泰国华人宗教的文化适应问题而言，美国学者道格拉斯·雷伯克对于东南亚华人从文化保存到调适乃至于同化等一系列文化适应方式的讨论，[3] 显然更为中肯。道格拉斯指出：

> 调适包括对中国文化某些核心成分的保留和对所在国某些文化成分的接受。一种明显的倾向是把借来的成分放在前台，以便当地人能清楚地看到。调适的实例表明，华人社区中的人们，善于在前台采用当地的穿戴、食品、语言、礼仪规范甚至建筑风格，同时在幕后保留华人本身的社会组织形式、食品、祖宗祭祀及语言。这通常反映的是华人社会这样一种有意识的策略，即尽可能地使他们为所在国人们所接受，从而确保他们的经营事业有一个稳定的社会环境和气氛。然而，很明显，华人的文化调适方式也受到超出他们控制范围以外的人口统计、经济和政治等因素的影响。[4]

在泰国德教白云师尊造像的案例中，白云师尊由“道貌”易为“僧容”，显然就是出于“一种有意识的策略”的文化调适举措，而与此同时，承载着三教合一观念的白云师尊履历文本，以白云师尊等德教

---

① 曹云华：《宗教信仰对东南亚华人文化适应的影响》，《华侨华人历史研究》2002 年第 1 期。

② 同上。

③ ［美］道格拉斯·雷伯克：《东南亚华人的文化适应模式》，饶志明、张斌译，载《华侨华人历史研究》1993 年第 3 期。

④ 同上。

师圣降鸾方式激励德生善信行善积德的仪式传统，则一直传承至今，也就是说，作为华人民间宗教的核心成分得到了保留。

而在上揭泰国华人宗教文化适应过程中，以德教界人士为代表的泰国华人所受到的影响因素，主要是50年代初期泰国政府的有关政策，诸如集会禁令、注册制度等，而他们在文化适应过程中所面对的问题，除需要适应官方政策，适应泰国宗教文化生态，还包括了妥善处理政策压力之下，华侨与泰国公民，华人与其他移民族群（越南人），以潮州人为主体的泰国华人族群内部（德教界与泰国华宗佛教界）等族群关系问题。

近代汕头基督教会女校研究

——以淑德女校为例*

杜式敏**

摘　要　本文采用口述研究方法，以汕头淑德女校的发展演变历程为例，分析近代汕头基督教会女校的特点，讨论在20年代非基督教运动和收回教育权事件上，位于政治边缘地区的汕头基督教会女校学生对民族主义思潮的不同回应及其历史意义。

关键词　近代　汕头　基督教　教会女校

汕头是一个较早开放的沿海城市，也是中国教会女校的较早生长地。汕头淑德女校是晚清潮汕地区创办较早的一所基督教会女子学校，1873年由英国长老会创办，经历了20世纪的国民革命，停办于1937年的抗日战争爆发，该校不仅在民国潮汕地区的女校中具有鲜明的代表性，而且在20年代收回教育权事件中更有与众不同的表现。基于此因，本文选择关注汕头淑德女校的历史，结合非基督教运动和收回教育权事件，讨论近代汕头基督教会女校的特点、女校学生对民族主义思潮的不同回应及其历史意义。

---

* 原载邢福增、李凌瀚主编《潮汕社会与基督教史论》，汕头大学出版社2012年版。

** 杜式敏，女，汉族，1974年出生于广东省汕头市，汕头大学文学学士（1998年，汉语言文学专业），汕头大学文学硕士（2005年，汉语言文字学专业方言与文化方向，导师林伦伦教授、黄挺研究员）。1998年至今，就职汕头大学，历任汕头大学文学院团委书记、汕头大学党政办公室党务科科长、汕头大学长江新闻与传播学院党总支书记等职务，中文系讲师，潮汕历史文化研究中心青年委员会常务委员，汕头市第六届党建研究会特聘研究员。

本文采用口述研究方法，访谈了四位女性，并将792分钟的录音整理为四份口述材料。口述者情况为：曾老师，1904年出生，1916—1921年就读于淑德女校；谢牧师，1912年出生，1924—1929年就读于淑德女校，1931年回到淑德女校任教，直到1937年学校停办才离开；笑姨，1909年出生，1924—1929年就读于淑德女校，毕业后留校任教至1937年学校停办；林氏，1920年出生，1934进入淑德女校就读，1937年女校停办后转入聿怀中学继续上课，直至初中毕业。四位口述者均为淑德女校学生，曾目睹了该校的历史发展和变迁。除了林氏，其他三位都在该校度过了五年以上的时间，其中笑姨和谢牧师还经历了从学生身份到教师身份的转化，并参与了该校20世纪20—30年代的教学及学生管理工作；另一方面，淑德女校的学生人数少，四位口述者占当时就读学生总数的比例较高，具有一定的代表性；四位口述者接受访谈时虽年龄近百，但身体健朗，精神矍铄，逻辑清晰，口齿清楚；曾老师、谢牧师和笑姨三人在该校就读的时间交会于20年代，其口述内容也比较集中在20年代，经四人多次相互印证，并对比相关史料，基本认为四人大部分口述材料可信度较高。口述者从见证人的角度直接对“淑德女校的历史”说话，较好地填补文献资料的不足，也使淑德女校更加个性化。

一 汕头淑德女校的创办及发展

1861年汕头被开放为通商口岸，至20世纪30年代，汕头发展成为中国东南沿海重要的商业城市。西方领事馆接踵设立，基督教差会也来传教。1858年《天津条约》签订，外国人在汕头居住和传教成为合法行为，同年，汕头正式成为英国长老会在中国的一个教区。

“西教士所到的地方，就有礼拜堂、医院和学校。”[①]“大部分教徒入教的动机也是为了解决生活、解决医病和解决读书的问题。”[②]英国传

① 口述史料：汕头恩典堂谢牧师，2005年，汕头市恩典楼三楼301。

② 陈泽霖：《基督教长老会在潮汕——英国长老会传入潮汕的情况》，《广东文史资料》1963年第8期，第64页。

教士在潮汕购买土地，建筑教堂、医院、学校和住宅，把既无知识又无资产的下层民众作为重点，通过布道传教、医学传教和教育传教三种模式发展教徒。汕头淑德女校就是1873年英国长老会创办的一所教会女校。

> 差会的几位太太，如吴威廉夫人、玛坚绣夫人和卓威廉夫人等在教会中负责探访和教妇女读圣经的时候，都很盼望有一个有系统的组织，可以推动教育工作。后来有一位由爱丁堡（Edinburgh）来的富查朗夫人（Mrs. Buchanan）肯慷慨捐助一间学校的建筑费，又再捐献五年所需用的维持费。一八七三年十月，一座美丽堂皇的女子学校遂正式宣布开幕，这是差会所创办的第一间女子学校。开学时虽只得十二名寄宿学生，然而大部分属于基督徒的女子，并由教士自任教席，有的每天教数小时，每月轮流一人做监督。①

创办之初，淑德女校只是一所小学，仅办高小两个年级，招生对象为教徒的未婚女儿。“办学的主要目的是要为各教堂的中国传教士培养所谓的贤内助，以便其结婚后能帮助其夫做传教的工作。”② 1922年，淑德女校增设师范班，成为一所“女子中学”。“我去读的时候可能有几十人，五六十人左右。我进校读是1924年，我当时是去（淑德）读高小，之前（淑德）没有办初中的，后来在我读那个时期刚好开始办中学，所以我们读的是第二届初中班。我就在（淑德）读了五年，18岁毕业。那时，淑德只有高小两个班，初中初一、初二、初三各一个班。每个班都不大，一般是五人到七人，有时只有三四人，所以有的时候就得合班上课。”③“在淑德入学的时候，淑德也就一百多学生，人数非常少，一个班也就十多人，有时才七八人，那时候教育，尤其是女子

---

① ［美］Edward Band（班华德）：《汕头教会百年史实（1847—1947）》，陈希贤译，香港基督教潮人传道会，1979年，第37页。

② 陈泽霖：《基督教长老会在潮汕——英国长老会传入潮汕的情况》，第58页。

③ 口述史料：汕头恩典堂谢牧师，2005年，汕头市恩典楼三楼301。

的极少，读到我们这一班大概有二十多人，这就算很多的啦。”① “寄宿舍共有九十名女生，时常满额，还要增加七十名走读生。”② 从 1873 年创建到 1937 年停办，淑德女校持续办学六十多年，年级数增加到五个，学生人数仅增长了数倍，校舍和教学硬件没有明显的扩充或更新，相比聿怀中学、华英学校等教会男校，发展步伐缓慢。

淑德女校的教学设施简单，仅满足学生日常学习和生活的最基本需要。“一个房间住十五到二十人，最多住二十五人，有些是单人床，有些是两人床。……房里没有写字桌，桌子都在教室。”③ “楼下是课室，二楼才是宿舍。房内有电灯，但没有书桌，学习主要在课室，回房一般就是睡觉。房间里也没有柜橱，衣服就放在各人的箱里。”④

学校以女教徒为主体的师资稳定。吴威廉太太、白威廉太太、汲约翰太太是最早的三位负责人；早期的教师则包括了玛坚绣太太、卓威廉太太、李洁等外国女教士和传教士的女眷。⑤ “我们的老师中有两个是英国姑娘，我们叫她们 Miss Dong 和 Miss De，Miss Dong 教数学和地理，Miss De 教道学，也就是圣经。……学校的老师都是女的，只有下午教语文的请了一个男的‘国文佬’，是学校里唯一一个男的，他一来，好像学校的舍监就要看住他。”⑥ “当时学校的老师只有校长是番仔，我进去读的时候，第一学期是一个叫董玛利的当校长，后来下一学期的时候她就回去了，换了一个叫梅乐光的。……还有一位德姑娘，已经很老了，矮矮胖胖的，她没有教课，也没有职务。……教我们的老师大多数是留校的学生，像黄馥蕙和谢牧师她们。”⑦

结合《汕头教会百年史实（1847—1947）》的记录推断，自汲约翰

① 口述史料：林氏，2005 年，汕头市金龙市场 1 栋 406。

② ［美］Edward Band（班华德）：《汕头教会百年史实（1847—1947）》，陈希贤译，第 150 页。

③ 口述史料：笑姨，2004 年，汕头礐石天恩安老院 201 房。

④ 口述史料：汕头恩典堂谢牧师，2005 年，汕头市恩典楼 3 楼 301。

⑤ ［美］Edward Band（班华德）：《汕头教会百年史实（1847—1947）》，陈希贤译，第 37 页。

⑥ 口述史料：曾老师，2004 年，汕头市金韩路一横 2 号 604。

⑦ 口述史料：林氏，2005 年，汕头市金龙市场 1 栋 406。

太太卸任之后，德怀清、董（侯）玛利[①]、梅乐光三名女传教士相继成为淑德女校校长，她们在汕的工作时间为：德怀清 1902—1940 年，董玛利 1887—1927 年，梅乐光 1931—1946 年。其中，德怀清和梅乐光自到汕后一直在淑德女校工作至学校停办。自创办到停办，该校女教徒教师及教师数量都较稳定：1920 年前，教师以外国女传教士为主，仅少数本地人任学生宿舍舍监等低层管理工作；20 年代，外国女传教士管理学校，也为学生上课，教师主体为中国女教徒；30 年代，外国女传教士基本不授课，教学和管理骨干均是毕业留校的学生。中外女教徒均怀着高度的真诚和热情，以笃诚的信念、严谨的作风教育和管理学生，在校园营造一种浓厚的宗教氛围。

淑德女校的课程设置一直以宗教为主、科学知识为辅，即便在不同政治时期变化也不大：宗教神学课是重点，《圣经》是最主要也是课时最多的课程，其他的文化课包括国文、算学、历史、地理、体育、音乐、家政等。淑德女校虽是英国人开办的学校，有足够的英语师资，但因办学目的是培养服务丈夫和教会的“贤内助”，而非独立服务社会的女性，因而学校在 20 世纪 30 年代之前并没有把英语列为必修课程；直到 30 年代林氏入学时，顺应政府要求，英语课才成为学生的必修课。

学校课程内容简单浅显，教学方法单一，课堂教学都使用潮汕方言。“老师在课堂上教学都是用汕头话，连番仔老师也是讲汕头话。……那时候基本都是用潮汕话教学的，客家人（学生）像五经富的人来读，他就得学（潮汕话）。没有人说普通话，番仔来教也是说本地话。”[②]

学校对学生实行封闭式管理，学生在严格的规定下学习、生活和劳动。“我们每天早上 6 点起床，6 点半吃早餐，然后就做操，上课。下

① 四位口述人都提到了这位叫玛利的外国女传教士，但对其姓表述不同，谢牧师写了“党”，曾老师写了“Dong”，其他两位都写了“董”。此三字在潮汕话中读音相同，因此作者认为四人所指的为同一人。但在《汕头教会百年史实》的《汕头区会职员表》中，只有一位“侯玛利”（Miss Mary Harkness）的外国女传教士；在陈泽霖《基督教长老会在潮汕》的英国教士名表中，也只有一位“豪玛利”（Miss Mary Harkness）。潮汕话中，“侯”和“豪”也同音字，因此作者认为这两者也指同一个人。从在汕工作时间上推测，董（侯）玛利应是同一个人，但为何其姓在口述人和史料中较大差别则不得而知。

② 口述史料：汕头恩典堂谢牧师，2005 年，汕头市恩典楼三楼 301。

午经常读《圣经》。星期六所有人都要打扫卫生，星期天做礼拜。”① “以前在学校有没有出来玩的？没有！（来学校）很久，过了很多年之后才过礐石玩。……无论是来校探望的还是外出探亲的，一个月都只有一次，一般是周六下午可以出来探访姑姨舅妗（方言，泛指亲戚），（入学时）要先登记有哪些（亲戚）可以去的。外出要等吃完午饭，然后在校内安静休息一个小时左右才能出去，回来还要向老师报告回校了。”② “一般是开学的时候家长把你领到学校，停课了（学校）通知家长来接学生回家。学校的管理很严格，每学期每人只准你出去六次，周六出校。”③ 校方在其他场合对学生也是高度监护：“也同（聿怀的）男学生一起做过礼拜，但是从来都是各坐各的，排队进去，隔开坐着，也没什么交谈，除非是自己的兄弟。有也就是头尾找时间，争取时间和自己的亲人打个招呼。”④ “礼拜和特殊圣诞聚会、元旦聚会（淑德和聿怀两校）就会合并（一起举行），合并的时候很严格，男女座位分开，散会的时候各校的老师各带着（学生）走一边。”⑤ 严格的制度强化了教会及学校在学生成长过程中的主导作用，并培养了她们纯良虔诚、平和坚毅、循规蹈矩的品行。

二　收回教育权时代的淑德女校

1922 年开始，全国爆发了非基督教运动。潮汕地区虽地处粤东一隅，处于政治边缘地区，文化上也有语言、风俗的独特性，但民族主义和国家主义思潮还是席卷而来。20 年代，汕头成为广州之外、广东省内另一个收回教育权运动最激烈的地方。

1925 年 3 月，广东革命政府东征军收复潮汕，6 月，汕头成立国民外交后援会，统一领导全市的反英爱国运动。英国人所办学校的教员学生，被通知立即离校。9 月，汕头市市长杨霖要求各教会“克日改为中

① 口述史料：曾老师，2004 年，汕头市金韩路一横 2 号 604。

② 口述史料：笑姨，2004 年，汕头礐石天恩安老院 201 房。

③ 口述史料：林氏，2005 年，汕头市金龙市场 1 栋 406。

④ 口述史料：笑姨，2004 年，汕头礐石天恩安老院 201 房。

⑤ 口述史料：林氏，2005 年，汕头市金龙市场 1 栋 406。

华自办”，废去各校校内的外国旗帜。12 月，市政厅教育科、教职员委员会、外交后援会和学生联合会等五个团体成立了“汕头市收回教育权委员会”，周恩来主持会议并提出要“树全国回收教育权之先声”。此外，周恩来还亲自召集汕头市的淑德女校、童子部小学、福音国民学校、南强中学、贝理书院等五个教会学生代表开会，要求这些学校发表宣言，表明对帝国主义的态度；指出以后学校不能强迫学生听圣经，不可有宗教课程。要把学校办成中国式学校，特别强调无论何校都需向汕头市教育部门登记。①

随后，汕头市政厅正式发布收回教育权法令。明确规定现有教会学校需：①向官厅立案注册；②改校名；③不准读《圣经》；④不准宣传宗教思想；⑤宣布完全收回为中国人办理。同时，广东、潮汕各地报纸舆论对这场收回教育权运动也进行了持续而广泛的宣传和敦促，1925 年 12 月，邓颖超专门为此撰文指出：“汕头的中国教会及学校，已起来组织收回教育权委员会，有的已与帝国主义教会脱离关系。各地中国教会及学校，你们要赶快继续汕头教会中觉悟的同胞的战线专谋解放。”②

1926 年 3 月，周恩来主持召开会议专门通过了“实行收回教育权”的提案，汕头的反教运动进一步升级。对教会学校的命运起决定作用的不仅有各级的政府、办学的教会，更有学校的学生，教会学校学潮频发，外国教员遭受一轮又一轮的攻击和驱逐，许多教会学校或被停办，或被收回，或者向政府立案，唯有淑德女校是一个例外。

在革命风潮面前，淑德女校既没有改变发展方向也没有停滞不前，它依旧保持了自身独立的教育体系和原有的办学色彩。无论在报刊文字上，还是在各次的学潮队伍里，都找不到淑德女校任何一名学生的声音或者身影。“非基督教运动”和“收回教育权运动”——这两个中国近代史上重要的关键词，对淑德女校的影响却是微之甚微。当时的社会舆论大作，当时的各界群情激愤，当时的学生罢课集会——这些在淑德女校学生的记忆里却没有留下任何印象。在口述过程中，作者曾就华英学

---

① 秦梓高：《周恩来带领民众收回汕头教育权》，《汕头日报》2004 年 8 月 29 日。

② 《省属布告取缔宗教教育》，《广州民国日报》1925 年 5 月 27 日。

校学潮、政府收回教育权等事件向口述者再三提问，提醒她们仔细搜索追溯，均是一无所获。在谢牧师和笑姨记忆中，那时课程照旧，宗教活动正常，学习和生活没有受到任何外来的影响；曾老师也表示，记忆中20年代淑德女校没有受到社会运动的冲击，学生更不可能参加什么行动，因为学生们都很胆小听话，与外界的接触也非常少。林氏当时年龄尚幼，未入学校，不了解该校当时情形。《广州民国日报》（1925年12月5日）刊载的报道为三位口述者一致的说法提供了合适的解读：

> 顷接汕头通讯，日前共指挥部周主任召集南强学校、淑德女校、童子部小学、福音国民学校、贝理书院等各校代表，在总部谈论关于收回教育权，为时甚久，兹特将其经过情形，略记如下：
>
> 周主任先讯各校与英人有无关系，及现有学生若干，经费何来。南强学校代表答称：本校自五卅案发生后，当即收回自办，与英人无关……周主任谓据称所述南强确与英人无关，可即发表宣言，表示对帝国主义态度，尤其是英国，并须声明南强与英人无关……南强学校代表当即面允照办。
>
> 继福音学堂代表答称，本校系中国人创办，所有教员概系中国人，共有学生百余人，经费除由学生缴纳外，余由中国人捐助，与英人毫无关系。周主任谓：贵校既与英人无关，则福音二字，最好换过为宜，此后可发表宣言，表明福音与英人无关，学校课程，均可自由拟定，决不受人拘束，该校代表，原照此办法进行。
>
> 继童子部小学代表答称，本校从前曾由外人帮助经费，现在与外人无关，从前所有宗教课程，现在亦已减少，经费除由学生缴纳外，余由董事捐助……周主任谓：贵校亦可发表宣言，声明与英人无关，此后不必强迫学生听教。该校代表亦愿依此办法进行。
>
> 继贝理书院代表答辩，本校共有学生二十余人，系专研究神道。自五卅惨案后，即行停课。周主任当即对该代表言，宗旨既专在研究神道，不是学校性质，不如改为神道研究会为佳，此当宣布取消学校名义，改为研究会，不准加入学校联合会，以免混淆。
>
> 继淑德女校代表称，本校系英人创办，现有学生七十人，教员七人，均系中国人，经费由英人助半，教员薪水至多不过十余元。

周主任向该代表谓，倘政府帮助经费及校址，则有无决心与英人脱离关系，该代表答须回校商议。[①]

在政府代表召集的会议上，南强中学、童子部小学、福音学堂、贝理书院等四校代表都义正词严地与英人划清界限，全盘接受周恩来的指示，只有淑德女校与众不同：该校代表毫不忌讳，承认学校为英国人所创办，办学经费一半由英国人资助。对周的建议“由政府帮助出经费和校址，然后学校与英国人脱离关系”，该校代表虽没有直接回绝，也没有当场接受，只是答应“回校商议”。很显然，这是在特殊的革命形势下敷衍过场的应景之词，回校之后，淑德女校并没有对政府的提议作出进一步的回应。

面对政府机关、国民党组织和各种社会团体整合而形成的政治力量，淑德女校没有改变办学立场，仍旧保持教会学校的性质：“我教书的时候，淑德就设有学生会，学生会分做德、智、体、群四个股，我负责德育股，就是属于宗教的。学校里不信主的学生很少，（就是不信主）她们也要参加礼拜这些宗教仪式，上宗教课程。每个班都有宗教课本。我们早上在礼拜厅礼拜……我在淑德无论上学还是教书，都是番仔当校长的，我进淑德读的时候校长是德姑娘，她跟华英中学的校长差不多同龄，年纪比较大；读中学的时候党姑娘是校长，教书的时候是梅校长。”[②] 直到30年代，谢牧师回到淑德女校教书的时候，在政府的三令五申下，该校除了依政府要求在校内设立学生会、开设纪念周之外，仍把宗教科目作为必修课，在课内进行宗教宣传，要求学生参加宗教活动和仪式，校长也一直由西方女传教士担任；另外，所设学生会的职能也非政府所倡导的为维护学生权益，反成为学校及教师实施宗教、知识教育的得力助手。

面对严峻的局势，淑德女校就像该校校徽——坚韧的绿竹[③]一般，平静地办着自己的教育，“淑德女子学校，继续维持基督教的美誉，虽

---

① 《广州民国日报》1925年12月5日。

② 口述史料：汕头恩典堂谢牧师，2005年，汕头市恩典楼三楼301。

③ 同上。

然没有在政府注册，但亦没有被禁止宗教教育”①。但是，“一九三七年教育部旧事重提，施用压力，叫学校须行注册，校董会鉴于注册问题有困难，和经济来源可能受影响，决定将学校停办。因要供给学生有读书的机会，提议将学生送往聿怀中学升读……因中日战事发生，聿怀中学全体疏散，此计划不得实现，有些淑德学生，后来到五经富升学”。②

《汕头教会百年史实（1847—1947）》这段文字与笑姨的话相互印证：

> 我在淑德教书教了5年多，直到1937年卢沟桥事变，淑德停办；教书的时候，社会要求学校要注册，而淑德没有注册，本来是要和聿怀合并的，因为卢沟桥事变，聿怀也停了，搬去五经富，后来复校的时候，淑德就和聿怀合并在一起，那个时候已经是男女同校了。③

1937年暑期，因不愿向政府注册立案，淑德女校选择停办。

三　近代汕头基督教会女校的特点

据史料记载，近代汕头的三大基督教会——美浸信会、英长老会、法属天主教会在汕头创办了十余所教会女校。由美北浸信会创办的主要有三所：约翰夫人在1860年创办的礐石女校；斐姑娘在1873年创建的礐石明道妇女学校（该校被誉为近代潮汕最早的妇女学校，“开远东女学之先河”④）；约翰牧师娘1879年在礐石开办的正光女学。英长老会开办的主要有两所：汲约翰1873年创办的汕头淑德女校；李怀清、李洁1881创办的汕头培德女学。天主教会于1910年创办若瑟小学。这些基督教会女校可概括出以下特点。

---

① ［美］Edward Band（班华德）：《汕头教会百年史实（1847—1947）》，陈希贤译，第150页。

② 同上。

③ 口述史料：笑姨，2004年，汕头礐石天恩安老院201房。

④ 《汕头教育志》，汕头教育志编审委员会，1988年，第12页。

1．以传教及培养协助传教的女性为办学目的。19世纪末的潮汕教育虽然发展较快，但“学校教育”一直是男子的专利。源于基督教中男女平等的思想，基督教会人士一方面希望把接受教育的“福音”传播给妇女，更重要的是，他们非常重视妇女的布道工作，认为妇女拥有自由出入各种家庭等优势，妇女传道比男子更得力，所以积极创办教会女校，并采取了减免学费，供给食宿等优待措施，吸引贫困家庭送女儿到学校读书。创办教会女校的目的并非为了引进和实施西式教育，也不是培养接受教育后获得自身发展的独立女性，而是为了传教和培养协助传教的“贤内助”。在当时，基督教徒尚被世俗人家所排斥，潮汕地区又是一个多种民间信仰杂糅，封建迷信盛行的地方，为了保证信徒信仰的纯正不被影响，同时保证教会自身的纯洁性，教会有不成文的规定：“倘若传道人或教会中的职员，要娶亲时，则属世俗或基督徒的挂名子女可能不会先被选为对象，惟需她们逐渐改造，使她们先得基督徒家庭生活的习惯，然后才容易被挑选结婚。”① 所以，让女信徒或信徒的女儿能接受基督教教育，同时为本地传道人培养贤妻良母成为各教会创办女校的重要目的。

2．学校发展缓慢。近代汕头教会女校早期多数为高级小学，仅办两三个年级，三四个班。1921年，正光女校开始招收女中四班；1922年，汕头明道妇学、淑德女校、若瑟中学同时附设师范班，部分女校升级为“中学”。大部分女校的学生来自社会底层，前期所招学生均为信徒家女孩，发展至后期也招收非教徒的学生；除了培德女学“学生平均四十七岁至六十三岁”②，是“妇女学”外，其他女校的招生对象都是未婚女孩。学校规模从几个人到几十个人不等，兴盛期个别学校也就一百多名学生，与同期的教会男校的一千多名相比甚远。究其缘由，主要与学校生源少、办学定位等问题有关。近代潮汕封建保守、男尊女卑的思想和习俗仍很浓厚，一般人家是不愿意让女孩离家入学的，更不可能送到陌生的外来宗教学校读书，所以女校能招到的学生数量有限；因

① ［美］Edward Band（班华德）：《汕头教会百年史实（1847—1947）》，陈希贤译，第37页。

② 同上书，第42页。

办学目的是培养本地传教士的贤内助，所以学校的培养任务并不繁重，无须大量招生；此外，女校的规模还受到教会的经费支持、师资等方面的制约。

3．教师多数为女传教士，人员相对稳定。为了更好实行办学目的，并切实保持学生的纯正思想，教会女校除了聘请男教师讲授国文，其他教师都是内宿的女教徒。由于学校早期为小学性质，所以部分外籍传教士女眷也能胜任教育工作；之后，外籍女传教士加入并成为学校的管理者和骨干教师；最后，培养出来的优秀毕业生逐渐走上讲台，成为外籍女传教士的得力助手。可以说，教会女校的教师呈现了从非专职到专职，从外来到自产的演变。但教师及其数量一直没有太大的变化，管理者和教师的素质也不像华英学校等教会男校有明显提高。

4．教学围绕传教需要进行，本地化色彩较浓。为实现办学目标，教会女校也沿用了西方的一些模式，注重学生多方面的发展，但教学活动基本是围绕传教需要展开的。课程以宗教课为主，读《圣经》、查经、做礼拜等占据了大部分课内学习和课外活动时间；所开设的国文、体育、声乐、美术等课程内容基础浅显。此外，本地化色彩浓厚是其教学另一突出特点。汕头有着独特的文化传统，为了更快更好实现基督教本地化，让学生听得懂学得快，女校都使用本地方言教学，外籍教师也不例外；而手工课的学习内容也是刺绣、抽纱等汕头传统女红。为实现办学目的，学生没有被灌输任何“女性独立”的意识，服务教会和嫁给本地传道人成为许多学生毕业之后两个最主要的去向。

5．学生品行笃诚纯良，对国家、民族、文化的认同感淡薄。女校学生成长在潮汕的社会大环境，在基督教和教会女校教育的双重作用下，她们一方面宗教情结浓厚，专注于奉献基督教；一方面仍秉承着潮汕传统女子循规蹈矩、勤俭善良的性格特征，致力学习，使自己具备贤妻良母的条件。由于地域文化差异，以及男女性别角色不同，无论是潮汕社会还是教会女校，都没有要求她们去忧国忧民或者引领潮流，因而她们并不关注国家的命运、政权的变更和社会的舆论。可以说，教会女校的办学目的、教学模式和管理制度都大大强化了潮汕女学生性格中单纯温顺、安分平和的特点，促使她们在革命风暴面前选择了安分守己，淡漠回应。这也正是非基督运动和收回教育权运动时代，汕头基督教会女校学生区别于教会男校及其他地方教会女校的独特表现。

6. 不因形势的流转而改变办学性质，选择停办或合并。在收回教育权运动中，政府采用各种手段，不断加强对教会女校的干预与控制，向政府申请注册立案是学校继续存在的必然选择。从表面看，立案注册十分简单，但所有女校都不愿申请立案注册，相比淑德女校，正光女学早在 1926 年就宣布停办，1927 年与礐石中学合办改为礐光中学；若瑟中学也于 1927 年停办。

不立案的原因何在？结合上文论及淑德女校停办原因，推测主要有四点：一是校长的人选问题，在当时，要找到像聿怀中学校长陈泽霖那样有学识有学历、有威望有能力的中国籍女校长很难。二是学校经费问题，女校的学生少，收取的学费有限，办学经费多来自各教会，要达到立案条款中对学校经费、校产、设备、师资等项的要求难度很大。三是学校宗旨问题，女校的办学目标自始至终就是为传教和培养贤内助，而不是服务社会和政府的女知识分子，因此宁愿选择停办也不愿放弃基督化教育。四是随着社会发展，国立小学到处设立，男女同校为潮流所趋，教会女校存在的必要性日益减小。

结　　语

近代汕头教会女校的代表性和独特性值得研究。近代汕头教会女校产生于 19 世纪末的潮汕社会，又消亡在 20 世纪特殊的历史背景中。其设立开启了潮汕女子教育的先河，亦帮助不少潮汕女子初步认识和学习了西方的文明，获得全面的知识培养。在 20 世纪初不断强化的国家、民族主义思潮下，教会学校成为反帝反教运动的重要对象，而汕头教会女校学生却表现出与众不同的淡漠回应，在某种程度上又影响了学校的命运，使学校在大革命年代免于由独立的教育体系变成适应国民党需要的教育机关。因此，近代汕头基督教会女校的创办和特点既是中国其他城市教会女校的原始版本，又有别于其他地区教会女校的命运殊变和多样历程，兼具代表性和独特性。

口述是一种非常重要的研究方法。有关汕头基督教会女校的文献资料相当有限，而且极其零散。许多论及近代汕头教育、基督教在潮汕办学情况的专著和文章，谈到教会女校时都是概述，鲜有具体个案的探讨。在此情况下，四位淑德女校的学生的声音显得非常珍贵。她们从学生的视角去描述当年的女校，讲述不同的历史背景中她们真实的情感和经历，以及对当年历史重大事件的看法，补充了史料的不足，鲜活地展现了一所有代表性的汕头基督教会女校的风貌，更颠覆了关于非基督教运动和收回教育权运动中教会学生的主流叙述。

历史是多样化的。通过淑德女校这一个个案，我们更清晰地了解到汕头地区教会女校的办学特点，挖掘到特殊时空坐标下汕头基督教会女校学生及女校的回应，有关历史得到了更多层面的开掘和还原，也为后者提供了多样化的研究视角。

奉 觞 编

管理学卷

会展产业链盈利模式分析*

孟淑娟**

摘　要　会展业对相关产业及国民经济具有强大的经济关联拉动作用。会展产业链环节众多，蕴藏丰富的利润增长点。随着经济全球化进程和产业转型加速，会展产业链的盈利模式也要与时俱进不断创新。结合众多会展企业尤其是自有场馆的会展企业的经营实践，分解会展产业链盈利节点，可以为会展企业总结归纳现有盈利模式，并为其选择更为合理的投资及盈利模式提供参考和借鉴。

关键词　会展产业链　盈利模式　基地展览机构

会展业具有1∶9的经济关联带动效应。欧美一些发达国家把展览业作为商品流通、科技合作、文化交流、发展旅游、拉动经济综合发展的重要途径。随着经济发展和产业转型的加剧，会展产业链既有传统盈利模式受到冲击，并出现一些全新的盈利节点。

一　企业盈利模式及会展盈利模式

企业盈利模式即企业通过怎样的模式和渠道来赚钱。企业盈利模式

---

* 原载《经济研究导刊》2010年第11期。

** 孟淑娟，女，1972年出生于山东省淄博市。1998—2001年，在汕头大学文学院师从潘家懿教授、林伦伦教授攻读汉语言文字专业，获文学硕士学位，学位论文题目为《淄博方言体貌系统及相关虚词研究》。高级政工师，另有编辑、经济师、企业法律顾问职称。现任职中国对外贸易中心（集团）综合管理部副总经理，兼任国家会展中心（天津）有限责任公司董事会秘书。研究方向主要为会展产业经济及经营管理。

主要有两种：一种是自主式盈利，通过开发产品，形成规模效应，降低成本实现盈利；一种是外延式盈利，通过资产重组、兼并、收购等实现盈利。

会展盈利模式即会展企业在自身及上下游价值链中建立的赚钱渠道和模式。会展企业的运营包括展馆自身与展览项目的运营，本文主要论及以自有场馆为经营基地的会展企业（也称基地展览机构），不限定于以运营具体会展项目为主的展览项目公司。

二　会展产业链解构及盈利模式创新的必要性

会展经济是集商贸、交通、运输、宾馆、餐饮、购物、旅游、信息等为一体的经济消费链。从会展业务流程来看，会展产业链主要包括：会展策划与会展组织、场馆规划与建设、营销与广告宣传、工程（布展）及电信服务、运输报关服务、金融保险服务、知识产权保护服务、交通住宿与餐饮旅游娱乐休闲服务、人才培训、会展管理与评估等。

会展产业链的绝大多数收入目前集中在展览项目自身。自有展馆的展览机构（也称基地展览机构），如承办广交会的中国对外贸易中心，展览出租展位、展览服务、广告媒体经营收入等是传统盈利点。去年（2009）以来，每年两届广交会直接和间接效应之和超过300亿，占广州市全年GDP近4%。承办方的消费支出带动举办地广州的电力生产和供应业、批发与零售贸易业、印刷业和记录媒介的复制业、信息传播服务业、商务服务业、居民服务业和其他服务业，租赁业等部门。

会展经济兼具商业性和公益性。在办展获取商业利润的同时，会展具有利于精神文明建设的公益属性。如政治宣传类会展、司法展览、文体类会展、科教类会展等都有其社会效应。随着电子商务等新媒介试水虚拟展会对实体展会造成冲击，会展企业的传统盈利模式受到影响，有必要重新分析全产业链盈利节点，拓展有成长前景的新利润增长点；对现有盈利模式，也要进行更新，拓展其盈利潜能。

三 会展产业链盈利模式及利润增长点分析

（一）场馆建设及物业增值盈利模式

场馆本身是会展经济的基础。从场馆建设角度出发，会展经济最重要的盈利模式是通过周边土地的升值实现投资回报。涉及场馆的建设和经营，通常有两种模式，第一种模式是政府统一建设和经营。发达国家如德国等就是由各级政府投资兴建展馆，并以综合效益提高各级政府的财政收入；或者以政府投资为主，引入战略投资人，管理方是会展公司的董事局，而所在城市的市长可能出任董事局主席。政府投资有利于实现公益性和商业性的结合。第二种模式类似香港模式，即以土地换展馆。政府划拨土地，由相关公司建设展馆，并可配套建设酒店、公寓、写字楼，展馆所有权归属政府，但政府不收使用费，展馆依靠自身运营实现良性循环。

展览场馆通过展览的举办可为当地带来高强度的人流、资金流和信息流，加剧相关服务业集中，带动周边地区配套设施的完善，从而带旺物业增值和盈利。如广州市在投资兴建国际会展中心时，不仅直接投资场馆建设，还投资改善场馆周边道路、绿化、停车等市政配套设施，铺设顺畅的路面和地下轨道交通网络，使展览场馆周边地价大幅升值。

（二）场馆租赁盈利模式

场馆租赁盈利模式是展览场馆所有者通过合同形式将经营场地出租，并从中收取一定租金的盈利方式。所有权与经营权在一定程度上分离，承租人按合同规定交付租金和维护资产外，享有较大的经营自主权，能够不受行政干预的安排和组织场馆的人、财、物。目前，场馆租赁是自有展馆的基地展览机构主要利润来源之一。

（三）产业链增值服务盈利模式

展览机构通过向上下游客户即展会组织者和参展商、采购商等提供增值服务获取盈利，通过整合社会化服务资源，积极开发引进与展览、展馆配套的服务项目，包括工程搭建、展具租赁、广告制作发布、餐饮住宿、商务礼仪、旅游票务等，提供增值服务。这样能有效实现与竞争对手的差异化，也可在拓展利润渠道的同时满足客户个性化需求，形成核心竞争力。

（四）自办展览盈利模式

展览机构自办展览集场馆优势、服务优势、本土产业优势为一体，可有效拓宽盈利渠道。目前国际基地型展览巨头，自办展均占绝对份额，如科隆展览公司展馆95%是自办展，法兰克福展览公司展馆自办展占70%；从经营收入来看，汉堡展览公司70%来自自办展、15%来自客展、另15%来自会议；意大利米兰展览公司自办展和客展各占50%。拓展自办展盈利模式，基地展览机构可利用自身资金和资源优势，以兼并、收购、合作等模式在外地或国外举办自办展、合办展；对于成熟的自主品牌大展，可通过服务、展期、展馆位置优先倾斜等措施，扶持其发展成为超大型的世界级品牌展；对于产业布局上有后发优势的题材、高新技术、创新型题材，要抢占展览题材，创办新展，并实行场租优惠等扶持策略。①

（五）展会电子商务盈利模式

展会网站定位于为会展所有活动与企业提供各种营销服务。展会电子商务拓展展会宣传、招商、招展渠道，实现实体展会和网络展会的有效互动；优化展会管理、提高效率、降低成本，并能延伸展会服务和功能，提供高附加值的捆绑式、一站式服务，有效锁定目标客户。展会电子商务业务如能运作上市，将是会展企业的重要新利润来源。

网上展会业务的运营重点在网上展会、网络广告、网络信息增值服务、数据库营销等方面；除与传统B2B网站类似的赢利方式即广告和收费会员收入外，展会网站还可销售会展的附属产品，如展商名录、会展杂志、会展刊物等。展会网站要实现盈利，要针对主办机构、会展服务商、参展商等不同用户进行个性化开发和维护，确保网站界面友好、导航准确、网速流畅、搜索到位。同时，加强展览项目相关资源整合，使网站成为资讯和贸易撮合平台，并提供各种会展定位、市场调研、品牌推广、渠道与客户资源共享等服务。

（六）展览会议论坛盈利模式

展会集聚大量人流、信息流，是商家获取信息、进行市场营销的重

① 《广交会区域经济影响研究项目》，中国对外贸易中心集团内部资料。

要场所。展览性会议功能的影响力可彰显展览本身的辐射力。如“广交会区域经济影响研究项目”调查显示，每届广交会参展商在广州举办会议、产品推介会等相关活动的费用总计为 1.88 亿元，两届合计约 3.8 亿元，市场容量非常诱人。开拓“展会论坛”及系列会议的主、承办业务将带来丰厚利润。①

（七）展览场馆和展览公司的资本运作盈利模式

资本营运的目的就是通过优化资本结构或者壮大资本实力来增强竞争力及盈利能力。展览场馆具有投入大、周期长、风险大的特点，仅仅靠国家拨款和企业自身积累，不符合收益与风险对等原则，展览场馆可利用资本市场，通过直接投资、发行股票、发行债券、银行借款和租赁等方式，实现展馆资本的保值、增值，增强展馆的盈利能力。此外，目前展览公司利用自有雄厚资金进行资本运营成为新趋势，运营方式主要是展览项目的并构重组、展览品牌收购等。

（八）展馆品牌和展会品牌盈利模式

提升展馆品牌可增值无形资产。知名的品牌展览场馆普遍具有技术领先优势，拥有作为卖方市场的价格谈判筹码；同时，容易在注意力竞争中胜出，获取新闻宣传和政府管理资源的倾斜；此外，品牌价值的提升意味着展馆无形资产的升值以及较高的价格认同，办展方、参展商等愿意支付较高价格购买知名品牌的服务。

提升展会品牌价值可获取超额利润。知名展会以其知名度和美誉度为参展效果提供品牌保证，同时，知名展会有能力应对竞争对手的攻势，巩固客户忠实度。因此要注重对已有展会品牌的注册、防伪、维权以及内容创新，保持品牌在业内的领先地位，确保品牌自身的增值。

广州对外贸易展览公司借鉴其母公司运作广交会的成功经验，积极培育自主知名展会。如对自有品牌广州国际家具博览会，为解决展会规模扩张和展馆面积瓶颈的矛盾，学习广交会“分期办展”的做法，实行展会分期，展会规模扩容的同时有效提升了专业性，巩固了其业内领先地位。

① 《中国对外贸易中心中远期发展战略规划研究》，中国对外贸易中心集团内部资料。

结　语

被誉为朝阳产业的会展业具有广阔的发展前景，但随着经济全球化进程和产业转型加速，会展产业链的盈利模式也要与时俱进不断创新。如以“二八法则”确定会展产业链的盈利侧重点，以优势资源挖掘扶持影响全局的利润增长点；以“SWOT分析”为行业和企业把脉，准确定位战略方向；以“波士顿矩阵”原理分析展会品牌的战略取舍等，强化“金牛”和“明星”品牌，放弃“瘦狗”和“问题”品牌，改善业务组合；以“流程再造”、“价值链分析”控制成本，突出竞争优势等。[①] 国际会展业已有近200年的历史，作为极具经济拉动作用的新型经济形态，我国会展产业链如何实现盈利模式和达成方式的创新，值得进一步深入探究。

---

① 阳士昆主编：《世界500强12种经典管理工具》，中国时代经济出版社2005年版。

基于 SWOT 分析模型的广东省职业技术院校教师信息素质调查研究

陈亚静*

摘　要　信息素质已经成为高科技人才竞争战略中常被考量的基本要素之一，也是高等院校教师在从事教学与科研活动中必备的业务素质，本课题以广东省职业技术院校教师为研究对象，从信息意识、信息知识和能力、信息道德等方面出发，通过文献资料法、访谈法、问卷调查法、数理统计法、逻辑分析法和矩阵法，获得相对客观的广东职业技术院校教师的信息素质概况。以客观的统计分析调查内容为蓝本，通过量化分析，根据 SWOT 结构化的平衡系统分析体系，总结影响教师信息素质提高的内外部因子。根据对影响因子的二次分析（项目管理因果分析方法等）检测出制约职业技术院校教师信息素质的相关因素，形成 SO、WO、ST、WT 矩阵。基于环境因素分析和 SWOT 矩阵分析，提出培养和提升职业技术院校教师信息素质的可行策略，以期做出相关信息素质的实践探讨。

关键词　信息素质　SWOT　职业技术　教师　内外部因子

在 21 世纪信息化时代，面对浩如烟海的信息世界，人们往往会觉得难以快捷地获取所需的信息，缺乏对信息的敏感度。因此，信息素质的提高就显得格外重要。对于肩负培养 21 世纪国家建设生力军之责任

* 陈亚静，女，1985 年出生于河南省洛阳市孟津县朝阳镇师庄村。2008 年 9 月至 2011 年 7 月于广东技术师范学院民族学院民族学专业攻读法学硕士，师从林伦伦教授，毕业论文题为《洛阳方言声调研究》。2011 年 8 月至今于广东技术师范学院图书馆工作。

的高校教师而言，自身信息素质的高低对学生所形成信息素质的高低起着关键性作用。基于此，本课题将从教师的信息素质着眼，基于SWOT分析模型对广东省职业技术院校教师信息素质作实践探讨。

一　研究概述

关于教师信息素质的研究，近些年相关成果不胜枚举，这些创新性的研究都为信息素质发展打下了坚实的基础。信息素质的研究大致包括以下几个方面。（1）基础理论的分析和研究。这方面的研究包括对于教师信息素质等的研究现状、必要性分析、影响因素分析及信息素质教育体系构建研究，有关论文如下：论高校教师提高信息素质的必要性、高校教师信息素质的现状和对策、河南省高校体育教师信息素质现状研究、高校教师信息素质现状及影响因素分析、谈现代网络远程教育教师信息素质的现状和提高、高校体育教师信息素质现状调查与分析、高校信息素质教育体系构建研究——兼论大学教师和管理者的角色定位；（2）创新性信息素质教育模式的研究："馆员—教师"协作的信息素质教育及3C培养模式的构建、馆员—教师协作实施信息素质教育的理论与实践探讨、信息素质教育教师—馆员学科教育合作模式的探索与实践；（3）关于提高教师信息素质的实践探讨，研究如下：广西壮族自治区桂林航专教师信息素质的调查与分析、中学教师信息化培训亟待改革——唐山市中学教师信息素质调查研究、佳木斯市中小学体育教师信息素质现状调查和对策研究；（4）新兴信息发布工具与教师信息素质的相关研究，如：博客与高校教师的信息素质；（5）关于培养及提高教师信息素质的策略研究。这方面研究涉及论文30余篇，此处不再一一枚举。本项策略研究概述如下：从研究对象上可以分为对本科院校教师、专科院校教师、军队院校教师、党校教师、高职院校教师、中等职业院校教师、中小学教师等的信息素质培养和提高的策略研究。研究对象（教师）所属专业也非常广泛，涉及对医学类教师、体育类教师、航天教师、政治教师、英语教师、公共课教师、现代远程教育教师等的信息素质培养和提高的策略研究。

综上所述，学者们对于信息素质的宏观研究广泛而深入，关于培养及提高教师信息素质的策略研究也相对较多，但是对于微观研究的相关论著并不多见。本课题将从微观着眼，通过SWOT结构化的平衡系统分析体系，以期丰富信息素质的实证研究。

二　提高教师信息素质的重要性

首先，在现代化信息教育环境中，教师信息素质的高低会影响教育质量和教学效果。教师是教学活动的重要组成部分，作为信息的传播者，有着重要的桥梁纽带作用。教学人员的主体信息素质将会成为影响教育质量和教学效果的重要因素。

其次，教师信息意识的提高将促进他们形成强烈的信息敏感度，深化教师对信息意识的理解，最终将影响学生信息接收的广度和深度。作为信息的传播者，教师的主体信息意识决定着学生对信息深度与广度的把握。只有教师具备了良好的与时俱进的信息更新意识，才会激发学生的求知欲和创造力，同时若能在此过程中及时捕捉和提炼信息，并将信息整合和运用到教学活动的各个环节中，使教学活动的创新性得以体现，才能更好地培养学生的创新意识和创新能力。

再次，教师信息应用能力的提高以适应社会发展的需要，是信息时代的必然体现。同时，教师信息素质决定着当代大学生信息素质的高低。大学生是中国社会的生力军和领航者，在激烈的竞争环境下，只有具备了良好的信息应用能力，才能更好地适应国际化竞争，并在竞争中立于不败之地。

最后，为学生树立信息伦理道德的榜样，促进学生身心健康地发展。教师教书育人，不仅传道授业解惑，更重要的在于树立师表风范，使其在知识技能和做人处世等综合素质方面均获得长足的发展，为社会输送合格的高技能高素质人才。

三　调查的对象、内容和方法

（一）研究对象

本次调查以广东省多所职业技术院校教师为研究对象。以广州工商职业技术学院、广东技术师范学院、东莞市广播电视大学附属职业技术学校、佛山职业技术学院、广州科技职业技术学院等职业技术院校教师为对象进行抽样调查。此次问卷调查采用简单随机抽样，为了保证数据测量的可靠性和有效性，进行正式调查之前，对问卷进行了前测，在进行题项调整和相关修改后，发放正式问卷 600 份，回收调查问卷 450 份，其中有效问卷 435 份，问卷有效率为 96.67%。

（二）研究目的

通过调查和分析，分析影响职业院校教师信息素质的主要因素并提出培养和提高职业院校教师信息素质的有效对策。即如何解决问题——在完成环境因素分析和 SWOT 矩阵的构造后，便可以制定相应的应对策略。其基本思路为：发挥优势因素，克服弱点因素，利用机会因素，化解不利因素；考虑过去，立足当前，着眼未来。运用系统分析的方法，将排列与考虑的各种因素相互联系并加以组合，得出未来改进的可行对策。

（三）研究内容

调查内容包括广东职业技术院校教师的信息意识、信息能力和信息道德三个方面。根据相关信息素质的评价标准，问卷共设计了 43 个问题。

（四）研究方法

本次调查采用问卷调查、访谈法、数理统计法，同时引进 SWOT 结构化的平衡系统分析体系，对影响教师信息素质提高等方面的因子进行剖析。根据 SWOT 结构化的平衡系统分析体系，总结影响教师信息素质提高的内外部因子，形成分析矩阵，提出培养和提高职业院校教师信息素质的有效对策。

四　广东省职业技术院校教师信息素质调查与分析

（一）样本特性描述性统计分析

关于此次回收的调查样本，分析如下：性别层面，女性占 58.67%，男性占 41.33%；年龄层面，25 岁或以下占 2.53%，26—30 岁占 28.6%，31—40 岁占 37.58%，41—50 岁 20.59%，50 岁以占 10.7%；职称层面，正高占 9.66%，副高占 25.55%，中级占 38.53%，初级占 23.3%，其他占 2.96%；学历层面，大专以下占

0.75%，大专占5.38%，本科占38.2%，硕士研究生占46.64%，博士研究生占9.03%；专业背景层面，计算机类占13.01%，图书情报、信息管理类占10.41%，理工类13.15%，文史类占38.59%，其他占24.84%。

（二）广东省职业技术院校教师信息意识调查分析

信息意识不仅反映了人们对外界信息的敏感性和重视程度，也反映了人们对内在信息需求的认识，即意识到自身需要信息来支持决策或解决实际问题。因此，信息意识主要包括三个方面的内容：一是对信息、信息素质的认识、观点和态度；二是对信息的敏感程度；三是对信息的重视和需求程度。[①]针对信息素质的调查项目及反馈结果如表1所示。

表1 **广东省职业技术院校教师信息意识调查表**

	调查项目	选项及百分比				
信息意识	及时掌握外界信息的意识	非常重要 75.02%	重要 19%	不确定 5.45%	不重要 0.53%	极不重要 0%
	根据具体问题解决问题的意识	非常符合 11.78%	基本符合 50.68%	有点符合 32.88%	基本不符合4.66%	完全不符合0%
	对信息素质基本内容的认识	完全同意 58.36%	同意 34.52%	不一定 6.85%	不同意 0.27%	完全不同意0%
	终身学习的意识	完全同意 13.7%	同意 28.77%	不一定 24.11%	不同意 23.01%	完全不同意10.41%
	与时俱进地获取有价值的信息的意识	非常符合 17.26%	基本符合 46.85%	有点符合 30.41%	基本不符合5.21%	完全不符合0.27%
	能够从别人忽略的信息中发现有价值的信息的意识	非常符合 13.15%	基本符合 43.29%	有点符合 37.26%	基本不符合6.3%	完全不符合0%
	关注了解与自己的工作、生活、兴趣爱好等相关的新信息的意识	经常 37.26%	偶尔 43.29%	较少 14.52%	很少 4.38%	从不 0.55%

表1的数据显示：在对信息、信息素质的观点和态度方面，多数职业技术院校教师对信息素质和终身学习的重要性认识还不够深入；超过80%的职业技术院校教师都能够较密切关注并了解与其工作、生活、兴趣爱好等相关的新信息，但是43%以上的职业技术院校教师对有价值的信息的发

现与捕捉意识较差；能够有机会参加信息素质相关培训的不足45%。

有利因素与不利因素分析：94.02%的教师能够认识到掌握外界信息对于现代社会生活的重要性，并认为高校教师应当具备较高的信息素质；但能够经常性关注并了解与其工作、生活、兴趣爱好等相关的新信息的并不多见，尚不足40%。结合问卷的开放性问题“还有哪些因素制约了您的信息意识、态度的发展”的回答来看，其主要原因有：(1)正常教学过程占据了教师的大部分时间和精力，因此没有太多的精力补充信息系统相关知识；(2)多数教师对于信息素质方面接受的教育和培训很少，并且部分学校也未给予教师接受培训的机会；(3)由于年龄结构的差异，部分教师不会熟练操作电脑。本次调查的职业技术院校教师的信息意识总体处于中上水平，与作为引领信息时代的高等职业技术院校教师来说，离应该具备很强的信息意识相差较远。

(三) 广东省职业技术院校教师信息道德调查分析

广东省职业技术院校教师信息道德素质包括以下几方面内容：关于网络环境下的信息隐私与信息安全问题、信息获取的费用问题，合法合理获取、传播信息，了解信息使用过程中涉及的有关知识产权的相关知识和问题、引用别人具有知识产权的信息时，会列明出处，标记引用。[①]针对信息道德的调查项目及反馈结果如表2所示。

表2 **广东省职业技术院校教师信息道德调查**

	调查项目	选项及百分比				
信息道德	关于网络环境下的信息隐私与信息安全问题	非常符合 18.08%	基本符合 49.04%	有点符合 26.58%	基本不符合 5.75%	完全不符合 0.55%
	信息获取的费用问题	非常符合 26.3%	基本符合 47.12%	有点符合 21.37%	基本不符合 4.11%	完全不符合 1.1%
	合法合理获取、传播信息	非常符合 36.72%	基本符合 46.58%	有点符合 15.63%	基本不符合 0.86%	完全不符合 0.21%
	了解信息使用过程中涉及有关知识产权的知识和问题	完全同意 41.1%	同意 44.38%	不一定 11.51%	不太同意 3.01%	完全不同意 0%
	引用别人具有知识产权的信息时，会列明出处，标记引用	非常符合 24.93%	基本符合 46.85%	有点符合 21.1%	基本不符合 6.85%	完全不符合 0.27%

从表2的数据可以看出，32.88%的职业院校教师不能够完全认识到网络环境下的信息隐私与信息安全的重要性；14.52%的教师在信息使用过程中涉及知识产权的相关知识和知识产权问题时，表示不能够理解相关内容，关于引用别人具有知识产权的信息资源时，28.22%的教师表示因为不知道相关的知识产权信息，所以也不会列明出处，标记引用；通过对开放性问题“您认为制约您信息素质提升的原因主要是”和“您认为贵校在提升师生信息素质方面，目前有哪些地可以有所作为、从哪些方面努力”的了解，主要原因为：（1）面对信息资源的良莠不齐，有些老师反映不能自觉地抵御和消除垃圾信息及有害信息的干扰和侵蚀；（2）不了解知识产权和版权的相关法律法规，不能很好地解决信息使用过程中涉及的相关知识产权问题。

（四）广东省职业技术院校教师信息能力调查分析

信息能力是指人们对各种信息技术的理解和运用的能力以及对信息的获取、理解、分析、加工、处理、传递的能力。我们主要从高校教师信息获取能力、信息评价能力、信息工具的运用能力、信息加工和信息决策能力等方面来进行分析。详见表3。

表3　**广东省职业技术院校教师信息能力调查**

	调查项目	选项及百分比				
信息获取能力	根据具体问题明确信息需求	非常符合 11.78%	基本符合 50.68%	有点符合 32.88%	基本不符合 4.66%	完全不符 0%
	对于本校图书馆信息资源的类型及分布情况	非常熟悉 8%	比较熟悉 27.67%	基本了解 36.99%	有点了解 20.82%	完全不清楚 6.52%
	对于与工作、生活、兴趣爱好相关的网络信息资源的分布情况	非常熟悉 10.69%	比较熟悉 36.99%	基本了解 36.44%	有点了解 14.52%	完全不清楚 1.36%
	了解并能够利用图书馆的信息检索系统等检索信息	非常熟练 12.05%	比较熟练 31.23%	基本会 46.85%	不怎么会 9.59%	完全不会 0.28%
	能够熟练地使用网络搜索引擎（如百度、Google、雅虎等）来检索网络信息资源	非常符合 40.27%	基本符合 42.47%	有点符合 15.07%	基本不符合 2.19%	完全不符合 0%

续表

	调查项目	选项及百分比				
信息获取能力	能概括合适的关键词或特定词汇，构造恰当的检索命令	非常符合 17.81%	基本符合 58.36%	有点符合 20.55%	基本不符合 3.01%	完全不符 0.27%
	能判断所获得的信息是否满足自己的要求，并调整检索策略	非常符合 12.6%	基本符合 48.77%	有点符合 32.07%	基本不符合 6.3%	完全不符合 0.26%
	了解并能使用图书馆提供的信息服务获取所需信息	非常符合 15.34%	基本符合 48.77%	有点符合 31.51%	基本不符合 4.38%	完全不符合 0%
	了解并能利用其他信息服务机构	非常符合 30.68%	基本符合 49.86%	有点符合 15.34%	基本不符合 3.29%	完全不符合 0.83%
	了解各种信息获取方法并能够根据需要选择适合的方法来获取信息	图书、期刊等纸质信息源 26.78%	互联网 30.43%	数据库 6.13%	广播电视 20.45%	访谈等调查 16.21%
信息评价能力	会综合评析各种因素来确定是否必要获取需要的信息	信息的可获得性 26.30%	信息获得的难易程度 26.08%	获取信息的时间 19.76%	获取信息的费用 22.97%	其他 4.89%
	能客观评价信息及信息源	非常符合 10.96%	基本符合 55.62%	有点符合 30.14%	基本不符合 2.74%	完全不符合 0.54%
	能够有效地分类组织信息	非常符合 15.07%	基本符合 45.2%	有点符合 31.78%	基本不符合 7.12%	完全不符合 0.83%
信息工具的运用能力	能够利用常用的信息技术或工具	非常符合 22.19%	基本符合 46.58%	有点符合 25.48%	基本不符合 5.48%	完全不符合 0.27%
信息加工和信息决策能力	对于一个具体的问题或一项具体的任务，能够利用相关信息来解决这个问题或完成这项任务	总是 12.87%	经常 52.05%	偶尔 28.77%	很少 4.93%	几乎不调查 1.37%
	能够利用知识理论和信息工具创造各种作品展示信息产品或成果	非常符合 14.79%	基本符合 54.52%	有点符合 26.3%	基本不符合 3.84%	完全不符合 0.55%
	能够利用多种信息技术手段或方式进行信息交流	非常符合 15.07%	基本符合 53.69%	有点符合 27.12%	基本不符合 4.11%	完全不符合 0%

从表3的数据可以看出，在信息获取方面，超过60%的教师能够根据具体问题明确信息需求，但却未能充分利用本校图书馆信息资源与服

务，超过 70% 的教师更加倾向于通过网络搜索引擎来获取信息资源并能够构造合适的关键词或特定词汇；超过 60% 的教师能够甄别被检索信息是否满足个人需求并调整检索策略。只有 30% 左右的教师非常熟悉校外其他的信息服务机构并能够很好地利用。在信息源选取方面，有 26.78% 的教师选择图书期刊等纸质信息源，30.43% 的选择互联网，选择广播电视的占 20.45%，选择访谈求助占 16.21%，仅有 6.13% 的选择数据库。因此职业院校教师在选择和辨别信息质量方面的能力仍有待大幅度提升。

在信息评价能力和信息工具应用能力方面：多数教师会综合权衡各种因素来确定是否有必要获取所需的信息，有 26.3% 以上注重信息的可获得性，26.08% 注重信息获得的难易程度，有 19.76% 的关心获取所需信息的时间，有 22.97% 的则关心获取所需信息的费用。因此，多数教师希望在信息获取的难易程度、耗费时间和资金花费之间做出较为合理的折中。超过 65% 的教师能够客观地评价信息及信息源的有效性和参考价值，超过 60% 的教师能够充分有效地对所获得的资源进行归纳分类。接近 70% 的教师能够利用常用的信息技术或工具，但技能还有待提升。

在信息加工和信息决策能力方面，将近 65% 的教师能够主动检索获取相关的信息来解决具体的教学及科研任务，将近 70% 的教师能够较好地利用知识理论和相关工具加工信息并创造各种作品以展示信息作品及成果，并能够利用多种信息技术手段或方式进行信息交流。

五　SWOT 分析

（一）SWOT 分析概述

SWOT 分析即对研究对象四个方面的环境因素（S、W、O、T）进行分析，S（Strength）表示影响研究对象发展的各种优势，一般指研究对象自身所包含的、能使其在发展中具有优势的各种因素；W（Weakness）代表研究对象自身的缺点，会对其在发展中造成一定不利的影响；O（Opportunity）指研究对象在所处的大环境中，其发展时所能够利用的各种机遇，通过抓住机遇来促进自身的发展；T（Threat）代表研究对象所面临的各种威胁或者挑战，包括来自外部的竞争等等。[①]美国管理学家迈克尔波特于 1985 年提出基于 SWOT 分析的 4 种可供选择的战略，即 SW 战略、WO 战略、ST 战略、WT 战略。[②]

（二）广东省职业技术院校教师信息素质 SWOT 分析

SWOT 分析法最重要的是根据内部因素和外部因素的诸多的因素先进行单一分析，再运用系统分析的观点进行交叉分析和整合分析，从而得出一系列的策略指导。本文的数据基于大量的定量研究，这在一定程度上避免了 SWOT 较为主观化的缺陷，使分析在量化的基础上反映客观真实。广东省职业技术院校教师信息素质 SWOT 分析详见表 4。

表 4　**广东省职业技术院校教师信息素质 SWOT 分析**

分类	项目		内容
优势S	内部因素	1	绝大多数教师具备及时掌握外界信息的意识
		2	多数教师具备准确判断和分析有价值的信息的意识
		3	几乎所有教师都具有终身学习的意识
		4	高校教师能够较为有效地分类组织信息能力，剔除冗余信息
		5	高校教师的年龄层次较为集中在 20—40 岁，接受能力显著较高，对新生事物的接受力较强，对新技术新产品能够较快地接受并适应
		6	能够对信息做出客观的评价，在新型职业技术院校“校企合作”教育背景下提高信息能力
		7	能够利用理论知识和信息工具创造相应适合教学的信息产品，并进行展示
		8	能够利用现代信息工作和网络即时工作进行信息交流，扩大信息交流的力度
		9	教师属于示范性行业，多数教师具有积极的信息态度，对学生进行适时引导
劣势W	内部因素	1	由于日常教学任务较重，没有集中的时间进行信息素质的系统学习，获取信息分散，不能专注
		2	将自己的工作、生活、兴趣爱好等相关的新信息的分开，整合不充分，厚此薄彼
		3	信息获得非主动性，同时获取信息素质方面的培训较少
		4	每个教师的职业分工较为细致，自身的学科较为单一，制约综合信息素质的提升
		5	现代教师自身外语听说能力较差，引进双语课程较难，制约国际交流和合作
		6	职业技术院校教师自身的学科限制，不能进行多学科交叉的职业教育工作
		7	职业技术院校高校教师对人文信息能力较为忽视，仅仅注重学生职业能力的培养
		8	职业技术院校教师不能深入校企合作的一线跟踪指导，造成学生信息获取与操作能力的降低

续表

分类	项目		内容
机会O	外部因素	1	教师年龄结构的变化：青年教师占据比例逐渐加大
		2	具备高学历层次的教师比例日趋加大
		3	现代教学活动中对于信息化手段的依赖性日趋增强
		4	职业技术院校认识到学生人文素质和职业技术素质的双重培养
		5	国家工信委、教育部等对于高校信息化建设给予大力支持和扶持性政策
		6	广东部分高校成立了高校联盟，可以有效地进行信息交流
		7	国家对职业技术院校的大力扶持和资金投入
		8	国家大力提倡校企合作的开展，企业的进驻使高校更具有活力，实现知识与能力的有效对接
		9	广东省高校专业技术职称的评定工作的门槛提高，促进了教师计算机能力和信息能力的提升
		10	职业技术教育在摸索中前进，为了提高教学效率，职业院校之间的信息交流更加频繁
		11	高校管理层对信息素质教育的重视，师生将有更多的机会就信息素质教育进行国内和国外交流
		12	信息道德属于新兴名词，需进一步探索开拓，有很大的发展空间
		13	国家对于网络信息监管力度加强
威胁T	外部因素	1	有些有价值的信息被隐藏
		2	网络信息的不真实性
		3	信息泛滥，无用信息冗余度太大
		4	高校教师教学与科研任务繁重，无充足的时间接触专业化的信息素质教育培训
		5	信息素质教育需要投入较多的资金，但在短时间内见效慢，学校领导不愿意投入这笔预算
		6	高校教师因为职称评审难度加大而投入更少的时间进行教学的准备，降低了信息的交流效果
		7	信息技术的飞速发展，对于从事信息素质教育方面的人员提出了更高的要求，但较少教师能够处理更高端的信息工作，比如信息开发等
		8	教师队伍每年的更新速度较快，部分青年教师刚刚进入岗位需要继续学习才能适应
		9	对于信息安全、信息道德等方面的专业人才要求较高，多数学校尚未配备此类人才
		10	网络犯罪、网络言论监管等行为需要耗费大量的人力物力侦破，因此导致网络犯罪有上升趋势

分类	项目		内容
		11	我国知识产权保护等与国际存在很大差距，全民知识产权保护意识较差
		12	不了解与信息技术相关的文化、法律法规
		13	只有很少的高校开设信息道德素质相关的教育课程和讲座培训
		14	大众对于知识产权的保护意识较为淡薄，缺乏版权保护意识
		15	国内高校信息素质教育主要由图书馆承担，还处于较低的发展水平，长期以来主要以传统教育模式为主

通过对广东省职业技术院校教师信息素质 S、W、O、T 的分析，并在此基础上，进行交叉性策略分析，提高职业技术院校教师信息素质的策略分析如表 5。

表 5　**提高职业技术院校教师信息素质的 SWOT 策略**

SWOT 策略名称		策略
SO 策略	1	针对教师的专业及科研背景，推出富有针对性的 学科信息咨询及相关服务
	2	充分利用信息技术手段，加强师生互动，在互动过程中进一步把握和引导师生在信息素质方面的需求
	3	抓住“工业化、信息化、城镇化、市场化、国际化”的“五化”并举和“信息化与工业化”的“两化”融合契机，大力推进图书馆信息化基础设施与配套管理措施的建设，增强校际间信息资源共享和交流
WO 策略	1	开展灵活多样的信息服务推送活动，加大信息服务推送工作的力度
	2	增强信息服务课程内容的趣味性，在趣味学习过程中激发师生对信息素质课程的兴趣和认知深度
	3	转变观念，强调终身学习理念，紧跟时代步伐
	4	积极参加各项文献信息专项学习和培训，提高自身信息素质
ST 策略	1	在信息服务推送过程中有意识地提醒和辨识信息的真实性
	2	在信息道德教育方面，教师要加强信息道德和法律法规教育
	3	增强信息安全、知识产权保护等知识信息推送（例如 RSS 订阅或 Email 投递）
WT 策略	1	针对不同层次的教学人员，制订不同的培训策略，避免对信息资源的过度挖掘
	2	以用户为中心，利用优质资源，开展灵活多样的咨询服务

结　论

本文以广东省职业技术院校教师为研究对象，从信息意识、信息知识和能力、信息道德等角度重点阐述了提升高校教师信息素质的重要性，通过文献资料法、访谈法、问卷调查法等获得相对客观的广东职业技术院校教师的信息素质概况。并基于 SWOT 模型得出具有说服力的分析数据，给出有利于提升高校教师信息素质的可行措施，充分利用好高校内部的现有资源以及高校教师自身的各种优势，克服高校师生信息素质提升的瓶颈问题，抓住机会，消除和缓解不利因素，以期做出提高职业技术院校教师信息素质的实践探讨。

跋

2017 年是林伦伦教授六十初度之年。林门诸生结草衔环，佥谋梓行《林伦伦教授六秩传薪集》，以铭感师恩教泽，奉觞祝颂林师花甲重周，德学永光。

谨按，传薪一辞，语出《庄子·养生主》。犹大乘佛教所谓“传灯”。

《般若经》云：“诸佛弟子凡有所说，一切皆承佛威神力，与诸法性常不相违。依所说法，精勤修学，证法实性，故佛所言如灯传照。”

诸佛弟子亲承佛教，从闻思修，入三摩地，如灯传照。尤有进者，汉传佛教劝勉信众发大悲心，扬大教化，行菩萨道。此即《大智度论》所言：“为令法不灭，当教化弟子，弟子展转教，如灯燃余灯。”

如是善因，自得善果，《维摩经》曰：“譬如一灯燃百千灯，冥者皆明，明终不尽。”

惟我林师，学术渊深，教泽宏敷，亲承明师而弘传光明；教有师法，谨身范俗，允称经师尤更兼人师。德业文章，光照于世，谓之“履道”，谓之“传薪”，谓之“传灯”，其谁曰不然？

是集经始自去年，付椠于今岁。承蒙诸同学踊跃襄助，集腋聚沙，恩蒙中山大学陈师、新加坡国立大学李师赐序以光篇幅，又蒙中国社会科学出版社宋燕鹏学长暨其同仁鼎力玉成，中山大学中文系博士候选人张坚兄热心相助。景熙谨此统致谢忱，并祈望诸位师友对拙编纰漏不吝赐正。

2017 年 4 月 8 日 澄海陈景熙拜撰于鹭江尘寄斋

中国社会科学出版社“社科学术文库”已出版书目

“社科学术文库”收录的是中国社会科学院历届“优秀科研成果奖”获奖图书，作者多为中国社会科学院知名学者。中国社会科学出版社再版这些图书，是因为其对所在专业领域影响深远，仍有社会需求，也是为了抢救部分已经绝版的经典佳作。我们愿为经典的传承、文脉的接续略尽绵薄之力。

再版之际，部分耄耋之年的老学者，不顾年迈体弱，对作品进行了大幅的修订。他们这种对学术孜孜以求的精神，值得后辈敬仰和学习。

1．冯昭奎：《21世纪的日本：战略的贫困》，2013年8月再版。

2．张季风：《日本国土综合开发论》，2013年8月再版。

3．李新烽：《非凡洲游》，2013年9月再版。

4．李新烽：《非洲踏寻郑和路》，2013年9月再版。

5．韩延龙、常兆儒编：《革命根据地法制文献选编》，2013年10月再版。

6．田雪原：《大国之难：20世纪中国人口问题宏观》，2013年11月再版。

7．中国社会科学院科研局编：《中国社会科学院学术大师治学录》，2013年12月再版。

8．李汉林：《中国单位社会：议论、思考与研究》，2014年1月再版。

9．李培林：《村落的终结：羊城村的故事》，2014年5月再版。

10．孙伟平：《伦理学之后》，2014年6月再版。

11．管彦波：《中国西南民族社会生活史》，2014年9月再版。

12. 敏泽：《中国美学思想史》，2014 年 9 月再版。

13. 孙晶：《印度吠檀多不二论哲学》，2014 年 9 月再版。

14. 蒋寅主编：《王渔洋事迹征略》，2014 年 9 月再版。

15. 中国社会科学院财经战略研究院：《科学发展观：引领中国财政政策新思路》，2015 年 1 月再版。

16. 高文德主编：《中国民族史人物辞典》，2015 年 3 月再版。

17. 李细珠：《张之洞与清末新政研究》，2015 年 3 月再版。

18. 王家福主编、梁慧星副主编：《民法债权》，2015 年 3 月再版。

19. 管彦波：《云南稻作源流史》，2015 年 4 月再版。

20. 施治生、徐建新主编：《古代国家的等级制度》，2015 年 5 月再版。

21. 施治生、刘欣如主编：《古代王权与专制主义》，2015 年 5 月再版。

22. 何振一：《理论财政学》，2015 年 6 月再版。

23. 冯昭奎编著：《日本经济》，2015 年 9 月再版。

24. 王松霈主编：《走向 21 世纪的生态经济管理》，2015 年 10 月再版。

25. 孙伯君：《金代女真语》，2016 年 1 月再版。

26. 刘晓萌：《清代北京旗人社会》，2016 年 1 月再版。

27. 陈之骅、吴恩远、马龙闪主编：《苏联兴亡史纲》，2016 年 10 月再版。

28. 朱庭光主编、张椿年副主编：《外国历史大事集》，2017 年 3 月再版。

29. 冯时：《中国天文考古学》，2017 年 5 月再版。

30. 马西沙、韩秉方：《中国民间宗教史》（上、下），2017 年 5 月再版。

31. 陈景熙：《林伦伦教授六秩传薪集》，2017 年 7 月版。